U0689106

澄
心
清
意

澄心文化

阅
读
致
远

1918

第一次世界大战的最后一年

[美] 约翰·托兰——著
何中夏——译

浙江文艺出版社
Zhejiang Literature & Art Publishing House

NO MAN'S LAND: 1918, THE LAST YEAR OF THE GREAT WAR by JOHN TOLAND
Copyright: © 1980 by John Toland
This edition arranged with BRANDT & HOCHMAN LITERARY AGENTS, INC.
through BIG APPLE AGENCY, INC., LABUAN, MALAYSIA.
Simplified Chinese edition copyright:
2021 ZHEJIANG LITERATURE AND ART PUBLISHING HOUSE
All rights reserved.
本书中文简体字版版权，浙江文艺出版社独家所有
著作权合同登记图字：11-2015-218号

图书在版编目(CIP)数据

1918：第一次世界大战的最后一年 / (美)约翰·托兰著；何中夏译. —杭州：浙江文艺出版社，2021.3
ISBN 978-7-5339-6401-6

Ⅰ.①1… Ⅱ.①约… ②何… Ⅲ.①第二次世界大战—史料 Ⅳ.①K143

中国版本图书馆CIP数据核字(2021)第024479号

责任编辑 邵 劼　　**责任校对** 罗柯娇
责任印制 吴春娟　　**封面设计** 柏拉图创意机构
营销编辑 张恩惠　　**数字编辑** 姜梦冉

1918：第一次世界大战的最后一年

[美]约翰·托兰 著　何中夏 译

出版发行 浙江文艺出版社
地　　址 杭州市体育场路347号
邮　　编 310006
电　　话 0571-85176953(总编办)
0571-85152727(市场部)
制　　版 杭州天一图文制作有限公司
印　　刷 浙江新华数码印务有限公司
开　　本 710毫米×1000毫米　1/16
字　　数 550千字
印　　张 37
插　　页 3
版　　次 2021年3月第1版
印　　次 2021年3月第1次印刷
书　　号 ISBN 978-7-5339-6401-6
审 图 号 GS(2020)5280号
定　　价 128.00元

版权所有　侵权必究
(如有印装质量问题，影响阅读，请与市场部联系调换)

佳评推荐

曾创作《希特勒传——从乞丐到元首》与《日本帝国衰亡史》的编年史作者约翰·托兰为读者带来全新作品。本书的背景回到了第一次世界大战的1918年。作者对西线战役的描述，对前线战场及俄国革命的分析，具有畅销作品应有的一切优点。

——《基督教科学箴言报》

普利策奖得主约翰·托兰遍览日记、报刊及访谈录，为读者带来一部栩栩如生的编年史著作。此次的故事回到了1918年。在托兰看来，敢于冒险的精神与每一名士兵的作战素养，乃是战场上的决定性因素。

——《科克斯书评》

在这本书中，普利策奖得主约翰·托兰对1918年欧洲的外交、经济、政治及军事等各方面重大事件展开回顾。那一年里，在各因素共同影响下，第一次世界大战最终落下帷幕，却也给下一代人埋下灾难的种子，最终引发另一次欧洲大战。

——《斯密森杂志》

约翰·托兰技巧娴熟，在历史的巨幅画卷上挥毫泼墨，为读者带来一幅引人入胜的一战群像图。

——《商业周刊》

献给彼时彼地的所有人

序 章

1918 年元旦，欧洲已在战火中度过近三个半年头，濒临崩溃。数以百万计的士兵在战争中丧命、伤残，土地遭到蹂躏，百姓饥寒困顿，流离失所。参战各方深信自己师出有名，势不可当。不论协约国还是同盟国，都将战争本身视作某种大规模的冒险，以为胜利唾手可得。

然而，天长日久，战争陷入了血腥残酷的僵局。双方展开激烈的堑壕战，所得所失不过寸尺之地。比利时、法国、意大利、巴尔干地区、美索不达米亚、巴勒斯坦——各条战线上，许多国家的士兵不断牺牲，却于战局无补。

前一年的 4 月，美国意气风发地加入战争，似乎成为了协约国仅存的希望。英国海军大舰队(Grand Fleet)司令、海军元帅大卫・贝蒂(David Beatty)①爵士在元旦这天向《纽约时报》(*New York Times*)发电报称："美国必将成为这场世界大战的决定性因素。"不过，美军只有区区 10 万人，部署在法国；如果潘兴(Pershing)②将军能够顺利出师，还会有"至少 500 万人"的大部队赶来。这支战力比协约国在西线的全部军队还多四分之一，而战争的胜败正取决于西线。

美国的确是协约国的希望，但当时英国高层对美军能否及时赶来拯救

---

① 大卫・贝蒂(1871—1936)，英国海军元帅，大舰队第二任司令。

② 约翰・约瑟夫・潘兴(1860—1948)，美国陆军将领，1917 年 4 月任美国远征军总司令。

战局持怀疑态度。米尔纳勋爵(Lord Milner)①是战时内阁成员之一，他曾表示"我军胜利的希望微乎其微"。劳合·乔治(Lloyd George)②的密友乔治·里德尔爵士(Sir George Riddell)③则更加消沉，他在与温斯顿·丘吉尔共进午餐时曾说："要是战争再持续 12 个月，别说击垮德国人了，我们自己就要先垮掉。"丘吉尔曾支持过那场惨败的加里波利战役(Gallipoli Campaign)④，此时仍致力于使公众淡忘此事，但他没有失去自己的勇气——或者说是乐观："我们必须战斗到底，谁知道德国人会在什么时候垮掉。"

悲观的论调事出有因。1917 年可以称得上多灾多难的一年。灾难未必是由于德军的强大，或许是由于协约国自己的失误与厄运。首先是在春季，法国将军罗贝尔·乔治·尼维尔(Robert Georges Nivelle)⑤策划的那场大型攻势惨遭挫败。将军待人没什么架子，但为人自负，脾气暴躁，且缺乏作为高级指挥官的经验。他满以为一场摧枯拉朽的攻势足以带来胜利，结果却中了德军的圈套。德军悄悄撤回了前线兵力，随即以炮击歼灭了行进中的法军装甲部队。阵亡的数字骇人听闻，法军中出现了哗变。为了平息混乱，军队高层处死了部分士兵，新任司令亨利·贝当(Henri Pétain)⑥也做出了一些让步。然而，法军士气大受影响，当初拼死抵御德军入侵的那股劲头已消失不见。

---

① 阿尔弗雷德·米尔纳(1854—1925)，英国政治家，子爵，曾任开普殖民地总督。一战时加入劳合·乔治的战时内阁，表现突出。

② 大卫·劳合·乔治(1863—1945)，英国政治家。1916 年，接替因加里波利战役失利而引咎辞职的赫伯特·阿斯奎斯，出任英国首相，领导战时内阁。

③ 乔治·里德尔(1865—1934)，英国报业大亨，1908 年至 1922 年间为劳合·乔治提供财务支持。

④ 加里波利战役，1915 年至 1916 年发生于土耳其加里波利半岛的战役。该战役由丘吉尔首倡，试图凭借英法海军的力量突破达达尼尔海峡，占领伊斯坦布尔，借以减轻俄国在东线战场的压力。但作战过程并不顺利，双方皆伤亡惨重，最后以协约国军队秘密撤退告终。

⑤ 罗贝尔·乔治·尼维尔(1856—1924)，法国陆军将领，1916 年至 1917 年任西线法军总司令。由尼维尔策划的此次军事行动又被称为"尼维尔攻势"(Nivelle Offensive)。

⑥ 亨利·菲利浦·贝当(1856—1951)，法国陆军将领，1917 年 5 月接替尼维尔出任西线法军总司令，表现突出，被视为英雄式的人物。二战时出任法国总理，向纳粹德国投降，战后被定为叛国罪。

6月，英国为了结束战争，于佛兰德斯(Flanders)地区独自发动进攻，从而加剧了协约国的厄运。7日清晨，19枚巨大的地雷——填有将近100万磅炸药——同时在伊普尔(Ypres)附近的前线爆炸，拉开了战役的帷幕。甚至连身处伦敦书房的劳合·乔治，都感受到了远方传来的巨响与震动。地雷之后登场的是2330门大炮和榴弹炮，掩护的炮火遮天蔽日。8万士兵从英军的战线展开冲锋，很快达成了初步目标。然而，初期的胜利不过是假象；三个半月后，漫长的战役才终于结束。损失是：244897人伤亡；战果是：推进不足六英里。英军中怨声四起，士兵编了不少讽刺的诗歌俚曲，好在没有发生哗变。

在1917年这一年里，后方的人们日子也不好过。国内面临的不仅是德军的轰炸袭击，还有U型潜艇的劫掠而导致的缺衣少食。百姓为购买食物排起长队，许多人投机倒把，囤积居奇，全国上下俨然成风；人们感到神经高度紧张，不过并没有发生暴动。英国人变得有些暴躁起来，但精神上没有崩溃，玩笑还是照开不误。只不过，幽默的背后潜藏着愤愤不平。工人们不满于自己的生活状况；中产阶级感觉自己一如既往地承受着最沉重的负担；高层只知争吵不休，而人们对此已日渐厌烦。

尼维尔惨败造成了巨大损失，新年伊始的法国仍未恢复元气。虽然军队哗变已经平息，但法国军方害怕重蹈覆辙，不敢让部队承受太多压力。于是新的口号应运而生——防御，目标是最大限度地降低伤亡。这种心理不仅狭隘，而且危险；由此心理出发，战败主义与不抵抗主义的思潮开始在全国范围内泛滥。知识分子与资产阶级一道，为媾和摇唇鼓舌。法国的大金融家们害怕英国在战后建立起工业霸权，一部分作家也与他们同忧共患，这其中就包括罗曼·罗兰(Romain Rolland)与亨利·巴比塞(Henri Barbusse)①。还有一群卖国贼，他们在暗处活跃着，希望同德国议和。有个带点传奇色彩的冒险分子，名叫波洛(Bolo)②，他组织了一个庞大的通敌

① 亨利·巴比塞(1873—1935)，法国作家，共产主义者。一战时曾入伍，退役后组织了“法兰西退伍军人联合会”。代表作为反战小说《火线：一个步兵班的日记》。

② 波洛·帕夏(1867—1918)，原名保罗·波洛，法国人，早年从事过各种职业，游历各国，获得财富及“帕夏”的贵族称号，后成为德国间谍。1918年被判叛国罪，处以枪决。

网，甚至连参议员查尔斯·亨伯特(Charles Humbert)①也参与其中。9月，波洛与亨伯特被捕，此事加速了潘勒韦(Painlevé)②政府的倒台。

潘勒韦政府的倒台在11月中旬，接替他上任的是乔治·克列孟梭(Georges Clemenceau)③。克列孟梭是一位社会主义者，曾任蒙马特市长，并亲历德雷福斯事件④，于1906年至1909年出任法兰西第三共和国总理，反德立场鲜明，战前就提倡加强防御力量。他生性不羁，爱好自由思想，于公于私都有些离经叛道的气质。当初他在弗吉尼亚州的乡村学校任教，曾目睹1865年格兰特(Grant)⑤的部队进军里士满。他娶过一个美国女子。在女人缘这方面，他与那位同秘书公然保持暧昧关系的劳合·乔治不相上下。两人都是硬汉，如果没有他们的铁腕领导，战争很有可能以失败收场。连续几个月来，克列孟梭投身于反对投降派的运动，尽管遭到包括庞加莱总统(President Poincaré)⑥在内的许多人的憎恶，但还是有众多爱国者——不论右翼还是左翼——对他表示支持。他的绰号"老虎"名副其实，人尽皆知。对于接任总理一职，克列孟梭表现得信心十足，他的内阁宣言坚毅而简洁，使听众深受震撼。克列孟梭表示，他会立刻处理掉叛乱分子，"不再允许不抵抗主义泛滥，不再容忍德国玩弄阴谋诡计，不再放纵大大小小的叛国行径；战争，我们唯有战争一途"。他每周只召开一次内阁会议，政府的权力实际上已集于其一身。

---

① 查尔斯·亨伯特(1866—1927)，法国参议员，早年参军，退伍后进入新闻界。因波洛叛国案受到军事法庭审判，最终被无罪释放。

② 保罗·潘勒韦(1863—1933)，法国数学家、政治家，1917年、1925年两度出任法国总理。

③ 乔治·克列孟梭(1841—1929)，法国政治家，早年在美国留学，于1906年至1909年、1917年至1920年两度出任总理。一战期间坚持战斗到底，态度强硬。

④ 德雷福斯事件，19世纪末法国发生的一起带有反犹主义色彩的冤案。1894年，法国犹太裔军官阿尔弗雷德·德雷福斯被怀疑通敌叛国，接受审判并被处以终身流放。在部分有识之士(包括其时活跃于新闻界的克列孟梭)的抗议下，事件得以重新调查，最终于1906年正式为德雷福斯平反昭雪。

⑤ 尤利西斯·辛普森·格兰特(1822—1885)，美国将领，在南北战争中率领北方军队取得胜利，后出任第18任美国总统。弗吉尼亚州的里士满是南北战争中南方政权的"首都"，格兰特进入里士满意味着南北战争的结束，可谓有着历史性的意义。

⑥ 雷蒙·庞加莱(1860—1934)，数学家昂利·庞加莱的堂弟，法国第10任总统。

法国实行了天然气、电力和煤炭的配给制度，不过总算恢复了秩序，重振了精神。为了节约燃料，电影院、戏院一周只营业三天。巴黎的博物馆都歇了业，除了荣军院（Invalides）①——里面会展示一些战利品，弘扬爱国主义精神。咖啡馆和饭店都早早关门，“光明之城②”的街道暗无灯火，晚上过了10点就再无人迹。此外还有许多令人烦恼的事，比如蔬菜、奶酪、砂糖以及肉类的短缺，但人们接受了这一切。他们终于得到了一位值得信任的领袖。

法国的盟友意大利，虽然没尝到这些痛楚，却别有一番苦涩。七个星期前，他们的部队在奥匈帝国的边界小镇卡波雷托（Caporetto）惨败，仅此一役就有275000名意大利军队士兵向奥地利投降。意大利也是想方设法重整旗鼓，民众在两个人的宣传下重新聚集起来：一个是诗人邓南遮（D'Annunzio）③；另一个是米兰一个默默无闻的编辑，名叫墨索里尼。

协约国在1917年经受的灾难，德国也未能幸免。全世界只注意到英国在佛兰德斯一败涂地，普遍忽视了德国的损失也相当惨重。德国的主要盟友——奥匈帝国，倒是在卡波雷托战果辉煌，但它其实面临着解体。哈布斯堡王朝已飘摇欲坠，老皇帝弗朗茨·约瑟夫（Franz Josef）④于1916年驾崩，继位的年轻皇帝卡尔（Karl）⑤，正密谋通过几个波旁王族与协约国进行和平谈判。

战争开始时，德国内部政局稳如磐石，然而1916年与1917年之交那个“饥饿”的冬季，使他们稳定的政局开始瓦解。面对困局，民众骚动不安，工

---

① 荣军院，法国古建筑，路易十四时期始建，藏有法国各个时期的大量军事武器陈列品、艺术品。

② 光明之城（City of Light），巴黎的别称，因其为启蒙时代的文化与教育之都而得名。

③ 加布里埃尔·邓南遮（1863—1938），意大利诗人，其诗歌在意大利影响深远，而其政治立场则颇受争议。

④ 弗朗茨·约瑟夫一世（1830—1916），奥地利皇帝，1867年加冕为匈牙利国王，建立奥匈帝国。

⑤ 卡尔一世（1887—1922），约瑟夫侄孙，奥匈帝国末代皇帝，其妻为波旁-帕尔马公主，故能通过波旁王族与协约国和谈。

人们要求政治权利。尽管中间派及左派政党联合起来，希望以和平方式解决问题，真正的统治者——德皇与军方，却拒绝了他们的请求。俄国三月革命①后，情势变得愈加危急：30万德国工人受到俄国革命的鼓舞，在柏林、莱比锡举行了罢工运动。更为可怕的是还出现了兵变，并在部分海军舰队之中蔓延开来。

到新年时，英国海军的封锁使得粮食、衣物短缺更加严重。生活中充斥着代用品：面包由木屑加土豆皮制成，外面裹上一层白垩粉，权当面粉。人们只得以狗和猫（"屋顶兔"）为食，几乎见不到牛奶和其他肉类。除了那些富家大户，国民只能一天到晚裹着大衣取暖，并渐渐开始习以为常。

不过，德国军方领导人仍对胜利充满信心，因为俄国实际上已经退出战争。几星期前，布尔什维克推翻了克伦斯基（Kerensky）②的社会革命党临时政府，随即呼吁德国进行和平谈判。首轮谈判于布列斯特-立陶夫斯克（Brest-Litovsk）举行，谈判期间，德国提出吞并波罗的海诸国及波兰；两国意见尚未达成一致，谈判便因除夕的到来而结束。但德国最高司令部的主心骨、军需总监埃里希·鲁登道夫（Erich Ludendorff）③相信，几天后谈判重启时，布尔什维克会签下这份和平条约。

鲁登道夫确信东线80个师中的大部分兵力，将会很快转移至西线；他打算在西线发动一次大规模进攻，一举定乾坤。如果顺利，那将是德国在战争中首次以众击寡。在德军高层看来，他们距离胜利原本只有咫尺之遥，却总是苦于兵员、火炮及飞机的不足；因此这个计划足以使他们欢欣鼓舞。陆军元帅、总参谋长保罗·冯·兴登堡（Paul von Hindenburg）④写道，他们三年来苦苦拼搏，终于达成了翘首以盼的目标，"我军已无后顾之忧，可以转向西线大展拳脚；现在的任务是全力备战"。

---

① 即俄国"二月革命"，发生时间为公历1917年3月8日，按照当时俄国通行的儒略历为1917年2月23日。

② 亚历山大·费奥多罗维奇·克伦斯基（1881—1970），俄国政治家、革命家，率领社会革命党发动二月革命，推翻沙俄政府，其政权后被列宁领导的十月革命推翻，其人流亡国外。

③ 埃里希·鲁登道夫（1865—1937），德国陆军将领，一战期间与上司兴登堡共同掌德国军事大权。

④ 保罗·冯·兴登堡（1847—1934），德国陆军元帅。一战期间任总参谋部总参谋长。

德军最高司令部认为，只要计划顺利实施，决定性的胜利就在眼前。因此他们断定：狮子大开口的时候到了。鲁登道夫迅速展开了行动。1918 年 1 月 2 日，德国御前会议于贝勒维宫（Bellevue Castle）召开，鲁登道夫在会上坚决表示，一旦布列斯特-立陶夫斯克和谈重启，他将向俄国提出更加苛刻的和谈条件。德皇反对完全吞并波兰领土，鲁登道夫便大发雷霆，毫不掩饰。他甚至声称，在他本人参与研讨之前，德皇划定的边界都不能算作最终方案。此言引起与会者一片哗然。这位君主一脸愁苦地望向兴登堡，企图得到支持，不料兴登堡也赞同他那铁腕下属的意见。此外，鲁登道夫还坚持认为，布列斯特-立陶夫斯克条约必须尽快签订，“以期向西展开攻势”。

两天之后，鲁登道夫以辞职相威胁，把事态推到了风口浪尖。电报如潮水般向德皇威廉二世涌来，力陈德国不可失去这位军事天才。更重要的是，兴登堡允诺全力支持鲁登道夫。事情在 1 月 7 日达到高潮：元帅亲自向德皇上书，里面的许多词句都带有下划线。这份请愿书像是一道最后通牒，充满怒火与怨气，仿佛兴登堡是一个校长，正在训诫一名不守规矩的学生。“鲁登道夫将军和我本人，都对 1 月 2 日的事件极度痛心；我等从中认识到，在关乎德意志生死存亡的重大问题上，陛下并不关心我等的意见……我国有自身所需的政治及经济形势，为此，打倒西方列强势在必行。”兴登堡称，为了完成这一事业，德皇必须在外交官与最高司令部之间做出抉择。面对兴登堡的犯颜直谏，威廉二世无计可施。如此一来，鲁登道夫或许成了最有权势之人；最高司令部为了一举解决所有问题，快马加鞭备战春季攻势。而德国，则踏上了一条前途未知、生死未卜的漫漫长路。

目录
CONTENTS

第一部分　米迦勒行动

第一章　西线惊雷

一

1918年3月18日早晨，阳光明媚，西线看似波澜不惊，一如年初以来的景象。然而，英军司令、陆军元帅道格拉斯·黑格(Douglas Haig)①却认为，这不过是大战前的宁静，德军将会发动大规模进攻。威廉·罗伯逊(William Robertson)②爵士原是帝国总参谋长，前不久丢了官；他与黑格元帅从1月份以来一直在警告政府：德军的进攻迫在眉睫。他们向政府要求增加兵力，而以首相劳合·乔治为首的战时内阁却认为，那条战线已经牺牲了太多不列颠的大好男儿，故而无意继续投入部队。

相反，劳合·乔治要求在巴勒斯坦发动一场大范围的"余兴"攻势，至于西线，守住即可。他下决心将大部分后备兵力留在英国国内，原因之一是担心爱尔兰叛乱，但更主要的目的是想阻止黑格继续他的人海战术。西线惊人的战损一直让劳合·乔治头疼不已，他希望通过控制黑格的兵力，迫使他采取守势，以保全更多人的生命。此举导致诸将与首相发生激烈的争执，并

---

① 道格拉斯·黑格(1861—1928)，英国陆军元帅，一战中指挥多起重大战役，偏爱人海战术，常使敌我双方皆伤亡惨重。

② 威廉·罗伯逊(1860—1933)，英国陆军将领，1915年出任总参谋长。1918年2月，因与劳合·乔治意见冲突，遭到解职。

以罗伯逊的解职而告终。如今，这场将相之争带来的创伤隐藏在绷带之下，并未愈合；水面下依然暗流汹涌。此类斗争如果再度上演，那将成为帝国的祸患。劳合·乔治也很想解除黑格的职务，但他还不敢走到那一步；因为元帅的妻子曾是亚历山德拉王后（Queen Alexandra）①的首席伴娘，而元帅本人也深得乔治国王（King George）②敬重。

3月18日那天，黑格担心的并不是自己岌岌可危的地位。当天早晨，英国地面观察员报告称，路面交通情况反常。他们观察到许多德军参谋部指挥车，还注意到有敌军军官在观摩休伯特·高夫（Hubert Gough）③爵士的第5集团军阵地。

法国陆军司令贝当将军与黑格一样忧心忡忡，但他确信敌人的目标不是英军，而是他的部队。八天前，德军在毫无预兆的情况下更换了一批新的密码，贝当与黑格都从中嗅到了大战将至的味道。法国密码专家乔治·潘万（George Painvin）④上尉在一位名叫雨果·伯特霍尔德（Hugo Berthold）的纽约律师帮助下，破解了这套新密码。如此一来，协约国的密码分析人员便能阅读敌军的前线电报，甚至比敌军自己阅读起来更加轻松。但是，对于敌军何时何地展开攻击，密码专家也只能猜测而已。

黑格十分清楚：自己才是德军的打击目标。法军在1917年那场春季攻势惨败之后，尚未恢复元气。黑格推测，鲁登道夫深谙用兵之道，一定会先从最难啃的骨头下口。

黑格最担心的是阿拉斯（Arras），那里是他整个防御体系的基石；德军一旦突破阿拉斯，就可以兵分两路，从两个方向侵袭沿海地区。对于北翼的伊普尔地区，同样不能大意，因为那里是通往敦刻尔克（Dunkirk）、加来

---

① 亚历山德拉王后（1844—1925），丹麦公主，嫁给英王爱德华七世，一战时作为王太后支持儿子乔治五世。

② 乔治五世（1865—1936），英国国王，爱德华七世与亚历山德拉之子，当今英国女王伊丽莎白二世之祖父。

③ 休伯特·高夫（1870—1963），英国陆军将领，深受黑格信任，于1916年至1918年期间指挥英国第5集团军。

④ 乔治·潘万（1886—1980），法国密码分析师，以在1918年破解德军的ADFGVX密码而闻名。

(Calais)及布洛涅(Boulogne)等英吉利海峡沿岸港口的重要门户。这些港口对后勤供给至关重要;而一旦战局全面崩溃,它们又是英军撤回国内的必经之地。黑格元帅拥有62个步兵及骑兵师,把守126英里的防线。在元帅的五个集团军中,高夫的第5集团军把守的防线最长——42英里,兵力却最薄弱。高夫一再要求增添兵力,可是黑格没有答应。原因很简单,黑格也无兵可调;他认为阿拉斯一带的战略位置更加重要,不想从那里抽调部队。况且黑格还留有后着:高夫部队的右翼与法军相接,一旦情况危急,法军会施以援手。黑格与贝当都对他们的上司不放心,因此私下作了约定:如果一方受到攻击,另一方就会立刻提供援助。

英军战线上,持续干燥的天气终于告一段落。3月19日,小雨断断续续下个不停,天空阴云密布,使得早晨的空中侦察也无法正常进行。这一天,英国本土来了客人,与黑格共进午餐,中气十足的军需大臣温斯顿·丘吉尔也在其中。丘吉尔透露,他已得到战时内阁的批准,正在制造4000辆坦克。

当天晚餐过后,黑格的参谋长赫伯特·劳伦斯(Herbert Lawrence)①爵士带来了审讯俘虏的汇总报告。报告显示,敌人很有可能在次日或第三天——即20日或21日——发动攻击。黑格已做好了准备,他向炮兵连发放了此役所需的弹药:1200发炮弹,其中有300发是毒气弹。大量空军部队早已在前线集结,但它们处于隐蔽状态,在战斗打响之前不会现身。

高夫同样做好了准备,唯一的担心只是兵员不足。他在当天给妻子的信中写道:"我预料,轰炸会在明天晚上开始,持续六至八个小时,直到21日,星期四,那时德军步兵就会出现……我们都很沉着,充满自信。一切已准备就绪。"高夫那年47岁,是黑格军中最年轻的司令员。他短小精悍,脸颊瘦长,以猎犬般的顽强勇敢而闻名。麾下将士觉得他能体味堑壕生活之艰苦,对这位指挥官的爱戴非同一般。

---

① 赫伯特·亚历山大·劳伦斯(1861—1943),英国陆军将领,第二次布尔战争期间在黑格麾下服役,1903年退役从商,成为银行家。一战爆发后,被召回继续服役,担任黑格的参谋长。

第2伦敦军团(2nd London Regiment)[①]的W. E. 格雷(W. E. Grey)少校发现，那天晚上宁静得出奇，“午夜前的几个小时平静地流逝，战争中常见的嘈杂之声几不可闻。即将到来的春日带来芬芳与活力，弥漫于田野之中；料峭微寒的空气中尽是树木的清香，沁人心脾；枝头尚未长出绿叶，微风轻拂其间；而在战线的远处，唯有那树梢上方忽明忽灭的信号弹光亮刺破黑夜，昭示人们：这片美丽的大地仍处在战争之中，和平只是虚假的幻象。不过，总体而言，一切都预示着灾祸将至”。

那天的早些时候，也就是下午，在观察哨所里，一名炮兵军官也发现了气氛安静得有些异常。他的名字叫赫伯特·阿斯奎斯(Herbert Asquith)[②]，父亲是前任首相，现任反对党领袖。“一名步兵在无人区边缘射杀了一只兔子，并将它拎了回来；这算是唯一的流血事件。德军阵线上及其后方，完全看不到一个人影。”不过据他推测，在那平静的景色之中，极有可能埋伏着一支炮兵部队，且拥有压倒性的火力。阿斯奎斯把炮手召集起来，让他们备好防毒手套，并在防毒面具的护镜上涂抹药剂，以防镜片模糊。

在蒙特勒伊(Montreuil)的总部，黑格写信给妻子：“眼下敌人来势汹汹，回国见你的事情，我认为推迟一周为宜。”黑格的儿子刚在四天之前出生，无法立刻回去见到妻儿，使他非常沮丧。“不过，战况如此，我确实应该留在这里。如今全军上下士气昂扬，只待敌人进攻。如果星期六，敌人攻来了，我却身在英格兰，那还不知道要有多少‘闲话’呢。”黑格希望妻子能够一如既往地“以身作则，表现出忍耐以及履行职责的决心，使自己为此感到自豪”。在信的末尾，黑格说自己收到了大量祝贺信：“有许多素不相识的穷人也给我来信，在这个日子里，那么多人心怀善意，为我们一家三口祈祷——这是何等的幸福啊！”

---

① 英国陆军编制一直受到“军团系统”(Regimental System)的影响，各“军团”之间具有一定的独立性，如下文“国王皇家来复枪团”“蓝开夏燧石枪团”等皆属此类。其编制单位或称“Regiment”，或称“Corps”，不等同于字面意义上的编制单位，亦无正式译法，概依约定俗成译为“团”“军团”“兵团”等。

② 赫伯特·狄克森·阿斯奎斯(1881—1947)，英国诗人，其父赫伯特·亨利·阿斯奎斯于1908年至1916年任英国首相，因加里波利战役失利而引咎辞职。一战期间在炮兵部队的服役经历对阿斯奎斯影响颇深，其诗歌题材亦多反映战争。

当晚，第5集团军与北侧的第3集团军都笼罩在薄雾之中；雾气消减了声响，却平添了几分诡异且不安的氛围。晚上9点左右，英军第62师的突袭部队从无人区抓回来13名俘虏，其中几人很配合地招供了：德军的初步轰炸将于凌晨4点40分开始，而步兵部队可能将于上午9点30分出击。俘虏们的紧张情绪溢于言表，要求英军尽快将他们遣送至后方。总部将消息下达给炮兵部队，众多炮兵连急忙向各个射击阵地开进——这一行动早在计划之内，并且经过演练。

阿斯奎斯也收到了这一消息，上头还命令他销毁所有机密文件。他和上尉在防空洞的角落点燃了一堆樱桃木，将总部下发的海量文件付之一炬。

当夜，所有不值勤的士兵都躺下入睡了。"但我们大家都清楚得很，"高夫回忆道，"等不到天亮，我们就会在炮火的轰鸣声中醒来。"

德军正在向前线缓缓开拔，队伍一眼望不到头，运输列车与卡车夹杂其间。"一整夜没能休息，"飞行员鲁道夫·史塔克(Rudolf Stark)[①]回忆道，"车声隆隆，人潮汹涌，好似暴风雨将至。"在皮卡第(Picardy)的村庄里，德军士兵不顾严苛的军规，一边行军，一边唱起了凯旋曲。

鲁道夫·宾丁(Rudolf Binding)[②]中尉在一个新成立的师团任副官，他在一封信中解释自己为什么连续两个月没有写信："明天就谈不上什么秘密了，战局将会一片混乱……我也明白，那个日子正在无情地逼近，但我避无可避。它对我们每个人而言，都是一件大事。埃斯库罗斯曾说：'戏剧应当激起希望与恐惧。'而如今这里有一场大戏，幕布还未拉开，各方已经登场开演，在幕布之后唤起了那两种感情。这将会成为一场希腊式的悲剧，命运由人类亲手打造、开辟，并高居一切之上；谁将为此负责，命运便要降临到谁的头上。"

"我们尽可能轻装上阵，上头下令要求非必要的行李一律不得携带；扔

---

① 鲁道夫·史塔克(1897—?)，一战期间德军王牌飞行员。1933年根据自身经历，曾创作《战争之翼：一战最后一年的飞行员日记》一书。其后事迹不详。

② 鲁道夫·宾丁，后来成为德国战后作家群体中的重要一员，他将战争前线士兵表现出的品德加以理想化，在一定程度上为阿道夫·希特勒的上台创造了心理氛围。——原注

掉那些行李，我们并没有感到不甘心，因为最后的希望鼓舞着我们。组织工作确实做得很好，但想想也知道，保密是不可能的。在布鲁塞尔，连小孩儿都知道，进攻的日期是3月21日。”

二

早在2月下旬，伦敦方面的战时内阁就收到过两份报告，内容令人不安，但他们仍在怀疑敌人是否会发动攻击。两份报告，一份来自英国皇家飞行队（Royal Flying Corp），其中所述种种迹象都表明，圣昆廷（St. Quentin）附近将会受到大规模袭击；另一份来自克列孟梭缴获的德军文件，文件显示德军进攻的日期有可能是3月10日，因为有人听到威廉皇储讲述他的行程安排，3月20日将前往加来，而4月15日将前往巴黎。在收到那两份报告之后，过了几天，作战部部长（Director of Military Operations）、少将弗雷德里克·莫里斯（Frederick Maurice）①爵士也收到了一份报告。他亲自通知内阁：德军将在3月中旬发动进攻，目标极有可能就是英军战线。“他们还觉得敌人会打意大利，”莫里斯在日记中不无辛辣地讽刺道，“就因为没听到多少风声。”

黑格则毫不犹疑。早在3月2日，那时天气还很阴冷，他就指示麾下诸将“尽快做好准备，迎接敌人旷日持久的大规模进攻”。黑格巡视了三个集团军，十分满意：“我现在只怕敌人意识到我军的强大，不愿不惜血本来发动攻击。”

次日，黑格获悉，敌军在西线拥有182个师。“从部队的调动及俘虏的口供来看，”他在日记的记述中加了下划线，“敌军必将在本月发起一场大规模进攻。”

伦敦方面，莫里斯将军同意黑格的意见，认为敌人不久就会发动攻击，目标是康布雷（Cambrai）战线。3月4日，他向新任帝国总参谋长亨利·威

① 弗雷德里克·巴顿·莫里斯（1871—1951），英国陆军将领，1915年出任帝国总参谋部作战部部长，与时任总参谋长威廉·罗伯逊合作密切。

尔逊(Henry Wilson)[1]将军提出了自己的看法，称：在他看来，此事已无可置疑。而威尔逊却回复称，他并不担心康布雷—圣昆廷一线会有问题，因为那里已经满目疮痍，而且还有一条索姆河挡路。当晚，莫里斯写道："敌军行动的迹象已经暴露了其意图：他们准备攻击的位置正是法军与我军的接合点，德军一贯喜欢从那儿下手，而且那里通往巴黎。"次日早晨，他的不断警告总算对战时内阁产生了一些效果，尽管劳合·乔治还有些犹疑，内阁成员们——莫里斯讽刺道——"终于开始考虑敌军来袭的事情了。"

伦敦方面的醒悟在陆军部也有所反映，陆军大臣德比(Derby)[2]勋爵当日写信给黑格：

按目前的情况来看，敌军很有可能在不久之后发动进攻，目标是你的防线，尤其是高夫把守的那一段。对于高夫其人，我的看法你也知道。(三个月之前，德比曾提醒黑格，伦敦有许多人将 1917 年在伊普尔的失利归咎于高夫。)当然，我本人并不了解他的作战能力；不过，从军政各个方面的表现来看，他的部队对他并不信任。如今正是危急存亡之秋，将领不得军心，非同小可。我相信，首相也跟你谈过这个话题……如果你个人恰好也对他不放心，那么我希望通过这道不明确的命令……给你提供一个台阶，假如你想做出某些变动，会更方便一些……

黑格没有听从他的建议，而且"第 5 集团军指挥官不得军心"的说法也毫无根据。关于高夫的一些流言蜚语，十有八九是怀恨在心的自由党政客在背后搞鬼。1914 年，高夫宁肯辞职也不愿镇压北爱尔兰志愿军，从而遭到了记恨。对这些冷枪暗箭，高夫毫不在意，他一心只顾自己的任务——加强防线。

德军最高司令部的参谋们正在研究高夫的排兵布阵。第 5 集团军是他们的首要目标，而其中的第 3 军正是要冲所在。第 3 军位于英军最右翼，沿

---

① 亨利·威尔逊(1864—1922)，英国陆军将领，在第三次英缅战争中左眼受伤，致使毁容。1918 年接替威廉·罗伯逊出任总参谋长，1919 年晋升元帅，1922 年遭爱尔兰民族主义组织新芬党成员暗杀身亡。

② 爱德华·斯坦利(1865—1948)，第 17 代德比伯爵，英国政治家，赛马爱好者。1916 年，接替就职首相的劳合·乔治，就任陆军大臣，直到一战结束。

瓦兹河(River Oise)驻扎。德军分析，这个部位最为薄弱，因为它是英法两军的接合部。任何接合部都是弱点，两国军队之间尤其如此。

在德比的信件发出两天后，黑格巡视了第5集团军，但这与陆军大臣的警告无关，只是对各个防守地段的一次例行巡视。黑格巡视的第一站就是第3军，情况不容乐观：那里只有三个师把守，虽然阵线的大部分地区都有河流、沼泽形成拱卫，但毕竟范围太广，兵力远远不够。“总体而言，我对这个阵地很不满意。”黑格写道，并从另一集团军中抽调了一个师，命其南下驰援高夫。

黑格对第18军也很担心。第18军组织得很好，各方面也考虑得周全，不过“他们太过想当然，以为敌人的行动都在他们的计划之中”。

黑格的确心中忐忑，但他没有考虑过临阵换将，尤其是在如此的一场大战之前。况且，他理解高夫的难处——缺兵少将，他自己也为此所苦：“法军把一大片不设防的区域交给了高夫，他却没有足够的人手去把守。”

直到3月14日，劳合·乔治仍然拒绝正视德军进攻的问题。当天，黑格亲渡英吉利海峡，再一次向内阁发出警告；而首相却只是千方百计地让黑格承认“德军不会进攻”。黑格不肯，于是首相便指责黑格曾表示过，德军的目标只是英军防线中的一小段。“我从没那么讲过！”黑格怒不可遏地反驳道。

“如果你是德国将军，你会攻击吗？”首相问道。

“德国在俄罗斯及中东方面取得胜利之后，军队及其领导人看来已经沉醉其中了；现在他们什么都做得出来，无法预料。无论如何，我们必须做好准备，以迎接——”黑格提高了声音，“一场狂风骤雨式的攻击，我们把守的阵线足足有50英里，因此需要兵员，十万火急。”

此时，鲁登道夫的进攻行动已经有了一个代号：米迦勒(Michael)。命令以德皇的名义发出：3月21日上午9时40分，发动第一次步兵攻击。进攻的准备工作有条不紊地进行着。第18集团军的一名青年炮兵中尉在3月15日的日记中写道：“面对司令部一丝不苟的工作、巨细无遗的准备，人们只有惊叹不已——毕竟，我们的伟大正来源于此……各种新式装备一应俱全，1914 年那会儿可见不到这些。”弹药库于当日建成。3 月 16 日，攻击部队的 62 个师向着目的地西进，在乐队的伴奏下，一路高歌：“我别无选择，只能如此。”①

3 月 18 日，一批英军战斗机渗入到前线附近，曼弗雷德·冯·里希特霍芬（Manfred von Richthofen）②男爵的飞行中队将它们驱逐了回去。激烈的混战之中，里希特霍芬击落了一架敌机，那是他个人纪录中所击落的第 66 架；他的中队击落了八架。当晚，鲁登道夫与兴登堡离开斯帕（Spa），来到距离前线更近的地方。他们在阿韦讷（Avesnes）设立了一个新的指挥分部。前些日子晴朗无云的天气，如今变得风狂雨骤，兴登堡注意到，紧张的氛围在他的部下之中弥漫开来。他希望乌云和暴雨能够掩盖最终阶段的准备工作，“不过，敌军难道就没有得到一点风声？我军寄希望于敌军一无所知，这合适吗？”敌军的炮火确实停息了下来，飞机却仍不时盘旋在己方上空。“这些都提供不了多少情报，无法解答我们的疑惑——‘这场袭击，是否能够成功？’”

鲁登道夫的准备工作一丝不苟，而其所下达的军令却含糊而随意，没有说明具体的目标和时间。“墨守作战计划，不知变通，最不可取。”德军最有效的攻击手段是包围战，其大体计划是，在英军第 3 集团军和第 5 集团军中间划开一道口子，然后转向西北，包围阿拉斯。因为阿拉斯在黑格心中，正是英军防御体系中的“骨干与中枢”。

19 日夜间，灰色的纵队在大雨之中蜿蜒前行。到达前线附近后，来了一些身披雨衣的向导，带领他们前进。趁着夜色，他们架起了最后一道堑壕里的迫击炮与大炮。午夜过后，乌云散尽，星空初现。然而，20 日的黎明尚未到来，山谷中升起了浓重的雾气，随后爬升至山脊顶端，将第 5 集团军的整条防线笼罩在内。随着太阳的升起，防线上的雾终于开始消散了，天空却

---

① 德国著名民谣 *Mußi' denn*，由开头两句歌词“Mußi' denn，mußi' denn”得名，意为“我必须，我必须”。关于歌词含义，说法不一，较通行的解释为：一名男子从军离乡，恋恋不舍，期待有朝一日重回故园，与心爱的姑娘成婚。

② 曼弗雷德·冯·里希特霍芬（1892—1918），一战期间德军头号王牌飞行员，外号“红色男爵”（der Rote Baron），击落敌机数量为一战飞行员之最。

很快地阴沉下来，德军阵地顿时大雨如注。此外，风向也对德军不利。鲁登道夫有些担心，因为德军炮击轰炸的威力主要来自毒气弹，而雾气也会影响部队的行进。他此前就表示过自己的忧虑：不利天气可能妨碍“训练有素、指挥得当的我军获得应有的回报”。

上午11时，气象学家、中尉施毛斯（Schmaus）博士提交了一份气象报告。天气情况并不“特别有利，但报告显示攻击存在可行性”。中午，兴登堡与鲁登道夫决定放手一搏，他们传令各队，一切按计划实施。“情况已如箭在弦，”鲁登道夫写道，“船到桥头自然直。最高司令部与各级将士人事已尽，剩下的只能听天由命了。”

鲁登道夫迷信天命在己，这一特质在午餐时表现得淋漓尽致：“你们知道明天在摩拉维亚弟兄会①的书上是什么日子吗？那是选民（Chosen People）之日。咱们明天进攻，难道还没有信心不成？”

这一天，德国的一只热气球断了线，飘到了法军防线上空，被法军射落。气球吊篮里有一些文件，记录了一份详细的作战计划：3月26日，德军将在兰斯（Reims）附近发动大规模进攻。面对德军的小花招，贝当将军却很当一回事，而高夫则坚信攻击就在几个小时之后，目标就是他自己。当天下午，他给麾下将领们发出了一条简洁的命令：“准备迎击。”

当时，高夫的一名重要参谋人员正骑着摩托车在前线巡视。此人名叫保罗·梅兹（Paul Maze）②，在本土官员眼中，他是个谜一样的人物，丘吉尔称他“独树一帜，难以捉摸”。梅兹是法国人，早年就读于英国的公立学校，后决意为英国效力。他出身富商家庭，母亲曾资助毕沙罗（Pissaro）③、杜飞（Dufy）④等艺术名家，梅兹本人也师从他们，学习绘画。高夫是梅兹的朋友，并允诺只要梅兹在法国军队中获得军衔，就让他在自己的参谋部工作。

---

① 摩拉维亚弟兄会，基督教新教教派之一，起源于14世纪的波希米亚，18世纪后盛行于德国，今天在世界范围内拥有80余万名信徒。

② 保罗·梅兹（1887—1979），法国画家，有“最后的后印象派大师”之称。一战期间与丘吉尔相识，并传授后者绘画技巧。

③ 卡米耶·毕沙罗（1830—1903），法国印象派、新印象派画家，点彩画派的代表人物。

④ 劳尔·杜飞（1877—1953），法国画家，早期受印象派影响，后成为野兽派代表人物。

梅兹当年不到30岁，身材挺拔，一表人才；他用了几周的时间，回来时已身着华丽军装（由他本人设计），腰佩大型军刀，还顶着一个英国人听来响当当的军衔：Maréchal des logis。在法语中，那是“中士”的意思。

梅兹主动请缨巡视第5集团军，将堑壕、炮台及战略地形绘制成图纸。此外，他还要视察各军、师、营、连指挥部，收集信息，了解将士们的想法。简而言之，他就是高夫的耳目。他曾被当成间谍，险些遭到枪决；也曾因作战英勇，多次荣获勋章。

当晚，梅兹在内勒（Nesle）的前线指挥部向高夫汇报情况。他谈到“暴风雨或可在黑夜之中掩护我军”，话音刚落，电话响了起来。高夫接起电话，话筒那边是劳伦斯将军的声音。劳伦斯就任黑格的参谋长不到两个月，年龄比高夫大10岁，军阶却要低一些。高夫在电话里要求出动他的两个后备师，劳伦斯却开始给他“上课，谈论伟大军事家的用兵之道”，甚至“像猫一样在电话那头叫个不停”，高夫对此尤为恼火，最终忍无可忍，撕破脸皮吼道：“只要能在我的战区里拖得住那群混蛋，我就要战斗到底！再见！晚安！”然后转向梅兹，让他第二天早晨再来继续汇报。

梅兹换下脏衣服，在内勒吃了晚餐。后来，当他再次走过那条街道时，感到“宁静的氛围笼罩着一切，战线那边鸦雀无声”。

宾丁中尉在一封家书中写道，德军的准备工作“巨细无遗，令人叹为观止。部队部署极其紧密，先头部队就位已有十天之久。一到夜里，运输队就源源不断地送来弹药，已经持续了几个星期，大炮周围现在被弹药堆得如小丘一般；再过四个小时，弹雨就会倾泻在敌人的头上”。军需总监鲁登道夫为每个参与攻击的师团配备了上等战马：“实在想不通，鲁登道夫从哪里搞到这么多好马。我们这个师还缺200匹马，他会在行军路上或作战途中给我们补齐。当然了，这些靠的都是铁路运输，他们日夜不休地在忙活。我们每个人都在忍受煎熬般地等待着数以千计的列车，为我们运来兵员、马匹、大炮、车辆、弹药、工具、口粮、架桥材料，以及各种各样的其他物资。”

午夜时分，德皇的专属列车离开斯帕，驶向鲁登道夫的前线指挥部。按预定计划，列车将在德军发动第一次突袭之前抵达。在前线，一道白雾从潮湿的地表缓慢升起，渐渐蔓延到了堑壕、残缺的树林与颓败的村庄之中。在那雾幕之后，埋伏着德军的 62 个师。其中 19 个师摩拳擦掌，准备粉碎由 6 个师及两个后备师组成的英军第 3 集团军；另外 43 个师则紧盯高夫的第 5 集团军，高夫手下有 13 个师，同样外加两个后备师。在兵力上，英军不足德军的三分之一。随军牧师来到第 5 集团军，沿线为信奉天主教的将士豁免罪过及提供圣餐。

午夜过后不久，高夫麾下各师发出了暗号："喧闹（Bustle）！"这个暗号代表"各就各位"。于是，数万英军悄然无声地离开营寨，向着前方阵地匍匐而行。

第二章　大型攻势

3月21日至24日

一

在高夫的第5军北翼附近，帕特里克·坎贝尔(Patrick Campbell)中尉刚刚睡下，便听到有人叫他的名字。来者是一名通信兵中士，他拉起掩体的防毒帘，用闪光灯照向那个年轻的炮兵军官。“长官，”他说道，“上尉要您去山顶一趟。”这是要让坎贝尔去仔细探察一下，并回来报告情况。

时间是3月21日凌晨4点，坎贝尔暗自咒骂那个紧张兮兮的上尉。他正慢悠悠地脱下睡衣，那中士又回来了。“长官，上尉希望您立刻动身。”而当坎贝尔问起有什么动静时，他平静地答道：“没，长官，只有雾而已。”

坎贝尔戴上软帽。在这种战争中，没有必要戴钢盔。然而，当他与两个通信兵一道出发时，他听到了那天的第一声炮响。这在清晨本不稀奇，只是炮声比往日来得更响。于是他折返回去，取了钢盔，并戴上防毒面具，遮住了要害部位。他一向认为英国不如法国，但他现在发现，自己表现得并不比其他军官差，尽管讲起话来偶尔有些口吃。

坎贝尔在伸手不见五指的大雾中爬上山坡，循着一条电话线来辨别方向。他本希望炮声会渐趋沉寂，事实却恰恰相反。这使他心神不宁。炮声一向骇人。1917年8月，坎贝尔曾在伊普尔前线遭受到猛烈的轰炸，呼啸的炮弹声、痛苦的悲鸣声、恐怖的爆炸声，碎裂的铁片凶猛地坠落并深深钻入泥土中的声音——这一切都还萦绕在耳边。他那时吓瘫了，下肢酸软，脸在燃烧，而喉咙干裂不已。水壶里装有柠檬汁，他却无力伸手拿起水壶。那是一种可耻而卑屈的恐惧感。那场爆炸使他"变了一个人，好像所有勇气都在爆炸中倾泻殆尽"。为了摆脱挥之不去的恐惧，他想过找点事情做。后来他读到特罗洛普的《弗莱姆利教区》(*Framley Parsonage*)①："这书读起来很让人愉悦，一切都波澜不惊。希望有一天，我们也能找回那种波澜不惊的生活。"

而在 3 月 21 日的那个清晨，每当坎贝尔走到电话线中断的地方时，当初的恐惧就会涌上心头。他感到孤独和迷茫，无法在浓雾之中找出前方的线路。枪炮的声浪一阵高过一阵。毒气弹！毒气弹爆炸时，响声与其他炮弹不同。令人作呕的芥子气混杂着湿腻的雾霭，钻进了他的防毒面具之中。此时前线的确有新动向，而他却无从得知。

凌晨 4 点 40 分，史无前例的大规模轰炸拉开了帷幕。沿着 50 多英里的战线，约 6000 门火炮同时向英军第 3 集团军和第 5 集团军开火，其中重型、超重型火炮不少于 2500 门。这场炮击的策划者是德军一流的炮兵专家格奥尔格·布赫穆勒(Georg Bruchmüller)中校，人称"Durchbruchmüller"(破阵者穆勒)②。德军的炮击震天撼地，以至于英军的 2500 门火炮还击时，声音几乎细微到听不见。

在赫伯特·苏尔茨巴赫(Herbert Sulzbach)中尉这样一个德军炮兵军官听来，"好像世界末日一般"。他的大炮使用毒气弹对敌人进行饱和式轰击，可由于毒气和烟雾太浓，他只得时不时地略作休息。炮手们已被汗水浸透了衬衫，持续不断地将炮弹塞入炮膛。他们斗志昂扬，接连开火，不用指挥官多加指示。

在一个前沿观察哨所，英军炮弹带来的冲击波震飞了沃尔特·本森(Walter Bensen)的望远镜。他本人安然无恙，身边的哨兵却缩成一团倒了

---

① 安东尼·特罗洛普(1815—1882)，英国小说家，以一组六部的小说《巴塞特郡纪事》闻名。《弗莱姆利教区》是其中一部。

② 格奥尔格·布赫穆勒(1863—1948)，德国陆军军官，现代炮兵战术先驱者。其绰号由德文"突破"(Durchbruch)与姓氏"布赫穆勒"(Bruchmüller)组合而成。

下去，手里还僵直地握着步枪。本森重新架起望远镜，然而视野中尽是一片大雾。此时发生了一件出乎意料之事——风向转变，毒气被吹了回来。本森赶紧戴上了防毒面具。

在布赫穆勒的计划中，敌军炮兵阵地是首要打击目标。英军第 3 集团军和第 5 集团军接合部的北端，一名重炮兵部队的副官在首轮炸弹声中被惊醒。亚瑟·贝伦德(Arthur Behrend)上尉感到一切都在震动——地面、防空洞，以及他的床。他点上一支蜡烛，一把抓起电话，听筒里面却没有任何声音。此时门突然打开，上校戴着眼镜、身着睡衣、脚蹬胶靴闯了进来："O. P. ①那边没来消息吗?"

正在贝伦德回话的当口，一阵巨响传来，险些将他掀到床下，而蜡烛也被震灭了。贝伦德大吃一惊。英军本以为战争很遥远：自圣诞节以来，总部方圆 1000 码内从未遭受过炮击，巴波姆(Bapaume)前线的生活"舒心惬意——有时策马徐行，沿着杂草蔓生的丘陵来到炮台；有时驾车兜风，渡过白雪皑皑的索姆河去往亚眠(Amiens)；拂晓之际，还能在总部周围的田地里打两只鹧鸪"。

而如今，一枚硕大的炮弹落在巷道里，距离他的防空洞仅有 10 码之遥。上校匆匆离开后，周围又炸响了几枚新的炮弹，来势汹汹。蜡烛被掀起的气流弄灭了，防空洞的门铰链也已被炸飞。"高爆炸药的气味摄人心魄，我望着那满目疮痍的地面，呆呆地不知如何是好。"贝伦德根本记不清自己在床上待了多久。或许是五分钟。他颤抖着，不知是由于激动，或是恐惧。他没有力气挪动双脚："我一筹莫展。体面地躺在床上死去，总好过半裸着穿衬衫时被炸死。"然而，没过几分钟，他惊奇地发现，自己已经适应了这人间地狱，并渴望采取行动。他匆匆穿戴整齐，又考虑到自己可能被俘，于是穿上了那件带有 V 字臂章②的崭新束腰军服。

第 5 集团军的炮台也受到了类似的轰击。靠近北翼的 E. C. 奥弗瑞(E. C. Allfree)中尉莫名地感到不安。按照惯例，炮兵军官几乎用不到左轮手

① O. P. (Observation Post)，观察哨所。

② V 字臂章，在军服中用以标示军衔等级的标志性臂章。

枪,但他仍然系上了武装带,准备出门。此时少校走了进来,告诉他现在没有任务,而且外面毒气弥漫,他无须暴露自己。奥弗瑞不喜欢偷偷摸摸地躲在防空洞里,然而少校表示,他留在原地或许对战局更有帮助。于是奥弗瑞戴好盒式防毒面具,来到了双层防毒帘外。他闻到一股刺鼻的味道,外面的声音听来也相当不妙。此时医护兵抬了一名伤员进来。不一会儿,少校回来告诉奥弗瑞说,他现在可以去接戈弗雷(Godfrey)的班了。

奥弗瑞发现外面凹陷的道路中布满了浓雾。"炮弹漫天撒来。那真是个实打实的地狱——语言无法形容它有多么凄惨可怕,所以我也不担心自己的描述有所夸张。"防毒面具的护目镜一下子就起雾了,于是他只能凭感觉摸索着走向炮台。众人为了保证视野清晰,摘掉了防毒面具的面罩部分,只保留鼻罩和口罩,但是仍无法在雾中看清标桩上的灯光。奥弗瑞让一名士兵在桩上挂了一盏闪光灯,效果也不甚理想。于是他去了一趟"地图室",对打击目标进行了磁场分析,然后配上一只棱镜罗盘,尽最大的努力保证发射精准。

在努尔卢(Nurlu)废墟后方的几英里处,温斯顿·丘吉尔以为首轮爆炸声来自英军的12英寸口径大炮。"紧接着,就在转瞬之间,我听到了前所未有的巨大炮击声,就像一名钢琴师在琴键上从最高音抹向最低音一般。"南北两面,剧烈的轰鸣间杂着回声扑面而来,爆炸的火光透过窗户纸,把他的小屋照得灯火通明。在外面,丘吉尔遇到了都铎(Tudor)①将军。"现状就是这样,"都铎说道,"我已经向所有炮台下达了开火命令,你很快就听到了。"只是德军的炮火太过猛烈,他无法从中分辨出友军的炮声。

在高夫战线的中段,赫伯特·阿斯奎斯感到炮击声"好像天崩地裂,不似人为"。他含住防毒面具管,行走于各门大炮之间,检查开火的角度。一片漆黑之中,唯有他的大炮射击时的火光以及爆炸中心的熊熊烈火,能够带来仅剩的光亮:"耳边尽是各种各样的巨响,好似种种和弦汇成一场狂暴的龙卷风。就算相距只有几码,举着扩音器喊话,对方也听不见你的命令。"

---

① 亨利·休·都铎(1871—1965),英国陆军将领。作战勇敢,常身先士卒。一战时期活跃于西线战场,从上尉升至少将。

在第5集团军南翼，经历猛烈炮击的皇家伯克郡团(Royal Berkshire Regiment)二等兵弗兰克·格雷(Frank Gray)感到，此次炮击绝非以往可比。“那声音大得很，可以说令人丧胆。每一声轰鸣，每一声巨响，你感觉没有减弱，也没有增强。但实际上，那只是你的想象力接受不了‘增强’这一事实。那声音之巨大不可想象，你根本听不到物品被炸碎，它压倒性地吞噬了其他一切声响。在那不可抗拒、永无止境的声浪之中，我简直要被淹没了。紧接着，我听到一连串命令：‘待命！’‘准备！’最后是，‘各就各位！’”在大雾缭绕的熹微晨光之中，士兵们一言不发地按照作战序列行进，与在国内时的阅兵式无异，平静地来到前线，“天穹烨烨，大地猝崩，他们进入了指定的阵地”。

格雷所属的集团军司令在清晨5点10分被吵醒。因距离前线较远，因此爆炸声显得沉闷，然而却持久不息。于是，高夫立刻“意识到，那是一股粉碎性、毁灭性的力量”。他跳下床，给总参谋部拨了一通电话，询问轰炸发生的地点；而对方的回答令他大吃一惊：他本人的四支部队全部受到重创。第3集团军则表示南部战线约10英里的部分遭到炮击。“我一下子就明白了，第5集团军已是敌人的众矢之的。”高夫原本打算从那些情况不甚危急的地段抽调兵力，来对付最棘手的敌人；而如今这一希望也落空了。现在他面临的情况倒是简单，只不过令他感到“如履薄冰”。高夫把守的全部战线都卷入了战火，却没有足够的后备力量去填补脆弱的区域。

高夫发布了几道命令，并对各相关人员发出警告，然后便凝视着窗外弥漫的浓雾。德军的攻击不会持续几个小时，所以他暂时无事可做，又回到床上小睡了一会儿。

约一小时后，德军炮火的首要目标从英军的炮台转移到了前线。“机枪哨所连着人的四肢一道被炸上了天。”第5集团军北翼的一名炮手回忆道，“毒气呛得人又咳又呕，眼前一片模糊。周围的大地已是地狱般的景象，酷似但丁笔下那个有着‘三个分区(Three Divisions)①’的地狱。”

---

① 三个分区，但丁在《神曲》中，为地狱划出了三个部分，分别对应无节制(纵欲、暴食、贪婪、愤怒)、暴力、恶毒(欺诈、背叛)三类罪行。

上午7点左右，猛烈的炮击停了下来。军官让士兵们去坑道里吃早饭，然而饭还没吃完，炮击便又开始了。没过多久，只听有人喊道：德军已经进入前线战壕了。他们在大雾的掩护下悄悄潜入。不过，那只是些零星的攻击，英军步兵知道敌军主力随时会攻来，早已做好了万全准备。

到了8点30分，高夫刮了胡子，穿好衣服，又拨了一通电话。虽没有德军向前推进的任何消息，但高夫相信他们必将大举进攻，便命令他的两个后备师开拔。接着，他又给黑格的司令部打电话，请求批准。主管作战的戴维森(Davidson)①将军下达了许可的指示。这让高夫很高兴。不过，当他请求再拨一些后备部队给自己时，得到的却是令人失望的答复。司令部已经把四个师拨给了第3集团军，而拨给第5集团军的只有一个师。“你别指望他们能在72小时内赶到。”戴维森说道。此时高夫心中想的只是：“我们能坚持那么久吗？”

各部队很少报告情况，高夫对此很不耐烦。他很想跳上汽车，到各个旅和师去转一圈。然而，那需要长途跋涉140英里，会使他无法与自己的指挥部保持联系。因此，他暂时放弃了这个计划。

此时，高夫那个最优秀的耳目之一——法国画家梅兹中士正在指挥部前踱步，急切要求面见将军。相关人员要他再等等消息，于是他又吃了一份早餐，吃完时已是9点30分了。他等得不耐烦，便自作主张骑上摩托车，去探查第5集团军和第3集团军接合部的情况究竟如何。梅兹的目的地是康格里夫(Congreve)②将军的第7军指挥部。“我在浓雾中前进，”他回忆道，“火炮的轰鸣就像雷鸣一般。”

此时，德皇刚刚乘列车抵达阿韦讷附近的小车站，然后转乘汽车前往兴登堡的司令部。途中，他听到远方传来隐隐约约的轰鸣声，心急如焚。再过几分钟，步兵的主攻就要开始，他想在那之前赶到司令部。

① 约翰·戴维森(1876—1954)，英国陆军将领，黑格的心腹，于黑格出任英国远征军总司令后，在其麾下任司令部作战部部长。

② 沃尔特·诺里斯·康格里夫(1862—1927)，英国陆军将领。在一战中失去了左手。1918年率领第7军，参与一系列战役。

上午 9 点 35 分，约 3500 门迫击炮对英军前线发起速射轰击。德军的三个集团军——第 17 集团军、第 2 集团军、第 18 集团军——自北向南排成一列，百万大军只等待着“进攻”二字的命令。先锋由经受过特殊训练的突击部队担任，39 个师提供支援。两个集团军——马维茨[1]的第 2 集团军与胡蒂尔[2]的第 18 集团军——准备进攻高夫的部队，南面的第 17 集团军目标则是英军第 3 集团军。

恩斯特·荣格(Ernst Jünger)是汉诺威军团一名年轻的连长，此时他手持一块表，站在防空洞前面。[3] 接下来，他要率领一支突击部队进行冲锋，而他刚刚获悉自己的营长已经阵亡。一颗颗重炮炮弹落在他这个连的四周。早先，在德军发动轰炸的那几分钟里，士兵们兴奋地沿着战壕跑来跑去，相互吼叫。那是他们对德军强大的实力感到欣喜若狂，急不可耐地期待进攻。而现在，他们被敌军的炮火吓得心惊胆战，得说点低俗的笑话才能振奋精神，转移注意力。荣格率队翻越山顶，以便在无人地带中占据阵地，并做好准备于 9 点 40 分向敌军战线发起冲锋。他们一边行进，一边高呼为战死的营长复仇。如此一来，士兵们恢复了斗志；而当他们发现两翼的友军突击营也在焦急地等待冲锋的信号时，便重新燃起了战斗的热情。荣格眼中所见，便是那群熊罴之士，他相信他们一定能够突破成功！争夺世界霸主的决战即将开始，荣格感受到这个时刻极其重要，却对那种近乎癫狂的总体气氛心惊不已。军官们站得笔直，神经质地相互打趣。偶有一发迫击炮弹炸落，泥土溅到他们头上，却没有一个人低头躲闪。“战斗中枪炮的怒吼太过骇人，我们已经失去了正常意识。”士兵们全部进入癫狂状态，丧失了判断能力，“离开凡尘，进入了超脱的境界”。死亡已不足为惧，他们将生命完全献给了祖国。

---

① 格奥尔格·冯·德·马维茨(1856—1929)，德国陆军将领。一战时在东线、西线均有活跃表现。

② 奥斯卡·冯·胡蒂尔(1857—1934)，德国陆军将领，鲁登道夫的表兄。因对“渗透战术”的出色运用广为人知。

③ 与宾丁一样，荣格也是一位战后德国作家，生动地描写了战争中的神秘气氛；且在这批作家中最具影响力与雄辩精神。尽管他从未支持希特勒，却仍然对“元首”的成功做出了重大贡献。——原注

荣格从勤务兵手里接过满满一壶烈酒，一口气灌进喉咙里。味道寡淡如水。他想吸上一支经典系列雪茄，可是一连三次也没点着火柴。终于，9点40分到来了！火光升起，身着灰色军装的士兵们①在愤怒、酒精与嗜血心理的驱使下，潮水般地向前涌去。荣格身先士卒，右手握着左轮手枪，左手持一根竹马鞭。他的胸中沸腾着狂怒般的情感，而他后来却为此困惑不解："杀戮的欲望吞没了我，我感到步履如飞。愤怒从我的双眼之中挤压出苦涩的泪水。"

第一道战线已经难以辨识了，荣格穿过了它。此时，从第二道战线突然射来一排机枪子弹。荣格等人迅速跃入一个弹坑，而还没等他们落地，子弹就在耳边迸发出可怕的噼啪声。所幸，弹片只是飞过作响，没有击中任何人。荣格爬出弹坑，沿着一条凹陷的道路疾走，两旁的防空洞已被炸毁，裂着一道道口子。此时他是单独行动——接着，他发现了第一个敌人，离他10英尺远。那人佝偻着身子，显然受了伤。荣格咬咬牙，举起左轮手枪抵在对方的太阳穴上，那个英国兵吓得惊声尖叫，然后掏出一张照片，慌乱地塞到荣格手里。荣格克制住了怒火。怎能下得了手呢——在对方所爱之人面前？

南边几英里外，另一名德军中尉海因里希·拉姆(Heinrich Lamm)率领他的排，高呼着"万岁"口号，冲入浓雾弥漫的首个敌军堑壕。该区域毒气弥漫，于是他们戴上了防毒面具。拉姆踩到某个柔软的东西，那是一名英国士兵的尸体。他进入另一个浓雾之中的堑壕，大喝一声，有几名英国士兵出来，举手投降。拉姆将他们遣送到后方，然后在堑壕内继续搜索。由于面具妨碍正常呼吸，他便摘了下来；这里并没有毒气，他只是咳了几声，打了几个喷嚏。当他跳入下一个堑壕时，有30个士兵跟随在他身后。这些士兵并不是拉姆认识的人，只是希望找个领头者。拉姆喊道："俘虏们出来！"不一会儿，一名敌军军官及20余名士兵便鱼贯而出；一名德军伤员把他们带到了后方。随后，拉姆又遇到一个英军军官，那人起初还在厉声高呼以鼓舞士

① 一战时期，协约国军服多为卡其色，同盟国军服多为灰色。本书常以"卡其色队伍""灰色大军"等称呼双方军队。

气，最终还是被迫投降。此人能说两句德语，拉姆便让他带着五名降卒去往后方。两人握了握手，拉姆注意到对方有一件漂亮的皮夹克，便对他说："你已经用不到它了。战争对你而言已经结束了。"那个英国人便大方地交出了皮夹克——作为一件礼物。

云开雾散，旭日初见。拉姆率领那一队士兵向阿日库尔（Hargicourt）进发。突然，他看到自己的连队，于是便归了队。正在一行人沿公路行进之际，一枚手榴弹击中了拉姆的好友斯佩克哈德（Speckhard），炸飞了他的一只手臂。拉姆眼睁睁地看着好友死去，生平第一次流下了眼泪。他吼道："斯佩克哈德，我一定为你报仇！"随即上好刺刀，率众跃入一条堑壕。然而，映入眼帘的是堆成小丘的英军尸体，拉姆的怒气开始消散。他走到一名英军士兵跟前，那人和斯佩克哈德一样，失去了一只手臂；断臂就横放在他的膝盖上。旁边不远处另有一人，虽然一息尚存，却失去了双腿；此人带着悲哀的神情抬头望了一眼，拉姆感到热泪上涌。那略带凄楚感的一瞥使他一整天都提不起作战的劲头。"水，我要水！"英国兵嗫嚅道。拉姆把自己的水壶递给他，里面装满了茶水掺朗姆酒。那伤员喝得一干二净，随后，水壶从手中滑落，他便断了气。拉姆心中默念：英魂远逝。接着大声喊道："万幸，你的死状不为家人所知。"

此时的荣格中尉已经归了队，正在公路上行进。他感到酷热难耐，便脱掉了外套，模仿演员的口吻宣布道："现在，荣格中尉卸掉了他的伪装！"他重复了好几遍，逗得部下捧腹不已，好像这玩笑幽默极了。他们来到路堤的尽头，荣格看见有人从防空洞的窗口向外开枪。他隔着窗帘向防空洞内还击。有个士兵扯掉窗帘，掷入一颗手榴弹。一声爆炸，一股浓烟，一片死寂。

荡清防空洞之后，荣格的部队冲上路堤展开了突击。突击乃是大规模的肉搏战，荣格参战已有三年，还从未见过此等场面。他跃入第一道堑壕，却被最前面的土垒绊了一跤，撞在一名英国军官身上。那英国军官身穿束腰军服，没有系带子。荣格掐住他的脖子，把他推倒在沙地上。有个上了年纪的德军少校从旁喊道："毙了这狗东西！"荣格却只向下面的堑壕奔去。那个堑壕"满满当当"都是敌人，他疯狂地开火，直到子弹打完，手指还扣在扳机上；他的部下则向英军扔手榴弹。他看到一顶碟形钢盔在空中飞舞。战斗没有持续太长时间，“数以营计”的敌人开始争先恐后地逃出堑壕，磕磕绊绊地奔向后方，抛下的尸体堆成了小丘。一名德军军士望着这幅场景，目瞪口呆；荣格则正杀得性起，一把夺过那军士的枪，隔着150码射杀了一名身穿深绿色军服的敌人：“那人就像刀刃碎裂一般，顿时倒在那里，再无动静。”

二

在南边，第5集团军的左翼也遭到压制。“炮击的势头正在减弱。”坎贝尔中尉想道。恰好此时，他瞧见大雾之中，有几个人影向他的位置跑来。是德国人？那不可能！可是自己人跑什么呢？

“德国兵冲过来了！”其中一人上气不接下气地叫道。不难发现，他们已经吓得手足无措了。

“怎么了？”

“德国兵冲过来了，”那个士兵复述了一遍，“他们已经攻到埃佩伊(Épehy)，当地我守军遭到全歼。”此时，雾气已经把另外几人罩住。不一会儿，这个士兵也不见了。

坎贝尔将情况回报长官，长官命令他继续密切注视敌军动态。当他重新回到阵地时，大雾已经消散，明媚的阳光照拂着山岭与峡谷。他四下望去，却没有任何发现，既没有德军，也没有英军，只有阳光洒在荒芜的山坡上：“真的有战斗正在进行？我可什么都没看见。一切都跟平常完全一样。”

而在几英里之外，奥弗瑞所在的那个炮位，英军能够清楚地看到德军从埃佩伊出发，正朝着高坡蜂拥而上。他们准备从右侧包围英军。奥弗瑞指挥炮手朝德军开火，此时却传来了旅长的命令：“立即撤出，撤到后方阵地，我从重炮连拨马队过去。”奥弗瑞下令停火，离开阵地，并把大炮系在牵引车(马车的前半部分，带有两个轮子)上。大炮全部系好之后，两支有八匹马的重炮队疾驶而来。激战之声渐渐逼近，他们把第一门大炮匆匆挂在一个马队的后面。奥弗瑞下令炮队离开，然而骑手们表示，只有在军官的率领下，他们才能离开；而且，骑手们还给奥弗瑞带来一匹马。

“妈的，那可不成，”奥弗瑞说，“把戈弗雷先生找来。”戈弗雷来得很快。

"好兄弟，你来啦。现在你有机会离开这鬼地方了。上马，把这些大炮送到后方阵地。1 号炮立刻出发，2 号炮随后跟上。"

"此话当真？"

"当然。你得立即动身。准备好了吗？"

"那还用说！"戈弗雷跨上马鞍，马便迈开了四蹄。重炮拖在马后，沿着坎坷不平的路面颠簸缓进。2 号炮却寸步难行：它的轮子刮擦在路堤上，一匹马则滑进了弹坑。骑手们死命抽打另外几匹马，试图把炮车拖出来；弹坑里那匹马同样在奋力挣扎。最终，两处缰绳在拉扯中断裂，队伍等不及新的马具送来，为了避免被俘，只能撤离。

在奥弗瑞等人右侧的第 5 集团军战线中段，两军正为争夺曼彻斯特山(Manchester Hill)进行着殊死搏斗。曼彻斯特山面对圣昆廷，像是一个驼峰。它是德军向前推进的障碍，曼彻斯特第 16 团团长威尔弗雷德·艾尔斯托伯(Wilfred Elstob)中校深知这一点。他不是职业军人，而是一名从军入伍的教师。他被部下称作"大本钟"；而士兵们也清楚，他的训话并不是泛泛空谈。"只能坚决抵抗，"他告诫士兵们，"抵抗到剩最后一发子弹、最后一名战士。"打头阵的两个连很快遭到了包围，指挥部也被敌军攻占了。艾尔斯托伯召集起厨师、面包师与文员，用左轮手枪、手榴弹——最后刺刀上阵——组织了反击。敌军的第二轮进攻基本上是由他单枪匹马打退的。这似乎给人一种刀枪不入的印象；其实他受了伤，只是没去管它而已。一枚炮弹爆炸时把他抛上了天，而当浓烟散开之后，他正在掸着身上的尘土。大雾消散时，小山周围尽是死伤的曼彻斯特士兵；但英军毕竟守住了它，正如艾尔斯托伯不无得意地不断报告所称的那样：英军会一直坚守下去。

在高夫战线的另一些地方，德军正在西进。威廉斯堡的尼古拉斯·舒伦堡(Nikolaus Schulenberg)正在享用战利品。他的人马劫掠了一所废弃的餐厅，餐厅里烤炉上烤着的培根吱吱作响，"桌上还摆着半头牛"。一行人往背包里塞满了"所谓的德式汉堡"以及香烟，而后每人点上一支烟，向下一个目标行进。他们的行军进度很快，甚至险些进入友军的火力网。俘虏成群结队地从他们身边经过，面色苍白，有些吓得还在发抖。他们对德军的炮击心有余悸。另一部分俘虏前往后方时仍在"厚颜无耻地吞云吐雾"，不过，就连这些趾高气扬的家伙“面对我军步兵的密集突击，也只能哑然”。

梅兹中士骑着摩托车，总算平安抵达第5集团军最北端的军司令部，然而绝大多数的办公室已经空无一人。康格里夫将军及其参谋人员大都去了各师。“一条狗夹着尾巴，绕着临时营房四周乱转，时不时停下来，转身朝着五英里外轰鸣的大炮狂吠几声。”梅兹决定再靠近前线一些，并设法通过了霍伊德科特（Heudecourt）入口处的炮火封锁，“炮车疾驶而过，骑手们的眼神中充满了恐惧与焦虑。究竟发生了什么事？我无从得知”。炮弹越过头顶，落进屋内。梅兹开始惶恐不安起来，几乎动弹不得。他昨晚刚从此地经过，一宿过后，那些熟悉的路标一个也找不到了。突然，第9师战线的左侧传出可怕的射击声。他扔下摩托车，跟着几个从司令部向炮台拉电线的通信兵，跌跌绊绊地向前行进。大雾之中，几个模糊的人影从他身边经过；炮弹在周围炸裂，毒气四溢。一行人中，只有梅兹没戴防毒面罩，于是他慌忙戴上。他来到一门大炮前，扯着嗓子与指挥官讲话。两人估计德军随时都可能突破英军的防线。

梅兹继续向前走着，从枪声判断，敌人已渗透到了前沿交战区。左侧，猛烈的开火声从各个地区传来，意味着敌军的渗透即将更进一步。一块锯齿状的弹片坠入弹坑，打在梅兹的脚上。他大为震骇，连忙爬出弹坑，趁德军尚未突破防线，继续赶路。炮弹在他的身边不断撒落。透过浓烟与雾气，梅兹看见一名军官，正匆忙赶往后方。他与那军官一起小跑，交谈之中得知德国佬刚刚攻陷了戈什伍德（Gauche Wood）。无论梅兹到哪儿打听，消息总是很有限，于是他决定重返康格里夫的指挥部。就在他找寻摩托车的当口，大雾陡然消散，露出了湛蓝的天空。

——

黑格向伦敦方面报告：斯卡尔普河（Scarpe）与瓦兹河之间发生了猛烈的炮击。莫里斯将军反拨了一通电话，询问步兵是否发动了进攻，并得到了肯定的回答。他立即通知威尔逊将军，称大规模战斗已经爆发。总参谋长有些怀疑，他认为地点应该再靠北一些。

战时内阁于上午11点30分举行会议，威尔逊提起炮击之事，并补充道，那或许只是一次普通的大规模袭击。他最后表示，从目前的情报来看，不必忧虑。“他在凡尔赛搞了那些军事演习①，希望德国佬大举来犯，”莫里斯在日记中写道，“但他丝毫没考虑到我军的兵力状况。如果兵力充足，我又何尝不想如此？可惜事与愿违。”

对于此次炮击，伦敦《晨邮报》著名战争评论员雷平顿(Repington)上校远比威尔逊更加担心。他坚决反对劳合·乔治的政策，并在日记中评论称：“战时内阁愚不可及，全凭英军作战勇猛以弥补之。”内阁秘书莫里斯·汉基(Maurice Hankey)同样忧心忡忡，他在日记中写道：“这是世界历史的一大紧要关头，不过我认为，我们的同胞挺得过去。”他还提到自己曾与劳合·乔治共进午餐，至于他们谈了什么，就不得而知了。

德军同样占据了空中优势。他们首次在飞机数量上超过了协约国：730架对579架。德军上午的空袭行动基本都是低空进行，那是因为雾气太大，而且需要对步兵提供支援。然而刚过中午，雾气渐渐消散，英军开始放出观测气球。乘坐气球的观测员在战斗机的有效保护下，发回了宝贵的情报：前线一带德军的动向杂乱无章。同时，炮兵得到了准确指向，朝德军后备部队有效开火。英军观测飞机也在德军战线上空盘旋，它们传回情报称：大批德军正在向前推进，“挤满了”通往前线的各条道路。

高夫得到这些消息后，明白自己无法在战区内获胜，只能采取拖延战术，否则必将遭到全歼。可是，敌军占据压倒性优势，他必须顶住暴风骤雨般的攻击，稳固住一条完好无损的战线，坚持到黑格和贝当派来充足的后备部队，以便死守下去——这该怎么做？黑格只能在三天后给他派一个师，第四天再派一个；法军则表示，他们希望能在两天后准备好一个师，三天后再准备好另外两个。

——

高夫正准备去吃午饭，法军第3集团军司令亨伯特(Humbert)②将军

① 1917年11月，劳合·乔治提议协约国组建“最高战争委员会”(Supreme War Council)，总部设在凡尔赛。亨利·威尔逊担任英方常驻军事代表。威尔逊令手下分别扮作协约国军队与德军，在该地展开了一系列军事演习；而身处前线的黑格则对此不屑一顾。

② 乔治·路易斯·亨伯特(1862—1921)，法国陆军将领。1915年7月起，统领法军第3集团军。

来了；这支军队的驻地就在南边不远。亨伯特如能带来好消息，那无异于雪中送炭。高夫表示，他很欢迎亨伯特率军前来。“可惜，”亨伯特歉疚地说，“现在我只剩挂在汽车上的旗子了。”这话未免有些夸张，他还带着副官及一个骨干参谋班子。亨伯特对此解释道：他的部队几周前被调走，还没有回来。

午饭后，高夫下令第 3 骑兵师立即驰援巴特勒(Butler)①将军的第 3 军。随后，他打电话给麾下的四位军长，告知他要去这四个军轮流视察一番。高夫在下午 3 点左右出发，先去见了把守右翼的巴特勒。这是巴特勒任军长以来首次作战。“我感到他有点焦虑，”高夫写道，“不过，鉴于目前的形势，这也很正常。”巴特勒丢了地盘，损失了大炮，心情十分沉重；高夫便开解他。第 3 军一直在与数量悬殊的敌人作战，“重点只有一个：采取妥善措施，应对来势汹汹的敌军”。巴特勒从高夫那里得知第 3 骑兵师已经在增援的路上了，便感到轻松了许多。他的任务是率领全军撤到克罗札运河(Crozat Canal)的对岸。

接着，高夫来到第 18 军，受到了截然不同的接待。他发现，马克西(Maxse)②将军和他的参谋人员“开朗、积极而自信”。他们前线地区的九个营顽强作战，不惜性命拖住了敌人的脚步。那些部队已经接近全灭，仍然死死守着阵地。高夫要求马克西尽最大可能坚持到次日，然后撤回右翼部队，与克罗札运河方面的巴特勒第 3 军保持联系。

与左侧友军——第 19 军——的联系同样需要保持。在前往第 19 军的路上，高夫的副官评论马克西的那个军，称他们好像面对千难万险也能气定神闲。高夫说道：“且不说他们在战区的伤亡，先头部队的九个营也损失了大半精锐；照这样的战损打下去，你觉得他们还能撑多久呢？”高夫发现，第 19 军面临着重重困难，丢失的地盘却比第 3 军少。该军战线薄弱，只有两个师，与各后备部队都相距甚远。不过，高夫对军长赫伯特·瓦茨(Herbert Watts)③将军极具信心。此人年已六十，身材瘦削，性格平和，为人谦逊，且

① 理查德·巴特勒(1870—1935)，英国陆军将领。1918 年 2 月起，任英军第 3 军军长。
② 伊弗尔·马克西(1862—1958)，英国陆军将领。1917 年 1 月起，任英军第 18 军军长。
③ 赫伯特·瓦茨(1858—1934)，英国陆军将领。1917 年 2 月起，任英军第 19 军军长。

不乏优秀的判断力与勇气。

高夫视察的最后一站是康格里夫的第 7 军。他到达时，梅兹中士早已离去，残余的景象只是右翼被打得大幅后撤。不过，果敢而坚毅的康格里夫用一个后备旅建立起了一条新的战线。“沃尔特，干得漂亮，”高夫说道，“尽你所能坚持下去。就算多拖住德军一个小时，也会对战况有所帮助。”他相信贝当会履行承诺，一旦敌人发动此类进攻，就会回军支援第 5 集团军；其实他不知道，贝当只在字面上遵守协议，其行动则谨小慎微。贝当要顾及自己的战线，而且他对那份随气球飘来、声称攻击目标是香槟地区的文件，仍然信以为真。尽管贝当手里共有 50 个后备师，但如果没人施压，他连一兵一卒、一门大炮都不肯派出去。贝当此举早在德军预料之中。“您不必担忧，”两个多月以前，一名军官向鲁登道夫进言，“法军不会舍己为人在第一时间救援协约国战友。他们必先按兵不动，观望自己的战线是否也有危险；只有确信万无一失之后，才会下定决心前去支援。”正是出于此等计谋，德军才往气球里投放了那条假情报。

——

当天下午，在第 5 集团军战线中段，“大本钟”艾尔斯托伯从曼彻斯特山发出最后一个报告，接听者是代理旅长 H. S. 波因茨（H. S. Poyntz）。艾尔斯托伯说他的人马已死伤殆尽，自己又添新伤，命不久矣。“再见。”他对波因茨说道，随后便挂了电话。敌军已把野战炮的射程提升至 60 码，猛烈的炮击夹杂着机关枪的持续火力，在下午 4 点 30 分时戛然而止。敌人要求这个“来自曼彻斯特的教师”投降，却只见他紧握步枪，站在射击台上大吼道：“休想！”于是敌人射穿了他的脑袋。

——

荣格中尉还活着。他先前率众占领了那条凹陷的道路，又向前推进了一些。在一个山谷里，他遇见了友人布雷耶（Breyer）中尉，有些喜出望外。此人在重机枪的枪林弹雨中闲庭信步，手拄一根长棍，叼着一只绿色的猎户长烟斗，肩挎步枪，一副出门打野兔的打扮。

黄昏时分，荣格行至罗库尔（Raucourt）附近。是时候稍作休息了，他打算找个防空洞小憩片刻。防空洞前躺着一个年轻的英国兵。那英国兵先是投降，接着又要逃跑，荣格只好一枪打在他的脑袋上。杀了人再望向他的眼睛，荣格心想，感觉真是五味杂陈。他在防空洞内发现了白面包、果酱，以及一个石罐，里面装满了姜汁啤酒。他读了几份英文报纸，“充斥着对‘德国鬼子’的咒骂，极端庸俗”。

——

对于这一天的空前胜利，兴登堡等人心满意足，只有英军第3集团军的顽强抵抗是件麻烦事。战损其实超过了预期，兴登堡之所以满意，只因为这是头一天。德皇倒是欢喜雀跃，他只看到了南部的辉煌战果。回到专列之后，德皇决定向兴登堡颁发金光闪闪的铁十字勋章；上一次颁发该勋章是在1814年，授勋给布吕歇尔①陆军元帅。每一名前线士兵也分享着德皇的喜悦，因为他们当中绝大多数只能看到当天的胜利了。“也许，这场战斗就是我生来的使命。”莱茵哈德·穆特(Reinhard Muth)在家信中写道，并在次日的作战行动中牺牲。

——

那天晚上，高夫集团军北翼，坎贝尔中尉所在的那个炮兵连士气低迷。只有一个名叫格里菲斯(Griffith)的人有心情讲话。他原本埋首于日记本中，此时抬起头来开朗地说道：“依我看，今天是春季的第一天。从某种程度上说，今天才真正有春日气息，对吧？”其他人粗鲁地让他闭上嘴。

再往南去，部队在全面向克罗札运河方面转移；还有一些队伍朝着高夫指挥部所在的内勒撤退。高夫正在与黑格的参谋长通话，谈到德军朝他这边投入了多少个师的兵力，以及后面还有数不清的增援部队。高夫补充道，德军次日肯定还会来犯，此等猛烈的攻势估计要持续多日；他的战线已经脆弱不堪，没有增援怎么守得下去？“当时的问题就是这个，而且是头号问题。”高夫后来写道，“劳伦斯好像没意识到局势的严重性，他以为‘德军第二天不会来了’‘敌军伤亡不小’‘会忙于打扫战场、收容伤兵，重新组织疲惫的

① 格布哈德·列博莱希特·冯·布吕歇尔(1742—1819)，普鲁士元帅，在反拿破仑战争中居功甚伟，被授予星芒大铁十字勋章(Star of the Grand Cross of the Iron Cross)。该勋章是铁十字勋章中最高级别“大铁十字勋章”的定制版，历史上正式被授予该勋章的只有布吕歇尔、兴登堡两个人。

部队并加以休整'。我极力反对，可惜于事无补。"

高夫不知疲倦，为了得到前线的最新消息，步行抵达作战指挥中心。他向各联络官询问撤退至后方途中有什么新情报，又与保罗·梅兹谈了谈。梅兹刚刚经历长途跋涉，早已精疲力竭；高夫派他去南边的法军司令部送信。梅兹困惫不堪，恍恍惚惚地抵达了目的地。信送到后，他先倒下睡了一个小时，然后才返回内勒。

身处蒙特勒伊的黑格给第3集团军和第5集团军发出贺信，并要求向各级传达。黑格认为，考虑到敌军攻势之猛烈，创造出此日战果的"英军殊为值得嘉许"。战地记者菲利普·吉布斯(Philip Gibbs)则表示十分担心，他当天发出战地电讯提到，德军可能在谋划一场包围战，以期大量俘虏英军、缴获武器，"对这一威胁，绝不可掉以轻心。此刻，我们的军队不仅是为了活下去——更是为了英国与全人类的命运而战"。

三

攻势第二天，即3月20日凌晨2时30分，二等兵弗兰克·格雷受命返回英国本土。对他来说，那命令无异于一道赦免书——"获准逃离这场可怕的战争！"长官当场批准放行，但是不知道格雷应该怎样离开，于是格雷只好自己想办法。手下一名中士告诉他，第5集团军南界附近，有个名叫弗拉维-勒-马泰勒(Flavy-le-Martel)的村庄，那里每天早晨7点15分会开出一趟火车。要是遇到火车停运，他也可以沿着铁轨步行。

格雷背上沉重的步兵行装，带上三天的口粮，天不亮就出发了。他很快就找到了主干道，道上堵得水泄不通，人马车辆都是向西而去——其中有各种型号、不同口径的火炮，有些用马拉着，有的用履带车拖曳；也有卡车，有的装满货物，有的空空如也；此外还有牵引车、弹药和步兵。最能触动他的是救护车，或单独行驶，或成群结队。格雷挤在车水马龙之中奋力前行，此时附近发生了炮击，于是他便转向前往田间。借着射击与爆炸的亮光，很容易分辨道路；但他越走越不安，因为他发现自己好像彻底成了独行侠，而且此处弹坑遍地，一不小心就会摔跟头。最后，格雷终于抵达了那个小火车站，并跟着一群老人挤上了一节车厢。老人们好奇地望着他，他担心自己被当成了逃兵。好在一名翻译人员查看了他的文件，给他做了担保，并告诉他，这是从弗拉维-勒-马泰勒出发的最后一趟火车。难民分了些食物和水给他。炮弹在不远处爆炸，一个老太太说："Pasbon，monsieur。"①他郑重地答道："Pasbon，madame。"②火车猛地发动起来，他就此离开了战场。

格雷并不知道，他那个地段的部队与火炮已经离开克罗札运河向西撤退，无法确定是否安全。四周笼罩着黄色的浓雾，很难辨别黎明是否到来。这是个比昨天更糟的日子。这是个阴湿寒冷的日子。

有的地方，浓雾会短暂地升起三四英尺，然后立刻降下来。康沃尔公爵轻步兵团(Duke of Cornwall's Light Infantry)第5营的一个连，在雾气升起的瞬间首次发现了一群德国佬。连长大吃一惊，连忙大喊道："十五发速射！"声音却嘶哑不清。他扯着嗓子又喊了一遍，总算让部下听见了。"好像过了几分钟，士兵们才开始射击。"R. G. 罗斯(R. G. Ross)中尉回忆道，"一名军官带头射击，用左轮手枪猛烈开火，直到他把子弹差不多打空，士兵们才回过神来。接下来的10分钟堪称壮烈。士兵们镇静自若，向敌人投掷炸弹，发射(枪)榴弹——我们深信自己的战线坚不可摧。德军采取密集阵型，故而伤亡惨重。接着，大雾再度笼罩起来，遮挡住我们的视线。我们耐心地等待，以前所未有的精神状态紧握住步枪与左轮手枪。后来雾气终于消散，我们惊讶地发现，冲在最前的敌人离我们只有20码。"

罗斯本以为德军会被迫撤退，不料机枪从左侧开始扫射起来。左侧友军放弃抵抗，撤到了后方。一天之中，类似情况不同程度地多次出现过。

再往北去，在第5集团军和第3集团军的接合部，坎贝尔所属炮连的代理连长十分消沉。"唉，老天爷！"宾利(Bingley)上尉说道，"昨天那种日子，我真是彻底受够了！"大雾消散之后，消息逐渐传来。敌人在好几个点突破了他们的战线。"唉，老天爷！"宾利说着，又接到消息称右边的一个师丢掉

① (法语)真糟糕，先生。
② (法语)真糟糕，夫人。

了一整条战线。于是他再次叹息道："唉，老天爷！"接下来的消息是敌人进入鲁瓦塞勒(Roisel)。"唉，老天爷！"宾利感叹道，"色当(Sedan)[①]的历史要重演了。"

坎贝尔仔细看了看地图，鲁瓦塞勒位于正南方五英里处。也就是说，德国佬已经在开往佩罗讷(Péronne)的路上，而坎贝尔的炮连很有可能被切断了退路。"咱们不能坐以待毙，"一名军官说道，"何不开炮射击呢？"之所以没有开炮，原因之一在于，他们不清楚敌我双方阵营的具体位置，而与前线联系的电话线全部被切断了。又有人建议，至少要向他们原有的废弃战线开火，然而宾利上尉表示应当节省弹药。此时消息传来，他们保护的主要目标——查佩尔山(Chapel Hill)防线已经失守。不过宾利仍旧无所作为。"我们得等上校的命令，上校会指示我们如何行动。"擅自行动罪莫大焉，宾利表示，因为大家事后总会追悔莫及。他坐立不安，时不时跑到大炮处去看看，敌军的炮击没有吓到他。其实，坎贝尔心想："他怕的是承担责任，也可能是怕丢了大炮，或者被敌人俘虏。"

南边，克罗札运河上的桥梁完好无损，撤退的人潮把这里挤得水泄不通。国王皇家来复枪团(King's Royal Rifle Corps)的J. G. 伯奇(J. G. Birch)中校率领他的一个营，从后方赶来处理混乱的局面。他看到运河一线由一些未骑马的骑兵部队把守，不过人数稀少，而且没有堑壕，便派人在浓雾的掩护下迅速挖掘堑壕。浓雾骤然散去，伯奇震惊地发现敌军的野战炮就在运河对面，而敌方步兵朝守军打起了冷枪。德军渡过运河，来夺取一个高地。两枚手榴弹砸到了他的钢盔，结果是哑弹！第三颗就在他左边十英尺处炸开了。伯奇觉得左耳有异状；弹片划破他的马裤，插入了大腿。他纵身跃入一个弹坑，一抬头，一圈人用步枪瞄准了自己。他用德语怒吼道："我们对待战俘可不像这样！"德军一惊，随即垂下枪口。一名德国兵说："等等，他会讲德语。"他们对伯奇进行搜身，抢走了钱、手表和望远镜，却漏掉了一个昂贵的银制烟盒，因为他提前把它藏到了马裤腿里。德国兵开始盯住

---

① 指色当战役，普法战争中最具决定意义的战役，发生于1870年9月1日。此战德军大获全胜，包括法国皇帝拿破仑三世在内的大量法军被俘。

他那双伦敦生产的马靴，伯奇便缓缓向前走去，请一名德国医生让他离开战线，因为他受了轻伤。“离开战线绝不可能，”对方答道，“除非你帮忙运送德军伤员。”伯奇答应了，于是便抬着担架朝圣昆廷前进。担架十分笨重，又没有带子，整个重量全部压在了肩膀上。

——

威廉皇储参观了圣昆廷废墟。那里的景象令人难忘。一座繁荣的城镇，在英军炮火的轰击下，很快变成了死气沉沉的瓦砾堆。步兵一队接一队地从威廉皇储旁边经过，热切渴望投身于前线的战斗之中。“喜悦的笑颜围绕着我，汽车在欢呼与高喊声中难以前行。大军行进的步伐，昭示着胜利。对这支军队而言，唯一的律令就是‘前进，追击敌人！’”此时，德皇的长子正穿过瓦砾堆，前往第231师指挥部，“我看到一批军官正在埋头工作，一边飞速地写字，一边听着电话。他们平日的表情庄重，带着责任感，此时则流露出一丝倦意，带着几分沉着冷静、心满意足”。他同官兵们握过手，便向战场方向继续前进，“我们沉痛地望着那些尸体，感激地望向那些伤员。所幸，多多少少，我们可以带给他们一些充满爱意的抚慰”。到处尽是被攻占的堑壕，被丢弃的大炮，以及大量的战争物资。前方，战场上的火光缓慢却不间断地蔓延着，“惊悚骇人的场景映在眼中，留下闪烁交替的各种印象；然而，明媚的春日阳光抚平了那一切，将我长久以来的疑虑一扫而空，使我重新充满信心，对未来产生了强烈的渴望”。

大攻势开始的消息传回德国本土时，人们正在吃早餐。“我军以1914年的那股势头（élan）与精神，”《福斯日报》（*Vossische Zeitung*）报道称，“由地面发起猛攻，将负隅顽抗的敌军全线击溃。无疑，敌方守军的表现堪称英勇，不过英方高层可承受不起此等巨大打击。”

——

高夫刚刚获悉，巴特勒的第3军无法在当天夜里守卫住克罗札运河战线，于是要求右面的法军第6集团军派步兵前来支援。杜歇纳（Duchěne）①

① 德尼·奥古斯特·杜歇纳（1862—1950），法国陆军将领。1917年12月起统领法军第6集团军。

将军认为自己不能把后备部队借出去，却向上级进言，希望立即派遣贝当的一个后备师——第125师——去支援巴特勒。贝当同意了，但条件是该师必须由法军指挥。

对高夫而言，这是个好消息；如此一来，只等法军开到，他便可以把第3军撤到后备部队中去。此时他准备吃早饭；而在此之前，他刚刚向保罗·梅兹下达了新指示，希望第5集团军“且战且退，殿后部队始终与敌军接战，尽可能长久地把守这块具有战略价值的要地”。最为重要的是各部队之间必须保持联系，高夫表示，禁止不通知友军部队而独自撤退。他要求梅兹中士替他跑一趟，从第3军开始。梅兹与高夫私下是朋友，如今已成了一名准联络官。他不顾身体的疲劳，骑上摩托车向西南驶去。他经过第3军的火炮阵地，那里的雾仍然很大，大量火炮遭到遗弃。他看见克罗札运河对岸，一些骑兵团士兵正在挖土修筑阵地。相比较而言，前方似乎算是平静的了。然而，他一接近目的地，敌军便开始了猛烈的炮击，火力网沿着运河向北延伸。雾气消散后，他望见泰尔尼耶(Tergnier)笼罩在前方的烟雾之中。

梅兹经过此地几分钟后，德军四个师的先头部队便开始渡过运河，突破了第3军的战线。

——

梅兹离开内勒不久，高夫将军就接到了康格里夫的电话。前一天晚上，高夫对他下达过有关撤退的指示；而从这个电话中，高夫发现对方对该命令有所误解。高夫故意采取口头形式下达命令，他担心自己“且战且退”的想法付诸文字，会导致一场无法控制的全面溃退。然而康格里夫没能领会他的真正用意，那么另外三名军长也存在误解的可能。高夫思忖片刻，最终于10点45分正式发出命令：

> 通知第5集团军各军：一旦敌军发起重大进攻，各军须采取后卫行动，退至后方地域的前缘，必要时可退至后方地域的后缘。切记各军之间、各军同侧翼各集团军下属各军之间，应当保持联系。

任务下达后，高夫出发前往北部视察。在他离开司令部期间，一名作战部军官擅自通过电话向各军报告了一条振奋人心却会引起误解的消息：法军正在派兵增援，第3军可能成为后备部队。该军官在与马克西的第18军通话时提到，高夫目前的计划是守住索姆河及运河一带的防线。

马克西本人中午才听到这个消息。结合高夫的撤退命令来分析，他认为这是让他一直退到索姆河。如此一来，他便令先头部队的三个师脱离战斗，沿河建立新防线。这是一个艰难的抉择，无疑会招致非难，不过作为一名经验丰富、才干过人的指挥官，马克西认为第18军处境岌岌可危，迫于情势只得如此。他的部队右接第3军，而第3军已经撤退，因此自清晨时分起，他的整个左翼就暴露在危险之中。

然而，马克西的决断却使他的左邻部瓦茨将军身处险境。瓦茨已经让先头部队的两个师后撤了，但他没想到马克西部会一直撤到索姆河。此外，瓦茨的右翼很不坚固，这使他十分沮丧。他的部队撤退有条不紊，并且十分注意与左接的康格里夫保持联系。高夫不在司令部内，因此当他得知马克西部撤退的消息时，撤退已在进行之中了。他竭力阻止这场撤退，然而为时已晚，他唯一能做的只有设法稳住战线。

此刻，黑格正在自己的司令部内给妻子写信，宽慰她道："我们昨天经历过一场大战，取得了辉煌的战果。今天上午的报告称，我军士气高昂，昨晚打击的目标也十分恰当。概括说来就是'杀，杀，杀个不停'。所以，敌军一定损失惨重。"（黑格夫人在信上做了批注："道格拉斯之所以写得如此乐观，是因为他知道我卧病在床。后来他回家时，一脸焦虑，真有些吓人。"）

此刻，贝当正在他的司令部内向巴黎方面汇报，但对最新的事态一无所知。那份如定心丸一般的报告称"不必忧心忡忡"，因为他已安排妥当，"……目前只需要英军守住索姆河就好——而把守该河似乎并不困难……这场战斗的情况对我军空前有利。"

第3集团军右翼，与第5集团军接合部附近的那个突出地带同样处境危险。3月22日中午刚过，雾气彻底消散，北边出现了更大的危机。消息由一次空中特别侦察带来：德军已渗透到罗库尔村。于是，英军命令三个坦克连在步兵的掩护下展开反攻。

荣格中尉正在率众攻击罗库尔。对手是苏格兰人，战斗进入白热化状态，不一会儿，战场上便堆满了尸体。“战场刺激着人的神经。我们跨过一具具尚有余温的尸体冲杀过去，他们结实有力的膝部露在苏格兰短裙下。有时则要从尸体上面爬行。”此时突然飞来炸弹与枪榴弹，荣格的突击队员只好停止进攻。有人喊道：“英国佬反攻了！”荣格聚集起少数几名士兵，在一道宽阔的护墙后面组织了一个抵抗核心。相距短短几码，双方之间的互攻从未间断。“有个第76师的士兵，离我很近，一梭子接一梭子地射击，像疯了一样，完全不去找掩护，最终倒在了血泊之中。”这名士兵被一发子弹打中头部，弓着身子缩在堑壕的角落里，头垂在一边，血如泉涌。他起初还不时发出临死前的呻吟，接着便不吭声了。荣格抓起死者的枪，继续射击。

坎贝尔中尉的炮连仍一炮未发。他终于得到上级的命令——爬上山顶，“务必搞清发生了什么”，而此时已临近黄昏。上级好歹发出了具体指示，算是一种宽慰。坎贝尔从炮连出发向上爬，爬了1000码，直到电话线的尽头。此处视野绝佳，甚至能够看到查佩尔山的山顶。他趴伏在地，拿起战地望远镜。德军！成千上万的德军，从查佩尔山的一侧潮水般涌下来！“千载难逢的好机会。此前我根本没见过德军，更没办法向他们射击。”他向后面的通信员高喊，“准备开炮！”接着掏出一张地图，匆忙确定射程与射击角度。德国人从山上冲杀下来，一波接一波，行动十分迅速。坎贝尔情绪激动，有些手忙脚乱。此时，通信员传来了宾利的口信：“上尉说无法射击。火炮已全部装载完毕，就要运走了。”

坎贝尔三两步冲到电话机旁。“德国佬再有十分钟就冲过来了！”他声嘶力竭地吼道。他准备加上一句“除非咱们把他们挡住”，不过得先停顿一下喘口气。就在这停顿的一瞬间，他听见电话那头，通信员用平静的语调向宾利转达：“坎贝尔先生说，德国佬十分钟之后会到，长官。”那口气仿佛是德国人应邀前来喝茶，但会迟到几分钟。

“什么？什么？”宾利接过了电话，“你说十分钟？肯定是搞错了。我们没有接到命令。要真是那样，上校早就告诉我了。”

坎贝尔努力控制住情绪。他意识到说十分钟不合适，因为德国佬位于3000码之外。他随即想到，夹在中间的是英军步兵，德军从山上俯冲下来，即将对他们发起攻击。“大批德军从山上冲下来，”坎贝尔尽量平静地说，

"我们必须开火。"而接下来的对话，却带有几分黑色幽默的味道。

"那肯定是自己人。"宾利说道。

"是德军。我能看见他们的钢盔是什么形状，军服是什么颜色。"

"火炮全都准备运走了，"宾利反驳道，"我估计上校随时会下达后撤命令。"

"我们应当开火，"坎贝尔略带些口吃地坚持说道，"现在没人向他们开火。"

"所以说他们是自己人嘛。"

"是德军。之所以没有其他人开火，是因为只剩下我们了。"

"你肯定他们是德军？"

"绝对无误。"

"行吧。"宾利不情愿地答道，就像一位父亲拗不过儿子的恳求，"你可以留下两门炮，但是一定要注意弹药。"

坎贝尔感到火气上涌。连续几个星期，他们每天夜里发射的炮弹数以百计，根本不知道打在什么地方；而如今，光天化日之下，有一整个集团军的敌人做靶子，长官却要他珍惜炮弹。他向通信员下令，然后等着观察炮弹在何处爆炸。头两发炮弹射得太偏右，坎贝尔没能观测到，于是调整了瞄准角度。接下来的两发还没落地便爆炸了，未能造成杀伤，坎贝尔便又调整了导火索。等到炮弹终于在合适的高度爆炸时，第一批敌军早已不见了踪影。

敌军炮弹开始在坎贝尔的周围爆炸，而他此时心潮澎湃，对此浑然不觉，只是急切地寻找更多的德军。他看见一大批德军冲往山下，便朝身后喊道："开火！"这一发炮弹比之前强些，几名德军低下了头。"五发速射。"坎贝尔喊道。然而一发炮弹也没打出来。

"上尉说，我们现在得回去了。"通信员说道，那语气好似有人催他们回家吃晚饭，"上头下了命令，我们要撤退了。上尉命令停止炮击。"

坎贝尔一把抓住话筒，要宾利接电话；但是宾利已经离开了。他便又要另一名军官接听，结果所有军官都离开了。"长官，咱们现在该怎么办？"通信员问道。"只有回去了。"坎贝尔撂下这一句话，便再不吭声，往山下走去。他为自己的软弱感到痛心疾首。换作其他任何一个军官，一定会无视宾利的指示，毅然下令继续射击。

向南大约15空英里[1]，那里是前首相阿斯奎斯的儿子所属的炮连；该部队面临的情况尤为危急。他们左右受敌，却仍在不断开炮，接近36个小时没能合眼。现在，两门炮的后座装置只能手动操控。士兵们的眼睛被毒气熏得红肿，一个个面带倦容。当撤退至哈姆（Ham）镇的命令下达时，他们却惊呆了。走大道，路程是10英里。他们从未接到过这样的命令："……终于明白了。我们本以为会有援军，结果那只是一厢情愿而已。"

撤退的路上弥漫着沮丧的气氛。德军远程大炮的巨型炮弹呼啸着经过头顶，落在战场后面很远的村子里。由于没有救护车，伤员只能沿着大道一瘸一拐地前行——用大炮的牵引车运送伤员同样不可行，因为大炮必须随时能够投入作战。某次休息时，阿斯奎斯终于意识到，战斗打响至今自己几乎一餐未进。他记得口袋里还有块巧克力，打开口袋去找时，却发现它已粘在了一本袖珍版的《匹克威克外传》[2]上面。当他狼吞虎咽地咀嚼着那块变形的巧克力时，仅仅想到书中人物匹克威克，都"使得四周的景象陡然突出起来"。

他们看到炮弹落在哈姆镇，其中一部分瞄准的本是索姆运河桥。居民匆忙逃离，许多店铺的卷帘门还大开着。肉铺的钩子上还挂着肉，服装店的橱窗里还陈列着衣帽。一名镇民跑出来，把一大箱鸡蛋交给了阿斯奎斯的一名战友，因为他不想让鸡蛋落入德国佬之手。

英军第3集团军的南翼也在撤退。德军在各处进行突破，打算集结于巴波姆。傍晚时分，英军各炮连接到命令：一旦敌军突破防线，就向该镇后方撤退。大炮沿康布雷—巴波姆公路后撤时，军官们心怀疑虑：这条公路堪称命脉，德军为何不用远程火炮进行轰击？德军一旦轰击，我军必将阵脚大乱。

这条公路视野开阔，同样有可能遭受敌军步兵的攻击，因此英军第2坦

---

① 空英里（air mile），航空计算距离之单位，与"海里"长度相同，1空英里约等于1.852千米。

② 《匹克威克外传》，英国作家查尔斯·狄更斯创作的长篇小说，讲述了一个名叫匹克威克的老绅士与伙伴漫游英国的经历，借以展现出19世纪初英国社会的真实样态。

克营奉命对它进行封锁。该营下属的一个连有几名年轻的中尉，他们此前的生活一直是晒晒太阳，听听鸟鸣；因此命令下达时，他们颇为吃惊，根本没想到要真正上战场。他们知道某处在打仗，但感觉与自己完全无关。R.沃森·克尔（R. Watson Kerr）中尉原本在参加一门火炮学课程的学习，此时突然被召回部队。他驾驶着坦克准备上路时，向侦察主任（reconnaissance officer）喊道："哪儿是前线？"其实已经没有前线了，"好吧，那么德国佬在哪儿？"

"你看得见那边吗？"主任指着前方，那是一片阳光满布的田野，克尔看不出有什么交战的迹象，"你往前开就行，很快就能找到德国佬。"

克尔稍稍打了个寒战，而当他与另外几辆坦克在田野里隆隆地行驶了几英里后，他感到寒意变得强烈了起来。"小龙套"（Pip-squeaks）①的空弹壳开始在四周飞落。想必是友军的火炮在附近射击。他向右看去，一组野战炮正在朝天开火。让他感到惊愕的是，那些炮兵竟呼喊起来："坦克来了！坦克来了！"而军官则热情地挥舞起了帽子。

克尔与同伴们有些难为情，也朝他们挥了挥手。那些炮兵之所以如此欢呼，想必是本已陷入绝望之故。坦克向前缓缓行驶，各车长搜寻着支援他们的步兵。上级并没有说他们是单独行动。克尔看到前面有个小丘，便把坦克慢慢开过去，心想：德军究竟在哪里呢？"突然间，我看见了他们。好几个营的德军密密麻麻地从遥远的地平线朝着我们所在的旷野行进。一开始，驾驶员和我都不敢相信自己的眼睛。"克尔确信自己没有记错：德军的行进伴随着乐队的演奏声。他还确定自己看见了马匹、闪亮的装饰性马具，以及德军的大横旗，景象甚为壮观："这是一场在光天化日之下步伐严整的'巴黎挺进'（Drang nach Paris）②行动，除了我们之外无人可以阻止。好一个打击目标呢！"

克尔看见左边的炮手在连续开火，便鼓起了斗志，调整好自己的霍奇基

---

① 一种小型高速炮弹，一战中德军常用。关于其名称"Pip-squeak"的由来，一般认为是一种拟声表现。

② 19世纪后期，随着德意志民族主义运动兴起，出现了所谓"东进"（Drang nach Osten）的口号，意图向东扩张势力范围。此处的Drang nach Paris即是对这一口号的戏仿。

斯机枪(Hotchkiss)①,随即开起火来。枪口射出的子弹连成了线。此时他发现,那些威风凛凛的侵略者消失在地平线上。这是一种神奇而难以置信的经历,而且那只是短短一瞬间的事。“那场景究竟是我亲眼所见,还是一场梦境?”唯有那荒芜的小丘还立在那里。此时,一个矮胖的德国兵从他的坦克炮管下面蹿出来,撒腿向前跑去。克尔原本吓了一跳,随后却被他浑身装备哐啷作响的滑稽样子逗笑了。克尔掏出手枪,取下枪口的钢盖,向他开了一枪。那个矮胖的德国兵没被击中,却扑倒在地上。这些还算有趣,而当克尔发现敌军的机关枪手遍布在一个堑壕网后时,气氛则为之一变。德军的震惊程度不亚于他,许多人甚至爬出堑壕,向后方的树林逃去。克尔追在他们身后,坦克行进在凹凸不平的地面上,颠簸摇晃,险象环生。坦克内部的噪音越来越大,温度越来越高,气味越来越浓。接着,猛烈的敌军炮火袭来,滚烫的金属碎片飞溅在坦克上。克尔明白他必须脱险求生,便对驾驶员喊了一声,于是巨大的坦克开始缓缓地朝堑壕外面爬行。坦克的履带陷在松软的泥土中,尾部下沉,状态极不乐观。直到前方的泥土被推开,车身才爬出一些。不料发动机突然停止,接着是一片沉寂。

克尔转头看了驾驶员一眼。当时的情况令人绝望。接着,他吼了一声:“加把劲,再发动一次!”在那一片沉寂之中,他讲话的声音显得震耳欲聋。众人拧了拧起动把手,发动机奇迹般地发出声响,重新开始了运作!他们奋力把坦克开出这片危险地带,然后顺着山谷往回行驶。途经一片浓烟环绕的草地,一人穿着卡其色衣服,朝着坦克挥手求助。克尔认出他是朋友所在坦克上的乘员,便也回应般地挥了挥手,并把坦克朝他驶去。那人一跃而起,想穿过开阔的草地奔跑着赶来,谁知没跑几步,便被击中,倒在了地上。他挣扎着爬起来,克尔发现他面色蜡黄。是毒气!克尔高喊让人打开门,两名士兵把那伤员拖了进来。那人顿时瘫软在地,克尔不清楚他是否还能活过来。这辆“巴士”开足马力沿着山谷一路向下。突然,前方出现了另一辆坦克,并朝他们驶来。德军坦克?不,是自己这个连的坦克,正要赶往克尔刚刚逃离的那片危险区域。“保重!”克尔心想,并朝那辆坦克上的军官挥了

① 法国霍奇基斯公司生产的轻机枪,作为副武器配备于一战后期的坦克上。

挥手。

英军勇猛的反攻确实保住了巴波姆。不过，出动的 25 辆坦克，只有 9 辆返回；人员战死及被俘率高达百分之七十。

南边数英里处，面对攻来的敌人，唐纳德·博伊德(Donald Boyd)所属的炮连正在有条不紊地集中火力射击。上级命令他骑自行车去安排附近的火炮牵引车停车线，以备撤退之需。忽然，一串炮弹毫无征兆地落在车队中央，弹片四溅。博伊德发出信号，指挥队伍越过小丘后撤。队伍井然有序地掉转马头，快速行进，却被新一轮的敌军炮火击中。三支队伍隐没在浓烟之中，挣扎着逃出来时，已是七零八落、东倒西歪了。博伊德明白，此时不能留着那些受伤的马匹。他冒着炮火穿梭于众多马匹之间，将它们一一射杀。渐渐地，他的手开始颤抖，必须用左前臂撑住手中的韦伯利手枪①，才能把枪口高举过头顶。一匹马受惊后跳起，鲜血溅在了博伊德的大衣上。“最后一匹马蹬了蹬蹄子，悲鸣一声，便再也不动了。我望着它，感觉五脏六腑被掏空了一般。它的眼神好像要倾诉什么，最终还是黯淡了下去，犹如那眸子之中涌入了一片乌云。”在充满不祥气氛的殷红夕阳之下，博伊德回到炮连时，向少校汇报了敌军炮击的情况。

“这场战斗，我们要一直打下去，”少校说道，“死战到底。”

再向南数英里，帕特·坎贝尔②中尉的炮连正在向努尔卢撤退。他们抛弃了绝大部分的物资，包括宾利上尉命令他节省下来的 2000 发弹药。坎贝尔突然想起自己落下了一条披毯，便没向别人打声招呼，策马返回了原先的阵地。那里有两个人；坎贝尔本以为是德国人，却发现是两名英国军官，其中一人坐在宾利的绿色帆布椅子上。“你们赶紧走吧，”坎贝尔喊道，“德国佬很快就来了。”他认出两人是随军牧师。

“我们部队那些留下来的，基本都被俘虏了。”椅子上的那人说道，“我们不应离开他们。”他把自己的姓名及住址交给坎贝尔，“给我的妻子写封信吧。”

---

① 英国军火商“韦伯利和斯科特”(Webley & Scott)生产的转轮手枪，其中一战期间英军普遍配备的型号为“韦伯利 MK VI”。

② 帕特(Pat)是帕特里克(Patrick)的简称。

坎贝尔与两人握了握手，一把抓起自己的披毯、文具夹——里面是他前一年的日记与一封来自某个姑娘的信——以及一本没读完的书，便策马急驰而去，希望趁别人发现自己离队之前赶回去。他在途中遇到三名苏格兰机枪手，马险些撞到他们。三人中有一人受了伤，另外两人用自行车推着他，却遇到了上坡，难以继续前行。坎贝尔本人就是苏格兰裔，因此他不假思索便脱口说道："把他放在我的马上吧。"坎贝尔牵着马走在前边，另外两人跟在后边。坎贝尔心里正为耽搁了时间而哀叹，一抬头却发现那两个苏格兰人不知何时已赶到前头，骑上自行车跑了。"我大声喊他们，但他们听不见，或者是故意没听见；反倒是我自己，从那喊声中体会到无比的孤独。我居然孤身一人，陪着一名伤员走在战场的中央！"此时，沉寂与荒凉笼罩着战场，影子一点点地变长。景色很美，唯有那遗弃在路边的枪炮，与这平和的一幕格格不入。如果没有那些枪炮——以及马上驮着的一名伤员，这俨然就是一派宁静而肃穆的丘陵风光。当然，他也算是自作自受。这名被分拨给坎贝尔的伤员疼得厉害，为了安慰他，坎贝尔把披毯围在他的肩上，并让他拿着那个文具夹。当太阳变成地平线上的大红球时，坎贝尔找到了一辆战地救护车。那名医生起初不肯接手。"我不能把他留给德国佬，"坎贝尔据理力争，"同样也不能带着他走遍法国。我得归队了。"

坎贝尔说服了对方，怀着感激的心情骑上马，去追赶自己的队伍。此刻，努尔卢的一个交叉路口正在遭受敌军的炮击。有一支由六辆牵引车组成的车队，原本打算等一枚炮弹爆炸后，再拼命冲过路口，抵达安全地带；而当坎贝尔来到这个路口时，只见到一片惨状。人员与马匹的尸体铺满了道路。有一个人挣扎着要站起来，另一个人拽了他一把，给其他隆隆行驶的牵引车让开道路。一名随军牧师问道："你是医生吗？"坎贝尔摇摇头。牧师说："那你走吧，千万别停留，赶紧走。"

坎贝尔上了马，转头看了一眼。一枚炮弹呼啸着飞来，那名随军牧师只是站在原地。所幸那炮弹落在一栋房子里，没伤着人。最后，坎贝尔终于归了队，刚坐下来准备吃点东西，便传来了继续撤退的命令。他把饼干装进口袋，翻身上了马。此时的坎贝尔已筋疲力尽。这一整天，他靠激情与责任感支撑了下来；此刻夜幕降临，他知道自己很难坚持下去了。"流失的不仅是体能，还有我的勇气。现在我不想处于战斗前线，只是渴望后撤，离敌人越远越好。我想快点撤离，不想耽搁在路上；这条路已经挤得难以通行，我们困在这里，可能永远都出不去了。”此刻，坎贝尔才意识到他们的失败多么惨重，他感到灰心丧气，“英军从未经历过此等惨败。我感觉，这惨痛的失败中也有我的一份责任。在查佩尔山，我原本有机会——也原本应当挡住敌人”。如果他那时更加坚决，本可以把后来抛弃的那 2000 发弹药射出去，“我的职责是杀敌，而不是骑马去取一条披毯，或者用马驮回一名苏格兰机枪手伤兵”。①

四面八方的爆炸火光把黑夜映亮。英军销毁了临时贮藏的汽油、弹药，以防它们落入敌军之手，简易营房也全部被付之一炬。一名下士与坎贝尔并排而行，紧张兮兮地说道：“有几个伙计在讨论……长官，说咱们这是在诱敌深入。您怎么看，长官？”

看着他那苍白的面孔、焦虑的神情，坎贝尔很明白，自己作为长官，应当给出一个令人宽慰的答复。但他说不出口。他心中的郁结之情比起那个下士，有过之而无不及。“我不知道，”坎贝尔答道，“我没有什么看法。”他毕生的愿望是成为一名作家——一名活着的作家。

——

此地向南，在高夫那座即将废弃的内勒司令部向东几英里处，第 20 师加强营的 R. S. 科伯恩(R. S. Cockburn)上尉被一名陌生军官的喊声吓了一跳。“立刻集结队伍！敌军正在向这里开进！他们的骑兵就在村外的路上了！”

科伯恩摸不着头脑。旁人告诉他，此人是某个师的参谋人员，刚从总部赶来，科伯恩这才相信。“我绝无半句虚言，现在已是刻不容缓了！”科伯恩仔细看了看，才认出此人原来是他的同学。他跑回自己的简易营房，安排好

① 几星期后，坎贝尔被授予军功十字勋章，表彰他“不顾个人的巨大危险，指挥炮连从最前线的阵地开火，大量杀伤向前推进的敌军，并自始至终提供了许多宝贵的情报”。他读了这份嘉奖令，心情很压抑。起初，他一看到别在军服上的紫白相间的绶带，就闷闷不乐。不过，战友们似乎都认为这枚勋章他受之无愧，于是不久，他也为此感到自豪了：“到战争结束时，就连当初在查佩尔山上错失歼灭德军良机一事，我也不再感到遗憾了。”——原注

车辆，然后叫醒了手下的士兵。外面的道路已乱作一团，科伯恩决定在村子里留下警戒队：一是阻止敌人突破，二是收容掉队人员。他派一名军官骑马赶往旅指挥部，报告此地——马蒂尼(Matigny)所发生的事态，并请求进一步的指示。

科伯恩此前从未感受到，撤退的场景是如此凄凉："站在路上，看着那些人员、马匹、汽车、卡车、救护车、骡队、牵引车拉着的大小火炮在自己身边川流不息地经过，压抑的情绪实在无法形容。士兵们灰头土脸，满身污泥，步履蹒跚，大多是既没了装备，又丢了枪支。还有一些大衣上悬着标签的伤员，竭力躲避着路上的车流，不然则有被碾死之虞；有的实在挺不住了，就坐在路旁，用手支撑着脑袋休息。"

距此往北一大段距离，高夫正在与第3集团军司令朱利安·宾(Julian Byng)①将军会晤。两个集团军之间存在一片空白地带，高夫对此表示忧心；于是宾答应高夫，下令自己的右翼各军进行有条件的撤退。此事谈妥，高夫便南下回到他的新司令部。新司令部设在维莱-布勒托讷(Villers-Bretonneux)，因为旧司令部所在的内勒已有陷落的危险。他在夜幕之中沿着索姆河驱车前进，不时停下来与一些小股部队略作交谈。那些士兵表面上欢欣鼓舞，而高夫看得出来他们已疲惫不堪，有些人甚至直接在休息站睡着了。

晚上8点，高夫致电黑格："敌军各部均已突破我军后备防线。"高夫讲述了自己的决定：退守索姆河一线，坚守佩罗讷桥头堡。黑格对此表示赞同。随后，黑格陆军元帅向贝当致电求援。这位法国元帅表示尽力而为，但其信心已不复当初，并怀疑英军是否"真能守住索姆河"。贝当向法军第3集团军司令亨伯特将军下令，命他于次日下午负责指挥战场南端的法、英两军全体部队。亨伯特的任务是"确保克罗札运河一线与索姆河一线"。

在伦敦，总参谋长亨利·威尔逊终于得出结论：此次攻势非同小可。"我不理解，"他在日记中写道，"为什么我军的地盘丢得如此之快？为什么德国佬对我军战区的突破如此轻易？"

---

① 朱利安·宾(1862—1935)，英国陆军将领。1917年6月起统领英军第3集团军。

对于这位帝国新任总参谋长，此时的劳合·乔治已另有看法了。诚然，威尔逊“在高级将领中才思最为敏捷”。此人诙谐风趣，辩口利辞，能将军事难题阐述得十分通透。不过，他为人“过于古怪不羁，近乎科诨小丑”，面对重大事态，也是视若儿戏，轻率处理。即使是生死攸关之事，他也要拿来开玩笑。“他既身居此等高位，”劳合·乔治心想，“所发表的意见本应举足轻重，只是他的习惯减弱了发言的分量。”不过，威尔逊仍不失为一位出色的参谋官，总参谋长的位置，眼下由他来坐最为合适——在枯燥无味的冗长会议中，有如此一位相处愉快的伙伴，岂不是难得之事？

威尔逊引人注目之处不仅是性格，还有他的外表。他个子极高，挺拔的躯干好像在向上攀升一般，最顶端则是一张五官分明而别具魅力的脸。他对此异常自豪，曾炫耀自己收到过一张寄给“伦敦第一丑男子”的明信片。开会时，他总爱出些洋相。某次会议，为了形象说明堑壕战的情况，威尔逊把帽子翻过来，露出红色带子，像是德军士兵那样；随后他弯下高挺的身躯，脸与桌子齐平，用手杖向与会者乱射一通。此番哗众取宠的表演吸引了一些人，首相本人也被逗乐了。首相的秘书兼情妇弗朗西丝·史蒂文森（Frances Stevenson）①认为威尔逊魅力十足。“他是个典型的爱尔兰人，”弗朗西丝写道，“与他相处愉快无比……此人谈吐轻快而风趣，往往刻意引人发笑，行为举止不拘小节，对政客不屑一顾，甚至戏称之为‘礼服人’（Frocks）——对此，我们都乐在其中。在各个方面，威尔逊都与他的前任罗伯逊完全相反。”

威尔逊身上那种爱尔兰式的豪迈很对法国人的胃口。尽管他对法语知之甚少，却能够理解拉丁人那种感情丰富、娴于辞令的风格，也知道如何在辩论中用玩笑博得对方的支持。他的一些举动是其他英国领导人不敢尝试的。某次，新闻报道批评克列孟梭年事已高，威尔逊便闯入他的房间，拉住这位“老虎”总理开始满屋子狂舞，跳到自己的黑色小帽都掉在了地上。“我这么做，”威尔逊对心情舒畅的克列孟梭说道，“只是为了展示一下咱们仍然

① 弗朗西丝·史蒂文森（1888—1972），英国首相劳合·乔治的秘书、情妇，1943 年与劳合·乔治结婚，成为其第二任妻子。

宝刀未老。”

不过黑格却不信任威尔逊，一如他对死对头劳合·乔治的不信任。“这两人都是伪君子，”黑格在给妻子的信中写道，“他们内心深处在想什么，外人很难弄清。我怀疑威尔逊其实比劳合·乔治城府更深。当然，我们都看得出来，他们内心打着算盘的同时，还在假装与我是莫逆之交。”黑格又补充了一句：威尔逊——尤其是在讨论重大问题时——所表现出的那种异样的幽默感，使他感到极端厌恶。

而另一方面，威尔逊也同样看不惯黑格。在前不久的某次会议后，他写日记提道：“如此愚昧无知、冥顽不灵之人，我还是头一次见。此人蠢不可及、心胸狭窄、性格偏执、为人孤僻。”而目前，在紧张的战局所带来的压力之下，此类性格不合的问题变得愈加突出，伦敦方面与前线将领之间那悬而未决的嫌隙很有可能再度出现。

四

3月23日，星期六，又撤退了一天。黎明时分，天气很冷，浓雾再次笼罩了战场的大部分区域。在战略重镇巴波姆以北，亚瑟·贝伦德上尉被上校喊醒。上校把军指挥部发来的电报塞到贝伦德手中，然后打开了灯。贝伦德沮丧地看着电报：德军已在默里（Mory）突破了防线。他接着说：“我们没有兵力投入到这条防线了。”

“把其他人叫醒，让他们穿好衣服。”上校说，“告诉他们，每个炮连留一名军官守着电话。”贝伦德向众人传达了这个坏消息，然后站在门口观察情况。大炮在东北方轰击，天空不停地闪着光。突然，一道巨大的光亮驱走了黑暗。英军布置在村边的炮连能够发射60磅的炮弹，那枚炮弹便是其中之一，它与其他炮弹一道掠过头顶，爆炸声如惊雷一般。一群受惊的鸟儿从教堂飞起，在上空不断盘旋。

早饭后，贝伦德试图估算一下剩余的弹药，但根本算不出来。此时他听到风笛和鼓乐的声音，便跑出去看看。“真是一幅壮观的景象，感人至深，非言语所能形容。那是第51（高地）师为鼓励生还者重返战场而吹奏的风笛声，如泣如诉，打动我的程度超过了任何音乐——包括法国骑兵的小号在内。我站在那里，看着这群不屈不挠的高地男儿从身边走过，他们步伐一致，古铜色的皮肤透露着刚毅的意志。自豪感使我不禁颤抖起来：昨天他们疲惫不堪、满身泥泞，三三两两地从我身边蹒跚经过，可怜兮兮地问道‘到大阿谢（Achiet-le-Grand）还有多远’；今天看来岂非判若两人？眼见了此情此景，谁还能说战争形势每况愈下呢？”

南边的第5集团军也奏起了鼓乐。在哈姆镇西面不远，康沃尔兵团的部队经历过昨天的大撤退，此时正在挖掘工事。不料一名旅长孤注一掷，命令他们放下锹镐，向韦尔莱讷（Verlaines）地区的村庄发动攻击。“于是我们列好炮兵阵式，整装出发。”一个军官回忆道，“当时雾气已散，很是暖和，倒是个打网球的好日子。”突然，他听到军乐响起。奏乐的是康沃尔兵团第7营的乐队，奋力鼓舞着部队的士气。行进了两英里后，部队来到目的地村庄，随即展开队列，上好刺刀，忍受着炎热、疲惫与饥饿艰难地前进。有几个人昏厥了，其他人继续缓慢前行。村子里的德军大都逃窜了。“部队经过村子时……我看到地上有半条面包和一瓶半温的葡萄酒，便连忙上前捡了起来。”快到山顶时，部队展开了短途冲锋，“停下来时，我把面包传给其他人，自己也吃了一点；如果你要吃点东西，这似乎是唯一的机会了”。

C. N. 泰亚克（C. N. Tyacke）上尉下令再次冲锋，于是部队便到了山顶。“这下我们吃到了苦头。敌军的机枪、步枪朝我们开火，建筑里的狙击手尤为可怕。泰亚克被打穿了心脏。”英军最终攻占了目标。“一些躺着的德军伤兵，还有些担架员，都被打死了。我们架好刘易斯机枪（Lewis guns），伏击了从房子里跑出来的12个德国佬。我用步枪亲手射杀了其中一个，很是满意。”此外，英军还发动了一些英勇的反攻，但大多以逃跑收场。

在大后方，侨居法国的美国人米尔德里德·奥尔德里奇（Mildred Aldrich）正坐在家中花园里，听着远方的枪炮轰鸣声。上午7时20分，巴黎方向传来了爆炸声。他还没搞清楚状况，整个山谷便响起了教堂的警报钟声。

在巴黎，塞纳河畔一栋房屋前的石子路上，有个东西爆炸了。那是什么呢？老百姓认为是空投的炸弹，而军人们听那声音则像是77毫米口径炮弹——这种炮弹爆炸力极强。由于无人受伤，破坏也微乎其微，故而没有引起太大骚动。20分钟之后，东门前面一英里半处发生了另一起剧烈爆炸。这个不知是炸弹还是炮弹的爆炸物落在一个最繁忙的地铁站附近，引发了民众的恐慌，并造成8人死亡、13人受伤。警察总局通知了庞加莱总统、克列孟梭总理以及炮兵总部，随后炮兵军官、空军军官连同爆破专家一道赶赴现场。其后的1小时24分钟内，巴黎又发生了五次爆炸，最后一次是在郊区城镇沙蒂永（Châtillon）。这次爆炸打破了专家们的预估，不过至少为人们的行动提供了某种指向。警报开始高鸣，这让市民很是害怕，因为此前从未在大白天响过警报。公共汽车与出租车纷纷停下，以便乘客下车，汇入寻找防空洞的人流之中。地铁站挤得水泄不通，部分车次被取消。当天正好是周六，汹涌的人潮都在奔逃，不过并没有出现恐慌局面。到了9时30分，专家们终于认识到那些是炮弹，或许是从德军战线发射而来。最近的德军战线在67英里开外的地方，而此类大口径火炮，一般会部署在战线后方10英里处。换言之，其射程为77英里。着实令人难以置信。

这些炮弹由拉昂（Laon）附近森林中的一门巨炮发射，拉昂距巴黎约75英里。那门炮是个庞然大物，有10层楼那么高，其炮架高25英尺。第一枚炮弹发射时飞上高空，距离地面25英里，整整飞了176秒才落到巴黎。当天上午共发射了15枚炮弹，大炮已发烫且嗞嗞作响，显露出磨损的迹象，大概只能再发射45枚。对此，众军官与克虏伯（Krupp）公司的工程师们丝毫未感到惊异或沮丧。此种大炮并非只有一门，此外还有六门，其中两门也部署在这一森林中。此时传来消息：德皇将于下午1时左右驾临，视察下次开火的情况。众人为此欢欣不已。

那天上午，威廉不能不去前线，因此他正沿着儿子前一天的路线，与兴登堡一起视察圣昆廷附近的区域。据前一天被俘的伯奇上校回忆，两人乘坐的汽车停在俘虏队伍的前面。德皇下了车，用十分粗哑的嗓音与英国俘虏攀谈：“各位，你们作战很勇敢，不过……”接着改用德语说道：“天佑我军。”他询问某个英军兵团的位置，没有人回答他。当德皇蹬上踏脚板时，伯

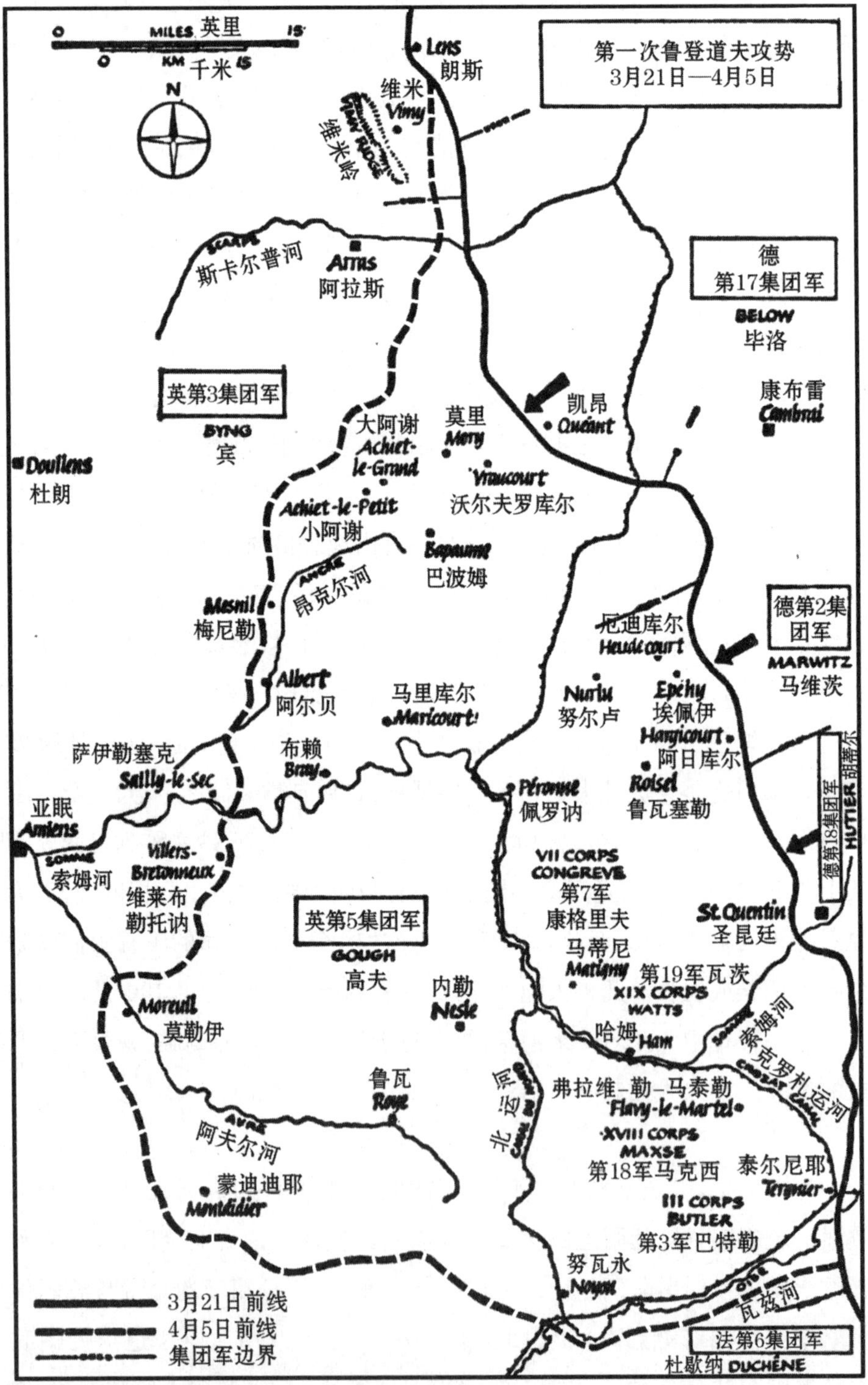
第一次鲁登道夫攻势
3月21日—4月5日
0 MILES 英里 15
0 KM 千米 15
N
Lens
朗斯
维米
Vimy
Vimy Ridge
维米岭
Scarpe
斯卡尔普河
Arras
阿拉斯
德
第17集团军
BELOW
毕洛
英第3集团军
BYNG
宾
凯昂
Quéant
康布雷
Cambrai
Doullens
杜朗
大阿谢
Achiet-le-Grand
莫里
Mory
Vraucourt
沃尔夫罗库尔
Achiet-le-Petit
小阿谢
Bapaume
巴波姆
Ancre
昂克尔河
Mesnil
梅尼勒
德第2集团军
MARWITZ
马维茨
厄迪库尔
Heudecourt
Albert
阿尔贝
马里库尔
Maricourt
Nurlu
努尔卢
Epéhy
埃佩伊
Hargicourt
阿日库尔
萨伊勒塞克
Sailly-le-Sec
布赖
Bray
Péronne
佩罗讷
Roisel
鲁瓦塞勒
亚眠
Amiens
Somme
索姆河
Villers-Bretonneux
维莱布勒托讷
德第18集团军
HUTIER 胡蒂尔
VII CORPS
CONGREVE
第7军
康格里夫
St. Quentin
圣昆廷
英第5集团军
GOUGH
高夫
马蒂尼
Matigny
第19军瓦茨
XIX CORPS
WATTS
内勒
Nesle
Moreuil
莫勒伊
哈姆
Ham
Somme
索姆河
Crozat Canal
克罗扎运河
鲁瓦
Roye
Canal du Nord
北运河
弗拉维-勒-马泰勒
Flavy-le-Martel
XVIII CORPS
MAXSE
第18军马克西
Avre
阿夫尔河
泰尔尼耶
Tergnier
蒙迪迪耶
Montdidier
III CORPS
BUTLER
第3军巴特勒
努瓦永
Noyon
Oise
瓦兹河
3月21日前线
4月5日前线
集团军边界
法第6集团军
杜歇纳 DUCHÊNE

奇发现他穿着粗制滥造的马裤，皮革绑腿上系着带子。这显然不属于皇家的装束。

汽车离开此地，向着拉昂与巨炮的方向驶去。然而不出一小时，又来了一列车队。从一辆停住的车中，走出了威廉皇储。伯奇觉得很有意思：这位“小威廉”穿着打扮远胜乃父，衣服像是“伦敦货”；其英语也更流利一些。“好极啦，”威廉皇储说道，“战争很快就会结束。我军今天炮轰了巴黎，15天后就会进驻伦敦。好极啦，战争即将结束了。”俘虏们无人应声。他掏出一个大号的金制烟盒，请俘虏们抽烟，没有一个人接受。

德国的报纸正在庆祝西线大捷。《德意志报》（*Deutsche Zeitung*）称：“不必再卑声细语，要求与那群和平主义分子达成和解与协定；不必再悲戚呜咽，妄图阻止德国对英国正当而合理的敌视与复仇。胜利与仇恨的怒吼响彻德意志，已为她激发出崭新的热情。”

《日耳曼报》（*Germania*）同样咄咄逼人，自信满满：“盎格鲁-撒克逊人是上帝的选民——那是一种自以为是的观点；要么所有人相信它，要么所有人摒弃它，否则世界无法得到长久而稳定的和平与安宁。我们决心用刀剑实现和平，因为敌人并不相信我们实现和平的诺言。”

上午9时30分，鲁登道夫下达了新命令：第17集团军将“全力进攻”黑格防御体系的基石——阿拉斯；第2集团军向英军第3集团军和第5集团军的接合部挺进；第18集团军取道哈姆镇，强行向内勒以北数英里的地区推进。

内勒的街道上挤满车辆，它们准备向高夫设置在维莱-布勒托讷的新总部进发。居民们惴惴不安，东奔西窜，在去留之间迷茫不决。有些人屋里屋外隔着窗子呼喊，有些人妄图说服卡车司机载着他们连带着家具一起捎到后方。梅兹中士仍在为高夫收集情报。他先是向第5集团军的炮兵指挥官乌尼阿克（Uniacke）将军打探情况，将军承认自己损失了许多大炮，但总司令部正在为他提供补充。梅兹离开这个城镇的时，第18军的卡车队鱼贯而入。马克西将军接管了高夫的旧总部。梅兹骑车路过一所医院，看见护士们穿着长大衣，拿着小包，在路旁等候卡车，使他想起因浓雾遭了海难的乘客等在救生艇旁的情景。

德皇提前抵达了森林，因为他迫不及待地想见见那些巨炮。他兴致勃勃地检阅了一番，并对12时57分恢复射击的“1号巴黎炮”印象不错。几发炮弹过后，德皇便抛下它，前去观看另外两门大炮了。

首发炮弹于下午1点整落在了杜伊勒里(Tuileries)花园，未造成死伤。15分钟后，第二发炮弹从共和国广场中心的雕像旁擦过，造成2人死亡，9人受伤。当天的炮击持续到下午2时45分，共有25枚炮弹落在巴黎及其附近地区，共造成16人死亡。此次炮击造成的破坏虽比不上1月30日夜间那次可怕的空袭，但它对巴黎人而言是一种新的恐惧。大炮的轰击极为可怕，就连千锤百炼的军人也不免胆战心惊。

天气状况有所好转，皇家陆军航空队(Royal Flying Corps)抓住机会，出动飞机对行进中的德军及其辎重队进行骚扰。索普维斯骆驼(Sopwith Camel)①击毙了数百匹拉曳火炮的德军马匹。然而，英军的撤退仍在继续。他们自北向南且战且退，同时摧毁装备，焚烧文件。

第3集团军和第5集团军接合部的两侧都已被德军突破，巴波姆和佩罗讷面临着威胁。英军步兵把守着两个城镇之间公路上的一条防线，此时他们发现德军出现在地平线上。发射了几枚炮弹之后，上头传令立即撤退。“就这样，惨绝人寰、心惊肉跳的撤退开始了。”伦敦兵团的二等兵R. D. 费希尔(R. D. Fisher)写道，“之所以说心惊肉跳，并不是因为形势凶险，距敌人只有半英里远，而是因为半个星期以来，我们除了行军就是挖掘，几乎一餐未进，滴水未饮，也没睡过一个好觉，早已精疲力竭了。撤退途中，不断有一些其他部队的士兵，从四面八方前来加入队伍。于是，不出半小时，一小股部队变成了数千人的庞大溃军，拖着沉重的步伐沮丧地在旷野中前进。队伍前望不见头，后看不到尾，而且我们连去往何方都不清楚。”撤退队伍一片混乱，众人疲惫不堪，士气低迷，无法正常下达命令。各人都在按照自己的步调向前移动，装备扔了一地。有的是五六个人并排而行，有的则是独自一人

---

① 索普维斯骆驼，一战期间英国研发的双翼螺旋桨战斗机。

慢慢晃悠。不过，大家都在朝着同一方向盲目前进。“每当我们经过积水的弹坑时，总有人拿着饭盒或水壶去舀水。那水可能是有毒或是发臭的，因此队伍中为数不多的军官会训斥他们，但是无人理会。有时，士兵实在太疲乏，或是失去前进的动力，便索性坐到地上，任自己掉队。”

部队缓缓地走着，突然有人喊了一声：“德国骑兵！我们被包围了！”众人大惊，乱作一团，纷纷逃窜。费希尔身边的几名军官与士兵高声叫喊，试图稳定局面，有 30 名士兵上好刺刀，在一条很浅的堑壕内一字排开。德军最终没有出现。五分钟后，费希尔等人爬出堑壕，跟在撤退队伍尾部继续前进。

康格里夫将军为老百姓和一些后方设施转移留出时间，让他们撤出佩罗讷，然后才下令放弃该镇。医护站的人们迅速辨别出奄奄一息的伤员，残忍地让他们留下来。撤退部队挤满了街道，连城外的道路也水泄不通，因为周围的田野沟壑纵横，无法行车。“步兵可以选择从田野中穿行，”第 7 军报告称，“但是道路上人员密集，如果敌军发动空袭，伤亡恐将十分严重。”飞行员鲁道夫·史塔克确实设法驾机穿过了佩罗讷，飞行高度只有 100 米。他看见大炮正在撤退，众多身穿军服的人七零八落地躺在地上。不料飞机的引擎出了故障，于是他只能返航。

英军增援部队正朝着东边那条摇摇欲坠的战线前进，他们目睹这支向着索姆河仓皇撤退的队伍，深感震惊。“工具包和手提箱堆在路边，车辆和火炮乱作一团向后方驶去，当中还混杂着一大批神情凄楚的难民。”第 42 师的机枪手理查德·盖尔(Richard Gale)中尉回忆道，“他们扔了餐具，士气也彻底垮了，溃不成军，丑态百出。据我们所知，支持我部及海峡各港口的力量，只剩这批看起来斗志全无的乌合之众了。”

H. E. L. 梅勒什(H. E. L. Mellersh)是一名连长，他眼见百姓身处凄惨的境地，心情十分低落：“那其中有穿着黑色连衣裙的老妇人，推着车子的驼背老人，害怕带不走而将最好的衣服穿在身上的姑娘，装满鸡、猪、小孩、家具、各种垫子等杂物的大车，被小孩牵着一路抽打的倔牛。路上还有救护车驶过，一些英军卡车上涂着鲜艳的图案，标明它们属于哪个师。一辆卡车后面坐着一排随军护士。她们朝这边挥手，我们回以欢呼。护士们就在战场周边工作，而且不得不参与撤退；想到这一点，我们都深受触动，也会涌起一股豪情——军人上前线，不正是为了保护她们吗？”

那天中午刚过不久，黑格带着镇静而愉快的心情来到维莱-布勒托讷会见高夫。高夫本希望总司令能够带来新的战略与他预想之中的命令，但黑格显然只是为了听汇报而来。在汇报的最后，高夫表示：他的部队会尽可能持久地打下去，但增员远远填不上战损的空缺。“是啊，休伯特，”黑格说道，“巧妇难为无米之炊。”他看到高夫的军队已经撤到索姆河后面，感到很惊讶，不过没向高夫提及此事。随后黑格乘车返回设在杜里（Dury）的前沿总部去会见贝当，在路上时他心想：“我真不明白，第5集团军为什么不做任何抵抗就后撤这么远呢？”下午4时，黑格与贝当见了面。贝当表示，他正在调动法约尔（Fayolle）①将军手下的两个集团军前往南翼，在索姆河谷一带行动，并强调说，法英两国的部队之间保持联系乃是重中之重。贝当重申，他十分希望尽其所能支援英国军队并与他们保持联系，接着便对能否做到“保持联系”表现出了疑虑。他表示，一旦失去联系，几可断言敌人会在两支军队之间打进楔子，“那么英军恐将遭到包围并被逐入大海”。

面对贝当的悲观论调，黑格感到很扫兴。他坚持认为此等悲剧“必须避免，即便要把沿海地区的北翼撤回也在所不惜”。两人各有各的打算，因为他们关注的都是本国的战略利益：英国要加强它的北翼，以便在海峡各港口保持一条明确的战线，必要时可以逃回本国；法国则要不惜一切代价保全自己的心脏——巴黎。

英法两国出于各自的国家利益，会产生相互冲突的意见，从而导致总体战略指挥系统发生分裂——对此，鲁登道夫早已预见。他告知H. H. 冯·库尔（H. H. von Kuhl）将军与冯·德·舒伦贝格（von der Schulenberg）上校：“当前的目标是向索姆河两侧迅速突进，将英法两国军队分隔开来。然后第17集团军向索姆河以北的英军发起攻击，将他们逐入大海。必须不断

① 马里·埃米勒·法约尔（1858—1928），法国陆军将领。1918年3月从意大利战场被召回，负责指挥法军后备集团军群。

攻击新的目标，以期将英军前线彻底打垮……至于索姆河以南，我军将转向亚眠—蒙迪迪耶(Montdidier)—努瓦荣一线，对法军发起攻势，而后向西南方向推进。此次行动的要点在于第 2 集团军必须沿索姆河两侧向亚眠逼进，以便与第 18 集团军保持密切联系。”

这一计划取得成功的前提是，高夫和宾的两个集团军已被击败。如果鲁登道夫判断无误，那就意味着德国会迅速取得胜利。答案如何，皆取决于此后 48 小时的局势了。

那天早些时候，乔治·里德尔爵士驱车前往沃尔顿-希思(Walton Heath)，他的好友劳合·乔治正等在那里。“我得火速赶回伦敦，”首相说道，“消息不太乐观，我担心会出大事。跟我一起回去吧！”回程途中，劳合·乔治对里德尔说，德军已经突破防线，第 3 集团军和第 5 集团军已被击败。他还抱怨，亨利·威尔逊明明已经预见敌人会发动进攻并提出过警告，黑格却仍然毫无准备。首相坐在汽车后座上这番歪曲事实的言论，若是被黑格、雷平顿和莫里斯听到，不知要闹出什么笑话。

首相决定推迟每日的内阁例会，直接在陆军部处理问题。面对极端情况，他总能从容应对。这一次，他又要挺身应对这场危机了。“我让参谋人员来见我，希望商讨出对策，尽快把所有增援力量送往法国。”首相在议会中做过保证：除非国家面临紧急态势，否则不会将未满 19 岁的青年派往国外。此时他表示：当下关头正是紧急态势。他还设法安排船只，使英国本土的 17 万军队尽快渡过英吉利海峡。按照正常速度，一天可运送 8000 人；他却在仓促之间凑齐了大量船只，将每日运送的人数增加至 20000 人。

当天下午晚些时候，首相在陆军部召开内阁会议，研究当前局势并将此前做出的计划批准实施。他们谈到法国方面并不热心于支援黑格，于是有人提出，由首相或米尔纳勋爵亲赴巴黎，向盟友施加政治压力。然而，威尔逊将军敏锐地指出，黑格与贝当只是缺乏合适的机会去协商彼此之间的问题而已，在两人协商之前，不宜由大臣出面干预。他还补充道，两位元帅预定当天就要会晤，对上述问题进行商讨。

会议要求莫里斯将军提供敌我双方战力的最新比较数据。他报告说：

德军的步枪增加到1402800支，协约国的步枪已减少到1418000支。“战时内阁慌了，”莫里斯在日记中评论道，“开始讨论起如何退守海峡诸港再撤回英国的问题。”战争评论家雷平顿在日记中写道：“内阁的阵脚大乱……战时内阁的愚蠢与盲目持续了一年，如今他们尝到了苦果。”威尔逊的日记结尾则保持了他玩世不恭的态度：“德国佬可真是神呢！”

那天晚上，鲁登道夫喜上眉梢。“德军上下各级充分展现出高超的作战水准。”他在每日报告中写道，“在本月21日至23日这三天内，斯卡尔普河与瓦兹河之间的英军陷入了史上未有的惨败。西线各战场爆发战斗以来，协约国取得的任何胜利，都不能与我军此役的辉煌战果相提并论。”他不知道，自己的小儿子埃里希（Erich）刚刚坠机身亡。前一天晚上，年轻的埃里希准备参加此次大攻势的空中行动之时，曾劝他的母亲不要悲伤：“您要记得，我全身心热爱这份职业。虽然我已历经许多战斗，但这是最后一年的关键时刻，我决不会错过。”接着，埃里希向母亲吐露了心声：他的最高理想是像父亲那样，成为一名将军。而每当听到“那是自然，鲁登道夫的儿子嘛”之类的闲言碎语时，他总是非常难过。他热切渴望凭自己的本事赢得承认与敬重。鲁登道夫夫人在电话中得知儿子的死讯时，身边一个人都没有。①“我独自承受了这一巨大的打击，意识不到发生了什么，只知道自己要垮了。从那一天起，我这么多年来一直陷在疾病与悲痛之中。”

这一天对德皇来说是一个欢庆胜利的日子。在视察了庞然大物“巴黎炮”之后，德皇回到自己的专列。“是我们的胜利！”他向月台上的卫兵喊道，“英国人被我们打得大败！”与参谋人员一道进餐时，有人朗读战报称，在皇帝陛下亲自领导下取得了辉煌战果。德皇便用香槟向军队及其首脑祝酒，他的左膀右臂之一——汉斯·冯·普勒森（Hans von Plessen）②上将随即

---

① 几周后，仍在德国人手中的内勒市市长报告称，该市附近发现两具德军空军人员的尸体，未经辨认。鲁登道夫立即赶赴现场，并认出其中一具是他的儿子的尸体。该尸体先是送到阿韦讷的最高司令部，后来又送回柏林，安葬在其兄长的墓旁。——原注

② 汉斯·冯·普勒森（1841—1929），德国陆军将领，时任德皇威廉二世的常任副官长（Orderly Adjutant General），亦是德意志帝国陆军中最为年迈的将领。

呼应:“敬我们的伟大统帅与领袖!”

德军获胜的确凿消息传来时,克列孟梭总理正在与贝当将军会餐。消息很糟糕,不过克列孟梭并未惊慌失措。贝当向他说明:必须阻止德国人的进攻,至少也要拖延他们的脚步。克列孟梭依然镇定自若,信心十足。问题在于可用的兵力不足。贝当继续进餐,而后突然朝航空总局局长杜瓦尔(Duval)将军喊了一句:“打电话!”吃了一惊的杜瓦尔放下刀叉,站了起来,随后便意识到贝当是要他把现有的空军全部投入南翼的战斗,于是他面露喜色。这天夜里,等待黎明发起进攻的德军即将遭到一番无情的轰炸。

此时,美国驻英大使沃尔特·海因斯·佩奇(Walter Hines Page)①正在召开宴会,劳合·乔治应邀参加。宴会的主宾是美国战争部长牛顿·贝克(Newton Baker)②,赴宴者还有另外两名美国人——比德尔(Biddle)③将军和威廉·西姆斯(William Sims)④海军上将,以及英方的贝尔福(Balfour)⑤勋爵、德比勋爵。席间,众人很少谈及海峡彼岸的战事。劳合·乔治与贝尔福忆及自己的政治生涯,尤其是当年的政治斗争,颇感轻松惬意。想当初,两人皆以相互“刁难”对方为快事,如今却成了同僚。“热烈而风趣的谈话贯穿始终,不时还伴有欢快的笑声。”佩奇回忆道。不过他注意到,劳合·乔治不时打发一名秘书到外面去,那秘书回来时总要对他低声耳语一番。“此次战役告诉我们,”最终还是劳合·乔治挑破了窗户纸——由

---

① 沃尔特·海因斯·佩奇(1855—1918),美国外交官,1913年5月至1918年10月任美国驻英大使。佩奇与时任美国总统的伍德罗·威尔逊私交甚笃,其亲英的立场也对美国出兵参战起到了推动作用。

② 牛顿·贝克(1871—1937),美国政治家,1916年3月至1921年3月任美国战争部长。贝克并不通晓军事,但他慧眼独具地选择了潘兴作为美国远征军总司令。

③ 约翰·比德尔(1859—1936),美国陆军将领,西点军校第29任校长。

④ 威廉·西姆斯(1858—1936),美国海军将领,一战末期负责指挥美军在欧洲的全部舰队。战后,西姆斯根据自己在一战期间的经历,撰写出版了《海上胜利》(*The Victory at Sea*)一书,并在1921年荣获普利策历史奖。

⑤ 亚瑟·贝尔福(1848—1930),英国保守党政治家,于1902年至1905年担任首相,1916年至1919年任外交大臣。

福煦(Foch)[①]接管协约国全体部队的指挥权势在必行，“让他来做最高统帅。”

“您为何不早走这一步？”西姆斯海军上将问道。“如果两周之前，内阁提议让一名外国将军来统辖英国军队，”劳合·乔治立即答道，“那它就会倒台。换作任何一个欧洲国家的内阁都是一样的。”

离开宴会，劳合·乔治召见了战时内阁成员米尔纳勋爵。英法两军相互支援的安排未能成功，因此首相和米尔纳之中，有一人必须得去法国一趟。贝当与黑格似乎是在无休无止地钩心斗角，无法给出任何结果。“因此我们决定，”劳合·乔治写道，“必须由政治家出面干预，来制止两人那危险的钩心斗角。”首相与米尔纳一致认为：唯一行之有效的办法，是让福煦将军来统辖英法两国军队。两人同样认为，首相应当坐镇伦敦，至于派陆军大臣德比勋爵去法国，则是一记昏招。德比勋爵性格软弱，不宜担当如此大任。战时内阁秘书莫里斯·汉基称他是“软果冻”，黑格则评论道：“此人怕是极端没有主见，像一条羽绒坐垫，谁最后一个坐在它身上，它就带有谁的痕迹！”于是劳合·乔治要求米尔纳次日清晨动身赴法，授权他尽一切可能巩固协约国之间的关系，办法是“将组织后备力量、部署战略计划的必要权限给予福煦将军”。

当天黑格写给妻子的信很是现实。“局势不妙，”他写道，“但你要像以往一样乐观。敌人为对付我们已经掏空家底了。”

五

3月24日，星期日，可谓是危机之日。凌晨2时，法军下士乔治·高迪(Georges Gaudy)所属的团乘着卡车赶往前线，突然车队急刹车，惊醒了高迪。他听到嗒嗒的马蹄声，原来是一长列炮兵骑着马迎面而来。从行走的速度可以看出，马匹已经很疲劳了，拉着的牵引车上亦是空空如也。有人说

---

① 费迪南·福煦(1851—1929)，法国陆军将领，1917年任法军总参谋长，1918年任协约国联军总司令，并晋升元帅，对协约国的胜利做出重大贡献。

那是英军抛下了大炮在撤退。

“你们从哪儿来?”高迪朝一名英军士兵问道,“你觉得敌军会突破战线吗?”

另一名英军士兵喊道:“全完蛋了！敌人已经朝巴黎去了!”

在高夫的司令部,睡梦中的爱德华·贝丁顿(Edward Beddington)上校被吵醒,说是加拿大骑兵旅旅长杰克·西利(Jack Seely)一定要见他。“那就请他进来吧。”贝丁顿不情愿地披上袍子。

“你好,贝丁顿。”西利说,“关于伦敦方面对这场战役的评价,你和高夫司令都想知道吧?”被此等废话吵醒的贝丁顿大为光火,将对方“骂了个狗血淋头”。

春寒料峭的黎明,索姆河谷再度浓雾弥漫。士兵的军服上结了霜,手也冻僵了。巴黎虽然天气晴朗,温度却很低。有人迈着轻快的步子赶去做弥撒。清晨 6 时 50 分,远处传来沉闷的炮声。莫斯大街的一处房屋遭到炮弹袭击,1 人死亡,14 人受伤。这一次警报立即响起,公共汽车与地铁全部停下。发射该炮弹的是“1 号巴黎炮”。9 分钟后,3 号炮发射了一枚,炮弹在克鲁瓦圣母院(Notre Dame de la Croix)门前附近爆炸,那里聚集着一群赶去参加棕枝主日[1]礼拜的人。2 人死亡,8 人受伤。炮弹不时落下所造成的恐怖,在那之后仍持续了一段时间。

亚眠同样充满恐怖气氛。德军距离那里其实还很远,但当地居民相信,他们的城市正是德国佬的最终目标。该城市一旦陷落,德军通向海岸的道路将会畅通无阻。城市后方,已经出现了大量的观测气球。这些“大口袋”昨天还在前方,如今前方只传来大炮轰鸣之声,听来让人备感不祥。受伤的步兵正拖着沉重的脚步在撤退。

英军第 35 后备师正准备向东进发,一名士兵向人问道:“伙计,那边情况如何?”对方接过递来的香烟,装进他那血迹斑斑的外衣口袋。“你要是想到山那边玩玩,现在是来不及了。”他讲话带有明显的泰恩赛德(Tyne-

① 棕枝主日,西方复活节前一周的星期日,因相传耶稣此日骑驴入耶路撒冷,受到民众手持棕榈树枝欢迎而得名。

side)[1]口音。大家听得聚精会神。“德国鬼子人数可不少，快从山那边打过来了，杀起人来那叫一个凶哩。不过你们这些苏格兰佬，要是去跟他们拼刺刀，我敢说还是能干掉他们一批的。再见。”说罢，他拖着疲倦的脚步离开了，看起来十分痛苦。此时有人提了一句说今天是棕枝主日；随即有人应道，谁能想到今年的棕枝主日要在此等人间炼狱中度过。接着，集合号令发出，部队开始朝东北方向开拔，目的地是两个被包围的英军集团军之间的混乱地区。

那个地区的浓雾在7时30分开始消散，阳光明亮起来。帕特·坎贝尔中尉感到情绪极其低落与恐惧。上头刚刚传令，派一名军官带一门大炮、100发炮弹上前线，与敌人在旷野中交战，阻止敌人前进。按顺序这次轮到坎贝尔了。这是一场自杀式行动，有去无回。

“是该我了吧？”坎贝尔努力装出请缨出战的样子。

长官没有回答，因为他在盘算挑谁去，对部队的损失最小。“不，我要派格里菲斯去。”听了这话，坎贝尔不加掩饰地露出了如释重负的表情。长官的决定并不公平，部队里的脏活累活从来都是格里菲斯的。不过，坎贝尔没有勇气再请缨一次了。他看着格里菲斯骑上马带着大炮出发，敬佩之情油然而生。格里菲斯好像将这一切置之度外，唯一挂念的事情是没能吃上早饭。

众人望着这支自杀小队走下山去，刚刚从中士被提拔上来的休斯(Hughes)中尉说了一句：“他会在天堂吃上早饭。”与敌人在旷野中交战，那意味着敌我双方都可以轻而易举地发现对方。敌人一旦看到格里菲斯的小队出现在地平线上，定会把他们屠戮殆尽。

英军步兵正在从前线不断后撤，坎贝尔所属的炮连也接到了继续撤退的命令。休斯回来大喊，上头已下令把格里菲斯找回来。“格里菲斯也知道，他只有凭自己的本事才能回来。”坎贝尔提出了异议。如果休斯去找他，只会白白送死或被俘。

---

① 泰恩赛德，英国城市群之一，位于英格兰东北部，中心城市是纽卡斯尔。

"命令就是命令。"休斯有些上火，并说这疯狂的命令是旅部下达的。所幸，一行人最终平安归来了。原来格里菲斯把炮安放在一座小山后头，不管是否能打中敌人，随便开火。十几发炮弹过后，炮膛堵住了，一名中士试着修理，格里菲斯便坐在地上吃起早饭来。"你们谁有他这能耐！"休斯对旁人说道，"两边都是德国鬼子，他就坐在地上吃东西！"

南面的情况更是混乱。在内勒附近，科伯恩上尉看见德军正在翻越一座小山，直线前进。为应对紧急军情，英军派出师属加强营的两个连，把守内勒前方的一条山脊防线；而该防线前方另有一道山脊，由科伯恩把守。科伯恩及其所率连队早已在挖掘掩体，应对袭来的敌军先头部队。从身边呼啸而过的子弹越来越多，由于距离太近，耳朵被震得嗡嗡直响。突然，他看到右侧的卡其色队伍开始撤退："他们一窝蜂地向后撤，大摇大摆，好像战斗跟自己完全无关一样。我们看在眼里，火上心头。"

紧要关头，一个苏格兰旅向敌人发起了冲锋。他们分成许多队列，队形整齐地向前突进，景象"蔚为壮观"。"这些士兵或许经受过奥尔德肖特(Aldershot)①练兵场的操练，显得从容而镇静。"科伯恩手下的士兵也备受鼓舞，纷纷跃出战壕，欢呼高喊着加入了冲锋队伍。灰色部队开始退入旷野之中，英军则欢呼着尾随追击。

然而，德军的实力仍然过于强大，苏格兰旅最终也只能折返。此时，科伯恩后方的部队已经在疯狂地撤退了。科伯恩看到旅长及其参谋人员骑着马仓皇逃遁，不禁笑出声来："他们对战局的控制力微乎其微，爱逃到哪儿就逃到哪儿去吧。"

科伯恩召集起部下，又尽可能收容了一些掉队的士兵，率领他们挖掘工事。此时，数百名德军排成数条长纵队，出现在地平线上。虽有少量敌人倒在英军的迎击火力之下，但总体仍然来势汹汹。突然，科伯恩左侧的部队开始仓皇逃窜，其中有些人跑得健步如飞。"我看着他们逃命，气不打一处来。他们这一跑，就等于把我们抛在虎穴之中。所以你不难想象我们当时有多

① 奥尔德肖特，英国城市，位于伦敦西南，以其建有大型军事训练中心而闻名。

惊恐、有多愤怒。”科伯恩与代理营长商量了一下，两人一致认为应当留在战壕里。

附近的一个村庄里，H. E. L. 梅勒什中尉的勤务兵扯着嗓子喊道：“长官！长官！德军来了！”梅勒什不久前还是个学生，听到喊声，连忙从指挥所跑出来，来到左侧的一个阵地。那阵地设在齐腰深的堑壕里，机枪子弹从头上嗖嗖飞过。从前线撤下来的英军士兵朝梅勒什跑来，他感到一阵惊恐，便跳出堑壕去找那些撤退士兵的长官。那军官喊道：“德军过河啦！”梅勒什问他是否亲眼所见；对方回答没有，但他左侧的部队都在后撤。“混账！”梅勒什强烈反对，并设法说服了那个军官停止撤退。谁知正在此时，一名通信兵赶到，传达了梅勒什的长官——杰克斯(Jacks)上尉的命令：撤退。梅勒什只得遵命行事，心中却不服气，便立即找到杰克斯，告诉他那些士兵只是跟风撤退，并请求上尉允许自己带队重回阵地。杰克斯批准了。于是，士兵们低沉地跟着他回到了那条齐腰深的堑壕。“此举究竟是崇高，还是蛮勇？我认为两者都不是。我只觉得那些人逃跑不合情理、不合逻辑。”梅勒什正用战地望远镜察看前线的状况，一枚炮弹险些落在他头上，在他身边爆炸。“爆炸声突如其来，好像一千扇门同时被砰地关上。一瞬间，我似乎失去了知觉，而后大脑又重新开始运转。我死了！不，没有死。我开始叫喊，嗓子里却怎么也发不出声音。随后我恢复了意识，至少是部分意识。战地望远镜被炸到地上，钢盔摔在一边。血从我那双脏兮兮的手中渗出来，我感觉脸和一只膝盖也在渗血。”他身边的勤务兵催他快点走，“我已与两分钟之前的自己判若两人——一瘸一拐、头昏眼花、心惊胆战，跟在勤务兵后面离开了”。

随着中午的临近，明显可以看出，德军推进的势头越来越猛，尤其是在南边。法军数个师带着大炮赶来，但由于战局情况多变，很难与英军协同作战。面对即将崩溃的索姆河防线，高夫怀疑“官兵们在如此巨大的压力面前还能撑多久”。英军第 3 集团军也陷入危境。巴波姆受到多方面的攻击，守军必须在几小时内撤出该市。那一天的英军多灾多难，所幸皇家陆军航空队展开了行动，从德国空军的袭击中保护了向西逃遁的大批人员及装备。在前线的每一个位置，空中入侵者都遭到了英军战斗机的驱逐。大规模空战结束之前，皇家陆军航空队就宣称击坠了42架敌机，己方则只有11架失踪。那一天，在意气风发的英国空军面前，就连里希特霍芬飞行队也不是对手。飞行队共出击100架次，7名飞行员被击毙，只有里希特霍芬本人击坠了一架敌机。这一天，英军的J. L. 特罗洛普(J. L. Trollope)上尉大放异彩，击坠6架德国飞机并创造了纪录。他原本可以再击落一架，无奈机枪枪膛堵塞，只能作罢。

到了上午10时，各部队传来令人不安的消息。E. 埃尔比永(E. Herbillon)上校是贝当与巴黎之间的联络官，他接到贝当的命令，准备立即动身向克列孟梭传达消息："局势越发严峻，德军已经过了索姆河，我们应当预想到与英军失去联系的可能性。"贝当保证尽量避免这一情况发生，而且正在紧急调遣部队。"不过，英军不断退却，道格拉斯·黑格则一味往北跑。"因此贝当担心法军无法保持与英军的联系。他请克列孟梭放心，自己将"不惜一切代价保护巴黎"，并敦请总理向英军施压，使他们与法军靠拢，"否则英军将被敌人孤立；而一旦如此，道格拉斯·黑格将会发现他是守不下去的"。贝当最后说，当晚他一定要见克列孟梭，商讨并解决这一问题。

埃尔比永刚刚动身，贝当又把他叫了回来。刚刚过去的半小时，局势进一步恶化，或许他要被迫做出重大决定了。贝当如此不冷静的状态极其罕见；当天上午，军火部长卢舍尔(Loucheur)也注意到了这一点。"战争期间，我和贝当抬头不见低头见。即便是最艰难的时刻，他也能够自我克制，总是从容而镇定。人们对此印象深刻，而且会感到安心。"然而这一天，贝当确实"紧张起来"了。

贝当的紧张情绪传达给了克列孟梭，克列孟梭又试图传给庞加莱；然而总统只觉得两人是在杞人忧天。法英两军之间失去联系的情况并未发生，协约国军队只是面临敌军重压而已。庞加莱极力安抚"老虎"，而"老虎"仿佛已经看见了敌人占领法国矿山、击溃法军、兵临巴黎的情景。"克列孟梭与贝当今晚要进行会晤，我对此十分担心。”庞加莱在日记中写道，“霞飞(Joffre)①那临危不乱的气度真令人佩服。克列孟梭是个浪漫主义者，容易过度紧张——法国正在进行自卫战争，连比利牛斯山那样的边远地区也没有放弃；贝当则是个爱挑剔的家伙。这两人是否会把我们引向灾难？”

卢舍尔部长十分不安，便去找福煦寻求安慰。“局势是严峻的，十分严峻。”福煦总参谋长冷静地说，“但还不至于无法挽回。你知道，我从不讨论撤退的可能性。‘撤退’二字免谈。”黑格与贝当在针锋相对：“就好比一道双开门，两位将军各把一扇；他们都想把整道门关紧，却不知应该先关谁手上的那扇。对于两位将军的犹豫态度，我也很能理解：谁先关门，谁的侧翼就有被击溃的危险。”

福煦看到，现在的情况是各自为战：黑格要保卫港口，而贝当要保卫巴黎。如此两支军队势必会失去联系，从而必败无疑。各协约国政府必须迅速干预，否则事态将无可挽回。福煦认为自己有责任提醒总理，于是要求见一见克列孟梭，解决问题。对与总理会面一事，福煦有几分抵触情绪，因为两人之间存在芥蒂，恰似黑格与劳合·乔治龃龉不和。福煦曾称克列孟梭是“不羁浪子”②，而无宗教信仰的“老虎”与信奉天主教的诸将——尤其是福煦——向来不和。此前不久，伦敦举行过一次重要会议，两人在会上争吵起来，克列孟梭雷霆大怒，用手比画着大声喊道：“住嘴！”就像老师在教训学生。与会的英国人大为尴尬，黑格回忆此事时称：“克列孟梭骑在了福煦头上！”

对克列孟梭的斥责，福煦至今仍未释怀。他给克列孟梭写了一张字条，提醒总理目前情况紧急，若不设置一位最高统帅统一指挥，联合作战将危险重重。福煦下结论道：协约国仓促“参加战斗，将会导致极其严重的后果。

---

① 约瑟夫·霞飞(1852—1931)，法国陆军将领，一战爆发时任法军总司令，领导法军在马恩河战役等一系列战役中取得胜利，声名大振。1916年12月，改任法国政府军事顾问，并晋升元帅，总司令一职则由尼维尔接任。

② 人称“垂柳”的少将萨克维尔-韦斯特爵士曾告知威尔逊将军：贝当在密谋策划，要使福煦下台。威尔逊认为克列孟梭也参与了这一密谋。“他们时常嘀嘀咕咕，说福煦‘如何如何’，比如其判断力不如往昔、疾病缠身云云。”——原注

准备不足，装备不够，指挥不力”。

德军对巴黎的远距离炮击增加了克列孟梭的忧虑。到中午12时26分，共有23发炮弹落到了巴黎市内或附近地区，随后炮击便停止了。整个上午，城市并未出现恐慌迹象，心态沉稳的巴黎人已为这门巨炮起了个诨名——“大贝莎”，该名字来自克虏伯军火公司的一名家族成员。①

指挥“巴黎炮”的德军军官吃午饭时，为首的军官被叫去接电话。原来是最高指挥部通过电话向他们表示祝贺：巴黎人的精神已经被彻底打垮了。于是炮手们举杯欢庆，不料响起一声爆炸声，窗户被震得咯吱作响。德军知道这是法军铁道炮发射的重型炮弹，却不清楚敌人从何得知自己的方位。五分钟后，又一发炮弹打来，炸在了树林中的空地上。德军指挥官决定停止炮击。法军的炮弹射到这里，或许只是运气好。下午3点刚过，1号炮附近落下了一枚重型炮弹，六名德军受了重伤。

在巴黎，福煦将自己写的字条交给克列孟梭。总理读过后，惊恐地说：“你不会扔下我不管吧？”

“我不会扔下你不管。”福煦说，“不过，我们各方面的准备都不足。”

“双方总司令已达成一致意见。”克列孟梭说，“我与黑格一起吃了午饭，接下来要和贝当一起吃晚饭。”

“饭桌上可没法指挥作战。”福煦说。

克列孟梭重申，他已与黑格、贝当达成共识：“还有什么是我能做的？”

“我们每个人，都应该毫不犹豫地肩负起自己的职责。我把条子交给你，就是为了这个。”

六

英军第35后备师于上午离开亚眠，到下午三四点钟时，已渡过索姆河，

---

① 一战期间，德国克虏伯公司由古斯塔夫·克虏伯掌管，曾研发生产了10门420毫米口径的超重型榴弹炮，并以古斯塔夫之妻贝尔塔（Bertha）的名字命名，按德文发音称作“大贝尔塔”（Dicke Bertha）。该炮与文中所述的超长距离火炮“巴黎炮”（Paris-Geschütz）并非一物，但当时英美士兵普遍将德军的大型火炮概称作“大贝莎”（Big Bertha）。

进入第3集团军辖区，正在向马里库尔（Maricourt）前进。此时，担任信号员的二等兵P. E. 威廉森（P. E. Williamson）意外地遇见了大名鼎鼎的第51苏格兰高地师正在撤退。他们血迹斑斑、满身尘土，队伍里还有许多伤员，却仍然兴致昂扬；路过一些被遗弃的YMCA①仓库，毫不客气地拿走了衬衫、袜子、裤子、葡萄酒、啤酒、威士忌和香烟。有些苏格兰人，包括一些军官在内，过了一下酒瘾，此时或骑在马上，或迈着蹒跚的脚步，哼着自己喜爱的小调："他们脏兮兮的脸上挂着倦容，折叠短裙上溅满了泥水。作为好奇的看客，我们不难看出，他们经历了长时间的战斗，睡眠不足，伤亡惨重。如今他们绝处逢生，有此等欣喜若狂之举亦属自然。"

有一名高瘦的苏格兰高地士兵，把一堆香烟塞进小罐里，和刘易斯机枪一起背在肩上。旁人便问他："老兄，拍卖行在哪儿？"那名苏格兰士兵的钢盔下露出一条样式奇特的头巾，为其增添了几分喜剧效果："那边的店主让我们随便拿，一会儿他们就要放火烧店了，不能把这些东西留给德国佬。小伙子，你们也快去捞点吧。"

新到此处的第35后备师爬上山脊，眼前是一番触目惊心的景象。"放眼望去，整个乡野布满了燃烧的村庄、帐篷、仓库、战地医院，到处浓烟滚滚。灰色大军人多势众，各部队因抵挡不住而退却，故而把对敌人可能有用的所有东西都烧掉了。"双方的重炮轰击已经停了下来，但机枪与步枪的射击声仍然很激烈。随后，巨大的爆炸声响起，震得地动山摇。原来前方半英里处，位于阿拉斯—巴波姆公路上的一个大弹药库爆炸了，一束巨大的烟柱冲天而起。

向南几英里，兰开夏燧石枪团（Lancashire Fusiliers）的吉尔伯特·莱思威特（Gilbert Laithwaite）中尉正在观望英军向巴波姆—佩罗讷公路发射炮弹的情景。突然，公路彼端的东方天际出现了一支单列纵队，那队伍越来越长，形成了一幅延伸好几英里的剪影。"是德国佬，各就各位！"一名军官喊道，"2000码外，准备开火。"在午后的阳光下，那队伍的轮廓与颜色异常地

① YMCA，基督教青年会（Young Men's Christian Association）的英文缩写，基督教非政府性质的国际社会服务团体，1844年成立于瑞士日内瓦。

眼熟。莱思威特举起望远镜，看了看他们的行装与装备上的带子，又把望远镜交给另一个人。“我认为那是德国佬穿着我们的军服。”莱思威特说道，随后才意识到那就是英军。一枚炮弹落在这支行进中的队伍中央，于是它猝然左转。这些军人是在朝山下自己的防线前进。炮弹在他们身边炸开，“起初是三三两两，随后密集了起来。眼见着自己的战友被视野之外的大炮缓慢而有计划地屠杀，自己却无能为力，那真是难以置信、不寒而栗的经历”。炮弹不断爆炸的同时，机枪又噼噼啪啪响了起来：“这支友军前进了将近一英里，到达佩罗讷公路，途中没有一个逃兵，给我留下深刻印象。炮弹在人群中爆炸，他们将倒下的同伴留在身后，继续前进，使我心中五味杂陈。这支昂首挺胸的队伍步履维艰地走着，我明白他们一定疲劳到了极点，却没有人选择逃跑，而是顶住了重炮的轰击、机枪的扫射。”他们离开阵地前，曾有军令下达：掉队及临阵脱逃者，格杀勿论。没有一个人违反这道军令。

保罗·梅兹又忙碌了一天。高夫将军派他去南面，看看马克西的第18军右翼的情况。他骑自行车经过维莱塞尔夫（Villeselve），还穿过一片树林，一个法军师团的牵引车停在林中。梅兹发现法国第9师的步兵正在撤退，他感到十分沮丧；随后便意识到，第9师右侧有一个师在撤退，他们是在效法那个师。整个右翼都在后撤，这会严重影响到在他们北面作战的英军部队。梅兹开始寻找法军司令部，而当他终于找到一批参谋人员时，却发现他们正在就如何保证部队安全撤离森林地带的问题讨论得热火朝天。梅兹知道自己无法阻止撤退的大潮，但仍向对方说明了法军的撤退会使左侧的英军身处险境，并希望他们延缓撤退的脚步。

“其实英军也应该撤退。”一名法国上校说。

于是，梅兹只好将这个情报向身处鲁瓦（Roye）新总部的马克西将军报告。到达指挥部时，马克西正在与法国骑兵第2军军长罗比永（Robillon）将军谈话。罗比永曾向高夫保证，次日上午将在内勒以南发动反击；此时他正准备在马克西部的后方安营扎寨。“两位将军的形象截然相反：马克西将军一声不响，神情忧郁地坐在桌旁；那位法国将军则在慷慨陈词，身穿一套浅蓝色衣服，宽大的胸前挂着两枚叮当作响的勋章。”一旦罗比永的部队到达，马克西就得听他的指挥。这一安排已经带来了一些麻烦：法方没有意识到英军在四天苦战之后已是精疲力竭，因此总是做出一些脱离现实情况的计划。梅兹奉命去为即将抵达的法军做向导。

梅兹走后，高夫本人也到了鲁瓦。听过马克西的简短报告后，他给罗比永打了一通电话。两人商定出一个计划：英法两队一道向内勒东北的德军发起进攻，以期将敌人赶回索姆河彼岸，恢复该地区的沿河防线。进攻的时间定在上午8时，还确定了一个炮击计划表。

内勒的局势仍在恶化。黄昏时分，科伯恩看见英国军队逃出梅斯尼尔-圣尼凯斯(Mesnil-St. Nicaise)村，好像有敌军在后面紧紧追赶。村子里升起了德军的信号弹，说明大举进攻的德国佬已经占领了村子。科伯恩明白久留无益，便将队伍撤到了内勒东北铁路沿线的一个阵地。

科伯恩起程回旅部报告情况，顺便押送俘虏回去。路上，他向一名俘虏问道："你的仗已经打完了，难道不高兴吗？"

"哼，反正我仍身处这场混蛋战争中，作战还是被俘毫无区别。"德国兵回了一句，再也不吱声了。

内勒那些弹痕累累的房舍与高大的烟囱渐渐出现在科伯恩的视野之中，景象十分凄凉。不一会儿，科伯恩便带着俘虏进了城，走在了漆黑空荡的鹅卵石大街上。他把战俘交给了看守人员，便去向旅长汇报。"德军目前已占领梅斯尼尔-圣尼凯斯村。"他们两人用手电照着地图，科伯恩做着说明，并指出他的队伍目前所在的位置，"不难看出，将军对形势不甚了了，与他一起的另一位旅长对此同样一无所知。"他们根本不了解前线的真实情况。

德皇回到他的专列上，天已经黑了。他在前线附近待了一天，而其心情则恰如海军内阁长官格奥尔格·冯·穆勒(Georg von Müller)海军上将在日记中所记述的那样："对战场的恐怖与乡野的惨状深受触动。皇帝说，应当把议员们叫来看看，真实的战争是什么样子的。接着，又照例大骂帝国议会是个猢狲窝……"

七

3月24日，对总参谋长亨利·威尔逊来说，又是一个忙乱的日子。首先，前任远征军总司令、曾指挥过西线所有集团军的弗伦奇(French)①将军要求撤换黑格，这是他大约第20次提出该要求。然后，威尔逊赶往查令十字②，为起程赴法的米尔纳勋爵送行。下午5时，威尔逊接到电话，得知佩罗讷失守，英军正在向安克里河撤退。于是他打电话给身处沃尔顿-希思的劳合·乔治，请他快点回城。没过多久，他又接到福煦的电话，"问我对局势有何看法。我们一致认为，应当有人出面来控制局势，否则我们将一败涂地。我提出要和他见一面。"

晚7时，威尔逊在唐宁街10号与劳合·乔治、博纳·劳(Bonar Law，战时内阁成员)③、扬·史末资(Jan Smuts，南非国防大臣)④会晤，通知他们自己要前往法国。众人一致认为，局势十分严峻，黑格与贝当的相互支援计划不足为恃。接着他又与丘吉尔夫妇、劳合·乔治以及汉基共进了晚餐。威尔逊极力建议首相将征兵的范围从英国本土扩展至爱尔兰。丘吉尔对此表示赞同，威尔逊很是高兴。待威尔逊讲完，丘吉尔以他一贯矍铄的精神对劳合·乔治说："你可以从这捉襟见肘的境地中解脱出来了。"

"这一天真是马不停蹄。"总参谋长在日记中写道，"我们几近崩溃的边缘。劳合·乔治嘛，总体来说还算乐观了；博纳·劳情绪最消沉；史末资讲了不少书呆子式的废话。紧要关头，还数丘吉尔了不起，让我回想起了1914年8月时的情景。"

---

① 约翰·弗伦奇(1852—1925)，英国陆军将领，一战爆发后任英国远征军总司令，1915年12月被解除职位，改任英国本土部队总司令。

② 查令十字(Charing Cross)，位于伦敦自治市威斯敏斯特市的一个交会路口，是伦敦的传统中心点。在其附近有老牌火车站"查令十字站"(Charing Cross Railway Station)，故威尔逊到此处为米尔纳送行。

③ 安德鲁·博纳·劳(1858—1923)，英国政治家，时任财政大臣。

④ 扬·史末资(1870—1950)，南非政治家、陆军将领，时任大英帝国殖民地的南非联邦的国防部长。

在威尔逊面前，劳合·乔治也许显得情绪还不错。可他一回到沃尔顿，就变得萎靡不振了。“情况看来很不妙。”他对里德尔说，“我担心会大难临头。敌人已经突破了防线，现在的问题是用什么来阻挡他们。我们太缺乏后备力量了。”法国人会派来后备部队，但可能来不及。“星期二我会去法国一趟，同时我还要派出所有可动员的部队。威尔逊①总统也得赶快行动，否则将为时晚矣。他浪费了太多时间，美国参战已经九个月了，却仍没有在前线做出什么实际贡献。”劳合·乔治接着谈到，没有早点将亨利·威尔逊提拔为最高指挥人员，实属重大失误，“就因为威尔逊不分场合开玩笑，人们便误以为他只是个科诨小丑。其实开个玩笑又有何妨？”

在贡比涅(Compiègne)的法军总部，克列孟梭又一次与贝当共同进餐。贝当以他惯常的阴郁方式报告了战场消息：德军渡过了索姆河，黑格还打算继续北撤。如此一来，法英两军之间失去联系的危险便进一步加大了。贝当敦促克列孟梭向英国方面施压，使英军与法军保持联系；否则他只能无限延长自己的战线来迁就英军。

前一天，克列孟梭还处在低落情绪之中；此时听到坏消息，反倒坚定了起来。贝当身上那种过于悲观的情绪，令他深感不悦；他也对贝当那种一旦失败“错都在英国人身上”的论调不以为然。现在克列孟梭同意庞加莱的看法了：应当为两军“缩近距离”尽最大的努力，不该离开巴黎。不仅如此，克列孟梭还责怪贝当“以香槟地区可能受到攻击为借口，没能足够迅速地采取必要的行动”。

克列孟梭并没有将否定意见说出口，但贝当想必心知肚明——饭后他与黑格见面时，心烦意乱，闷闷不乐。晚 11 时，两人在黑格的杜里前沿指挥部见了面。黑格的第一印象是贝当表现得“坐立不安、六神无主、焦急万分”。贝当把给法军各集团军的命令誊写了一份，交给黑格：第一，首要任务是保持法军各集团军之间牢不可摧的整体性；第二，如果情况允许，则与英军保持联系。

---

① 托马斯·伍德罗·威尔逊(Thomas Woodrow Wilson，1856—1924)，第 28 任美国总统，1919 年度诺贝尔和平奖获得者。一战后期主导对德交涉，提出“十四点和平原则”，战后致力于创建“国联”，即现在联合国的前身。

黑格心里没底，要求贝当在横跨索姆河的亚眠地区时尽量集中兵力。贝当却愁苦地摇了摇头，表示他不能让法约尔将军把后备集团军群集中在亚眠。贝当认为，德军随时都可能对香槟地区发动大规模进攻。实际上，他早已对法约尔下了命令：只要德军继续向亚眠推进，就朝西南方向的博韦撤退。原因是什么？保护巴黎。贝当解释说，当天上午巴黎召开了一次内阁会议，政府命令他“不惜一切代价保护巴黎”。①

黑格十分慌张。贝当给法约尔的命令将使英军与法军之间裂开一道口子，从而给德军渗透的机会。“你的意思是要抛弃我的右翼？”黑格单刀直入地发问。贝当沉默了一会，愁眉苦脸地点了点头，答道：“如果敌人迫使协约国部队进一步撤退，那就只能如此了。”

黑格惊呆了。保护巴黎，意味着“与英军保持联系”不再是法军战略的基本原则了。虽然他本人性格执拗，极度关注本国利益，但他从未考虑过抛弃法军的战线，因为只有齐心协力，才能取得胜利。夜色朦胧之中，黑格乘车返回蒙特勒伊大本营时，暗自下了决心：必须为这场战争选出一位最高统帅，而人选正是福煦，虽然他曾斥之为“夸夸其谈的南蛮子”。黑格明白，福煦的“战略观点，与我就任总司令时基钦纳勋爵给我的命令一致。此外，从 1914 年 10 月到 11 月的伊普尔战斗中可以看出，此人行事果敢，极富胆略”。

到达蒙特勒伊附近的住所后，黑格给米尔纳和威尔逊分别发了电报，说明法军战略的重大变化。他要求两人即刻来一趟，商讨由福煦“或另一位决心抗战到底的将军来掌管法国战场上的最高指挥权”。他还写信给妻子说，政府终于认识到了增援的必要性，他感到十分庆幸：“此前政府一直指望我没有军队也能打仗。”

在贡比涅，贝当的司令部里充满了紧张不安的喧闹声。将军本人的疑虑与恐惧也传染给了各级指挥人员，流言在各个办公室之间不胫而走：明天

① 战争结束后，黑格向庞加莱问起这次会议，对方却感到莫名其妙。“从他的话中可以看出，”黑格在日记中写道，“这位总统根本不知道，在德军 1918 年 3 月发动攻势的最紧要关头，贝当改变了自己的主要战略目标，不再拼尽全力与英军保持联系，而是下令调遣他的军队去保护巴黎免遭德军威胁……”——原注

上午8时之前，撤出该大楼。院子的各个角落都堆满了小山似的包裹与纸箱，院子里停了上百辆卡车，人们急急忙忙地打包装车。一群军官站在一旁，“就像一批移民”在等待尽早离开的机会。

负责行动的普瓦德隆（Poidron）将军怒气冲冲地从屋里跑出来。“诸位，搞什么呢？”他大声嚷道，“谁说要撤走了？各自回办公室，把打字机卸下来，继续工作。”在这个压抑的日子里，大家第一次被逗得笑了起来。谁知打字机还没卸完，又来了一道新命令：重新装车。撤退基本是板上钉钉了。

第三章　3月26日，福煦将军说："但愿为时未晚。"
3月27日，米尔纳勋爵说："我们被打垮，只是时间早晚的问题。"

3月25日至4月6日

一

在意大利、巴尔干半岛及中东等其他战线，并无突出战况，全世界的目光依然注视着法国的撤退。这场撤退一直持续到3月25日星期一的黎明时分。坎贝尔中尉奉命前去侦察敌军的位置并发回情报。凌晨4点30分，他在一片黑暗中出发，翻过一座山，向马里库尔村走去；该村位于通往阿尔贝(Albert)的路上。坎贝尔很低沉。战斗打响四天以来，在疲惫与焦虑的侵袭下，他的信念与力量消耗殆尽："我很害怕，深感孤独。我出发的时候，小屋里的人还都睡着。如果我走之前，能有一个人醒着，对我说声'一路平安'，我还不会如此泄气。至于战斗的情况，只怕我们要没完没了地撤退下去了。不知道撤退到哪里才是头。"

坎贝尔穿过一片森林，来到大路上，途中几乎一枪未发。他凭感觉认为此处乃是一座悬崖的边缘，索姆河就在南边，流经悬崖之下的某个地方。接下来的行动需要等待日出，他便等了一会儿。太阳渐渐升起，驱散了笼罩着河谷的晨雾，出现了近乎垂直的悬崖，足有200英尺高，下面便是索姆河。面对如此壮观的景象，坎贝尔瞠目结舌。他望向河谷，四周给他的感觉好像战争已经结束了。"听不见炮声，只有我们在这里，既看不见友军，也看不见敌军；朝阳的照拂下，只有一间残破的灰色教堂坐落在河边，像是荒地上一座古老修道院的遗迹。”正在这时，坎贝尔看到约翰(John)少校往山上走来，心情颇感压抑。这名少校是另一个炮连的指挥官，整个旅的军官当中，数他最惹人厌恶、让人畏惧。“此人自己天不怕地不怕，便希望别人同样英勇无畏。如果你表现出怯意，就会被他鄙视。而我一天之中无时无刻不在害怕。”坎贝尔知道，这个总爱做些惊人之举的少校，正期待着自己去效法他。在炮连炸毁了自己大炮的那天晚上，约翰在外面侦察敌情，临行前吩咐坚守阵地。当然，阵地没有守住，平白被俘也毫无意义，于是他的炮连便撤退了。众人都以为不会再见到约翰了，谁承想约翰并没有落入敌手，他回来时发现炮连撤得一人不留，于是雷霆大怒。

令人生畏的少校向山上走来，坎贝尔寄希望于他认不出自己，走过去了事；不料他似乎没有不认识的人。“这里情况怎样?”约翰的嗓音听来不甚悦耳，句尾伴有一阵短促且刺耳的笑声，这正是他平时说话的习惯。坎贝尔回报说没有发现敌军踪迹，说着举起了双筒望远镜，希望让对方觉得自己正在做事。

“别看了，这里什么都没有。”少校说，“咱们去马里库尔，探探那里的情况。”

坎贝尔担心的正是“咱们去”三个字。去，那就是去找麻烦！然而上路之后，却发生了一桩奇事。坎贝尔走在坚毅的约翰身边，竟不再感到害怕了。他发现自己昂首挺胸，大步流星，不像之前那样佝偻着身子，恨不得匍匐前进。约翰与这名年轻中尉攀谈起来，好像两人都是普通士兵，没有军衔之差。约翰承认，他本以为一切都在炸毁大炮的那天晚上完了。“撤退计划杂乱无章，后备部队遥遥无期，指挥系统一盘散沙！”约翰叹道。一名少校批评起参谋机关和军队高层来，口气与基层军官无异，这使坎贝尔听来很是受用。

马里库尔位于高原地带，两人抵达后，便向一条堑壕走去。堑壕里有六名步兵，见两人走来，便大喊让他们卧倒，说这里在敌军的监视之下。“我觉得你们是搞错了。”约翰漫不经心地说，故意跃过战壕，朝德军防线走去。他爬到一座小丘的顶上，岿然站定。“你们可以自己来看看，1000 码之内并没有德军。”坎贝尔先前拿不定主意接下来该做什么，此时他觉得正是吃早饭的好时机，便拿出了前一天晚上随从为他准备的三明治。他分给约翰一块，约翰却说：“我干吗抢你的早饭？”坎贝尔告诉他自己还有，于是约翰便说了一句，这玩意儿看起来挺开胃的。面对那涂着黄油、夹着一块肥美的上等牛肉的厚实三明治，他仅用了“开胃”两个字。不难看出，约翰对待美食就像对待危险一样，无动于衷。

几个步兵都看呆了：两名炮兵竟坐在堑壕顶上，腿在堑壕里晃动，议论着古往今来的战争和将领——拿破仑、克莱武（Clive）①、马尔博罗（Marlborough）②。后来少校起身要走，坎贝尔要跟他同行。他愿意跟着少校走遍天涯海角，不畏任何艰难险阻。不过，约翰劝他留下，以便为总部提供准确的情报。约翰走后，坎贝尔仍然充满勇气。他重拾了信心，开始相信战争还没有失败。约翰曾说，德军已经错失良机，他们想把大炮运过这片饱经兵燹的地带，必定困难重重。坎贝尔对此深信不疑。撤退还会持续几天，不过后备部队很快就会赶来改变局面。坎贝尔实在受够了撤退。他把双肘撑在堑壕的矮墙上，其实观察敌军阵地无须如此暴露自己。突然，头顶上电话线掉了下来，一端落在他的钢盔上，发出一声轻响。随即他听见了一发枪声，自己险些被狙击手击中。他转移到堑壕的另一处，信心开始动摇：“今后向外观察得小心了。”坎贝尔重新担心起来，不过低迷与恐慌的心理终究被克服了。

这天早晨的阳光不错。6时50分，法国首都挨了一记巴黎炮的炮弹，没有出现死伤。10分钟后，第2发——总计第53发——落在唐杜街（Rue Tandou），这次造成了一人死亡、一人受伤。两发炮弹间隔时间很短，说明大炮不止一门。在这场悲剧之中，还有一幕喜剧上演。赶到爆炸现场的宪兵队开始吹哨、打鼓，巴黎人却只觉得滑稽，便捧腹大笑。宪兵们奉命行事，尽管羞涩难当、窘态尽显，也不敢停下鼓声，活似一出蹩脚戏中的演员。一

---

① 罗伯特·克莱武（1725—1774），英国军事家、政治家，在东印度公司的军事扩张过程中起过关键作用。

② 约翰·丘吉尔（1650—1722），第一代马尔博罗公爵，英国军事家、政治家，在西班牙王位继承战争中表现突出。后来成为英国首相的温斯顿·丘吉尔是其后裔。

名路人喊道："哇哦，快看快看，是拿破仑，小伍长。"①自星期六以来恐怖而紧张的氛围，终于得到了舒缓。

第一发炮弹来自3号炮，第二发来自1号炮。然而，随着大炮连续高速开火，3号炮发射第三发炮弹时，只听一声震天巨响，炮膛发生爆炸，炸死、炸伤17名炮兵。

1号炮停止继续发射，炮兵去探查其他大炮的情况。而1号炮刚刚发射的这发炮弹也因弹道太低，未能击中目标。于是德军决定，撤离阵地，将大炮送回克虏伯军工厂，拓宽炮筒。如此一来，巴黎至少会迎来三天没有炮击的日子。

在前线，法英联军延后了对内勒的反攻行动。因为法军未能如期进入阵地，要求推迟三小时，即上午11时再发动反攻。英军同意了，不料法军自始至终没有就位。恐怕法军从未认真对待这场军事行动——参加行动的法军师长后来就评论道："那只是一项计划而已。"

不幸的是，德军也在调集军队，准备在这一地区发起进攻。英军突击部队看到迷雾中移动的人影，误将他们当作了法军。

如此一来，德军成功进行了突破，马克西与瓦茨两军之间的缺口每时每刻都在扩大。偏偏当天上午，高夫接到了一道令他灰心丧气、心忧如焚的命令：高夫所辖所有部队，沿索姆河者，划归第3集团军指挥；索姆河以南者，由法军接管，划归法约尔将军指挥。此举使得高夫在军事行动方面与黑格的司令部失去了联系。而且，高夫接到命令时，刚见过法约尔将军没几分钟，将军没有给他半句指示。也就是说，高夫只能在未得到任何明确授权的情况下处理好眼前的局面了。

法军倒是有一个步兵营向内勒发起了进攻。科伯恩上尉远远地看着他们，深感振奋。他指着德军的阵地，赞许地注视着身穿蓝军装的军人挺进。"这些法国兵真是镇静，佩服佩服！"法军一度击退了德军，而半小时之后，科伯恩发现法军撤出了内勒，"此时，他们一副穷途末路的样子，队伍乱作一

---

① 小伍长（le petit caporal），是拿破仑·波拿巴的绰号。一般认为，拿破仑身材矮小的说法正来源于此。

团，一个接一个地经过我军阵地，逃往通向鲁瓦的大路。在此期间，我军的士兵——在乱作一锅粥的状态下，天晓得是哪个部队的人——看见法军退了，于是也开始后撤。他们倒是没跑，没有一个人'跑'，都像一群慢吞吞的绵羊，凄凄惨惨地走了回来”。

那名法军营长仪表不凡，身着鲜艳的蓝色军装，外衣敞着襟，缓步走来，好似在布洛涅林苑（Bois de Boulogne）中闲庭信步一般。科伯恩问他打算怎么办，这名法国军官便以审视间谍的眼光打量着他，问道："你是什么人呢，先生？"

"我只是一名英国军官，带着这些兵到了这里。咱们是不是要找个地方停下来呀？"

"哦，没错！"法国军官说，他还解释道，德国佬一直在他的左边活动，迫使他选择撤退。"你也能看到，敌军还跟在我军的左侧，所以我打算退到那里——"他指着后方几百码处的一个地方，"再整顿部队。那里让部队面向北方更加方便。"

"好，我带着我的手下和你一起，可以为你们提供支援。"

然而，一部分法军无意服从营长的指挥，拔腿就往大后方跑。"唉，那天上午真是惨不忍睹！"科伯恩后来回忆道。他和其他几名英国军官不停地吹哨，希望阻止那些逃兵，让他们去挖工事。有几次，他们说服一拨士兵不逃了，然而这拨士兵刚一开始挖地，另一拨士兵便后撤了，从而引起全体士兵的效仿。军官们竭尽所能，无奈在枪林弹雨之中，又没有马骑，实在控制不住如此多的部队。不过，尽管局面如此混乱，这支法英混合部队还是沿着一排路边矮树挖出了战壕，总算建立起来一道防线。

此时，亨利·威尔逊刚刚抵达黑格设在蒙特勒伊的总司令部。"简而言之，"黑格说道，"一切都取决于法军是否能够、是否愿意立刻派遣 20 个精锐师来索姆河以北支援我军。"他还补充道，克列孟梭面临着一项意义深远的抉择："我军目前正在单独承受德军的重压，克列孟梭的决定或许有助于调动法军全军来轮流支援我军战线。"

威尔逊对黑格的意见不屑一顾。“D. H. [1]吓破了胆，”威尔逊在日记中写道，“他说除非‘法军全军’来援，否则我军根本没有胜算，最好还是尽可能提出一个有利条件，去与对方和谈。我则指出，德国佬正沉浸在胜利的喜悦之中，要想让他们同意和谈，除非我们缴械投降，而那当然是不可能的。黑格对此也无异议。经过一番长谈，我对黑格说出了自己的意见，亦即，双方行动必须更加统一，应由福煦出任最高统帅，协调两军总司令的行动。道格拉斯·黑格最终同意了。我忍不住提醒了他一句，当初我计划着组建一支总预备军，正是他黑格在克列孟梭的支持之下，扼杀了我的计划；我忍不住又提醒了他一句，3 月 6 日那天，我就以口头和书面两种形式警告过他，如果没有一支总预备军，他就只能靠贝当的施舍过日子。如此局面着实令人难受，我早在 1 月份就准确地预见了此次攻势，却没做出任何实际安排以应对之。”[2]

看来威尔逊忘了，正是黑格多次断言德军将在春季发动大规模攻势，而他自己对此无动于衷。此外，那天威尔逊的思路也不如黑格清晰。他对福煦不再佩服得五体投地，在当天下午便向福煦的参谋长魏刚（Weygand）[3]将军提议，由克列孟梭担任盟军总司令；带头提出由福煦出任最高统帅的，反倒是黑格。

下午接近 3 点，在位于巴黎的法国陆军部，法国总理会见了米尔纳勋爵。克列孟梭宣称有必要“不惜一切代价维持法英两军之间的联系，黑格与贝当必须立刻投入他们的后备队以阻挡敌军的突破”。鉴于前一天晚上贝当对黑格讲了那些丧气话，克列孟梭的这番表态可谓意义重大。“老虎”还补充道：“有必要对贝当施压，迫使他按照这一战略计划采取更多行动。”

---

① D. H. 为道格拉斯·黑格（Douglas Haig）姓名的英文缩写。

② 遗憾的是，包括威尔逊将军与豪斯上校在内的当时的风云人物，他们公开发表的日记中，能够提供新信息的段落都不多。亨利·威尔逊的这部未删节版日记，不仅反映出一种天资纵横、辛辣尖刻的机智，更为某些关于这一天的重要争议充实了内容。上述引文即出自威尔逊的日记，开头三句话不见于少将 C. E. 卡尔韦尔（C. E. Caldwell）爵士编辑的版本。——原注

③ 马克西姆·魏刚（1867—1965），法国陆军将领，一战后期担任福煦的参谋长。1940 年，在法国风雨飘摇之际临危受命接任法军总司令，然而无力回天，最终出任维希政府国防部长，并在二战结束后被起诉。

会见过后，克列孟梭与米尔纳离开巴黎，在福煦与卢舍尔的陪同下前往贡比涅参加会议，与会者还有贝当与庞加莱。在巴黎北站(Gard du Nord)乘车时，铁路交通局局长找上克列孟梭，说道："如果您不救亚眠，那就彻底完了！亚眠是我们的交通枢纽。"

"嗯，我们尽量。"克列孟梭答道。

由于贡比涅市内受到敌军的持续炮击，会议便在郊区的一座城堡举行。庞加莱主持会议。贝当描述了高夫第5集团军混乱不堪的状况，并称它已经算不上一个集团军了，他本人已派出15个师前去协助英军抵挡敌军，其中6个师已投入激战；当时他只能调动这些军队，因为他还肩负着保卫通往巴黎之路的任务；此外瓦茨河谷方面也存在威胁，或许还有香槟方面。

对于贝当这套悲观论调，福煦提出了异议。福煦表示，最危险的地区是亚眠，德军已在亚眠突破了法英两军的防线，在两个集团军之间割裂出一个大缺口。两军必须重建该防线并恢复联络，即便在别处冒些风险也在所不惜。克列孟梭与庞加莱对此似乎表示认可，克列孟梭向英方发问："若要执行这一计划，英军打算怎么合作?"米尔纳勋爵无法回答这一问题，而事有不巧，黑格和威尔逊都忙得不可开交，未能到会；于是米尔纳建议，次日大家再共商大计。众人没有异议。当天的会议结束后，米尔纳私下向克列孟梭表示，他很不放心"贝当是否肯冒着风险去调动全部可调动的后备军，因为在我看来，一切都取决于贝当此举了"。克列孟梭总理同样表示了他的疑虑。

现在他们需要黑格同意。黑格很快便同意了，并建议大家在杜朗(Doullens)开会；此地东距德军占领的巴波姆、南离亚眠各为20英里左右。时间定于次日上午11点。

与此同时，黑格和威尔逊则在阿布维尔(Abbeville)与魏刚将军协商。黑格向这位法国将军递交了一份书面意见，阐述了自己的需求和意向。黑格要求法军在亚眠后方部署至少20个师，"以期在德军侧翼对英军集团军发动进攻时做出反应"。在魏刚看来，这番话意味着黑格已经决定将抗击德军的战场转移至亚眠以西。"英军只能缓慢地且战且退，"黑格说，"以保卫英吉利海峡诸港口。"

二

在通往次日会场的沿途，弥漫着一种近乎恐慌的情绪。贝伦德上尉所属的重炮队在福塞维尔(Forceville)附近的公路上停着，排成一列。上尉奉命前往附近的一座城堡，向旅部汇报情况。旅长马歇尔(Marshall)将军和他的参谋长坐在一间宽敞而华贵的大厅里。贝伦德汇报完毕后，刚迈出门时，来了一名传令兵。"回来！"马歇尔将军把贝伦德喊了回去，问他回去见自己的上校需要多长时间；贝伦德回答四分钟左右。马歇尔将军说："你快马加鞭赶回去，告诉上校，继续撤退，立刻。德军半个小时前占领了阿尔贝，正向杜朗进发。我或者参谋长会在市政厅给你们新的指示。要快——福塞维尔离阿尔贝只有六英里。"

贝伦德火速骑上摩托车，不顾一切地向福塞维尔飞驰，路上行人慌忙闪开，纷纷回头看他。上校正站在镇中央，志得意满地审视着排列整齐的队伍。司机在擦拭卡车，炮手在清洁大炮；旅里一半的士兵已经安营扎寨，余者则在咖啡馆里消遣。街上喊声、哨声响成一片。不到12分钟，这个重炮队"怀着极度沮丧的心情"又一次撤退了。他们不知道阿尔贝其实并没有落入敌手，不过敌军距他们不足五英里这点倒是不假。

此地后方不远处，便是沦为废墟的巴波姆，一些德国电影摄影师来到了这里。两年前，他们的领队弗朗茨·泽尔特(Franz Seldte)曾在这里搞到大量啤酒，那时的巴波姆还是个令人愉快的驻军城镇，如今唯余一片苍凉。① 此地确实荒废了，不过摄影的题材却数不胜数。"大量的英国俘虏、一排排的帐篷和瓦楞铁皮屋、奇形怪状的墓地，还有那残破阵地上横七竖八的尸体，有的是进攻的德军的，有的是防守的英军的——这一切构成了一幅壮观而触目惊心的画面。"

---

① 此人后来成为由退伍军人组成的准军事性民族主义团体"钢盔团"的领导人。该组织并非所有成员都支持希特勒，但泽尔特做了"元首"第一届内阁的阁僚。——原注

泽尔特的汽车吃力地在废墟中穿行。他不禁怀疑，此地真的是巴波姆吗？德国劳工营和英军俘虏在辛苦地清扫着街道。泽尔特犹记得那些殷勤好客的居民与店家，还有市政厅，他曾在那儿激动地聆听艺术演讲——这些地方如今何在呢？在一堵断墙旁边，他终于认出了当初立在市政厅前面那块纪念碑的底座。满目疮痍的巴波姆熙熙攘攘，泽尔特用了 80 米的胶片拍摄市场，40 米的胶片拍摄俘虏，60 米的胶片拍摄重型列车炮及一些炮连。接着，战斗的声音吸引了他的注意，他吩咐司机向西北方开去，那里正在进行一场争夺大阿谢的激战。

这一带泽尔特很熟，他咬紧牙关，心脏怦怦直跳。两年前，他所属的部队就在前方那个村子里，开始了那场漫长而血腥的索姆河战役。此战双方伤亡各不下 50 万，而发动进攻的协约国一方，只不过攻取了 30 英里的狭长地带而已。

如今，泽尔特不得不重返故地，因为电影需要重新取景。随着战斗声越发清晰，英军的炮弹开始在道路两侧落下。泽尔特一行弃了车，带上摄影装备，穿过田野，朝阿拉斯通往巴黎的那条铁路堤岸跑去。泽尔特率领众人沿着一条路面凹陷的道路前进，前方能看见绿色的原野与小阿谢（Achiet-le-Petit）的断壁残垣；步兵部队正在小阿谢浴血奋战。众人一路跋涉来到一长排绿色的树篱后，步兵预备队正隐蔽在这里，准备投入战斗。泽尔特向一名军官询问他们的番号，才知道这是第 39 步兵师。泽尔特深感震惊，因为他最小的弟弟就隶属于这个阿尔萨斯（Alsatian）师①，正在前面的枪林弹雨中战斗。泽尔特很清楚带领一个步兵连投入作战意味着什么，连忙找到一名正在看望远镜的炮兵军官，向对方打听前方作战的是不是阿尔萨斯师，以及他是不是认得海因里希·泽尔特（Heinrich Seldte）中尉。这名军官打量着泽尔特："我看得出，你是个久经沙场的老兵了，战争是怎么回事，你也明白。平心静气地听我说，你弟弟在今早的进攻行动中阵亡了。我跟他很熟，也很想念他。"

---

① 阿尔萨斯本是法国领土，普法战争后被割让给普鲁士。按规定，德意志帝国第 39 师的士兵即从阿尔萨斯招募而来，故此处称之为"阿尔萨斯师"。实际上阿尔萨斯的德国人口不足，部队成员也有许多来自其他省份。

泽尔特咔嚓一声并拢脚跟，僵硬地行了一个军礼：“确定是阵亡吗？”他知道自己此时已是脸色苍白。

“是的，很遗憾向你转达这个消息。我在营里亲耳所闻。”他同情地补充了一句，这是军人的命运，“我们大家都得正视这种命运，你自己已经经历过了，我看得出。”泽尔特向自己那只残废的左臂瞥了一眼，点点头：“非常感谢你。我只是在想母亲不知会有多么伤心。”

没过多久，又有一名军官来问他是不是泽尔特中尉的哥哥，然后亲切地握着他的手说道：“你弟弟今早受了重伤。”泽尔特以为自己听错了。“只是受了重伤，而没有……”那名军官确认是受了重伤无误，可是泽尔特却高兴得要欢呼起来。他的弟弟还活着！“那小子命硬得很，一定能挺过去的。”他下决心要见到弟弟。

不过，目前他的首要任务是充分利用夕阳的余晖来拍摄小阿谢之役的场面。苍白的天空染上了落霞的红色。泽尔特在一个较高的阵地上架起设备，拍摄了进攻村庄的全景画面。多亏英军发射了几枚重型炮弹，“炮弹落地带来富有层次感的爆炸，配上高耸的树木，一定会在银幕上有个好效果。”泽尔特冷酷地想道。突然，他向手下大喊一声：“卧倒！”炮弹的碎片炸裂，刺耳地呼啸着落在四周。半灰半紫的暮色渐渐降临，泽尔特必须赶回总部，为胶片添加文本说明，好让信使把影片加紧送往柏林。他久久凝望着这留有千般回忆的村子，然后起程赶回巴波姆去了。

在战场南端，高夫的光杆宣传局局长梅兹中士正在一片小树林里的枯草地上酣睡。他昨天一整天都在四处活动，宽慰部队称大批法军即将开到，情势固然严峻，但仍在我军掌握之中。为了让更多人听到这一好消息，梅兹一直是扯着嗓门讲话。他在各地游走，打探情报，设法与不断转移的旅部参谋人员保持联系。此时，马拉货车的行进声和撤退队伍的脚步声吵醒了他。在渐渐昏暗的日光中，他看到蓝色军装与卡其色军装的身影混杂在一起，蜿蜒曲折地穿行于森林边缘。装甲车持续向前行驶，敌军的榴霰弹在它们头顶上空爆炸，发出尖锐刺耳的响声。

梅兹想去右边看看情况，于是进入了森林，里面枪炮声的回音处处可闻。火箭弹在滚滚浓烟中旋转着飞上天空，附近则响起了刺耳的开火声。梅兹迅速跑回去骑上摩托车，前去寻找英军第18师的阵地。他遇上一大群德军战俘，接着又找到了萨德莱-杰克逊(Sadleir-Jackson)[①]将军，他的旅已经发动了反攻。将军气宇轩昂，小胡子总是向上卷曲着。"我军让那伙狗贼吃了一顿苦头，"将军说，"也阻挡了他们一会儿。我要继续坚守下去，能守多久就守多久。你去帮我向法军转达一下吧。"

梅兹动身前往努瓦荣(Noyon)，法国的军指挥部设在努瓦荣的一栋老旧建筑里。法军司令名叫佩莱(Pellé)，此人气质典雅，魅力不凡，他告诉梅兹，法军无意守卫努瓦荣，他的部队已在运河上开始了撤退。传令兵与各级军官已将文件整理停当，迫不及待地等待撤退命令发出；佩莱将军倒是镇定自若，"直到一切都安排好，他心满意足时"才下令撤退。

梅兹累得头昏眼花，沿着漆黑的大路向亚眠驶去。他双腿发麻，眼前唯一能看见的，只有摩托车前灯在倾盆大雨中射出的银色光圈。雨水打在发烫的引擎上，嗞嗞作响。他想象着村庄一个一个落入敌手的场景，而当他就着车灯看到一路上几乎寸草不生时，反倒感觉有点开心。德国佬很快就会到达这里，让他们好好尝尝炮击造成的恶果吧。

离此处不远，科伯恩上尉接到了一道命令，要求他带队撤至鲁瓦正东的一个集合点，全师将在那里汇合并进行重组；午夜便要动身。科伯恩还肩负着一项尴尬的任务：把本师撤退的消息告知法军。要留下法军孤军奋战，科伯恩感到很羞愧。他最终找到了那名短小精悍的法军上尉，把英军撤退的命令传达给他。

"我军得到过警告，说敌军会在黎明时分攻来！"法军上尉惊恐地说。科伯恩只能道歉。上尉又问："你们的机枪也要带走吗？"科伯恩回答说"是，所有东西都得带走"。"好吧。"法军上尉说，"你也是有使命在身，我不能阻

---

① 莱昂内尔·萨德莱·杰克逊(1876—1932)，英国陆军将领，1917年10月起任第18师第54旅旅长。

止你。”

当晚大约10点，亨利·威尔逊抵达巴黎。他先与米尔纳勋爵谈了谈，而后见了福煦，尽管当时已经很晚了。威尔逊提议，由克列孟梭掌握协约国军队的全部指挥权，福煦担任技术顾问；并且表示，这将保障“各集团军之间进行更加密切的合作，更为充分地利用一切可用的后备力量”。威尔逊的这项提议，福煦事先就从魏刚那里听说过，两人都认为它不切实际。领军打仗不是克列孟梭的任务，而且他要管理政府事务，他的任务已经够繁重了。

福煦指出，这项提议非但没有简化问题，而且“多半会使问题更难解决”。至于其本人方面，福煦表示他并不想指挥任何军队，只希望得到当初伊普尔之役中担任的那类职务就好。① 那时，霞飞将军授权他促使英法两军更为密切地合作。不过，他现在希望“在担任这一职务时受到两国政府更为明确的授权，获得更高的权力”。威尔逊倒是从善如流，当场表示自己将在次日的杜朗会议上提出建议，要求英法双方委托福煦为黑格及贝当两位总司令“协调军事行动”。换句话说，福煦即将就任最高统帅。

美军司令约翰·J.潘兴将军抵达贡比涅，准备向贝当提议，让他动用美国军队渡过危机。他的盟友们都认为潘兴是个不好对付的老顽固。目前尽管有325000名美军驻扎在法国，不过潘兴认为，只有四个师具备攻击能力，即第1师、第2师、第26师与第42师。包括这四个师在内的许多师，早就被送往英法两军驻防的安全地带接受训练，不过至今也没参加过多少实际作战。

潘兴发现，贝当将军及其参谋长正准备后撤到较为安全的尚蒂伊(Chantilly)总部。看到贝当平时那副满怀信心、若无其事的神气“消失殆尽，一脸忧心忡忡的神色”，这位美国将军颇感讶异。他们就地图上几个贝当认为自己能够守住的点迅速进行了探讨，然而贝当将军却表示，他的后备力量所剩无几，而前线正需要投入部队，希望由美军来代替法军后备部队增援这条战线。

---

① 1914年第一次伊普尔战役时，福煦担任法军副总司令及北方集团军群司令。

潘兴表示应允，但条件是，美军要统一编成一个军。贝当则称美军的师、军级参谋人员经验不足，盟友担心他们无法承担把守前线地区的重任。潘兴有点强硬地回答道，自己“愿意且渴望尽最大的努力来应对当前的紧张局势”，不过希望对方理解，“争取在前线组织一个军，由美方自己的指挥官率领，乃是美国的政策”。

贝当原则上同意了，不过又表示，此事目前还给不出一个确定的日期。在这场危机中，兵源不可或缺。潘兴表示——也是原则上——自己愿意“在当前的危机中尽一切可能提供帮助，对方可以寄望于他，他会尽最大的力量”。美军各师已经整装待命，“即将投入战斗”。

深知美军训练很不充分的贝当表示，潘兴的话是一颗定心丸，但他并不希望美军各师这么快就参战。受过良好教育的美军应当先在野战方面积累经验。此次会晤不能说完全成功，因为潘兴一心希望由美方来指挥他的部队，而贝当只是想让美军充当坚强、稳健的后备力量。很显然，一场围绕着民族自豪感与民族意志的较量正在酝酿之中。

三

3 月 26 日，星期二，黎明时分，阳光明媚，气温却很低。这一天很有可能决定整个战争未来的走向。“不论你们看到什么，只管轰炸、扫射就好。”出征法国的英国皇家飞行队司令萨尔蒙德（Salmond）①少将命令道，“必要时低空飞行。不要害怕冒险。切记。”

那天上午，梅兹中士终于找到了马克西将军。将军十分暴躁，因为他的第 18 军对内勒的反攻失败了。马克西说法军自始至终没有露面，使得英军右翼暴露无遗。此时情况已是一目了然：法军遭到敌军压制，正向南朝着阿夫尔河（Avre River）退去；马克西部却在按计划向西撤退。换言之，英法两支军队正在分离，缺口无时无刻不在扩大，暴露出一个毫无防御力量的口

---

① 约翰·萨尔蒙德（1881—1968），英国空军将领。1918 年 1 月接替有“英国皇家空军之父”之称的休·特伦查德（Hugh Trenchard）就任英国皇家飞行队实战部队（Royal Flying Corps in the Field）司令。

子，敌军大可长驱而入。马克西的全部大炮都被法军带走了，他要求法军归还大炮，对方却不予理会。他命令梅兹立即前往法军第 4 集团军，向亨伯特将军亲自说明情况。亨伯特的司令部位于阿夫尔河河畔，梅兹奔走 26 英里来到此地，却惊讶地发现司令部乃是镶板装饰的豪华房间，自己突兀地闯了进来，面前是一位“高度军事化”的司令员。亨伯特威严而拘礼，站在一张铺满地图的桌子前；军官们听取他的命令，标准地行着军礼，马刺发出清脆的声音，军刀铿锵作响。梅兹刚刚离开的英军第 5 集团军上上下下忧心如焚，与此处的肃穆气氛形成了鲜明的对照。

最后终于轮到梅兹上前，亨伯特眼镜下的黑眼珠锐利地扫向梅兹，直截了当地问他有什么事。亨伯特的态度让梅兹感觉尤为蛮横。梅兹说，他奉马克西将军之命，前来要求法军立即归还英军的大炮；第 18 军目前无炮可用，仍在作战。亨伯特转头问一名军官，见军官一无所知，便说道：“我这就过问一下。”

梅兹请亨伯特手书一道军令，帮他讨回英军的大炮。“可以。”亨伯特答道。趁着亨伯特写字的时候，梅兹竭力阐述法军南撤造成的严重后果，不过亨伯特并没有把一名中士的见解放在眼里。“你说的这个我们也正在关注。”他随口说了一句，便把军令交给了梅兹。

于是梅兹开始找炮，等他发现大炮所在时，手里的军令却受到了怀疑。如何用一纸文书讨回大炮呢？梅兹挺直身板，威严地说：“我是 maréchal des logis！[①] 把大炮还来！”虽然 maréchal des logis 的意思为中士，但对方只听到“maréchal”（元帅）一词，以为来者是元帅，便慌了。因为梅兹的军装虽然布满尘土，款式却很高雅；外加他态度傲慢，一副高级军官的派头，于是大炮就这么讨回来了。

此地往北，省城杜朗，协约国领导人聚集于此。大路上尘土飞扬，挤满了一辆辆运送后备部队上前线的卡车。它们遇上了从前线撤下来的车辆：重炮、救护车、各色军用车，装满财物的民用车。杜朗各处被挤得水泄不通，

---

① （法语）意为中士。

场面十分惊人。

贝伦德上尉所属的炮兵旅要从东边进入杜朗有困难。大路上除了各种军用车辆外，还有大量难民及一批掉队的中国劳工旅(Chinese Labour Corps)工人。

贝伦德注意到，市政厅周围熙熙攘攘，外面停了许多高档汽车，他认定市政厅内必有要人。他感觉自己甚至看到了黑格元帅的汽车，车上飘着迷你版的英国国旗。此外还有大型的法国汽车。里边到底在搞什么名堂？

黑格是第一个抵达杜朗的领导人。他疲态尽显，愁容满面，几乎连续48小时没有合眼。市政厅是座坚固且不失华美的三层建筑，顶层挂着一座小钟，时针正指向11点。二楼有一间天花板很高的宽敞房间，黑格在那里见了英军第1集团军司令霍恩(Horne)①、第2集团军司令普卢默(Plumer)②，以及第3集团军司令宾。高夫将军不在场，空位显得很扎眼；他现在名义上受法约尔将军统辖。

黑格阐述了自己的目标：争取时间以等待法军来援，“为此，我们必须坚守阵地，尤其是沿索姆河的第3集团军，对于其右侧必须寸土不让。守卫亚眠对我军计划的成功至关重要。另一方面，敌军会对我军的中心地带施压，使其形成凸起，但我绝不会因此拉长战线，战线越长就越容易瓦解”。

“索姆河南岸的敌军十分疲惫了，”宾发表了他的意见，“那里的战斗不够激烈，敌我双方都已是人困马乏，无力相互死磕到底。”黑格点了点头。此言不虚，实际上，整场战役都在呈现节奏放缓的趋势。

接下来登场的是来自巴黎的法国代表团。途中，克列孟梭对军事内阁长官亨利·莫尔达克(Henri Mordacq)③将军透露，他要借着英军溃败之际，迫使英方接受统一指挥。克列孟梭兴致昂扬，期待着在谈判桌上与对手

---

① 亨利·霍恩(1861—1929)，英国陆军将领，1916年9月起统率英军第1集团军。

② 赫伯特·普卢默(1857—1932)，英国陆军将领，1915年5月起统率英军第2集团军。劳合·乔治曾邀请普卢默担任帝国总参谋长，以取代威廉·罗伯逊，遭到了普卢默的拒绝。

③ 亨利·莫尔达克(1868—1943)，法国陆军将领，“老虎”克列孟梭的左膀右臂，绰号“熊罴”(L'Ours)。1917年11月起任克列孟梭政府的军事内阁长官。莫尔达克于1943年神秘死亡，一般认为与其对贝当政府的批评有关。

一较高下。

克列孟梭一行抵达市政厅是在黑格之后不久，接着庞加莱的座驾也到了。他们得知黑格正在里面开会，威尔逊将军和米尔纳勋爵还没有到，会议正式开始还得等一段时间。天气很冷，为了取暖，几位法国政要在广场上轻快地踱着步。英军正穿过杜朗“镇静地”撤退，表现得若无其事，莫尔达克对此印象很是深刻。德军的大炮仅在几英里之外，轰鸣声偶尔会打断他们的谈话。“大家表面上平静，内心却都极为焦虑，原因正在于此。”莫尔达克回忆道，“时间不断流逝，英方代表还是没有到齐。”

杜朗市长来到庞加莱面前，问道：“如果德军占领亚眠，你会选择和谈吗？”

“我无权决定宣战或者和谈；不过如果你想听听我的意见，那我坦率地告诉你：我个人反对打了败仗立刻求和，那必将招致祸患。”

克列孟梭笑吟吟地走了过来，可当他把总统拉到一边时，便闷闷不乐起来。因为英军正在北撤，贝当却在考虑指挥法军南撤。“贝当这人太悲观了，我很烦他。你知道他对我说过什么？这话我只复述给你听，他说‘德军会在开阔地带击败英军，接着就会击败我军’。一位将军，别说发表这种言论，就算存在这种念头好了，你觉得合适吗？”

没过多久，福煦到了，显得精神饱满，斗志昂扬。他证实了关于贝当的那些说法，接着说道：“咱们有必要为这场会议起草一份会议记录。”

“做什么用？”克列孟梭问。

“确定责任。”福煦说罢，便离开了。1914年，他曾带着参谋人员驻扎在附近的一所校舍里，现在他想去那儿看看。他的思绪回到了那些危急的日日夜夜，又想起了伊瑟河（Yser）战役和伊普尔战役。福煦把当时的兵力、装备及补给情况与现在做了比较：“1914年，我军各方面条件相对薄弱，仍然取得了胜利；1918年，我们得到了强有力的增援，又岂能失败？我决不允许自己产生失败的念头。”

在返回市政厅的路上，福煦无意中听到一个同僚说，或许放弃巴黎才是上策。“就知道巴黎！”福煦打断了他，“巴黎与此何干？巴黎远在天边呢！我们在哪里，就能把敌军挡在哪里。我可以保证，你只要说‘他通不过’，他便通不过。相信我：在这一紧要关头，只要我们下定决心不再后退，只要上面下令要我们就地阻挡敌军，胜利就有了四分之三的把握。”对这一小撮人而言，福煦这番话无异于一剂强心剂；不过，这是否能够驱散贝当带来的阴霾呢？贝当无疑要在会上散播悲观情绪。福煦如坐针毡，在花园的另一头神情严肃地来回踱步。

11点45分，米尔纳和威尔逊终于到了。克列孟梭匆忙走到米尔纳面前，说黑格刚刚宣布，由于情势所迫，他只能放弃守卫亚眠，决定撤退至英吉利海峡诸港口。“这里面一定是有什么误会。”米尔纳说，并提议在会议正式开始之前，由他先去与黑格元帅简短交流一番。克列孟梭欣然同意。米尔纳与威尔逊上楼见了黑格，黑格很快便澄清了误会。他解释说，法方误解了他对亚眠问题的看法。他的意思只不过是：自己的部队毕竟有限，如果法军不来援助，那么他就会遭到敌军包围，从而无力守卫亚眠。无论如何，黑格都“决心尽其所能坚守阵地；而且，只要法军援助他的右翼，他便相信自己有能力坚守下去”。黑格继续解释道，他的唯一目标只是希望能有一名英勇善战的法军将领站出来，接受最高指挥权，守卫亚眠。“我可以与一个人打交道，却没法与一个委员会打交道。”黑格说道。他也同意威尔逊的提议，即由福煦来承担大任。米尔纳深感欣慰，因为他发现黑格“对福煦的介入毫无愠色，此前曾有人诱使我相信黑格会对福煦心怀不满。他对与福煦合作一事态度积极，提到福煦时，语气也十分友好”。

会议终于准备就绪，定于中午12点20分开始。在如此富有戏剧性的环境下，举行一次如此重要的会议，实属罕有之事。外面不时传来炮声及坦克的隆隆声，那是英军的坦克在向杜朗市东侧边缘的阵地行进，以防德军进行突袭。与会者围绕一张椭圆形会议桌就座，桌子的一条长边坐着会议主席庞加莱，其左手边是黑格，右手边是米尔纳与威尔逊。庞加莱对面坐着贝当、魏刚、阿齐博尔德·蒙哥马利将军（英军第4集团军参谋长）、克列孟梭和福煦，他们对着一块厚重的幕布，将他们与大会议室隔开。桌子两端坐着保罗·卢舍尔（军火部长）和劳伦斯将军（黑格的参谋长）。劳伦斯背对一扇高高的窗户和阳台，阳台对着杜朗市的广场。桌子上方是一盏大型水晶玻璃吊灯，十分明亮。

克列孟梭是个急性子，立即抛出了亚眠问题。黑格面露忧色，因为他明白，战争是胜是负，或许都取决于这斗室之内。他把对米尔纳解释过的话又说了一遍，即对方误解了他的意思，他打算坚守索姆河以北的阵地，无意将部队撤至英吉利海峡诸港。他已在北边尽其所能地将全部后备部队投入了战斗，此举其实有些冒险。接着他提到第5集团军，贝当便激动地插嘴说，这个集团军已经“垮了”。威尔逊闻言大怒，反唇相讥，把贝当挖苦了一番。

接着轮到贝当发言。黑格觉得他“神色颓丧……好像这名司令官已经彻底吓破了胆”。贝当对局势进行阐述，着重强调了他自3月21日以来遇到的种种困难。他描绘了一幅阴郁的图景，接着又喜悦地宣布，自从昨日的贡比涅会议以来，他绞尽脑汁动用一切可能的力量来应付局面，终于带来一个喜讯：他大约能在这场战役中投入24个师。不过他又补充道，这些师其实也相当疲惫，在当前情况下，“切不可被幻想蒙蔽双眼，务须正视现实。因此必须认识到，要让这些部队真正投入战斗，还需要一段相当长的时间”。

在米尔纳看来，贝当此人“冷静、谨慎，以保证安全为第一要务”，没有表现出兴奋或是信心。当贝当说他正尽一切可能调动军队前往亚眠时，急躁的福煦控制不住自己了。“我们得在亚眠外面打。”福煦喊道，“我们现在在哪儿，就在哪儿打。在索姆河时我们没能挡住德军，现在就必须寸步不让！”

如此一番富有战斗精神的发言，正是黑格一直在等待的。“如果福煦将军愿意向我提出建议，”黑格振奋地说，“我将欣然接受。”众人鸦雀无声，紧张的空气笼罩着会议桌。克列孟梭与米尔纳隔着桌子交换了一下眼色，米尔纳便要求与法国总理单独交谈。两人走到一个角落里。“我们得结束这种局面。”克列孟梭说，“你有什么建议？”克列孟梭善于借刀杀人：几个月来，法国一直在为福煦上台的主张造势，现在他却想让英方主动提出请求。米尔纳说，看来目前最了解形势的是福煦，能否请他来指挥全局？克列孟梭表示同意，脸上却不动声色，丝毫没有表现出他原本便有此打算，还说自己要先咨询一下贝当的意见。克列孟梭与贝当、米尔纳与黑格分别占据一个角落展开讨论，黑格元帅“不仅愿意，而且发自内心高兴”。

几分钟以后，克列孟梭递给米尔纳一份协议，贝当已对此表示同意，尽管多少有些不情愿。协议称：

英法两国政府责成福煦将军协调协约国军队在西线的行动，为此，福煦将军将与双方总司令通力协作，后者须向其提交一切必要的信息。

黑格没有异议。米尔纳在最终草案上签了字，并以个人身份承诺，英国战时内阁会支持福煦，也就是说，大英帝国的命运将握在福煦手里。庞加莱宣布休会时说道："各位，我们今天的所作所为，该是对战争有所贡献的。"这话与会双方都表示同意。会议结束时，双方变得团结起来；而在中午开会之前，很难想象他们会如此团结。会议双方本是观点相左、气质迥异的两群人。由于法英双方的语言、品味、习俗和国家利益不同，步调很难达成一致。自我意识与个人主张在各个层面上相互碰撞。无宗教信仰的克列孟梭对天主教徒福煦心存疑虑，热爱家庭的福煦无法容忍克列孟梭的放浪形骸，威尔逊认为苏格兰人黑格刚愎自用，黑格则攻击爱尔兰人威尔逊哗众取宠。然而此时此刻，面临共同的危机，一切个人恩怨、民族冲突都被搁置到了一边。会议的成功不能归功于某一个人，尽管每一个与会者都暗自以为功劳该归自己。只有一个人与大家格格不入——贝当。不同于福煦、黑格、克列孟梭或是其他人，贝当根本不具有战斗精神。

众人准备离开市政厅时，威尔逊透露，高夫将被解职，第5集团军会由罗林森接管。黑格同意了人事变动。他吃了一点简餐，然后去了博雷佩尔(Beaurepaire)，那是他在蒙特勒伊市外的堡式别墅。威尔逊与米尔纳在艾蒙四子饭店(Hôtel des Quatre Fils Aymon)①共进午餐，克列孟梭和福煦也在那里。克列孟梭在去饭店的路上心情就很好，对这一天取得的成绩十分满意，他拍了拍大高个儿威尔逊的脑袋，叫道："好伙计！"几人坐下来吃饭时，克列孟梭用言语攻击福煦："这下你如愿以偿了吧。"

"嗯，偿了一团乱麻的愿！你把一个烂摊子交给我，然后让我反败为胜。"

---

① 艾蒙四子饭店，得名于法国中世纪英雄史诗《艾蒙四子之歌》(*Chanson des quatre fils Aymon*)，该史诗讲述了艾蒙公爵的四个儿子与查理大帝斗争的传奇故事。此作品在法国流传甚广，因而出现了许多以之命名的街道、建筑等。

“总而言之，你想要的东西到手了！”

“您这话就有点不合适了。”卢舍尔抗议道，“福煦将军之所以接受指挥权，是因为他爱国情切，绝非出于个人欲望。”

尽管自己占了上风，克列孟梭还是没什么胃口。他胃不舒服，没怎么吃东西，从头到尾基本都在打哈欠。

福煦一边吃着饭，一边在心里勾勒出一套详细的方案，用以执行他的一系列作战计划。为保护亚眠，他必须将法英两军聚集在一起，联手作战，而非英军去保卫英吉利海峡诸港，法军去保卫巴黎。这一计划中有几个核心人物，福煦必须找到他们说明情况。午饭一结束，福煦便乘车前往杜里，去见了高夫将军。福煦走进高夫房间时脸色就很不好，屏退左右之后，他便操起法语开始数落高夫。高夫的法语很流利，但他对这场唇枪舌剑之争毫无准备：“他摆出种种事实，将我置于明显不利的地位。我完全不明所以。福煦的态度蛮横、粗鲁而激动。”

福煦劈头就问：“你为什么待在司令部，没有亲临第一线？”高夫说他在司令部等待福煦的指示。“你不该无所事事地坐等指示。你这么做，你手下的军长就会模仿你，最后大家都溃不成军；你前进，整条战线就会稳住，你自己的部队也会稳住。”高夫惊得哑口无言。他连续五天不顾辛劳，在自己的辖区内四处奔走，福煦此言有失偏颇。此后，福煦又接连抛出问题，根本不容他回答：“为什么你没能像我军在1914年的第一次伊普尔战役那样作战？你的集团军为什么后撤？你对自己的集团军下的命令是什么？”

高夫此时的心情是惊讶甚于愤懑，对方根本不给他阐述理由的机会。答案很简单。他之所以待在司令部，是因为他奉命在这里迎接福煦；而且，他的任务不是率领一个营、一个连冲锋陷阵，而是密切注意这条延长战线上的情况变化。至于第5集团军没有像在1914年那样守住阵地，是因为此时敌军的兵力乃是1914年的两倍有余。第一次伊普尔战役时，德军并没有集中优势兵力进行一整天以上的连续作战。

高夫压抑着怒火，对福煦说，他对自己集团军的命令是：且战且退，争取时间以等待友军增援。福煦一听，更恼怒了。“不能再退了！”他嚷道，“现在必须不惜一切代价守住这条战线！”说罢，昂首阔步出了房间。高夫这下发火了。福煦甚至没有过问第5集团军各师的位置，也没有问它们的战力与处境。此前右翼来了几个行动敏捷的法军师，反倒比人困马乏的第5集团军撤得更快，那又是何缘故呢？身为一名英国将领，高夫感到对方的无礼态度是对他的一种侮辱，便怒气冲冲地给黑格打了一通电话。黑格安慰了他，挂下电话后，出门准备骑马；正要跨上马背时，米尔纳和威尔逊乘车赶来了。“黑格的精神比当天上午好多了，不再那么疲态尽显。”米尔纳后来回忆道。威尔逊则认为“他比昨天下午年轻了10岁”。黑格谈起福煦的新计划，表示自己很愿意合作；但当提到高夫解职的问题时，他为自己的下属坚决辩护道：“不管国内对他有什么看法，也不管福煦怎么说的，我认为，此次高夫面临的局面极为困难，但他处理得很好。他从未失去理智，一直都在以乐观的心态奋勇作战。”

此刻高夫仍在奋战，想尽办法将零散的后备部队组织起来，阻挡潮水般涌来的德军。他勉强拼凑了一支部队，交由凯里(Carey)旅长指挥。这支部队由电工、机械修理工、测量员、马夫、卫生服务人员、休假归队人员、隧道挖掘工人、矿工、通信兵、狙击教练及500名美国工兵组成，共2000人，配备步枪，被投入了英法两军之间的那个缺口。此处还有最后一批正规军增援部队——两个复合营和加拿大摩托机枪连。当晚，高夫给黑格的参谋长打电话，报告战况有所好转，敌军的进攻势头有减弱的趋势，“德军渐显疲态了”。在英军的反攻下，敌军也开始撤退，只有机枪部队仍岿然不动。“如果总部能给我拨三个完好的师，我可以把面前的德军一直赶到索姆河。”劳伦斯将军笑了起来，“你还很能打嘛，真不错”。不过目前是没有增援部队可派了。

这条战线上的德军还在推进，他们认为胜利在望了。发回德国国内的新闻报道吹嘘，巴黎炮使巴黎市民生活在恐惧之下。《柏林日报》(*Berliner Tageblatt*)宣称，克列孟梭受到民众猛烈抨击，首都巴黎四分之一的地区已遭严重破坏。“法国当局对巴黎的报纸实行了严格的新闻管控，阻止法国人民得知真相——他们的巴黎同胞正在地下室里担惊受怕……”德国驻瑞士记者还称，炮击彻底打乱了首都民众的公共生活，“富人纷纷离开巴黎，火车站挤满逃难的人群，许多剧院在地下室演出剧目。”

那天巴黎并没有遭到炮击，一发炮弹也没有；不过火车站挤满了慌乱的人，这点确是事实。他们害怕巨炮，担心德军可能打到巴黎来，因此想要逃离此地去避难。“大家一开口，”米歇尔·科迪（Michel Corday）[①]回忆道，“就是问‘你有什么消息没？’”有谣言称：德军已到阿尔贝，攻陷了鲁瓦；贝当则离开了贡比涅。不巧的是，这些谣言确实说中了。公众人物致力于安抚人心。“我们只有充耳不闻，闭口不言。”阿纳托尔·法郎士（Anatole France）[②]写道，“我最担心的是，居然有这么多消息需要向大众保密……有几个美国青年来看我，带来的消息很让人宽慰。他们说，战争不会再持续另一个三年。”

这一整天，福煦都在处理大大小小的工作，晚上回到家时，已经累坏了。他的妻子听说了他的新职务，丝毫高兴不起来——那又是一副肩头重担。福煦若有所思地说：“但愿为时未晚。”格莱夫（Graeff）上校是福煦童年时代的朋友，他同样吃惊：

“此事是何等的关系重大，你明白吗？”

“明白，”福煦说，“我完全明白。我会成功的。”

米尔纳与威尔逊离开黑格的古堡式别墅，乘坐驱逐舰渡过了英吉利海峡。在温斯顿·丘吉尔的陪同下，他们于晚上 10 点 45 分抵达维多利亚火车站，然后立刻转乘汽车前往唐宁街 10 号，向首相汇报情况。此时的战时内阁，已在紧张的氛围中度过了 48 个小时。重建大臣克里斯托弗·艾迪生（Christopher Addison）[③]表示，自劳合·乔治就任首相以来，他“从未看到首相如此苦恼，如此不安”，人们提不起精神做事，“前线传来的消息左右着这里的一切”。

威尔逊和米尔纳报告说，他们已经向福煦“授权协调”西线上的全部军

---

① 米歇尔·科迪（1869—1937），法国小说家。早年从军，1895 年退役并从事写作，代表作为科幻小说《长明灯》（*La Flamme éternelle*）。科迪在 1914 年至 1918 年间写作的日记，也是研究一战的宝贵资料。

② 阿纳托尔·法郎士（1844—1924），法国小说家，1921 年诺贝尔文学奖得主。

③ 克里斯托弗·艾迪生（1869—1951），英国医学家、政治家。1917 年 7 月至 1919 年 1 月任重建大臣。

事行动，法军终于要投入全部的后备部队了。米尔纳表示，英军各集团军司令“泰然自若，胸有成竹”。部署在战线上的各部队都有条不紊，就连被打散的高夫集团军的余部，也仍然斗志昂扬。威尔逊总结说：“现在情况对我们略微有利了。”

战线上的表现令德皇心花怒放，此时他回到自己的专列，宣布自己的部队取得了辉煌的战果，并下令开香槟庆贺。冯·穆勒海军上将在日记中回忆道，德皇在兴致昂扬之余，竟说：“如果英国代表团前来求和，就必须按德国的规矩下跪，因为这是君主制战胜民主制的问题。”

鲁登道夫此时身在附近的阿韦讷。对于英法两军之间的大缺口，他十分满意；而对于北部战事的进展，他便感到不快了，因为德军在那边的攻势明显在减弱。盛怒之下，鲁登道夫打电话给巴伐利亚王储鲁普雷希特(Rupprecht)①，扬言称他对第17集团军的参谋长很不满意，准备将此人撤职。鲁登道夫下令实施一项新的作战计划：集中兵力在南部发动攻势。因为鲁登道夫确信高夫的集团军已经分崩离析：“我完全可以预见，德军第2集团军及第18集团军绕过努瓦荣附近的法军左翼，英军就无法再与法军取得联系了。”可以说，如果鲁登道夫的计划得逞，那么战争就结束了。

四

午夜过后，康格里夫将军对澳大利亚第3师师长少将约翰·莫纳什(John Monash)爵士说，他的军已经放弃了从阿尔贝到布雷(Bray)一线。“敌军正在向西推进，明天必须挡住他们，不然他们就会占领所有制高点，对亚眠形成俯瞰之势。你要做的，就是把你的师部署在敌军的行军道路上。”那里有一道坚固的防线，由向萨伊-勒-塞克(Sailly-le-Sec)延伸的旧壕沟组成，“如果你们无法向东推进，那就据守防线”。

---

① 鲁普雷希特(1869—1955)，巴伐利亚末代国王路德维希三世之子，1916年8月起统率“巴伐利亚的鲁普雷希特集团军群”(Army Group Rupprecht of Bavaria)。在文中所述的1918年春季攻势时，该集团军群共辖第2集团军、第4集团军、第6集团军、第17集团军四个集团军。

莫纳什是一位专业工程师，祖上是德籍犹太人，父母为躲避迫害而迁居澳大利亚。此人性格一丝不苟，对战争有着独到的看法。他的信条是所有部队顺畅无碍地合作，并将作战计划比作管弦乐。莫纳什彻夜指挥 30 辆双层伦敦巴士，将步兵运送到受威胁的地区。到中午时，情况已经有所好转，但要把部队部署就绪，至少还需要四个小时。然而，此时的天际线上，已然出现了德军巡逻队的身影。

前线的紧急军情传回伦敦，米尔纳与威尔逊前一天晚上带来的好消息已无法让人继续高兴下去。米尔纳本人深感忧虑，此一心情也体现在他 3 月 27 日上午写给劳合·乔治的信中：

……假如大难临头，那么无论我们怎么做，都会被视作一届“落魄无能”的政府；或许，看在我们为挽救局势做出巨大努力的分上，还能让我们体面地下台。

即使——往好的方面想——“灾祸止住了”①，我们也难免要旷日持久地打下去。至少还要打上一年，以等待美军正式出马。我军加上法军，充其量能牵制住德军，要想更进一步，实力还远远不够。如果各集团军继续这样减员下去，恐怕连牵制敌军都成问题……德军在意大利战场和法国战场势头不减……如果认为他们不会趁势进攻我国，那只是自欺欺人罢了。敌人必将持续进军，我们被打垮，只是时间早晚的问题……

是否能够坚持一年，取决于我们当前的行动。现在人们吓破了胆，已是慌不择路了。如此状态下，无疑会走上屈辱求和的道路。

若是求和，我宁愿由别人来坐我的位置……

战时内阁那天上午的会议，便是在一种如此氛围下举行的。会开了很

---

① 《旧约·民数记》第 16 章 48 节：“他站在活人死人中间，瘟疫就止住了（the plague is stayed）。”米尔纳此处以双关语化用之。

久。“情况可谓令人绝望，”克里斯托弗·艾迪生在日记中写道，“不过，总体而言，情况要比星期一时稍微好一点点。现在最多只能这么说。”会上，劳合·乔治“决定催促美国给我们派遣30万军队，越快越好”，并允许美军将训练好的部队作为补充兵员立刻投入战线。劳合·乔治匆匆写就一封致威尔逊总统与美国公众的信，英国政府的绝望情绪在其中表现得淋漓尽致：“战争正处于危急关头……时间就是生命。尽快得到大西洋彼岸的美军增援，对我们究竟何等重要，再怎么夸张也不为过。”

早在几天之前，海军助理部长（Assistant Secretary of the Navy）富兰克林·罗斯福（Franklin Roosevelt）①就曾敦促威尔逊派兵填补英法军队之间的缺口，并警告总统，若不如此，协约国将会迎来失败。“罗斯福，”威尔逊说，“我不想让我们的部队去填补那个漏洞。你所预料的事情也许会发生，但我的直觉告诉我不会发生。这是我的责任，而非你的责任；因此我会按自己的直觉行事。”前一天，英国政府已向威尔逊发出过一项请求，希望美军立刻派遣四个师去固守战线，以便法军抽身去北部援助黑格；威尔逊同意了这一请求。然而，劳合·乔治此次的求援信或许违背了美国的利益。战争部长牛顿·贝克身在巴黎，政府采取的任何行动，都要先经过他与潘兴的提议。

当天上午，潘兴表明了态度：在鲁登道夫发动攻势之前，他就反对把部队合并归协约国统一指挥；现在他仍然反对。最高军事委员会②的几名常驻军事代表在会上强烈要求潘兴接受临时合并，合并只持续到遏制住德军此次攻势为止。潘兴则称，他允许协约国军队在紧急情况下动用美军的部分步兵和机枪部队，仅此而已。潘兴离席之后，一向以克制著称的美国驻凡

① 富兰克林·罗斯福（1882—1945），美国政治家。1913年任威尔逊政府的助理海军部长，后来成为第32任美国总统，领导美国在二战中取得胜利。

② 最高军事委员会，设在凡尔赛，乃是协约国四大成员国为协调总体战略而成立的政治组织。其成员既有政治家，也有军人。多国联合作战会产生一些无先例可循的问题，该委员会正是解决这些问题的特殊机构。其主要职能是：就总体战略草拟联合建议，然后将这些建议提交，使各国政府做出决定。——原注

尔赛代表塔斯克·布利斯(Tasker Bliss)①将军勃然大怒。“潘兴将军所言不过是他的个人意见,”布利斯说,“……此事终须由常驻军事代表拍板定夺。”潘兴与最高军事委员会之间隐隐存在的分歧,似乎将会演变为公开的冲突。

德皇又一次亲临前线。在佩罗讷附近的一座森林里,前线将士邀请他的随行人员去参观“被炸得支离破碎的”40门英军大炮。面对这一惨状,冯·米勒海军上将大受震撼:“城市和乡村被夷为平地,果树全部被毁,数英里内遍地是弹坑,铁丝网装着倒刺,纵横交错。”

德国国内正为德军的不断挺进大肆庆祝。柏林市内喜气洋洋,旗帜飘扬,钟声齐鸣,庆祝胜利。布吕歇尔亲王夫人②是英国人,她每在报纸上读到英军溃败、新毒气威力巨大之类消息时,便心如刀绞。她不愿听到记者高呼传达最新的胜利消息。这些消息,简直要让人们相信德军已经渡过了英吉利海峡。她望着一队身穿英国和法国军服的战俘被押送着走过她的窗前:“我感到一股苦痛与憎恨的情绪涌上心头。造成这场人间浩劫的每一个人,无论他来自德国或是其他国家,我通通憎恨。听到教堂钟声响起,呼唤全国人民欢庆胜利,我压抑着悲愤,忍耐着啜泣,离开了窗前……”

高夫一整天都在视察他那饱受打击的部队,将士们正拼尽全力去执行福煦的命令——不惜一切代价守住阵地。回到自己的司令部时,高夫见到了黑格的军务秘书,虽不知他为何来此,仍请他喝了茶。“当时他要求与我单独谈谈,”高夫后来回忆道,“然后尽可能客气地告诉我,总司令认为我和各位参谋一定很累了,所以他决定让罗林森和第4集团军的参谋班子来接替我们。”

高夫既意外又伤心,只说了一句“行”,然后问了问罗林森什么时候到

---

① 塔斯克·布利斯(1853—1930),美国陆军将领。1917年9月至1918年5月任美国陆军参谋长,同时也是最高战争委员会的美国常驻军事代表。布利斯希望美军接受合并指挥,在这一方面与潘兴存在分歧。

② 伊芙琳·布吕歇尔·冯·瓦尔施塔特(1876—1960),英国贵族之女,嫁给第四代布吕歇尔亲王为妻。此布吕歇尔家族,即反拿破仑战争中居功甚伟的布吕歇尔元帅之后裔。

任；对方回答说是第二天。没等高夫从被解职的思绪中舒缓过来，当天傍晚，贝丁顿带来了另一条紧急军情。大批德军在瓦茨的第19军右翼附近渡过索姆河，正朝着西南方向长驱直入，目标显然是凯里的部队。"法军能不能给我们派点部队？"高夫问道。贝丁顿告诉他，法军已指示英军第5集团军动用自己麾下的第18军。

"那么你再去把第61师调来吧。"高夫吩咐贝丁顿，"赶到这里要多久？"贝丁顿回答说他们只能徒步赶来，大约要走10个小时。"那不行，这些小伙子就累瘫了。去搞一些车来，巴士、轿车，什么车都行，让他们坐车过来。"

高夫向第19军发布了命令，一是转述了福煦坚守战线的指示，二是保证第61师将会赶来增援。午夜过后好一段时间，高夫接到了瓦茨将军的电话。瓦茨说他明白福煦的命令，也知道援军已上路了，但是，黎明之前如果再不撤退，他的第19军就要完了。

"行，"高夫说道，"我去请示福煦。不管福煦怎么说，你先把撤退的准备工作都做好。"然后吩咐贝丁顿拨通福煦的电话。此时是3月28日凌晨3点，福煦从床上起来接听电话。高夫说，第19军必须立即撤退了。福煦心里清楚，此前高夫右侧的法军未经准许就后撤了六英里；他对此事避而不谈，勉强准许了高夫的撤退请求，不过要求尽量少丢一些地盘。

前线部队接到撤退命令时，已是黎明时分了。天下着蒙蒙细雨，大雾弥漫。英军撤退时也在顽强作战，持续打击敌军并造成伤亡。这场撤退行动有条不紊，战士们燃起了新的斗志。

当天上午，潘兴在巴黎会见了战争部长贝克和布利斯将军。潘兴激动地表示，军事代表的要求将会使美军完全受到最高军事委员会的节制，"无疑会粉碎美国组建自己的集团军的一切可能性"。潘兴愤怒地转向布利斯，质问他为何签字同意如此荒谬的提案。

贝克安抚潘兴，并说潘兴言之有理，美国不能放弃对本国部队的掌控权。潘兴的建议是什么呢？他的意思是：只有在战局需要的时期内，才可以做出某些让步以便继续合作。

他们还讨论了福煦就任最高统帅一事。三人一致同意：在任何美方成员均未出席的情况下，英法两国做此决断实属不妥。不过，就最高指挥权方面，潘兴并无异议，多少有些出人意料。潘兴说，联合指挥早就应该实施了，美国应当立即表态，全心全意投入合作。会后，他乘上汽车，去了福煦设在瓦兹河畔克莱蒙（Clermont-sur-Oise）的总部。

潘兴离开的城市——巴黎，火车站仍然被逃难的人们堵得水泄不通。城里已是谣言四起。英国驻法大使伯蒂（Bertie）勋爵①听说了许多谣言，有的说，高夫已被"摘了乌纱"遣送回国；还有的说，法国的外交部长、陆军部长和海军部长都逃到图尔（Tours）了。

当天，梅兹中士并不知道高夫司令被免职了，继续执行着高夫的命令。他找到第 66 师师长马尔科姆（Malcolm）将军，另外两个师的师长也在那里。这三个师把守的战线很短，部队减员严重，只能将几个旅重编为一个营。马尔科姆面露倦色，情绪低沉，他向梅兹打听还有哪些后备部队，是否已在路上了。梅兹回答说，后备部队只有凯里的 2000 人。"可惜，"马尔科姆说道，"如果有完好的后备部队增援，我们可以打回去，收复前几天丢掉的地盘。"梅兹中士答应马尔科姆给他妻子打个电话报平安，然后离开此地，前往杜里去见高夫。当天傍晚，梅兹遇到几辆汽车，里面坐的都是法国军官，从旗帜上看，恐怕都是将军一级的人物。梅兹以为他们是在带领后备部队，便停下来向他们报告情况。

一名将军声色俱厉地盘问他的身份及所属部队。梅兹回答自己是高夫将军的部下。将军说："高夫已经不担任司令了。"这下梅兹恍然大悟，原来面前的将军就是福煦，连忙行了个军礼，然后继续赶往杜里。杜里的街道上挤满了绘有野猪图案的卡车，野猪是第 4 集团军的军徽。还有一些狐狸军徽的第 5 集团军货车正在装货。高夫在办公室外面的小院子里，抬头看见梅兹便说自己不再担任第 5 集团军司令了："我的事可以以后再谈，如果你有紧急军情，先去向罗林森将军汇报，现在由他来接管第 5 集团军。我已经跟他讲好了，你还是继续做你的工作，跟以前一样。罗林森将军很优秀，你

① 弗朗西斯·伯蒂（1844—1919），英国外交官，1905 年至 1918 年任英国驻法大使。

会喜欢他的。”

梅兹跟随高夫走进办公室，见了罗林森和参谋长阿奇博尔德·蒙哥马利将军。两人回到院子里后，高夫向梅兹谈起福煦那粗鲁、暴躁的态度，以及他如何贬低第5集团军。不过，高夫没有抱怨，也没有对此发表意见。他的心思仍然系挂在第5集团军面临的难题上面。“这场战争，我们非赢不可，”两人分别时，高夫说道，“而且必须全身心投入，决不能受到个人感情的干扰。”

那天下午，潘兴还在去见福煦的途中。道路上挤满了运兵卡车、大炮和辎重车，潘兴的车走得很慢。好不容易到了瓦兹河畔克莱蒙，他却打听不到福煦所在。最后终于找到一个带路人，此人带领潘兴一行穿过一片高耸的白杨林，来到一间隐藏在树丛中的小小农舍。

农舍里，福煦、贝当、卢舍尔和克列孟梭正俯身看着地图，圈出地图上德军渗透的地点；信使匆忙地进进出出。潘兴委婉地表示自己是来见福煦的，其余人当即心领神会，出门到屋外的草坪上等候。经过深思熟虑后，潘兴得出的结论是：现在不是纠结于国家利益的时候，在此千钧一发之际，自己必须做出让步。他满怀深情地用法语说，美国已经准备好，并且热切渴望着参与应对这场危机了。福煦听得心潮澎湃，潘兴那大公无私之心让他感到永生难忘。冲动的加斯科涅①人（Gascon）福煦激动得无法自已，一把抓住潘兴的胳膊，把他拉到外面的院子里。院子里樱花盛开，克列孟梭等人都在那里。“你把刚才对我说的再重复一遍！”福煦喊道。于是潘兴再一次热情洋溢地说道：“我来到这里，是想告诉各位：美国人民认为，出兵参战是我们莫大的荣幸。我代表美国人民，也代表我自己，要求参加这场战役。此时此刻，我们无疑只能战斗。我军的步兵、火炮、飞机，你们都可以自由使用。国内还会派来援助，满足战场上所需的数量。我此行只为告知诸位：能够参与到这场史无前例的伟大战役中，美国人民深感自豪。”潘兴也没想到自己的

① 加斯科涅（Gascogne），古地名，位于法国西南部，今阿基坦大区及南部－比利牛斯大区。此地自古战乱频仍，勇士辈出。法国文学作品《三个火枪手》中达达尼昂的原型人物达达尼昂伯爵即是此地出生。

法语能讲得如此流利。

在场的法国人一听此言，无不欣喜若狂。只有贝当例外，他抱怨道，动用美国军队的问题已经讨论过了。福煦心想："此番发言着实高尚，佩服！"他激动地表示，希望美军第1师立即前往蒙迪迪耶后方布阵，那里正是德军大规模攻势的中心。

潘兴自发的慷慨之举也打动了克列孟梭。克列孟梭冒雨返回巴黎时，途中经过蒙迪迪耶后方；他望着那饱经战火摧残的建筑与田野，精神却很振奋。德军已经用尽全力！敌人不会再推进了。那天，克列孟梭睡了一个好觉，一个星期以来，他第一次睡得那么香。

五

第二天，3月29日。消息一经发布，法国和英国举国上下兴高采烈。"昨天，潘兴将军代表美国，以简约而不失美感的形式，做出了一项慷慨之举。"《自由报》(*La Liberté*)写道，"潘兴将军那不加修饰的寥寥数语，饱含着古道热肠的激情；他向法国转达了美国全体人民的意愿。"英国驻华盛顿大使雷丁(Reading)勋爵①向威尔逊总统转达英国政府的谢意，感谢总统"当机立断，采取全面措施"以响应协约国的援助请求。"此举印证了协约国驻法军队的团结一致，"《威斯敏斯特公报》(*Westminster Gazette*)写道，"同时也证明了，美国尽一切可能提供增援的决心丝毫没有动摇。我们坚信，此举会为美国带来新的力量。"

那天是耶稣受难日，上午10点，正在法国进行访问的英王乔治五世见到了他的朋友——道格拉斯·黑格。黑格感觉国王"好像处在担忧与'惊惧'之中。我对国王讲了讲我的看法：此次德军矛头对准的是英军而非法军，其实我们应该庆幸，因为法军根本挡不住他们"。两人还谈到了在爱尔兰强制征兵的问题，国王对此表示反对，黑格则力陈自己的观点，认为此举

① 卢法斯·艾萨克斯(1860—1935)，第一代雷丁侯爵，英国政治家。犹太人，平民出身，以律师身份进入政界，历任英格兰首席法官、英国驻美大使、印度总督等。

不仅可以开拓兵源，也“对爱尔兰有益”。

与国王分别后，黑格匆匆赶往阿布维尔去见福煦；该城镇位于前往亚眠的半途。福煦像往常一样迟到了，不过倒是表现得很歉疚。“福煦告诉我，他正在尽最大努力促使法军各师赶赴阵地，在援军抵达之前，我们只能凭自己的力量坚守阵地了。”从两人的交谈之中，黑格推断，法军将在四天内组织起一支部队，其规模足以发动一场攻势。不过黑格仍然内心存疑：“他们肯吗？”

那天上午有些潮湿，风也很大，中午过后才出太阳。巴黎仍有大批人外出逃难。德军的巨炮连续三天哑了火，却在那天下午突然重新发炮。一些群众聚集在新潮的圣热尔韦（St. Gervais）教堂参加宗教音乐会，听到头顶上的爆炸巨响，都吓呆了。一发炮弹击中大教堂的穹顶，炸碎了一根关键的支柱，于是成吨重的巨石纷纷跌落，砸在了无路可逃的信徒身上。救援人员赶到现场，只见遍地都是瓦砾，压住了这些前来参加宗教庆典的人。共有 88 人死亡，68 人受伤。死者包括法兰克福（Francfort）将军、瑞士公使馆的一名成员、比利时总领事的女儿、几名士兵，以及法国、英国和美国的普通民众。

克列孟梭闻讯，急忙赶到教堂，在摇摇欲坠的拱顶下面站了良久。他其实没有必要站那么久，但在那段人心惶惶的日子里，他总要这样刻意冒险，包括在前线也是如此。就连衷心拥护他的莫尔达克将军，都为这作秀式的勇敢感到难为情。克列孟梭身边的一些人猜测，他此举是出于愧疚：那么多英勇无畏的人们牺牲了，他却苟活于世。克列孟梭总是做些令朋友担心的事——当初他爱在记者面前虚张声势，喜欢玩弄手腕巧妙地对付政敌与诸将，如今又从绝望之中突然复苏，充满炫耀式的自信。不过，不容否认的是，克列孟梭的精神状态确是治疗悲观的一剂强心剂。当天炮击事件之前，克列孟梭正在众议院里，努力凭借自己夸张的言论去消弭人们的恐惧；因为他知道，众议院正是谣言之渊薮。有人问及前线是否被敌军撕开了缺口，克列孟梭给予了肯定的回答：“没错，缺口还不少呢。所以我叫来了福煦，告诉他‘你在这边修修，那边补补，然后咱们去召集后备部队’。”如此的行为不是个好事，却能带来良好的心理氛围。国内日益严重的恐惧心理逐渐被打消了。

高夫的继任者罗林森将军派遣梅兹去打探莫勒伊(Moreuil)的情况。亚眠就在莫勒伊西北不足15英里处，如果该镇陷落，那么敌人便可直捣亚眠。梅兹发现镇外的高地上正在进行战斗。而当他走近阿夫尔河上的大桥时，他看到一支法军部队七零八落地从村子里跑出来，手上还在比比画画。这支部队的指挥官是梅斯普尔(Mesple)将军，他一手握着左轮手枪，一手拿着地图，设法把一群步履虚浮的士兵聚拢起来——显而易见，这伙人刚从酒窖里出来。"这位和善的老将军抓住两个士兵，其他人却抡着酒瓶子从他身边溜过，嘴里还吐着污言秽语。"梅斯普尔叫住梅兹，"掏出枪来！"然后他自己开了一枪。

士兵们怔住了，开始服从命令。不过核心问题仍然存在：需要投入新的部队，遏止德军对莫勒伊的进攻。梅兹能够看见镇外的山岭上，且战且退的法军一齐开火将德军射倒。只是，这条薄弱的战线又能坚持多久呢？

德军同样面临着酗酒问题。宾丁中尉看见一伙不守军纪的士兵赶着一群母牛朝东走去；有的人则腋下夹着老母鸡，大口灌着葡萄酒。还有一些人显然是洗劫了商店，手里拿着笺纸、花花绿绿的本子和其他抢来的东西。有几个人身披窗帘，还有几个头戴高帽。这些人连走路都困难，摇摇晃晃地朝大后方挪着步子。宾丁惊呆了。从他所在的位置，甚至可以看见亚眠的大教堂。如果他们拿下教堂，就相当于战争结束了。谁承想，这伙人居然在这里聚众酗酒，打家劫舍！

翌日，3月30日，星期六。清晨，驻扎在莫勒伊以西10英里处的加拿大骑兵旅接到命令，准备开拔。天刚亮不久，小雨淅淅沥沥，他们为战马套上鞍鞯，只待一声令下。过了两个小时，英军第2骑兵师师长到了，他告知加拿大骑兵旅旅长杰克·西利，敌军投入了大量部队在亚眠那一侧的山脊上，已进入莫勒伊森林："你们去支援莫勒伊岭这一侧的步兵，就到卡斯特(Castel)村附近即可，不要多作纠缠——之后还有需要你们的时候。"

西利与他的上尉副官兼参谋长——奥尔良的安东尼奥王子(Prince

Antoine of Orléans)①先行，领先骑兵旅本队两英里。两人都很勇猛，总爱奔赴最为激烈的战场。在一个十字路口，西利遇到一名法国将军，此人是位于西利右侧那个师的师长。师长警告说，敌军正以压倒性的兵力挺进，几支精锐分遣队已兵临莫勒伊，只在此地向右两英里处；他的右翼暴露无援，因此正在撤退。

西利明白了：战局已经岌岌可危，如果不在此处挡住敌军，那么从亚眠到巴黎的这条主战线就会崩溃，法英两军都将被迫后撤——法军退守巴黎，英军撤往英吉利海峡诸港。“我意识到，人生中最重要的时刻来临了；如果不采取行动，撤退就不会停止，战争也将走向失败。”西利回头看向亚眠大教堂的塔尖。不知怎么，他总感觉大教堂在鼓舞着自己，贯穿战争自始至终。他开始回想那些自小到大耳熟能详的谚语：“宁为玉碎，不为瓦全。”“精诚所至，大山可移。”②西利对法国将军说道：“我们一定要收复莫勒伊岭。”对方也承认必须夺下此地，否则将全盘皆输，问题是此事很难实现。“我手下兵力充足，现在就下令冲锋。”西利说道，“你愿意下令死守莫勒伊吗？”

“你的那支部队还是不够。德军在莫勒伊岭这一侧的森林里就有一整个师呢。”

“我的身后有整个英国骑兵部队，还有福煦的‘千军万马’。”

法国将军显得有些迟疑，不过最终还是答应下令死守。西利（外号“绝尘杰克”）向他的另一名参谋长康诺利（Connolly）发出了攻占莫勒伊岭的命令，然后带领奥尔良王子及一名传令兵冲向山下；传令兵身上带着一支红色小旗。三人纵马疾驰，身后跟着一队通信兵，像极了作家大仲马笔下的英雄豪侠。在隆隆的马蹄声中，几人穿过桥梁、麦田与大道，来到了友军把守的防线。友军正在匍匐射击，敌军的子弹也从西利等人身边飞过。“接下来要

① 安东尼奥·加斯顿（1881—1918），巴西王子，奥尔良-布拉干萨家族成员，其曾祖父是法国七月王朝的皇帝路易·菲利普一世，外祖父是巴西末代皇帝佩德罗二世。1889年，巴西建立起共和政府，安东尼奥随佩德罗二世流亡欧洲，最终定居巴黎。一战爆发时，安东尼奥想应征入伍，因其七月王朝王室后裔的身份遭法军拒绝，后加入加拿大军队。

② 此谚语（By Faith ye shall move mountains）出自《新约·马太福音》第17章20节。原文为：“你们若有信心像一粒芥菜种，就是对这座山说你从这边挪到那边，它也必挪去。”

去收复莫勒伊岭，"西利向一名年轻的上尉喊道，"我们冲上去时，你们就朝我们两侧开火，能多近就多近。"

上尉站起身来："长官，祝您成功！"

随着小队人马向莫勒伊岭展开冲锋，步兵向两侧开火掩护。通信兵中五人中了敌军的流弹，摔下马来；七人成功冲入森林，与敌军交火。传令兵把那面红旗插在森林的入口，西利一回头，便看到他的骑兵旅朝此地全速冲来。西利惊异地发现，骏马奔腾起来时，部队显得越发雄壮且庞大了。他的骑兵旅疾风般扫过开阔的原野，看起来犹如一支锐不可当的大军。西利将军纵马来到 G. M. 费劳尔迪（G. M. Flowerdew）中尉面前，此人是斯特拉斯科纳勋爵骑兵团（Lord Strathcona's Horse）①先锋中队的队长。西利说，此次任务凶险万分，但他有信心成功。费劳尔迪是个温文尔雅的年轻人，准备出发冲锋前，他浅浅地笑着说："我明白，长官。我明白此役意义重大。一定不让您失望。"

在费劳尔迪的中队前面，已有两个骑兵团的中队进入了森林，伤亡惨重，却仍浴血奋战。"流弹满天飞，"西利后来回忆道，"然而无人理会。中弹的马匹像兔子一样打滚，样子十分诡异。马上的人若是没有中弹，便一跃而起向前冲去；有时起不来身，还需要拽一把未落马的战友的马镫。"

戈登·费劳尔迪率领中队向交火的第一线进发。弗兰克·里斯（Frank Rees）是一名步兵，正隐蔽在堑壕里，目送着马蹄作响的骑兵进入他身后的战场，惊得目瞪口呆。德国鬼子的火炮轰击这条堑壕已有 48 个小时，此时却不知为何哑了火，等到战马跑了十几步远，才突然发炮。接下来的五分钟堪称屠杀。里斯从堑壕里望向前方，遍地是挣扎、倒毙、悲鸣的马匹。士兵们有的四肢摊开倒在地上，有的奔跑着，有的奋力想要抓住马匹。接着，机关枪声响起，里斯感到不寒而栗。面对枪林弹雨、血肉横飞的场面，里斯不知道他们的冲锋是否完成了任务；此时，他感到自己隐约看见一队井然有序的骑兵，在暗淡的硝烟之中向前奔驰。那是费劳尔迪的中队。他们发现了

---

① 斯特拉斯科纳勋爵骑兵团，第一代斯特拉斯科纳男爵组建的骑兵部队，由数个中队组成，费劳尔迪即是 C 中队的队长。一战后期，该骑兵团与下文所述的加拿大皇家龙骑兵团都归西利的加拿大骑兵旅统辖，加拿大骑兵旅则隶属英军第 5 骑兵师。

一支细长的敌军纵队，正朝森林深处行进。费劳尔迪大吼一声，一马当先，超出战友 100 码远，挥舞着军刀深入敌阵，冲杀了一个来回。

里斯只见一片混乱景象。战马脱缰狂奔，骑手拼命阻拦。里斯望着骑手冒着漫天炮火去追赶坐骑，被他们的勇气深深折服。步兵能做到吗？可怜的步兵永远只是炮灰，此时只能束手无策地看着。里斯不敢开枪，就算德国鬼子冲到他头顶上，他也不敢。面对眼前这些战马、这些骑兵，他们什么都做不了。里斯旁边有个操伦敦腔的步兵，他朝着一名骑兵喊道："你们是什么人？"

"斯特拉斯科纳骑兵团！"

"斯特拉斯科纳骑兵团呀！赶紧跑吧，要不就会被炸成肉泥啦！"

费劳尔迪及其中队击杀了大量敌兵，不过自己这边也死伤惨重。短短几分钟内，中队百分之七十的士兵都在步枪和机关枪的弹雨中牺牲了。敌军最终溃逃了。费劳尔迪两条大腿中弹数发，胸腔中弹两发，奄奄一息倒在地上。"兄弟们，继续冲！"他喊道，然后吐出了生命中最后一句话，"我们胜利了。"

西利找到一些在这场殊死冲锋中幸存的战士，他们正在森林边缘的一条小沟里，调试着敌军的机枪，身边堆满了德军的尸体——单单被剑刺死的就有 70 人，被机枪打死的有二三百人。战斗仅持续了短短几分钟，西利的部队损失了 800 多匹马，战士伤亡 300 人。德军表现同样英勇：他们仅以数百人坚守阵地，且是在骑兵冲锋接近时才开枪射击。

西利骑在马上，率领着一队无马可骑的骑兵穿过森林。在林中，他碰到一个英俊的巴伐利亚(Bavaria)青年倚在一棵树上。此人喉部被刺刀捅穿，血如泉涌。西利用德语向他喊道："躺下不要动，我安排担架来抬你。"巴伐利亚青年抓住步枪，喊道："不，不，让我来个痛快的吧。"说罢，朝着自己开了一枪，颓然倒地。西利只得继续向前。

目击这场冲锋的步兵认为，此举是有人心存恶意地在杀人。他们想象，最高司令部有人意图炮制一场英雄主义行动，牺牲了大量士兵的性命。就算不去消灭那个德军炮连又怎样呢？重新夺回了那一小块地盘又能如何呢？他们并不明白：这支加拿大部队已经收复了莫勒伊岭，亚眠得救了——

至少暂时得救了。敌军部队用的是可近距离开火的大炮和架在战壕中的机枪，挥舞着军刀的骑兵本应被他们一扫而空；如果没有西利、费劳尔迪等人的奋勇精神，就没有这场胜利。

高夫的继任者罗林森将军收到收复莫勒伊岭的消息后不久，来了两个客人。一个是克列孟梭，另一个是温斯顿·丘吉尔。丘吉尔是劳合·乔治派来的，替首相了解一下法军是否在真心出力阻挡德军的进攻。劳合·乔治指示丘吉尔去见一见所有当事人："你是代表我去的。去见见福煦，见见克列孟梭。"

罗林森张罗了一桌临时午餐——肉、面包、咸菜、威士忌和苏打水。三人边吃边聊，罗林森说黑格一会儿也会过来。话音刚落，元帅的长型灰色轿车就在门口停下了。黑格和克列孟梭去了隔壁的一间屋子，卢舍尔和丘吉尔留下来和罗林森在一起。罗林森告诉两人，刚打了一场胜仗："我们占领了一座森林。杰克·西利率领加拿大骑兵刚刚对莫勒伊森林发动了猛攻。"

"他们能就此建立起一道防线吗？"

"谁也说不准。敌我两军之间没有什么别的，只有疲惫不堪、一片混乱的部队。有个叫凯里的小伙子，他带着从学校、仓库拼凑起来的几千官兵，把守着这六英里的防线。"说着，罗林森指了指地图，"整个第 5 集团军都累得半死不活了，极度缺乏睡眠，需要休息。各部队不是合并了，就是溃散了。士兵们筋疲力尽，几乎都是爬回来的。D. H. 正在和克列孟梭谈，希望搞来一些增援部队。"

"你觉得，明天晚上你还能坐在这间司令部里吗？"丘吉尔问道。罗林森撇了撇嘴，表示并不乐观。

在隔壁房间里，克列孟梭同意大力支持英军，好让他们守住加拿大骑兵刚刚收复的高地。贝当和福煦或许会产生争执，克列孟梭对此毫不掩饰地表示了担心："贝当这人常常杞人忧天，有的时候还会食言。"

两人回到原来的房间，克列孟梭用英语说道："我已经如你们所愿答应增援了。之前的种种安排不要放在心上。如果你们的士兵累了，我们又有锐气十足的部队，就会立刻赶来援助你们。那么现在呢，我需要一点报酬。"

罗林森问报酬是什么，对方答道："我想过河去亲眼看看战斗。"罗林森表示反对，但没人拦得住克列孟梭。克列孟梭与丘吉尔乘车朝前线而去，直到森林里的枪声清晰可闻时才停下来；前方的道路上开始有炮弹落下。丘吉尔提议下车去看一看。莫勒伊森林就在前面不远。两人能够看到一些掉队的士兵，还有一群被人牵着前行的马——或许正是西利那个旅的士兵和马匹。克列孟梭浑然不顾敌军的炮火，爬上一块凸出地去找寻更好的视野。炮弹就在他身边100码处落下，他却泰然自若，一如昨天站在摇摇欲坠的圣热尔韦教堂拱顶下那样。克列孟梭丝毫没有表现出责任感，看起来就像一个前来度假的少年。即使法军参谋人员恳求他退后，他也充耳不闻。

一发炮弹落在大路上，在那群马匹中间爆炸了。一匹马血流如注，踉踉跄跄地向克列孟梭奔来。总理虽已是76岁高龄，却敏捷地一把抓住了缰绳。过了一会，他不情愿地回到车上，朝着丘吉尔咧嘴一笑，低声说道："着实是美妙的一刻！"

两人回到巴黎时已是晚上了。丘吉尔累得浑身酸软，克列孟梭却好像没事人一样，依旧谈笑风生，精神抖擞。"这一类型的短途旅行，偶尔来一趟还可以，"丘吉尔说，"老是钻到炮火底下去可就不应该了。"

"我感到妙趣丛生。"

第二天是复活节，也是3月的最后一天，天气阴晴不定。除了索姆河以南，前线没有多少战事。黑格在上午9点30分参加了苏格兰教会的礼拜。

而在英格兰，大家都在抢着购买报纸。德军是不是已经突破了？伦敦海德公园里，忧心忡忡的人们三五成群地讨论着战况。查令十字站外，红十字会的救护车正将伤员从前线运回，人们对着救护车高声欢呼。在沿海城镇，战场上的轰鸣声清晰可闻；M. 麦克多纳（M. MacDonagh）甚至在温布尔登（Wimbledon）的高地上也感到"一阵说不清道不明的氛围——是一种有规律的鼓动……那是法国战场上恐怖的炮击声，这场大战撼动了世界，也撼动了地球"。

劳合·乔治正要开始晚宴时，收到了英国驻华盛顿大使雷丁勋爵发来的一条消息，顿时振奋起来。雷丁称：威尔逊总统表示，如果英国能够提供船运，那么美国可以每个月向法国派兵12万人。劳合·乔治向里德尔及其他宾客夸耀说，这是他本星期完成的头号大事："我终于让威尔逊行动起来了。之前我给雷丁写了一封信，让他在威尔逊举办的晚宴上宣读。那封信起作用了。① 48万大军真是雪中送炭，我们应该公布这一喜讯。"

"您别高兴太早。"首相的秘书告诫他道，"军队的人影还没见到呢。"

"法国人会为此欢欣鼓舞的。"首相坚持说道，并建议给威尔逊将军打个电话，"威尔逊肯定要高兴坏了。他总是管威尔逊总统叫'堂兄'。"不一会儿，劳合·乔治拨通了电话，"喂，将军，我要告诉你一个好消息。你家'堂兄'同意给我们派兵了，每个月12万人，接下来的三个月连续派兵"。他又补充道，总统明显"有所忧虑"，希望由英国首先公开此事。不过，亨利·威尔逊却感觉事有可疑。"整件事听起来有点猫腻。"他在当晚的日记中如此写道。

与此同时，劳合·乔治仍然处在激动之中，忍不住又给内阁秘书汉基打了电话。把派兵的消息复述了一遍后，首相带着点骄傲的语气说道："你今晚可以睡个好觉了。"

"这倒是个不错的复活节彩蛋。"汉基在日记中随手写道，"看来我今早领圣餐时的祷告应验了。不过我毫不怀疑，未来的道路上依然会困难重重，今后很长一段时间里，我们仍须抱有勇敢的意志和坚定的信念。"

4月1日那天，前线传来的消息比之前要更好一些。当晚，福煦写信给克列孟梭称："……现在看来，我军已经封锁并抑制住了敌军的主动权。"战事的间歇又持续了24个小时，对协约国的另一个重要会议而言，可谓一支恰到好处的序曲。此次会议将在巴黎以北约45英里的博韦(Beauvais)举行。福煦感觉，杜朗会议上授予他的权力"甚至不足以指挥当前的防御行动"。要在不久的将来对协约国军队进行战略部署，这点权力远远不够；原因显而易见——美国所扮演的角色日益重要起来。福煦认为，若要执行更

① 此处指的是3月27日在纽约莲花俱乐部宣读的雷丁的那封求援信。不过劳合·乔治的认识有两个错误。第一，宣读时威尔逊总统并不在场。第二，劳合·乔治呼吁的对象是美国人民而非美国政府。威尔逊对此十分不满，甚至考虑过要求英国召回大使雷丁。全凭总统的首席顾问豪斯上校与英国情报局驻美国的秘密负责人威廉·怀斯曼发出紧急呼吁，才使得此事作罢。——原注

加大规模的计划，他目前扮演的协调者角色力有未逮。因此决定，要在4月3日召开一场会议。

劳合·乔治不仅同意召开会议，而且决定亲自出席；因为他想在必要时对黑格做出干预。3日上午10点，两人在蒙特勒伊附近碰面，同车前往博韦。在黑格看来，首相“像是六神无主了很久，现在仍未从慌乱之中走出来”。两人谈到第5集团军的撤退问题，黑格感到这个同车伙伴是要找替罪羊了。他本人坚决为高夫辩护。“高夫当时没什么后备部队，”黑格说道，“他从法军手里接管了一条漫长的战线，完全没有防御工事，然后很快就遭到敌军的集中攻击。”此外有一点着实难得：尽管处境困难，高夫也从未丧失过理智。

劳合·乔治不悦地表示，此人面对索姆河上的桥梁，既没能守住它，又不知毁掉它；这种人可不敢再次起用。“我可不会在一名军官背后对他指指点点。”黑格执拗地回应，“如果你想要让他停职，只能命令我去停他的职。”黑格心想，首相这人真是混蛋！内心“禁不住去怀疑他的为人，揣度他的意图”。

至于即将举行的会议，劳合·乔治认为，福煦的权力要加大。黑格认为无须这样做；事情进行得很顺利，元帅和首相几乎在每一件事上都意见不合。当劳合·乔治得意扬扬地宣称，他已经安排好了从美国向法国运兵的船只之时，黑格几乎没什么反应。首相怒火中烧，他并没指望过黑格这人会对他感恩戴德，但是亲眼看着他“对此无动于衷，嗤之以鼻”，仍然感到十分恼火。黑格似乎并不重视美军的帮助，他只把美军看作一大群未经训练的乌合之众而已。

黑格同样很不痛快。与劳合·乔治共乘一车，真让人身心俱疲！“他竟如此巧言诡辩，我看此人就是个彻头彻尾的伪君子。”半路上，两人分别交换了同伴，各自松了一口气。首相坐上了劳伦斯将军的车，黑格则改与威尔逊同行。威尔逊近来竭力笼络黑格，黑格开始认为自己过去低估了他。其实威尔逊不过是在演戏而已，证据是他对这个古板的苏格兰人仍然心存鄙夷。“我感觉黑格对战局已经失去了控制。新美国计划是劳合·乔治的心血，黑格对此却是一副可有可无的态度。他不理解为什么福煦不发动攻击，却准备等法军开始攻击两天以后再进攻。我说过，我认为福煦之所以按兵不动，是因为他的大炮还不够。D. H. 这人蠢到家了。”

英方各代表在下午1点前后抵达博韦。吃午饭时，克列孟梭也与他们同席。汉基感觉克列孟梭一脸倦容，面带忧色，好像一直以来睡眠不足的样子。不过总理开了几句玩笑，又显出斗志十足的神情。午饭过后，劳合·乔治私下告诉汉基，他认为杜朗会议的安排内容太过模糊，应当授予福煦更大且更为明确的权力。

潘兴将军到得很早，从容不迫地在这座历史悠久的小镇中散步。他参观了镇上的大教堂，这是一座13世纪的哥特式建筑。然后他慢悠悠地走到市政厅，准备参加会议，不料英国人又迟到了，于是他干等了一个小时。

会议到下午3点才开始。杜朗的那场会议弥漫着紧张甚至令人惊恐的气氛，而此次会议的氛围则令人充满信心，众人越来越相信，他们可以挡下德军的攻势。“今天把大家聚到一起，是要解决一个很简单的问题，也就是福煦将军的职权问题。”克列孟梭直入主题，“关于协约国军队需要协同行动这点，我想大家都已达成共识了；不过，关于3月26日杜朗会议上授予福煦将军的权力问题，各位的理解还存在一定的分歧。下面请福煦将军谈一谈他遇到的困难。”

福煦简洁地说明了自己的情况。杜朗会议授予他权力时，战局处在岌岌可危的状态；而如今，前线基本上趋于平静：“真正需要的是为接下来的行动做出准备、进行引领的权力。现在等于又回到了老样子：一场行动重新开始之前，什么也做不了。”

黑格一言不发，如同一尊雕像；劳合·乔治却积极支持福煦。“这场战争已经打了三年多，三年多以来，我们一直没有采取统一的行动。最后这一年里，我们有两种战略：一种是黑格战略，一种是贝当战略。两种战略存在分歧，最终是一事无成。”黑格涨得满脸通红，怒气冲冲地反驳说，他当时是奉尼维尔将军之命行事。劳合·乔治警告黑格不要插嘴。“我说的不是那段时期。”首相说道，并声称尼维尔的战略其实取得了1917年最可贵的战果——使得英军占领了维米岭（Vimy Ridge）。黑格极力克制着自己，不去反驳这一扭曲历史事实的说法，而后对方又重新回到原先的话题，对福煦要求更多权力以备战的意见表示强烈支持。“我认为杜朗决议应该修改一下，那样可能就更好理解了。”黑格说道，并要求听听美方的看法。

美国驻凡尔赛最高军事委员会代表布利斯将军表示，杜朗决议并没有授予福煦单独采取行动的权力，采取行动前必须先与黑格、贝当两人协商。潘兴将军刚才一直在用铅笔做着记录，这会儿照着笔记念道：“指挥权的统一，无疑是协约国军队应当遵循的正确原则。我认为，如果不设置一位掌握最高指挥权的司令，那么统一行动就无从谈起。”目前为止还没有过统一行动，要在两三支军队中进行协调，最高统帅必不可少。“每位总司令都只关心自己的军队，无法理解其他总司令的见解，也无法以全局视角把握问题。”是否能够立即对此采取措施，决定着协约国大业的成败，“我赞成将最高指挥权授予福煦将军”。

劳合·乔治刚才还一脸怨愤，此时兴奋地从座位上跳起来，抓住潘兴的手：“我完全同意潘兴将军的意见，这个提案好极了。”说罢，转身征求黑格的意见。元帅恐怕是以为在场众人都在合谋针对他。“我们的行动已经高度统一了。”黑格反对道，“我一直以来都在与法军合作，而且我认为，这场战争中的战略问题都是法军把控的。”黑格过去与尼维尔及贝当是否合作得很好呢？黑格没有论及他说：“潘兴将军指出应该有统一的指挥，观点本身我是赞同的；但是我认为这一指挥早就有了。”

贝当终于获得了发言权。显而易见，他和福煦都瞧对方不顺眼。贝当的发言几乎是在一字不漏地复述黑格的话，仅仅讲了几分钟，便把潘兴得罪了。原来，有一项决议草案中未曾提及美国军队，贝当对此表示称：“并不存在美国的军队。”美军要不还在受训，要不就混编在英军或法军里面。潘兴口才平平，说话总爱以“呃、呃、呃”开头，却是一个吓不倒的硬汉。潘兴稍稍扬起头：“目前，或许确实没有一支真正意义上的美军；不过，不久的将来便会有了。我希望，真正的美军建立起来时，也能适用于该项决议。”潘兴怒目环视，在场众人无不看出，此人坚毅果决，不可小觑。于是，草案按需追加了新的条款。决议责成福煦协调协约国军队在西线的行动：“为此，特授予福煦一切必需的权力以确保达成此一目的，且英、法、美三国政府委托福煦将军对军事行动进行战略指挥。"从此以后，黑格与贝当只负责各自军队的战术指挥。

在场众人在文件底部草草署上自己的姓名。潘兴认为此项决议意义重大；黑格也感到了些许宽慰，因为福煦和贝当答应了他的请求——希望法国"尽快"发动攻势。不过，他们真的会展开攻击吗？黑格内心仍有所怀疑，他不确定法军目前是否适合作为一个整体发动攻势。

与会者纷纷离开会议室，劳合·乔治欢快地叫住福煦，问道："现在我要下注了。买鲁登道夫，还是买福煦？"

"给我下注，保管你赢。鲁登道夫的全部希望都寄托在突破我军防线上，然而他不可能继续突破了；我军目前的任务是挡住他，此事易如反掌。等轮到咱们去突破他的防线时——当然，那是后话了——再让他尝尝我军的厉害。"不过，福煦对决议的安排并非完全满意。授予他的权限总会有各种各样的解释，除非允许他对黑格和贝当发号施令。福煦从未听说军中还有协调者这一职务。"我是什么人呢？我是福煦先生，名气还不小哩……"福煦微笑着说，"不过也就是'福煦先生'而已了。"劳合·乔治深表同情，并允诺尽量促使战争内阁提出建议，称福煦为最高总司令。此举能使福煦满意吗？"那情况就不同了。"福煦说道，"如果能做到这一点，那就没什么困难了。"

丘吉尔一行乘车前往英吉利海峡港口布洛涅，途中在路边吃了一篮午餐，食物是克列孟梭到博韦时带来的。等到抵达布洛涅时，天色已经彻底黑了。码头上停泊着一艘轮船，一个苏格兰兵团正在登陆，士兵全都是十八九岁的青年。在弧光灯暗淡的微光下，汉基觉得他们脸色煞白，稚嫩得令人痛心。再过几天，他们就会被送上前线，去与久经沙场的德军作战。

不久，丘吉尔一行登上了一艘"P 型艇"，这是一种针对潜水艇发明的新式舰艇。他们收到警报说，一艘德军潜水艇就在附近潜伏着，所幸最终还是平安无事地渡过了海峡。"今天总体来说，算是个令人满意的日子。"威尔逊在当天的日记中写道。

次日是 4 月 4 日，中午过后不久，高夫接到命令，前去参见黑格，并从黑格口中得知，自己必须立刻返回英格兰。“命令不是我下的，休伯特。”黑格补充道。始作俑者是劳合·乔治和他的内阁，他们猛烈抨击高夫，对他没能守住索姆河战线一事尤为愤懑。

“长官，您现在什么也别想。”高夫已下定决心，什么都不说，也不进行抗辩，以免给黑格增添负担，“我知道您面临着千头万绪的难题，所以我什么都不说了。”

“你有的是机会讲明真相，休伯特。他们会找你询问情况。”

高夫没别的话可讲，只说了一句：“谢谢您。”黑格伸出手去：“失去你我很难过，休伯特。一路走好。”

高夫的妻子诺拉（Nora）在查令十字站接站，她感觉出有什么不对劲。两人乘出租汽车前往滑铁卢（Waterloo）①，高夫在车上向妻子吐露了实情。诺拉先是惊讶得说不出话，然后越听越义愤填膺。

在一场内阁会议上，德比勋爵向同僚宣布，他正在调查第5集团军战败一事。“调查的负责人名单，”德比勋爵说道，“已拟好了。”劳合·乔治趁机攻击黑格的参谋长劳伦斯，说此人平平无奇，不宜担此大任。此时史末资将军插嘴说，有目共睹，黑格这位总司令“碌碌无能”。“我认为，毫无疑问，”威尔逊在日记中写道，“内阁全体成员一致对黑格及整个总司令部十分反感。”

4月4日这天，德军重新发动进攻，决心一鼓作气攻克亚眠。然而，战场早已在连绵淫雨中化作一片泥水坑。步枪枪管堵塞，行军异常困难，战线的推进极其有限。

“道路湿滑，对我军极其不利。往前迈一步，就滑回去两步；况且一路上地势还越来越高。”宾丁中尉在当晚的日记中写道。他所属的师正在莫勒伊岭以北发动进攻，那里荒芜的土地使他大受震撼。“我无法想象地球上竟有一片如此令人惊悚的土地。荒漠本身并不可怕；一片荒漠，时时刻刻告诉着你它原本不是荒漠，那才最为骇人。在旧日村庄的遗迹上，突出着一个个饱经炮火洗礼的黑色树桩，无言地讲述着此地的过往。树木被炸裂的弹片剥

① 疑指伦敦滑铁卢车站（Waterloo Station）。

光了树皮，好像一具具挺立的尸体……在这片惨遭荼毒、了无生气的土地之上，烟熏火燎的死树枯桩之间，是一片平坦、空旷却已面目全非的采石场，延绵数英里，突兀而无谓地存在于那里。”这片阴森可怖的废墟地带应当保留下来，以作为历史的见证，“不要在那里修路、掘井、定居。从今往后，每一个统治者、领导人就职时不必再手按宪法宣誓，只要到那里去看看就好。那样，世上将永无战争”。

六

距离美国宣战已过了将近一年时间。不过，在法国战场上真正面临死亡威胁的美国人仍是少数，在绝大多数美国人看来，战争依旧像是一场戏——如梦似幻、光怪陆离、惊心动魄。仅在西线战场就有数百万人惨遭屠戮，而在美国人看来，那不过是一项统计数据而已。欧洲在 1914 年参战时，也和美国一样兴高采烈、天真无邪。美国尚未体味到这场战争的惨痛，许多军人最关心的事情，是他们赶赴前线时是否还赶得上这场盛大的演出。

如此一种情绪也反映在当时的流行歌曲中。有一首隐晦而不失欢快的小曲，名叫《早安，Zip-Zip-Zip 先生！》①（你的头发理得和我一样短！）还有一首忧伤的曲子：“思儿远征苦楚，莫熄家中壁炉；儿行千山万水，梦魂犹得还归。”《高个儿少年》（*Long Boy*）歌颂的则是参加对德战争的乡下人：“再见了老妈！再见了老爸！再见了骡子，听不见你叫嗯哪。为啥要战争，咱也想不通；不过别在意，过不两天自然懂。”至今仍传唱不衰的则是那些抒怀伤感的优美赞歌，比如“一条漫无尽头的小道，蜿蜒而入我的梦境”，以及乔治·M. 科汉（George M. Cohan）②的《去那边》（*Over There*）。这首歌曲调昂扬

① 按照一般解释，此处的“Zip-Zip-Zip”是一个不定所指的名称，旨在表明这首歌适合所有人，所有人都可以团结一致共赴战场。

② 乔治·科汉（1878—1942），美国作曲家、演员、歌手。

欢快，那些开始自称“阿兵哥”(doughboy)①的战士们的乐观情绪，在歌曲中表现得淋漓尽致：

且去那边，且去那边；奔走相告，去那边
扬基大兵所向无前，扬基大兵所向无前
鼓声隆隆威震天
备战整装，祈祷上苍；奔走相告，要提防
我们就要奔赴战场，我们就要扬帆远航
不破敌军不还乡

歌词体现了全美民众的普遍情感。扬基大兵没怎么考虑流血牺牲就踏上了征途，而协约国则放下了胸中大石。战争仍然是一场博弈，百老汇费尽心机利用战争。4 月 4 日晚上，D. W. 格里菲斯②的新电影《世界之心》(*Hearts of the World*)在纽约市首映。此次放映是非公开的，只对美国与协约国各政府代表，各州、市政官员及社会名流开放。电影讲述了一个关于大战的故事，由莉莲·吉什(Lillian Gish)和多萝西·吉什(Dorothy Gish)③主演，大部分镜头拍摄于战争前线附近。

第一个场景于英格兰拍摄，英国人十分乐意合作。温斯顿·丘吉尔自告奋勇撰写剧本，佩吉特夫人(Lady Paget)④提供她的庄园作为拍摄外景，乔治国王、玛丽王后、亚历山德拉王太后及数十名贵族都在影片中客串出演。随后，摄制组前往法国，在前线后方一个惨遭战火摧残的村子进行拍摄。“我们动作异常迅速、紧张、安静，格里菲斯先生没有喊叫，”莉莲·吉什

① 据一份 1887 年刊行的资料指出，“‘doughboy’是一种小甜甜圈，多为水手所爱……南北战争初期，该词用以指代步兵制服上的球形黄铜纽扣，此后逐渐演变为指代步兵本身”。另有一说认为，该词源自西班牙西南地区的人对军人的称呼“adobe”。两说相较，以前者为佳。——原注

② 大卫·格里菲斯(1875—1948)，美国电影导演，代表作为《一个国家的诞生》《党同伐异》。

③ 莉莲·吉什(1893—1993)、多萝西·吉什(1898—1968)，美国著名女演员，两人是姐妹，皆与格里菲斯合作密切。

④ 佩吉特夫人(1839—1929)，英国随笔作家。此人是维多利亚女王的密友，一生跟随外交官丈夫遍游欧洲各国，留下的作品以日记、回忆录为主。

后来回忆道，“只是匆忙、紧张地下达指示；我们三人则立刻准确无误地照办。”他们钻进一个防空洞，迅速解决了午饭，然后转移到离前线更近的地方，“我们身处敌军远距离大炮的射程内，炮弹爆炸、弹片飞溅都在我们不远处，真是惊心动魄”。

电影备受观众期待。首映那天晚上，百老汇还上演了其他几部战争题材的电影及舞台剧，以飨热情的观众。盖伊·恩佩(Guy Empey)中士自编自演的电影《飞跃巅峰》(*Over the Top*)，比《世界之心》早几天上映；《美国王牌飞行员》(*An American Ace*)则是一场大型舞台剧，出演人数超过150人；同时上演的还有爱国戏剧《她的祖国》(*Her Country*)及《德皇，柏林之禽兽》(*The Kaiser, the Beast of Berlin*)。

《世界之心》放映时，每一个场景都引得观众掌声连连。谢幕时，观众全体起立，高呼着格里菲斯的名字，直到他上台为止。格里菲斯说他太过激动，无法发表讲话，银幕上闪闪烁烁的场景就是这场战争，他希望在场的观众能为战争中的将士们祈祷，并支持他们……说着，他的声音又哽咽起来，无法继续了。

次日，4月5日。真正的战场上，德军继续向亚眠发起进攻，却又一次遭到挫败。德军数日以来的大型攻势到此终告结束。德军在此次攻势中占领了大量领土，鲁登道夫坚信，此一辉煌战果将永载史册：“在战争的第四个年头里，我军完成了英军、法军未能成功的壮举。”德军推进40英里，占领1200平方英里领土，超过协约国军队自战争以来攻克的领土总和；俘虏英军近90000人，缴获大炮975门，共造成英军164000人、法军70000人伤亡。

然而，胜利的代价十分高昂。德军的战线被迫拉长，丧失了成千上万精锐突击队员，70个师打得疲惫不堪。更为重要的是，德军未能真正实现大规模的突破；协约国在经过两次会议统一指挥权后巩固了战线，目前依旧完好无损。

鲁登道夫将这些抛至脑后，命令其参谋人员策划第二次大规模进攻，向北进一步施压。他相信如此一来，英法两军必将被打得四分五裂，从而使德军获得最终胜利。

德国的工业家们对胜利信心十足，已在着手谋划瓜分法国。恩斯特·冯·博思格(Ernst von Borsig)是一家大型机械制造公司的合伙人，他要求“收购布里埃(Briey)与隆维(Longwy)的钢铁产区……可谓德国钢铁工业生死攸关之问题”，基督教工会也持相同的看法；4 月 6 日，基督教金属与锻造工人联合会下属机关——德意志金属工人联合会(Deutsche Metallarbeiter)也要求得到布里埃-隆维盆地。国内的许多德国人或许品尝到了胜利的果实，前线大多数德国人则只希望早早结束战争。

飞行员汉斯·施罗德(Hans Schröder)想看一看地面的情况，在巴波姆附近的森林中徘徊。他看到那些死于毒气的英军尸体，感到毛骨悚然。“他们倒在地上，依旧保持着突遭毒气侵袭时的姿态，枪托抵在脸颊上，右手还抓着手榴弹。这一整条战线上的射击好手们都是同一姿势。然后我们来到机枪阵地。机枪手仍在瞄准，两名弹药兵还在给机枪上弹，戴着眼镜的军官倒在一旁。他们脸上罩着防不了毒的防毒面具，看上去像是某种奇异的类人猿。”饱经战火的大地上，仍然蒸腾着瘴疠之气，施罗德希望各国儿童都能亲眼目睹这一惨状，并在心中牢牢铭记：“战争即屠杀。”

第二部分　危机时刻

第四章　东方的红色曙光

1 月 4 日至 3 月 16 日

第五章　黑格说:“我们已身陷绝地……”

4 月 6 日至 4 月 22 日

第六章　“圣乔治保佑英格兰!”

4 月 22 日至 5 月 15 日

第七章　干涉Ⅰ

3 月 18 日至 5 月 26 日

第八章　“扬基大兵所向无前!”

5 月 20 日至 6 月 13 日

第四章　东方的红色曙光

1月4日至3月16日

一

在西线这场惊心动魄的3月大撤退中，潘兴只是体现美国坚强意志的一个符号。在幕后指挥着潘兴的是威尔逊总统，他想的比潘兴长远得多，不仅仅是建立一支美国领导的统一军队而已。知识分子威尔逊是个理想主义者，他不情愿地加入这场战争，而其终极目标与协约国其他成员截然不同。其他国家无非是为其生活方式而战，为帝国的存续而战；而普林斯顿大学前任校长威尔逊却大胆设想了一个崭新的世界——建立一个坚持民主的多国联盟，为世界带来永久的和平与正义。威尔逊提出了一个双刃剑式的口号以领导国家进行战斗：为保证民主原则在世界范围内的安全，应当以此战终结一切战争。

理想主义与实用主义之间不可避免的冲突已在俄国问题上达到了临界点。英、法两国一致将这个新兴的布尔什维克国家看作心腹大患，而威尔逊却有点不一样。他对俄国所知无几，也不甚了解俄国的新政治哲学，准备接纳苏维埃政府进入他所构想的民主国际联盟。引导威尔逊走上这一方向的是他的首席顾问爱德华·豪斯(Edward House)①上校，此人曾为得克萨斯州的数任州长出谋划策，颇见成效，故被威尔逊委以重任。豪斯的雄心壮志不在于高官厚禄，他想做的是华盛顿的幕后操盘者。这名小小的上校乐于在威尔逊伟岸的身影②之下生活，他“提供情报翔实可靠，提出建议委婉巧妙，常以沉默表示异议，且懂得适可而止，不过分固执己见；由此成为了总统不可或缺的心腹”。

从一开始，豪斯就反对协约国对布尔什维克俄国进行任何军事干涉，并由此发现自己的意见与英、法两国大相径庭。“只有老天爷知道谁对谁错。”豪斯在他那巨细无遗的日记中写道，“不过我的建议如下：俄国为将自己打造为一个强有力的民主国家，做出了许多努力，我们对此深表同情；我们也愿意尽一切可能提供财政、工业及道义上的援助；除此之外，不做任何进一步的干预。我的建议更为稳妥，至少我个人如此认为。”

因此，豪斯说服总统在1918年初发表一场重要演说。该演说旨在阐述美国参战的目的，不仅将团结各协约国人民——虽然无法团结政府——去支持一项宽大的和平协议，而且还包括“阐明战争之对象；此一阐明是应布尔什维克之要求而发，或可说服俄国支持协约国阵营对民主自由原则之捍卫”。换言之，豪斯希望，即将在布列斯特-立陶夫斯克重新展开谈判的苏维埃政府会因演说而受到鼓舞，从而拒绝德方的蛮横要求，继续进行战争。

1918年1月4日，豪斯带着海量的资料与建议书来到华盛顿；这些书面材料是由一批著名的专家学者编写的，其中包括耶鲁大学的教授查尔斯·西摩(Charles Seymour)③，以及沃尔特·李普曼(Walter Lippmann)④。

---

① 爱德华·豪斯(1858—1938)，美国外交家。自1911年伍德罗·威尔逊任新泽西州州长时起便担任其顾问，一战期间作为心腹智囊在外交领域表现活跃，却在1919年与威尔逊决裂。豪斯并没有参军入伍，“上校”是他在得克萨斯州任州长私人顾问时被授予的荣誉头衔。

② 伍德罗·威尔逊身高180厘米；根据一部2014年出版的《豪斯上校：伍德罗·威尔逊的幕后智囊》(*Colonel House: A Biography of Woodrow Wilson's Silent Partner*)，豪斯在其1915年的护照上留下的身高是171厘米。

③ 查尔斯·西摩(1885—1963)，美国历史学家，耶鲁大学历史学教授，1937年至1951年任耶鲁大学校长。

④ 沃尔特·李普曼(1889—1974)，美国作家、政治评论家。一战期间曾任美国战争部部长助理。

豪斯的任务是帮助威尔逊准备演说。

第二天是个星期六，威尔逊与豪斯从上午开始埋头苦干起来。两人反锁了门，因为威尔逊不想让某些人前来发表意见，比如罗伯特·兰辛(Robert Lansing)①。威尔逊认为兰辛此人愚鲁不堪，由他担任国务卿，还不如自己来兼任。“我们实际上从10点30分才真正开始工作，”豪斯后来回忆道，“12点30分时完成了新的世界版图，后来都成为了现实。”两人按部就班地深入探讨，“先是大体制定出一般性的条款，比如公开外交、海上自由、消除经济障碍、建立对等的贸易条件、保证减少军备、调整殖民地权益要求、建立一个普遍性组织以维护和平。然后开始处理比利时、法国等国家的领土问题”。

豪斯力主公开外交的主张：“我对他说，要使美国人民及世界民主国家欢欣鼓舞，无有出此举之右者，且公开外交是正当之举，必将成为未来外交的原则。”豪斯还提出了取消贸易壁垒及一些关于公海自由的主张，最终敲定了如下措辞：“各国领海以外的海洋上应有绝对的航行自由，在和平时及战时均应如此。”

威尔逊亲自用打字机打出了最终稿，小心翼翼地避免一切侮辱性的表述及无具体所指的谴责。他谨慎地指出，美国不希望通过武力或经济制裁去伤害战后的德国，也无意干涉德国的宪政制度。翌日下午，威尔逊把这篇最终稿念给豪斯听，豪斯深受触动，并认为这将是威尔逊此生最重要的一份文件。“等到演说过后，您要么会成为时代的弄潮儿，”豪斯听完评论道，“要么会从此远离政坛，悠闲度日。”两人都十分担心，美国如此突兀地插手欧洲事务，将会收到怎样的反响；同时也对其他几项提议心怀忧虑，比如阿尔萨斯和洛林、海上自由，以及商贸条件的平衡等问题。

1月8日，星期二，天气晴朗却寒冷。威尔逊和夫人打了一会儿高尔夫，在上午11点时回到白宫，然后才吩咐秘书约瑟夫·帕特里克·塔默提

---

① 罗伯特·兰辛(1864—1928)，美国政治家。1915年至1920年任美国国务卿。

(Joseph Patrick Tumulty)[①]通知副总统托马斯·马歇尔(Thomas Marshall)[②]及众议院议长查普·克拉克(Champ Clark)[③]，说自己30分钟内将前往国会，在联席会议上发表演说。

众人大感意外，因为威尔逊四天之前刚刚在国会发表过演说。人们火急火燎地去召集参议员和众议员，以免填不满座位。外交席上唯一的大使是塞西尔·斯普林·莱斯(Cecil Spring Rice)[④]爵士；此人当时是英国驻美大使，不过几天后就会让位于雷丁勋爵。中午，威尔逊夫人在四名亲属及豪斯上校的陪同下来到来宾席时，席上来宾仍然寥寥无几。

威尔逊登上讲台时，掌声稀稀落落，甚至连那些听到消息匆匆赶来的总统内阁成员也不知道威尔逊即将进行一场怎样的演说，来阐述美国参战的目的。总统的演说开始时语调平静，没有抑扬顿挫，并出人意料地以同情的态度叙述了苏维埃政府正在布列斯特-立陶夫斯克与德国进行的和平外交行动。"俄方代表非常公正地、非常明智地，且本着真正的民主精神坚持认为，他们与日耳曼及土耳其政治家们所举行的这场会议应当是一场公开而非秘密的会议；全世界人民都渴望成为观众，也应当成为观众。"威尔逊继续说道，"与同盟国不同，协约国的战争目的向来无所遮瞒。协约国之间意见明确，原则肯定，细节清晰。在这动荡不安的世界上，充满着种种动人心弦的声音；然而在我看来，有一种声音最令人心潮澎湃、难以自已。那就是俄国人民的声音，他们要求我们对上述原则及目的做出详细的解释。他们在冷酷的德国面前匍匐着，似乎已是一筹莫展，因为德国至今为止，从未表现出仁慈或是怜悯。显而易见，他们已丧失了力量，但灵魂却没有屈从。他们不会向敌人屈服，无论是在原则上，或是在行动上。俄国人民以其坦率的心

① 约瑟夫·帕特里克·塔默提(1879—1954)，美国政治家。1913年至1921年任威尔逊总统的秘书，这一职务是后来的白宫办公厅主任的前身。

② 托马斯·马歇尔(1854—1925)，美国政治家。1913年至1921年任美国副总统。

③ 詹姆斯·比彻姆·克拉克(1850—1921)，美国政治家。1911年至1919年任众议院议长。此人年轻时因觉得"J. B. 克拉克"这一姓名较为常见，自行将姓名中的"James Beauchamp"缩短为"Champ"。

④ 塞西尔·斯普林·莱斯(1859—1918)，英国外交家，1912年至1918年任英国驻美大使。莱斯于1918年1月被伦敦方面突然召回，三星期后骤然离世。

胸、广阔的视野、慷慨的精神、普世的同情，向世界昭示了对他们而言何谓公理、何谓仁爱、何谓高尚；全世界的每一位朋友都应当对此感到钦佩。他们坚持理想而拒绝妥协，也不肯明哲保身而作壁上观。”

威尔逊事先没有咨询兰辛的意见。兰辛不认同威尔逊的想法：布尔什维克的谈判官员没有代表俄国人民的动机与感情，俄国人民完全不清楚布列斯特-立陶夫斯克发生的事情。威尔逊将布尔什维克与俄国人民画上等号，是对历史的歪曲。就连列宁和托洛茨基也会嘲笑威尔逊这番天真的描述——仁爱、高尚、慷慨的精神，拒绝明哲保身也不肯作壁上观。

威尔逊这番平静、克制的语调没有引起听众太多的热情表示，接着他便以强有力而充满感情的声音谈论起了俄国人民：“俄国人民要我们说明，我们所求的是什么，我们的目的与精神与他们是否有所不同、有何不同。我相信，美国人民会希望我对此做出坦坦荡荡的答复。不管他们目前的领导人是否相信，我们希望能够找到某种方法，以使我们有机会协助俄国人民去达成他们的夙愿——获得自由、实现有序的和平。”会场终于响起了掌声。随着来宾席越来越满，新赶到的参议院、众议院议员悄悄落座，大厅里渐渐产生了一种激动人心的氛围。

威尔逊继续说着，“所以说，我们的计划就是实现和平，而且我们认为，这也是唯一可行的计划。该计划……”威尔逊的这一番话语惊四座，当他接着列举出 14 点具体要求①时，全场听众聚精会神，鸦雀无声。公开外交、

---

① 14 点具体要求：1. 公开和平条约，以公开的方式缔结，嗣后国际间不得有任何类型的秘密默契，外交必须始终在众目睽睽之下坦诚进行。2. 各国领海以外的海洋上应有绝对的航行自由，在和平时及战时均然，只有为执行国际公约而采取国际行动时才可以封闭海洋的一部分或全部。3. 应尽最大可能，消除所有同意接受和平及协同维持和平国家之间的经济障碍，并设立平等的贸易条件。4. 应采取充分保证措施，使各国军备减至符合国内安全所需的最低限度。5. 关于各国对殖民地的权益的要求，应进行自由、开明和公正的协调，并基于对下述原则的严格遵守：在决定关于主权的一切问题时，当地居民的利益，应与管治权待决的政府的正当要求，获得同等的重视。6. 撤退在俄罗斯领土内的所有军队，解决所有关于俄国的问题，该解决方案应取得世界其他国家最良好和最自由的合作，俾使俄国获得不受牵制和干扰的机会，独立地决定其本身的政治发展和国策，并保证其在自己选择的制度下，获得自由国家社会的诚挚欢迎；除欢迎之外，并给予它可能需要和希望获得的各种协助。俄国的姊妹国家在未来数月的态度，将考验出它们是否有善意；是否对于俄国的需要有所了解，并把这种需要与它们本身的利害区别开来；是否有明智而无私的同情心。

海上自由、裁减军备、公正调整殖民地要求、撤除所有俄国及比利时境内的军队……当他说到下一点，即归还包括普鲁士在1871年占领的阿尔萨斯—洛林在内的全部法国领土时，听众自发地欢呼起来。“参议员、众议员们跳到椅子上，”约翰·多斯·帕索斯(John Dos Passos)①写道，“挥舞着手臂，好像是在观看一场足球赛。”

总统面带微笑，耐心地等待着喧嚣的场面平静下来，然后继续讲下去，一直讲到最后一点，即第14点：要求建立国际联盟。他说协约国愿意为“从根本上纠正错误和伸张公理”而战斗到底。协约国毫不嫉妒德国的强大。“我们不愿伤害德国，或以任何方式遏制德国的合法影响或权力。我们不愿意用武力或敌对性的贸易措施来对付德国，如果它愿意在合乎正义和法律以及公平交易的公约这一基础上与我们及世界上其他爱好和平的国家联合一致的话。”威尔逊最后总结说美国人民“愿意奉献出他们的生命、荣誉和所

---

7. 全世界应同意，在比利时的占领军必须撤退，其领土必须恢复，不得企图限制它与其他自由国家享有同样的主权。其他任何一种行动均不能起这样的作用，因此唯有这样做才能使世界各国对于它们为了协调彼此关系而建立和确定的法律恢复信心。如果没有此项治疗创伤的行动，国际法的整个体系与效力，将永远受损。8. 法国应获自由，被侵占的法国领土应归还，同时，1871年普鲁士在阿尔萨斯-洛林问题上对法国的错误行径，已使世界和平几乎50年受到干扰，自应予以纠正，俾能为了全体利益而再度确保和平。9. 意大利的疆界，必须依照明晰可辨的民族界线予以重新调整。10. 对于奥匈帝国统治下的各民族，我们愿见他们的国际地位获得保证和确定，并对其发展自治给予最大程度的自由。11. 罗马尼亚、塞尔维亚以及门的内哥罗的占领军应撤退；被占领的土地应归还；应给予塞尔维亚自由安全的出海通道；而巴尔干若干国家的相互关系，应按照历史上已经确立了的有关政治归属和民族界限的原则，通过友好协商加以决定；同时，对于若干巴尔干国家的政治及经济独立和领土完整，亦应给予国际保障。12. 对于当前奥斯曼帝国的土耳其本土，应保证其有稳固的主权，但对现在土耳其人统治下的其他民族，则应保证他们有确实安全的生活，和绝对不受干扰的发展自治的机会；同时，达达尼尔海峡应在国际保证之下永远开放，成为世界列国船只和商人的自由通路。13. 应建立一个独立的波兰国，它的领域包括所有无可置疑的波兰人所居住的领土，并应保证其获得自由安全的出海通道，而它的政治及经济独立和领土完整，则应由国际公约予以保证。14. 必须根据专门公约成立一个普遍性的国际联合组织，目的在于使大小各国同样获得政治独立和领土完整的相互保证。就这些从根本上纠正错误和伸张公理的措施而言，我们觉得自己是所有联合一致反对帝国主义者的各国政府及人民亲密的合作者。我们在利害关系和目标上是分不开也拆不散的。我们应并肩合作到底。——原注(译文采自美国驻华大使馆新闻文化处编《美国历史文献选集》，1985年版。)

① 约翰·多斯·帕索斯(1896—1970)，美国小说家、画家。代表作有《三个士兵》《美国三部曲》等。

拥有的一切”以维护这一公正对待所有人民及一切民族的原则，“这个最高的道德考验，争取人类自由的最后且最有决定性的战争已经来临了，他们准备把自己的力量、自己最崇高的目标、自己的坚贞和虔诚，付诸考验”。

对威尔逊的这场演说，全美上下各政党的第一反应是一致的。西奥多·罗斯福(Theodore Roosevelt)①与参议员博拉(Borah)②最爱唱反调，此时难得地表示赞同；社会主义者同样如此；平日激烈批评威尔逊的共和党报纸《纽约论坛报》(*New York Tribune*)则称“十四点”演说不啻为第二个《解放宣言》：“就像半个世纪前林肯解放南方奴隶那样，威尔逊先生如今保证国家将战斗到底，去解放比利时人、波兰人、塞尔维亚人、罗马尼亚人……总统的话是一亿人的心声……如今，全国上下与总统一道前进着，对政治领袖、对国家大业都展现出了前所未有的信心。”

不过，英国人对威尔逊所呼吁的“海上自由”毫无热情，伦敦《泰晤士报》(*The Times*)对“正义的统治触手可及”表示怀疑。法国人虽然也持怀疑态度，好在阿尔萨斯－洛林的那项声明给他们带来了些许宽慰。“威尔逊总统的这番话，”《自由报》评论道，“会使他的大名传遍法国的每一个穷乡僻壤。”至于意大利领导人，则对威尔逊要求的“意大利的疆界……依照明晰可辨的民族界线予以重新调整”颇有不满；他们想要更多的领土。

美国的欧洲盟友们根本不准备接受这份充满理想主义的计划；德国当然也不会响应威尔逊的号召，去参加一个“爱好和平的国家”组成的联盟。不难想见，交出阿尔萨斯－洛林的要求使德国当局倍感羞辱，甚至连支持社会主义的《前进报》(*Vorwärts*)都怀疑威尔逊是在企图“以全面和平为诱饵欺骗俄国，诱使它再次陷入世界大战的血泊之中”。

---

① 西奥多·罗斯福(1858—1919)，美国第26任总统(1901—1909)，共和党人，富兰克林·罗斯福的远房堂兄。一战期间主张严厉制裁德国，与总统威尔逊意见多有冲突。

② 威廉·博拉(1865—1940)，美国政治家，共和党参议员。此人也是西奥多·罗斯福的女儿爱丽丝·罗斯福的情人。

二

俄国对此作何感想呢？“这是向着世界和平迈出的重要一步。”列宁用流利的英语对一名美国官员讲道，但他接着批评了殖民地那一条，并说美国给出的信息并不完整，“从一定程度上讲，这篇演说很好；只是为什么没有正式承认（布尔什维克政权）呢？他们打算何时承认呢？”不过，列宁仍然授意政府机关报《消息报》（*Izvestia*）全文刊载了这篇演说。“威尔逊总统提出的各项条款，”该报评论道，“可谓争取民主和平的伟大斗争中的一次伟大胜利。我们希望，在这场斗争中，美国人民会是我们的真诚盟友。”

党报《真理报》（*Pravda*）则较为真实地反映出列宁个人对威尔逊动机的怀疑。“当然，”该报社论称，“这位美国证券市场的代理人所表现出的恭维态度，其本意究竟为何，我们早就了然于胸……我们知道，威尔逊是美帝国主义独裁政治的代表，美帝国主义惩罚本国的工人及穷苦大众，用的是监狱、强迫劳动和死刑。”几天后，列宁在党内做报告时亲自称：“对英美两国的战争将长期进行下去，这两个帝国主义集团终于露出了自己的獠牙。”

在俄国的大部分美国官员都反对威尔逊对俄国表示出的友好姿态，并将布尔什维克视作对民主的危险。站在相反立场上的是美国红十字会代表团团长雷蒙德·罗宾斯（Raymond Robins）①，此人简直是活生生的霍雷肖·阿尔杰（Horatio Alger）②笔下人物。罗宾斯出生于史泰登岛（Staten Island），在美国的田纳西州、科罗拉多州、亚利桑那州及墨西哥等地做过农场工人和矿工，后来在阿拉斯加淘了三年金，于1900年回国，成为了一个有钱的年轻富人。在克朗代克（Klondike）③时，罗宾斯对当地人无法无天的生活状态震惊不已。他满怀改革的炽烈热情，在芝加哥展开了社会工作。

---

① 雷蒙德·罗宾斯（1873—1954），美国社会活动家。其经历在本书中多有介绍。

② 霍雷肖·阿尔杰（1832—1899），美国作家。其小说多以贫困少年通过奋斗终获成功作为主题。

③ 克朗代克，地区名，位于加拿大西北、阿拉斯加以东。19世纪末，该地区发现金矿并引起了淘金热。下文提到的育空河即流经这一地区。

有个名叫哈罗德·伊克斯(Harold Ickes)①的青年律师,与罗宾斯共同投身于混乱的芝加哥政坛。两人一起作为改革派候选人参加竞选,最终选出了一个改革派市长并使他得以连任。

罗宾斯精力过人。他一手专注于劳工运动,协助并组织罢工;一手投身宗教,花了一年时间在全国各地进行布道,主题叫"为了成年男性与少年男性的基督徒生活——男性与宗教前进运动"②。罗宾斯是西奥多·罗斯福的热情支持者,并在1916年成为了进步党全国代表大会的主席。

受到布尔什维克的热情鼓舞,实属情理之中。看着他们,罗宾斯总能回想起当年一起在中西部工作的那群进步分子。俄国北部的风光也唤醒了他在育空河畔的青春回忆,鼓舞着他重新相信人类的进步与上帝的荣耀。在接下来的几个星期里,美利坚合众国陆军中校罗宾斯穿上了靴子和粗布衣服,一身典型的无产阶级打扮。罗宾斯频繁出入设在斯莫尔尼宫(Smolny Institute)的布尔什维克党总部,与列宁及托洛茨基谈话的次数远超其他任何一个外国人;两人都喜欢罗宾斯那直言不讳的言谈风格。

1月底,罗宾斯仍在致力于促使协约国与苏维埃政府进行合作,此时来了一个堪称及时雨的盟友。此人名叫R. H. 布鲁斯·洛克哈特(R. H. Bruce Lockhart)③,竟是劳合·乔治的特派代表;他还有另一个身份,那就是英国政府的秘密特工。④ 洛克哈特的任务比较笼统——与苏维埃政府建

---

① 哈罗德·伊克斯(1874—1952),美国政治家,1933年至1946年任美国内政部长。

② 19世纪末以来,英、美等国基督新教所采取的部分宗教运动开始使用"前进运动"(Forward Movement)的名称。罗宾斯于1911年投身"男性与宗教前进运动"(Men and Religion Forward Movement)中,该运动是对19世纪以来美国新教女性化的反拨,认为基督教是一种男性化的宗教,旨在促使美国男子及新教教会重振阳刚之气。

③ 布鲁斯·洛克哈特(1887—1970),英国外交官、特工。1932年,出版《英国特工回忆录》(*Memoirs of a British Agent*)一书,叙述自己的特工生涯。二战后,洛克哈特与作家伊恩·弗莱明成为好友,其经历也成为弗莱明创作"007"系列的灵感来源之一。

④ 英国在挑选民间代表方面很有想象力。1917年,英国派遣小说家萨默赛特·毛姆(Somerset Maugham)作为高级特工前往彼得格勒。"我起程时兴致昂扬,带着花不完的资金。"毛姆在自传中写道,"有四个忠心耿耿的捷克人充当我与马萨里克(Masaryk)教授之间的联络官……我的身份是秘密特工,必要时,政府会与我撇清关系。我的任务是与俄国各反政府党派进行接触,并制订一项计划,使俄国继续作战,防止布尔什维克在同盟国的支持下夺取政权。"——原注

立非正式关系；而他在接受这项任务时，做出的理解是“我们在战争中有两个主要目的：(1)击败德国军国主义。(2)镇压布尔什维克主义”。不过，洛克哈特在1917年中的大部分时间里曾任英国驻莫斯科总领事，这段经历使他深信：布尔什维克主义将会持续下去，无法期待俄国继续对德作战，英国的对俄政策“应调整为力求俄国实现一种反德的和平”。

因此，洛克哈特很快便与罗宾斯成了同道中人。两人在一场晚宴上相遇，像两条初次见面的狗一样试探性地打量着对方。“你是否受制于人？”最终是罗宾斯先开了口，“要处理俄国眼下的情况，不能靠唐宁街或是什么别的地方。这里的局势瞬息万变，你必须每天都根据局势做出调整。”

洛克哈特对罗宾斯印象很深。罗宾斯一头黑发，面色凶狠，让洛克哈特联想到印第安酋长的长相。“我完全不受制于人。”罗宾斯说。第二天上午，罗宾斯把洛克哈特带到了斯莫尔尼宫的布尔什维克党总部。在归途中，罗宾斯开诚布公地谈了自己的情况：“代表团及我个人的生活都建立在俄国当前的形势之上。俄国当前身处国际性的社会革命形势之中，与各国政府都处于对立状态；而如今对立情况更加严重，因为它开始向德国军国主义势力靠拢，不是别的，偏偏是德国。那么我们要与他们打交道，就应该……”罗宾斯告诉他的这个新朋友，彼得格勒流传着谣言，说他是华尔街派来的人。“不妨做个假设，就算我是为华尔街和美国商人效力好了，来这里是为帮助他们夺取俄国。那么你是一头英国狼，我是一头美国狼，等到战争结束时，我们会为争夺俄国市场而相互撕咬；当然，我们可以撕咬得堂堂正正。不过呢，倘若我们是两头聪明的狼，看清楚了情况——如果不齐心协力，我俩都会沦为德国狼的盘中餐；那么我们就应当采取行动了。”罗宾斯补充了一句，“就算到时候分道扬镳也没关系。”

洛克哈特其人更为老练，在意识形态方面不太受拘束。两人下次碰面时，他对罗宾斯说：“我相信你的立场。我会采取行动的。”“从那以后”，根据罗宾斯的说法，两人“在每个行动上都完全一致”。

两人又与另一个自由派人物——法国军事代表团的雅克·萨杜尔(Jacques Sadoul)上尉联合起来了。此人曾担任法国社会党领袖阿尔伯特·托马斯(Albert Thomas)的助手，是一名真正的激进主义者。萨杜尔把罗宾斯与洛克哈特看作资本主义的代理人，内心并不信任两人。两名资产阶级绅士与萨杜尔共同工作，相互之间关系也更进一步，甚至几乎每早都共进早餐。洛克哈特意识到，布尔什维克对罗宾斯的印象很好，“列宁愿意接见的外国人只有罗宾斯一个，他的个性成功地给这个布尔什维克领导人留下了深刻的印象”。

2 月 10 日，为抗议德国的苛刻要求，托洛茨基在众目睽睽之下退出了布列斯特-立陶夫斯克谈判。此时洛克哈特和罗宾斯加倍努力，为陷入困境的苏维埃提供援助。在洛克哈特为罗宾斯举办的一场宴会上，罗宾斯闷闷不乐，沉默寡言；直到后来客人都进了吸烟室后，他才活跃起来。罗宾斯满怀深情地谈论了支持布尔什维克的必要性，剖析了那些反对承认苏维埃政权的论点，并批驳了所谓苏维埃所作所为正中德国下怀的说法。当时流传着一条谣言，说托洛茨基是敌军的奸细，罗宾斯对此大加讥讽。他称赞托洛茨基“其人着实混蛋得很，不过却是耶稣基督以来最了不起的犹太人。如果德国总参谋部收买了托洛茨基，那他们这钱就白花了”。罗宾斯愤怒地抨击协约国“借德国之手瓦解俄国革命”，而后毫无征兆地从口袋里掏出了一张纸。

“我现在还能想起来他的样子。”洛克哈特后来追忆道，“不知是有意还是无意，他给自己安排了一幅近乎完美的布景。在他面前，坐着半圈面无表情的英国人；在他身后，则是熊熊炉火，火舌的光焰反射在黄色的墙纸上，打出了诡异的影子。从窗户向外远望，则是一片璀璨的景象：彼得保罗大教堂(Peter and Paul Cathedral)那细长的尖顶耸立着，夕阳像一团巨大的火球，把血红的余晖洒在白雪皑皑的涅瓦河上。他又一次把头发向后捋了捋，然后像狮子一样摇了摇头。”

“有人读过这首诗吗？”罗宾斯问，“这是今天早晨，我在你们英国的一家报纸上读到的。”说罢，他以一种饱含深情的低沉嗓音开始朗读约翰·麦克雷(John McCrae)①少校的名诗《在佛兰德斯战场》：

---

① 约翰·麦克雷(1872—1918)，加拿大诗人、医生。以军医身份参加一战，因肺炎不治逝世。《在佛兰德斯战场》是麦克雷的传世名诗，

几天前，我们还活着，
感受拂晓，目睹夕阳灿烂，
爱着并且被爱着，
而现在却长眠于佛兰德斯战场。
继续我们同敌人的战斗吧：
我们倒下的手向你投掷这一把火炬，
请把它高高举起。
如果你背弃了先烈的遗志，
我们将难以安息，
虽然罂粟花遍布在这佛兰德斯战场。①

当罗宾斯转身凝视窗外时，屋内“几乎是死一般的沉寂”。最后，他挺起胸，转过脸来。“弟兄们！”他喊道，“依我看，你们来这儿的目的只有一个——让德国总参谋部打不赢这场战争。”他迈了三大步，紧紧握住宴会主人的手说道：“再见，洛克哈特。”接着又迈了四大步，走出门外。屋内没有人笑出声来，甚至没有人面带笑容，人人都深受感动。

数日后，洛克哈特第一次见到了托洛茨基，并表示英国政府愿意与布尔什维克达成暂时性的一致意见，但不会容忍他们在英国境内鼓动革命。托洛茨基愤怒地反驳道，那么英国对俄国境内反布尔什维克势力的支持这件事又该怎么说呢？洛克哈特承认，托洛茨基的此番怨言并非胡搅蛮缠；托洛茨基最后也说自己已做好与协约国合作的准备，这不是出于感情，而是权宜之计。“这是协约国各政府的一个机会。”托洛茨基最后的这句话使洛克哈特深信，对方准备做一场交易。他给伦敦方面发了一封电报，阐述了自己的看法：如果巧妙地应对托洛茨基，此人将成为反对德国的一份宝贵力量。“我提倡的始终是权宜政策。”洛克哈特说，“托洛茨基只会在合适的情况下与我们保持合作，这点我们也应当持相同态度。”

---

① 此诗译文摘自陈青山《老兵凋谢　一战休战90周年纪念后记》，《联合早报》2008年11月16日。

三

2月23日，德国得寸进尺，要求俄国人放弃在波罗的海、波兰和白俄罗斯的所有省份。彼得格勒方面顿时手忙脚乱。洛克哈特给伦敦方面发了封电报，建议英国立即对布尔什维克提供援助。虽然布尔什维克十有八九不会给协约国带来什么利益，不过他认为，可以阻碍并推迟德国的经济渗透。接着，英国特工洛克哈特又前往斯莫尔尼宫去见托洛茨基。外交人民委员托洛茨基的心情很差，他紧锁着眉头问洛克哈特伦敦方面是否曾表示愿意提供援助。洛克哈特回答说，目前还没有这类消息；但他保证只要布尔什维克真心实意地保卫国土，不让半个俄国落入德国之手，那么英国一定会提供援助。

"你没有消息，"托洛茨基愤怒地说道，"我倒是有。你在这儿花言巧语蒙骗着我，你们英国却和法国一道，勾结乌克兰来对付我们；乌克兰早把自己出卖给德国人了。英国还在谋划着让日本干涉西伯利亚……你家那个劳合·乔治就像在玩轮盘赌，每个数字他都押上了筹码。"

尽管没有得到援助，托洛茨基仍然决心继续作战。那天晚上，彼得格勒苏维埃政府的大多数人都同意他的意见。然而，列宁却顶着一片嗤笑与嘘声，坚持要签订和约。"在今天这个时代，战争不能单靠热情，得靠技术上的优势。"列宁对与会者说道，"给我10万临敌不惧的雄师劲旅，我保证不签和约。你们能筹建起军队来吗？除了嘴上的空谈和纸上的数字，你们还能给我什么呢？"

列宁的理由被接受了。翌日清晨，彼得格勒向柏林发了一封电报，接受了德方的条款。早晨6点，筋疲力尽的列宁走出大厅，耳边响起了一片骂声："卖国贼！叛徒！德国间谍！"

可想而知，67岁的美国驻俄大使大卫·弗朗西斯(David Francis)①对

① 大卫·弗朗西斯(1850—1927)，美国外交官，苏联成立前最后一任美国驻俄大使。实际上，美俄两国正常关系已于1917年11月7日中断，但弗朗西斯本人在一年之后才离开俄罗斯。

布尔什维克的态度深感气愤。他给华盛顿方面发电报称："我认为，合约的条款等于把俄国变为了德国的一个省，俄国今后很有可能与德国合作。我重申自己的建议：立即占领符拉迪沃斯托克（Vladivostok）、摩尔曼斯克（Murmansk）和阿尔汉格尔（Archangel）。"

罗宾斯却激动万分。"这是何等重大的时刻！"他在当晚的日记中写道，"潮水汇作洪流。革命、协约国的事业、民主、俄国、美国，全部汇入了一座大熔炉。"

到2月底，所有协约国的大使馆为避免危险，都逃离彼得格勒，搬到了东边约350英里的沃洛格达（Vologda）。洛克哈特仍然留在首都，并在大使馆搬迁的次日首次见到了列宁。英国特工洛克哈特抵达时"有些悲凉"，因为他的身份更加说不清道不明了。他之前从未见过列宁，此时才看见，列宁是一个中等身材的男人，长着粗壮的脖子、红扑扑的圆脸，凸起的额头显得很聪明，胡须短而浓密，一双眼睛目光如炬。洛克哈特发现列宁说话率直得可怕。他说，谣言说得没错，和平谈判并没有破裂。的确，对方给出的条款是羞辱性的，但那是一个军国主义政权，你还能指望它给出什么条款？是，明天，这些条款极有可能被我们接受；毫无疑问，党内会以压倒性的票数批准它。

列宁表示，他也无法预测和平将持续多久，不过俄国正在把政府从彼得格勒迁到莫斯科，如果有必要，将来还会迁到乌拉尔。至于俄国怎么战斗，那是他们自己的事情，俄国不会"给协约国做马前卒"。如果协约国正确认识这一点，那么双方就很有可能合作。列宁坦诚地吐露出一个事实：对布尔什维克而言，英美资本主义与德国军国主义的可恨程度难分高低；不过，后者带来的危险更为直接。列宁倒是希望协约国在这一基础上与自己展开合作，至于协约国如何应对，他不持乐观态度。列宁表示，如果德国继续侵略，他甚至愿意接受军事支援："话虽如此，我其实并不相信英国会从这个角度看问题。英国政府是个反动政府，他会和俄国的反动派进行合作。"

洛克哈特表示，他担心德国促成和约签订后，会把目前东线的兵力全部投到西线。如果协约国被击败了，会怎样呢？那么俄国就要任德国鱼肉了。

列宁笑了笑说："你们国家的人都是这样，爱从具体的军事角度考虑问题。你忽略了心理因素。这场战争最终将在后方解决,而不是在战壕里。”

洛克哈特若有所思地回到家中,发现外交部发来了一堆电报,对和约表示强烈不满。他现在不好再说布尔什维克是反德立场了,因为他们愿意割出半个俄国拱手让人。正在洛克哈特考虑如何回复时,电话铃响了。来电的是托洛茨基,说他刚刚得到消息,日本准备出兵西伯利亚。对此,洛克哈特该怎么办呢?如果日本与俄国发生了军事冲突,他要怎么解释自己的使命呢?

紧接着,罗宾斯来了一封电报,建议洛克哈特前往沃洛格达与他会合。洛克哈特想办法搞到罗宾斯的电话,直接拨了过去,说他要在彼得格勒“注视事态的发展直到最后”,并请罗宾斯把日本即将出兵的坏消息转告弗朗西斯。如果日本真的出兵,那么协约国与布尔什维克之间就没有任何合作的可能了。洛克哈特那天收到的最后一封电报是妻子从伦敦发来的,她隐晦地表示:伦敦方面并不赞赏他在俄国的所作所为;如果他不谨慎行事,将会葬送自己的前程。

第二天,星期六。洛克哈特发电报给伦敦,称:“组织力量抵抗德国,仍存在很大的可能性。只要有一线希望,我就会留在这个国家。”

然而,3 月 3 日,星期日,和平条约最终还是在布列斯特-立陶夫斯克签订了。这份苛刻的军国主义和约向世人昭示,德国真正的统治者不是国会,也不是总理,甚至不是德皇,而是鲁登道夫。

3 月 5 日,罗宾斯接到托洛茨基的召唤,火速从沃洛格达赶到了首都。“罗宾斯上校,”托洛茨基说道,“你现在是否仍希望我们撕毁和约?”

“人民委员先生,您这是明知故问了。”

“现在必须定下一个说法了。之前咱们多次谈到美国提供援助的问题,你能不能让美国政府做一个明确的保证?如果你能,那么咱们破坏和约仍然有戏。我会在莫斯科的会议上反对批准和约,让它变成废纸一张。”

“可是,人民委员先生,我知道您是一贯反对谈和的。问题是列宁呢?他的想法跟您相反。而且,恕我冒昧直言,现在管事的是列宁,而不是您。”

托洛茨基勃然大怒:“你错了!列宁很明白德国推进有多么危险,如果能从协约国那里获得经济合作和军事支援,他肯定会拒绝这份《布列斯特-

立陶夫斯克和约》。如果情势需要，他还会放弃彼得格勒与莫斯科，迁往叶卡捷琳堡，并重建乌拉尔的战线，在协约国的支持下与德国战斗下去。"

罗宾斯带着某种惊讶的神色，问对方列宁是否会同意。托洛茨基答道："他会的。"

"书面同意？"

托洛茨基说道："你这是要我们当炮灰。德军距离彼得格勒不到30英里，你们的人赶到30英里内要等到什么时候？"

然而，罗宾斯不肯向华盛顿方面转达口头消息，他需要某种明确的保证："必须得是书面文件。一会儿我会把翻译人员带来，您把自己的意思用俄语告诉他，然后他用英文记录下来。您和列宁需要读一遍英文版本，承认自己理解其意思且保证会如约履行。若您不答应，这忙我就帮不上了。"

最终托洛茨基做出了让步："我等你到4点。"

罗宾斯带着翻译人员准时在4点回到了托洛茨基的办公室。人民委员挥了挥手里的文件，那是他准备向美国提出的建议；然后带着两个美国人来到列宁的房间。这位布尔什维克首领突然离席，将众人带往人民委员会大厅。四人在一张长桌边坐下，罗宾斯的翻译开始把文件内容翻译成英文。电报以一系列提问开头，这些问题都建立在以布尔什维克撕毁和约、德国继续侵略为前提的基础上。苏维埃是否能够得到协约国支持？协约国，尤其是美国，将提供何种形式的支持？协约国，尤其是美国，是否会阻止日本人侵西伯利亚？

翻译人员将这份英文文件大声朗读了出来。罗宾斯向列宁问道："译文是否清楚表达了您对该文件的理解？"列宁回答："是的。"罗宾斯又问："如果美国政府对该文件做出肯定答复，您是否会在莫斯科的全俄苏维埃代表大会上反对通过《布列斯特-立陶夫斯克和约》？"

"是的。"

罗宾斯离开时，感觉自己是一名书写历史的信使，俄国与美国的命运都握在自己的手中。他把文件给哈罗德·威廉姆斯（Harold Williams）看了看，此人是新西兰人，表面上是《纽约时报》的记者，真实身份是英国政府的特工。威廉姆斯其人持反布尔什维克立场，他答应拍电报告知《纽约时报》，苏维埃代表大会将拒绝通过和约，俄国有可能重启与德国的战争。

四

罗宾斯把托洛茨基的提议用电报发往华盛顿，不过，早在美国政府收到电报之前，根基未稳的布尔什维克政权其实已经迎来了转机。不久之前，威尔逊总统曾做出一项决定——示意日本，美国可以容忍其对西伯利亚进行有限的干涉；而此时，在豪斯上校的建议下，威尔逊已决定重新考虑此事。在那个堪称情况多变的 3 月 5 日，总统给东京方面拍电报称干涉将激发俄国的“强烈愤慨”，整体上可能会使俄国的敌人，尤其是俄国革命的敌人，坐收渔翁之利：“尽管暂时性地引发了一些不愉快及不幸的事件，美国政府仍然对俄国革命十分同情。”

接下来的星期日，3 月 10 日，总统收到豪斯的一份建议，敦促他向即将召开的苏维埃代表大会发一封鼓励性的电报。大会正是为批准《布列斯特-立陶夫斯克和约》而召开。“您可以重申我们与俄国众所周知的友谊，并表明俄国为将自己打造为一个民主国家而做出不懈努力，美国的目的正是为俄国的努力提供助力。”威尔逊接受了建议，次日便发出了电报，向苏维埃代表大会保证，美国将“尽一切可能，保证俄国在其内部事务中重新获得完全的主权和独立，完全恢复其在欧洲和当代人类生活中的伟大作用”。

威尔逊发出电报的同一天，星期一，3 月 11 日，布尔什维克政府及党的总部迁往莫斯科。此举具有象征性意义，因为彼得格勒在历史上更偏向于西方文化，而莫斯科有克里姆林宫，那里正是彼得大帝之前的历任沙皇起居之所。因此，莫斯科与俄国历史及民族主义的渊源更为深远。

雷蒙德·罗宾斯也在莫斯科，并在第二天将威尔逊的电报亲手交给列宁。又过了 48 小时，代表大会即将开幕，罗宾斯与列宁及列宁的姐妹在一起喝茶。“美国政府那边给过你消息吗?”列宁就那份托洛茨基的提议问道。“没有。”罗宾斯答道。

“不会有消息的。”列宁说，“美国政府也好，任何协约国政府也罢，都不会与俄国工农革命政府合作；就算是合作对付德国也不例外。”

罗宾斯笑了笑说：“未必如此。”他仍以为，威尔逊之所以会拍那份表示同情的电报，是因为受到了他所转达的那封托洛茨基的提议电报的鼓舞。

代表大会第一次会议在庄严肃穆的贵族礼堂举行，会议主席雅科夫·斯维尔德洛夫(Yakov Sverdlov)①宣读了威尔逊的电报。在代表们一阵敷衍了事的掌声后，斯维尔德洛夫宣读了中央执行委员会关于威尔逊声明所通过的决议：“在俄罗斯苏维埃社会主义共和国经受严重考验的日子里，威尔逊总统通过苏维埃代表大会表达了他对俄国人民的同情。为此，代表大会向美国人民，首先是美利坚合众国的被剥削劳动者阶级表示谢意。”

接着，言辞开始充满针对协约国的火药味：“……向遭受帝国主义战争惨祸而处于水深火热之中的各国人民表示热烈的同情，它坚信各资产阶级国家的劳动群众摆脱资本的枷锁，建立起唯一能提供持久而公正的和平、为全体劳动者提供文化和福利的社会主义社会制度的幸福日子已经为期不远了。”

“同志们！”在经久不息的掌声中，斯维尔德洛夫说道，“请允许我将你们的掌声，看作你们对这一决议肯定的答复。”这是对威尔逊的直接侮辱，而且显然是有意而为之。几天之后，著名的布尔什维克党格里戈里·人季诺维也夫(Grigori Zinoviev)在彼得格勒演讲时说：“我们狠狠扇了合众国总统一记耳光。”

会议这天，代表大会一直在争论是否批准和约的问题。列宁再次受到谴责，但他提醒众人，为了争取时间，和平必不可少。双方唇枪舌剑，列宁与主战派对手都不示弱。会议的头两天里，列宁的谈和主张似乎孤立无援；而在 3 月 16 日晚上，他的支持者明显多了起来。晚上 11 点 30 分，列宁向坐在讲台台阶上的罗宾斯打招呼，问道：“美国政府那边给过你消息吗？”

“没有。”

“洛克哈特那边呢？”

---

① 雅科夫·斯维尔德洛夫(1885—1919)，苏维埃俄国政治家。1919 年，因感染当时席卷欧洲的“西班牙型流感”，不治身亡。为表示纪念，苏联于 1924 年将叶卡捷琳堡改名为斯维尔德洛夫斯克。后来随着苏联解体，该市也恢复了原名。

“没有。”

“我要上台去了。和约板上钉钉了。”

罗宾斯垂头丧气。在他的想象中，假如美国对托洛茨基的那些问题做出有利的答复，苏维埃原本会与德国抗争下去。其实，无论威尔逊讲得再怎样天花乱坠，也很难相信列宁会放弃求和。

列宁开始滔滔雄辩，讲了大约 1 小时 20 分钟。“一手拿着卡尔·马克思的书，一手拿着弗里德里希·恩格斯的书，去找德国将军洽谈，那也是徒劳无功。这些书是用德文写的不假，但德国将军看不懂。”他再次强调苏维埃政权必须获得喘息的时间，然后要求全场表决。

大厅里四处举起了红色卡片，赞成批准和约；另一些人举卡表示反对。罗宾斯失望地坐在台阶上，听着计票结果宣布：弃权，115 票；反对批准，261 票；赞成批准，784 票。

和平终究在俄国实现了——尽管罗宾斯和洛克哈特从中阻挠。

德国最高司令部欢欣鼓舞，他们终于可以在西线发动大型攻势，为战争画上句点了。

第五章　黑格说："我们已身陷绝地……"

4月6日至4月22日

一

到4月初，其他战线上依旧没有重大战事，协约国领导人能够集中精神关注西线战场。可以预见，德军很快就会在西线发动另一次大型攻势。实际上，德军第二轮的打击已经基本准备就绪，还起了一个娇滴滴的代号——"乔其纱"。乔其纱行动的定位是米迦勒行动的"第二幕"，目标是攻击佛兰德斯平原上黑格战线的北半部，即拉巴塞（La Bassée）运河以北、伊普尔以南一片约25英里的地带。运河以北地势平坦，溪流及沟渠密布，果园与富饶的村庄点缀其间。敌军的重点攻击目标是阿尔芒蒂耶尔（Armentières），这座早早因歌成名①的小镇就位于英军战线后方两英里处。一旦该镇陷落，德军先头部队便能够长驱直入，至关重要的铁路枢纽阿兹布鲁克（Hazebrouck）距此仅约15英里。如果阿兹布鲁克也被攻占，那么背靠英吉利海峡的黑格，将只能逃回英国，除此之外则别无选择。

尽管此次攻击在规模上无法与米迦勒行动相提并论，但兵锋所指的地带对英军而言则更为重要了。在这里，英军承受不住像在3月份那样大量

---

① 与上文提及的《去那边》《早安，Zip-Zip-Zip先生！》类似，《阿尔芒蒂耶尔姑娘》（*Mademoiselle from Armentières*）也是一战期间著名流行歌曲之一。

丢失地盘。“如果我们在一场如此行动中取得重大进展，那么前景将会极其诱人。”兴登堡写道，“不过，实施该攻击面临着一项十分巨大的障碍。首先，把守该地区的英军显然是最精锐的部队。”其次，阿尔芒蒂耶尔两侧地势险要：南边是利斯河（Lys River）的低洼草地，北边是凯默尔山（Kemmel Mount）及其他林木茂密的山岭。在春季，利斯地区常常连续几周都是沼泽地带，不过那一年的气候异常干燥，专家们预测进攻可能在4月初开始。由于美军的力量日益增强，每一天都显得十分关键。法国战场上的美国官兵，已经超过了325000人。

有一段时间，黑格担心德军会对拉巴塞运河以南、阿拉斯以北发动进攻。运河地段由两个葡萄牙师把守，黑格对此尤为在意，因为他很清楚，葡萄牙这位盟友如今不太可靠了。许多葡军士兵同情当时国内的革命情况；此外，军官拥有回乡休假的权利，士兵却没有；加之刚刚过去的那个寒冷阴湿的严冬，这一切都让葡军的士气低落到了谷底。黑格不得已，只能调走其中一个师，于是偌大的一条战线就只留给一个葡军师来把守。4月6日，有迹象表明，德军可能会派出三四个师对葡军发动突然袭击。当晚，黑格写信给福煦：“种种迹象表明，敌军摧毁英军之心未死，似乎正在筹备一支25到30个师的部队，准备对贝蒂讷（Bethune）-阿拉斯一线发动沉重打击，以达成此一目的。”黑格希望法军要么在接下来的几天内发动一场有力攻势；要么再派四个法军师去索姆河以南，代替当地的英军接管防线。

次日，两人会面。福煦表示，他最多只能组织英法联军在亚眠地区进行反攻。黑格内心并不相信福煦或是贝当真会派出法军，因此他发电报给威尔逊将军，请他赴法来与福煦磋商出一个更好的安排。威尔逊答复他马上就来。在前不久的日记中，威尔逊写道：“我深刻认识到，黑格此人蠢得很。”与福煦之间的这场新麻烦，只是进一步证明了黑格元帅“仍对形势一无所知”。不过威尔逊也不是一味反对黑格：前不久，黑格曾主动表示自己有请辞的意愿，而劳合·乔治正愁没有机会撤掉黑格，便在4月6日那天提议不妨遂了元帅之愿；对此，威尔逊却回答说：“能够立即接班的优秀人才没有几个，依我看恐怕是一个都没有，所以咱们最好还是等黑格的正式报告吧。”

黑格知道国内对他日益不满。4月8日，黑格写信给妻子，谈到了有人

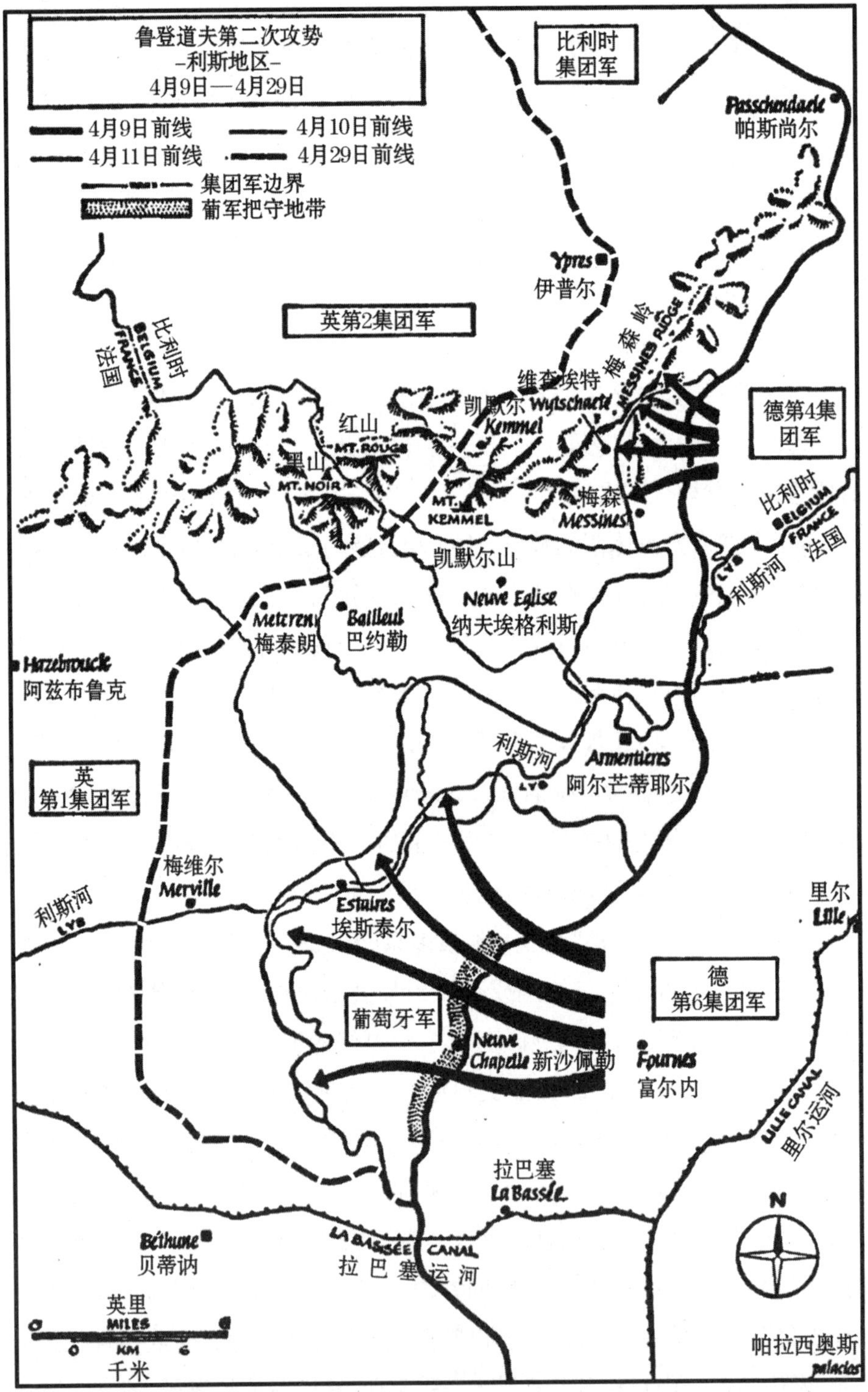
鲁登道夫第二次攻势
-利斯地区-
4月9日—4月29日
4月9日前线
4月10日前线
4月11日前线
4月29日前线
集团军边界
葡军把守地带
比利时集团军
Passchendaele
帕斯尚尔
Ypres
伊普尔
英第2集团军
比利时
BELGIUM
FRANCE
法国
梅森岭
MESSINES RIDGE
维查埃特
Wytschaete
凯默尔
Kemmel
红山
MT. ROUGE
黑山
MT. NOIR
MT. KEMMEL
梅森
Messines
德第4集团军
比利时
BELGIUM
FRANCE
法国
LYS
利斯河
凯默尔山
Neuve Eglise
纳夫埃格利斯
Meteren
梅泰朗
Bailleul
巴约勒
Hazebrouck
阿兹布鲁克
利斯河
Armentières
LYS
阿尔芒蒂耶尔
英第1集团军
梅维尔
Merville
利斯河
LYS
Estaires
埃斯泰尔
里尔
Lille
德第6集团军
葡萄牙军
Neuve Chapelle 新沙佩勒
Fournes
富尔内
LILLE CANAL
里尔运河
拉巴塞
La Bassée
Béthune
贝蒂讷
LA BASSÉE CANAL
拉巴塞运河
N
英里
MILES
0
6
KM
千米
帕拉西奥斯
palacios

想把他整下台："我其实不想让你操心这些事。当然，你得做好心理准备，政府里的某些人为了自保，会不择手段地攻击我。不过我有的是事实，事实胜于雄辩。"

那天晚上，"乔其纱"行动最后阶段的准备工作已告完成。火炮专家布赫穆勒中校向鲁登道夫报告称"一切准备就绪"。身在前线的德皇照例举起了酒杯，预祝旗开得胜。4 月 9 日凌晨 4 时 15 分，震天撼地的轰鸣声在阿尔芒蒂耶尔至拉巴塞运河之间的战线响起，作为鲁登道夫 53 岁大寿的贺礼再合适不过。仅有三个师把守着这段长达 11 英里的防区，毒气弹和高爆弹如大雨般泻下，浓雾笼罩住了战场；然而，太阳很快升起，雾气便散去了。上午 7 时，炮击转向战壕与强化据点；8 时 45 分，步兵开始冲锋。四个德军师朝葡军第 2 师冲锋，却发现大部分前线战壕都空无一人。小股葡军只能在短暂的艰苦抵抗后退去，于是德军突击部队突进了三英里。并不是葡军胆小怯懦。他们找不到作战的理由，且兵力过于分散，从而导致了仓皇逃窜的结果。"有的士兵甚至脱掉靴子，好让自己跑得更快些。"黑格写道，"还有士兵偷了自行车部队的车子，这些部队是被派去防守拉库蒂尔（La Couture）及其附近地区的。"

二等兵 W. A. 塔克（W. A. Tucker）就是一名第 11 军的自行车兵。他所属的连在一座教堂附近掘壕据守。天上落下来的现在都是友军火炮发射的炮弹。显然，在那些友军炮手的想象里，塔克所属的部队早就被敌人干掉了，所以"他们觉得炮弹凡能炸死的，全部都是敌人"。塔克等人冒着炮火，将刘易斯机枪安置好，把机枪口架在沙袋筑成的小堡垒的射击口上，严阵以待："会有什么人或是什么东西过来？我们在什么地方？在特定情况下，我们需要做什么？没有任何军官下达指示，也没有任何军官知道。"

突然有人喊了一声："瞧，德国鬼子！"隐约可见一些人影，穿过带刺铁丝网、瓦砾碎片和弹坑，向这边匍匐而来。透过雾气和友军炮火产生的硝烟，塔克模模糊糊地看出，这群人穿戴的不是他们熟知的头盔与军服。

"灭了这群狗杂种！"一名下士吼道。于是六挺刘易斯机枪开始射击。一个人影向防线移动而来，遭到射击，倒下消失不见；然后又一个人影过来……周而复始。如果说这算是攻击，那也太可笑了。这时一名战友喊道："伙计们，别打了，那些不是德国鬼子，是他妈的葡萄牙人。"

从来没人告诉过他们葡军的情况，一个字都没提过。葡军身着蓝灰色的军服，钢盔上带有波纹，有点类似于垃圾桶的桶盖。此时，迫击炮发射的毒气弹开始在塔克等人附近落下。毒气弹炸开发出沉闷的砰砰声，这支自行车部队的士兵原本可以注意到；然而战场上太过嘈杂，他们终究没能听到，也就没有戴上防毒面具。塔克则戴上了防毒面具，还吞了一颗防毒药丸，因为他突然产生了强烈的求生欲。毒气弹从四面八方打来。他们被毒气包围，正走向死亡。

德军推进过程中所遇到的，都是这类零零星星的抵抗。"突击营向前冲锋，"一名德军战地医生史蒂芬·韦斯特曼（Stephen Westman）后来回忆道，"偶尔受到德军炮火的轰击。因为有个蠢头蠢脑的炮兵观察员，本应在先头部队进行观察，结果连自己掉队了还不知道，以为望远镜中看到的士兵是英军或葡军。"这名医生带着几个担架手和两名医疗兵跟随先头部队前行。伤亡很少。然而，穿过一片森林之后，他们停下了脚步。韦斯特曼发现了一群步履虚浮的德国兵，喝着瓶装威士忌、利口酒和葡萄酒："鲁登道夫和他的参谋人员可没料到这一幕。"

葡军左侧的英军也受到猛烈的攻击。F. H. 霍恩西（F. H. Hornsey）所属的连早在黎明之前就被叫醒，在一名军官的带领下，离开营地，带着手榴弹和弹药进入一片大麦田，奉命挖掘单人战壕。霍恩西正摸不着头脑，突然响起了一连串的机枪声。他身边的刘易斯机枪手的心窝中了一弹，倒地身亡了。什么情况？"我恍然大悟，明白了可怕的真相：敌军突破了我军的防线，我们被派来这里尝试力挽狂澜。"霍恩西甚至能看到，敌军在前方的地平线上移动。

"弟兄们，拼尽全力吧。"凯上尉说道，"德军已经突破防线了，我们必须在这里挡住他们，能拖多久是多久。"士兵们抱怨说他们两天没吃东西了。"实在是没办法。"上尉说道。现在已经没时间再吃饭了。不过，没有士兵表示抗议，因为凯一直都对下属关怀备至："只要上尉一声令下，我们甘愿随他上刀山下火海，没人会说一个'不'字。"

一架德国飞机投下照明弹，为炮兵照亮目标。不一会儿，霍恩西的阵地便弹如雨下。英军的空军在哪里呢？英军火炮都撤到后方避难了吗？大量的德军突击部队朝霍恩西的阵地冲杀过来，尽管有强力的步枪及机枪火力迎击，灰色的“浪潮”还是不断涌来，越来越近。到上午10点时，所有的英军军官都非死即伤。坚持到夜幕降临是英军唯一的机会，但这似乎希望渺茫。

中午，德皇抵达阿韦讷听取鲁登道夫的报告，并就地用了午餐。德皇表彰了鲁登道夫两个阵亡的儿子，并赠予他一尊德皇本人的铁制雕像。

大约在同一时刻，福煦来到黑格的司令部。福煦决心把法军的四个师安置在亚眠后方不远处作为后备队，不听任何关于请求法军接管英军防线的话题。对利斯地区的攻势，福煦并不是看得很重，他认为黑格只是在想象中扩大了灾难。福煦也很想恢复黑格的信心，不过无论多么急切，他都不能把正在集结的法军投入战斗。黑格心里只觉得福煦此人极度自私顽固。“我很纳闷，他是不是不确信法军各师在前线的表现。”黑格同样很纳闷，为什么刚从英国赶到的威尔逊将军不能提供更多帮助，“他似乎一直很同情法国人”。

在与威尔逊独处时，福煦吐露说他认为黑格已经累了。威尔逊表示同意。“依我之见，无疑，”威尔逊在日记中写道，“黑格现在没什么魄力，基本上算是垮了，总是指望着和谈来拯救自己。今天一天，他就两三次跟我提起过和谈的事。现在我开始认为，还是把他换掉比较好了。”

福煦离开的那个时候，德军突击部队正在炮火与机枪火力的掩护下对霍恩西所属的连进行压制。“就好像地狱的大门在我面前敞开了。”到下午3点30分，左翼已失守，三个方向都受到敌军火力骚扰，再不撤退就必死无疑。霍恩西跳出他的单人战壕，其他几百人也是如此。他们朝着后方奔跑，低着头，不敢往回看，祈祷着自己能够安全跑到附近那片农场的废墟里。一颗子弹打在霍恩西的饭盒上，他以为自己被击中了。两边都有战友倒下。霍恩西好不容易到达废墟，回头一看，地上横七竖八地全是或死或伤的英军。只有少数几个人成功逃了出来。霍恩西和一名战友跌跌撞撞地穿过一座农家小院，一群吓坏了的牛站在那里，不知如何是好，另有四五头牛躺在地上。

不一会儿，霍恩西和那名战友回到了他们早晨出发时的那处营地。营地被炸得粉碎，一名军官已断了气。两人“像疯子一样”半走半跑，与其他幸存者一起赶往公路，脑海里唯一的想法就是逃离这残酷的火力网。众人终于到达公路，发现此处也是死伤遍地。一户法国人家带着全部家当——包括两头母牛，慢悠悠地走在公路上。这户人家面带绝望的神情，却似乎并不害怕炮击。“大炮还能给他们造成什么损失呢，他们的家园被夷为废墟，早已一无所有了！”

到那天傍晚，整个葡军防线已彻底崩溃。6000 人被俘，13000 人四散逃亡到了后方。战线留下一道缺口，友军只是部分地填补了两端。不过鲁登道夫对此并不完全满意。进攻的速度在下午缓慢起来；某些地区地面仍然松软，运送火炮及弹药需要花费很长的时间。

这一天对劳合·乔治而言比较难熬。且不说令人恐慌的前线战报，他还必须在下议院发表一场重要讲话，提出新的人力法案，包括在爱尔兰实行义务兵役。汉基在官员席上旁听了讲话，并发现自己的领导很明显“意志消沉，局促不安”。汉基注意到首相在过去的一年里老了许多，头发几乎全白了。汉基原本希望这场讲话会是一位领袖号召国家共克时艰的冲锋号角，不料“整场讲话拖泥带水，关于爱尔兰的那部分不断被爱尔兰政党的抗议声打断”。有人指出，黑格的军队缺兵少将，错在首相身上。于是劳合·乔治要求授予更大的征兵权，然而下院一片沉寂，毫无回应。

首相说 3 月份迎击敌军攻势时恰恰是英军兵力最多的时期，而且威尔逊将军早就准确预测了进攻的时间和地点。这两句话都与事实相去甚远，等于是一味地告诉别人罪魁祸首就是黑格。然后首相指出敌军的兵力实属天文数字；他也声称自己给黑格提供了大量部队，却没有将两个数字直接比较。

接着，首相用大量的溢美之词去赞颂士兵的英勇精神，这倒没人表示反对。然后有一个人喊道：“那么将军们呢？”

“第 5 集团军没能守住索姆河。目前，导致第 5 集团军撤退的详细情况尚未查明，”首相说，“责备集团军司令高夫将军，并不公正。不过，在情况查明之前，如果让他继续在战场上保留职位，同样也不公正。”

“要让军事法庭审判他吗？”议员 T. M. 希利（T. M. Healy）问道。

“在充分查明事实，并由军事顾问向政府阐明情况之前，将高夫召回，此举有其必要性。”

汉基为首相准备了一份简明扼要的大纲，但首相没有照着它讲，且犯了不少事实性错误。比如，对于将大量部队调往巴勒斯坦与埃及一事，首相辩解称他一共只调了三个师，而且其中白人士兵寥寥无几。又比如，首相说是凯里将军主动拼凑起一支部队，帮助高夫将军免于全军覆没。其实，那支部队是凯里在英国休假时，高夫自己组织起来的。另一个离谱的错误是，首相称宾将军的第 3 集团军坚守阵地，“面对敌人的进攻，连 100 码的土地也未曾放弃”，只是为了配合高夫这才撤退。显然，首相并不知道宾将军所犯的错误：他的部队在巴波姆前方的突出地带无谓地坚持了太久。

首相的政敌及黑格与高夫的拥护者愤愤不平地离开了下议院。雷平顿上校并不在场，但他在当晚的日记中写道：“昨天，我写了一篇文章为第 5 集团军辩护，驳斥那些诽谤之徒。然而报社接到新闻局的授意，没敢刊登出来；依我看，新闻局其实也是奉命行事。可以肯定，L. G. 是打算在今天议会复会的开幕讲话上，把罪责推在军人身上。他要先制造出有利于自己的舆论，然后才能让其他人发表不同意见。”首相刚刚发表的这场考虑欠周的讲话，无疑可以使有牛脾气的雷平顿好好陈述一番不同意见了。

在英吉利海峡彼岸，黑格的参谋长劳伦斯将军正在给作战部部长莫里斯将军写信，抱怨有人企图搞掉黑格一事。莫里斯前不久曾告诉劳伦斯，劳合·乔治那伙人为求自保，正处心积虑谋划着撤换黑格。“我个人的荣辱，”劳伦斯写道，“无关紧要。我随时准备退位让贤，去做其他工作；如果国家不需要我，我也可以离开。但是黑格——我认为黑格确实很重要，如果现在撤掉黑格，将是国之不幸。至于克列孟梭，他愿意派谁来就派谁来，想要什么我们就给他什么。德军正在大力压迫葡军，这个情况比较棘手：葡军会向我军要求支援，而我军的资源也是一天比一天少。”

二

次日凌晨3点，“乔其纱”行动的第二阶段开始，北部战场受到敌军炮火的猛烈轰击。两个半小时后，突击部队出现在阿尔芒蒂耶尔以北5英里梅森岭(Messines Ridge)下的浓雾之中。其他的攻击则在该镇的两侧进行。当日的天气仍然不利于飞行，不过英国侦察机冒着地面火力，以200到400英尺的低空高度掠过地面，以侦察地面的主要变化并向指挥部报告。

战场南部的德军没有太大动作，只是在巩固昨天取得的战果。被派遣至此填补葡军战线缺口的塔克及其他自行车兵，依旧处在敌军的包围之中。炮击持续了一整夜，他们正疲倦而恐惧地等待着拂晓时的大规模进攻。情况不仅是饥渴交迫，弹药也即将见底。突然，炮击停止了，好像接下来要发生什么事情。塔克看到，10码之外的一座战壕里，一个德军钢盔慢慢露了出来。众人一齐开火，将钢盔射成了筛子。可惜那只是个诱饵，目的是查明阵地里是否还有人据守。迫击炮重新开火，火力比之前愈加凶猛起来。24小时之前到达此地的自行车兵约有200名，此时只剩下少数几名幸存者。不过，刘易斯机枪还都在开火。天已经完全亮了，塔克可以看到前方四分之一英里处，有一队敌人骑在马上沿着公路向这边而来；骑手操控马匹的姿势像是走在阅兵场上一般。没有人下命令，六挺刘易斯机枪一齐喷起了火舌。很快，那支骑马的队伍便乱作一团。面对那恐怖的混乱场面，塔克本人也战栗不已。扫射过后，塔克等人的弹药正式告罄，只剩下几发步枪子弹了。上午10时，敌人停止了开火，一名德军军官用英语喊话，要他们在两分钟内出来：“你们已经被包围，无路可逃了。快快出来，可以留你们一命。”

“要我们出去，半个小时还差不多，老兄。”一名来自伯明翰的二等兵喊道。其他士兵高声叫骂，引起敌人新一轮的射击。射击持续了半个小时，又停下了。“请英军的指挥官出来，看看你们四周的情况。”还是那名德军军官喊道，“我们不想再杀人了。”停了一会儿，形容憔悴的自行车部队指挥官走了出去，很快又回来了。“现在已经毫无希望了，”指挥官面色惨白，“就算有弹药和食物也是一样。我不能让你们做无谓的牺牲。出于职责，我只能命令你们投降。”

士兵们群情涌动，拒绝服从命令。不过，几分钟后，在剩余的几名下士及中士的劝说下，众人同意投降，不情愿地慢慢放下武器，并把衣袖上的刘易斯机枪徽标撕掉。有传言说，机枪手会被德国佬用十字架钉死，不是比喻，是实打实地被钉死。

有几个葡萄牙人之前躲在他们的阵地中避难，此时带领一众英军士兵鱼贯而出。他们经过一个农家场院，穿过一道拱门，来到公路上。葡萄牙人向敌人走近时，仍然拿着枪；其实他们已经把枪栓拉死了，但德军不知道，便重新用手榴弹和机枪向众人攻击。众人大吃一惊，慌忙逃回拱门之后，在农家场院的废墟之间匍匐前行，找回武器。

过了一会，火力停止了。塔克的指挥官从敌阵中走了出来，敦促他们再次穿过拱门。指挥官说德军军官已为刚才的袭击道了歉，保证他们此次安全通行。于是，幸存者们艰难地从拱门走了出来，并发现拱门外有一名被手榴弹炸伤的战友，正在呻吟着，伤口流着血。塔克和另一名士兵便帮助他前进。一名德军军官把手枪顶在塔克的肚子上。“你不出来，为什么？”军官咆哮道，“许多战友死了，因为你不出来。英国人，做士兵的很好——”德军军官说着，拍了拍自己的脑袋，意思是英军脑筋不正常。“不回答？为什么？”塔克不耐烦地耸了耸肩。

德军军官低哼一声，收起了手枪，并让塔克把受伤的战友带到那间残破的农舍里。他们正在把农舍改造为急救站。

此时，威尔逊将军正身处巴黎，听克列孟梭说“我绝对、绝对、绝对不可能媾和”。威尔逊注意到，福煦由于葡军的撤退而感到烦躁，甚至怀疑英军是否切实奋勇作战。“福煦嘴上说黑格不行，但我看他心里还算满意，似乎我们也很难找出一个比黑格更强的来。福煦对贝当就严厉得多，之前他那么喜欢贝当，现在情况变了。”威尔逊很是开心，因为他之前曾警告过福煦：贝当是一名和平将军，而非战争将军，去年因为避战弄得臭名昭著。

接着，他们讨论起一旦发生全面撤退，英军应当如何行动的问题。“老虎说应该右转，回到索姆河一带；我三言两语就给他否了。我说暴露港口意味着死路一条，所以英军右翼必须后撤；只要法军守住索姆河左岸，英法两军之间就绝不会失去联系。”

威尔逊发现巴黎已是十室九空。他听说，有80万人从巴黎撤离。许多商店关了门，银行开始把卷宗和证券转移到安全地点，政府各部门也在处理自己的文件，英国大使馆则在安排英国公民回国，必要时会用驳船把他们送回去。

威尔逊离开巴黎，前往凡尔赛。他高兴地发现，最高军事委员会美方代表布利斯将军“在如何运用美军部队的问题上与我们站在同一阵线，反对潘兴的意见；看来我们可以指望这位老兄”。中午，莫里斯将军从伦敦发来一封警情电报，称北部情况十分不妙，“只有法军与美军全军来援，才能拯救局面”。威尔逊立即与福煦通了电话，要求他立即调动索姆河地带的部队。福煦回答说，他们两天前就做好准备了，但是路不好走，只能明天出发。过了几分钟，劳合·乔治打电话问，是否应该派米尔纳过来；不过威尔逊回答说，没有那个必要。

总参谋长正准备出发前往北部战场时，德·拉·格朗日(de la Grange)男爵夫人来到最高军事委员会总部，带来了更多的建议。她早些时候曾警告说，她的堡式别墅一带将会成为德军下次袭击的目标，那里的英军和法军早就撤走了。如今她听说，德军正在那一地带展开攻击。“大家热情款待我，对我讲了不少好话让我宽心；其实呢，那都是他们的一贯手法，用花言巧语麻醉可怜的市民。萨克维尔-韦斯特(Sackville-West)将军、诺克斯(Knox)将军和卡萨雷特(Cazalet)上尉都坚称我是杞人忧天，但我对自己的情报十分确定——防线已经被突破了，就是我在地图上指出的那个点!”

那天傍晚，威尔逊来到了黑格的司令部，并发现黑格“比昨天高兴得多、健朗得多”。正在两人谈话之际，福煦到了，并表示自己仔细考虑过了黑格的求援要求。据黑格的日记，福煦“承认敌军的目标是英军，主要攻击目标是阿拉斯与索姆河之间的地带。因此，他决定调集大批法军，准备参加战斗。法军终于开始意识到德军的真正目标了，我很是快慰”。不过，黑格依然担心福煦不肯让法军真正投入战斗，除非“客观条件迫使他不得不如此”。不过，威尔逊显然很开心：“福煦与黑格两人总算友好了起来。”

晚上10点30分，首相给威尔逊拨了一通电话，打断了黑格等人的会议。总参谋长安慰首相，说他正在和福煦开会，一切都很顺利，他会坐次日的早班船回国。不料第二天，前线传来了坏消息，威尔逊的乐观言论沦为了空谈。阿尔芒蒂耶尔附近的守军正在紧急后撤，城镇以南的两个师更是被打得节节败退。其中一个是第51师，情况一度十分危急，全靠另一个本土师——第61师赶来救援，方才免于全军覆没。

黑格认为情势极度险峻，于是一反常态地草拟了一份重大军令，只差“加急”二字了。该命令向全体官兵发出，谈到了德军试图割裂协约国军队的险恶用心。

除了战斗，我们别无选择！每一个阵地都必须坚守到最后一人，决不允许撤退。我们已身陷绝地，而且，我们都相信自己是在为正义而战。每一个人都必须奋战到底。在如此关键的时刻，我们的家园与全人类的自由，都取决于我们每一个人的所作所为。

黑格还派了手下一名作战部军官，给福煦送去一封信，信中恳求他在敦刻尔克前方集结至少四个法军师。福煦说，他只能派出一支骑兵军，而且到达那里需要六天。

在伦敦，从法国回来的威尔逊不再一副乐天派头了。他在一个战争委员会上提到了黑格所忧之事。“在会上，我用德国佬的攻势适当地吓唬了他们一把；不过我自己也害怕了，我怕敦刻尔克最终会失守。”当夜晚些时候，劳合·乔治把威尔逊叫到了丘吉尔的办公室，威尔逊在那儿待了一宿，不断地讲述自己的担忧。威尔逊说，看来阿兹布鲁克是保不住了，一旦阿兹布鲁克失守，敦刻尔克就终将落入敌手。接着威尔逊又去了陆军部，在那里给福煦拍了一封电报，再次请求他在敦刻尔克前方部署大量部队。

第二天，4月12日，早晨传来了更坏的消息。梅维尔(Merville)及63高地失守，战略要地阿兹布鲁克前方的巴约勒(Bailleul)暴露在敌军威胁之下。威尔逊很清楚，一旦阿兹布鲁克失守，英军整个左翼就必须后撤，那么敦刻尔克绝对保不住。此外，还有一个危险：“我们无法弥补兵力上的损失，减员速度十分之快，这是个致命问题。”

前线的指挥官们知道，这是最关键的一天。第一批由铁道运来的澳大利亚增援部队抵达阿兹布鲁克，以营为单位分赴各防御阵地。至于是否能够及时赶到，仍是未知之数。英军第33师已于战略要地巴约勒做好部署，正在该镇以南不远处的山岭上急急忙忙地挖掘战壕。前一天，格雷厄姆·塞顿·哈奇森（Graham Seton Hutchison）中校率领的先头机枪营已发现大批仓皇逃窜的英军步兵，哈奇森用手枪制止了一个营的退却，该营竟是营长亲自带头逃命。哈奇森命令士兵们回去，占领霍金奈克（Hoegenacker）岭，众人拒不从命。哈奇森又把命令重复了两遍，士兵们仍然纹丝不动。有几个人喊道，他们只听自己长官的命令。于是哈奇森便威胁营长，让他在两分钟内下命令，否则就射杀他。两分钟过后，哈奇森枪毙了这个营长。“我一整天就在等这一刻呢。”一名中士说道，然后带着心不甘情不愿的一营士兵回到了山岭。

然而，撤退是一场大潮，哈奇森一人无法阻止。撤退已然演变为溃败。“他们简直就是丧家之犬，人在极端恐慌时就是他们那个样子。”哈奇森拦住几个逃兵，问他们要往哪里去。逃兵们说自己也不知道，只知道身后追着大批德军，而自己的战友大多阵亡或被俘了。哈奇森又拦住一名上尉，上尉说他要逃到远处的山上。于是哈奇森把他也毙了。

哈奇森从一片草地上望去，发现前方几百码处可以看到灰色的军服。敌军机枪开始朝哈奇森和他的侦察小队扫射，哈奇森连忙往回跑去找他的部队，结果发现他们挤在一家名叫“俏十字”（Belle Croix）的小酒馆里。“他们之前深陷于恐惧中，现在沉溺在酒精里。”哈奇森把这群士兵轰了出来，命令他们朝敌人前进。有一个苏格兰大块头士兵，穿着褶裙，“他嗜酒如命，作战时也醉醺醺的，其实内心毫无斗志。我看着他巨大的身体摇摇晃晃地往山顶走，然后，宽阔的胴体、浑圆的肩膀和挥舞着的双手都变得软弱下去，就这么从视野中消失了”。

到星期五上午，陡峭的山岭顶端布置好了八挺机枪。哈奇森麾下的两个连在三英里长的战线上挖好了战壕。他告诉士兵，必须不惜一切代价死守山岭，因为该岭是附近唯一的高地，占领该岭，不仅能够控制阿兹布鲁克，还能控制前往凯默尔山及其他北部比利时山岭的通道。

接近中午时，德军的进攻开始了。哈奇森的机枪朝着南面来的敌人一阵扫射，守住了防线。正午时，哈奇森想再找些人来，便回到“俏十字”小酒馆，果不其然又有一群烂醉如泥的掉队士兵挤在那里。“我们把他们赶出来，用机枪逼着他们朝敌人前进，最后他们都惨死了。”回前线的途中，哈奇森发现了前一天他派回前线的那个大块头苏格兰兵的尸体，“他的死相脏兮兮的，全身被机枪打得血肉模糊，地上的血泊散发着酒臭味。这群人哪，到头来，至少有一件事算是做成了——把悲伤永远埋在酒里”。

德军一整天里持续攻击，决心攻占阿兹布鲁克。然而，来自第33师的增援部队与其他一些混编部队一起守住了防线，堵住了缺口。从黎明到黄昏，进攻的敌军一直受到空军的无情袭击。那天的能见度很好，英军派出了所有的飞行中队参加战斗。自战争开始以来，那一天的飞行时数、投放的炸弹数、拍摄的照片数都超过了其他任何一天。

道格拉斯·黑格那道“身陷绝地”的命令基本没能传到一线士兵的耳朵里。“命令是对我们下的，没错，”一名下士回忆道，“可是我们是第一线的步兵，位置太分散，为了活下去已经焦头烂额，实在不可能聚起来列队，听取那道重大命令。”不过，那道命令是一些简单而充满感情的话语，由一位冷静而内心顽强的人物说出口，毕竟具有强烈的鼓舞作用。许多受命前来巩固防线的后备部队便受到了鼓舞。前来填补巴约勒以南缺口的澳大利亚第1师中有一名中尉，他被黑格的话深深打动，于是向部下下令，直到友军前来换班之前，绝不放弃阵地：“我们这个防守地段的人，要么活着守住它，要么就死在这里，无论如何，只能战斗到底……如果有士兵害怕炮弹，或者因为其他任何原因试图投降，那么他就死在这里了。”

——

4月13日，星期六，又是一个风和日丽的日子。鲁普雷希特王储在他的战时日记中写道：巴约勒前线附近的山岭至关重要，必须立刻攻下。进攻阿兹布鲁克路上的另一个障碍，是巴约勒以东四英里处的新埃格利斯(Neuve Eglise)。该村庄由伍斯特郡兵团第2营(2nd Worcestershire Battalion)把守，营指挥部设在村内的酿酒厂里。营长G. F. L. 斯通尼(G. F. L. Stoney)中校在指挥部刚要吃早餐，一个勤务兵从台阶上冲了下来。“长官，敌人进村了！”勤务兵说，“三面都是敌人。”斯通尼和随军牧师E. V.

坦纳(E. V. Tanner)一把抓起他们那简陋的装备，往大街上跑去。大街小巷都有德国佬。信号兵和通信员急忙在公路对面列阵开火，斯通尼和坦纳匆匆跑过广场，穿过教堂。随军牧师坦纳从未见过如此紧张混乱的场面，认为那是“我人生中最惊心动魄的一天”的开始。

为避免遭敌人缴获，野战炮全速后撤。各个方向都出现了撤退的部队。右侧有一拨士兵陷入恐慌，为求活命而临阵逃跑；一名中士、坦纳和其他人高声呼喊，才让他们镇静下来。“恐慌蔓延起来就像麻疹，如果放任他们撤退，最终将会溃不成军。”此时，斯通尼中校已经下令C连立即展开反击，牧师则加入了军医的队伍。他们在村庄后方半英里的一座旧战壕里建立了急救站。医生和坦纳为他包扎了伤口，不过显然已是回天乏术。“告诉我妈妈，我走得很平静。”伤员对坦纳说了一句，接着便断了气。

村内的交火声逐渐减弱，终于停止了。然后传来消息说，德军已经撤出新埃格利斯村；显然是C连的反击奏效了。军医等人决定回村。在路上，他们看到前方的公路上堆满了乱七八糟的东西——树枝、尸体、被活生生炸断的四肢，一片触目惊心的景象。众人提心吊胆地摸进村庄，大街上满是自行车、背包及德国佬仓皇退却时遗弃的其他装备。不过，德军在他们控制村庄的短暂时间里，几乎把住房全闯了一遍，到处是被强行打开或毁坏的房门。坦纳发现斯通尼及其副官又回到了酿酒厂的酒窖，一脸若无其事的表情，好像唯一的不愉快只是早餐被打断了。

新埃格利斯后方数英里，那座陡峻的山岭还没有陷落。不过，正午过后不久，敌军便开始大胆进攻，前来援助哈奇森的女王皇家兵团第1营(1st Queens)被迫向北撤退了半英里。哈奇森担心自己会腹背受敌，便与勤务兵骑上两匹离群的马，向北进入巴约勒。在断壁颓垣之间，两人纵马疾驰于鹅卵石路上，炮弹不时炸在废墟里，扬起尘土，灌入两人眼鼻之中。“我联系上了左边的一个旅，要求他们腾出手来阻止敌军向梅泰朗(Meteren)村渗透。”然而，当两人回到岭上的阵地时，哈奇森发现战线怕是守不住了。不仅弹药匮乏，得到进一步增援的希望也微乎其微。

来自20个营的掉队士兵组成了一支散兵队伍，霍恩西也在其中。在此之前，他刚从崩溃的葡军防线上死里逃生。这支队伍斗志高昂，准备向巴约勒方向展开攻击。虽然士兵之间素不相识，但他们都怀着一个最终目的：力挽狂澜。霍恩西紧紧握住刘易斯机枪，等待信号。信号一发出，众人便一跃而起，这让霍恩西回想起学生时代的一场障碍赛跑。众人赶到前排战友之前所在的位置，便卧倒在地。左翼部队走在前面，引起了敌军机枪的猛烈射击。有的战士开始倒下，不过前进仍在继续。霍恩西向前小跑着，不一会儿众人便推进了四分之一英里，距离他们的目标——一座建筑物只有一半路程了。

这支散兵队伍伤亡惨重，但幸存者最终还是抵达了建筑物。霍恩西身体累得散了架，心情却轻松了一些：他感觉最坏的状况或许已经过去了。大批德军正在退却；不过，相对于霍恩西的部队，敌军依然拥有压倒性的优势。要这支散兵队伍坚守阵地，只怕是以卵击石。“接下来会怎样呢？只有老天知道。”

——

忧心忡忡的克列孟梭给劳合·乔治拍了一封电报，请他再度赴法进行磋商。此举打乱了亨利·威尔逊的计划，他担心克列孟梭会对军事行动做出干涉。如果劳合·乔治转而去帮助老虎干涉行动，必将贻害无穷。于是，威尔逊对陆军委员会的同事 W. 弗斯(W. Furse)爵士说道：“老弗，我得去见见首相，半个小时就回来。要是他，或者我，去了法国，我就把脑袋割下来当球踢。”半小时后，威尔逊笑吟吟地回来了。“不去法国了。把首相劝住真是费了九牛二虎之力。我俩先是谈了半天，然后我说——”威尔逊开始模仿劳合·乔治讲话的腔调，慢声慢气，停停顿顿，嗓音低沉而阴郁，“某些时候——某些时期——首相出面——可谓——价值千金。另有某些时候——某些时期——尤其是一场决定性战役交战正酣时——首相出面——毫无意义——只是徒生滋扰而已。”

“那么，问题解决了？”

“解决啦！当时在场的除了我俩只有亚瑟·贝尔福，我说那些话时，他笑得乐开了花，拍着我的肩膀说：‘言之有理，言之有理。’”

——

当天傍晚，随军牧师坦纳在新埃格利斯村里发现了一名濒死的德军士兵，便给了他一杯水；此时，一发狙击子弹打来，险些击中坦纳。于是另一个英军军营开火压制敌军狙击手，坦纳等到情况安全，便又将另外三名敌军伤员带到了酿酒厂附近的新急救站。此时，斯通尼中校已决定把营指挥部移往位于镇尾的镇公所，那里比较宽敞，视野也好。指挥部刚搬过去，敌军便开始了猛烈的炮击。斯通尼在镇公所顶楼的窗户安排一挺刘易斯机枪，其他窗户上部署好狙击手。德军的重型机枪与步枪火力覆盖了整个小镇，显然，一场进攻迫在眉睫。天一黑，教堂附近便升起了一发闪光信号弹。接着又有几发升上天空，在其亮光的照耀下，英军发现一队 12 名德军士兵正在教堂周围移动。于是机枪开火，德军退去，留下尸体一具。零零星星的交火持续到午夜，又有一队德军士兵悄悄靠近。哨兵朝他们开火，德军便快速退去，只有一名士官趴在路上，向镇公所爬去。“那边的，什么人？”哨兵问道。“我叫沃斯特尔。”那士官回答道。“打的就是你，沃斯特尔。”哨兵说罢，便开了枪。这名德军士官是个军士长，他受了枪伤，被带到急救站，接受了盘问。英军在他的大衣袖子里发现了大量文件，包括一张标明部署情况的地图。那天晚上无人入睡，因为敌军的战壕迫击炮发射的“大菠萝”时不时地落在屋顶上。坦纳觉得镇公所随时可能被攻占，他们随时可能被俘虏。

星期日凌晨 4 点 30 分，敌军的重型步枪和机关枪的火力加强了，英军被吓了一跳。天亮后不久，他们就完全陷入了包围之中。德国佬占领了镇公所后方的谷仓，朝着窗边的英军逐一射击；有些德国兵匍匐前进，朝地窖扔手榴弹。英军通信兵打算出去送信，刚一出门便被射杀了。于是英军开始用枪榴弹朝谷仓、公路及附近的房屋开火。包括斯通尼和牧师在内的约 60 名英军士兵，从顶楼的窗户上轮流狙击德军。坦纳可以看见许多灰色军服的士兵在沿着篱笆奔跑。

在求生无望的情势下，年轻的副官克劳(Crowe)少尉主动请缨进行突围，为撤往大后方杀出一条血路。“克劳呀，”中校说道，“我不会强制命令你去。不过，如果你去，那你就是一位勇士。”克劳与另一个名叫波因顿(Poynton)的少尉率领五名士兵，匍匐穿过后方的谷仓，发现篱笆后面有一名德军机枪手，把枪管对准了镇公所的一道边门。那挺机枪前方 20 码还有另一挺机枪，其火力范围覆盖了整条大街。克劳等人趁其不备突然开火，迫使德军退回高地据守。接着，克劳一行七人又发动了一次敢死冲锋，占领了三处机枪掩体，将敌军赶回那一排房屋里。与此同时，镇公所内的英军也在朝着空旷地带的德军射击。英军发现，几批德军正在往村中心撤退。

那天正午过后不久，获得援军的希望彻底破灭了。斯通尼发现大批德军就在100码外分作四路纵队整装待发，于是下令从镇公所撤离。"那真是一场'各显神通'的溃退。"牧师坦纳后来回忆道，"我们排成一字纵列撤离，跑过小院，穿过了后面的谷仓，一挺德军机枪便当场朝我们射击，直到我们跑了400码才作罢。好在我们跑的时候一直弯着腰，没有人伤亡，子弹都打在周围的地面上了。"最终他们跑到了一排战壕处，那里的步兵一直以为自己才是第一线，无不惊得目瞪口呆。

——

仍是4月14日，星期四，米尔纳勋爵与莫里斯将军在狂风暴雨之中渡过英吉利海峡，来到法国。两人与黑格共进早餐，发现黑格既疲惫又忧虑。饭后，三人乘车前往阿布维尔与福煦举行会议。黑格重申了自己的"迫切需要"，即要求法军在战斗中发挥更积极的作用。他说，英军减员迅速，且已是人困马乏。

福煦则重复了他的老论调：在战斗过程中进行换防，"需要耗费时间，在此期间内，新部队与旧部队两方都无法行动"。此外，前线还有其他几处地方随时可能遭到德军的强力攻击。福煦表示，法军各师都已部署在最佳位置，可以有效地对任何危险地点进行干预。

黑格气血上涌，内心只觉得都是"一派胡言"。自3月21日战斗打响以来，英军首当其冲，耗尽了自己的后备部队。黑格的要求也不多，仅仅是要福煦把索姆河以北的少量法国后备部队向北调往拉巴塞运河或维米岭。福煦则用那几句老话应答："我们尽力而为。""绝不撤退。""绝不在战斗中换防。"而最令黑格恼火的是福煦频繁使用的叫好词语："好！"最后黑格吼了一句："一点都不好！"这句话打破了紧张的气氛，连福煦也笑了出来。福煦答应会考虑黑格的建议。黑格又说，鲁登道夫恐怕仍想攻占加来与敦刻尔克，还会继续投入力量；如果这两处港口陷落，英军有可能被迫求和，因此希望法军在阿兹布鲁克防区提供帮助。法军已向北派出了骑兵部队，英军表示感激，不过还需要更多的部队。

福煦表示，他想先等目前的部队调动完毕，看看整体形势再说；而他心里是认为黑格夸大了危险的程度。法军自己也有漫长的战线，面临着敌军的威胁，怎么能把最后的后备部队派去守卫英军的战线呢？黑格离开时，心里也在打鼓："福煦给我一种做事杂乱无章的感觉，而且他看待局势十分'短视'。比如说，他没有长远眼光，无法预见某一地区内一周之后可能需要什么，从而进行妥善安排。他只是每天看看火车能运多少人，然后把车厢座位填满而已。此外（比如 1914 年的伊普尔之役），他很不情愿将法军投入战斗。"说到底，一名法军司令怎能评估英军的真实状况呢？

莫里斯将军头一次体会到黑格看待问题的角度，并感到有些尴尬：他本人处在伦敦核心圈子里，然而，对内阁成员发表的那些演说，却是远在法国的将士们受到的刺激更大。留在伦敦的那些日子里，莫里斯还没意识到，身处异国指挥战斗的人们已受到国内多少恶劣的抨击。直到黑格司令部的军官对他吐露实情，他才认识到真相，这让他感到愧疚不已。现在，莫里斯与黑格一样愤慨：前不久劳合·乔治在下议院讲话时，竟说 1918 年的驻法英军比 1917 年规模更大。此话的言外之意是，由于将军指挥无方，英军才被兵力劣于自己的敌军击败。莫里斯和黑格都知道，3 月攻势开始之前，首相一直坚持要在巴勒斯坦展开行动，拒不向法国战场派遣后备部队。

有人质疑首相夸大其词，莫里斯向他们道了歉，并表示，自己之前没有认真研究首相那篇讲话，回伦敦之后一定仔细研究它。

——

霍恩西所属的那支散兵队伍接受命令，从那处简陋的阵地撤出，来到了巴约勒镇内。街上遍地是阵亡的双方士兵。当这批新人经过一座建筑物时，一名英国兵朝他们招呼："嗨，伙计们，有吃的，来不来？来的话动作要快。"众人跟着他来到一座补给仓库，皇家陆军工兵很快就会将它爆破掉，以防让德国鬼子占到便宜。"我们匆匆忙忙走进去，看了一眼，差点晕过去。我当时觉得那就是一场梦。一堆堆的水果罐头：草莓罐头、杏子罐头、蜜桃罐头，什锦水果罐头。"此外还有大量的烟叶、香烟和高级甜饼干，"简直是天堂一般"。

霍恩西和一个名叫比尔的朋友拿食物填满了两个麻袋，结果麻袋太重，两人一起连一袋也抬不起来。无奈之下，两人强忍着心痛放弃了一些罐头。这座仓库里挤满了兴奋而饥饿的士兵，几乎人手一支雪茄，四处烟雾缭绕。“此时此刻，还有谁去关心‘德国鬼子’？没人关心。那里食物充足，任何人都关心食物。”众人吃力地将这些物资转移到一座残破建筑的地下室里，该建筑之前大概是个教堂。许多人在那地下室里进食、吸烟或是睡觉。炮弹开始落下来，不过无人在意。接着又爆发了一声震天撼地的巨响，依然没人害怕。那只不过是弹药库被炸掉了而已。

白天，英军在巴约勒前方那座陡峻山岭上的防线被撕开了几个大缺口。哈奇森的机枪手损失惨重，但整体还是挺住了。哈奇森频繁来往于各据点之间，有时步行，有时骑马。山坡上堆满了敌军的尸体。到了傍晚，情况越来越严峻，哈奇森感觉有必要命令机枪队对逃兵格杀勿论。接着，哈奇森奉命去见第 19 旅旅长梅恩（Mayne）将军，向他汇报情况。梅恩问，是否有希望守住梅泰朗南部及东部的防线。哈奇森给出肯定的答复，并接管了新西兰第 2 筑壕营的两个排。在哈奇森的指挥下，英军在山岭以北 800 码处以战壕和铁丝网构筑了一条防线。然后他发出书面命令，指挥机枪部队退至该防线：“这场撤退十分完美。众人面对着敌军，顶着猛烈的火力后撤，没有造成人员及物资的损失。每一挺机枪都……井然有序地撤回到这条防线；步兵撤回来时倒是有一点混乱。现在，该防线由少量新西兰神枪手坚守着。”

三

正当关键的利斯战役达到高潮之时，协约国与奥地利之间的秘密谈判忽然遭到了公开。原因是奥地利外交大臣奥托卡尔·切尔宁（Ottokar Czernin）伯爵愚蠢地告诉维也纳市议会说，法国人十分厌战，克列孟梭前不久建议他们谈判。这一消息传到巴黎报界，舆论哗然。克列孟梭信誓旦旦地称自己绝不妥协，怎敢又去搞秘密和谈？克列孟梭愤怒地反驳说，切尔宁满口谎言；但他内心很窝火，因为上届政府确实在 1917 年进行了谈判。奥地利皇帝卡尔的内兄——波旁王族的西克斯图斯(Sixtus)亲王曾与庞加莱总统私下会面，接着向卡尔皇帝及切尔宁询问了和谈的可能性。后来，西克斯图斯给庞加莱带回一封卡尔的亲笔信，信中称承认“法国对阿尔萨斯-洛林的正当要求”。当时劳合·乔治也被拉进了秘密谈判之中，他赞同谈判，意大利却表示反对。根据《伦敦条约》，奥地利被打败后，应割让领土给意大利。协约国与奥地利之间怎能又签一份独立的协议呢？因此，到 1917 年 6 月时，西克斯图斯的谈判便陷入了僵局。

庞加莱曾向卡尔保证守口如瓶，然而事到如今，克列孟梭不得不做出艰难的决定，采取某种激进手段以平息公众对他本人的激烈抨击。他发表了一份公报，不指名道姓地提到某位大人物“写给巴黎与伦敦”的信件。切尔宁当然清楚，大人物指的是卡尔，而皇帝亲自写密信是件草率之事。克列孟梭的公报算是一种警告，然而切尔宁视若无睹，继续打着跨国嘴仗，未向皇帝请示便公开反驳称他“确凿无疑地”记得那些谈判，不过谈判并没有成功，因为法国不肯放弃归还阿尔萨斯一洛林的要求。

面对切尔宁的举动，克列孟梭深感惊讶，决定将一切公之于众。4 月 9 日，克列孟梭公开否认切尔宁的说法，称并不是法国对阿尔萨斯-洛林的错误要求断绝了和平的希望：“实际上，恰恰是卡尔皇帝在 1917 年 3 月的亲笔信中，明确支持法国对归还阿尔萨斯一洛林的正当要求。之后另有一封信件，证实了皇帝与其大臣意见一致。切尔宁伯爵现在唯一该做的，便是彻头彻尾地承认错误。”

之前，卡尔还在与威尔逊总统持续进行秘密谈判。此时消息一出，卡尔惊慌失措，连忙给德皇拍电报称，克列孟梭完全是在信口雌黄。在电报末尾，卡尔用满怀深情的语言表示自己绝无二心：“如今，在西线，奥匈帝国的大炮正与德国的大炮并肩齐鸣。我为捍卫您的领土而战，与捍卫自己的领土一样，并将一直战斗到底。此心可鉴，无须更多证明。”

德皇悬着的心，因为卡尔的一番谎话而放下了。他答复说，自己“片刻也未怀疑过”盟友的忠诚。然而，4 月 12 日，克列孟梭公开了卡尔的亲笔信；此时德皇也开始产生疑心了。

法国打破了保密承诺，切尔宁对此又气又怕，并辩解称法方公开的那封信件纯属伪造。他说：卡尔不过是给自己的内兄写了一封私人信件，信里提到，假设归还阿尔萨斯—洛林属于法国的正当要求，那么他会支持，“不过实际上，那并不是正当要求”。

当晚，卡尔皇帝心脏病发作。13 日，切尔宁赶往巴登（Baden）探望皇帝，皇后接见了他。卡尔在卧室休息时，皇后齐塔（Zita）与外交大臣切尔宁在旁边的书房里谈了一个多小时，没有其他人在场。“切尔宁举止疯疯癫癫的，”齐塔后来回忆道，“他要求皇帝签署一份‘宣誓书’，起誓承认给西克斯图斯的那封信纯属私人信件，且其中并不包含克列孟梭所引用的那段有关阿尔萨斯—洛林的语句。”

据皇后的记述，切尔宁如此答道：“真实情况我当然清楚，不过还是需要陛下签名。我明白那是弄虚作假，但没有它不行，我要拿它来保护自己及家人的名誉。”

“我说，切尔宁伯爵，你可明白自己在要求什么？皇帝怎么会签字呢？而且，你不要求皇帝签字，才是对你及家人名誉更好的保护。”

切尔宁把自己对卡尔的要挟重复了一遍，并保证文件会锁在他的书桌里，任谁也看不到；他只是为了个人的安全与名誉才需要皇帝签署文件。卡尔也明白所谓保密的承诺是让人信不过的，但是他认为“必须安抚切尔宁，以免他在狂乱之下去柏林方面捅什么娄子”。签署文件后，卡尔打电话给外交部，指示他们发表任何内容之前都必须先向自己请示。不料，切尔宁竟想方设法让那份“宣誓书”见了报。如此鲁莽之举迅速断送了切尔宁外交大臣的前程。在 4 月 14 日那场唇枪舌剑的内阁会议上，切尔宁被迫辞职。与此同时，卡尔在全世界面前丢了大丑，沦为一个满口谎言、通敌卖国的角色。更为重要的是，这场“西克斯图斯丑闻”使奥地利与协约国单独媾和的希望化为泡影。卡尔的信被公开之前，威尔逊总统一直致力于将奥地利从德国阵营拉拢过来。然而现在他意识到，美国不可能与一个被自己的国民视作卖国贼的人物打交道。

西方大多数观察家认为，德国会报复卡尔，并将盟友奥地利置于严格控制之下。然而，德皇却认为自己应当支持卡尔。虽然卡尔其人是信不过了，但德国仍应尽一切可能防止他遭到废黜。

4月15日，英国战时内阁讨论了西克斯图斯事件，最终决定尽量避免在议会讨论该问题，拖得越久越好。“我们的确担心，”米尔纳勋爵后来回忆道，“此事或将在国内掀起轩然大波。尤其是，人们已经知道，我们原本打算实现和平，却被意大利搅浑了水。”

会后，威尔逊和劳合·乔治讨论了德比勋爵的问题。撤掉这个软骨头势在必行，问题是由谁来接任陆军大臣？“我投了米尔纳一票，”威尔逊写道，“……我说过，目前的颓势主要责任在罗伯逊与黑格身上，此二人冥顽不灵，且毫无高瞻远瞩的能力。劳合·乔治完全同意我的看法。”

——

黑格的“身陷绝地”发言让普通英国人感到动摇，现在他们依然处在动摇之中。城市的街道上平民百姓变少了，其中女性更多些，剧院外面排着长队。从表面上看，一切还正常。然而人人心里都在想：“防线没有丢掉吧？”“局势有所好转吗？”人们心焦如焚，每当新出一份报纸时，便急忙去买上一份，看看是否有什么好消息。

报纸上说，黑格向将士们发出的号召，也是对全国人民的号召。“除了战斗到底，我们别无选择。”《观察家报》(*The Observer*)称，“在如此关键的时刻，我们家园的安全与全人类的自由，都取决于我们每一个人的所作所为。”《先驱报》(*The Herald*)则呼吁结束阶级斗争：“目前正是关键时刻，一定不能举行罢工。”于是工党便暂时搁置了自己的要求。同样被搁置的还有思想自由：71岁高龄的前议员阿诺德·勒普顿(Arnold Lupton)被关押了六个月，原因是在他的公寓里发现了几百份宣扬和平的传单。

——

在巴约勒，霍恩西天还没亮就被吵醒了。就着闪光信号弹那忽明忽灭的光线，他看到两名军官在教堂的地下室里，从这边走到那边，把士兵一一踢醒：“全都给我出去，到街上去列队！动作快，德国鬼子进镇了！”

霍恩西等人虽然半睡半醒，却仍知道先把装满香烟和食品的麻袋保存好，然后才摇摇晃晃地走到外边。他们被带到另一条街，分成小队进入不同的房屋，军官命令他们保持安静。德国鬼子就潜伏在镇里的某个地方。屋内有一张床，铺着干净的亚麻床单，霍恩西、比尔和一名士官便爬了上去，六只靴子露出了沾满泥水的鞋底。三人刚刚入睡，便被一名军官叫醒。此人衣着整洁得好像从未上过前线一般。“你们几个，哪个部队的?”军官一声怒喝，“你们长官让你们整天睡大觉?”

“哎呀，”那名士官说道，“你就是没在前线待得像我这么久，不然你也想睡。一个礼拜了，这差不多是我第一次睡着。”

“你怎么一点礼貌都不懂? 对我讲话时要称呼‘长官’。我来这儿已经一个月了。你们是把在国内学到的东西都忘了吧?”

衣着一尘不染的军官将他们赶了出去，此时正是外面的炮弹最密集的时候。霍恩西等人缩着身子，寻找掩蔽物。快到中午时，传来了“嗒嗒嗒”的机枪声。一个拐角处冲出两名英国兵，其中一人指着身后喊道：“成千上万的敌人!”英军部队沿拐角冲了过去，肉搏战的声响越来越清晰。不一会儿，德军便从那拐角冲杀了出来。霍恩西等人用步枪抵挡了一阵，然后撒腿就跑。他们跑进一间屋子，从后门出来进入花园，然后爬上花园的围墙。爬上墙顶时，霍恩西回头看了看，发现比尔拖着装满食品及香烟的麻袋，走得很吃力。于是霍恩西俯下身去，帮着比尔把麻袋搬到了墙外。“我们疯狂地跑着，就像精神病院逃出来的病人。成百上千的士兵一边跑着，一边在心里想，到底能不能活着离开小镇? 会不会恰好又跟敌人撞个满怀?”

德军蜂拥而入巴约勒镇，不过陡峻山岭以北那道哈奇森的防线仍在坚守。哈奇森问有没有人自愿出去探察四周形势，他的马夫自告奋勇，跨上中校的大黑马“老比尔”，顶着猛烈的火力纵穿了三英里长的防线。哈奇森用望远镜看着他，在地图上标记出他的行动轨迹：“当他骑马经过女王皇家兵团第1营前面时，士兵们从他们刚挖好的小战壕里抬起头来，热烈地朝他欢呼；就像运输卡车驶过防线，向我们提供弹药时那样。”

此处往西南数百英里，美国陆军坦克学校(American Army Tank School)的校长——乔治·巴顿(George Patton)中校正在给友人写信，评论鲁登道夫的大型攻势。他在信中表示，德国佬的装甲部队似乎太过谨小慎微：“这么说吧，要是换我来指挥，我就进行突破了。德军坦克表现得不如预期，或许是由于当时正在更换装备，来不及对战局做出及时反应。这也印证了我的观点：重型坦克就像重炮，只对按部就班的攻击行动有用；轻型坦克则灵活机动，可以发挥类似野战炮的作用。”美国组建起了一支大军，到真正投入战斗的那天，潘兴将军便可以利用这支军队，建立不下于格兰特将军的殊勋伟业：“上苍呀，我真希望自己也能参与其中。那将是伟大的一天，大显身手的日子……战争结束后，我一个月都不会浪费，要开始为下一场战争未雨绸缪了。”

——

次日，4月16日上午，亨利·威尔逊动身赴法。刚刚陷落的不止巴约勒，还有凯默尔山附近一座小镇瓦显蒂(Wytschaete)。当天下午，威尔逊与黑格会见了福煦。福煦总是把老朋友亨利的名字读作“Henri”；此时，两人的意见也不再一致了。威尔逊支持黑格的意见，要求法军提供实质性的援助；福煦则对此轻描淡写，一笔带过。当黑格要求法军在英吉利海峡诸港前方集结大量部队时，威尔逊插话说，他觉得福煦在这方面做得远远不够。威尔逊已经把话挑明，要求福煦必须“立即集结大量部队”。然而最终也没有解决任何问题。

晚餐后，威尔逊又与黑格进行了一番长谈：“我对他说，在我看来，现在是时候把眼光放长远了。我们得做出决断：是否应当撤回左翼，将部队集结在圣奥梅尔(St. Omer)，以减少进一步的损失。若是那样，敦刻尔克会丢掉；不过照目前情况来看，敦刻尔克横竖是守不住的。可以肯定的是，如果法军不直接介入战场，减轻部分英军所承受的压力，那么我军很快就会沦为一盘散沙。”

虽然黑格表示完全同意，威尔逊对他依然没什么好感：“黑格十分消极，没有整体把握住局势，既无生气，又无魄力。”毫无疑问，应该换掉黑格，问题是谁能接任他的职位。而另一方面，黑格对总参谋长的看法正在发生改变。他在给妻子的信中写道，威尔逊“工作做得不错，是想走正道的。必须承认，鉴于福煦处于那个位置，威尔逊做总参谋长或许比老罗伯逊更合适些，他能把事情处理得更圆滑。威尔逊和福煦相处得很好”。

那天，德皇又一次到前线视察。当他兴高采烈地回到专列时，却发现随行人员神情严肃。他们获悉，为补充弹药，攻势暂时告一段落。“显然，”冯·穆勒海军上将写道，“最高司令部的设想尚未实现。”国会也弥漫着悲观情绪，因为议员们获悉，最高司令部突破防线的诺言没能兑现。丹麦裔的议员汉斯·汉森（Hans Hanssen）告诉两名同事，斯堪的纳维亚的报纸刚刚透露：“突破成功的可能性已不复存在。”他正说着，却注意到两名同事早就对突破不抱希望了。汉森又找别人说：“一样的反应。德国在战场上严重受挫，而这一挫折正在影响着舆论。”

至于前线，胜利的情绪依旧存在。那天晚上，弗朗茨·泽尔特和他的电影摄制组结束了四天的战斗场面取景，回到住所。他们身体上疲惫不堪，精神上却欢欣鼓舞，因为德军在这几天里所向披靡。众人目睹了攻占阿尔芒迪耶尔和巴约勒的行动，亲自参加了凯默尔山以南的进攻。让泽尔特诧异的是，摄制组经历了如此多场战斗，竟然毫发无伤。这部影片多么了不起！泽尔特心想。冲击利斯河岸、进攻阿尔芒迪耶尔车站、占领巴约勒及凯默尔山附近的村庄，都被镜头记录了下来。“这部影片必定极具价值。看看它的画面：被攻占的堑壕、英军巧妙伪装过的机枪掩体、前线的战地急救站、冉冉上升的系留气球①、无法通行的弹坑区域铺就的长木板道——构成了一幅连贯的战斗图景。”现在，泽尔特必须整理出制作人员表及详细报告，然后尽快将全部内容发往柏林。

四

那天，法军准备与据守战略要地凯默尔山的英军换防，却不知道战线其实在凯默尔山前方。“法军指挥官来到我军指挥部，”英军少校 H. 劳埃德·威廉姆斯（H. Lloyd Williams）回忆道，“表现得既惊讶，又不快。惊讶的是，我军阵地居然离敌军如此之近；不快的是，他一马当先率领部队奋勇冲锋，沿途占领村落，其实都是做无用功。”威廉姆斯讶异地发现，法军部队行军时彻底暴露在敌人面前，却对此无动于衷。一部分士兵被敌军狙击手或炮弹击中，他们似乎也并不在意。“勇敢倒是勇敢，可是太过无谓，而且代价也十

① 系留气球，一种由附着在地面的一个或多个系绳约束的气球，不会因风向而四处飘移。通常用于升起求救信号及通信天线等。

分昂贵。我和他们待在一起的时间，不过短短一小时，他们便损失了约150名战士。我们旅当时总兵力数也不过是这个数字。”如果法军遭遇德军真正的攻击，将会怎么样呢？

那天晚上，此地往南，国王私人皇家兰开斯特兵团（King's Own Royal Lancaster Regiment）第1营的士兵正在行进，目标是据守拉巴塞运河防线。该营之中包括一些本土来的生力军。刚满19岁的H.霍华德·库珀（H. Howard Cooper）听到一阵破空之声逐渐逼近，忽然一声巨响——砰！右边一场大爆炸，库珀本能地卧倒在地，土块和鹅卵石随即如雨般落下。几个新兵转头就跑，不料黑暗中传出了几句严酷而残忍的警告，将他们制止了。那是他们遇到的第一发德军炮弹。

利物浦附近有一座名叫桑德灵厄姆（Sandringham）的学校，一年前，库珀在那里读预科，然后被征召入伍。某种程度上说，库珀算是替兄长莱斯利（Leslie）上战场的；在几周前的佩罗讷激战中，莱斯利险些丧命。库珀向前方望去，看到一些奇怪的光，像是烟花。那是闪光信号弹。接着，库珀听到一阵“嗒嗒嗒”的声音，旁边有人说道：“是他妈的机关枪。”芬芳的乡村气息早已不见，取而代之的是一股微弱的燃烧气味，像是篝火熄灭后散发的烟味。屋顶上黝黑的楞纹板条，在天空的映衬下显得尤其苍凉；库珀看着它们，心想自己离前线一定很近了。没走几步，库珀又闻到一股怪臭味；当他们走过一辆车底朝天的汽车时，库珀才发现路边躺着两匹死马，马腿向上蹬着，有点像他以前玩过的动物气球。

众人来到一条运河边，河面或有100英尺宽。其实这就是拉巴塞运河，只是库珀等人走在桥上时，无一知晓。燃烧气味来自一周前被焚烧的驳船，英军为了不让突破葡军防线的德军得到船只，放火毁掉了它们。

国王兵团摸黑前进，经过了一些幽冷荒凉的花园、阒寂无人的农舍。走出运河半英里后，队伍在一个像是菜园的树篱旁停了下来。

“不准讲话，不准喧闹。伙计们，”下士泰德（Tedder）低声说道，“你们已经到前线了。”

夜空中突现一道闪光，一个白色的球状物升上天空，在黑暗中发出噼噼啪啪的声音，随即是一阵震耳欲聋的响声。库珀当场卧倒，脑海中只有两个字："机枪！"他紧紧贴住地面，畏怯地听着机枪子弹划破他头顶的空气，噼啪作响，射穿树篱。

"听见声音了吧？"泰德低声说，"是萨默塞特（Somerset）兵团的人，他们已经吓坏了。"泰德率领众人前进了几码，库珀听到一个低沉的声音问道："你们，什么人？""国王兵团的！萨默塞特兵团？""没错，昨天刚在这挖好战壕。"萨默塞特兵团的士兵又稍微讲了几句，然后便离开了。现在，由国王兵团坚守前线。

战壕很浅，长度约六英尺；泰德把部队分散开来。"这里与我所想象的大相径庭。"库珀回忆道，"战壕根本称不上战壕，到处都是树和篱笆！然而气氛却很紧张，很怪诞。我们在书上读到过、脑海中想象过、相互间谈论过的敌人——德国人，就在树篱的那边；距离之近，或许这边大喊一声，那边都能听见。"库珀安顿下来，准备适应全新的前线生活时，才意识到自己是多么孤独。这时，他听到树篱那边响起一阵砰砰声，接着又是白光和刺耳的机枪嗒嗒声。库珀缩着身体，心想，敌人已经到我头顶了吧。他能够逼真地想象出身着灰色军服的士兵在黑暗中紧握机枪，准备朝着自己这处小小的战壕扫射子弹的样子。库珀觉得这道浅浅的小沟不够安全，无法为自己提供掩护。万一真正的炮击来了呢？或者是迫击炮来了呢？他们在军营里学过相关知识：迫击炮会发射一种球状的炸弹，发射时几乎是垂直上升，落下时像是榴弹炮的炮弹，但是没有尖锐的破空声，只有一种喷射气体的声音。于是他开始挖战壕。

"我那时蠢兮兮的，平生第一次认真使用那件'钻地'工具，居然有点刺激的感觉，就像一个学生，拿到了一套闪闪发亮的几何文具。"然而，库珀很快发现，这件工具其实不如铁锹好用，挖了六英寸后，黏稠潮湿的泥土就附在了上面；半个小时之后，尖端简直成了一块大面团。机枪每隔 10 分钟响一阵，库珀每次都胆战心惊，尽可能低地蜷缩着身子："一连串的嗖嗖声！我觉得子弹就是擦着头盔飞过去的。"

东方既白，库珀仍在拼命挖壕。"辛苦，我们来了。"是泰德在说话，"你小子，这都是什么呀，要得战壕足①的。"库珀站在泥土里，解释道，自己在挖壕以作掩护。"掩护个屁！敌人在篱笆后面根本看不见咱们。而且我觉得，德国鬼子根本不知道咱们在哪儿，不知道咱就在这里。别总是觉得他们把大炮架起来了，咱们一时半会还挨不上炮弹。"

天基本亮了，他们周围的环境变魔术似的渐渐显露出来。原来，库珀等人是在一座菜园里；菜园属于一所农舍，左边可以看到该农舍的屋顶。据泰德下士说，农舍再往左就是村子了；库珀只能看到一堆树木，房屋稀稀落落地间杂其中。右边是另一片树篱，穿过树篱是一片空旷地，再往右半英里则是一片沉寂的森林，在晨雾之中若隐若现，散发着不祥的气息。那就是皮考特森林(Pacaut Wood)。

他们蹲坐在钢盔上，泡上一壶茶，吃着培根、面包、牛肉罐头，配着果酱。库珀从未敢想象在前线吃得如此奢侈，津津有味地品着茶。"小老弟呀，"泰德说道，"你觉得前线生活怎么样？""比我之前想象的要好。""啥事都不会有。跟着我混，包你万事大吉。我来指点指点你……听！别动！是他娘的飞机来了。"发动机的嗡嗡声越来越近。飞机飞得很高，但库珀注意到它的样子很"古怪"，未曾见过。

"隐蔽起来，一动别动！"眼见着飞机像一只大鹰一样缓缓飞来，泰德向其他人喊了一声，然后从树篱的一个缺口处离开。谁知出现了几声枪响，有人喊道："是狙击手！"泰德便从那缺口处又折返回来。此时又是一阵枪声，泰德跪了下来。"我中弹了，王八羔子的，我中弹了！"泰德用手捂着腿，脸色苍白，额头沁出汗珠。库珀看到泰德下士的绑腿上渗出了一团发亮的黑渍，渐渐扩大，最后涌出血来。"快来担架！"有人喊道。"那时我才突然意识到，自己根本不知如何是好。如此一场意外完全出乎我的预料。"人们把泰德抬上担架，他对库珀说道："我要回老家了。小老弟，再见啦。好好保重，自求多福吧！"

库珀感到一阵孤独，又觉得没有掩护。"那种心情，如果要类比的话，只能说跟我小时候的一次经历比较像。那时我做了一场噩梦，母亲一直坐在

① 战壕足(trench foot)，足部长时间处于寒冷潮湿的环境中所造成的一种局部冻伤。

我身边，走的时候对我说：‘乖，没事的。’”

几小时后，库珀正在和代理伍长霍尔（Hall）交谈时，一种陌生的嗖嗖声传过头顶，向村庄方向飞去。突然一声巨响，村庄那边泥土、石头和硝烟腾空而起。“是堑壕迫击炮！”霍尔说道。库珀吓得肚子疼了起来。又是一阵气体喷射声，咣咣两声爆炸巨响。“老天爷呀！”库珀满脑子只有这一个念头。气体喷射声接连不断，爆炸声响彻天空。糟了！炸弹落在菜园边上了。钢铁碎片从头顶上呼啸而过。炮弹落下的间隔只有一两秒钟，大地开始震动，简陋的壕沟像是变成了小船，把人从一端摇到另一端。浓烟、飞扬的泥土、钢铁碎片！趁着炮火短暂停歇时，库珀抬头看了一眼。村庄里依然有炮弹在爆炸，树木倒地，泥块和灌木被炸到空中。声音更近了！是后面发生的一次爆炸。呲——呲——呲——咣！又是一声巨响。右边也升起了巨大的尘土柱。

“瞧！”霍尔喊道。一名士兵被炸到空中，头上的钢盔也飞了起来。持续了半小时的炮击结束后，库珀发现自己浑身都在颤抖。“我不知道这场炮击意味着什么。”霍尔说道，“是敌人想表明自己的存在，还是说这只是个序幕，更糟的还在后面？”

“序幕已经够我受了。我没料到迫击炮炸得这么凶。我之前一直觉得，只要不是正规攻击，单纯发发炮没什么了不起。”

“唔，”霍尔答道，“没有人不怕。当然了，每个人怕的程度不同，不过没人能习惯炮击。你看过的炮击越多，越会害怕。”

“我之前从没想到，炮击会让人颤抖得如此厉害。”库珀说道，“我知道有‘吓得发抖’这种说法，没想到真的会抖。刚才炮击还没停的时候，我没在抖，但是心里很慌；虽然自己没意识到。现在我不慌了，却浑身抖个不停。我也不知道为什么，可能就是无法控制自己吧。”

“我现在也有点抖。”霍尔承认，“反应因人而异吧。你的身体做出的是你那种反应。”

敌军没有发动攻击。随着暮色缓缓垂落，笼罩着大地，空气也凉了下来，芳草的气息乘着微风，飘至库珀等人的鼻端。“夜色像是一种帷幕，在我看来，它强调的是孤独与神秘感。一旦夜幕降临，似乎某种保护就消失了。

随即，便会出现一种感觉，有人在‘那边’酝酿着阴谋；便会产生一种念头，夜色是机枪与火炮轰鸣的信号。”

第一天白天的战斗结束了，然而接近午夜时，左边远处传来了步枪声，越来越激烈，像是一堆大篝火在噼啪作响。“见了鬼了！”霍尔说道，“不过还很远。看那边闪光信号弹，混账，那边搞什么呢。肯定是德国人在‘那边’。”连长打断了他们的谈话，他命令该小队在树篱前面架设障碍物。“迅速完成！”

众人正在用泥土拼命堆造障碍物。忽然，村庄里一枚炮弹爆炸，声似惊雷。接着又是一枚炮弹。“他们开始了。”霍尔说道。库珀不喜欢霍尔这种斩钉截铁的语气，好像他能够见微知著一般。此时，右边远处传来了更多机枪的尖啸声，响彻天空。嗖——嗖——嗖——咣！嗞——嗞——嗖——咣！

“来了，卧倒！”霍尔没说完，声音便淹没在可怕的爆炸声中。两人一齐卧倒，感受到气流的强烈冲击。泥土如雨点般落下。嗖——嗖——嗖——呜——嗖——嗖——咣！机枪声越来越响，天空中闪烁着光芒。在一片混乱之中，库珀听到德军防线后面响起了一阵翻腾的隆隆声。爆炸在村庄及村庄后面一场接一场地发生。库珀心想，我们这儿已经够惨了，老天保佑那些后面的人吧。突然，几码之外落下了一枚炮弹，爆炸了——热浪扑面，火药味刺鼻。接着又是连续两枚炮弹。一名军官尖着嗓子焦急地大喊：“快速射击！向正前方射击，快，全体都有，开火！”

库珀紧张得喘不过气，慌忙拉一下枪栓，扣动了扳机。步枪产生了强烈的后坐力，开火声震得他耳朵嗡鸣。长官的命令已听不到了。“朝前方射击。”库珀心中想道。砰！砰！他透过树篱向夜色之中张望，然后抬头一看，害怕极了！红色、绿色、红色——三团闪烁的光球高悬在空中，缓缓地飘动。那是求救信号。又升起一个光球，我军防线后方响起了杂乱的隆隆声。成百上千的蓝光冲上天空，友军开始发炮了。“场面极度混乱！无数炮弹呼啸着飞来，就像一群大得畸形的鸽子。我的双手颤抖不止，只是机械地快速射击、快速射击。大炮轰个不停，耳朵都快要聋了。”库珀抬起头，天空闪烁着光芒，弹片向四方炸裂。“当时的情况，好像是有一个隐形的巨人，踩住了一台巨型屠杀机器的紧急开关。”德军与英军都在发炮，大量步枪开火，雷霆般的轰鸣声越来越响。奇异的光芒蹿上云霄，炸为绿色与红色的火球。德军防线上，类似烟花的东西间杂着雨点般的金色火花，直冲入夜空。

库珀接连装填子弹，将步枪举起与胸口平齐，一边设想着灰色部队正在朝他前进，一边开火。骇人的轰鸣声依然在持续，炮弹落下的位置更近了，库珀听到脑海中一个声音喊道："下次就该咱们挨炮了。"接着，又有一个真实的声音传进他的耳朵："吓傻了？继续射击，蠢货，他们在右边。"讲话的正是刚才那名军官。

时间像是静止了，不过声音似乎是比之前减弱了些。好景不长，重新开始轰鸣时，库珀旁边响起了一声爆炸。他朝着战友高喊，但对方听不到。众人隔着树篱继续射击，库珀感觉凶残的德军随时都可能突破防线。半小时后，轰鸣声终于沉寂下来，库珀松了一口气，脑袋还在嗡嗡作响。还没等适应那没有炮击的奇妙新环境，库珀始料未及地发现了一件更糟的事情：四周尽是伤兵凄惨的哭喊声。被弹片炸伤的士兵们惨叫着，声音回响在那刺鼻的火药味尚未消散的神秘夜空之中。库珀感到不寒而栗，那些痛苦的尖叫声，不像他所听过的任何声音。

库珀被带到一个树篱缺口处附近，长官命令他留心注意德国鬼子。他坐了下来。独自坐在这个寒冷的春夜，库珀对自己竟是驻法英军的一员仍没有真切的感受。黎明终于来到，库珀正在吃早饭时，上尉从那个缺口急急忙忙地走来，说道："立刻准备撤退！"库珀跟在一纵队士兵后面，沿着树篱弯腰前进，脖子上还挂着两串刘易斯机枪子弹。他想不通为什么在毫无军情的时候却要撤退，却不知敌人已在两侧突破了防线，进入了他们后方的村庄。众人来到一座破损的房屋前，穿过墙上的洞进去，满满当当地挤了一屋。

"各位，"D连的多布森（Dobson）少尉说道，"我能为你们做的不多，不过，凡是愿意的，就都跟我走吧。"库珀不明白他是什么意思，只是看着多布森从前门出去，跑入一条狭长的道路。有敌人向他射击，他弯着腰，沿Z字形前行。一名中士跟在他后边。"这附近所有屋顶上都有狙击手。"有人说了一句，便有几个人决定投降。库珀这才反应过来，他们被包围了。库珀冲了出去，跟在那名中士身后。几发子弹打来，面前扬起一片尘土。库珀也弯着腰，沿 Z 字形前进。中士跑到一片空旷地带后，跳进一个弹坑；库珀也跟着跳了进去。弹坑里还有几个人，另有一挺刘易斯机枪，可惜机枪上只有两串子弹。库珀感到一阵内疚，因为他在进房子之前就把脖子上挂的子弹扔掉了。

“我们现在只能沿树篱作战。”多布森说着，爬出弹坑，迎着村庄里射出的子弹在弹坑之间奔跑。另一个人跟了上去，一阵子弹射来，库珀看他像是倒了下去。第三个人离开弹坑，众人焦急地看着他，直到他的身影消失——大概是消失在弹坑里了吧。这时，众人看到自己部队的上尉出现在村庄的边缘，双手捂着脸倒了下去。有两个人冲上去帮助他。“简直就像一场梦，敌军出现在不该出现的地方。运河转了弯。我原本以为村庄在我军防线之后，德军却在那里喊叫并射击。”

另外两个人安全到达树篱，现在轮到库珀了，但他逡巡不前。于是后面那人先冲了出去。一阵枪响及机枪的嗒嗒声，库珀注视着那人先是举起双手，然后像根木头一样倒下了。库珀鼓足劲，一跃而出，躲避着子弹，弯腰在新的大弹坑之间前进。枪声在他耳边响起。突然扑通一声，库珀掉到了一个弹坑里；他爬了出来，跳入另一个弹坑，那里有两具国王兵团士兵的尸体。库珀又爬出来，在一阵机枪声中接近树篱，并在一个大弹坑旁的凹地里卧倒。弹坑中有三名机枪手。“进来，”一人喊道，“你趴在那儿是找死。”于是库珀蠕动着进了弹坑。坑里还有第四个人，一名士官，双眼无神地望向天空，皮肤苍白得像大理石。库珀闻到一股朗姆酒和血的气味。士官前额的一缕黑发被微风吹拂着，看起来像是一具裁缝店的人体模型。

四周苍凉的原野上不时传来可怕的喊叫声，有一两次甚至出现了令人毛骨悚然的尖叫，库珀猜测那是受伤马匹的悲鸣。接下来会怎样呢？从星期一晚上开始，库珀就没睡过觉，现在已是 4 月 18 日星期四上午了。好歹遇上了没有炮火的时候，库珀感到昏昏欲睡。他环视四周：沉闷的乡间、寂静而阴森的村庄、弹坑遍布的原野、昏暗的天空，运河上着火的运煤驳船燃起滚滚浓烟。现在整体是沉静的，但仍能听到那农舍上石板瓦被凶残的机枪击碎的古怪声音。库珀闻了闻血和朗姆酒的味道，又看了一眼那名士官无神的眼睛，然后便沉沉睡去。

库珀睁开眼睛时，天已黑了。他迷迷糊糊，不知道自己身处何方，直到血、朗姆酒和燃烧的气味再度入鼻，一切记忆便如潮水般复苏了。晚上了！他意识到自己睡了好几个小时，和两个战友一起，躺在那里，脱离了所有部队。如果德军再次攻击怎么办？“此时，并没有划破夜空的声音，只有一个闪光信号弹在我们前方升起，闪烁着白色的强光，照亮了一切。当它缓缓落地时，投射出一些形状扭曲的奇怪影子；之后便是一片黑暗。”

不久，库珀等人听到一人喊道：“国王兵团？有没有国王兵团的人？有没有A连的人？”那声音越来越近。三人一开始默不作声，想不通这人要做什么，反正他们不是A连。过了一会，三人缓过神来，便说道：“这里有人！”一个人影谨慎地靠近，盯着三人问道：“你们是什么人？”来者是A连的一名军官，他告诉库珀等人，现在三人归他指挥了。军官说：“我们要进行一场反攻！”并告诉众人，炮击将于10分钟后开始。不一会儿，后方响起了轰鸣声。蓝光刚一照亮天空，便有炮雨向德军阵地倾泻而去。机枪嗒嗒射个不停。在短暂的炮击间歇期间，那名军官在稀疏的队伍中来回跑动，低声说道：“伙计们，动作快，匍匐前进。都别给我发出任何声音，挪动肚子爬行！”

众人匍匐前进时，机枪停止了。他们穿过果园，来到果园另一边。“停。”军官低声命令道，等到掉队的士兵跟上后，才说，“继续前进。”忽然，响起一串刺耳的尖厉声，库珀等人紧紧伏在地上。一阵机枪子弹从他们背上掠过，库珀感觉，敌人肯定是在有的放矢。射击停止时，库珀大脑中一片空白。这是哪里？现在要做什么？一切都显得很陌生。这时，军官毫无预兆地爬了起来，低声喊道：“上！动作快，消灭他们！”众人站起身来，几乎是无意识地向前冲去，高举着上了刺刀的步枪，高声呼喊着在奥斯沃斯特里(Oswestry)刺刀课程上学到的口号：“呼！哈！”

“我以一种近乎震惊的心情向‘他们’——我们冲杀的目标——望了一眼。戴着头盔的德国兵，身影模模糊糊，头和肩膀露在据点外边。呼！嘿！哈！我们冲锋时，德军的机枪口正准准地对着我们。一个不怕死的战友冲了上去，以迅雷不及掩耳之势一把抓住了机枪柄，然后我们便不再犹豫，一起冲上去，几乎冲到了他们身上。那个戴煤斗头盔的德国兵举起双手，另外四个喊道：‘饶命，朋友！噢，饶命，饶命！’我们把刺刀戳在他们身上。突然，左右两边响起枪声，机枪噼啪作响。我不知道那边出了什么事，也不知道这场反攻到哪里是个头。‘噢，饶命！’德国人几乎是在哀鸣。确实是哀鸣，甚至还有号啕大哭者。那个场面，那种声音，我永远也不会忘记——像是杀猪一般。”

有人喊了一句：“愣头杂种们，滚出来！”于是德国人开始爬出战壕，高举着双手。库珀身边是些头戴陌生煤斗头盔的士兵，操着一口喉音很重的外国腔，脚蹬高筒靴，身上带着奇形怪状的防毒面具。库珀打量着他们，产生了一种说不清道不明的感觉。“德国人！我们在军营里日日夜夜地谈论他们，想象他们！甚至就在几小时前的混乱场面中，他们还是遥不可及、‘无人知晓’、宛如隐形人一般的神秘角色。如今我们站在这里，看着他们，就像观看一群从月球下来的生物一般。人们有一种感觉：‘原来这就是敌人。那些不知何处飞来的子弹，那些凶残的机枪扫射，原来就出自他们之手。他们从德国一路到此，终于与我们相会。他们是成千上万德军中的一个样本，就这么普普通通地出现在我们面前。我们面前的这片土地，看似一马平川，却又是一片神秘之地——虽则空空如也，然而难以穿行。在这神秘之地，大炮可能隆隆响上几周不停，飞来横弹可能随时夺人性命，怪异而不明所以的亮光可能升上天空；而当人们环顾张望时，眼前唯有天地悠悠而已，似乎不存在任何行动着的活物。但那只是假象，人们随即便会意识到，在那天地之间，从来都有成千上万的灰衣人潜伏着，他们在那吃饭、睡觉、观察，却不会暴露在他人观察之下。而如今，他们正蹲在铮明瓦亮的崭新大炮旁边。’在这个4月的寒夜，我看到了他们。”

五

那天中午，德皇在第4集团军司令部附近用餐，有人把泽尔特中尉引荐给他。皇帝记得，自己在意大利曾见过他，便客气地询问了摄制组的工作情况。泽尔特谈了谈那部特殊的影片——《利斯之战》(*The Battle of the Lys*)。当晚，泽尔特中尉听参谋军官谈起，为打破僵持局面，德军将发动一次新攻击，矛头转向北部，再次尝试攻占凯默尔山。泽尔特及摄制组奉命熟悉这一地带。一队电影制作者跟着情报军官在凯默尔山附近转了两天，对地形地势进行了彻底的探察。正在作战准备持续进行时，4 月 20 日清晨，天空下起了小雪，筹划作战的参谋人员倍感振奋：在反常的寒冷天气下，行军道路不会那么难走；德军不仅准备进攻凯默尔山，还将对拉巴塞运河防线进行一次尝试性的攻击，天气条件对两场战斗都有所帮助。

4 月 21 日，星期日，天气很冷，间或有晴。利斯地区的战斗进入一段间歇期，因此空军的活动范围便转向索姆河流域。索姆河流域当时刮起了东风，对德军飞行员颇为不利。法国地区本以西风为主，在那个星期日实属难得，英法飞行员得到了风向的眷顾。曼弗雷德·冯·里希特霍芬男爵醒来时，心里希望那天是个雨天，那样他就可以多睡一会儿了。不过，他睁开眼睛，看到的只是阴云密布的天空，屋顶上并没传来期待中的雨滴声。约一年之前，他的头部受过伤，自那之后落下了头痛的毛病；如果起床太猛，便会感到头晕目眩。勤务兵拿出了他的军服，但他没有脱掉灰色丝绸睡衣，而是把飞行服直接套在外面；如此一来，一旦飞行任务取消，他便可以继续睡觉了。就在昨天，他刚刚击坠了两架敌机，将自己的击坠纪录提升到 80 架。这是个了不起的纪录，一时半会儿很难被人超越，他可以休息一下了。简单吃了点早饭，他从军官食堂出来，再次抬头打量天空。阳光正在奋力地突破云层。他注意到风从东边刮来；那不是件好事，因为飞机会被风力推到敌军防线上空。突然，一阵锣鼓喧天的声音在他的宿舍外响起，他感到一阵头痛。那原来是一个军乐团，毗邻的一个师派他们过来，庆祝里希特霍芬击坠第 80 架敌机。他对一名战友说声音太大了，便向机库走去。他在机库的情绪倒是不错，还开起了玩笑，甚至把一名战友推倒在地；那人是新来此地换防的士兵，当时正懒洋洋地坐在担架上。其他飞行员很少看到里希特霍芬如此欢快。

一名机械师拿来一张卡片，紧张兮兮地请里希特霍芬签名，他痛快地签了。在与丹麦血统的猎犬“莫里茨”(Moritz)玩耍时，有人提出要拍照，他也一口应允。此时，一名电话接线员发来消息说，前线上空出现了几架英军飞机。里希特霍芬背上他的降落伞，登上那架血红色的福克三翼战斗机，不一会儿便带着他的“马戏团”飞入云端。小队中有六名成员，五人是经验丰富的老兵，其中一人断了一条手臂；另一人是里希特霍芬的堂弟，初出茅庐的沃尔夫拉姆（Wolfram）①。另有12架三翼战机及信天翁战机与他们会合。

几人在7000英尺的高空飞行，飞过巴波姆后几分钟，里希特霍芬发现两架英军侦察机处于1000英尺以下的位置，便打手势给小队，命令四个人紧跟自己，其余人留在上空，注视敌人战斗机的情况。五人从高空俯冲下来，打算一口气歼灭敌人，谁知两架侦察机奋起反抗，反倒击坠了一架福克战斗机。里希特霍芬暂时脱战，准备重整"马戏团"时，进入了英军高射炮的射程之内。高射炮纷纷开火。英军上尉罗伊·布朗（Roy Brown）正率领着八架骆驼战机在附近整队，观察到了高射炮弹爆炸时的浓烟；于是他命令队伍进行俯冲，前去救援那两架侦察机。

里希特霍芬看到那批红鼻子骆驼战机俯冲下来，便打手势让他的手下与它们正面交战，他本人则紧紧咬住自己的第81架猎物不放。此时，威尔弗雷德·梅（Wilfrid May）中尉的飞机正在上方盘旋。此人没有作战经验，故被布朗命令远离战斗，但他很想打下一架三翼战机，忍不住朝德军飞机冲过去，谁知落入了"敌机整齐的火力网中"。德军战机从四面八方飞来，于是梅掉头便往基地逃去，途中顾不得其他，只知道有敌机在后面朝自己射击。那是一架红色的福克战斗机。"如果我当时知道那是里希特霍芬，估计当场就吓晕了。"梅俯冲下去，沿Z字形朝西方飞去。里希特霍芬追着他来到英军防线上空，眼见着便要进入火炮的射程范围。布朗在两人上空，看到两架飞机一前一后地在500英尺高度沿山谷飞行，很快便追了上去。他瞄准那架红色福克战机开火，并注视着它，直到它消失在视野之中。布朗确信敌机已被自己击坠，于是返回了基地。

实际上，里希特霍芬的身影只是被一排树木挡住了而已。初上战场的梅被里希特霍芬尾随着，离开了高空，开始低空飞行。不多久，他飞过一座小山，并发现自己已成了"一个活靶子"：他在一条河流的两岸之间飞得太低，很难进行躲避。"那时我觉得自己在劫难逃了，甚至想把飞机冲进河里，

---

① 沃尔夫拉姆·冯·里希特霍芬（1895—1945），德国空军将领，1943年晋升为德国空军元帅。

幸好狠狠克制住自己，才没把操纵杆推下去。里希特霍芬就在我身后 30 英尺处，他只要再开一次火，就能拿下第 81 架敌机了。”谁承想，此时里希特霍芬飞机上的施潘道机枪坏了一枚撞针，无法开火；另一挺机枪也卡壳了。于是，里希特霍芬放弃追逐，向东侧滑行转向。就在这时，澳大利亚军的高射炮击中了福克战机的前部。飞机摇摇晃晃，急速转弯，然后以侧面着地的姿势向地面坠落；里希特霍芬摘掉了眼镜。此时梅正好转过身来：“看到里希特霍芬转了一圈半，撞在了地面上。”

梅一着陆，便赶紧找到布朗，握住他的手：“可算捡回一命。布朗，是你把那架红飞机干掉的？当时真是千钧一发，再晚一秒可能我就全完了。”不一会儿，司令打来电话，总工程师接听后，高喊道：“嗨，布朗！准备领勋章吧。”布朗问他什么勋章。那位总工程师回答说：“红色飞机的驾驶员就是里希特霍芬。”

布朗闻言，险些昏厥在地。

布朗和司令在航空野战医院附近发现了红色男爵的遗体：“我向他走近，看到他的样子，心里顿时咯噔一下。他给人的感觉很友善；脚长得很纤细，像女人的脚。脚上穿的是骑兵靴，擦得铮亮。”金黄色的细发垂在前额上，“他的相貌很温和，表情带有一种温润如玉的高雅气度。突然之间，我的心头涌上了一股悲戚与苦闷的感情，好像我所做下的，是一件不义之举”。

布朗由于击落里希特霍芬的飞机而受到了表彰。但实际上，击落飞机的是地面火力。发炮者是澳大利亚第 4 师第 24 机枪连的两名炮手——塞德里克·巴塞特·波普金（Cedric Bassett Popkin）和鲁伯特·F. 韦斯顿（Rupert F. Weston）。①

次日下午，英军按军礼为里希特霍芬下葬。木棺四周摆满了花环，其中一个的缎带上写着：“致我们英勇而可敬的敌人。”在墓地，六名上尉抬着棺材，英格兰圣公会（Church of England）的一名牧师走在前面。做过祷告、念过悼词之后，棺材入土。然后，一支由 14 人组成的小队三度鸣枪示意。次

---

① 在笔者看来，为里希特霍芬之死盖棺定论的是 P. J. 卡斯丽（Carisella），此人与詹姆斯·W. 雷恩（James W. Ryan）合著了《谁击杀了红色男爵》（*Who Killed the Red Baron*）一书。卡斯丽长年致力于解决里希特霍芬死亡之谜，是一位可敬的学者。——原注

日，一架英军飞机飞到里希特霍芬所属的机场上空，投下一个金属容器，里面有一张葬礼的照片及下述文字：

致德国飞行队

上尉冯·里希特霍芬男爵于1918年4月21日之空战中阵亡。特依军礼加以安葬。

英国皇家空军①

因战死疆场而受到全世界如此广泛的关注，里希特霍芬乃是第一人。他得到英国报纸的称颂，以及整个德国的哀悼。"我们意识到，里希特霍芬之于我们，并不仅仅是一个象征。"麦克斯·奥斯本（Max Osborn）博士在《柏林午间报》（*Berliner Zeitung am Mittag*）上写道，"他是一位才华横溢、品格高尚的青年，国家未来若要进步发展，必须依靠这类年轻人。"

里希特霍芬的母亲收到了德皇与兴登堡发来的唁电。在前线，人们得知这一噩耗后，无不大为震怖。"那一天实在是要命，全体德军都惊得不知如何是好。"汉斯·施罗德回忆道，"不过，惊慌持续得并不久。很快，人人心中都想着为里希特霍芬报仇，空中活动也就变得比以往更为猛烈了。"恩斯特·乌德特（Ernst Udet）②也有着同样的反应。他因里希特霍芬之死而"深受"触动，甚至威胁一名医生为他假造合格的健康证明，以便他重返前线。步兵军官苏尔茨巴赫在深感震惊之余，也对敌人表示感激。"英国人确实很有骑士风度，他们对伟大的空军战士表示尊敬，我们也必须向他们表示感谢。"像鲁道夫·史塔克这类飞行员，最初并不相信里希特霍芬的死讯，直到消息得到证实。"里希特霍芬死了！"他在日记中写道，"大家悄悄地奔走相告，传达着这一可怕的消息。食堂中的欢声笑语消失了，工厂里的铁锤声停

① 英国皇家飞行队已于当年4月1日改组为英国皇家空军，从陆军及海军中完全独立出来，使英国形成了海陆空三军。——原注

② 恩斯特·乌德特（1896—1941），德国空军将领。此人在一战中创下击坠敌机62架的个人纪录，仅次于里希特霍芬，后在二战期间晋升为空军大将。1941年，由于压力过大等原因自杀身亡。

了下来，刚刚还在试运行的发动机静静地停在那里。一种阴郁的气氛笼罩着我们，一位伟人永远离开了我们。”

——

意大利战场终于也要迎来一次重大行动。奥地利军希望效仿鲁登道夫的胜利，准备在 5 月底发动一场进攻。巴勒斯坦战场上，新任德军司令利曼・冯・桑德斯(Liman von Sanders)[1]将军意欲重夺耶路撒冷，却因艾伦比(Allenby)[2]的反击而未能得逞。

① 奥托・利曼・冯・桑德斯(1855—1929)，德国陆军将领，一战期间主要担任奥斯曼帝国军事顾问，并执掌奥斯曼帝国军队的军事行动。1918 年 2 月接任奥斯曼帝国 F 集团军群司令，但由于战力不足，未能做出成绩，最终败于艾伦比将军之手。

② 埃德蒙・艾伦比(1861—1936)，英国陆军元帅，率领英国埃及远征军在东线战场取得一系列胜利。

第六章　“圣乔治保佑英格兰!”

4月22日至5月15日

一

4月22日上午,大部分英国人还在专心致志地听着里希特霍芬战死的报道,多佛尔巡逻队(Dover Patrol)司令罗杰·凯斯(Roger Keyes)海军上将则正在做出最终决断——攻击比利时海港泽布吕赫(Zeebruges)。该港口与附近的城市布鲁日(Brugge)由一条运河相连,每天都会有两艘德军U型潜艇从海港出发,对协约国船只进行骚扰。自从1914年德军占领佛兰德斯海岸以来,协约国就在筹划着扫除这一魔窟。

英军的主要目标是封锁那条在泽布吕赫入海的运河。此事殊为不易,因为运河的入海口处有一道长长的防波堤。该防波堤原为阻挡来自北海的暴风雨而建,坚不可摧,从运河口以西半英里的海岸处延伸出来,向东北弯曲,总体呈1.5英里长的大弧形。堤宽81英尺,向海的一面建有16英尺高的厚墙,尽头处还建有一座堡垒,配有六门舰炮及机关枪;此外,还有岸上的炮台为之提供保护。

此次进攻,只有在最好的潮汐及光线条件下才能进行。那天上午的气象报告不算太坏。英军原本可以等待更好的天气,但凯斯心里明白,如果他不在一周之内进行该行动,海军部就可能永久取消它。“妻子陪着我走下码头,为我送行,毫无慌乱之色。只有她一个人知道,我这段日子过得有多么窝火。她最后说道，第二天是圣乔治日[①]（我当时都忘了），必将是我们的事业一等一的良辰吉日，因为圣乔治会为英国带来好运。于是她请求我用'圣乔治保佑英格兰'作为我军的战斗口号。"

准备突击大堤的皇家海军陆战队成员正在"印度斯坦号"（Hindustan）的后甲板上操练时，传来了信号，要他们准备"开工"。战士们登上一艘拖船，拖船与"复仇号"（Vindictive）并肩而行。"复仇号"是一艘由旧巡洋舰改装而成的攻击舰，突击部队的大部分成员都将由该舰运送。

当天傍晚，这支武装探险队离港出发。凯斯从"沃里克号"（Warwick）战列舰上用旗语发出了总信号："圣乔治保佑英格兰！"代理舰长 A. F. B. 卡彭特（A. F. B. Carpenter）从"复仇号"发信号回应道："可算要扭断恶龙的大堤的尾巴了。"[②]

一名海军陆战队成员在日记中写道："任务能不能完成，我们心里都没个谱；当然大家都希望它能成。众人已各就各位，用过茶点，现在在前往防波堤的路上了。成功好像挺有希望的，因为风向一直不错。我真希望任务能成，悬而不决是最难受的了。"晚上一过 8 点，士兵们就分到了每日配给的朗姆酒。上头还给各个副排长下令，让他们负责监督每名士兵只领取自己的那一份。士兵们情绪不错，说说笑笑，打打牌，有的人还在吹牛，说要让防波堤上的德国鬼子好好吃点苦头。

晚上 10 点 30 分左右，四艘巡洋舰右转驶向奥斯坦德（Ostend）；其中两艘——"天狼星号"（Sirius）与"光辉号"（Brilliant）预定在奥斯坦德港入口处自沉，以确保完全封锁德军袭击舰。主力部队则继续驶向泽布吕赫。"复仇号"在两艘默西塞德郡（Merseyside）的渡轮——"水仙花号"（Daffodil）与"鸢尾花号"（Iris）的陪同下驶向防波堤。两艘渡轮吃水不到 11 英尺，一旦

① 英国、德国、格鲁吉亚等以圣乔治为守护圣者的国家将每年的 4 月 23 日定为圣乔治日，以纪念公元 303 年的这一天，圣乔治因试图阻止罗马皇帝戴克里先对基督徒的迫害而殉道。圣乔治在各地传说中留有屠龙等武勇事迹，在英格兰尤其受到推崇。下文"恶龙的尾巴"云云，即由此传说而来。

② 卡彭特原本说的是"该死的"（damned），通信员将其替换为较委婉的说法"darned"，遭到纠正后，又发出"大堤的"（dammed）一词作为折中。——原注

“复仇号”遭遇浅滩雷区，两艘渡轮便可以用作海军陆战队员的登陆船。“沃里克号”与另外两艘较小的舰艇为它们护航。随后的是“三叉戟号”(Trident)与“曼斯菲尔德号”(Mansfield)，拖着两艘潜艇，每艘潜艇的船头都装有五吨阿马图炸药。潜艇将冲向连接防波堤与陆地的那座铁路桥。英军的计划是用爆炸破坏铁路桥，从而阻止德军地面增援部队前来救援防波堤驻军。

排在后面的是此次袭击行动的“尖刀”——三艘封锁用沉船。它们将绕过防波堤，径直朝运河口冲去，到底后，便会相互锁在一起，共同自沉。如此一来，便能够有效封锁住德军潜水艇通往海峡的全部门户。

一支由 24 艘摩托艇与 8 艘海岸摩托艇组成的小型船队为整个队伍打头，他们的任务是朝着防波堤放烟幕。另有 9 艘海岸摩托艇会用鱼雷进行袭击。晚 11 点过后不久，距离“复仇号”抵达防波堤的预定时间还有一个小时，此时海雾升起，乌云蔽月，天降冷雨。此事有其两面性。幸运的是，由于能见度有限，“复仇号”在接近目标至数百码之前不会被发现；不幸的是，原本预定由亨得利—佩奇(Handley—Page)轰炸机去炸掉岸上的炮台，如今由于降雨只能作罢。

晚 11 点 20 分，两艘装甲炮舰——“幽冥号”(Erebus)与“惊恐号”(Terror)向泽布吕赫开火。此前连续两个晚上，两艘炮舰都实施了同样的炮击行动，因此德军认为那不过是又一场骚扰轰炸而已，全未想到一次登陆袭击即将到来。德军没有派出一条巡逻艇，也没有埋设防御雷区，三艘驱逐舰停泊在防波堤的内侧，佛兰德斯小舰队中的 11 艘潜艇还在海上，剩余的 7 艘停泊在附近的布鲁日的船坞里，随时准备从运河口出海。

20 分钟后，32 艘小船开始施放烟幕以掩护“复仇号”接近。一阵轻柔的东北风将烟幕吹向防波堤。海军陆战队员接到命令，全副武装，来到上甲板集合待命。他们与众人匆匆握了握手，步枪上膛，刺刀绑定，个个神经紧绷，纷纷低声交谈。没有任何动作，四周唯有螺旋桨的噪声响着。突然有人叫了一句：“哎，那是什么！”军舰上空升起了一发照明弹，将周围映得浑似白昼。“我们暴露了！”有人低声说道。那是距午夜 10 分钟之前的事情。

希尔顿·杨(Hilton Young)海军少校正在“复仇号”的左舷炮就位，两

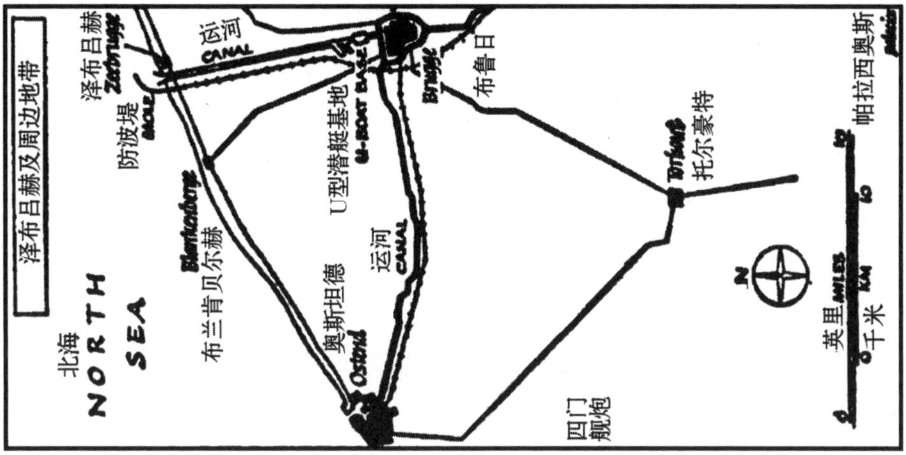
泽布吕赫及周边地带
北海
NORTH SEA
防波堤
MOLE
泽布吕赫
Zeebrugge
运河
CANAL
U型潜艇基地
U-BOAT BASE
布鲁日
Bruges
布兰肯贝尔赫
Blankenberge
奥斯坦德
Ostend
运河
CANAL
托尔豪特
Thourout
四门舰炮
N
英里 MILES
千米 KM
0
5
10
帕拉西奥斯

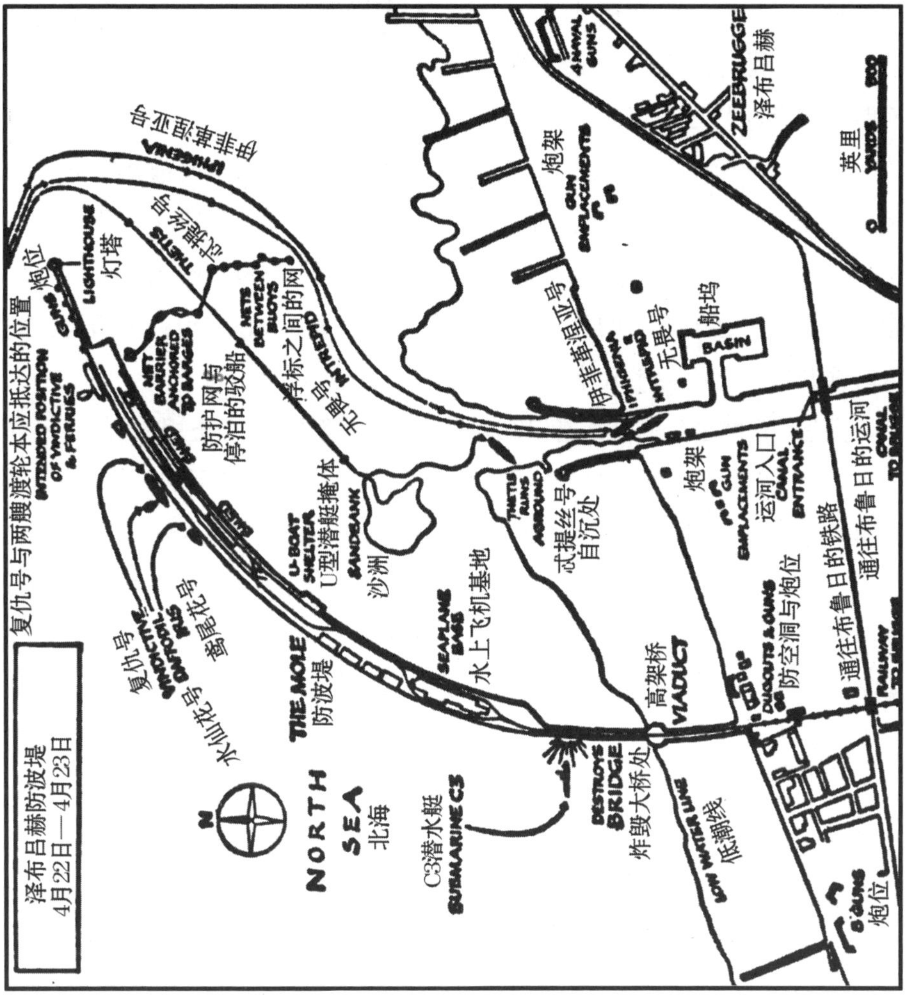
泽布吕赫防波堤
4月22日—4月23日
N
NORTH SEA
北海
复仇号
VINDICTIVE
水仙花号
DAFFODIL
IRIS
鸢尾花号
THE MOLE
防波堤
复仇号与两艘渡轮本应抵达的位置
INTENDED POSITION OF VINDICTIVE & FERRIES
GUNS
炮位
LIGHTHOUSE
灯塔
防护网与停泊的驳船
NET BARRIER ANCHORED TO BARGES
浮标之间的网
NETS BETWEEN BUOYS
忒提丝号
THETIS
伊菲革涅亚号
IPHIGENIA
无畏号
INTREPID
U-BOAT SHELTER
U型潜艇掩体
SANDBANK
沙洲
SEAPLANE BASE
水上飞机基地
C3潜水艇
SUBMARINE C3
DESTROYS BRIDGE
炸毁大桥处
高架桥
VIADUCT
LOW WATER LINE
低潮线
THETIS RUNS AGROUND
忒提丝号自沉处
GUN EMPLACEMENTS
炮架
BASIN
船坞
运河入口
CANAL ENTRANCE
DUGOUTS & GUNS
防空洞与炮位
RAILWAY TO BRUGES
通往布鲁日的铁路
CANAL TO BRUGES
通往布鲁日的运河
4 NAVAL GUNS
ZEEBRUGGE
泽布吕赫
英里
YARDS
0
500
GUNS
炮位

门六英寸口径的大炮已做好准备。他注意到角落里有人在违纪吸烟，但已经没空处理他们了。炮台甲板上挤满了焦急的士兵，他们大多是海军陆战队员，此时距离防波堤只有一二英里，10 分钟内便要登陆了。杨望着防波堤上的炮台开炮时发出的火光，那火光正是他将要轰击的目标。如果防波堤尽头处的灯塔也能看见，那么也要轰击灯塔。不过，只有甲板上的大炮开火后，杨的大炮才会开火。

岸上的探照灯开始搜索海面；接着，一枚巨大的炮弹呼啸着飞过英军船队的上空，发出特快列车一般的轰鸣声。凯斯海军上将既心潮澎湃，又如释重负：开弓没有回头箭，战斗终于开始了。

忽然，风向一变，烟幕被吹回海上，将“复仇号”暴露出来，防波堤上的炮台可以将它的轮廓看得一清二楚。“复仇号”朝着堤墙行驶以寻求遮蔽，然而距离还有四分之一英里。

探照灯锁定了“复仇号”，防波堤上的大炮随即开火。杨海军少校站在黑暗的船舱里，望着左舷船首部的高频火光，并注意到军舰四周响着一种古怪而微弱的爆破声。那是炮弹未击中目标，在海里爆炸的声音。过了一会，炮弹开始击中这艘老旧的巡洋舰。杨等不及要开火，心里想：“甲板那边什么时候开炮？会不会不开炮了？”

突然，杨的附近响起一连串爆炸声，震得军舰摇晃不止；眼前闪过一道蓝光，令人目眩。那是大炮击中了附近的位置，炸死了海军陆战队指挥官埃利奥特（Elliot）中校及副指挥官柯德纳（Cordner）少校。当时杨正忧心如焚，全神贯注地听着甲板上是否开出第一炮，没有注意到附近的情况。他从炮眼看出去，发现一艘友军摩托艇向前乘风破浪，“疾驰如飞”，施放烟幕以掩护“复仇号”。“它绕过‘复仇号’船头，正好位于防波堤炮台与我们中间，就在敌军大炮底下穿行过去，消失在自己放出的烟幕中，完好无损。此等英勇之举，委实壮观。”突然之间，杨的身后响起“砰”的一声，他感到右臂像是被一柄大锤砸了一下，身子没站稳，滚入了一条狭窄的通道里。那通道通往炮台甲板，一群海军陆战队员在上面。“怎么回事，你这是怎么了？”一名战友惊讶地问道，并用脚拨了拨受伤的杨。

“轰击声十分惊人，防波堤上大炮发出的火光简直触手可及。”舰长卡彭特后来回忆道。按当时的情况看，防波堤火炮不大会射丢目标，因此卡彭特认为，没能打沉“复仇号”纯属防波堤炮台自己的问题。卡彭特位于左舷的火焰喷射器掩蔽所里，指挥“复仇号”转向右舷，在火炮的交叉火力网中保持着速度。圣乔治日 0 点刚过 1 分钟，“复仇号”开始与防波堤平行，进入了敌人布满整条长堤的机枪火力网。卡彭特下令全速倒退，接着“复仇号”轻轻撞上了防波堤。

从掩蔽所的位置，卡彭特刚好能够看见墙头的上空，但由于烟雾、时断时续有强有弱的光线及雨水的遮挡，他看不太清楚。舰船的位置似乎比预定的靠西一些，因此他下令继续保持全速倒退。时间紧迫，封锁用的沉船会在 12 点 20 分到达，在那之前，“复仇号”必须转移敌人的注意力。卡彭特通过传声筒命令右舷放锚，谁知那锚出了故障，放不下去。于是他命令“复仇号”全速倒退与全速推进交替进行，以保证船只处于合适的位置。左舷的锚放到了堤墙脚下，卡彭特命令船只先减速，等待 100 码长的锚链放出来。锚链刚一稳定，“复仇号”便向外摆动，远离了防波堤。跳板搭不到岸上，每当有军官试图上岸把钩绳拴牢时，便会被机枪火力撂倒。在这千钧一发之际——午夜 12 点 4 分——小小的“水仙花号”从烟幕之中驶出，船长坎贝尔海军上尉指挥船头顶住“复仇号”，将其船身推到了防波堤旁边。

18 块跳板中 16 块已坏掉了，“复仇号”立即放下剩余的两块，成功地搭在了堤墙上。有人大喊了一声：“冲上防波堤！”于是众人齐声响应。幸存的海军陆战队员带着梯子及绳索，爬上摇摇晃晃的跳板。第一个登上防波堤的是布莱恩·亚当斯(Bryan Adams)海军少校，他没有看到敌人，便试图把防波堤上的锚固定在墙上方，只是没有成功；于是他便率领水手向左冲着炮台前进。一行人走了一段，遇到一处类似战壕的地方，前面堆满了石头。亚当斯集合一小队水手，向前猛冲过去，谁料战壕后面突然响起了机枪声；德国兵冲了出来，打了几枪，又退了回去。亚当斯意识到，自己想要越过这道壕沟，冲到炮台那边，非得有援军帮助不可。于是他匆匆回来找寻援军。海军陆战队代理指挥官韦勒(Weller)少校率领两个排，正从“复仇号”的舷梯滑下，前往防波堤的低洼部分。每个排的编制是 45 名士兵，现在只有十余人了。少量德国兵冲出来扔手榴弹，很快便被乱枪击杀。中士 H. 莱特(H. Wright)率领 13 名士兵向前冲锋，心里只想为死伤在“复仇号”上的战友报仇，却发现德军已撤退到防波堤更高处的混凝土掩体里。莱特发射了数枚红色信号弹，通知后面的人自己已率队就位。与此同时，“水仙花号”往每平方英寸承重 80 磅压力的汽锅硬生生施加 160 磅的压力，以使自己把“复仇号”的船身顶在防波堤上。轮机兵和司炉专心执行艰巨任务，对外面的爆炸声置若罔闻。

两艘潜水艇 C1 和 C3 本应在凌晨 0 点 15 时撞向那座连接防波堤与海岸的大桥，不料 C1 的拖链坏了，无法发动攻击；C3 则正常离开了“三叉戟号”，并在“三叉戟号”的炮火掩护下，以 9.5 节①的速度朝目标前进。距离大桥还有 1 英里多。突然，几颗照明弹升起，暴露了 C3 的位置。两只探照灯照在 C3 身上，晃得潜艇内那为数不多的船员睁不开眼睛。炮弹几乎是随着探照灯一起打来，在 C3 两侧炸开；桑福德(Sandford)海军上尉控制住航向，决心以垂直角度撞击钢桥。此时，射击不可思议地停止了，桑福德下令打开烟雾筒，谁知烟雾不仅没能遮蔽住潜艇，反而模糊了桥梁的能见度；于是桑福德又下令把烟雾筒关上。

第三只探照灯打在 C3 身上，将它照成众矢之的，然而仍然没有炮弹打来。C3 距离大桥只有 100 码了，桑福德只需把好操舵装置，点燃阿马图炸药的引线，然后弃船逃生即可。此举有一定的风险，因此桑福德决定与船员一起撞桥。他做出最后的方向校正后，命令全体船员到甲板上集合。几人站在一起，凝望着面前那看不真切的目标，手紧紧抓住栏杆，以防那微不足道的震荡。桥上的敌人以为一艘英军潜艇自投罗网陷入了防波堤下的铁网里，纷纷大笑，手里指指点点；桑福德等人全部看在眼里。潜艇发出可怕的尖啸声，撞向目标。桑福德点燃了倒计时 12 分钟的爆炸引线，水手们则将一艘小快艇放下水。桑福德跳上小艇，不料上面的螺旋桨出了故障，几人只能慢慢划走，引起了敌军小型火力的一阵射击。六人之中有三人受伤，不过另外三人坚持着把小艇划出了 200 码远。此时传来一声巨响，大桥爆炸，残骸碎片纷纷落到小艇上。一股浓烟直冲云霄。

---

① 节(knot)，航海及航空领域专用的速率单位，相当于船只或飞机每小时所航行的海里数。9.5 节即每小时 9.5 海里。

卡彭特船长在“复仇号”上，望着那“翻滚着火焰、碎片与尸体残骸的巨大烟柱”升上漆黑的夜空；手下的士兵欣喜若狂，因为他们明白这道烟柱意味着什么。“我从没见过这么大的火柱！看起来得有一英里高！”黑暗之中，一艘警戒哨艇蹿了出来，朝着那艘小快艇欢呼，并把 C3 全体船员拖了上去。桑福德如今已是第二次负伤，他发现救起自己的警戒哨艇艇长正是自己的长兄。

如今，通往防波堤的大桥被炸掉了一段，缺口有 40 多码宽。此举不仅使英军的计划得以实现，德军无法派出任何援军；而且还毁坏了包括电话线在内的所有通信设备。此时，三艘封锁用的沉船正在三艘摩托艇的护航下，经过防波堤的延长线；岸上的炮台却由于没能收到通信，误将它们认作己军的驱逐舰，一炮未发便放它们航行通过。

凌晨 0 点 25 分，第一艘封锁用的沉船“忒提丝号”(Thetis)绕过防波堤末端时，右舷向堤上的灯塔开火，然后直奔护住航道的那一排驳船的最南端。直到这会儿，灯塔附近的 4.1 英寸口径火炮才开始猛击“忒提丝号”，两者距离有 100 码远。不料一阵大浪袭来，“忒提丝号”向左舷一转，偏离了驳船的方向，撞在了一道大网上；两个螺旋桨都被网缠住了，船便停了下来。船员奋力清理缠在船上的网，船长则向另外两艘封锁用的沉船——“无畏号”(Intrepid)与“伊菲革涅亚号”(Iphigenia)发信号，请他们从自己的左侧通过。两艘船遵照而行，而“忒提丝号”则迎着猛烈的炮火，在距离运河东栈桥 300 码处搁浅了。最终，“忒提丝号”重新启动了右舷发动机，吃力地进入疏浚过的航道，便在那里自沉了。

“无畏号”从“忒提丝号”旁边经过时，完好无损。它原本可以撞击闸门，但船长博纳姆·卡特(Bonham Carter)还是选择按原命令行事，右舷全速前进到航道口的狭窄部分，而后左舷全速后退。卡特等着船员们大部分乘上小艇，但他担心船只会自行漂入航道内部，于是在轮机舱清理之前便引爆了炸药。80 名船员分乘三艘小艇，弃船而去。

第三艘封锁用的沉船“伊菲革涅亚号”紧随在“无畏号”之后，只被防波堤炮台上的大炮击中两次。运河口处硝烟弥漫，船长比利亚德·利克(Billyard Leake)海军上尉看不清楚情况，又撞上了一艘驳船。摆脱驳船之后，利克继续使用两个发动机前进，并发现"无畏号"搁浅在西岸，船首与东岸之间还有一个很宽的缺口。他打算把缺口堵住，却在掉转船身时撞上了"无畏号"。单凭自己的船无法完全封锁住航道，于是利克把船移向东岸，并引爆炸药，弃船离开。全体船员坐在一艘快艇上，虽然遭到敌军机枪的猛烈射击，大部分船员还是安全转移到了一艘摩托艇上。

"沃里克号"罗盘室里的人越过防波堤的护墙，将情况看得一清二楚。三艘封锁用的沉船都成功沉到了运河口！至于是否成功封锁了运河，凯斯海军上将也拿不准，但"复仇号"确实已无事可做了。"复仇号"船长卡彭特也早已做出了撤离的决定。时间是凌晨0点50分，沉船用了大约半小时完成了自己的使命。"复仇号"的两个汽笛都被打坏了，于是卡彭特命令"水仙花号"发出撤退信号。渡轮"水仙花号"的汽笛声音，活像一支淋浴喷头发出的咕噜声，好在低沉的呻吟最终还是化作了一声尖叫。防波堤上的海军陆战队员听到四声长鸣，便尽量带着死伤的战友回到了"复仇号"。跳板仍在晃个不停。一名海军陆战队员把受伤的战友拉上船，轻轻地放在甲板上。"我不会抛下你的，比尔。"旁人听他如此说道。

"复仇号"上的船员解开了另一条渡轮——"鸢尾花号"的缆绳。（"鸢尾花号"也载着一船海军陆战队战士，不过抵达得有些迟了；当时风浪过大，无法将他们送上防波堤。"鸢尾花号"像一块软木塞一样在海里漂浮，倒是一部分船上的突击队员设法跳上了"复仇号"，参与了攻击行动。）幸运的"鸢尾花号"没有损伤，但它现在必须从防波堤炮台旁经过。杨海军少校不顾手臂伤重，回到岗位，心情沉重地注视着"鸢尾花号"，并回想起"复仇号"从另一个方向经过那边时，遭受过多么猛烈的轰击。不一会儿，防波堤的舰炮便发出轰鸣和砰砰声。"情况太过惨烈，不忍直视。渡轮就那么大，也没什么装甲，被敌人的炮火一顿近距离射击，弹痕累累，看不见的那侧在黑暗中冒出火焰和烟雾，不一会便被浓烟包裹住了。"杨认为"鸢尾花号"肯定正在沉没。"鸢尾花号"共中弹12发：小型炮弹10发，来自岸上的大型炮弹2发。舰桥被炸飞了一部分，两名军官死亡，G. 斯宾塞（G. Spencer）海军上尉重伤。斯宾塞在得到救援之前，一直都在指挥船只。那天晚上，"鸢尾花号"上的人们普遍展现出一种英雄气概。瓦伦丁·吉布斯（Valentine Gibbs）海军中校被炸掉了双腿，但当军医准备使用止血带时，他拒绝了。“别管我，”吉布斯说道，“我要把这些士兵带回去。”558号摩托艇突然冲出水面，来到“鸢尾花号”跟前，放出一道浓厚的烟幕。此番大胆之举拯救了渡轮，然而仍有77名官兵阵亡，105人受伤。

“鸢尾花号”受到轰击时，“水仙花号”获得了喘息的机会，好像是因为从顶住“复仇号”的重任中解脱出来，然后便后撤了。在潮水的帮助下，“复仇号”转向离开了防波堤。此时两块跳板滑落下来，掉到水里，卡住了左舷螺旋桨；好在很快便被清除了。于是，凌晨1点11分，卡彭特下令：“全速前进。”他命人打开人工烟幕装置，不到一分钟，船只便掩蔽在烟幕之中了。“复仇号”以最大航速向西北行驶，熊熊火焰从烟囱的洞孔冒出。从防波堤上远眺，好像是“复仇号”着了火一般。

卡彭特感觉“复仇号”在频繁震动，不过震动的间隔长短不一。他估计是敌军的重型炮弹落在船只附近的水上。即便有一两发打中，也不会给船只造成什么严重损失。20分钟后，“复仇号”通过了布兰肯贝尔赫(Blankenberghe)的灯浮标。迎面驶来一艘船只的黑影，随后大家发现那是己军驱逐舰“莫里森号”(Moorson)。一名军官用手电筒向“莫里森号”发信号，示意它引导“复仇号”，因为“复仇号”的罗盘坏掉了。

再说防波堤上，莱特中士与他指挥的那个排原本听到了汽笛声，但是有人说那不是正确的撤退信号，于是他们又回到自己的据点。接着便是令人惊愕的一幕：“复仇号”开走了。他们被困在了防波堤上。“我们从一场血战中死里逃生，却由于他人的过错而被留在了这里。当我们意识到这一点时，着实心如刀绞。”

凯斯海军上将的旗舰“沃里克号”面朝泽布吕赫，寻找掉队士兵，并遇上了载满一船人的282号摩托艇。凯斯向P. T. 迪恩(P. T. Dean)海军上尉挥手示意，问他收容了多少人；回答说是大约70人，其中不少是伤员。那些是“无畏号”与“伊菲革涅亚号”上的幸存者。众人吃力地将他们转移到“沃里克号”上。两艘封锁用的沉船的船长前来舰桥报告。“比利亚德·利克像是刚从军装店出来，”凯斯回忆道，“全身战斗装备，皮大衣、防弹头盔，一应俱全；人站得笔挺，泰然自若。”博纳姆·卡特则穿了一身脏兮兮的背心和裤子，都湿透了，因为他在运河里下过水。卡特报告说，他已将“无畏号”沉在运河口，并认为已经阻塞了航道。

清晨5点左右，“沃里克号”在多佛尔附近赶上了“复仇号”。“复仇号”船舷以上的部分弹痕累累，烟囱里冒出浓烟与火焰，不过航行速度倒是不慢，将近17节。凯斯告诉“复仇号”，封锁用的沉船已经在运河中沉没，接着发信号说：“作战成功。‘复仇号’，干得漂亮。”“沃里克号”从“复仇号”旁边驶过时，两艘船上莫不欢声雷动。

到达多佛尔后，“沃里克号”与医疗艇并排停靠，将伤员移送下船。接着，凯斯给海军部拍电报称：据两艘封锁用的沉船的船长报告，两船皆已在正确位置沉没。上午8点过后不久，“复仇号”也到了。港内所有船只上的船员都在甲板上集合，对着凯旋的英雄高声欢呼。

海军陆战队于9点30分下船，向卡彭特船长告别后（卡彭特是“此次作战行动的英雄，不过谁也没法描述他具体做了什么”），乘火车前往迪尔（Deal）。下车后，他们步行穿过城镇，前往兵营。

凯斯海军上将与妻子共进早餐，听妻子讲述她昨夜是何等焦虑担心。当时，佛兰德斯海岸传来的炮火声震得窗子咯咯作响，她便在那声音中坐到凌晨3点，接着便强烈地感觉到，一切都很顺利，丈夫正在回家的路上。昨晚的胜利或多或少不能算是完美，因为敦刻尔克那边传来一则坏消息：对奥斯坦德的封锁行动失败了。德军提前把当地的灯浮标移了位置，两艘封锁用的沉船被灯浮标引导着，沉没在了远离运河口的地方。

不过，泽布吕赫之战始终是一场大捷，堪称霍雷肖·霍恩布洛尔（Horatio Hornblower）①式的丰功伟绩，足以弥补奥斯坦德失利带来的沮丧之情。此举可谓继承了德雷尔与纳尔逊（Nelson）②以来的光荣传统，使得

---

① 霍雷肖·霍恩布洛尔，20世纪英国小说家塞西尔·福雷斯特（Cecil Forester）创作的系列小说《霍恩布洛尔传奇》的主人公，其身份是拿破仑战争时期的英国皇家海军军官。

② 霍雷肖·纳尔逊（1758—1805），英国海军将领。拿破仑战争期间功勋卓著，后在特拉法尔加战役中以身殉国。1798年8月1日，纳尔逊率舰队突袭部署于尼罗河河口附近阿布基尔湾的法国海军，大获全胜；后文中所谓的“光荣传统”疑即指此。

全英上下都感到热血沸腾。英国人民为此迸发出前所未有的想象力。《笨拙》(*Punch*)杂志上刊登了一幅漫画,德雷克的鬼魂对凯斯说:"妙极了,您保持了我国的优良传统。我的手下烧的是国王的络腮胡,你的手下烧的是德皇的八字胡。"①

——

那天上午,德皇造访泽布吕赫,为那些击退英军进攻的英雄官兵们庆祝胜利。莱特中士在攻击行动中最终被俘,此时朝德皇瞟了一眼。皇帝对一名英军军官说,他很赞赏英军上下展现出的英勇精神,并下令善待此次行动中的英军战俘。接着,德皇想要与那名军官握握手,但那人只是直直地站着,全然不予理睬。

在巡视过防波堤与港口之后,德皇拍电报给总参谋部称,英军的袭击行动并未成功。德皇说,三艘轻型巡洋舰确实进了泽布吕赫港口,也完成了自沉,但无济于事。

德皇所言属实。英军没能封锁住运河。德军的潜艇与驱逐舰早已绕过了那些沉船。单从物质层面讲,此次袭击可说是收效甚微;而从精神层面看,则是对士气的一次极大振奋。"此次行动不是为了战争,而是为了维护海军的荣耀与声誉。"海军上将沃尔特·考恩(Walter Cowan)说道。温斯顿·丘吉尔则说海军从此次行动中重拾了"在日德兰丢失的尊严"。各协约国无不欢欣雀跃,因为此次行动证明西线的大规模撤退没能吓倒英国。英国人知道如何作战,如何赴死。八位获得维多利亚十字勋章的战士及所有参加泽布吕赫战斗的人们,理所应当地获得了全国上下的赞誉之声。

二

泽尔特中尉惊醒了,泽布吕赫的炮声震得卧室窗户颤动不止。他起初以为轰鸣声来自凯默尔山,接着便发现其实是海岸炮声,于是便命令摄影组

---

① 1587年,西班牙"无敌舰队"准备进攻英国,德雷克率领舰队奇袭加的斯港,摧毁西班牙战船数十艘,并成功打乱其战略部署,为英国海军争取了准备时间。德雷克后来不无得意地称此役是"火烧西班牙国王的胡子"。

做好准备应对紧急情况，自己则去找情报处军官了解情况。听说是海上袭击之后，泽尔特表示，此等场面必须拍摄下来，付出再多代价也在所不惜。情报处允许泽尔特前往拍摄，条件是入夜之前赶回来，因为进攻凯默尔山就在两天之后。

在黑夜之中，摄制组乘车火速赶往布鲁日。到达布鲁日后，海军方面坚持派一名炮兵军官护送他们前去战斗现场。伴随着不断增强的炮火，众人的奔驰车在沿运河平行的公路上疾驰如飞；而当抵达港口时，天空已露了鱼肚白。防波堤笼罩在浓密的海雾之中，大炮小炮猛烈开火，还间杂着步枪与机枪的声音。泽尔特极力主张前往战斗现场，于是征用了一艘小型摩托艇。下了水，泽尔特发现右边是两艘沉了一半的船，甲板上不知为何堆了大量的桶；左边则是防波堤，与陆地的连接桥不知怎么被炸断了。泽尔特等人继续向前方驶去，发现有的水手躺在防波堤上一动不动，有的则在四处奔跑；泽尔特意识到，此处必是英军突击小队试图登陆的地点。大堤之外的海面上，雾中的英军军舰炮火逐渐减弱。对一名步兵而言，眼前这幅景象委实难以适应：硝烟扑鼻，海雾弥漫，根本无法拍摄。泽尔特命令小艇缓缓前进，并观察两侧的情况。岸上的炮台喷出火光，英舰则仍在海上还击。炮弹远远落在泽尔特右边，炸裂开来，激起巨大的水柱；而那些落在沙丘上的炮弹，炸起的东西远远看来就像一片灰黑色的树木。

终于等到日出，泽尔特及摄制组开始拍摄。他们将小艇驾驶到一艘沉船旁边，发现那些桶里装的是水泥。泽尔特爬上被海水浸透的甲板，那里摆满了撬棍、绳索和三个一捆的弹药筒。执行如此一项行动，需要何等胆略、何等果决！泽尔特穿过打滑的甲板，与两名军官一起爬上舰桥，默默地观察着这一异样的景色时，内心不禁钦佩起那些英军船员的胆略。尽管行动未能成功，仍不失轰轰烈烈。那些英军水手，一个个都是铮铮铁汉！“而我们竟要兵戎相见，以崩碎对方的脑壳、撕破对方的喉咙与五脏六腑为能事，岂非愚蠢至极……如果我们彼此不再交兵，而是并肩作战，那么无论是要摧毁整个世界，还是要携手支配世界，更有何难？”

次日，摄制组乘车来到凯默尔山下的一个村庄。街道空空如也，残败不堪，众人行走于其间，炮弹开始落下。不过几分钟，众人便被黑色的硝烟与红色的砖灰所笼罩了。身后是连绵的凯默尔山山岭，棕色、黑色、白色的炮弹在那边炸个不停。再过一天，那边便是德军的地盘了。

4 月 24 日凌晨 2 时 30 分，泽尔特醒了过来。向窗外望去，凯默尔山山坡上闪烁着大炮的火光。那纯属常态。显然，直到此时，敌人仍未预料到即将发生之事。突然，伴随着一阵可怕的巨响，数百门大炮发出的毒气弹开始在法英两军的炮兵阵地及后方地区落下。炮弹"像恐怖的烟花一样"炸裂开来，黑暗中的山脊赫然显现，好像是泛光灯打在了上面。火箭弹冲上天空，"有如火山爆发"。

凌晨 4 点 30 分，炮击暂时停止；而当半小时后炮击恢复时，主要目标变成了前沿战壕。法军阵地承受了将近一小时的连续炮击，据一位老兵回忆，这"比在凡尔登经历过的还要惨烈"。到早晨 6 点时，几乎全部的法军炮兵部队都在炮火或毒气的攻击下失去了战斗能力。把守凯默尔山的法军只有六个团，此时他们遭到德军三个半师的猛攻。德军的先头部队由阿尔卑斯军（Alpine Corps，名为军，实则只是一个师）担任，该军在 4 月 14 日那天未能攻取巴约勒附近的山岭，将功赎罪之意表现得十分迫切，却被己方的大炮火力挡住了去路。几道白色的闪光信号从烟雾中升起：火力前移！随即便响起一阵大炮开火的轰鸣声。

摄制组跟随着奋勇冲锋的阿尔卑斯军前进。在清晨天空的映照下，凯默尔山的轮廓清晰起来。泽尔特等人看到，前方有一群友军穿过灌木丛展开进攻，机枪嗒嗒作响，步枪砰砰地发泄着"怒火"，手榴弹的爆炸声则低沉而有力。而在后方，炮手及步兵早拉着野战炮上了山坡，前面的人倒下去，新的步兵便如潮水般涌上，填补空缺；才消失在一座山丘后面，便又如鬼魅一般从近处的山坡出现。前线开始将伤员运送回来——有德军士兵，也有英法战俘。一个支援炮连有节奏地发射炮弹，从不停歇。士兵们斗志昂扬，高唱着炮手的战歌："你不会知道，发生了什么！"泽尔特向现场指挥的军官敬礼，那军官兴奋地挥动着手臂，指着凯默尔山山顶说道："前进，前进！"

几分钟后，摄制组抵达了德军攻下的第一处机枪掩体。伪装网已被扯开，表明此处曾展开过残酷的肉搏战。敌人的据点在山上层层分布，有如梯田一般。轰鸣声四起，步兵在恐怖的炮火掩护下向高处艰难地冲锋。泽尔特尽其所能地跟上前进步伐，手上没有忘记拍摄四周那惊人的画面。正前方，掩护炮火集中轰击着长长的山坡。忽然，凯默尔山的顶峰跃入眼帘，泽尔特看到银色的闪光信号一飞冲天，表明战斗胜利。凯默尔山已被德军拿下了！

到7点10分，阿尔卑斯军登上了最高峰。30分钟后，德军彻底控制住了局面，俘虏敌军800人。又过了10分钟，右边第56师的一个团冲进了凯默尔村，共俘获1600人。

法军步兵已从山的另一侧向山下撤离，逃往西北方。前来参战的英军询问发生了什么事，回答只有两个字："毒气！"此战使德军来到了英军右翼阵地背后，两军相距只有2000码。把守右翼阵地的是英国皇家苏格兰兵团(Royal Scots)。

9点7分，德军第4集团军参谋长冯·洛斯伯格将军给鲁登道夫打电话说一切顺利，并打算扩大攻势。鲁登道夫则对下属的此番热情不以为然，并强调了"敌人发动反攻的可能性，及后备部队紧紧跟上的必要性"。

然而，洛斯伯格推进战线的心情实在太过迫切，竟给近卫军(Guards Corps)的参谋长打了电话，告诉他事情尽在掌握之中，并下令"做好准备，一旦英军放弃伊普尔突出阵地，便随后追击"。

泽尔特的摄制组正在拍摄那尸横遍地的山坡。成群结队的战俘，从那些被攻占的据点被押下山去。这又是一幅精彩的画面，可以向国内那伙厌战派一展德军之成就。身处如此一个具有历史意义的场景之中，摄影师们的心中充满了自豪与陶醉。他们朝着残破的凯默尔山山顶，吃力地爬上最后几百码，因劳累和兴奋而汗如雨下。到达山顶，眼前展现的是一幅壮丽的全景图：炮弹爆炸，硝烟弥漫，激起尘土有如涌泉。向右望去，可以看见伊普尔的塔楼与一连串的村落；向左望去，远在视野之外，正是加来、敦刻尔克以及英吉利海峡。

数小时后，德军破译了英军的一封无线电报，内称凯默尔山陷落，须死守北部战线。在与下属各指挥官磋商之后，洛斯伯格决定次日上午恢复进攻。

——

那天在伦敦，政府官员更为关心的似乎是内斗，而非凯默尔山的惨败及失守。政敌们指责劳合·乔治，称：该为3月21日大败负责的正是首相，而非黑格或高夫。政府高层对这位“驴脑袋”德比勋爵议论纷纷，因为勋爵此前已被解除陆军大臣的职务，似乎是降职去了巴黎担任大使。劳合·乔治则正对爱尔兰牢骚满腹。前一天，首相便在亨利·威尔逊面前咒骂过那片令人不悦的土地：“真希望你那天杀的国家沉到海底去。”威尔逊打趣说那只是因为首相不愿或不能统治爱尔兰。“总体来说，”威尔逊在日记中指出，“劳合·乔治的政府目前处境十分艰难。”

大约正在德军攻陷凯默尔山山峰的同时，威尔逊对新任陆军大臣——米尔纳勋爵说，如果引入一项自制法案，将北爱尔兰置于都柏林统治之下，那么必将发生内战，而爱尔兰并没有足够的兵力去应对内战局面。

在下议院，丘吉尔倒是谈到了军事危机和军工生产，并指出目前的问题是人力不足。丘吉尔先是呼吁男性主动参加军工生产，然后称赞了所有劳动人民做出的伟大贡献。至于有人“在劳工如何看待战争这一问题上，吹毛求疵、指手画脚”，那是绝不应该的。丘吉尔特别表扬了他自己的军火部所雇用的近75万名妇女，她们负责生产百分之九十的炮弹，那些炮弹是“构成英军炮兵部队之火力与威慑性的基础”。演讲时长一个半小时，丘吉尔以向英国人民热烈致敬作结。“任何紧急突发的请求，他们都会满足；任何始料未及的需要，他们都能提供；任何压力都无法摧毁他们的耐心；任何苦难与危险都无法动摇他们的意志。那就是我们的人民。莫要争吵，莫要像此前那样，一次又一次地听任悲观与激愤的情绪摆布。我们应当感到欣慰：假如我国注定要经受此番磨炼与危难，那么我们恰好都在这里，同甘共苦，一起见证我们克服困难。过程或许漫长，成功必将实现。”结语的这席话或许是针对当权者的一番批评，因为他们只忙于彼此争斗，忽视了鼓舞人民。

另有一件出人意料之事：走马上任的德比勋爵接任驻法大使时，心情居然不错。黑格发现他“变了个人！兴头很高，胃口也好”。在宴会上，德比甚至顽皮地拿自己的处境开起了玩笑：“那些个政客们，个个都是坏蛋，对吧？”“不太清楚，”黑格轻声笑了笑，“我跟他们不熟。”众人一阵欢笑。“你本人就是一名合格的外交官，”德比说道，“而且我们还会看到你荣升高位。”勋爵很爱与法国人打交道，与克列孟梭处得很好。凯默尔山陷落那天，德比写信给自己的密友——外交大臣贝尔福："我觉得克列孟梭挺好笑，他在公开场合瞧不起咱们首相，一副自己能够随意驱使首相的态度。"

次日，亨利·威尔逊又去了一趟法国。大多数人都不喜欢横渡英吉利海峡的旅行，威尔逊是个例外，而且无论天气多么糟糕，他总爱去舰桥上看看。威尔逊的第一站是蒙特勒伊的黑格的总司令部，黑格告诉他，法军承受了几个小时的轰炸，没做太多抵抗就放弃了凯默尔山。在此前不久写给妻子的信中，黑格如此说道："我不知道他们怎么就走了。"

当天过午不久，黑格亲自视察了凯默尔山地区的情况。此举原因有二：其一，他希望亲眼观察一下危急的局势；其二，他还希望与凯斯海军上将进行磋商。两人在第 2 集团军司令部会谈，并与普卢默将军一起观察了英军大炮轰击凯默尔山山顶的状况。随后，黑格对凯斯说，与法军左翼保持联系是第一要务，因此放弃敦刻尔克虽属无奈，或许仍势在必行。

凯斯表示反对，因为敦刻尔克对于保卫海峡两岸的交流至关重要。黑格则回答说："两害相权取其轻，与法军左翼失去联系是致命打击。失去联系的情况随时可能发生，只有天知道会发生在什么地方。"

凯斯回到敦刻尔克，心情颇为沮丧。黑格回到总司令部时，也仍在为法军的撤退生着闷气。黑格在日记中写道，骑兵居然不得不去"收拢从凯默尔山来的法军逃兵，防止发生大规模溃退。这都叫什么盟友呀！"

——

第二天是 4 月 27 日，上午，黑格在阿布维尔会见了克列孟梭、福煦、米尔纳和威尔逊。在讨论到凯默尔山问题时，众人都发了火。福煦以法军受创为借口，拒绝向英军提供任何支援；而英军当时正在亚眠地区奋战，数次打退敌军的猛攻。威尔逊指出，过去一个月里，英军 60 个师出现了 30 万伤亡，而福煦的 100 个师只有 6 万到 7 万人的损失。"如果这样继续下去，"威尔逊说道，"当部队开始轮休后，战场上就没有英国陆军了，战争自然也会输掉。"他建议法军忍耐阵痛，然而福煦很是顽固，拒不在战时进行换防。会谈结束后，威尔逊与克列孟梭出门去散步，"然后，我便想方设法打听福煦的真实想法，看他是否愿意保护港口或将部队撤至索姆河后方。我费尽了唇舌，然而对方根本不加考虑。克列孟梭说他一步也不会后退，他挡得住德国佬的攻势云云。当然，事情不能就这么算了，我一定要讲个明白。福煦与‘老虎’的态度有些棘手，而我们的态度则很简单：继续坚持自己的主张即可”。

德军在凯默尔山地区的攻势仍未停止。4 月 29 日上午，黑格的总司令部收到一份报告，称德军持续推进，已攻陷了凯默尔山外围的诸多小丘、舍尔彭贝格(Scherpenberg)以及整个红山-黑山(Mount Rouge-Mont Noir)高地。“这则军情太过重大、太过出人意料、太过不可理喻，”黑格参谋部的一名军官乔治·杜尔(George Dewar)后来回忆道，“以至于人们听了之后，都以为是个玩笑，哈哈笑了起来。”法军再怎么无能，也不至于如此兵败如山倒吧！不料，与当地法军指挥部一直保持直接联系的普卢默将军发来一份报告，证实了失守的消息。“于是，怀疑变成了极度的焦虑与匆忙的行动。”普卢默的整个第 2 集团军陷入了步履维艰的危局。

“以我的经验来看，情势绝不会这么坏，也不会像第一份报告所说的那么好。”黑格嘴上对参谋长如此说着，脚下却迈进了汽车，令司机开往北部地区，能开多快就开多快。一小时后，第三份报告送达：原来一切都是误会，一名法军炮兵观测员过度紧张，上演了一出闹剧。

黑格来到北部地区，先后与普卢默将军及第 22 军的戈德利(Godley)将军交谈。戈德利对法军的所作所为——确切地说，是无所作为——深表愤懑：“一道道命令下得好听，说什么‘深入’进行组织工作，结果没见有什么实际行动。”

法军在凯默尔山土崩瓦解，巴黎人对此议论纷纷。“我可以这么说：法国很让我们失望，失望至极。”德比如此写道。世人皆知此人软弱无能，实则未必尽然。新任大使生性优柔寡断，好流言蜚语，诚为事实；然其对人性之观察，堪称敏锐。此封写给外交大臣的私人长信，或许便体现出些许毒辣。“他们满脑子想的都是保卫巴黎，守护英吉利海峡诸港在他们看来，只是第二位罢了。派去把守凯默尔山的那个师，其实是个在南部战线作战不力被撤走的师！法军根本没把防守凯默尔山放在心上。法军与英军之间存在某种相互敌视的情绪，不仅如此，此种情绪在我军内部同样存在。现在就有一种情绪很让我担心，人们动辄把罗伯逊的辞职——或者其他什么问题，任何问题都归在威尔逊的头上。此种倾向在高层人物中间尤为明显。"德比重申自己的观点——克列孟梭持反劳合·乔治的态度；并强调说自己只是想让贝尔福提高警惕，"我不信任首相。首相此人处理一切事情，都是自己想信才去相信。至于亨利·威尔逊嘛，他身上的法国式做派太浓了。"

尽管法军与英军之间存在敌视情绪，两军内部也有着种种龃龉，不过德军并未乘势发动猛攻，这对协约国而言实属幸事。鲁登道夫的部队补给与能源已跟不上了，突击队员精疲力竭、情绪低落。当晚晚餐时，第 3 军军长巴特勒对黑格说，敌人作战时，已不如战役初期那般坚毅果决，"战俘们的表现也有所转变，他们现在只希望战争结束，谁输谁赢已无所谓了"。

——

次日，海因里希·拉姆中尉所属的连在凯默尔山附近遭到袭击，他匍匐来到前沿阵地，打算观察下情况。拉姆见一名卫兵"睡得如同死猪"，便用扫帚拍了拍他；那卫兵清了清喉咙，又沉沉睡去。接着，拉姆又发现一名同样睡着的卫兵，这次他什么都没做；因为他发现，卫兵们不是正常地打盹，而是深深地熟睡，像是死了一般。连续作战已经耗尽了士兵的精神。拉姆匆匆找到下一名卫兵，此人处于半睡半醒状态。"是第 7 连的吗？"拉姆问道。警卫只是迷迷糊糊地应了一声，甚至不知道发生了袭击。拉姆心想：这伙计怕是袭击开始之前就睡着了。拉姆带着扫帚继续向前匍匐，寻找失散的同伴，却只发现空空如也的战壕、严重破损的掩蔽所。他不断地大喊："第 7 连！"全无应声。"你们就回答一声不成吗？"拉姆喊道，"非要睡上一个整晚？"突然，砰砰两声，子弹从拉姆耳边呼啸而过。"是我，小兔崽子们！"他吼了一声，便爬进一个漆黑的掩蔽所，随即摸到一个柔软的东西。那是一名熟睡的战友。拉姆摇了摇那人，对方没有反应；然后摸了摸他的脸，一片冰凉！顿时，拉姆感到身上似有一道电流经过。那是英军的钢盔，不是战友是敌人。此时，旁边响起了沙沙声。"第 7 连的吗？"无人应声。"真有你们的，"拉姆说道，"就不能回答一声？下士在哪儿？"

突然，几名身着苏格兰短裙的士兵高举刺刀，大吼着向拉姆冲了过来。惊慌失措的拉姆只能大喊一声："我是迷路进来的！"一名苏格兰兵用手指戳了戳拉姆的肩章，说道："是个军官呢。"面目狰狞的敌人们便一下子友好起来，纷纷请拉姆喝酒。拉姆谢过众人，并不肯喝。一个满身酒气的苏格兰胖兵不断地把酒瓶递给他："朋友，干了它！"另一名苏格兰兵则给了他一块面包。拉姆表示感谢，然后交出了手枪。

拉姆的战争结束了，同样结束的还有德军的第二次攻势。大失所望的鲁登道夫叫停了攻势。曾有两次机会，鲁登道夫距胜利仅有一步之遥；而此次攻势中，德军数个师不愿出击，另有一部分师战斗胜利后大肆劫掠，止步不前。鲁登道夫将这一切归咎于国会，认为是国会的所作所为削弱了军纪。

鲁登道夫的每一次攻势都取得战术胜利，实现了突破；然而，没有一次攻势达成其战略目标。或许他的战略目标永远不可能实现。两次大型攻势皆以消耗战而告终。现代战争是体量式的战争，施利芬（Schlieffen）①那所谓"决定性战役"的假设，恐怕已行不通了。

三

5月1日，最高军事委员会再次举行会议。此次会议与以往相比，不同的是局势不再迫在眉睫，相同的是唇枪舌剑依然不休。克列孟梭一上来便痛斥美方与英方。近日，潘兴与米尔纳勋爵达成了一项协议，美国5月份派出的10万军队将全部拨给英国。克列孟梭对此抗议道："没人向法国征求过意见。"他的话带点使小性子的感觉，"我们还想着，作为补偿，美国6月份的援军会拨给法国；现在看来，恐怕还是要给英国。我对此深表不满，在此严正抗议"。

米尔纳平日里性格沉静，此时也发了怒。"克列孟梭先生是在暗示，伦敦协议里面有些不可告人之事吧。"米尔纳表示，自己与潘兴都没有阻止美

① 阿尔弗雷德·冯·施利芬（1833—1913），德国军事家。于1905年提出"施利芬计划"以应对可能出现的德国东西双线作战之局面。该计划以法国国土狭小、俄国交通缓慢为前提，认为德军应集中兵力于西线，迅速通过数场决定性战役击垮法国，再掉转矛头迎战俄国。而一战真正爆发时，战争已是国与国之间体量的较量，德军所取得的战术胜利只能给对方带来打击，无法迅速击垮一个国家。

军赴法的意思，“美军抵法后如何分配，概非我等所知。我俩唯一的希望只是要美军快些抵达”。

潘兴与米尔纳同样愤怒：“我国政府不可能与其他人达成协议，去规定美军士兵应该拨给英国还是法国。”他还指出，克列孟梭本人也曾表示，支持将六个美军师拨给四面楚歌的英军。克列孟梭打算避重就轻，说道：“那一点嘛，我就不争辩了。”接着抱怨道，既然是四方结成联盟，其中两方不得独自行事，“5 月份的决定我接受了，现在我想知道 6 月份的安排是什么”。

劳合·乔治以过人的机智缓和了气氛：“我同意克列孟梭先生的意见。协约国的利益一致，这点我们决不能忘记；否则，统一指挥权便毫无意义了。”劳合·乔治提醒法国，自 3 月 21 日以来，英军有 10 个师遭受极其严重的打击，甚至于陷入无法重组的境地。

福煦承认这一点，却又指出法军近日同样损失惨重。“所以，目前法国几乎与大不列颠一样需要美国的援助。”黑格听着漫无休止的争论，脸上露出不悦之色。纯属浪费时间！最令人恼火的是，潘兴仍在坚持主张美国拥有自己的军队。“我军必须坚持统一的原则，”潘兴宣称，“该原则必须得到承认。对此，我绝不退让。美军必须由美军自己的指挥部来指挥。究竟何时能够实现这一点，我希望委员会能够给出一个日期。”何等顽固，何等愚蠢！黑格心想。潘兴似乎并未认识到局势的紧迫。“他渴望建立一支‘独立自主的庞大美军’，却没有考虑到他既没有师长、军长、集团军司令，又没有参谋人员；想让如此一支军队独立运作，不花上两年时间纯属痴人说梦。”亨利·威尔逊亦有同感，他在日记中写道，潘兴“倔得让人上火”。

同样是在那一天，克列孟梭向德比抗议称，英国本土有 100 万受过训练的士兵，却只是留在国内保卫家园。德比努力做出解释，说那些人要么是残疾人、病号和伤员，要么是狱警或军营、防空站的工作人员。“您大可放心，”德比说道，“我国国内只要是适于服役的人，通通都会派到法国来的。”然而，德比在写信给贝尔福时说克列孟梭显然对他的辩解一个字都不信。“而且我看得出，”德比补充道，“克列孟梭对此事流露出的那种怀疑态度，在福煦身上也能看到……正如我此前所讲，在法国，有一股敌视我国的情绪在暗中涌动着。他们认为，英国在兵力方面有所保留，或是没有尽职尽责，故而产生了该种情绪。”

翌日下午，法英两方在阿布维尔的一处私宅中举行秘密会议，讨论军事危局。威尔逊将军问，假如迫不得已将要撤退，是应该退守海峡诸港，还是退到索姆河后方？“Ni l'un ni l'autre!（两者都不是!）”福煦坚持道。对威尔逊而言，福煦的答案等于没有回答，于是他又问了一遍。黑格插嘴说，与法军保持联系至关重要。与法军战线隔绝将招致灭顶之灾，军队和港口都保不住。遭到连番逼问后，福煦回答说，假设港口失守，他会将军队撤到南部；但那只是假设，绝不会发生。“绝不会！绝不会！绝不会!”福煦用半开玩笑的语气重复着这几个法语词，间或说什么“不能移动，不能移动；决不能，决不能，决不能”。劳合·乔治、米尔纳和克列孟梭默默地坐在旁边，满脸诧异地看着这一切。

“此情此景不同寻常。”汉基回忆道，“亨利·威尔逊、黑格和贝当主张撤退至索姆河后方；福煦半开玩笑半轻蔑地表示撤退相关问题一概免谈；政治家们一反常态，不再高谈阔论，而是侧耳倾听。这着实是一番饶有趣味的经历。”最后，福煦的意见占了上风。于是众人一致决定：英军第一目标是与法军保持联系，港口则是第二目标。

劳合·乔治在这场激烈争论中并未扮演什么角色，却仍然出现在了黑格写给妻子的信中。首相起程回国后，黑格在信中写道：“有句话我不吐不快：看到劳合·乔治离开的背影，我没有丝毫不舍之情。此人给我的印象就是一个彻头彻尾的伪君子。他私下里总是对我彬彬有礼，宴会上也很会活跃气氛。我担心此人，是因为他总是斤斤算计个人得失，真可谓口蜜腹剑。”

四

自从 4 月 9 日在下议院发表那份既失言又失实的讲话以来，劳合·乔治便时时受到反对者的攻击。攻击点正是他的发言——3 月 21 日是一年以来英军兵力最多的一天。首相对黑格与高夫的无端诽谤反过来成了对方的话柄，在德军攻陷凯默尔山的前几天一直烦扰着他。4 月 22 日，陆军部在其每周综述报告称，此次大型攻势中，德军步兵数量超出协约国军队 33

万人。劳合·乔治勃然大怒——同时又心慌意乱。“唉!”首相后来写道，“短短一个周末,我军的数量优势竟就消失了！……此事可谓灾难,在协约国军队中撕开一个巨大的裂口,然而它并非发生在血迹斑斑的法国战场上,而是发生在铺着绒毯的陆军部办公室里。摧毁我们队伍的并非德军的火炮,而是一支英国的自来水笔。”劳合·乔治的推论是:有人突然弄出这批新数字来,为的只是让他下不来台,“我意识到,斗争已经转移到国内战线了”。

首相把怒火发泄在了新任陆军大臣米尔纳勋爵身上;陆军部公开这批新数字,自然经过了米尔纳的批准。为什么批准呢？是因为衰朽不堪,还是一时失察？抑或是阴谋的一部分,意图将首相赶下台？劳合·乔治给米尔纳写了一封言辞激烈的信,指责公开那批新数字的行为“极度草率”,并称此份文件性质极为恶劣,要求对负责人进行彻查。

首相也将这一问题带到了内阁会议上。威尔逊无法解释数字之间的差异,并声称自己毫无责任。军事情报局局长对此也没有什么新的看法。那么显而易见,罪魁祸首就是弗雷德里克·莫里斯将军了,而此时他已不再担任作战部部长一职。劳合·乔治将莫里斯解职乃是出于怀疑:由于莫里斯是前总参谋长罗伯逊的密友兼心腹,首相便怀疑他在公开反对政府。首相坚信,出现那份让自己下不来台的文件正是来自莫里斯的报复。

诚然,莫里斯一直坚定地支持罗伯逊、黑格及劳合·乔治所憎恶的其他人物,但他与那份文件没有任何关系。莫里斯是一位杰出军人的儿子,也是基督教社会主义者 F. D. 莫里斯的孙子。《曼彻斯特卫报》(*Manchester Guardian*)称他是“陆军部最不露声色、最少言寡语、最谨小慎微之人”。劳合·乔治 4 月 9 日那篇演说,莫里斯 4 月 20 日才读到,一读之下,便十分震惊;他发现首相“推卸责任、让军人背黑锅的心思昭然若揭,同时却表现得对军人宽大为怀”。

两天后,莫里斯前往乡间度假一周,此时才终于有时间研读首相的那篇讲话。“也就在那时,”莫里斯后来写道,“我得知上层在酝酿一项计划,打算撤掉黑格法国远征军总司令的职务,而且那计划很快就要成形了。”那计划是首相对军队动刀子的步骤之一：先搞掉罗伯逊，然后是高夫和黑格。[1] 此外，莫里斯也十分关注那些针对军队的流言蜚语，以及对军人士气的影响。

莫里斯感觉，不论代价为何，自己必须站出来做些什么。他把自己所面临的个人危机告诉妻子，并谈了谈自己日渐忧虑之事：假如劳合·乔治对军队的挟怨报复得逞，战争便必败无疑。莫里斯还对她说，人民被蒙在了鼓里，只有议会揭露事实，真相才能公之于众。莫里斯的妻子是一名虔诚的教徒，她支持丈夫的决定。

4 月的最后一天，莫里斯写信给亨利·威尔逊，提醒他注意首相及财政大臣博纳·劳所发表的失实言论。“据我所知，那些言论产生了一种普遍的消极影响：人们不再信任法国，对法国的信心正在减退。”然而，威尔逊一直没有回信。于是，5 月 5 日莫里斯给他的孩子——南希与弗雷德里克写了一封信：

> 我决定迈出重要的一步。此举或许会给我们的生活带来许多变动，因此我希望提前告知你们一声。不过，在事情见报之前，你们必须守口如瓶。
>
> 过去一段时间以来，政府一直在隐瞒战争的真实情况。政府的目的是向公众展示他们已竭尽所能，从而将责任推到各位将军身上。这纯属弥天大谎，而我，正是了解真相的少数人之一。实际上，我是唯一一个了解真相而又没有真正担任军职的军人。因此，我决定将随函附上的那封信发给各家报纸，希望周二能够见报。此举当然违反了军纪；然而，在少数情况下——所幸不是多数情况——公民的职责要高于军人的职责。经过一番深思熟虑，我深信此时此刻正属于那类情况。我很有可能会被革职，而你们也会因此受苦；当然，我会尽全力保障你们不会受苦。希望在你们看来，我在做一件正确的事情。你们的母亲也

---

① 此前不久，高夫给梅兹中士写了一封信，信中提道：“至于我自己，我从不因那些所谓的‘厄运’动摇，因为我问心无愧。我清楚，第 5 集团军是奋勇作战过的。我所担心的只是总体局势，不管从什么角度说，都不能算是很好。更可怕的是，我们的政府被一群卑鄙而腐败的政客领导着，充斥着诡计与阴谋。那才是真正的危险所在。”——原注

知道此事，她毫不动摇，这对我是一个巨大的支持。

我坚信自己在做一件正确的事情。对一个男人来讲，一旦产生如此的信念，那么其他一切便都不要紧了。我想，耶稣基督在叫我们为他的名舍弃父母妻子时①，讲的正是这个意思。这是一个艰难的决定，原因你们也知道，我热爱军队，而且还得为你们及你们的母亲考虑。不过，现在决定已做出，你们必须帮助我取得最好的结果。

你们的慈父

莫里斯生性正直，家庭的熏陶也使他充满社会良知，因此他不可能做出其他选择。"我当时也知道，自己是在毁掉大好前程，砸掉饭碗。"莫里斯后来写道，"但我相信，自己的行为是正确的；而且相信，只要行为是正确的，我就不会为此而在物质上受苦。"

翌日，莫里斯把信交给《晨邮报》的雷平顿上校。在信中，莫里斯直截了当地说，"现任政府在下议院做出一系列有违事实的陈述"，而4月9日劳合·乔治的发言正是其中之一。接着，他向公众保证，"该信件不是军事阴谋的结果"，而是"希望议会见到信，会下令对我所陈述之事实进行调查"。雷平顿的上司同意第二天登载该信。随后，莫里斯又向《泰晤士报》、《每日新闻》(*Daily News*)、《每日纪事报》(*Daily Chronicle*)及《每日电讯报》(*Daily Telegraph*)发送了信件的副本，接着便前往乡间。莫里斯清楚，次日早晨必将爆发一场大争论，而他本人不想参与其中。

5月7日，除《每日电讯报》外，其他几份报纸都刊登了那封信。劳合·乔治说1918年的军队比前一年更庞大，那是谎言——人们发出的此类指责，所引起的轰动要比莫里斯设想的更大。《晨邮报》称赞了前作战部部长的"古道热肠"，并指责首相没能使西线保证其应有的军力，事到如今，"连他的新闻界也救不了他了"。不出意料，效忠于首相的《每日快报》(*Daily Express*)和《每日邮报》(*Daily Mail*)批评了莫里斯，还狠狠抨击了反对党

---

① 《新约·马太福音》第19章29节："凡是为我名的缘故而舍弃房屋，或兄弟，或姐妹，或父亲，或母亲，或儿女，或田产的人，都将得到百倍，并且继承永恒的生命。"

领袖阿斯奎斯;因为阿斯奎斯要求对莫里斯的指控进行调查。出人意料的是,通常亲政府的《曼彻斯特卫报》却说"我军近日接连溃败,究竟是谁人之责任? 抓住该问题要害"的正是莫里斯。

亨利·威尔逊一回办公室,便命令副官给莫里斯发一封公函,询问他为什么写这样一封信。接着,总参谋长前往唐宁街,那里内阁成员"早已吵得沸反盈天"。最终他们得出结论,同意成立一个由两名高等法院法官组成的荣誉法庭,对"所谓"劳合·乔治及博纳·劳"做出虚假陈述一事进行调查"。

然而,下午5点时,劳合·乔治打电话给汉基说,他已经拒绝了阿斯奎斯要求进行调查的提议;相反,他会在议会"发表一场重大演说","在演说中,他会讲得尽可能多,或许会多过他所预想的程度"。首相把任务交给了汉基,要求他为这场演说准备提纲。其实,汉基从午餐之后便一直在撰写"整个事件的详细摘要"。在多名速记员的口述帮助之下,汉基在晚上9点30分完成提纲,并把它交给了劳合·乔治。"必须由我来亲自处理整项工作,因为其中许多细节,出自国际会议及战时内阁'机密'会议的记录,有一部分甚至出自这本日记。当然,所牵涉的问题要比莫里斯信件中提出的小小指控要广泛得多。"此时,政府正可谓命悬一线。

那天晚上,议会大厅一片嘈杂。全国上下兴奋不已,在无数的家庭、集会所、吧台、会议室、小酒馆里,人们或支持,或咒骂,七嘴八舌地谈论着"莫里斯事件"。

事件的消息由路透社发到了法国。黑格的总司令部里,人人都在热切地读着报道。众人很钦佩弗雷迪·莫里斯①将信件公之于众的勇气。"姑且不提此事还有什么其他影响,"约翰·查特里斯(John Charteris)在日记中写道,"至少,将十分有助于在内阁及议会中创造一种积极向上的气氛。军队里流传着奇怪的谣言,说L. G. 曾打算把D. H. 撤职,让他接替弗伦奇勋爵去担任本土部队总司令,而莫里斯的信件阻止了这一计划,因此D. H. 目前还留在法国。A将军今天来找我,对莫里斯表现得钦佩不已,并说自己

① 弗雷迪(Freddy),是莫里斯的名字弗雷德里克(Frederick)的爱称。

也想写一封信，来支持莫里斯所揭露的事实。A 如果写信，那当然足够权威，因为他代表着问题的当事一方，即战场上的军队。然而，那样一来，就会把 D. H. 卷进去；除非 L. G. 下台，否则 D. H. 将不可避免地被解除职务。因此我很担心，恐怕莫里斯只能孤军奋战了。"

至于黑格，他在公开场合宣称莫里斯公开信件绝非明智之举，因为那违反了纪律；而私下里，则对莫里斯的信很是钦佩："内阁有一种陈腐的观念，以为自己可以肆无忌惮地弄虚作假，军方也只会噤若寒蝉。那封信的出现，对内阁的此类观念是一次不错的'整治'。"

德比勋爵远在巴黎，隔岸观火般地享受着此番争论。天性热爱流言蜚语的德比又给伦敦写了一封长信，信中表示自己无法理解莫里斯为何做得如此决绝。"我也明白，他是罗伯逊的挚友、亨利·威尔逊的死敌；他可能是想把威尔逊和首相一起搞下台，好给被解职的罗伯逊报仇。巴黎这边已经炸开了锅，就结果而言，相当不妙。法国人振振有词地说我们提供的是虚假的兵力数字。可想而知，克列孟梭听到此事，简直感到喜从天降，法方人员纷纷表示我们之前的种种发言终于有个解释了。我得告诉你，莫里斯讲的确是实情，可敬可爱的首相与意气消沉的博纳说的则是谎话。当然，军队与政界有所不同，据我所知法军之中只存在一种情绪：士兵们一片茫然，难以相信一名高级军官会直接拆穿现任政府的谎言，对他们而言，此事实属闻所未闻、超乎想象之□□（该词在原手稿中无法辨认）；因此他们都想知道，莫里斯不久会被枪毙。我想，首相不会束手无策，他会用他独特的办法，将数字与事实调和起来……"

翌日，即 5 月 8 日早晨，《每日镜报》（*Daily Mirror*）登出了头条大标题：

首相要求下院对莫里斯事件做出表决
明日公开会议，劳合·乔治先生将给出事实与数据
是成是败，一切皆看决议之结果

《每日快报》援引首相的话进行反驳，讽刺即将举行的辩论是"莫里斯的

表演”。该报尖刻地点评了莫里斯阵营中的奇怪伙伴：“投降派与贪官污吏暂且按下不表，此外还有些什么人呢？一是极端保守党成员，这群人还没有意识到我们已进入20世纪，每一项社会制度安排都在战争的影响下面临着巨大的变革。二是狂热军国主义分子，这群人对文职人员组成的政府恨之入骨，希望建立一个军政府来统治我们。”大部分劳工及工会组织也大力支持劳合·乔治。伍利奇兵工厂（Woolwich Arsenal）的一批工人给首相发电报：

> 坚持下去。我们支持你，因为你是人民的首相，胜利的象征。德国人希望你下台，但我们工人不希望你离开。你的敌人就是我们的敌人！消灭他们！上帝保佑英格兰！

当天的内阁会议上，劳合·乔治告诉了同事们，自己次日打算讲些什么。下午6点，首相在米尔纳、张伯伦及汉基面前将演说排练了一遍，三人“删繁就简了一通”。首相信心十足，斗志满满。

辩论日是5月9日，星期四。那天天气晴朗，没有举行内阁会议。下午1点，汉基在唐宁街10号检查劳合·乔治的演讲草稿，并做出部分改动。处于备战状态的首相带着博纳·劳，在屋外草坪上走来走去。博纳·劳感觉受到了莫里斯的侮辱，心态十分紧张。“对方的主张，”博纳·劳烦躁地说，“看上去很是坚决，所以我禁不住在想，莫里斯那人不笨，是不是还藏有什么后招？”事实证明他是多虑了。反对党领袖阿斯奎斯准备发言时，完全没有得到莫里斯的帮助。莫里斯那时仍然留在乡下；此举固然有些失策，但那种尽人事听天命、近乎自虐式的态度正是莫里斯的性格表现。从一开始，莫里斯就预言自己必将因此而受苦。

汉基与首相单独共进午餐。每次重大演说之前，两人惯常如此。首相虽然情绪高昂，心态却沉稳得多了。“首相承认，谈论事实及数据的演讲不是他的强项，而且由于自身的凯尔特气质，他总是无法克制自己在演讲中尽可能地发挥。”由于劳合·乔治处于“一种与往常相比，不那么好战的状态中”，汉基便抓住机会，敦促首相让爱尔兰的新总督组建一个爱尔兰内阁，为权利法案做铺垫；并在强制征兵之前，先尝试进行志愿募兵。首相表示同意，汉基感到颇为欣慰。

劳合·乔治到达下议院时，显得十分健壮机敏，活像一名踏上擂台的拳击冠军。辩论以阿斯奎斯的发言开始，他的讲话温文尔雅、字斟句酌，要求成立一个特别委员会以调查莫里斯提出的指控。阿斯奎斯还没怎么提到莫里斯的信件本身，冗长的发言便被一名少数党议员打断了。那议员大喊道："把战争进行到底！"

劳合·乔治开始发言后，很快就掌控了整个下院的局面。他将真相、半真半假的情况及谎言巧妙地穿插在一起，粉碎了莫里斯的指控。首相以一番义正词严的表述给出了致命一击："我所提供的数据，皆引自陆军部的官方记录；那是我在发言之前，命人给我准备好的。假如说数据有误，那么莫里斯将军身上的责任并不比其他人小……毫无疑问的是，与 1917 年初相比，1918 年初驻法远征军的兵力确实有着大幅度的增长。"首相表示，莫里斯将军此举严重违反军纪，成为将士中的负面典型，影响极其恶劣；而阿斯奎斯先生居然未加贬斥，委实令人遗憾。最后，首相呼吁议员们在战争最危急的关头紧密团结在政府周围。"我们共同的国家将迎来何种命运，皆取决于当下及未来的几个星期；因此，我诚心地恳求诸位，此类冷枪暗箭，到此为止吧。"

反对派被打垮了。沃尔特·朗西曼（Walter Runciman）原本打算为反对派振臂高呼，此时显得极为狼狈；他从头到尾没有起身发言。表决没有任何悬念：政府以 293 票对 106 票的优势击败反对党。反对党领袖的妻子听到身旁一个漂亮姑娘说道："阿斯奎斯夫人，恐怕再也不会有人相信我那可怜的父亲了。""你是莫里斯将军的女儿吗？""是的。""不会的，好孩子，政府会处理好的。"

作为为演讲起草提纲之人，汉基认为此次演说是一次了不起的议会大捷。"不过，我始终认为，若要说那场演讲讲述了'真相、全部真相、彻头彻尾的真相'，那是不合适的。例如，首相从作战部那里得到的数据，确实表明 1918 年 1 月 1 日的兵力比 1917 年 1 月 1 日有所增加；然而他的副官提供的数据则与此完全相反。对这一事实，首相稳妥地选择了避而不谈。而知晓此事的我便有些为难了，因为许多的议员不断地来到官员席，问我‘真正的真相’究竟是什么。”①

多数报纸为劳合·乔治的伟大胜利欢呼，因为他将了反对党一军，让他们无棋可走。“莫里斯显然被打垮了，”威尔逊在日记里写道，“那是他自讨苦吃。依我看，此人不过是被虚荣心冲昏了头脑。”

在巴黎，极少有人同情莫里斯。那一天，德比写信给贝尔福说人们对此事印象极差。“此事表现出英军异乎寻常地缺乏纪律，法国人——无论是军人还是平民，都对此惊讶不已。此外，还有人认为此事是对最高军事委员会的抨击，因而感到咬牙切齿。而阿斯奎斯把该问题摆上台面，更加深了他们的怀疑。”在一次午餐会上，德比与美国驻法大使威廉·夏普（William Sharp）及法国外交部长皮雄（Pichon）交谈时，主动“做出明确表态称最高军事委员会没有任何问题，特别强调黑格对福煦的指挥没有异心，并表示那正象征着整个国家及军队对最高指挥权没有异心”。两人听了德比此番表态，颇为满意。德比在信件的结尾表示，希望自己那番话能提供些帮助。

黑格没有异心固然不假，确实也公开谴责了莫里斯，而在写给妻子的信中，他却说：“莫里斯实在可怜！看着下议院如此轻而易举地被劳合·乔治牵着鼻子走，真让我脊背发凉。下议院号称聚集着一群具有良好判断力的英国人，其声望全被此事辱没了。不过依我看，莫里斯与劳合·乔治之间的事情还没有结束。”

“军人愚蠢透顶，”思虑周全、老谋深算的埃舍尔勋爵（Lord Esher）②写道，“他们从来不明白，官场与战场不同。莫里斯不过是被利用了，而他终将对那些利用他的人感到失望。”

5月11日，莫里斯将军以一名少校的半薪，即每年225英镑的待遇退休。此举是一种卑劣的报复手段，军中为此愤愤不平者不在少数。陆军部中，那些知道劳合·乔治使用了虚假数据的人十分愤慨，于是将情况上报给领导——米尔纳勋爵。品行端正的米尔纳在5月15日的一次会议后，等到

① 该段落不见于汉基本人对此次辩论的叙述。显然，汉基是忠于上司的；所幸，汉基的传记作者史蒂芬·罗斯基尔（Stephen Roskill）只忠于事实。——原注

② 雷金纳德·布雷特（1852—1930），英国政治家，第二代埃舍尔子爵。

众人离席，只剩下劳合·乔治、汉基、威尔逊和他自己在场时，提出了这一问题。米尔纳说，那些英军兵力数据确有错误。首相却揣着明白装糊涂，表示自己不能为莫里斯将军的部门所犯下的错误负责，然后便结束了这一话题。

应当为第一批错误数据负责的是沃尔特·柯克（Walter Kirke）上校①，他本以为下议院得知真相后会给莫里斯平反，结果却大失所望。激愤之下，柯克给莫里斯的后任者、作战部部长 P. 拉德克里夫（P. Radcliffe）将军写了一张短笺，要求立即拨乱反正。将军回答说：进一步采取行动不符合军方利益，“依我看，在这件事上，你不需也不必再做些什么了。责任由我来负”。

莫里斯官场失意，却在民间得到了一份待遇优渥的工作——为《每日纪事报》撰稿。米尔纳勋爵得知此事，便给莫里斯写了一封信，告诫他不要在文章中向政府的敌人提供情报。莫里斯礼貌地回复称：“除非得到当局的授权，否则我不会借文章反唇相讥，或是旧事重提。”他还补充道：“我难免会在无意之中透露某些不宜公开发表的东西，因此对我而言，媒体审查官更像朋友而不是敌人。”

同一天，5 月 17 日，罗伯逊将军写信给米尔纳，向他保证：坊间流传着所谓他与莫里斯、阿斯奎斯等人勾结，意欲推翻劳合·乔治政府，那些纯属捏造。米尔纳回复说，那些谣言他也有所耳闻，不过从未放在心上。“正如你所说，目前确是‘飞短流长，满城风雨’。如此一场争论有害无益，不仅会在军人心中播下对政府不信任的种子，而且会刺激公众对军方高层产生敌视情绪，军队内部也会走上拉帮结派的老路；我正在尽全力阻止争论继续下去。此事造成的影响极其恶劣，每一个心怀国家利益之人，都必须不遗余力地制止它不断扩散。相信你也会为此出一份力；同时我也向你保证，我会与你朝着同一个方向努力，站在我的立场上尽力而为。不管是《晨邮报》咒骂政府，还是《每日邮报》咒骂所谓的‘老古董’——同样都是面目可憎。卧榻之侧正有敌人酣睡，此时必须拧成一股绳；窝里斗的所谓传统，如今该是谢幕之时了。”

---

① 沃尔特·柯克（1877—1949），英国陆军将领，时任作战部副部长，后在二战中任英国本土部队总司令。

米尔纳勋爵的此番忠告适用于协约国全体成员，可惜的是，劳合·乔治闹起了情绪，以米尔纳"年迈"体衰为由，将他排除在战时内阁之外。同时，将相之间的怨隙，也丝毫没有结束的迹象。① 黑格与劳合·乔治，如此两位才华横溢的人物居然针锋相对，不能不说是一场悲剧。尽管两人各有缺陷，然而，若论统率军队，黑格仍是最佳人选；若论领导国家，亦非劳合·乔治莫属。两人的矛盾主要集中在一点：黑格认为战争要取胜，必须拿下西线；而首相则希望以尽可能少的伤亡取得胜利。两人都为击败德国尽心尽力，不过若要达成目的，仍需两人通力合作。"协约国一方拥有两名斗士，"埃舍尔勋爵写信给黑格说道，"一个是你，一个是劳合·乔治。我把你们二人并提，也许你会不高兴，不过这确是事实。"无论是容貌、身材、举止，还是气质、性格，黑格与劳合·乔治都可谓天差地别，但两人面临逆境时，同样展示出了坚毅与勇气。战争能否取胜，很大程度上取决于两人是否能够和睦相处。

德军的第二次攻势虽被遏止，但在鲁登道夫的计划中，还有两次新的攻势。美军是否能够及时训练完毕，前去阻挡那些新的攻势，目前仍是未知之数。那些总览全局之人看得很清楚，法军已远远不如 1917 年兵变之前那般强大了。法国人民开始产生厌战情绪，大批工人在左翼和平主义者的煽动下变得对战争极度不满。那段日子，有四个法军骑兵师被迫留在国内平息骚乱，卢瓦尔河（Loire）出现的罢工事件只能通过武力镇压，而巴黎雷诺（Renault）工厂又爆发了新的大罢工。工人们抗议征兵，抗议雇用外国工人，抗议当局拒绝了 1917 年敌人提出的和平协议。德比对此概括道："依我看，等待敌军发动大型攻势的过程中充满着紧张的气息，对人民的心态不是好事；法国人民有点泄气了。"

5 月中旬，世界的命运仍岌岌可危。协约国若要取得胜利，攘外与安内缺一不可。

① 此前不久，黑格在给妻子的信中说："最近有些关于我的风言风语，说我可能会被调任做本土部队总司令云云，希望你别往心里去。米尔纳掌管陆军部，我信得过。此人不搞权谋术数那套，我相信他的品行，他会将个人利益置之度外，为军队及国家尽其所能。"——原注

第七章　干涉 I

3月18日至5月26日

一

3 月 18 日，即鲁登道夫展开“米迦勒行动”的三天之前，英国外交大臣贝尔福向美国总统威尔逊发消息警告说，东方的局势已是“危如累卵”。新兴的布尔什维克政权在德国的压迫之下签订和约，协约国只有从西伯利亚及北部港口进行干涉，方可能改变局面。贝尔福强调，日本可以向符拉迪沃斯托克派兵，当然是以俄国朋友的身份，也只有在协约国授权的情况下才可成行。贝尔福的结论是：对俄国进行干涉是唯一的出路，然而若要实现，美国的支持必不可少。

尽管贝尔福发出了警告，威尔逊总统依然不肯放弃他的“不介入”政策。岂料，符拉迪沃斯托克发生了一起出人意料的事件，将僵局打破，转而化为危机。3 月 24 日，布尔什维克占领了电报局，于是谣言四起，说一支德国-布尔什维克联军将要攻击协约国设在符拉迪沃斯托克的军用仓库。两天后，美国亚洲舰队司令奈特（Knight）①海军上将发电报称该城市局势明显不稳，“苏维埃与……保皇党之间或将发生冲突”。48 小时后，奈特又报告说，

① 奥斯汀·奈特（1854—1927），美国海军将领。1917 年 5 月任临时海军上将，指挥美国海军在符拉迪沃斯托克的军事干预行动。

仓库里的军用物资有被强制征用之虞,“我等恐将被迫登陆”。

4月4日上午,几个身着布尔什维克军服的人走进一家日本人开的商店,索要金钱。店员加以拒绝,于是几人便开了火,打伤三名店员,其中一人伤重而亡。第二天一早,日本海军司令加藤①海军上将未加请示,便命令500名海军陆战队员登陆,“以保障日本公民的生命与财产安全”。英国巡洋舰“萨福克号”(Suffolk)随即亦派出50名海军陆战队员登陆,令他们保卫领事馆。英国之所以卷入此一事件,只是由于一名日本军官做出仓促的判断,两国之间并没有进行任何协商。美国的奈特海军上将则只是作壁上观。外国军队在城市各处布防时,布尔什维克尚未反应过来,几乎没做出任何抵抗。

莫斯科很快便收到了警报。列宁给符拉迪沃斯托克拍电报:“日本很可能会——甚至可以说是一定会——发动进攻。无疑,协约国必将站在日本一方。我们必须靠自己的力量做好准备,为备战全力以赴。”

此时托洛茨基已由外交人民委员改任军事人民委员,于是由新任外交人民委员格奥尔基·契切林(Georgi Chicherin)②发表了一项声明。声明表示,对洗劫商店、谋财害命之事,当局毫不知情;日本帝国主义的企图只是“扼杀苏维埃革命成果,切断俄国与太平洋的联系,掠夺西伯利亚的富饶领土并奴役当地的工人及农民”。那么协约国有什么计划呢?“美国此前的态度不甚明朗,似乎是反对日本侵略的;不过如今,局势已不容许继续不明朗下去了。英国则意图与日本狼狈为奸,共同毁灭俄国。”

当晚,契切林召集协约国各国代表,并请众人做出解释。第二天上午,各协约国代表收到照会,要求立即撤出已登陆的部队。美国红十字会负责人、业余外交官雷蒙德·罗宾斯上校则收到了一份特别备忘录,要求他“立即发表一份全面且明确的声明,阐述贵国政府对符拉迪沃斯托克事件持何种态度”。罗宾斯个人感到十分愤慨。“既愚蠢又恶毒,”在日记中,他如此

---

① 加藤宽治(1870—1939),日本海军将领。此人1927年才升为海军上将,文中所述时点军衔为海军少将。

② 格奥尔基·契切林(1872—1936),苏联政治家。曾以托洛茨基副手的身份参与签订《布列斯特-立陶夫斯克条约》,并接替托洛茨基任外交人民委员。

形容日英军队的武装干涉，“那要么是在挑起战争，要么属于某种战争政策。此等计划真可谓写满了‘邪恶’二字。”

罗宾斯审慎地答复契切林，敦促他将符拉迪沃斯托克事件作为局部事件处理，可以“通过友好的外交方式加以解决”。罗宾斯也向美国驻俄大使弗朗西斯报告了事情的来龙去脉，并警告说，如果继续干涉下去，俄国便会对日本宣战，怨恨的对象也会由德国变为协约国。“当前，我们正处于俄国局势最为危险的关头，假如日本走出一步敌对干涉的臭棋，便会把美国的诸多优势全部搭进去。”罗宾斯指出，如果日本继续进军，苏维埃当局便会认为此次武装干涉已经过了美国的同意。

贝尔福勋爵的第一反应是对布尔什维克软硬兼施。他对洛克哈特做出如下指示：先去向托洛茨基保证，海军陆战队之所以登陆，只是为了保护英国的财产安全；接着做出暗示，布尔什维克扰乱符拉迪沃斯托克的秩序，才是登陆的真正原因。

二

外国势力以友好干涉的名义入侵俄国，将局势推上了风口浪尖；与此同时，俄国内部的统治也丝毫称不上稳固。在右翼白军势力日益增长的同时，极左势力也在背后兴风作浪。无政府主义者在某种程度上把控了大城市，他们在被没收的住宅等建筑物中建立俱乐部，打起了布尔什维克的口号：“以掠夺还掠夺。”此类俱乐部大多数确实是无政府主义者所成立的，然而，也有一部分其实是罪犯甚至是白军军官在运营，他们冒充革命者以掩盖自己的反革命活动。无政府主义者在莫斯科有他们自己的大型日报——《无政府报》(*Anarkhiya*)，该报主打空想式、煽动性的风格，将事情讲得天花乱坠。在一座饥荒肆虐的城市里，鼓吹自由的无政府主义者那赤裸裸的煽动，对文化程度较低的群众很有吸引力。激进分子虽然只有数千名，背后却有一个“黑色总参谋部”在指挥，形成了一个肆无忌惮、无法无天且拥有武装的国中之国。

4 月 11 日，亦即黑格发表那激昂澎湃的“身陷绝地”公报的同一天，布尔什维克最终决定，解除那些匪类的武装。当局制订了一项周密的计划，派出红军分遣队及秘密警察契卡（Vee-Tsik）①，准备将无政府主义者的老巢一扫而空。行动在午夜开始。机枪保卫下的 26 座无政府主义者建筑被装甲车团团围住，政府命令他们立即交出武器，并给了 5 分钟考虑时间。大部分武装分子屈服了，约 500 人被逮捕；另有 100 余名负隅顽抗之徒，一番血战之后，非死即伤。事后，应契卡指挥官的邀请，雷蒙德·罗宾斯与英国特务布鲁斯·洛克哈特参观了战斗地区，为他们做向导的是一名契卡，名叫雅各布·彼得斯（Jakob Peters），此人在英国生活很久，操一口伦敦腔。一行人参观那些建筑物时，洛克哈特深受震撼。"其污秽之程度无法形容。地板上到处是碎瓶子，宏伟的天花板弹痕累累，酒渍与人类排泄物玷污了欧比松（Aubusson）地毯，价值连城的画作被撕成碎片。死者仍躺在他们被打死的地方，其中有身穿警卫制服的军官；有 20 岁上下的青年学生；还有一些人，一看便知是革命党人从监狱里放出来的罪犯。在格拉切娃大楼（House Gracheva）②的豪华客厅里，无政府主义者的死状停留在狂欢最高潮的一幕。显然，他们是遭受了突然袭击。象征着宴乐的长桌被推翻在地，盘子、玻璃杯、香槟酒瓶摔得粉碎，碎片在满地的血泊与酒洼中分布着，像是一座座小岛屿，令人作呕。一名年轻女子趴在地板上，彼得斯把她翻了过来，只见她头发蓬乱，脖子被子弹打穿，血液凝结成块，透着瘆人的紫色。那姑娘最多不过 20 岁。'是个妓女，'彼得斯耸了耸肩，'也许这是她最好的归宿。'那场景太令人难忘了。为建立自己的秩序，布尔什维克迈出了第一步。"

两天后，洛克哈特与军事人民委员托洛茨基讨论了干涉问题。托洛茨基承认，布尔什维克面临着二选一的局面：要么与协约国达成某种协议，要么遭到干涉。假如遭到干涉，其结果要么是被赶下台，要么是被赶到德国的怀抱。托洛茨基清楚地记得，洛克哈特曾做过保证，说协约国会保障俄国的

---

① 契卡，俄国因革命需要所建立的特别警察机构，全称"全俄肃清反革命及怠工非常委员会"，"契卡"为其简称的音译。1922 年被改组为国家政治保卫局，通称"格别乌"；1954 年又改名为国家安全委员会，即如今的"克格勃"。

② 格拉切娃大楼，位于莫斯科彼得罗夫卡街（Petrovka street）的一栋五层大型建筑，建于 1902 年，因初代主人亚历山德拉·格拉切娃（Alexandra Gracheva）而得名。

领土完整。于是他授权洛克哈特为他发表一项声明，用电报传给贝尔福：

> 受到不平等和约束缚的俄国，与德国开战只是时间早晚问题；托洛茨基意识到这一点后，认为在此等状况下，接受协约国之帮助方属上策。他希望协约国尽早找寻机会发表一项全面且适当的声明，阐述自己可以提供何种帮助，准备给予何种保证。如果条件□□□□(该词疑为“令人满意”)，他将考虑签署一份兼顾自身需求与客观情况的协议。

该项声明并未要求布尔什维克承担任何义务，极有可能只是某种争取喘息时间的诡计。如果确实如此，那么诡计可以说得逞了。贝尔福之前曾给华盛顿发电报称，布尔什维克缺乏与德国作战的能力，且其目标“并非战场上的一胜一负之争，而是要在世界范围内掀起社会革命”；此时他读到托洛茨基的提议，更加确信了自己的看法。不过，贝尔福确实改变了某些想法，他给驻华盛顿大使发了一封电报：

> 请向豪斯上校说明：在我看来，由于托洛茨基明确表态，愿意邀请协约国协助抵抗德国侵略，局势已完全改变。

在俄国，对无政府主义者巢穴展开的那场毫不留情的血腥清洗，得到了官方报纸的大力宣扬。罗宾斯也很高兴，他满心以为，布尔什维克之所以采取此类稳固权力的措施，之所以要彰显自己不受德国的控制，都是因为自己的苦口婆心起了作用。然而，在干涉问题上，洛克哈特已生了二心。4月21日，洛克哈特给伦敦拍电报称：或许，再过一段时间，协约国应当直截了当地通知布尔什维克，不管他们同意与否，干涉势在必行。

洛克哈特没有解释为什么自己的态度发生了一百八十度的剧变。也许，他是受到了莫拉·巴德博格(Moura Budberg)①的影响。此人是一名年

---

① 莫拉·巴德博格(1893—1974)，俄国女间谍。此人十月革命前即与洛克哈特相识，虽为有夫之妇，仍与洛克哈特过从甚密。洛克哈特事件后，莫拉离开俄国，先后成为苏联作家高尔基及英国科幻作家威尔斯的情人，最终移民英国。

轻迷人的俄国贵族。“或许是出于那健康的体魄，她身上充满无限的活力，凡是与她接触的人，都会受到感染，心态变得振奋起来。”第一次见到莫拉时，洛克哈特便如此写道；此时，他已深陷爱河之中。“她为我的生命注入了某种东西，那东西胜过任何缘分，甚至胜过了生命本身。”不过，洛克哈特向外交部透露的，只是他过去两周一直在与莫斯科所有重要的反布尔什维克势力接触——保皇党、立宪民主党、右翼社会革命党以及孟什维克。洛克哈特称只要不占领西伯利亚，那些势力便都欢迎协约国出兵干涉。

——

如果说洛克哈特对新政权的信心正在减弱，那么阿尔伯特·里斯·威廉姆斯（Albert Rhys Williams）的信心则毫未动摇，此人原本是美国长老会的牧师，而后成为一名激进主义者。不过，当威廉姆斯准备回国时，倒是有些沮丧；因为与他道别的那些布尔什维克都认为，自己的权力即将成为过眼烟云。“老朋友，咱们有缘再见。”契卡成员彼得斯操着伦敦口音说道，“前提是这几天我们别被吊死在路灯柱上。”彼得斯说这话时带着笑意，而另一名熟人卢那察尔斯基（Lunacharsky）则神情严肃：“我们可能要被迫放弃莫斯科了。不过，就算我们现在离去，有朝一日也终将东山再起。”

在担任《纽约晚报》（*New York Evening Post*）记者驻留彼得格勒的一年里，威廉姆斯与列宁过从甚密。列宁纠正他的俄语，甚至表示愿意为他讲授马克思主义。这一难得的提议威廉姆斯从未接受，他一直忙于组织一个外籍军团去参加赤卫队的战斗。

威廉姆斯起程的那天上午，列宁抽出时间去看望他。列宁先是说英语，而后转为俄语，其中间杂着些许德语，坦率地谈论了城市的饥荒与失业问题。在生活的压力面前，列宁补充道，布尔什维克现在必须要组织贫农委员会——此事本应早些着手。由工人组成的“钢铁分遣队”将会前往农村。他们曾战胜沙皇的军队，而如今则必须学会建立自信、克服自身恶习，同时打倒富农。

列宁解释道，贪婪并非资产阶级所独有。随着权力突然到手，工人也会受到腐蚀，他们自私地攫取粮食和面包，只为自己和朋友谋私利。工人们会沦为囤积居奇者，一如他们当初所鄙视的那些人。“不劳动者不得食”，那是一项伟大的社会主义原则，而践行这一原则的人们，如今必须学会为社会进行生产。

列宁显得很兴奋，好像即将起程东行的是他自己一般。他热情地在地图上指出路线。“我真羡慕你。”列宁说道。看着列宁提及西伯利亚美景时的那份激动，威廉姆斯想起了一位热心的旅行社职员“建议用口袋里的所有钱买上一张票，来一场能走多远就走多远的旅行”。

列宁问威廉姆斯是否准备好了此行的一切所需，是否带了大量纪念品。威廉姆斯回答说带了一卡车日记、笔记、文件、报纸以及一卷电影胶片，那部影片展示了革命生活的创造性及艺术性。威廉姆斯希望拥有足够的材料来写一本书。

列宁摸了摸脑袋：“恐怕美国不会允许你的那些文献和影片全部过境。”接着又警示说，威廉姆斯会在符拉迪沃斯托克遇上“协约国入侵的第一站”：“日本人和英国人已经在那儿准备好迎接你了，如果你落在美军后头抵达，结局就很糟糕了。我建议你快马加鞭。”

威廉姆斯认为列宁一定是在说笑，脱口而出道：“那为什么我向罗宾斯上校道别时，他还是一副信心满满的样子，认为美国会承认革命或者提供某种支持？”

“你说得没错，”列宁说道，“不过罗宾斯代表的是美国自由资产阶级。决定美国政策的不是自由资产阶级，而是金融资本。金融资本希望控制西伯利亚。”列宁说这话时，充满着对社会主义前途的信心，甚至对彼得格勒的电气化工业、以最尖端技术开发的乌拉尔矿山做出了展望。列宁在地图上指出将会建设运河、大堤、水电站的地点，就好像此时全国上下并不存在饥荒，俄国的生存并未受到威胁。他对人民有着充足的信心，不相信俄国陷入了绝境。“列宁当时面无笑意，”威廉姆斯回忆道，“但也并不悲戚。他多多少少重复了几句对我说过的话：苏维埃目前面临的情况，是马克思所未预见到的。尽管如此，外国干涉也不会顺风顺水。不仅社会主义共和国内部，资本主义国家内部的工人阶级也会奋起抵抗，一切只取决于事态的发展。”

威廉姆斯说，他回国正是为了动员人们对干涉政策提出抗议。列宁把椅子向威廉姆斯移近一些，开始咨询美国工程师及科学家的情况。“我们需要大量此类人才。”列宁说道，并询问了社会主义在美国的发展现状，以及美国社会有何种要素会影响到阶级关系。

列宁承认，无产阶级专政不像其他任何专政，它必须立刻粉碎资产阶级的抵抗。无阶级的社会，即共产主义社会，距离人们还很遥远；但共产主义的实现并不仅仅依靠俄国。“我们会取得胜利，前提是能撑过这段时间；而要撑过去，就不得不暂时做出某些让步，以保持生产机器继续运转。如果我们取得了胜利——就算没有胜利也一样——遥远的亚洲、南美及非洲国家就会从我们身上获得鼓舞。”

列宁同时表示，欧洲的无产阶级很快就会与他们合流，但他不肯给出一个时间。“我可以告诉你的是，一年之内德皇必将倒台，确凿无疑。”以同样确信的语气，列宁又补充道，“最终，世界各国将会组成一个社会主义大联邦或共同体——或许是 75 年，或许是 100 年以后。”

威廉姆斯原以为最多能谈五分钟，结果远远超过了预想的时间，于是他意识到自己应该抛出最后一个问题，来结束这场谈话：“不过，您所谈的尽是将来之事。如果干涉成为事实，如果我的国家不制止干涉反倒予以协助，那么情况会怎样？”

“那就意味着，俄国会采取全面防卫态势。我们目前的行动，正是以此为假定前提的。到那时，防卫将会压倒一切，成为第一要务。在那种情况下，革命的步伐可能会放缓，甚至会在形式上暂时扭曲，但革命的意图、目标并不会改变，只是推迟其实现而已。面临外敌入侵，厌战的俄国人民会找到新的战斗动力，农民会为保卫自己的土地而战。他们会明白，日本人、英国人、法国人或是美国人，与德国人都别无二致，他们的到来意味着地主的回归。任何入侵者都必须找到一个基础，他们在人民当中能够找到的唯一基础，就是白军军官阶级。所以说，情况会怎样呢？搞不好，您的帝国主义政府反倒会加速俄国革命的步伐。如果真是那样，那实在是件天大的好事——无论对您的人民，还是对我的人民。”

三

雷蒙德·罗宾斯也在考虑返回美国。自从来到莫斯科后，罗宾斯处处受到总领事马丁·萨默斯(Maddin Summers)的制约。萨默斯是一位德高望重的资深领事，他与俄国的一个名门望族有着姻亲关系，因此忠于沙皇政权。两人的报告常常相互龃龉。萨默斯深信，布尔什维克的权力正在消失；而罗宾斯则认为正在加强。罗宾斯建议协约国与苏维埃进行军事合作，萨默斯则嘲讽他的主张。观点的对立使得两人在私交上也成了死对头。罗宾斯倒是没有采用人身攻击等令人不齿的手段，不过他在日记中称萨默斯是个恶徒。

萨默斯与罗宾斯的关系渐渐水火不容。其实两人都出自好意，只是他们没有把不同的信息来源结合在一起，而是各执一词，坚信有理有据的只有自己。

萨默斯深信罗宾斯是布尔什维克的特工，于是他决定采取行动。他给国务院拍了一份电报，正式请求调离莫斯科："我与罗宾斯无法再共事下去了。"

罗宾斯很快就认清了现实：国务院并不欢迎自己。4 月 22 日，他在日记中达观地写道："大戏即将迎来最终一幕。"三天后，罗宾斯给红十字会拍电报说，救济工作的清算实际上已然完成："建议代表团全体成员返美，拟于 5 月 15 日起程。"尽管对离开感到无奈，罗宾斯仍对布尔什维克的梦想怀有信心，并未失去他的理想主义热情。在 4 月 28 日，俄国的棕枝主日[①]那天，罗宾斯满怀热情地写道："在俄国，在莫斯科，实现了史无前例的无产阶级伟大革命。列宁住进了克里姆林宫！这一刻何等伟大！4 月的时光在无所畏惧中迎来终结！"

死敌准备离去让萨默斯舒了一口气。次日，他给国务卿拍电报，称自己确信列宁与新任德国大使米尔巴赫(Mirbach)伯爵一道，正在发动一场针对美国的外交攻势，意在削弱美日之间的同盟关系。

萨默斯建议协约国发表联合声明，向俄国人民表示友好，向"目前当权的投机分子们"表示敌意。同时，他还警告说，承认布尔什维克为合法政府，

---

① 棕枝主日，天主教节日，也称圣枝主日、基督苦难日，为复活节前一个主日的星期日。由于俄国人信奉的东正教与传统天主教在计算复活节日期上有所区别，因此俄国的棕枝主日与西方的日期不相同。

就意味着承认《布列斯特-立陶夫斯克条约》。

——

西线战场上，凯默尔山刚刚落入德军之手，不过鲁登道夫的第二次攻势已是强弩之末。到5月1日时，危局已过去了。

“五一”劳动节那天，莫斯科的天气阴沉而寒冷，罗宾斯感到一种异常的宁静氛围笼罩着城市。“这是否是某种凶兆?”无政府主义者会不会试图破坏预定的游行，或是对米尔巴赫伯爵来到莫斯科发动某种武装抗议？4万多人排成了超过9英里的长队，在莫斯科游行，市内充斥着持不同政见的各种团体，不过没有发生任何开火事件。长龙浩浩荡荡地经过克里姆林宫外的红场检阅台，每支分队都向着躺在长长壕沟里的尸体——为苏维埃革命而牺牲的爱国者们——表示敬意。

罗宾斯坐在车里，聚精会神地看着游行，突然发现有什么动静。有什么东西在人群之中穿行。原来是一辆汽车，引擎盖两边各挂着一面红旗，汽车两侧的脚踏板上，站着手持刺刀步枪的士兵。坐在汽车后座上的正是米尔巴赫伯爵，一边谈笑风生，一边看着游行队伍，一副云淡风轻的姿态，全然不顾《真理报》前几天对他进行过刻薄的人身攻击:“一个军事集团高举着血腥的帝国主义刺刀，尽其所能地杀戮、劫掠、搅扰;他正是作为该军事集团的代表，来到这座城市。”

随后，米尔巴赫不那么淡定了。他在汽车里站了起来，看到一面巨大的横幅，上面用德文写着社会主义口号:“各国劳动人民，团结起来！德国同志们，抛弃你们的皇帝吧，就像俄国同志们抛弃他们的沙皇那样。”

横幅后面跟着另一支红军分队，身着德国军服，其中有人举着卡尔·马克思的肖像。米尔巴赫目不转睛地看着，回到大使馆后，便发出了严正抗议。布尔什维克对此道歉，承诺停止招募外国公民参加红军，并解释道，他们只是向来自德国与奥地利的新兵授予了苏维埃国籍。

弗朗西斯大使听闻苏维埃的道歉，深感震惊，于是站到了萨默斯的阵线。“依我看来，”弗朗西斯于5月2日向华盛顿拍电报称，“协约国进行干涉的时候到了。”并补充道，他之所以得出这样的结论，是以为米尔巴赫已控制苏维埃政府，成为了“莫斯科实际上的独裁者”。

罗宾斯反对干涉的斗争告以终结。萨默斯取得了胜利。但在几天之后，萨默斯由于过度劳累及忧虑，突发脑溢血后死亡。

四

5月8日，萨默斯的葬礼在伦敦举行。三天后，内阁就俄国问题展开了一次长时间讨论。英国是否应该占领阿尔汉格尔、摩尔曼斯克和符拉迪沃斯托克？是否应该炸毁俄国的波罗的海舰队？“我的准则很简单，”亨利·威尔逊表示，“帮助我的朋友，打垮我的敌人。”

会议期间，日本驻外武官为威尔逊带来一条消息：日本进行干涉的时机已然成熟。威尔逊如何表态呢？“下午晚些时候，我给他写了一张便条，上面的内容我也给米尔纳、史末资和威姆斯(Wemyss)读过了：从军事角度看，日本军队不应过早干涉，也不应走得太远；我一直在向政府强调这一点，也希望日本 G. S.(参谋本部)也向他们的政府如此强调。”

5月13日晚间，参加罗宾斯告别晚宴的洛克哈特并没有意识到上述情况。罗宾斯第二天就要离开莫斯科返美，而且他仍然认为，一旦回到华盛顿，他就能说服威尔逊总统支持与布尔什维克的合作。罗宾斯看起来热情洋溢，精神饱满，一如往日。“此人极具个性，品格高尚，意志坚强。”洛克哈特写道，“他的离去让我若有所失。在我感到独力难支的那段时间里，他的慷慨仗义对我是一种莫大的支持。”

次日，罗宾斯向托洛茨基与列宁道别，两人各给了他一张签名照。列宁还交给他一份惊人的文件，文件中提出了与美国进行贸易的种种可能性。随信还附有一张写给罗宾斯的亲笔便条：“在此附上与美国建立经济关系的初步计划……”

罗宾斯欣喜若狂。他要在美国影响舆论，这份材料很可能派上用场！该文件题为《俄美商贸关系》(*Russian-American Commercial Relations*)，坦率地揭示了俄国生产、进口的下降态势，以及苏维埃经济的悲惨现状。接着又提供统计数据表明，截至革命为止，俄国贸易中美国所占的份额增长有多么巨大；另外的统计数据则显示，美国资本家在战后将取得多么巨大的优势:“德国无法利用俄国市场发展本国工业,而事态的发展会为美国提供有利的环境;如果美国能够在这段时间内利用环境,并在美俄两国之间建立起一个行之有效的商业机构,那么德国将很难重新获得主导地位。”

接着,文件采用一种类似于华尔街招股说明书的风格,提出一个诱人的条件:优先入股者可以享受宝贵的优惠条件。在文件中,对方提出,“西伯利亚东部海洋资源的开发、煤矿及其他矿产的开发、西伯利亚及欧俄地区的铁路及海运建设”,美国都可以“积极参与”。

读到这里,罗宾斯已经能够预见,这份文件将会如何吸引那些具有远见卓识的美国资本家。来晚一步而无法通过开发美国西部获利的人们,将会得到一片比美国西部更广阔、更富饶的领土去开发利用。列宁的提议还暗示:作为经济援助的担保,“顿涅茨盆地(Donets Basin)水道及伏尔加-顿河运河(Volga-Don Canal)的开发”,煤矿、木材资源的开发以及铁路建设,美国都可以参与。

走出克里姆林宫时,罗宾斯有些忘乎所以。手握这样一份文件,他便可以将自己所爱的两个国家撮合在一起。次日,即5月14日早晨,罗宾斯与洛克哈特吃过最后一顿早餐,当晚便登上自己的专用车厢,该车厢挂在开往沃洛格达的火车上。罗宾斯带着列宁签署的特别通行证:“罗宾斯上校及美国红十字会代表团其他成员将从莫斯科前往符拉迪沃斯托克,我要求你们提供一切协助,以使一行人畅通无阻地以最快速度抵达。”

“拨云见日。”火车驶向符拉迪沃斯托克途中,罗宾斯在日记中写道,托洛茨基的信件与列宁的文件“扫清了最终的道路……何等难得的经历!我们要感谢,感谢父,感谢耶稣基督救主,感谢主!感谢圣灵在上赐予我们慰藉与指引!在最后关头——给予我们信心与(该词漫漶难辨)力量,阿门!”

在莫斯科举行的全俄中央执行委员会与莫斯科苏维埃联席会议上,列宁发表了一场重要的外交政策演说。他承认布尔什维克国家是“一方乐土,摇摇欲坠于帝国主义肆虐的贪婪之海”,不过,由于资本主义国家之间的冲突,它能够存活下去。西方的大战使德英两国陷入万劫不复的对立之中;而在东方,日本与美国目前虽维持着同盟关系,但两国注定是宿敌。“几十年来,两个国家经过长期的经济发展,”列宁预言,“早已是一触即发的状态,为了争夺太平洋及其沿岸的控制权，两国的殊死搏斗避无可避。”

列宁表示，帝国主义国家终将对苏维埃国家发动最后的进攻，“为了延长3月份争取到的这段短暂而不确定的喘息时间，我们将付出一切努力。因为我们坚信，几千万工人、农民就在我们身后。工农同志们明白，喘息的时间每持续一星期、每持续一个月，他们都能够汇聚新的力量。我们对自己说……为了推迟战争的到来，为了延长间歇的时间，我们应该在外交上做出一切可能的努力”。

上述讲话揭示了列宁向罗宾斯提供那份文件的原因。列宁希望诱使美国资本家采取行动，阻止他们的贸易对手——日本人进入西伯利亚。暗示的优惠条件是一种诱饵，目的是引诱华尔街对日本的任何干涉提出抗议。美国并不是唯一得到列宁示好的国家。俄方此时也在敦促英国外交代表弗朗西斯·林德利（Francis Lindley），希望他派遣一个经济代表团前往莫斯科，以建立两国之间的经济关系。

列车在沃洛格达短暂停歇时，罗宾斯借机向一名美联社记者透露，他携有一份由列宁向美国政府提出的非同寻常的建议。“我现在身居奇货。”罗宾斯说道，这正是他匆匆赶回美国的原因，但不久之后，他还会重返俄国。

与此同时，米尔巴赫大使向柏林方面建议称，最符合德方利益的做法是“继续向布尔什维克提供最低限度的基本物资，使他们继续当政。尽管布尔什维克颁布了种种法令，但目前与之合作或许有所裨益，因为他们又一次在经济事务方面突然展现出配合的态度，而且至少可以为将来的经济渗透做一些准备”。

就在列宁把那份诱人的提议文件交给罗宾斯的同一天，布尔什维克做出了上述表态。在附近的一间办公室，外交人民委员契切林向德国人保证，苏维埃已准备好建立《布列斯特-立陶夫斯克条约》中提到的经济委员会。而在15日，也就是罗宾斯告诉美联社记者自己身居奇货的那天，为重启商务谈判而举行的俄德会谈在柏林拉开帷幕。

苏维埃向三个大国抛出了“胡萝卜”。列宁给罗宾斯发放特别通行证，敦促所有官员为一行人尽快抵达符拉迪沃斯托克提供协助，其原因之一正在于此。要求“尽快”的另一原因则是为了延缓日本对西伯利亚的干涉。短短几个星期的喘息时间，也可能成为苏维埃政权的救命稻草。每一天、每一小时都不容忽视。

五

罗宾斯离开莫斯科那天，这个新兴国家的存续受到了一次严重打击。当天上午，一辆从符拉迪沃斯托克出发的运兵列车驶进了车里雅宾斯克（Chelyabinsk）站。车里雅宾斯克距离莫斯科约 1500 英里，是一座无关紧要的城镇。列车上满载着奥地利、匈牙利战俘及逃难的平民，他们全是根据《布列斯特-立陶夫斯克条约》准备遣返回国之人。在这里，他们遇上了几辆运载捷克士兵前往符拉迪沃斯托克的火车。那些捷克士兵没有国籍，其祖国仍是哈布斯堡帝国（Habsburg Empire）的一部分；他们曾站在沙皇军队一边对抗德军，现在仍然渴望继续在西线作战，而西线也迫切需要此类奋不顾身、身经百战的士兵。其他捷克火车行驶在横贯西伯利亚的 5000 英里大铁路上，每列火车之间间隔很远，领头的 échelons（俄军术语，指有 40 节车厢的火车）已抵达符拉迪沃斯托克，而后方的火车则出于对布尔什维克的管理的不配合，缓缓行进，时走时停。

自东方初来乍到的奥匈帝国人与那些捷克人之间，存在某种紧张关系。奥匈帝国人认为捷克人是叛徒，而捷克人则认为奥匈帝国人是哈布斯堡王朝的奴才。尽管存在分歧，当西行的列车缓缓驶出车站时，一些捷克士兵仍然在铁轨旁边排成一列，向他们道别。此时，一名战俘突然从车厢中探出头来，大声辱骂捷克人，并在愤怒之下掷出了一大块破损火炉里的铸铁，正中一名捷克士兵的头部。这名捷克士兵当场倒毙。

捷克人勃然大怒，跳上火车头，强行停住了火车。余者涌进车厢内，威胁对方交出凶手，否则就将他们全部射杀。奥匈帝国人原本拒不听从，结果发现愤怒的捷克士兵似乎真要开枪，于是就把凶手交了出来。此人名叫玛利克（Malik），是个变节为奥匈帝国效力的捷克人。众人将玛利克拖出车外，折磨致死。

5月25日，布鲁斯·洛克哈特召集朋友开了一个通宵派对，然后带着心爱的莫拉来到麻雀山(Sparrow Hills)①，观看克里姆林宫的日出。“太阳像一团愤怒的火球，昭示着毁灭。上午不会有好事发生。”洛克哈特已得知北俄地区协约国司令、英军少将F. C. 普尔(F. C. Poole)将于当晚抵达阿尔汉格尔。敌对的干涉势必随之而来。此外，米尔巴赫大使对布尔什维克的影响显然愈加强大，因此这个英国特工感到自己有义务接受那份邀请——前往沃洛格达，与弗朗西斯大使及法国大使努朗(Noulens)“共商大计”。5月28日，洛克哈特与弗朗西斯共进晚餐。两人并未谈论什么严肃话题，洛克哈特发现弗朗西斯十分风趣，充满魅力。“晚宴一结束，”洛克哈特写道，“弗朗西斯就坐立不安起来，像一个孩子希望继续去摆弄玩具。而他的玩具是一副扑克牌，于是我们立刻打起了牌。老先生的牌技可不像个孩子。我们玩到很晚，他赢了我的钱——和美国人打牌输钱是常态了。”

与此次晚餐不同，次日与法国大使共进午餐的经历，对洛克哈特的生涯产生了至关重要的影响。“努朗先生丝毫没有孩子气。如果说他也玩牌，那么他玩的是没有纸牌的牌戏。他唯一的游戏是政治——从一个法国人局限而合理的视角出发所看待的政治。”年长的努朗对洛克哈特颇多恭维，同时又指出他对干涉的看法存在诸多谬误。努朗表示，不管布尔什维克同意与否，干涉都势在必行，并提出许多论据支持此一方案。西线的战事可能胜利，也可能失败；但无论如何，情况都很危急；如果在俄国进行某种牵制行动，就可以阻止德国把更多的东部兵力调遣到西线去。努朗说协约国之间的团结至关重要，政策上的分歧已经严重危害了协约国的大业。努朗催促洛克哈特加入他的阵营。“那时我孤身一人，”洛克哈特追忆道，“罗宾斯离开了；萨杜尔可谓是法国的罗宾斯，但他的关注点早已不在这上面……我奋力在脑海中归结出自己所处的立场。或许我仍然可以与托洛茨基联手，一鸣惊人般做出大事；或许努朗先生比我想象的更加聪明。我已骑虎难下。就算拒绝努朗先生的提议，他也完全可以单干，还可以拉上意大利人、日本

---

① 麻雀山，莫斯科市内西南处的一座小丘，最高海拔为220米，是当地著名的观景地点。苏联时代曾一度改名为“列宁山”。

人，甚至弗朗西斯一起干；如果同意他的提议，那么我至少可以避免陷入窘境——自己单独站在其他所有协约国代表的对立面。于是，我屈服了。”洛克哈特向伦敦发了一封电报，建议不论布尔什维克同意与否，都要强行干涉。

——

几天之前，在纽约大都会歌剧院（New York's Metropolitan Opera House）的正式开幕仪式上，威尔逊总统即席谈到与同盟国谈和的可能性问题。威尔逊向众人保证，“赢得战争乃是一项坚定的目标，任何与和平相关而不够真诚的意见，都不能使自己放弃对该目标的坚持”。假如有一种和平，会给予德国“自由行动的权力，尤其是在东方，使他们得以实现征服与剥削的目的”，那么他不会赞同这种和平。

听众满怀同情地倾听着威尔逊的讲话，在当时的气氛下，威尔逊脱口而出说道：“现在，就我而言，我打算站在俄国那边，一如我们支持法国那样。”听众们掌声雷动，起立欢呼，反倒使威尔逊吃了一惊。这些听众生活优渥，怎么会做出如此热情的反应？“那些听众，”威尔逊后来说，“可谓衣冠楚楚。换言之，他们所处的阶级，不太可能会对俄国普通百姓所受的苦难感同身受。”

“这篇演说太具有威尔逊式风格，太容易让人联想起那个‘14 点演说’了。”著名俄国问题专家乔治·凯南（George Kennan）评论道，“在这篇即席讲话里，俄国人仍然是一个单纯的形象，贫穷、无助、不知世俗成功为何物——这一切构成了俄国人身上异乎寻常的美德。他们是一群沉默无言、饱受压迫的理想主义者，在德国劫掠者的铁蹄下备受折磨，渴望着正义与自由，期待着与来自西方的精神上的兄弟联合起来。如果我们从遥远的西方发出同情与理解的声音，他们必将做出回应。”

威尔逊似乎觉得，美国的援助可以直接帮助到高尚的俄国人民，而非通过布尔什维克政府。他那番支持俄国的大胆言论出自真心实意，但一切同情都毫无意义，除非那同情也能延伸到布尔什维克身上。

官方口径上，美国仍然反对对俄进行任何敌对干涉，但有传言称风向正在改变。几个星期之前，国务卿罗伯特·兰辛曾与日本人讨论过美国远征西伯利亚的可能性。而在大都会歌剧院的那场动人演说的两天之后，威尔逊亲自给兰辛打了一张便条，要求他对建立一个协约国“西伯利亚重建”委员会的提案做出评判。同一天，威尔逊还要求兰辛“密切关注谢苗诺夫(Semyonov)——在西伯利亚与布尔什维克作战的白俄将领——所取得的成果，看看我们是否有什么合法途径向他提供援助”。

此时能言善辩的托马斯·马萨里克(Thomas Masaryk)①教授已来到美国，他此行的目的是为捷克请求援助。威尔逊还没有与马萨里克见面，但从那些见过他的人口中听过不少赞扬之辞。马萨里克的教授身份，以及他为一个热爱自由的小国发声的事实，都让威尔逊产生了同情之心。于是，一种可能性正在逼近：摇摇欲坠的天平，可能会由于布尔什维克及捷克人沿着西伯利亚横贯铁路的战斗而向着进行干涉的一端倾斜。

---

① 托马斯·马萨里克(1850—1937)，哲学家，捷克斯洛伐克首任总统。1918年赴美，发表《独立宣言》，宣布成立捷克斯洛伐克临时政府。

第八章　“扬基大兵所向无前!”

5月20日至6月13日

一

西线的协约国军队在5月初还感到十分不安，如今两个星期过去，敌军几乎没有行动，于是人们逐渐相信，德军已精疲力竭了。黑格和贝当却不这么乐观。在打掉英军防线两个大型突出地带之后，德军怎么会停止进攻呢?德军仍有大量的预备师，东部还有充足的兵力。两名前线司令都在担心鲁登道夫会发动另一次大型攻势，且两人都相信敌军的目标是自己的防区。年轻的美国情报军官小塞缪尔·T.哈伯德(Samuel T. Hubbard, Jr)①上尉指出，敌军将在拉昂以南发动进攻——巨炮“大贝莎”仍然部署在拉昂。对于这样一个自信满满的推断，最高军事委员会客气地未加理会，因为在拉昂以南发动进攻，就意味着德军需要直接进攻贵妇小径(Chemin des Dames)山脊。此一防区自去年秋天德军丢掉之后，便一直平静无事。黑格和福煦都认为该地区足够安全，可以将英军四个疲惫的师转移至此进行休整与重组。

哈伯德的推论是，朝该方向的进攻可以直接打开通往巴黎的道路，且协

---

① 小塞缪尔·哈伯德(1884—1962)，美国军人、实业家。因与父亲同名，故以“小”字区分。一战时在美军情报部门任职，退役后担任纽约棉花交易所总裁。于1959年出版的《参谋回忆录：1917—1919》(*Memoirs of a Staff Officer*：1917—1919)一书，常为一战历史学家所引用。

约国部队在该地区不便增援。然而，法国人对此嗤之以鼻。美国人显然不清楚该地区崎岖的地形。贵妇小径乃是由东向西的山脊上一条近乎笔直的马车道，当初是出于为宫廷贵妇提供便利而沿山顶开辟的，故名贵妇小径。德军防线在山脊以北，法军防线在山脊以南，中间则是一条一英里宽的无人区，密布着树桩与灌木丛。法军感觉稳如泰山。敌军若要攻来，不仅必须爬上山脊，还得沿着斜坡下来；斜坡被无数山谷割裂，两侧大多极为陡峭，必须手脚并用才能攀爬。

一个多月来，德军一直在秘密计划突破贵妇小径，继续南下，向马恩河(Marne)进军。但那其实只是佯攻，也就是一条诡计。鲁登道夫推测：一旦德军突破山脊，兵指马恩河，法军必会由于担心巴黎不保而阵脚大乱——具有战略意义的马恩河距离巴黎只有40英里；那么协约国就会把全部预备兵力调离佛兰德斯。如此一来，鲁登道夫就会联合鲁普雷希特的集团军群，向黑格发动总攻。此举可谓是能结束战争的决定性打击，奇怪的是，行动代号是“哈根”(Hagen)——杀死齐格弗里德(Siegfried)的凶手①。

5月初，英军受到重创的四个师占据了贵妇小径的东端。法国人称该地区为“加利福尼亚高原”(Californie Plateau)，而在德国人心中，它更像一座“冬山”(Winterberg)，因为山坡上植被稀疏，花白的石灰岩从远处眺望酷似白雪。而在饱受战火摧残的英军看来，这片区域确实像是休整地带。一切都那么平和。距离前线只有两英里的宁静低地上，坐落着几座整洁、富饶的村庄。农民们辛勤地劳作着，好似并未身处战争之中。

“房屋都是完好的，有屋顶，有窗户。”二等兵R. H. 基尔南(R. H. Kiernan)回忆道，“特里尼(Trigny)也是如此，完全是平日的样态。一个弹坑都找不到，这让我们很是吃惊……伙计们常常拿法军这条前线开玩笑。附近没有发生过低空轰炸，即使出现一架德国佬的飞机，那也是在一千英尺的高空，而且很快就会被周围数英里的防空火力狠揍一通。”那里万籁俱寂，没有机枪声，没有火炮声：“这条前线的氛围太令人愉悦了。站在附近的一

---

① 哈根、齐格弗里德，皆是中世纪史诗《尼伯龙根之歌》中的人物。哈根使用卑鄙的手段得知齐格弗里德的要害，从背后偷袭将其杀死。由于故事中齐格弗里德是英雄主人公，哈根则是反派小人，故作者认为此代号“奇怪”。

条道路上，我能够看到兰斯大教堂(Reims Cathedral)的塔楼，教堂远在数公里之外，看起来却像只有几百码一样。”此地遍地翠绿，满目蔚蓝，生机勃勃，与恐怖沉闷、淫雨连绵、泥泞难行、空气中充斥着尸体恶臭的佛兰德斯截然不同。战争在此成为了一件乐事。只是基尔南不知道，一名法国军官来到英军第50师上任后，说了这样一句话：“你们纯属瓮中之鳖。”

——

5月20日中午，鲁登道夫命令鲁普雷希特展开佯攻，佯攻将会持续一周。主攻佛兰德斯的长远计划——哈根计划也已拟定完毕。此外，德军还避人耳目地巩固了从拉巴斯运河(La Bassée Canal)到凯默尔山的防线。

二等兵霍华德·库珀所属的部队驻扎在运河上游，过去几天里频繁遭受袭击。就在前一天，黎明之前几个小时，卡尔上尉命令库珀和另外三名士兵，去把防线外面的德国兵尸体埋掉。“简直要臭死了！”四人小队摸着黑小心翼翼地挖坑，因为轻微的铁锹撞击声也无疑会引来一阵机枪扫射。库珀戴上了防毒面具以抵御恶臭。凌晨4点，四人才完成这项艰巨的任务，然后又投身于另一项任务中：在路边埋葬一头肿胀的大母牛。

相邻部队D连的本特利·梅多斯(Bentley Meadows)上尉从树篱后面警告四人，让他们回自己的战壕去。那时天空即将破晓。四人在返回补给线的路上遇到卡尔上尉。卡尔得知他们没能把牛埋好，勃然大怒：“都他妈的给老子服从命令！掉头继续埋，完不成任务一个都别回来！”

于是四人折返回去，却在途中被梅多斯拦住了。梅多斯是一名体恤下属的军官，只是脾气暴躁了些。“你们回去代我向卡尔上尉问好，”梅多斯说，“并告诉他，天亮以后，任何人都不能在那个位置干活。”四人心怀感激地回到战壕，向卡尔转达了梅多斯的话。卡尔哼了一声，便让他们回阵地了。吃过早饭不久，几人又接到了新命令——在距离后方几码远的一座果园里埋葬尸体。幸运的是这里不会被德军盯上，不过白天的尸体更加臭不可闻。他们找到六具尸体，四具是德国人的，两具是英国人的。尸体早已胀得如同气球，手部与鼓起的面部一片黝黑。库珀和另一名士兵先从自己的战友埋起，那人是机枪部队的士兵。“我们用铁锹撬起尸首，头皮里面爬出了一团蛆。尸体很重，我们把他抬往一个弹坑，尸体最后滚下去时，看起来像是一

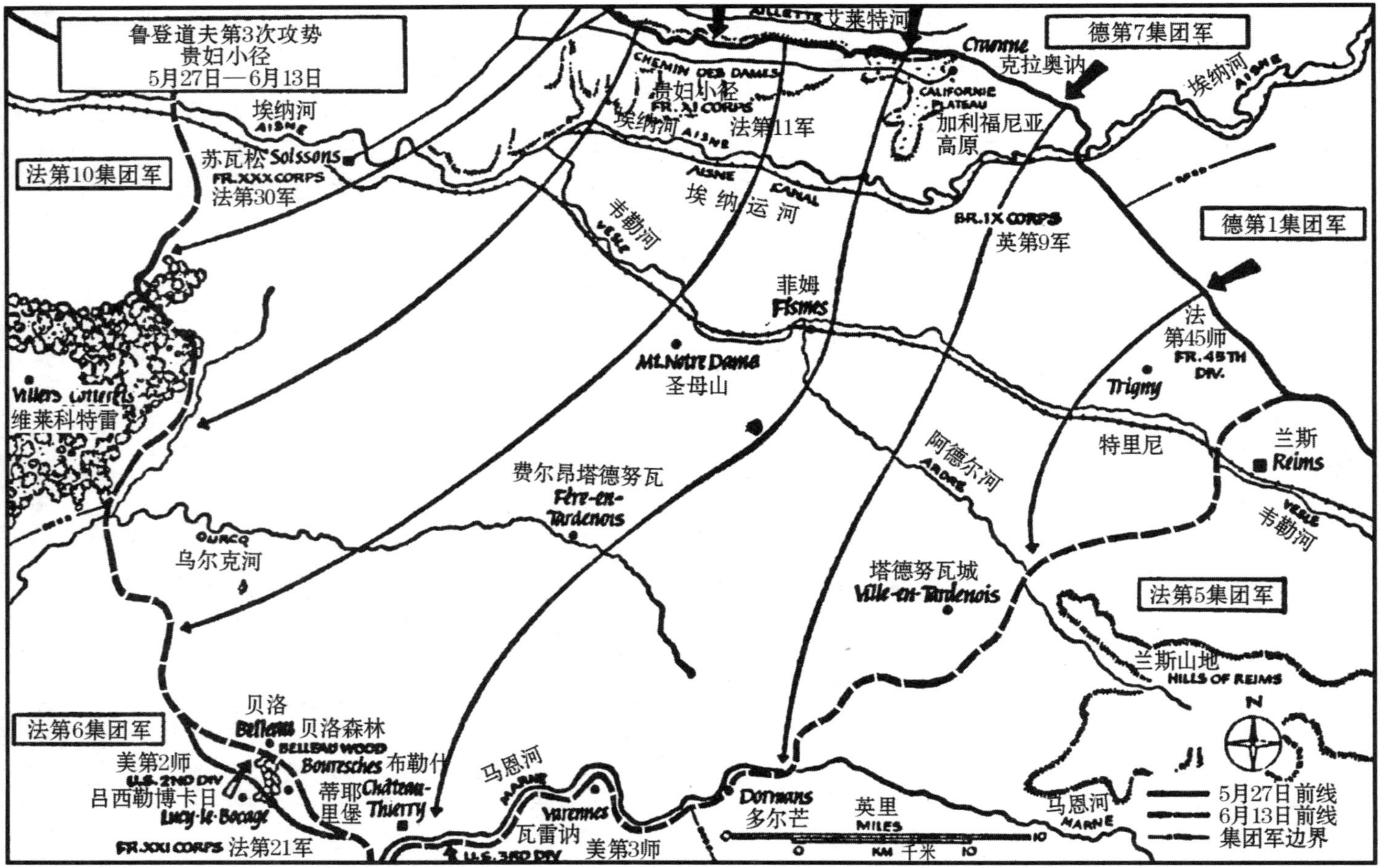

鲁登道夫第3次攻势
贵妇小径
5月27日—6月13日
艾莱特河
Craonne
克拉奥讷
德第7集团军
埃纳河
AISNE
CHEMIN DES DAMES
贵妇小径
FR. XI CORPS
法第11军
CALIFORNIE PLATEAU
加利福尼亚高原
埃纳河
AISNE
苏瓦松 Soissons
法第10集团军
FR. XXX CORPS
法第30军
AISNE CANAL
埃纳运河
韦勒河
VESLE
BR. IX CORPS
英第9军
德第1集团军
菲姆
Fismes
法第45师
FR. 45TH DIV.
Trigny
特里尼
兰斯
Reims
韦勒河
VESLE
Mt. Notre Dame
圣母山
Villers Cotterêts
维莱科特雷
费尔昂塔德努瓦
Fère-en-Tardenois
阿德尔河
ARDRE
OURCQ
乌尔克河
塔德努瓦城
Ville-en-Tardenois
法第5集团军
兰斯山地
HILLS OF REIMS
N
法第6集团军
贝洛
Belleau
贝洛森林
BELLEAU WOOD
Bouresches 布勒什
美第2师
U.S. 2ND DIV
吕西勒博卡日
Lucy-le-Bocage
蒂耶里堡
Château-Thierry
马恩河
MARNE
Varennes
瓦雷讷
U.S. 3RD DIV
美第3师
FR. XXI CORPS 法第21军
Dormans
多尔芒
英里
MILES
KM 千米
0
10
10
马恩河
MARNE
5月27日前线
6月13日前线
集团军边界

个皮球。”他们取走了死者的名牌和一封信，那信显然是心上人写给他的，问他为什么要冒着受罚的风险私自延长休假。眼前这团浮肿、乌黑、面目可憎的东西，前不久竟是一个活生生的年轻机枪手，读着这封信——库珀心里想着，产生了强烈的不协调感。

他们埋葬尸体时，防区一片沉寂。闷热而明媚的春日里，没有枪声，也没有爆炸声打破那份宁静。库珀返回自己的战壕时，身上已尽是尸臭味了。“那一整天，我吃的、喝的、摸过的东西上，好像都沾上了那种催人作呕的味道。”黑夜的到来打破了沉寂。炮弹沉闷的爆炸声与机关枪猛烈的射击声几乎响了一个通宵。领取口粮后，库珀一行带着倒刺铁丝网与螺旋桩，被派往最前线。地面满是弹坑，众人提防着迎面飞来的子弹，摸着黑艰难地走向最前线的战壕。当一行人蹲在树篱后面休息时，梅多斯上尉爬了过来。这位早些时候救了众人一命的上尉很是可亲。“你们都是铁丝网小组的成员吗?”梅多斯低声问道。“这下完蛋了。”库珀心中涌起一股不祥的念头:他们要被派到战壕外面去了！“今晚德国鬼子好像很是警惕，”梅多斯说道，“他们在正对面设了几个机枪哨所。千万别出声，明白吗?”

库珀感觉身体虚脱，但还是回答:“是，长官。”梅多斯告诫他们“时刻警惕，一旦信号弹升空，就要一动不动;如果来得及，那么就卧倒”，说完这话，便消失在黑暗之中。库珀一行从杂乱树篱中的缺口处爬出，来到两军对峙的无人区。有的人扛着沉重的倒刺铁丝圈;其他人，包括库珀在内，则抱着四根螺旋桩。众人一到指定地点，便开始将螺旋桩旋入地表。此类桩子是一种广受欢迎的新发明;过去，沉重的木桩只能用重锤敲击入土。当库珀爬回去取第四根桩子时，突然噗的一声——一枚信号弹升空了。库珀在信号弹爆炸之前迅速卧倒，平躺在地上，望着这片地区被耀眼的银光覆盖。冷不防地，“毒蛇”吐起了芯子，嗒——嗒——嗒，呈弧形扫射着，搜寻着它的猎物。等到沉寂下来，众人便小心翼翼地继续作业，直到另一枚信号弹爆炸，头顶响起一阵炮声。当炮声再度停歇时，右边过来一个人影，那是库珀部队的下士。“别出声，”下士低声道，“梅多斯上尉和布里森(Bridson)下士阵亡了，就是刚才那阵炮火炸死的，在 10 码远外的地方。他们在前边路上搞到一挺机枪。”

凌晨3点，库珀一行完成了装设铁丝网的任务。其中四个人摸黑爬行，去抬那具瘫软的尸体——梅多斯；其他人去抬布里森。众人弄来了担架。库珀是被选中抬梅多斯的四人之一。他们迂回前行，随时提防着那致命的机枪声。经过补给线后，四人越过障碍物，绕开弹坑继续前进。一行人迈着沉重的步伐，走在初现的曙光之中。尸体很重，坚硬的担架柄无情地压迫着库珀瘦弱的肩骨。为了减轻疼痛，库珀把另一只手也举起来，两手一起托住担架，解放肩膀。谁知如此一来，挂在右肩上的步枪便频繁滑到肘部，库珀只能一次次把肩带提上去，嘴里骂着："真他妈的。"其他几个人都很强壮，库珀无法与他们相比，一路上大汗淋漓，上气不接下气。

梅多斯那只了无生气的胳膊总是从担架上垂下来，摇摇摆摆，库珀便把它拿上去；如此再三。库珀自己也不明白，为什么不让那胳膊就那么摇摆着。他无法设想上尉的双亲听到噩耗会是什么感受。他们或许正在睡觉，或许在用餐品茶，享受安逸的时光，浑然不知这千疮百孔的尸体与摇摆不定的胳膊。库珀想："然后我突然产生一个念头：但愿不会轮到我。"

最终，一行人抵达运河，河边有一间小屋，正是旅指挥部。一个满面倦容的勤务兵走出门来，后面跟着两个人——上校与他的副官。"梅多斯上尉与布里森下士战死了，长官。"年轻的库珀报告。"啊，太痛心了！"上校说道，"可怜的梅多斯，你死得太惨了。"

库珀一行穿过战场，朝自己的防区走去。当他们到达预备队防线时，天已亮了；而当经过补给线时，清新的晨风之中响起两声清脆的枪响。很可能是狙击手。一行人穿过一片粗矮的柳树林，回到自己的战壕，不料却正好赶上"准备战斗"的时间——显而易见，想打个盹是不可能了。

公报称，佛兰德斯南部战线又度过了一个平稳的日子。黑格没有被宁静的假象迷惑，他很清楚，鲁登道夫的主要目标是击垮英军。为了阻止德国佬，黑格需要增援，而目前增援希望最大的，正是大批涌入法国的美军。每月赴法的美军有12万余人，至此已有60多万美军登陆。次日，即5月21日，黑格视察了在埃佩莱克(Eperlecques)附近进行训练的美军第77师。师长不在，黑格与一名旅长——维滕内格(Wittenneger)将军谈了谈。维滕内

格是一个服役30年的正规军军官，黑格认为他"无论是外表还是心态，都比实际年龄更为显老。起初，他好像感觉自己是在匆忙备战，上面会不等他的部队得到充足训练，就把他们派上战场。当我们谈了半小时后，他就发现，我不会勉强他去做不可能之事"。维滕内格表示，黑格认为怎么做正确，他就怎么做，不过他请求黑格把正在协助美军的英军军官及士官留下来，否则，"在没有英军军官、士官的协助下，把这批对现状一无所知的美军士兵推入战壕，无异于谋杀"。黑格检阅部队时发现，美军上下都不了解自己的任务。参谋人员只有理论知识，不懂如何供给部队；士官们身体素质不错，但"不懂指挥作战、完成任务。他们与士兵混住在一起。这样下去可不行"。黑格注意到，美军的行李都异常臃肿："……有一名士兵背了83磅的行李，另一个人的背包里装着12块肥皂！"

——

黑格在佛兰德斯准备迎敌的同时，德军炮兵部队也接到命令：准备徐进弹幕(creeping barrage)①以进攻贵妇小径。当晚，赫伯特·苏尔茨巴赫中尉与其所属部队的上尉一起，骑马执行侦察任务。两人穿过一个死气沉沉的村庄废墟，上了"蛇道"。天气很热，无数夜莺啼鸣，仿佛是盛夏时节。随着前线越来越近，两人只得下马步行，一直奔波到凌晨4点，才确定他们部队指挥所的位置。那里与他们炮连去年的阵地基本是同一位置。偶尔会有法军的机枪扫射。苏尔茨巴赫说："海量的弹药正在运往前线，而敌人似乎毫无察觉；大量炮连正在各就各位，部分炮连会在步兵前面进入阵地。艾莱特(Ailette)地区蛙声响得很，弹药碰撞的声音都被掩盖了；所以你要说青蛙是我们的新盟友也没有问题。我估计，战后法国人会说：德国佬贿赂了青蛙，让它们呱呱叫。"

第二天，苏尔茨巴赫处理了一大批后勤事务与战术命令，认为："为作战行动部署部队，很是令人兴奋。此次行动的规模不下于3月21日那次。"德军针对所有情况制定方案、构想对策、计算数据，堪称巨细无遗。弹幕射击

① 徐进弹幕，炮兵战术之一。炮火轰击的区域逐步向前，步兵紧随在轰击区域之后推进，从而得到掩护。

从战斗一打响便会开始，持续七个小时："从阵地战转移为运动战，需要极强的精确性与前瞻性，我一直工作到凌晨3点钟。"

5月24日，一道道命令让苏尔茨巴赫不厌其烦。新的攻势行动代号是Turnstunde——体操训练。苏尔茨巴赫不无得意地写道："万事俱备，必将马到成功！"他的炮连奉命部署在前线附近，弹幕掩护结束后，将变成第二线的步兵部队展开进攻。到第二天与第三天，他们的主要任务将是追击溃逃的残敌。

——

在巴黎，德比勋爵写信给贝尔福说，一旦西线遭受重大挫折，协约国部队被迫远撤，那么克列孟梭就会垮台。"此人唯我独尊，在他的统治下，人们已身不由己了；许多人都对他的'虎威'暗藏不满。"当天晚些时候，德比还谈到了德军的下一次进攻，"我估计大家都在疑惑，为什么德军一直没有发动进攻。克洛茨(Klotz)先生前几天来过，他的意思似乎是，德军不会再发动攻势，就到此为止，然后德国会提出和谈。我个人对此不敢苟同。"

事实上，确有部分位高权重的德国人在谋求尽早结束战争，巴登亲王麦克斯(Max Prince of Baden)就是其中之一。一周前，他曾亲赴前线，以个人身份向兴登堡与鲁登道夫发出呼吁。麦克斯不知道两场大型攻势已如箭在弦，他要求鲁登道夫答应一件事：在德军投入最后一次攻击力量之前，说服政府。走上谈判桌之前，手里必须握有一支能战之军。"要在还有棋可走的时候，"麦克斯说，"做出了断。"

鲁登道夫心不在焉地答应了，麦克斯也不好再说什么，只是他不明白这位将军为何如此心事重重。

——

5月25日上午，在贵妇小径右翼的英军战线上，出现了三个筋疲力尽的男子。他们是德国战俘营里逃出来的法国士兵。英军军官向三人询问，得知了贵妇小径山脊另一侧敌军的活动，感到十分不安。大量敌军似乎正在向山脊移动，而火炮则部署在远离前线的位置。

英军把上述敌军动向告知法军，法军却回复说："我军认为，并无迹象表明敌军已做好次日发动进攻的准备。"已有许多德军士兵丧命于天堑之下，因此法军根本不相信敌人还会对此地发动大规模攻击。

次日早晨，一名英军情报军官注意到，有黑板竖在敌军防线上。那显然是引导坦克与运输车辆的指向标。当天接近黎明时，英军捉到两名德军俘虏，从他们口中得到了较为确切的情报：次日凌晨1点，德军将发动进攻。不过，审讯俘虏的军官对此持怀疑态度，所以直到当天下午才把消息告知法军第6集团军。杜歇纳将军的第6集团军总部对该情报更是置若罔闻，只将它看作战壕之间的流言蜚语之一。

英军第23旅收到同样的警告时，已是下午3点45分了。“真拿他们没办法。”霍华德·米利斯（Howard Millis）少校对在参谋部里做些杂活的随从西德尼·罗杰森（Sidney Rogerson）说道，“还是得咱们来干。”米利斯出发去向上级将军汇报，要求为最坏的情况做好准备。几小时后，杜歇纳集团军的一名通信军官前来检查通信系统，看到军营里嘈杂忙乱，笑了出来。敌人袭击加利福尼亚高原？胡说八道。这些谣言都是好几个月之前的了：“敌人可不像谣传的那么傻，绝不可能从这里突破。”前线一片安宁，不像是大规模进攻前夕的样子；只是那笼罩乡野的夜幕寂静得有些反常罢了，甚至连针对德军通信系统及集结地点的夜间骚扰炮火，都没有受到过一次还击。

——

意大利方面，对奥地利发动进攻的准备工作一延再延，日期推迟到了6月中旬。意军本身无力继续进攻，能够坚守阵地已然心满意足。

在巴勒斯坦，利曼·冯·桑德斯的土耳其集团军四散瓦解，逃兵超过了作战士兵的数量。君士坦丁堡的军事政权甚至对巴勒斯坦失去了兴趣，转而在高加索与波斯地区展开冒险。

二

山脊另一边的部分德军部队也将贵妇小径看作一个休整地带。这批部队与英军一样，是来自佛兰德斯战场的疲惫之师，其中许多人已筋疲力尽，不堪再战。从几天前起，弗里茨·维德曼（Fritz Wiedemann）上尉就奉命到前线听取军人有何不满，前线部队的团长恳求维德曼向师部不加粉饰地如实报告：前线部队目前无法作战，必须先进行休整。

当天晚上，维德曼当着团长的面，向师长如实报告了情况。师长听取汇报时一言不发，而后宣布该团将于次日清晨跨越贵妇小径展开攻击。

“完全不现实！”团长大声说道，“您没听到刚才维德曼的报告吗？”

“无论如何，我们必须执行此次进攻行动。”师长冷冷地说，“如果我们不打，那就必须请求转移到更加平稳的前线去。如果那样，直到战争结束为止我们都要被‘鄙视’了。”师长想了一会儿，又说：“要不这样吧，我们修改一下命令，把‘执行’改成‘努力执行’。”

有人表示反对：“努力执行”根本称不上命令，要么执行，要么不执行！师长却指示起草，并在签署命令之后随口问了作战军官一句：“你说这几个团明天会进攻吗？”

“决然不会，将军！绝无任何可能！”

维德曼已经搞不懂了，他无言地离开地下室，希望冷静冷静。“也就是说，现在的情况是，人们可以拿着军令、拿着数以千计的人命当儿戏了。”若不是亲眼目睹，维德曼绝不会相信此事。

类似报告在其他部队也出现过，但在阵地上的士兵中，热切盼望作战的仍是多数。曾在维德曼手下服过役的阿道夫·希特勒（Adolf Hitler）下士就是其中之一，而与他类似的士兵不在少数。希特勒的战斗热情与1914年参战时相比，并未丝毫减弱，他仍志愿参加每一项危险任务。包括希特勒在内的许多奥地利人①都是这样：泛德意志主义色彩比德国人还要浓厚。

苏尔茨巴赫中尉见到最后的部署情况时，同样兴奋不已。炮兵部队接连驶过，发出隆隆声，跟随在后的是长长的步兵队伍，猎兵和山地机枪营则是初次在这片山区见到。苏尔茨巴赫与他的战友们纵马疾驰，平安穿过道路上的法军骚扰炮火，然后下马爬上一道山脊，来到指挥所。士兵们精神饱满，列队行进时嘴里喊着：“旗开得胜！”

部队迅速在地下指挥部与各炮连之间架起电话线，而后天气预报出了

---

① 希特勒出生于奥地利，1932年才取得德国国籍。

结果，于是炮兵便能够对外弹道(exterior ballistics)①进行测算。到午夜时，1321个炮连全部准备就绪。当晚没有月光，由30个师组成的突击部队进入阵地，只待开炮。5月27日凌晨1点整，战斗打响。很快，敌军的骚扰炮火便开始减弱了。此次炮击仍然是在炮兵大师布赫穆勒的指挥下展开的。苏尔茨巴赫看到，随着炮兵部队发射蓝十字(Blue Cross)、绿十字(Green Cross)②毒气弹，数十枚信号弹腾空而起："尽在计划之中，炮声隆隆，没有片刻停歇；各种口径的速射炮一齐向法军开火，我们估计法军还对现状一头雾水。没有炮连进行过试射，打击却异常准确，那是因为我们根据最新弹道学原理进行了绘制与测算。"

与其他大规模的布赫穆勒式轰炸不同，此次炮击在头10分钟里，火炮与战壕迫击炮向所有目标发射的是毒气弹。此举目的在于制造混乱，并在战斗伊始打击敌人士气。接下来的一个多小时，主力炮连使用混合毒气弹与高爆炮弹打击协约国炮兵部队，而迫击炮则按部就班地摧毁包括带刺铁丝网在内的所有敌军前线防御设施。

炮击最为集中的地区是法军控制的中间地带，不过英军阵地也受到了猛烈轰击。英军第23旅指挥部，西德尼·罗杰森正在喝着威士忌苏打，突然嗖嗖两声，两枚毒气弹在附近炸开。接着便是雷鸣般的炮声，好像千百门敌军大炮在一齐开火。"那天晚上夜幕被火光笼罩，炮火漫天，大地震颤，尘土飞扬，一片慌乱。炮弹飞来时的呼啸声压过嘈杂的人声，伴随着震耳欲聋的巨响：轰隆——轰隆——轰隆，沉闷的爆炸声响个不停。"地下掩体被炸得直晃，里面充斥着呛人的火药味与刺鼻的毒气。人们慌忙戴上防毒面具，一把抓起自己的装备、武器和传令板，钻入更深的掩体里。"那酷似一场下地狱的旅程，一大群人大汗淋漓，推肩搡背，好不容易挤进臭气熏天的深层掩体，却没想到刚一下去，毒气便开始渗下来。"于是众人连忙拿浸湿的毯子堵住入口。如此一来堵住了毒气，问题是空气也进不来了。罗杰森夹着鼻夹口罩，只能努力地借助面具获取氧气："起初，我的心怦怦直跳，头疼得厉害；

---

① 外弹道，指弹丸离开身管之后的运动轨迹；内弹道，指从点火到离开身管的运动轨迹。

② 一战时期德军的化学武器以不同颜色的十字标识为区分，蓝十字主要影响上呼吸道，绿十字主要影响肺部，白十字主要影响眼部，黄十字主要影响皮肤。

后来慢慢发现，只要保持不动，也不是不能挺下去。”

在40英尺以下的地底，炮声终于不那么吵了，然而不时爆炸在头顶的炮弹，仍会炸得墙壁东摇西晃。众人通过电话与左右两边的旅部保持联系。一个来自西约克郡（West Yorkshire）的旅同样遭到炮击，在电话里却愉快地说：“我们都很好，你们情况不太妙，炮弹从我们头顶飞过去了。”说着，电话便断掉了。

凌晨3点35分，布赫穆勒协奏曲开始了新的乐章。所有炮连突然集中起来轰击协约国前线。5分钟后，炮火开始稳步前移，大量德军步兵从掩护所冲出来，向前推进。天亮只是几分钟之后的事，不过渐渐起了浓雾，而且由于烟幕弹的原因，雾越来越浓。德军突击部队被英法两军发现时，已经基本穿过宽阔的无人区了。法军与英军的前线战壕很快被攻破，两军将士大感震惊。接下来就看补给线了。

“敌人一夜之间推进了两公里。”皇家莱斯特郡兵团第8营（8th Leicestershires）的一名补给连连长对他的部下说道，“你们一直都想和德国佬肉搏吧，很快就有机会了。”

二等兵基尔南无意中听到这一消息，便将其告知地下掩护所的战友们：“敌人打过来了，推进了两公里。咱们得挡住他们。”众人默不作声。突然有人唱道：“我想回家，我想回家，不想再进战壕去……”

众人从地下掩护所出来，沿着一条陡峭的道路爬上小山，耳中是远处德军机关枪缓慢的射击声。炮弹开始落下，军官却喊道：“继续前进！”上了山顶，基尔南看到山下的平原被流动的烟雾笼罩着。众人快速躲入一条浅壕，那战壕前长着灌木丛作为掩护。一枚小型炮弹落在基尔南的脚边，沿着山坡滚了下去——所幸是枚哑弹。

一名军官、一名下士带着两名士兵穿过灌木丛前去侦察。基尔南透过灌木丛，看到数百名前线的战友朝自己奔来：“好像一群看球的人在赶乘电车。德国鬼子的机枪射个不停，每扫射一轮就倒下一批。很快，前面就堆起了卡其色的小丘。”

军官拖着受伤的下士回来了。下士的脸上、身上全是血污，面色灰黄。“你运气不错，下士。”基尔南说道。

“运气好的是你。”下士气若游丝地说，“我运气不行。”

众人沿着一条林荫道撤退，途中发现一名炮兵上尉坐在路边，无精打采地牵着一匹栗色的马。一名上校问他：“你的炮连在哪里？”那上尉指着他的马说：“就在这儿，长官。”

回到第 23 旅指挥部时，一名法军军官带来消息：敌人正在从两侧包抄迫近。他表示该阵地已不再是一座据点，而是一间牢笼，这话委实不虚。第 23 旅接到命令，要撤到埃纳河（Aisne）对岸，于是众人连忙踏着陡峭的阶梯离开地下掩护所，除了机密公文箱什么都没有带走。“我们挣扎前行，迎来新一天的黎明时，那景象难以言喻。”罗杰森回忆道，“满目废墟，晨雾与浓烟荒凉地笼罩着大地。”

“罗杰森！” W. G. St. G. 格罗根（W. G. St. G. Grogan）准将喊道，“你知道从这条战壕到埃纳河怎么走吧？好，你来带路！”

罗杰森低头进入战壕，没走几步，防毒面具上的护目镜便起了雾，让他一头撞在战壕的墙壁上。他转过身催促大家跟上，却发现身后一个人都没有。罗杰森当场吓蒙了。炮弹随时可能飞来，把他们炸得七零八落。他最害怕的不是死亡，而是残废。“危险来临时大家都在还好，独自一人太可怕了。”当罗杰森跌跌撞撞地折返时，遇上两名枪炮官（gunnery officer），着实令他大感宽慰。三人都不识路，只能穿过大量弹坑，翻过倒刺铁丝网，越过损毁的战壕、机枪掩体的废墟，盲目地朝埃纳河走去。罗杰森摔了一跤，连忙爬起来赶上，沉重的背包压在他的背上，钢盔有节奏地摆来摆去。面具的鼻夹夹着他的鼻子，他只能张开嘴喘气。三人终于抵达埃纳河边，敌军的火炮不断炮击河岸一带，大口径炮弹掀起一阵阵飞扬的黑泥。

三人想找一座桥，没有找到，却听见身后缓缓响起德军机枪“嗒嗒”的不祥之音。两名枪炮官脱下钢盔与上衣，跳进埃纳河。罗杰森仍然戴着钢盔、面具，背着背包，正游在河里，突然意识到自己右手握着一本信号书。于是他把书举出水面，想浮起来，却被身上的重物压沉下去。水钻进面具里面，呛到了鼻子和喉咙。罗杰森返回岸上，摘下面具，打算再试一次，结果还是沉了下去，费尽九牛二虎之力才游回岸上。接下来他扔掉背包又试了一次，但还是不行。由于实在没有体力了，罗杰森只能回头继续去找桥，在跑过一块荨麻地时，炮弹在附近爆炸，此时他发现不到200码的地方有一座桥。他步履蹒跚地上了桥，惊奇地发现格罗根准将镇定自若地站在那里，手握一把曲柄杖，沉着地引导着步行的伤员，收容落伍的士兵。

法军在此次袭击中受创更大，撤退的速度也更快。早晨5点30分，法军已被逐出贵妇小径；不到9点，就已退到了埃纳河。此时日出东方，云开雾散，德军炮兵在山脊上惊奇地望着战线的推进。“右边、左边、后边，到处都是推进的士兵，后面跟着炮兵部队。”阿尔伯特·萨基维茨（Albert Sagewitz）在寄往沃里茨（Wählitz）的家书中写道，“真是厉害，我都不知道这些人从哪儿冒出来的，看起来就像一场民族大迁徙。满山遍谷都是士兵、战马、大炮和货车，如同一条大河，滚滚向前。不仅我们周围有部队在活动，上空也有。我军飞机从头顶飞过，8架、10架、12架、15架，越来越多，都朝着敌军飞去。敌军飞机一架也见不到了。”

罗杰森从河对岸的一座小丘上看着此番场景，同样入了迷：“阳光之下，埃纳河及其相连的运河像银色的丝带闪烁着光芒。而在远处，空荡荡的战壕区上空尘雾弥漫。尘雾偶尔散去时，便露出道路来，路上挤满深灰色的行进部队、火炮、卡车与马车。车上系着观测气球，在上空飘来飘去，活像一只只不眨眼的硕大眼睛。”在此次战争中，罗杰森从未见过德国佬如此神速的攻势。德军以四个营为一个单位向前推进，英军战壕尽管有人把守，仍无法阻挡其步伐。“眼前这群敌军，完全就是活靶子！道路上密密麻麻的全是人，随便几枚18磅炮弹就能炸得他们伤亡惨重！”然而师部的火炮没能隔岸轰击，因为他们弹药已尽。

到中午时，德军已在埃纳河及其南部不远处的运河上架起了浮桥。灰色步兵涌向对岸，重新集结，准备对远处的协约国防线发动攻击。

——

此一轰动性的推进大出兴登堡的意料，且在贝当的总部引发了恐慌。负责起草每日公报的军官名叫让·德·皮埃尔夫（Jean de Pierrefeu），他看到形势图上新的铅笔记号时，大惊失色。整整一个师失去联络，想来是通通做了俘虏。埃纳河与韦勒河（Vesle）之间唯一的防御力量，只剩下后撤部队的余部。“公报该怎么写呢？一上来就老实承认这令人感到苦涩的事实——我军丢掉贵妇小径，敌军渡过埃纳河——那肯定不成，会引起公众的恐慌。不过，除非我军已做好反击的万全准备，否则单靠公报圆不了这个谎。而且，一旦敌军的公报公布了真实的局势，那我们就会完全丧失公众的信任。”经过多次讨论，军方决定按照惯例，不提及黎明到上午9点这段时间的战况，只讲前一天晚上的情况；如此一来，自然只有火炮的准备等情况被写进公报里，概括十分简单：“战斗仍在进行之中。”

巴黎民众已是惊弓之鸟。从清晨起，远处就传来隆隆的炮声。此日的炮声来自东边，比3月21日那天还响，越发显得不祥。3月21日那天，大贝莎在巴黎抛下了15枚炮弹；大贝莎已经27天没有开火了，而此日的巴黎人却比以往更为忧心忡忡。

消息一传到英国，国王便召见威尔逊将军。威尔逊将军“很沮丧”，先是责骂了一通“法国畜生”，又抱怨英军怎么就不见了。“泱泱大国遭遇此等变故，真可谓令人无语。”威尔逊在日记中写道，“我可烦透了这种令人无语的局面。”

当天下午，德军朝韦勒河一路推进，英法两军大量士兵被俘。德国将领冯·盎鲁(von Unruh)注意到，他麾下的部队与英军战俘异常亲密，双方的香烟、面包、水壶都不分你我。当英军战俘从威廉皇储的汽车旁经过时，有几个人向皇储敬礼；皇储的随从则向战俘们分发香烟。

德皇也上了前线。他回到特雷隆(Trélon)时已是晚上11点，仍对当天的战局激动不已。“诸君，”德皇对随行人员说道，“我军此次大捷，俘获敌军1万余人，缴获大批火炮，其中包括持续轰击拉昂的那款重型榴弹炮。”

此次胜利让鲁登道夫大吃一惊。他的部队在协约国防线上打开了25英里宽的口子，向前推进了约20英里，歼灭敌军四个师，并将敌军另外四个师打得七零八落。如此一场大捷，对鲁登道夫而言实为意外之喜。协约国的预备部队已离开佛兰德斯地区，这意味着主要目标已然达成。那么何不假戏真做，把佯攻变成真正的突破呢？鲁登道夫的部队正以摧枯拉朽之势向南推进，饮马马恩河易如反掌。如果接着掉头西行，那就很有可能攻陷首都巴黎，从而结束战争。鲁登道夫无法抵挡这一方案的诱惑。进军巴黎！

三

午夜过后两小时，攻击再度开始。苏尔茨巴赫情绪十分激动。昨天炮击之后，他的部队一直处在第二线；今天则会来到第一线。苏尔茨巴赫是一名副官，整个早晨都在忙着从旅指挥部接收电文，发给步兵指挥官，再传给各炮连。“不经意间，我们已经处在战斗指挥系统的中心位置。无论是各个部队具体的攻击行动，还是整体战局巨细无遗的筹划与准备，我们都能看得一清二楚。”苏尔茨巴赫所属的军的右翼向南攻击法国重镇苏瓦松(Soissons)，而相邻的另一个军，则在拉里希(Larisch)将军的指挥下对苏瓦松发动正面进攻。拉里希将军的军队受到阻碍，苏尔茨巴赫所属的旅却势如破竹地向前推进，俘获大量敌军，其中包括一名法军猎兵营营长。此人佩戴着荣誉军团十字勋章(Cross of the Legion of Honor)，苏尔茨巴赫想讯问他，但那人只是站着，“神情傲慢而严肃，一言不发，弯着腰，气色颓丧”。

在右侧，英军前线部队正缓慢地撤向韦勒河。车辆与残存的火炮挤在一起，好歹过了河，上了一座高地，在那高地上可以俯瞰后方的山谷。车夫们筋疲力尽，便给同样疲惫的马匹卸下马具，拿出草料袋，自己则打算在马车下面小憩一会儿。

二等兵基尔南所属的排只剩下 10 名士兵。他们发现前方 55 码处有一支法军部队，正在用轻机枪阻击敌人。那些法军士兵大多显得很苍老，蓄着黑色长须，身材魁梧，奔跑起来却像儿童一样灵活。他们在树林的一端开几枪，又冲到另一端开几枪，给敌军造成一种人多势众的假象。

上午 9 点，贝当发出命令，要求杜歇纳将军“重建完整的韦勒河防线，将敌人赶回圣母山(Mont Notre Dame)以北，以收复韦勒河与埃纳河之间的高地”。杜歇纳将军接到命令，已是一小时之后的事了；彼时法军已撤到韦勒河南岸，一心只顾逃命，何谈发动反攻。

5 月 28 日清晨，贝当还待在他的总部，克列孟梭则离开巴黎，去了解前线战况。克列孟梭首先去探访福煦，福煦表示杜歇纳有错，他把法军第 137 师几乎全部兵力都调走了，“返回埃纳河去支援第一号阵地，使得前线一段宽阔的重要阵地形同虚设。德军抓住机会，朝此处发动猛攻，因而不费吹灰之力就打到了河边”。

克列孟梭亲赴前线面见杜歇纳将军，得知德军仍在持续推进，唯一的阻碍只有“de la poussière”——意即“尘土”，再无他物。杜歇纳毫无怨言地表示，迄今为止还没有一位“大帅”来探望过他。

福煦在他的指挥部给黑格写信，信中称，为应对德军此次攻势，法军只得大大减少北部战场的兵力。福煦提醒黑格元帅，英军或许只能自力更生，并提议建立一支总后备军。黑格并未表示异议。他认为，既然德军正在倾其全力攻击埃纳河战线，并打算进一步扩大战果，那么英军自然会得到喘息的机会。

回到伦敦的威尔逊将军则比黑格忧虑得多。他只求德军的此次攻势确实是主力攻势。“希望如此。如此便好。”威尔逊在日记中写道，同时他还提到米尔纳勋爵刚从凡尔赛回国，勋爵认为这次法国挺不住了，一直在说“希望我军撤回英格兰”。“话虽如此，”威尔逊说，“撤军肯定是不可能的。所以说这些又有什么意义?”

到中午时，战况进一步恶化。德军两个军包围苏瓦松，英军被迫撤到韦勒河南岸。中午刚过，德皇、皇储、兴登堡及冯·伯恩(von Böhn)将军就来到加利福尼亚高原；冯·康塔(von Conta)将军报告说，德军刚刚拿下韦勒河南岸的全部目标。就在冯·盎鲁将军向他的陛下解释新阵地的位置时，鲁登道夫通过电话下达了军令：“立刻追击，向马恩河挺进!”德皇大感振奋，并派盎鲁立即赶往前线，向全体官兵“转达皇帝的谢意，并当场传令迅速展开进攻”。到黄昏时，苏瓦松落入德军之手。德军中路部队距费尔-昂-塔德努瓦(Fère-en-Tardenois)只有四英里。费尔一昂一塔德努瓦是一座古镇，距离马恩河只有八空英里。

二等兵基尔南前方的法军部队退了下来，一名军官宣布此处便是前线了。这时来了几个达勒姆[①]人，个个都疲惫不堪。“密密麻麻的德国鬼子，”其中一人说道，“那群杂种，怕得有万把人。”基尔南等人吓破了胆，又后撤了

① 达勒姆(Durham)，又译德罕，英格兰东北部郡名，下辖同名市。

六公里，最后在一条战壕内安顿下来，那战壕附近是一片长长的黑檀林。那天夜很黑，没有月亮，四周鸦雀无声。“突然，前方的树林里乱作一团。呼喊声、尖叫声此起彼伏，那尖叫声像是警告，又含着恐惧与憎恶；接着是炸弹爆裂的声音、钢铁碰撞的声音，天底下最骇人的声音汇聚在一起了。”于是军官率领众人离开战壕，走向树林，步枪上膛，准备开火；钢铁碰撞声与尖叫声依然不绝。就在此时，黑暗的树林中走出了法军的担架队，担架上躺着浑身是血的伤员。“血从担架上滴下来，打在担架手身上。那些担架手有些年纪了，打着哆嗦，不过发现我们是英国人时，便咧嘴笑了起来。一名伤员痛苦地呻吟着，时而哭喊，时而低语。那人浑身是血，看上去就像一大坨生肉。”基尔南所属的排悄悄地返回战壕，树林也安静了下来。

到晚上时，法国民众得知了战局失利的具体情况。一位观察家表示：“人们认为，此次失利是对法兰西国家威望与军事力量最为严重的损伤，或许也是对协约国阵营的致命打击。”德比大使则记录了人们逃离首都的状况：“巴黎变成了一座死城，只有官员们还留在这里。依我看，那些无法离开巴黎的人很是颓丧，恐怕最终的矛头会指向克列孟梭。雪上加霜的是，我军的各个师疲乏不堪，这其中有从索姆河撤退而来的师，也有曾在凯默尔山作战的师。正是这支疲师惫旅，在德军的攻势中首当其冲(其实不然，此次首当其冲的是法军)，由于兵力悬殊，只得后撤。我来到巴黎时，法英两方相互指责的现象已有所好转；此次失利恐将成为两国重启争端的触发点，那真是有百害而无一利。”那天，德比与社会党人阿尔伯特·托马斯聊了许久：“许许多多的人渴望和平，其厌战情绪已经达到我们难以理解的程度。托马斯认为，假如当前出现了畏缩的心态，尤其是这种畏缩心态一旦在法军中蔓延开来，那么战争肯定是打不下去的。他认为，克列孟梭将会垮台，接替他的人会主张签署一份最大限度宽容的和平条约。”

克列孟梭已遭受抨击，国民议会的某些议员“对法国陆军总司令大发雷霆，怒火之大令人难以置信”。同一天晚上，福煦前去探访贝当，贝当的参谋人员对他很是冷淡。在参谋人员看来，福煦是此次溃败的罪魁祸首。他为什么把后备部队全都调走，派给了黑格？贝当冷冰冰地接待了他的上司，但两人在某些问题上能够达成一致。两人都对鲁登道夫新攻势的规模感到震惊,并且对德军的目标是贵妇小径这点大惑不解。鲁登道夫为什么要把如此规模的军队投入这样一个靠不住的地区?此次攻势压力又能维持多久呢?

在防御方面,福煦与贝当也达成了一致意见。必须死守突出地带的两肋。诚然,苏瓦松现在落在德军手中,但南边的高地并非守不住。贝当保证,只要把位于黑格部队中心区后方的预备部队——第10集团军,以及佛兰德斯地区的四个法军师交给他,他就能守住高地。福煦勉强同意让贝当指挥第10集团军,但断然拒绝了贝当的第二项极端要求。

福煦回到位于萨尔屈(Sarcus)的总指挥部,又一次接待了克列孟梭。为了使那头暴躁的老虎镇静下来,福煦说德军此次攻势实属明修栈道暗度陈仓,目的是掩盖鲁登道夫的真正意图。克列孟梭则只是一个劲地问福煦打算怎么阻挡德军潮水般的进军。福煦平静地回答道:现阶段不打算采取任何行动。他解释说,德军渡过埃纳河,其实并不像巴黎人想象的那么危险。即便德军渡过了马恩河,掉头向西进军巴黎,巴黎也不会有事;因为德军一旦西进,侧翼就会暴露在法军第10集团军的面前。难道克列孟梭看不出,鲁登道夫只是想让协约国把后备部队调离某些"战略敏感"位置——比如佛兰德斯?

福煦对鲁登道夫意图的推断完全正确,然而克列孟梭根本不信,也不放心。好在克列孟梭允诺,自己会尽最大努力平息国民议会中批评的声音。"明天就得挡下德国佬,"克列孟梭说道,"否则我对付不了国民议会。"

当晚11点,贝当发布了一道新命令,意在通过两翼的有力抵抗来阻止德军的进攻。"全体官兵听令,"贝当在命令中说道,"任务是坚守阵地,不必害怕敌军先头部队的突入。"必须守住马恩河上的桥梁,防止敌军突袭部队过河。在东边,需要扼守兰斯山区;西边同样需要守住,那里是所谓的"巴黎防线"(Paris Line),一直延伸到苏瓦松西南五英里处的一个据点。

——

那天晚上,在沙勒维尔(Charleville)一座威廉皇储所有的庄园里,召开了一场重要会议。兴登堡与鲁登道夫从阿韦讷赶来;德皇匆匆结束了前线巡视,赶赴会场以确保儿子能够取得最终胜利。德皇犹记得,第一次马恩河战役时，威廉皇储所率的第 5 集团军被迫中止了一场胜算极大的袭击而只得撤退。父子两人都为这次失误悔恨不已。

兴登堡支持皇室的意见，主张继续进攻；而鲁登道夫此时已在犹豫，不确定继续扩大战果是否真是一步好棋。鲁登道夫提醒众人，此次攻势仅仅是虚晃一枪，真正的目标始终是英军阵线。不过鲁登道夫并没有力争到底，因为他私下里也在担心：如果现在停止推进，那么法军只需简单修补一下防线，即可将后备力量继续留在佛兰德斯。如此一来，此次攻势便都成了无用之功。此外，鲁登道夫也意识到时不我待。大量美军正在登陆。就在当天上午，美军第 1 师成功袭击了一个位于巴黎东北 55 英里处的村庄——皮卡第。"阿兵哥"攻占皮卡第只用了 35 分钟，随后又多次打退德军的反攻，尽管伤亡十分惨重。此次遭遇战不具备任何战略意义，却极富历史意义。美军在法国首次发动进攻，并且取得胜利。美军如此热情、顽强、英勇无畏，不难想见，等到潘兴将全部远征军投入战斗时，战局会发生怎样的变化。德军只能在那之前赢得战争。因此，鲁登道夫也赞同继续进攻。一旦德军渡过马恩河，用巴黎炮持续轰击，那么克列孟梭必将倒台，法国则会求和。

战场上的德军指挥官并不如帷幄中的将帅那么乐观。德军在协约国防线上打出一个巨大的突出地带不假，但德军自己的侧翼部队也备受压制。此种局面就像"绞窄性疝气"(strangulated hernia)①，可谓凶险万分。连通突出地带的铁路经过兰斯与苏瓦松，兰斯仍在法军控制之下，苏瓦松则处在协约国火炮的射程之内。不过，指挥官们仍然选择服从命令，在攻势的第三天，即 5 月 29 日，继续南下，朝马恩河推进。

在执行进攻命令的士兵心里，只感觉自己在以前所未有的速度推进。苏尔茨巴赫嗅到了胜利的气息，身边众人也洋溢着大捷的喜悦，士气就像 1914 年 8 月那样高涨："我军勇敢的将士们在进攻，在推进，他们的表情太美妙了，几乎人人笑逐颜开，眼中除了胜利再无他物。如果国内父老看到这一幕，该有多好！"

---

① 绞窄性疝气，一种切断腹部肠道和组织血液供应的疝气，此处用以比喻先头突入部队与大部队之间的联系被切断的状态。

皇储再也抑制不住焦急的心绪。“我得快点去前线，亲眼见证战局如何发展。我想去参观参谋部，看看战场，尽可能多地向那些英勇的战士问好。”皇储首先感谢冯·伯恩将军对此次行动的精心安排，然后乘车前往贵妇小径，“为了攻夺这条山脊，不知流了多少鲜血！”皇储视察战场时，这一念头在脑海之中一闪而过。“通往山脊唯有一条道路，沿途运输车、炮兵、步兵摩肩接踵，看上去就像一个忙碌的蚂蚁部落。此等战争图景，着实壮观！”由于道路遭到破坏，皇储的座驾只能由人推拉前行，“所到之处尽是夹道欢迎的人。再次回到那英勇无畏的部队之中，我很是欣慰。我甚至能够亲身感触他们的喜怒哀乐，而不是坐在总部的办公室里，如坐针毡地等待着一个又一个通过电话或飞机传来的报告。现代的指挥官不能像腓特烈、拿破仑那样指挥战争”。

皇储与冯·温克勒（von Winkler）将军站在一座小丘上，眺望着广袤的全景图。总部的旗帜迎风飘扬，传令兵与摩托车手往来不息，一切就像一场演习。一行人下到山谷，沿着运河来到一座小磨坊，威廉皇储在那里见到了他的弟弟——艾特尔·弗里德里希（Eitel Friedrich）。兄弟重逢，场面十分感人。两兄弟都被胜利的气息所感染，敌军的两枚炸弹落在附近，“反倒振奋了我们的精神”。

弗里茨·马泰（Fritz Matthaei）是隶属德军第36师的一名营长，他刚刚结束休假返回部队，便经历了同样的狂喜。“处处是战斗的喜悦，战斗的热情。”马泰在家书中写道，“四面八方都在欢呼胜利，战俘与战利品从眼前经过，灿烂的5月艳阳也露出成功的微笑；1914年的那些日子又回来了。”在赶往前线的路上，司机突然刹车，马泰敬畏地看着两个灰色的身影从身边驶过：那是德皇与兴登堡。马泰猛地敬了一个礼，德皇向他挥手致意。

——

不屈不挠的克列孟梭也在前线视察部队。他的汽车刚抵达费尔-昂-塔德努瓦，德军部队便进入了该城的另一端。还好汽车及时掉头，总理避免了被俘的命运。克列孟梭及其军事内阁长官莫尔达克将军没有被吓住，转而视察第21军。第21军军长让德古特（Jean Degoutte）将军告诉总理，他麾下的几个师在没有炮兵部队的情况下，逐一被投入战场。“就在我的眼前，”

克列孟梭回忆道，“一位将军的热泪滴在残破的地图上，令人心酸。与此同时，不断有摩托车手带来敌军逼近的消息。我离开第 21 军时，心里感觉那就是永别了。对我而言，那是整场战争中印象最为深刻的一幕。”

——

到当天中午，贝当感觉自己可能守不住马恩河了，于是请求福煦立刻把第 10 集团军调来南部。福煦之前答应过贝当，但此时拒绝了。敌军在北部的兵力仍很充足，足以发动下一次进攻；把部队调往南部为时尚早。但在拒绝贝当的同时，福煦也警告黑格，迫于形势，第 10 集团军有被召回的可能性。实际上，黑格可能不得不向英国本土要求总后备军的支援了。

随着新的失利消息传来，法军的绝望情绪日益加剧。“法军缠着我们不放，非要我们把几个训练不足的师派往前线。”当天下午，潘兴麾下的作战部长福克斯·康纳（Fox Conner）上校对劳埃德·格里斯科姆（Lloyd Griscom）少校说道，“还说这是战争千钧一发的紧要关头。真不知道什么时候可以相信法军，一会儿趾高气扬，一会儿垂头丧气。”

突然，门被一把推开，两个法军军官冲了进来。“太可怕了！吓死人了！”惊呼的是法国军事代表团的拉格诺（Ragueneau）将军，“德国佬打到马恩河了，救命啊！① 我们来出船只，出卡车，出火车，你们只管出人就行！”

康纳上校像哄小孩一样让两名法国人镇静下来。“我们会伸出援手，”康纳说道，“我们来到法国战场，为的正是这个。我军会把第 2 师派给你们。”

“好啊！”拉格诺说道，“不过那还远远不够，我们需要更多援军。”

康纳仔细看了看地图：“好吧，将军。把一个未经训练的师派上战场并非我等本意，但如果当下真是危急关头，那也只能如此了。”康纳决定派出一个经验更少的师。

“我们实在走投无路了。”拉格诺说。格里斯科姆注意到拉格诺的眼眶里涌出了泪水。

康纳拿起电话，要求接通第 3 师指挥部。“喂，鲍勃？”接着他又说道，

① 原文为法语。

"你能不能准备好部队,让他们明早开赴前线?"电话彼端的参谋军官显然在喘着粗气。"是,我知道你们完全没进行过战壕训练……没错,现在是紧要关头。交通运输是法军负责的,对吧?"康纳转身向拉格诺求证,然后说道,"一切都安排好了。"

每一支尚有余力作战的法军部队都被紧急调往马恩河,组成一道防线,让人回想起 1914 年那支拼命赶路的出租车队。①

——

基尔南所属的排退到一座山谷,长官指着天际线上的目标。"就打他。"长官指着一名大个子德国兵,吩咐基尔南。那名德国兵站在路旁,他的背包方方正正,看得很清楚。基尔南瞄准目标,那军官便用手杖把枪管向下压了压:"你瞄得太高了。"基尔南透过瞄准镜望着目标,心想:"这人也是历经过大大小小的战斗了。"他甚至能够想象到这名德国兵的母亲收到电报的情景。心有戚戚的基尔南产生了一个念头:"我下不去手。"长官下到战壕里去,基尔南急忙开了一枪,子弹从那德国兵的头顶飞了过去。德国兵显然听到了呼啸而过的子弹声,沿着天际线跑起来,躲在了一棵树后面。

那天傍晚,天气极度燥热,又没有水。基尔南一行人走出芦苇地,跟着一名上尉,好歹回到了自己的营地。旅长纵马上前,喊道:"上刺刀!"那旅长是个高大英俊的年轻人。"德国鬼子就在山那边,"旅长一边嚷,一边用马鞭打着手势,"你们只管冲锋,敌人就会逃跑。你们怕他们,他们更怕你们。"说罢,那旅长夸张地掉转马头,疾驰而去。两名军官一合计,爬上山顶观望了一下,然后急忙返回。"下刺刀。"一名军官说道,于是众人感激涕零地跟着他撤往后方。基尔南终于感到恐惧了;当初身处伊普尔的人间地狱时,他还并不害怕。"我不想回到前线去,一想到前线的情况就想呕吐。"基尔南回忆道。当初在伊普尔时,他曾收到一封母亲的来信,信上说:"我知道你是一个有担当的男子汉。"无数个日日夜夜,忍耐着严寒、酷热与艰难困苦,基尔南一直是这样一个男子汉,"然而现在,那封信也无法鼓舞我了。我害怕再回

① 1914 年 9 月,实施"施利芬计划"的德军全力进攻法国,部队距巴黎仅有数十公里;为将士兵快速送往前线,法军将领约瑟夫·加列尼派出大量出租车运送士兵。

到前线。我害怕”。

——

德军兵锋势不可当。在东部，次日即5月30日上午，德军已逼近塔德努瓦城（Ville-en-Tardenois），并首次扬言要包围兰斯；在西部，德军正在向马恩河推进。

在巴黎，人们对杜歇纳的上司——贝当及福煦的要求越来越高。克列孟梭个人虽不信任福煦，但他认为自己有义务保持福煦的权威，于是给协约国发了一份电报，请他们安心：

> 我等认为，福煦将军在本次战役中展现出杰出的指挥能力，且拥有值得信任的军事判断力，他对目前的困难情况并无夸大之词。

中午11点，克列孟梭找到庞加莱总统，敦促总统不要在战况正酣之际威吓杜歇纳。“杜歇纳是位不避艰险的勇将。昨天在费尔-昂-塔德努瓦，我见到他了，他离敌人只有两公里。”总理还补充说，贝当正在制订作战计划，准备阻止敌军的推进。他希望总统少安毋躁，不要去听信那些反战派的意见，“我很清楚，您不想从背后捅我刀子；但我也很清楚，有那么几位朋友在您身边”。总理指的是前总理阿里斯蒂德·白里安（Aristide Briand）[①]等人，他们不仅猛烈抨击克列孟梭的专制作风，而且对贝当多有责骂。庞加莱否认此类阴谋小集团的存在，认为那只是福煦的臆想而已。“我仍然认为，”总统说道，“福煦也好，贝当也好，我们都没有必要去干涉他们。”

“那咱们的意见不是一致的嘛。”克列孟梭说道。

“我的看法在之前给您的信中就提起过，一直没有变过。”

“那就好，没任何问题了。”

庞加莱心想：“是啊，没有任何问题。除了你克列孟梭又一次听信谣言、疑神疑鬼、目中无人。”

---

① 阿里斯蒂德·白里安（1862—1932），法国政治家，1909年至1929年间六次担任法国总理。1926年与德国外交部部长施特雷泽曼共获诺贝尔和平奖。

老虎总理与莫尔达克将军匆匆赶回战场。各地传来的消息都很不好。没有炮兵部队来阻止德国佬，正如莫尔达克所记录的那样，部队的士气渐趋低迷。“原因是部队受到重型火炮的轰击，且火力不下于战争初期；而我军只能用步枪、机枪来还击——对抗根本是一边倒的。”沮丧的难民挤满道路，赶着马车，载着那点可怜的行李，急匆匆地赶往安全地带。在许多法国人看来，尽管建立了所谓的统一指挥，得到了美军援助，法国大兵也不乏英雄主义精神；法国仍然在克列孟梭的领导下一步步走向失败。“苏瓦松失守。”阿里斯蒂德·白里安当天绝望地写道，“我们回到了 1914 年底的状态。”

情绪低迷的庞加莱在花园里踱着步，这时一名联络官跑进来报告说，德军正逼近蒂耶里堡(Château-Thierry)；蒂耶里堡是马恩河沿岸的一座战略重镇，距巴黎只有 50 余空英里。令庞加莱更为惊愕的是，在国民议会的走廊里，人们已在公开议论次日的进攻目标是敌军右翼。此举“既轻率又可恨”。批评政府的人士还要求与克列孟梭进行会谈，讨论如何阻止德军的推进。如果敌人再进一步，那么巴黎就会遭到敌军的直接炮击。那时该当如何呢？留在一个不断被炮击的城市里吗？议会又怎么开会呢？在这种情况下，战争还能打下去吗？

到晚上，德军已抵达蒂耶里堡以东不远处的马恩河岸。马恩河部分河段十分狭窄，窄到棒球运动员可以把球扔到对岸。德军指挥官信心十足：看来对岸的少数部队无法阻止德军前进了。德军已俘获 5 万多名敌军，缴获约 800 门大炮，而且“此次攻势的主要目标已然达成，即，将驻扎在英军战线后方的法军后备部队引蛇出洞”，“计划对英军进行致命一击的有利条件正在成熟”。

美国观察家弗雷德里克·帕尔默(Frederick Palmer)对此大感震惊：“彻头彻尾的一场溃败。我注意到，在那些沿交通线仓皇撤退的法军士兵中，在法国民众中酝酿着一种悲观失望的情绪；那情绪甚至比 1914 年德军攻势最高潮时还要强烈。”帕尔默认为，如果敌军施加的压力再强一点，就能取得胜利，因为法国人明显“正处于崩溃边缘”。

——

次日，即 5 月最后一天的清晨，德军一个袭击小分队准备横渡马恩河。

马车满载着小型浮船，在枪林弹雨中向岸边进发。马泰上尉率领他的营向河边的苔地前进。突然，机枪子弹从对岸的堡垒中射出，有人喊了一句："军医！"然后又回归寂静。子弹射中了几名工兵。死者与伤兵被拖到岸上，一艘小船带着导索开始渡河。

"3连上！"一名中尉喊道。中尉跳上另一艘船，30名士兵迅速跟了上去。众人低声说笑，与工兵们打趣。这支小队一上南岸就占领了桥台，并发回报告说：南岸无敌军踪影，无风吹草动。

到清晨4点45分时，马泰的整个营都渡过了马恩河。太阳刚从东方的地平线缓缓升起，前方是一条宽阔的大道，道路两侧则是麦田与草地；远处的阳光之下，瓦雷纳（Varennes）城堡沉静地矗立着，略显几分不祥的气息。

马泰下令进攻。"那景象十分壮丽。步兵跳入滚滚麦浪之中。正当我们感到铁路、城堡都势在必得之时，突然枪声四起，密集的火力像在迎接这支突击部队。许多人倒在麦田里，但进攻的步伐没有停下。"正在这时，南边山头彼端响起沉闷的隆隆声，法军的炮弹落在德军中间，落在驳船上。但为时已晚，"我们已经拿下了马恩河，桥头堡安全无虞；只是现在无法继续推进，又无法与北岸取得联系。进退维谷，我们咬紧牙关，孤独地死守着南岸打下来的那块地方"。

当天接近中午时，克列孟梭向庞加莱保证，蒂耶里堡丢不了，德国佬也过不了马恩河。贝当准备对德军侧翼发动攻击。

"今天吗？"

"攻击计划延后了几个小时，不过肯定是今天。"

"那些可恨的轻率之举又该怎么办呢？"庞加莱尖刻地问道，"似乎都是从你的内阁传出来的。"总统希望不会影响到此次进攻。克列孟梭话锋一转，提醒庞加莱他也有白里安那样的顾问。"我是有点疑心。"庞加莱承认道。

"是十分多疑。"

老虎总理奔赴前线，并在巴黎以东20英里处的特里波尔（Trilport）与福煦、贝当会面；该镇是第6集团军的新总部。贝当的参谋建议把责任推给福煦，却未被采纳；因为贝当确信，要取得胜利，少不了福煦这位最高统帅。

平日里，贝当是个悲观主义者，时时刻刻如履薄冰；而在此次危局中，贝当似乎是最为淡定之人。他让克列孟梭放心，德军并非不可阻挡，最困难的局面已经过去。只要协约国坚持到 7 月，胜利便唾手可得。福煦同样认为能够阻止德军。

克列孟梭离开时，并不完全信服。他一向不喜欢福煦，并隐隐觉得这位最高统帅或许犯下了致命的错误。不过，在返回巴黎的车中，莫尔达克表示支持福煦。“德军一直在香槟地区发动进攻，仍然很难说得通。如果德军打算进军巴黎，那就必须发动一次全新的攻势，”莫尔达克说，“况且，即使巴黎失守，也并不意味着失败。”

这番豪言壮语激起了克列孟梭的斗志。“没错，德军可以攻占巴黎，”克列孟梭说，“但那并不能阻止我们继续战斗。我们会打下去，在卢瓦尔河上、加龙河（Garonne）上，甚至比利牛斯山上……至于谈和，绝无可能。”

午餐时，福煦接待了来访的黑格。最高统帅表示，贝当急需几个美国师去把守瑞士边界的一条漫长战线，“无论那些部队多么缺乏训练”；此举可以带给法军喘息的机会。黑格列举出“数条充分的理由，来反对该提议；不过他表示自己可以考虑考虑，明天给出答复”。正在两人谈话之际，贝当那边传来消息：情势危急，派去阻击德军的后备部队“很快就四散了”。黑格从未见过福煦如此焦虑。

——

美国的援助已在路上了。一支长达 14 英里长的卡车车队，“由一群小个子、黄皮肤、傻头傻脑的安南人驾驶”，载着美军第 2 师离开诺曼底与皮卡第；第 3 师已在蒂耶里堡附近了。两名记者——《芝加哥每日新闻》（*Chicago Daily News*）的朱尼斯·伍德（Junius Wood）、《费城纪事报》（*Philadelphia Ledger*）的雷伊·卡罗尔（Ray Carroll）——走在第 3 师的前面，他们听说德军的突破行动，希望抢到一个头条。两人经过蒂耶里堡，又向前走了几英里，进入了瓦雷纳附近德军占领的那个桥头堡。险些被俘的两人逃回蒂耶里堡，惊喜地发现当地的部队及卡车上印有美军的标志。那部队看样子是一个机枪连，部署在城郊。谢天谢地，终于有人来阻挡德军了！

该部队是第3师的先遣部队。首批抵达的是15名阿兵哥，带着两挺从未实际开过火的霍奇基斯重机枪；其长官是西点军校应届毕业生约翰·比塞尔(John Bissell)中尉。比塞尔忙着转移两挺机枪时，第7机枪营的小分队开始在马恩河岸挖掘战壕。詹姆斯·泰勒(James Taylor)少校抵达时已是黄昏，八挺霍奇基斯重机枪部署于马恩河南岸，枪口对准通往蒂耶里堡的公路桥。

英国派出一个大型高级代表团，此时刚刚抵达凡尔赛，准备出席次日举行的最高军事委员会会议。在穿越海峡的旅途中，亨利·威尔逊告诉米尔纳、劳合·乔治和贝尔福：福煦打算让麾下的部队把守一条过于漫长的战线，除非他缩短战线，否则就守不下去。抵达凡尔赛时，威尔逊得悉，蒂耶里堡及维莱-科特雷(Villers-Cotterěts)已经失守："从这条最新消息来看，想必法军已无力再战。若真如此，那就大势已去了。"

英国代表团入座就餐的是13人，内阁大臣汉基在日记中记下此事；那显然是只有他意识到人数，要不然就是他太过迷信。随后，汉基与英国驻法总司令部代表团团长、中将约翰·杜·坎恩(John Du Cane)爵士进行了重要谈话。杜·坎恩对战争前景持悲观态度，且"十分焦虑，担心一旦法国被击败，欧洲大陆上将会出现250万人质。他认为，法军可能会失败，英法两军的联系也恐将不保，敌人或许会要求鲁昂(Rouen)、勒阿弗尔(Le Havre)到敦刻尔克的所有港口，以作为谈和的条件；如果我们拒绝，德军就会把我军鲸吞殆尽。在他看来，撤走军队已经不现实了，而如果继续作战，又将导致100多万人被德军俘虏。很明显，他感觉情势很快就会发展至此"。杜·坎恩还提到，黑格的参谋长劳伦斯与福煦意见不一致，劳伦斯希望放弃英吉利海峡诸港，趁着还来得及把部队撤往索姆河后方。

汉基立即向米尔纳及劳合·乔治报告了此事。首相对放弃海峡诸港以缩短战线的想法十分恼火。"我看得很明白，"汉基还在日记中写道，"首相的意思是，一旦战况平静下来，就把黑格扯下马。"①

劳合·乔治、威尔逊和黑格谈到深夜，讨论如何守住敦刻尔克。讨论到

① 在汉基所著的书中，当天一整天的记录都很详细，只是少了日记中的这句话。——原注

最后，黑格已“烦透了！多亏空袭开始，灭了电灯”。威尔逊忧心忡忡地上床休息。“明天，”威尔逊写道，“将是关键的一天。如果鲁普雷希特从蒙迪迪耶南下进攻努瓦荣，攻占贡比涅，那么法军就完了。若真如此，之后局面会如何发展，着实难以预料。”

四

6 月 1 日，星期六。威尔逊总参谋长醒来时，仍然心急如焚。“现在是早饭之前。我感到一个艰难的事实摆在眼前：法军有可能被击败，且这一可能性不小！法军被击败，会怎么样呢？留在法国战场的英军会被消灭吗？意大利战场呢？萨洛尼卡(Salonika)呢？巴勒斯坦、美索不达米亚、印度、西伯利亚以及海上的部队呢？阿尔汉格尔与美国又会怎样？”当天下午的凡尔赛会议上，不知道这些问题能不能得到解答。

米尔纳勋爵的情绪更加低落。六个多月来，米尔纳的目标始终是缔结一份大英帝国与协约国各方都“能够接受”的和约。现在是否已是时候？他准备与德国谈判，但不打算做出让步。从这一角度考虑问题的不止米尔纳一人。几周前，在 4 月份的危机中，首相就曾与部分阁僚、前大臣及工党成员私下讨论过一种可能性：听任敌人在东部肆意行动，以结束西部的战事。

劳合・乔治很是讶异，没想到法军将领竟已无能至此。凯默尔山几年以来一直是英军的一个阵地，法军先是被赶出凯默尔山；接下来又在埃纳河战线大吃苦头。法国这个主要盟友，是不是要垮掉了？“德军向巴黎进军时，法军将那些苦心挖掘的堑壕弃若敝屣；那么在没有时间完善防御工事的情况下，怎么能指望他们坚守阵地？”劳合・乔治与其他英国人一样，忽视了一个事实：部署在贵妇小径的英军与法军一样一触即溃，逃跑的速度与距离都并不亚于法军。

关于巴黎的悲观主义浪潮，劳合・乔治从德比勋爵那里有所耳闻；但当他亲眼见到沮丧的情绪笼罩着整个法国时，还是深感震惊：“对这一情况，我没有料到，也绝不认同；悲观沮丧毫无道理。我坚信，最困难的时刻我们已经熬过去了。”

早餐后，劳合·乔治与米尔纳、杜·坎恩、威尔逊一起去公园散步，汉基也陪同在侧，手里拿着笔记本。首相对汉基说："真是个天朗气清的早晨。"黑格还没到，众人先讨论起黑格将要负责的那条战线，并认为，如果黑格用不上美军，就该把美军拨给法方。

一行人刚返回他们的住处——罗曼庄园（Villa Romaine），正好碰上黑格，于是众人转移到房子阴面的阳台上。汉基觉得，不做记录，让他们自由交谈或许更好，便悄悄退下了。在威尔逊看来，黑格陆军元帅一如往常般"木讷"。众人首先就美军的规模展开讨论，并一致同意要求威尔逊总统将援军增加到100个师。至于期限，自然是越快越好。黑格建议，可以让美军在一年之内建立起一支"组织明确的军队"，不过最好能加速训练，在两个星期内拿出四个可在当前战线投入战斗的师。黑格表示，重中之重是弄清楚法军是否还在作战。法军后备部队在此次攻势中"四下散了"的消息，也曾传入黑格耳中；据他所言，那是"由于去年夏天太过娇纵他们，且他们纪律不整，也缺乏踏实能干的基层军官"。有鉴于此，黑格总结道，把美军派给法军纯属"浪费大好部队"，只有英军才能够更好地利用那些阿兵哥。"木讷"军人如是说道。

——

凡尔赛会议事关重大。在巴黎，准备会议的克列孟梭与庞加莱进行了磋商。老虎总理面色灰白，向总统报告称昨晚他见了贝当，灰心丧气的贝当构想了一份让政府撤出巴黎的计划。

"我不会离开巴黎！"庞加莱说。

"我不想把整个法兰西的命运悬于一役。"克列孟梭说道，"我们只能忍辱负重，等待美军到来。"庞加莱表示抗议：沿着马恩河再一次挡住德军，保卫巴黎，那才是正道。克列孟梭同意庞加莱的想法，但他同时指出，后备部队奔赴前线的速度无法再加快，因为公路堵得水泄不通，而铁路有可能会被敌人切断，"依我之见，德军肯定会逼近巴黎，至少会逼近到能够发动炮击的位置"。

"不能因为这个就离开巴黎。"庞加莱口上说着，心里怀疑老虎总理的目的是让他离开首都，等到德军围城时独揽大功。最终，两人都决定留在巴黎，坚守到底。

接着，克列孟梭来到位于凡尔赛的特里亚农公园酒店（Trianon Park Hotel），在其办公室内与劳合·乔治、威尔逊、黑格及福煦举行了初步会议。克列孟梭与福煦对英方展开指责，称英方未能派遣足够的部队登陆法国。劳合·乔治对此断然否认，并表示在3月21日大攻势之前，英国政府已做出艰苦的努力，将英军送过英吉利海峡。福煦则执意要求黑格遵守承诺，当初承诺多少个师，现在就必须保持多少个师；同时还露骨地表示，如果黑格做不到，那战争就失败了。“于是，”黑格的真心话写在了日记里，“一群人就这么争吵下去，白白浪费时间。”最后，劳合·乔治同意让福煦派遣一名专家前往英国考察军队，克列孟梭这才露出满意的表情。

最高军事委员会会议开幕时，距离预定的开幕时间已过去将近两个小时。宽阔的等候室里挤满了意大利人、美国人。“一扇窗户都没开！”黑格走进会议室，“这地方真是闷人。”

从结果来看，这场重大会议的唯一议题，仅仅是任命一位最高司令，以统辖地中海方面的所有协约国舰队。在这一点上，英法两方总算达成了一致，而意大利却表示反对。“看来意大利的盘算是让舰队龟缩在港口里面，以求自保。”黑格写道，“我对此很是反感。”冗长沉闷的会议开了两个半小时，理所当然地，什么问题也没有解决。于是黑格离席与贝尔福去花园散步。后来在写给妻子的信中，黑格如此说道：“我在凡尔赛待了一整天，听了无数废话。要说指挥战争，民主体制无疑比不过德国的体制。”

在克列孟梭的办公室里，潘兴、福煦和米尔纳也在共商机要。福煦首先描绘了一幅绝望的军事形势图，并提议美军在6月和7月这两个月份只派遣步兵与机枪部队，每月各派25万人。“先把眼前这场战役打赢，别的什么都不管！”福煦挥舞着双臂，大声喊道。

潘兴的态度同样坚决。美军必须以一个整体将战斗进行到底。由于某些让步，此一计划已经受到严重的阻碍。同时，法国的铁路系统正在崩溃；港口同样面临敌军的封锁，如果处置不当，情况将十分令人绝望。此外，只运送步兵与机枪部队，可谓一个铤而走险、目光短浅的策略。福煦似乎对此并不在意，心急火燎地称其他事情都可以推迟。持续的争论未能得出结果，最后潘兴提议休会一天。

与此同时，德军还在继续推进。巴黎火车站挤满了打算逃离的市民；行李散落在站台上，因为行李寄存处已没有空位了。旅客只能在行李堆中穿行，找出通道。

——

德皇长途跋涉，在前线走了一趟，风尘仆仆地回到司令部，精神头却很足。"他彻底陶醉在军队的胜利之中，"冯·穆勒海军上将愤愤不平地在日记中写道，"甚至给急件公文加上诸如'克拉奥讷(Craonne)①的胜利者'之类的旁注。很遗憾，陛下至此已毫无分寸了。"

如果德皇知道他的部队中有阿道夫·希特勒这样的下士，一定会深感自豪。希特勒一边孤身作战，一边厉声下达命令，给敌军造成他带着一个连的假象，最终单凭一把手枪抓获四名法军士兵。他把四名俘虏交给团长冯·图布夫(von Tubeuf)上校，并由此获得了嘉奖。"无论何种情况下，"图布夫回忆道，"他都自愿去接受最困难、最艰巨、最危险的任务。为了祖国和他人，他随时可以从容地献出生命。"后来，希特勒获授一级铁十字勋章——理由并非此次抓获四名法军的壮举，而是之前的功绩。一级铁十字勋章可谓人人垂涎，希特勒得到这枚勋章，乃是由于营副官的推荐。此人是一名犹太人，名叫雨果·古特曼(Hugo Gutmann)。

次日，即星期日早上，克列孟梭再次与庞加莱会面。两人就巴黎面临的危险展开细致的讨论，克列孟梭突然变得感慨万千："如果我死在这场战争之前，那么我是对祖国抱憾而亡。议会政体的恶习且不说，政坛上处处阴谋，加上种种弊病与怪癖，一切都让我感到身处一个堕落的社会。然而这场战争，却向世人展现出一个如此婀娜多姿、如此令人艳羡的法兰西。现在，我对国家充满信心。"庞加莱听着这番话，心想，如此一番内心剖白固然不失真诚，可惜有失伤感，不够理性。"如果说，"老虎总理继续说道，"我们注定

---

① 克拉奥讷，法国埃纳省东南部的一座市镇。1814年，第六次反法同盟会战中，俄普联军曾在此地与拿破仑展开激战，俄普联军失利，法军亦伤亡惨重。1917年，"尼维尔攻势"失败之际，法军在此地遭到沉重打击，一首名为《克拉奥讷之歌》(*La Chanson de Craonne*)的反战、反资本主义歌曲在哗变的法军之中流传开来，随即成为禁歌。

在劫难逃，那么我至少希望，祖国是在保卫独立的战争之中灭亡，灭亡得辉煌。”克列孟梭不愧性情多变，在午后与潘兴及英方代表会谈时，万千感慨又化作了一腔苦水：关于5月份美军增援的12万人，选择权交给了英方。为什么不把这12万增援分一半给法军呢？克列孟梭这话不像是提问，更近于责问。如果不行，那么6月份的12万美军增援是否会给法国呢？

潘兴断然拒绝，不肯替美国政府做下此类保证。一场激烈的争论接踵而至，最终以克列孟梭同意再议而告一段落。接着，克列孟梭开始掉头攻击英方，冷嘲热讽地表示：6800万人口的德国能拿出204个师，4600万人口的英国却只能拿出43个师，真是咄咄怪事。这番发言又引起一系列争吵。根据汉基的记录，福煦粗暴地重申，如果英军不能维持其部队数量，这仗就打不下去了。

各方意见似乎很难统一。英方提出建议，授权黑格来决定美军应何时开赴前线；潘兴不予考虑，当场拒绝。此外，潘兴也坚决反对“美军只运输步兵与机枪部队”的要求，英法两方对此都很是不悦。劳合·乔治很是寒心，并沮丧地承认协约国的命运某种程度上掌握在美国手中。协约国所能做的，仅仅是呼吁威尔逊总统在这场危机之中援助他们。

在这会议的第二天里，各方似乎只是斗嘴，没能解决任何实质问题。最后有人提议，请潘兴、米尔纳、福煦三人草拟一份协议。18个人没能办好的事，3个人很快就完成了。协议表示：在6月份派往法国战场的25万美军之中，将有17万人是作战部队，2.54万人是铁路维修部队，其余则由潘兴决定；而在7月份的25万美军中，14万人是作战部队，其余由潘兴决定。

午休时，福煦与贝尔福勋爵在花园里散步。年迈的外交大臣礼貌地询问元帅准备如何阻止德军。“我先攻其此处，”福煦说着，抬腿踢了一脚，“再攻其彼处。”说着用另一条腿又踢了一下。福煦重复着腿上的动作，双手也在比画着。劳合·乔治等人远远旁观，看不懂福煦这些拳击招式是什么意思，只觉得饶有趣味。

与会者回到会议室，再次就地中海问题展开讨论。前一天，会议刚刚解决一个问题，即任命杰利科(Jellicoe)[①]海军上将为协约国地中海舰队总司令；如今由于意大利的反对，需要重新商议。意大利要求让他们自己的将领——德·雷夫(de Revel)海军上将来担任总司令。据汉基的记录，雷夫此人“素以炫耀意军舰队18个月未曾出海、未遭受任何损失而知名”！众人争论了几个小时，最后各方都大声吵嚷起来。“里面怎么回事?”走廊里有人问道。“估计他们都是茫茫然如身处汪洋，”才思敏捷的布利斯将军答道，“只有那位意大利上将还在岸上。”劳合·乔治火冒三丈地吼道，意大利打算把任命彻底搞成一场骗局！劳合·乔治不会让杰利科这般声名显赫之人来接受骗局任命，于是他撤回了最初的提议。

威尔逊感到烦透了：“这一整天纯粹是在浪费时间。一方面浪费在福煦和他那些不可靠的数字上面，另一方面浪费在潘兴和那个意大利海军上将身上。我们浪费的这些时间，德国佬却用来进军，在蒂耶里堡城下、维莱-科特雷集结，朝着苏瓦松以西、努瓦荣以南推进。委员会这玩意儿实在可悲，出席委员会会议实在可气。”

6月3日，星期一，最高军事委员会最后一次会议结束。会议的气氛尚属友好，收效却微乎其微。随后汉基与劳合·乔治一起去为家人购买礼物。根据汉基的记录，首相被一名美貌的女接待员迷住了。与克列孟梭一样，劳合·乔治也以风流好色闻名，尤其钟情于自己的秘书——弗朗西丝·史蒂文森。首相几乎每天都会给史蒂文森寄去激情四射的短笺，开头通常是致“可爱的小咪咪(Darling Pussy)”。

——

次日，在波旁宫举行的国民议会对克列孟梭的政治言行进行了审议。如果克列孟梭下台，那么继任总理必定会罢黜福煦及贝当，选择与德国求和。会议一开始，反对派搞掉克列孟梭的野心便昭然若揭。迎接总理的是刺耳的嘲笑以及两项要求：谈和、罢免贝当及福煦。

弗雷德里克·布吕内(Frédéric Brunet)议员发起攻击称，最近的战斗

① 约翰·杰利科(1859—1935)，英国海军将领，1915年晋升海军上将，1919年晋升海军元帅。

证明法国领导层软弱无能。老虎总理克制着自己，不动声色。布吕内说："当初，德军向索姆河发起冲锋，全国上下没有一位国民内心动摇。我们大家都说：'德军过不了河。'然而，当我们听到贵妇小径惨败的消息时，内心不由得感到一阵剧痛。为了守住它，无数士兵牺牲在那里。于是我们不得不扪心自问，当权者是否在真正地尽心尽责。……如果说，那些没能尽到职责的军人应当受到法律的严惩，那么领导人就应该承担更重的责任。极有可能正是由于领导人的玩忽职守、思虑不周，才导致此等无可挽回的败局出现。"

克列孟梭首先要求与幕僚进行闭门会议，随后便登台接受布吕内议员的挑战。"我们接下来所讨论的，能取得什么成果呢？"克列孟梭说道，"不过是在焦虑的心灵中散播疑惧，在误会的基础上增添曲解罢了。此非我所为之事。"听众们发出阵阵嘘声，克列孟梭不为所动。"如果想要赢得某些行事草率之徒的赞赏，"克列孟梭话中有话，继续说道，"那就必须抛弃那些堪称国士的将领们。此等无耻卑劣之举，我万万做不到，旁人也休想指望我做到。如果我们使得部队对其领导人——或许恰恰是领导人中最优秀的那几位——的能力产生怀疑，那会是一桩大罪，我绝不会为此等罪行负责。"

克列孟梭承认自己曾犯过错，纠正错误正是他的责任所在："我一直致力于此，并在过程中得到了两位了不起的军人的支持，他们的名字便是福煦将军与贝当将军。"人们再度发出一阵阵嘘声。克列孟梭又说："我们的盟国对福煦将军十分信任，在昨天的凡尔赛会议上，盟国都希望在公报中表达对福煦将军的信任。"

"那还不是你让盟国那么做的！"有人高声喊道。克列孟梭不加理睬，继续介绍法军在马恩河附近的战斗，但他的讲话一次次被台下打断："现在的情况是：或许这里那里有一点点小问题，或许根本就没有问题，战斗仍在激烈进行，我们对战场现状还无从知晓。在这种情况下，我们去要求，或者说，去强迫一位殚精竭虑的将军为我们做出解释，这合适吗？我曾亲眼见到，将军顶着天大的压力，一连几个小时埋头研究地图。我们去逼问这样一位将军，让他报告自己某月某日在做某某事，这应该吗？"

由于克列孟梭的鼓动性演讲，讲台下开始出现喝彩声，渐渐与嘲讽声不分上下了。然而反对派又开始兴风作浪，克列孟梭一度被赶下讲台。骚乱停止后，他又重新走上讲台："如果你们希望我离开讲台，就来把我赶下去；我决不会主动离开。"克列孟梭的演说在议会的大厅中点燃了热情的浪潮，他声嘶力竭。"对悲惨的现实痛定思痛，做出分析。此人责任感极强，同时具有一颗履行责任的坚毅之心，"杰弗里·布鲁恩(Geoffrey Brunn)①评论道，"那些心灵孱弱之人只能对他心存敬畏，噤若寒蝉。"

克列孟梭用抒情的语句讲述法军以寡敌众的战斗、伤亡惨重的现状。"不过，我们决不投降。"他们并不是孤军作战。"法国和英国的作战部队确实已精疲力竭；然而，美军正在赶来。"此言一出，台下爆发了一阵自发的欢呼。"我们有所让步，但决不投降。"只要当局能够承担起自己的任务，军队一定能够取得胜利，"我会亲自在巴黎城下作战，在巴黎市内作战，在巴黎后方作战"。讲到此处，会场响起了一片赞许声。"如果我是一名不称职的公仆，你们可以把我罢免，将我驱逐，给我定罪；但至少，劳烦你们把批评的意见清清楚楚地讲出来。至于我，我可以说，法国人民、法国社会各阶层都在完全履行着自己的职责。倒下去的人没有白白牺牲，他们用另一种形式为法国的历史增添着辉煌；而活着的人，则要活下去，去完成逝者未竟的光荣事业。"

仍在叫嚣的反对派很快被赞许的声音湮没了。国民议会经过表决，以337票对110票的压倒性多数，否决了要求军方做出进一步解释的提案。面对力量强大、准备充足的反对派，老虎总理仍然取得了胜利。"那不单纯是出于理性与逻辑，"布鲁恩评论道，"而是通过感人至深的勇气与诚意去陈述理性与逻辑。他或许无法说服对方，却能够通过这种方式迫使对方同意自己。"

"那是件好事。"黑格在给妻子的信中写道，"如果克列孟梭下台，就会有一拨形形色色的恶棍上来组成新政府。克列孟梭是一位优秀的爱国主义者，他一心只想赢得战争。"

威尔逊将军无疑也不希望克列孟梭下台，但他对福煦能否阻止德军持怀疑态度。次日，即6月5日，威尔逊来到唐宁街，与米尔纳就后备部队及

---

① 杰弗里·布鲁恩(1898—1988)，加拿大裔，历史学家、传记作家，主要研究欧洲历史。著有乔治·克列孟梭的传记《克列孟梭》(*Clemenceau*)。

拟议中的伊普尔、敦刻尔克撤军问题展开讨论。威尔逊表示，福煦鼠目寸光，除非他缩短北部战线，利用好敦刻尔克地区海水泛滥的地理优势，否则战争必败无疑。“还说福煦不会‘lacher un pied’（逃跑），那纯属 D——[1]胡说八道，接着就从贵妇小径逃到了蒂耶里堡。”随后，两人就一旦法军溃败，英军全面撤出法国的可能性进行商议。“那次会议很是让人泄气。”汉基回忆道。会议最后决定，威尔逊、米尔纳次日再赴凡尔赛，与福煦、克列孟梭会晤。“这任务有点棘手，”威尔逊闷闷不乐地说，“福煦打不赢。”

在两人动身赴法之前，威尔逊直截了当告知劳合·乔治：“我们会向福煦提议：要么法军在北部战场划出四个师，与增援的美军部队一并留给我军；要么缩短北部的战线；且无论如何，必须要让黑格在其战线自行指挥作战。如果福煦不同意，那么劳合·乔治就会收到我的来信——英军必败。”

五

大肆吹嘘的“统一指挥”原则如今产生了动摇，如果马恩河防线守不住，这一原则大概会寿终正寝。左右战局的中枢位置乃是蒂耶里堡西北 5 英里处的一片小森林，其名正是贝洛森林（Belleau Wood）。德军已占据森林的大半部分，正准备向南推进，夺取整片林区，以便进入吕西-勒-博卡日（Lucy-le-Bocage）村，该村距离埃菲尔铁塔只有短短 45 英里。

贝洛森林并不大，树木约六英寸粗，长得十分茂密；如果不用斧头或炮弹毁掉一排树木，那么林中的视野就只有 20 英尺远了。与美国的森林不同，这片林子配有护林人员护理，他们会把林下灌丛清理掉，并砍伐那些准备用作木材的树木。尽管缺乏矮树丛，但在这片沟壑与峭壁密布的多岩高地，处处都是蔽身之所。这片森林面积不超过一平方英里，形状不规则，从空中俯瞰，有点像一头海马，或是一个扭曲的肾脏。森林以北半英里处，坐落着古老的贝洛堡，该堡与吕西-勒-博卡日由一条田间小路连接。由于贝洛堡的缘故，贝洛森林当初曾禁止狩猎。森林的东南角是另一个小村庄，名

[1] 此处是威尔逊本人的语句中断，而非卡尔威尔编辑的结果。——原注

叫布勒什(Bouresches)。该村落在德军手里，协约国若想扫清贝洛森林，必须先把布勒什夺回来。

到6月5日，美军第2师已在贝洛森林下方严阵以待。他们渴望向全世界表明，美国人不仅能说，而且能打。美军第2师是一支混合部队，共有1063名军官、25602名士兵，分为两个旅：一个是陆军，另一个是海军陆战队。海军陆战队旅由正规军军官詹姆斯·哈伯德(James Harbord)少将指挥，此人是潘兴的前任参谋长。潘兴曾告诉哈伯德，拨给他的是法国战场上第一流的部队，如果吃了败仗，最好心中有数谁来负责。

美军第2师赶往贝洛森林时，实属一场急行军。"我们坐在车上，日夜兼程。这次行军冷得惊人，条件也很差。"克利夫顿·凯茨(Clifton Cates)少尉在给母亲及姐姐的信中写道，"不知道你们能不能想象到：1000辆卡车排成一列，一辆接着一辆，向前拼命飞驰。我们途经欢乐巴黎(Gay Paree)的郊区，穿过许多城镇。"一路上，凯茨看到难民们"缓缓地往回走，其中不乏老弱妇孺，有的人步行，有的人坐在马车上，希望能把贵重物品带回去。我此前从未见过如此可悲可悯的景象。战友们无不咬牙切齿，高呼'法兰西万岁'。我们的座右铭是'非战即死'，而一名将儿子交给国家的母亲应该说：美国，我把儿子交给你了，希望上天保佑他平安归来；如果他无法回来，那么我希望他是为崇高的事业而捐躯，不会后悔把他交给你"。

这些渡海而来的小伙子们带有一种异域风情，人人兴高采烈，有的把腿伸出卡车外，好像是要去参加宴会一般；法国人朝着他们欢呼喝彩。情绪高涨、喜气洋洋的美军使得法军精神也焕然一新。扬基大兵终于赶来，现在有希望挡住德国佬了。"美法两军在外观上形成鲜明的对比。法军衣衫褴褛，饥肠辘辘，双眼凹陷，几乎无法站直身体。"让·德·皮埃尔夫回忆道，"法兰西是一具失血过多而濒死的尸体，新生命的到来为它注入了鲜活而澎湃的元气。于是，情况变得出乎所有人之意料：在极端艰难的日子里，当敌军再次兵临马恩河，满心以为我军战意尽失之际，全体法国人民心中却充满着难以言喻的信心。"

马恩河急流南转的位置往西五英里处，有一片麦田。奉命"不惜一切代价守住防线"的美军第2师已在该麦田挡下了德军的推进。美军渴望转守为攻，当晚，美梦便成真了。法军第21军的让·德古特少将下令，次日清晨进攻贝洛森林。

6月6日凌晨3点45分，海军陆战队旅第5团第1营营长来到前线战壕，发现部分士兵已经越出战壕，处在前方25码的位置；于是营长下令冲锋。一些士兵死于部署在森林中的敌军机枪之下，其他人只得卧倒隐蔽起来。多亏第49连连长乔治·汉密尔顿（George Hamilton）上尉的英勇表现，此次冲锋才免于无疾而终。汉密尔顿意识到他们所面临的是异乎寻常的关键时刻，于是他沿着队伍奔跑，催促士兵们站起来，继续进攻森林。汉密尔顿前前后后奔走着，鼓舞部队跟上去——众人便照做了。美军高举上着刺刀的步枪冲入敌阵，向着灰色军装的敌人猛扑过去。有的德国兵举起双手，尖着嗓子大喊"同志"，于是得以留下一命；而大多数德军都被刺死了。一些海军陆战队队员还记得那些德国兵的惨叫声，那声音着实不够体面。

汉密尔顿堪称运动健将，来回奔跑不休。"我模糊地记得几个场景：我督促整个队伍以更快的步伐向前推进；把俘虏集中起来，只派一名士兵把他们押送到后方；我从自己抓到的第一个敌军军官身上扯掉一枚铁十字勋章；对着几个快速逃跑的德国佬乱射了几枪。"汉密尔顿充分利用了他手中的那把步枪。"再往前走，我们来到一片开阔地，那是一块长满鲜红罂粟的麦田；我们在那里被敌军打得很惨。好不容易冲过那片开阔地，我们又进入森林里。"尽管那片森林有三个德军机枪连据守，汉密尔顿仍然率队冲锋，夺下了阵地。夺下之后，汉密尔顿才发现，自己已是孤军深入的状态；之前经过的一座小山山顶才是作战目标。他们只能退回去，整编一下，掘壕固守，"于是大家各自为战。我从一条排水沟爬回去，沟里水很凉，长着光亮的芦苇"。敌军的机枪子弹从汉密尔顿的背上掠过；不仅如此，由于汉密尔顿距己方前线有600码之远，友军的炮弹也落在他的身边，险象环生。最终，汉密尔顿爬了回来，开始重组幸存的部队。五名下级军官全部牺牲，因此他只能冒着生命危险，亲自在各个小队之间奔跑传令，建立起一条防线。

汉密尔顿后方的一个连，顶着重步枪及机枪的猛烈火力，也到达了他们的目标地点。整个上午，局势都十分危急；而到中午时，敌军的反攻就被压制住了。下午2时15分，哈伯德将军下令再次发动攻击。该攻击分为两个阶段，第一阶段先占领贝洛森林的东部边缘，第二阶段夺取战略意义重大的布勒什村。行动时间是下午 5 点钟。

一名颇具胆识的记者正在赶赴战场的路上。此人名叫弗洛伊德·吉本斯(Floyd Gibbons)，来自《芝加哥论坛报》(*Chicago Tribune*)。当天上午，吉本斯与曾在《纽约时报》任职的奥斯卡·哈策尔(Oscar Hartzell)中尉一起乘车离开巴黎，希望目睹美军的首场重大战役。吉本斯于下午 4 点抵达海军陆战队旅第 5 团指挥部，并对团长内维尔(Neville)上校表示，自己想到前线去。

“你想去哪儿就去哪儿，”内维尔说，“想走多远就走多远。不过我要告诉你，前边正打得热火朝天呢。”

吉本斯、哈策尔两人用了将近一个小时才到达吕西-勒-博卡日。炮弹四落，农舍一片火海。树下散落着一地小纸片。吉本斯捡起几张看了看，发现是些撕碎的信件，寄件人都是海军陆战队队员的母亲及妻子。这些疲倦的士兵把信从背包里取出来撕掉，为的是防止敌人利用它们。吉本斯走进一个坑，坑里有两挺机枪、几名机枪手；坑外是一块平缓的下坡地，沿坡向下 200 码又是一片树林。很显然，这片树林有一部分是在敌人手里。

4 点 55 分，一名年轻的排长前来传达进攻命令。“你有什么事吗?”排长向吉本斯问道，并注意到他左臂上的绿色臂章与红色 C 字①。

“我想写篇大新闻。”

“换作是我的话，我会向南远远地躲出 40 英里去。”排长说道，“你是想跟着我们凑热闹是吧？部队 5 分钟后就要出发了。”

海军陆战队的队员们卸下行装，准备行动。他们的背包里没有多余的衣服或毯子，只有 20 磅重。第 6 团团长阿尔伯特·卡特林(Albertus Catlin)上校来到前线，发现士兵们情绪镇定，精神饱满。“小子们，打他娘的!”上校对几名士兵说道。

5 点整，众人一齐跃出战壕，向前冲锋。敌军的机枪发出可怕的嗒嗒声，大炮火力也加强了。贝里(Berry)少校率领着第 3 营，在他面前的是一大片空旷的麦田，麦子虽然还青，也差不多有两英尺高了。在机枪的扫射

① 绿色臂章与红色 C 字，是当时特派记者的标识。

下，麦子垂下了头，在枪林弹雨中摆来摆去。进攻队伍产生了动摇，这时有人喊了一句："狗娘养的，都跟上来！你们是想长生不老吗?"说这话的是身具传奇色彩的射击中士丹·戴利(Dan Daly)。此人是荣誉勋章(Medal of Honor)获得者，25 年来，他的话一直震慑着新兵们。队伍继续向前，一直行进到森林外 100 码处，由于敌军火力太强，战士们只得迅速卧倒。许多人想往回爬，结果惨遭射杀；少数人安全进入了森林；其余的人只能紧紧趴伏在地面，等待夜幕降临。

弗洛伊德·吉本斯和哈策尔跟在贝里少校身后，少校突然转身喊道："全体卧倒！"众人立刻俯身倒地，一梭子弹打掉了麦秆头。子弹射来的方向并非树林，而是左边。吉本斯听见前面一声惨叫，他小心翼翼地抬起头，发现贝里少校痛苦地捂着左腕，挣扎着想站起来。"我的手没了！"贝里喊道。"趴下，趴平身体，少校！"吉本斯叫道。"咱们得赶紧离开，"贝里说，"他们这就要轰击麦田了。"

吉本斯谨慎地望望四周，对贝里喊道："你那儿离树林大概 20 码。"并说自己要去帮助贝里。当吉本斯尽量平趴着匍匐前进时，突然之间，左上臂感到一丝火烫，并不疼，感觉就像是被点燃的香烟碰了一下。那是一颗子弹，干净利落地射穿了他的肱二头肌，甚至袖子上都看不见弹孔。接着，又有什么东西划破了吉本斯的左肩，还是一阵灼伤感。不过意外的是，他发现手臂还能动。

那疼痛比起牙医的钻头来，还是轻得多了。吉本斯继续向前爬着，嘴里喊着鼓劲儿的话。他把下颏扭向右边，以便脑袋贴紧地面，结果却把钢盔弄掉了。接着便是一阵清脆的响声，像是一只瓶子摔在了浴缸里。M. K. 麦克亨利(M. K. McHenry)中士就在不远处，他看到那是吉本斯的脸部被击中了；而在吉本斯本人看来，就好像白涂料桶扣在了头上，眼前的一切都是白的。吉本斯无法判断自己伤了哪里，但至少确定不是头部；如果是头被射中，那眼前应该是漆黑一片才对。"我死了吗?"吉本斯心想。那不是玩笑，而是认真思索自己是否已死。吉本斯试着动了动左指，发现还能动；左脚也一样。于是他明白，自己还活着。他用手摸了摸鼻子，湿淋淋的东西沾了一手，他仔细一看，发现那是鲜血。整个左脸都痛得厉害，吉本斯闭上右眼，发现眼前是彻底的黑暗！他努力睁大左眼，仍然没有任何变化。他心想，一定是什么东西打瞎了他的左眼；却没想到，是一颗子弹从前额射入，射穿了他的眼睛。吉本斯现在无力爬到少校身边了，不料过了一会儿，他看见贝里站起来，冒着枪林弹雨向前冲去，跑出了他的视线。

默温·西尔弗索恩(Merwin Silverthorn)是一个头脑活泛、精力充沛的小个子中士，他与排长——陆军中尉科平杰(Coppinger)就在吉本斯等人的左边作战。这个排奉命采用堑壕战队形出发，战士们高举着枪，缓速稳步前进。他们沿一条溪谷向下，在接近底部时遭到敌军机枪扫射。众人躲到一大堆木材后边。过了五分钟，科平杰喊了一声："跟我来！"于是众人跟着科平杰弯腰跑到溪谷另一侧的山坡上。一行人登上山顶，科平杰回头看了看，不禁一惊："我的排都哪儿去了？"他们出发时，共有 52 人；现在只剩下 6 个人了。"我得回去。"科平杰对西尔弗索恩说道。西尔弗索恩却在想："那咱们就在这儿分道扬镳吧。我刚从那边过来，现在打死也不想回去了。"

西尔弗索恩认为，在军事上，朝着敌人前进从来都不是坏事。于是他一路向前，最后遇上盖伊(Gay)中士率领的另一个排的余部。一行人最终抵达麦田，西尔弗索恩在麦田里目睹了生命中最壮丽的景象之一：西布利少校率领着一个营冒着猛烈的火力缓缓穿过了麦田。而当盖伊的排准备穿过麦田时，子弹射中了盖伊的后背。西尔弗索恩给盖伊包扎好伤口，告诉他，伤并不重。"你在这儿等着我，天黑以后我回来接你。"西尔弗索恩带着剩余的几个人向前冲去，喧嚣之声震耳欲聋。第二次冲刺时，西尔弗索恩摔倒在地。他以为是被石头绊倒了，但看了看却没发现石头。那感觉像是有人用球棒敲了他的膝盖骨，不过并不疼。此时只有一个人跟在后面了，那是一名自动步枪手；西尔弗索恩让他继续向前进入森林，那里的友军应该需要他。"我得在这儿等到天黑，趁着夜色掩护才能出去。"西尔弗索恩想起了自己的父亲，老人家当年在葛底斯堡战役①中肺部中弹，却一直活到 96 岁。

在那右边是伯顿·西布利(Berton Sibley)少校的营，那个营要走运一

① 葛底斯堡战役，美国南北战争中最为著名的决定性战役，爆发于 1863 年 7 月 1 日，鏖战两日后，以北方军队的惨烈胜利告终。

些。卡特林钦佩地望着他们右转，右侧原地不动，左侧分成四批，好像阅兵队伍一样稳步前进。卡特林感觉那是自己“平生所见最壮美的景象之一”。整齐的队伍从容不迫地向前迈进，没有喊杀嘶吼，也没有狼奔豕突。望着这批海军陆战队队员冒着机枪的扫射前行，卡特林紧握双拳，浑身的肌肉死死绷住。有的战士倒下了，不过幸运的是，西布利部队的掩护要比贝里做得好；剩余的人顽强地向前走着，并随时听从命令。那些据守森林的敌兵看着他们一步步逼近森林，想必是要吓破胆了。

卡特林没有战地电话，只能一路跑上一座小山丘，去观察前方的战况。透过望远镜，他看到西布利的部队冲进了森林。法军联络官特里博·拉斯皮埃(Tribot Laspierre)上尉请卡特林上校转移到安全地带去，卡特林却全然不顾子弹在四周乱飞，最后被流弹打中胸部。“感觉就像被大锤狠狠敲了一下，我被它打倒在地。”卡特林想站起来，却发现右半身动不了。特里博·拉斯皮埃上尉冲到卡特林身边，把他拉进一处掩蔽战壕里；卡特林身形庞大，上尉拉他费了好一番力气。子弹穿透了卡特林的肺部，他并未感到疼痛，也没有失去意识，只是躺在壕沟里等待急救。伤势主要是内出血，旁人也帮不上多少忙。

与此同时，第 2 营的托马斯·霍尔科姆(Thomas Holcomb)命令第 80 连的唐·帕拉迪塞(Don Paradise)枪炮军士及二等兵斯莱克(Slack)穿过麦田。两人的任务是找到第 80 连连长科芬伯格(Coffenberg)上尉及其毗邻军营的营长西布利少校，并弄清科芬伯格、西布利所在的地理位置及其他信息。帕拉迪塞走在前面，斯莱克跟在后面，两人平安地通过那片死亡麦田，很快找到了西布利。“算我求你们了，”西布利说，“请转告霍尔科姆少校，把科芬伯格上尉和第 80 连留给我吧！我的营剩下的人不到一半了。”

“走吧，斯莱克，咱们回去。”帕拉迪塞说道。谁知斯莱克竟怕了起来，问道：“你不走咱们来时那条路？”帕拉迪塞说那是条最近的路。帕拉迪塞独自往回走，途中烟雾时淡时浓，他不知道自己走到什么地方，只听见伤员们不停地悲呼哀鸣，请求援救。然而，一名传令兵不可能停下来当军医。最后，帕拉迪塞爬上一座小山坡，霍尔科姆就在山坡上。帕拉迪塞在霍尔科姆身边的弹坑卧倒，报告了情况，然后请求回去帮助伤员。然而长官告诉他，还有一些别的情报需要传递，于是他便爬进附近的一个弹坑里待命。在那个弹坑里，帕拉迪塞可以望见布勒什村；他心想，德军或许也发现了他。他离开那弹坑，向一个树篱爬去，另外几名传令兵正在树篱处挖壕。没过多久，一枚炮弹便炸在了他离开的那个弹坑里。

西尔弗索恩中士仍躺在麦田里，感觉着机枪子弹从自己身上一两寸高处飞过。附近不时扬起一阵阵灰尘，他估计是有个狙击手在射自己。不一会儿，炮弹开始落下。西尔弗索恩不管自己受伤的腿，站起身来就跑。离森林还有 200 码，他冲过耕地，进入一片草丛中，那草长得颇高，到了他的臀部。在草丛中，西尔弗索恩发现了自己的朋友皮尔彻(Pilcher)。皮尔彻腹部中弹，呻吟着涕泣不止。西尔弗索恩把对盖伊讲过的话重复了一遍："天黑以后我回来接你。"然后便匍匐穿过草地。草丛提供着掩护，最终西尔弗索恩安全地冲进了贝洛森林。森林里荒无人烟，静得瘆人，他从未感到如此恐惧。西尔弗索恩孤单一人，但知道德军必然就在附近。他一瘸一拐地向前走去，幸运地发现了一个救护站，救护人员决定把他送到医院去。然而他却拉出一副担架，说服一名救护人员与他一起回到麦田。西尔弗索恩一路上寻找盖伊，没有找到，便去寻找皮尔彻。他摸着黑探寻麦田的位置，最终凭借直觉找到了。西尔弗索恩轻轻呼唤皮尔彻的名字。"刚离狼穴，重返虎口，"西尔弗索恩自言自语道，"没有什么比这更疯狂了。"他摸索着前行，突然绊倒在皮尔彻纹丝不动的身体上。"皮尔彻，我们来接你了。"西尔弗索恩说着，摇了摇皮尔彻的身体，"有担架了，我们会救治你的。"然而，皮尔彻已经死了。西尔弗索恩是一名虔诚的信徒，看着皮尔彻僵硬的躯体，他对基督教的信仰越发坚定起来："我深深地感到，自己身上背负着主的使命。"

吉本斯仍在麦田里等待急救。哈策尔中尉就隐藏在附近，喊道："现在敌人应该看不到咱们了，爬回去吧。"吉本斯不知道哈策尔的位置，便向喊话的方向爬去。两人在中途相会。"把头抬一抬，"哈策尔说，"我想看看你哪儿受伤了。"

吉本斯抬起头来，痛苦地睁开右眼，直视着哈策尔的脸。"哈策尔看向我，表情里充满了恐惧。"20 分钟后，两人抵达森林边缘，终于脱离险境。

与此同时，隶属霍尔科姆第 2 营的克利夫顿·凯茨中尉，正率领自己的排穿过麦田攻向布勒什。双方各有死伤。凯茨的钢盔被一颗机枪子弹打飞，他摔倒在地，晕了好几分钟才醒过来。凯茨费了好大力气才重新戴上钢盔，因为子弹打出了一块拳头大小的凹陷。“机枪子弹打在我周围，就像下冰雹似的。我当时脑子里第一个想法就是往回跑，这话说起来很丢人，不过确是事实。”凯茨发现一座山沟里有四名海军陆战队队员，便摇摇晃晃地走过去，到他们跟前时跌倒在地。其中一人把凯茨那凹陷的钢盔摘掉，拿起水壶往他头上肿胀的地方倒酒。“去你妈的，”中尉说道，“往我头上倒干吗。给我喝一口。”酒一下肚，凯茨壮起胆来，当场抓起一把法国步枪，带着四名士兵冲入布勒什村。

西边几英里处，驻扎着怀斯（Wise）少校率领的预备营。大约午夜时分，一名传令兵带来哈伯德将军的命令，要求怀斯率营开进贝里左侧的前线。“我还是头一回接到此等狗屁命令——不光是我，任何人都是一样。”怀斯写道，“下达命令之人怀有一种乐观的假设：第 1 营与第 3 营都已成功拿下了目标。……我进退维谷。如果不执行命令，那我肯定要完蛋了；如果执行命令，那我就会落入德军的天罗地网。”

6 月 7 日凌晨 2 时，天色“漆黑一片，视野所及之处不到一英尺”。怀斯率领着他的营，排成一列纵队，沿着一条道路前进。那道路通向“一块有坡度的田地，看起来像是瓶子的颈部”。周围实在静得过分，怀斯预感不妙，便命令部队停下，自己带领几个班前进了 200 码左右，接着便听到左侧传出刺耳的步枪声。怀斯听出那尖锐的开火声来自春田（Springfield）步枪，于是下令众人不得射击。① 黑暗中有人喊道：“小心，德军就在你们右边，贝洛森林里。”

怀斯转身便喊：“向后转，跑步走！”士兵们迷惑不解，小莱米尔 · C. 谢泼德（Lemuel C. Shepherd）中尉也是如此。军队曾教育他，对于来源不明的命令不得执行。这话传到后面的营里，就变成“我们走错地方了，这是怀斯少校的命令”。

后面的部队听到少校下令跑起来，于是立刻开始行动。“我们站起身

① M1903 春田步枪是美军一战时的主要装备之一。

来，”E. D. 库克(E. D. Cooke)中尉回忆道，“沿着来时的路拔腿就跑。”有些人跑得慢落在后面，就跑跑停停，边歇边跑。直到东方初白，部队才跑出森林地带，进入一片开阔地；此处是道路急转向左的拐点。怀斯下令在道路两侧隐蔽，掘壕据守。布兰奇菲尔德(Blanchfield)上尉的第55连在前方，谢泼德中尉率领自己的排前往左边，沿着森林边缘分散开来。不料突然枪声四起。

接着拂晓的微光，谢泼德看到德军在前方及右边的森林里活动。原来，怀斯少校在无意之中把队伍带到了贝洛森林左边的空旷地带，此处早有敌军重兵把守。双方激烈交火，迫击炮弹开始从四面八方落下，撞击地面发出沉闷的响声，接着便是爆炸：“震天动地，实在可怕。”

一名传令兵气喘吁吁地赶来告诉谢泼德，布兰奇菲尔德上尉身负重伤，命令谢泼德接管第55连。谢泼德沿着森林边缘向前走去，途中传令兵倒了下去。谢泼德正打算上前帮助，不知什么东西打在自己大腿上，感觉就像被骡子踢了一脚。谢泼德蜷缩成一团，还没意识到自己被子弹击中，命悬一线。“我躺在那里动不了，四下张望是什么东西打中了我，结果只发现一颗子弹。”血从裤子里渗出来。爱犬琪琪(Ki-Ki)整晚都跟在谢泼德身边，此时一动不动地把头靠在他的腿上。谢泼德以为它死了。“那些个混蛋，居然把琪琪也打死了。”谢泼德说着，把琪琪从腿上推开，不承想琪琪居然跳了起来，重新把头靠在谢泼德的腿上。显然，它是发现自己的主人出事了。

当天晚些时候，全美的报纸都以头条报道了此次进攻。《纽约时报》称：我军海军陆战队发动攻击，于弗伊(Veuilly)附近推进一英里，夜间将继续进军；敌军伤亡惨重。芝加哥《每日论坛报》称：海军陆战队血战取胜，于蒂耶里堡附近高地横扫敌军。

美国终于能够欢呼了。海军陆战队受到接二连三的称赞。“无论是汽车里、大街上，还是饭店或摩天楼里，人们无处不在谈论海军陆战队在法国战场上的辉煌战果。”《纽约时报》评论道。根据纽约征兵总部的报告显示，申请参军的人数增加了一倍以上。

读着这些新闻报道，人们仿佛会感觉，贝洛森林之战是此次大战中最重要的一场战役。如此大量的公共宣传，与弗洛伊德·吉本斯的负伤有很大关系。此次进攻打响之前，吉本斯曾给巴黎的审查官寄去一份报道纲要，打算之后再添加细节。谁知审查官听到传闻，说吉本斯死在了战场上。这两人原本就是朋友，审查官说道：“弗洛伊德老兄真是不幸，让我最后为他做件事吧。”于是便公开了吉本斯的报道。而吉本斯后来增添的细节更是光彩熠熠，受益者不止他自己，还包括海军陆战队队员。由于这一切，无论是据守蒂耶里堡以西马恩河防线的美军第3师，还是与海军陆战队同属第2师的陆军部队，都感到颜面无光。人们认为，蒂耶里堡附近的所有战果都是海军陆战队的功劳。

贝洛森林之战当然无关大局。不过经由此战，法军士气大受鼓舞，参与战斗的德军也大为惊异。海军陆战队横冲直撞，勇敢无畏，使守卫贝洛森林的德军心惊胆战。提防野蛮的美国人——这话在德军士兵之中流传开来。① 而在德军军官看来，更可怕的是美军在贝洛森林之战中所表现出的鲁莽特质。德军军官认为，麦田冲锋这类情况将会重复上演。已有约70万美军来到法国战场，还有100多万人在路上。而且，那些美军既未筋疲力尽，也不垂头丧气，反而孔武有力，朝气蓬勃，初生牛犊不怕虎。

六

那一天，人们为美军在贝洛森林的奋战而激动不已，却忽视了更为重要的事件：德国最高司令部决定，叫停鲁登道夫的第三波攻势。沿马恩河的大型进攻行动告一段落。

巴黎脱离了险境，然而巴黎人对此一无所知，还在讨论要把福煦、贝当革职。协约国高层同样不清楚德军的决定，当天下午又在凡尔赛召开了一次令人焦躁不安的会议。米尔纳勋爵首先发言，称法军不断地从黑格的防区调走部队，劳合·乔治对此很是不安。随后，黑格宣读了一份备忘录，先是表示：福煦认为英军有必要做好一切准备，以在紧急情况下支援法军，英

① 贝洛森林的激战持续了一个月，许多有名的军人从中脱颖而出，在二战中指挥海军陆战队作战。其中凯茨、霍尔科姆、谢泼德和西尔弗索恩后来都成为了将军。——原注

军对此并无异议。而后要求:“在下令调走英军防区的部队之前,哪怕只调一个师”,也需要先向自己征询意见。

福煦心烦意乱,最终以某种威胁的口吻表示:英军必须保证自己军队的人数,否则他无法继续给英军提供部队。此外,如果英军一定要在索姆河至马恩河这条如此宽阔的战线上发动进攻,福煦就只能调走黑格所有的预备部队。

黑格勃然大怒。米尔纳劝慰他不要生气,并说福煦的意思仅仅是“如果”,接着问福煦是否放弃继续从黑格防区调走美军部队的打算。福煦回答道:“是的。”于是黑格立即抱怨道,最高统帅之前调走数个美军师、法军师,可一声招呼都没打。“福煦老兄那副难堪的神情,我还是头一回见。”威尔逊在日记中写道,“彻底无言以对。”尽管大吵了一通,福煦、黑格二人返回各自的总部后,还是倾尽全力应对自己的问题:黑格专心防备敌军对英军战线发动攻击,因为迹象日益明显起来;福煦则重点处理来自马恩河的威胁。“此次会议成效十分显著,发生一点波澜也算值得。”威尔逊总结道。

法国人仍在担心德军进攻巴黎。夏普(Sharp)大使向华盛顿报告称,妇女儿童的疏散计划已在推进之中,只是尚不方便公布。大量美国人已离开巴黎。大使馆做好准备,必要之时会安排其他美国人有序撤离:“此次疏散之所以如此急促,与敌军夜里的连续空袭、日日不休的远程炮击有着密不可分的联系。”

经过两天没有警报的日子之后,6 月 9 日上午,惊人的消息传来:德军将在巴黎东北不足 60 英里处发动另一侧的大规模进攻。这一次的防卫线上,不再有贵妇小径作为天堑掩护,只有两条小河与九个不堪再战的法军师。

劳埃德·格里斯科姆(Lloyd Griscom)接到潘兴的特殊任务,准备离开巴黎,前往伦敦。起程之前,格里斯科姆在法国陆军部略作停留,希望打探一下最新的战况,却发现法军极度悲观。参谋长拉起素昧平生的格里斯科姆,便开始大吐苦水。“法兰西濒临崩溃,”参谋长惊呼道,“快挺不住了。能打仗的全上了前线,优秀的工人都被征调走,后勤陷入瘫痪,铁路也快运作不下去了。”参谋长就这样念叨了将近一小时,然后狐疑地看向格里斯科姆。

格里斯科姆在入伍之前，曾是一名领事馆官员："其实你们能够帮上大忙，只要你们愿意。你也知道，英国那边对待战争的态度与我法国不同。英国保留着成千上万的精壮汉子在开采煤炭，销往全世界赢得利润；军火厂里明明用不了那么多工人，还是壮丁扎堆；战舰选拔人才的困难众所周知，英国海军却总是满员。就算强迫也好，该让那些 embusqués（远离前线的士兵）前来法国战场了。问题是，我们的绝望处境，英国就是理解不了。"

参谋长拿起一沓厚厚的文件，那是一份法英两国人力资源利用情况的对比研究报告。参谋长请求格里斯科姆把报告转交给英国陆军部："拜托了，我想让英国那边明白前线有多么吃紧，多么需要兵力投入。"

格里斯科姆深受触动。如果数据正确无误，那报告无疑会是对英国政府最有利的起诉书。他离开巴黎，前往贝当设在尚蒂伊的司令部。贝当不在，其参谋长安托万（Anthoine）将军说了几句真心话。"全完了！"安托万说道，"挽救巴黎无望了！彻底无望！"格里斯科姆劝慰安托万，说潘兴的意见恰恰相反，安托万自己在陆军部的那位上司也并不那么悲观。"他们懂什么？只有我们这些一线将士才懂。你是个外国人，不理解巴黎沦陷意味着什么。巴黎不仅是我们的首都，而且是法国最大的工业城市。巴黎丢了，一切就都完了。"每一个法国人都有类似的看法。

格里斯科姆用了一个小时来安慰安托万，一边说着，"一边内心感觉好笑，初来乍到才两个月的美国少校，居然在安慰一名久经沙场的法国老将"。格里斯科姆离开时，安托万与他热情地握手道别："是你们美国人给了我们勇气！"

格里斯科姆的上司潘兴将军回到巴黎后，向克列孟梭问道，假如巴黎在接下来的攻势中沦陷，会发生什么情况。老虎总理说，他之前与劳合·乔治讨论过此事，两人一致认为，即便巴黎沦陷，战斗也不会结束。因为"巴黎之上，还有法国；法国之上，还有文明"。潘兴准备离去时说道："目前的情况或许不太乐观，但最后的胜利必将属于我们。"

克列孟梭紧紧握住潘兴的手，无比恳切地说道："这是您的真心话吗？我太高兴了。"

潘兴将军乘车前往邦博（Bombon），福煦在那里设立了新的司令部。潘兴抵达时，正好赶上午餐时间，他拿之前的问题向福煦提问，得到的是对方充满自信的回答。潘兴站起来，激动地握住福煦的手，并提出一项使福煦又惊又喜的提议。潘兴代表全美上下明确保证：美国政府与美国人民会与法国一道，抗争到底。

——

在身处伦敦的英国高层中间，也蔓延着与法国类似的恐慌。

当日，米尔纳勋爵在给劳合·乔治的信中写道：

……法国及意大利，都存在战败投降的可能；我们必须为此做好准备。假如法、意屈服了，那么德国-奥匈帝国-土耳其-保加利亚集团便会主宰整个欧洲，并将势力向北亚、中亚延伸，一直延伸到日本所介入的势力范围。当然，前提是日本确实介入其中……无论如何，有一点是明确的：届时世界上唯有美国、我国及各自治领尚属自由之国度，如果上述自由之人民不肯紧密团结起来，不肯下定决心做出最大的牺牲，那么同盟国集团……所控制的将不仅仅是欧洲与大部分亚洲，而会是整个世界。

情势若真如此，那么战争的整个局面都将发生变化。各方争夺的焦点会是南亚，以及更为重要的非洲。

以上都是在做出最坏的假设后，所提出的一种长远打算。或许“长远”二字并不合适……

去年，我们讨论过谈和的条件；今年，积极考虑“新大战”的必要性才是纲领性问题。

还有一点与上述问题直接相关。不消说，那便是美国的态度。……如果他（威尔逊总统）不肯改变自己的清高态度，不肯丢开他那“共同交战地位①”，不肯放弃那些为图自保的所谓折中办法，转而组成彻彻底底的联盟……新联盟的凝聚力与内在力量，恐怕都很成问题。

---

① 共同交战地位（co－belligerency），指一国军队与他国军队以打败同一敌对国为目的进行合作，但彼此之间不一定结成同盟。

此外，他必须正视一个问题：如果想拉拢日本加入新的联盟，那就必须彻底改变对待日本的态度。在这一问题上，各自治领也迟钝得很，需要让它们同样认识到这一点。

而在英吉利海峡彼岸，贡比涅不远处，法军第53师溃散，位于其左的另一个师也被迫后撤。时间是米尔纳写信的次日，即6月10日。此举暴露了亨伯特将军第3集团军的整个右翼，从而使贡比涅陷入绝地。间不容发之际，后备集团军群司令法约尔将军下令，将自己的部队及第35军交给暂时赋闲的夏尔·芒让(Charles Mangin)将军指挥。芒让或许是法国陆军中最为严厉、最有魄力的将军，却由于其麾下的步兵部队在1917年的尼维尔惨败中折损百分之六十，遭到解除兵权的处分。不过，克列孟梭十分信任芒让，如今把法兰西的国运交给了他。下午4点，芒让奉命准备袭击左翼德军，重建瓦解的战线。突然，福煦戏剧般地出现在战地指挥部里，发表了一番鼓舞演说，要求芒让将军对敌人发动"雷霆般的"猛攻。

午夜过后，各部队指挥官集结于芒让帐下。想当初，芒让在圣西尔(St. Cyr)①读书时，成绩全班垫底；现如今，在福煦、法约尔、亨伯特将军的默默注视之下，这个垫底学生开始发布命令：明日上午，在贡比涅附近发动反攻。下属们提出异议，有的要求给予更多的准备时间，有的直接表示那是天方夜谭。芒让一言不发，面无表情地听着，随后以平静的语调威胁道："我命令你们做什么，你们就去做什么。"行动时间是次日午前一小时，"没有炮击为你们铺路，你们只管往死里打"。此次反攻将标志着3月份以来防御战的终结："从现在起，我们转守为攻。只许胜，不许败。各部回去后，把我的意思传达下去。"

法约尔表示反对，他认为进攻应该推迟48小时，先把炮击火力网组织起来。然而，福煦支持芒让的决定。那年的晚春气候，让协约国占据了天时之利。浓密的雾气从日出一直弥漫到上午10点30分，为芒让部署中的部

① 圣西尔军校，拿破仑·波拿巴于1802年创立的军事学院，法国陆军大多数高级将领皆毕业于此。由于原本的圣西尔校址在二战中遭到炸毁，之后校址被设在科埃基当(Coëtquidan)。

队提供了掩护。10 点 30 分战斗打响，朝德军阵地发射的炮火弱小得可怜，甚至许多法军士兵都没有听见。一小时后，四个法军师开始进攻，友军飞机在上空盘旋飞行。

营长亨利·德萨涅(Henri Desagneaux)完全搞不懂，为什么会在此等条件下发动进攻。没有大炮掩护，前方的地形一马平川！闪耀的阳光之下，部队已被汗水打透军服，一览无余地暴露在敌人的视野之中。更为疯狂的是，部队的目标是库塞尔(Courcelles)，需要推进四公里，然而一路上不会有坦克掩护，德军的炮弹在平原之上遍地开花："我们搞不清楚自己是不是在做梦。上头真会让我们在如此简陋的条件下进攻？"

尽管土块四溅，德萨涅的部队仍在埋头前进，顶着炽热的阳光与猛烈的炮火，穿过一片玉米田，不时被田里的尸体绊倒在地。最终，伴随着一阵凶猛的炮击，库塞尔出现在滚滚浓烟之中。"这一天里面怪事一件接一件。不过我们还是得前进，不管有多疲惫，有多恐惧，都只能加紧脚步。脚下走得越快，就能越早达到目标。至于目标到底是什么，只有天晓得。知道真相的恐怕只有那些大领导们。"德萨涅的疑惑并非没有道理。他们的部队做出牺牲，是为了牵制敌军，为其他几个师袭击马茨河畔雷松(Ressons-sur-Matz)制造机会。

在没有炮击打头阵、没有坦克开路的情况下，于开阔地带突袭德军——芒让的冒险计划大奏奇功。谁都想象不到，如此规模的袭击就简简单单地爆发在中午之前。法军轻松夺下梅里(Méry)与贝卢瓦(Belloy)的村庄，荡平了阿隆德(Aronde)山谷的敌军。到下午 4 点时，德军才站稳脚跟，抵挡住法军的进攻。战局因芒让此役得到扭转，鲁登道夫在贡比涅的进攻则遭到了拖延。

次日午餐时，德皇郁郁寡欢，食欲不振，只吃了点巧克力慕斯。"了解内情之人都明白，"冯·穆勒海军上将在日记中写道，"那是因为昨天的进攻被打退了。"又过了一天，即 6 月 13 日，鲁登道夫下令停止进攻，整条法国战线终于平静下来。危机过去了。

在视察过美军的两个师后，黑格在给妻子的信中写道：前途一片光明。"我敢说，这批美军一旦走上前线，定会让敌军吓破胆。美军数量如此之众，美国人民决心如此之强，我倒很怀疑敌人是否还敢继续打下去。总之，一切都走着瞧吧！"

第三部分　回头路

第九章　干涉Ⅱ

6月至7月17日

一

与此同时，在英国持续施压的影响下，威尔逊总统不再反对在北俄地区采取有限的行动。6月初，最高军事委员会美国代表布利斯将军就正式表明了这一立场。“在摩尔曼斯克、阿尔汉格尔，或从上述两市出发所采取的任何实际军事行动，总统都表示支持。”布利斯说道，“然而，任何行动都应当出自对俄国人民的支持，不应将恢复旧政权或干涉俄国人民政治自由作为终极目标。”尽管话说得很勉强，且套着民主的词句，但它毕竟打开了干涉的大门——最高军事委员会成员很快通过一项占领北俄地区的计划，主张首先夺取摩尔曼斯克，然后占领阿尔汉格尔。根据预计，捷克人的队伍也将开往同一方向，从而加强协约国的军事力量。

然而，捷克人正在奋力东进，其目标是俄国的另一端尽头——符拉迪沃斯托克。东进过程中，西伯利亚大铁路沿线仍然存在局部冲突。当地的谈判代表或许有办法通过不流血方式使捷克人抵达符拉迪沃斯托克，他们已在车里雅宾斯克安排了一项和解方案；不承想，托洛茨基从莫斯科发来一封煽风点火的电报，将一切安排全部打乱。当天晚些时候，外国干涉终于来临。协约国的外交官们派出一个代表团前往外交人民委员部（People's Commissariat of Foreign Affairs），表示对捷克人的同情，布尔什维克政府震怒不已。代表团称，布尔什维克试图解除捷克人武装的行为，已引起协约国代表的“极大关注”。代表团的核心人物正是身处莫斯科的布鲁斯·洛克哈特。布尔什维克对此很是吃惊，因为洛克哈特平日给他们的印象总是十分恭顺：“我告诉两位人民委员，几个月来我一直在尽最大努力为俄国与协约国进行调解，然而两人总以各种理由对我搪塞敷衍。捷克人当初为斯拉夫人的事业而战，如今又要前往法国继续杀敌——那敌人既是我们的敌人，也是布尔什维克的敌人。布尔什维克当初许诺捷克人自由出境，如今却迫于德国的威胁，对自己长久以来的老朋友展开无情的攻击。”

洛克哈特注意到，外交人民委员契切林眼神流露着愁苦，表情酷似一只落汤鸡；他的助手也不知所措，看起来十分愚蠢。一阵难堪的沉默过后，契切林咳了一声，说道：“诸位的意思，我明白了。”于是，协约国代表与两个俄国人尴尬地握握手，离开了房间。

“那时我陷入一种自相矛盾的境地，这里需要解释一下原因。”洛克哈特写道。他刚到俄国时，并不特别同情布尔什维克；然而逐渐地，他开始产生一种钦佩的感情。“很显然，某种自我牺牲、清廉克己的精神鼓舞着他们，那种精神与清教徒及早期耶稣会修士如出一辙……”而在看法发生转变后，洛克哈特便产生了辞职回国的念头；之所以没有付诸行动，原因有二。他不愿离开俄国，是因为舍不得心上人莫拉·巴德博格。“不过，我内心明白得很，另一个原因才更为关键：我没有勇气辞职，不敢让自己走向某种饱受同胞非议的立场。”同时，洛克哈特补充道，或许还有第三个原因，那原因稍微冠冕堂皇一些：“那时我很是自负，一心以为，假如协约国决意对俄国进行武装干涉，那么我对俄国局势的深入把握可以在某种程度上帮助他们避开陷阱。”在英国人当中，洛克哈特对布尔什维克的了解可谓首屈一指：“军事专家们坐在俄国境外，大声叫嚣着要干涉俄国，满心以为布尔什维克只是乌合之众，一梭子开花弹就能消灭干净。那是由于地理上的原因，专家们无法深入了解布尔什维克。既然我已转而支持干涉，那我就要尽最大努力，来确保干涉至少会有成功的机会。”然而结果是，洛克哈特落了个两头空。在布尔什维克看来，他已蜕变为反革命的化身；而在干涉主义者看来，他仍然是个顽固的亲布尔什维克分子，正在千方百计地破坏干涉计划。如果当时雷蒙德·罗宾斯还留在莫斯科，洛克哈特这副一百八十度大转变的样子被他看到，一定会羞愧难当。对洛克哈特而言，唯有一事尚属宽慰：他的莫拉还爱着他。

——

在穿越西伯利亚前往符拉迪沃斯托克的漫长旅途中，雷蒙德·罗宾斯既没有失去对年轻苏维埃政权的热情，也没有放弃希望美国拒绝干涉的想法。不过，沿途所见的一切，让罗宾斯开始疑虑，西伯利亚的苏维埃是否能够战胜外国干涉势力。6 月 21 日，罗宾斯离开符拉迪沃斯托克起程回国，阿尔伯特·里斯·威廉姆斯来到码头为他送行。威廉姆斯也是美国人，亲布尔什维克更甚于罗宾斯；他比罗宾斯更早抵达符拉迪沃斯托克，并打算在那多待些日子。“我说，威廉姆斯，”罗宾斯严肃地说，“你不打算离开吗？”两人对美国干涉的可能性所谈甚少，罗宾斯也没有提及自己的计划。不过，罗宾斯私下里谈到，如果得不到外部援助，西伯利亚的苏维埃势力很难恢复元气；此时不难看出罗宾斯脸上愁云满布。“那时他是不是还在期望美国拒绝干涉？”威廉姆斯回忆道，“我说不准……罗宾斯只是说他所做的一切弗朗西斯都完全知情，却仍然被指责为非官方行为，实在有些讽刺；接着他被突然调走，‘因为某些美国人渴望迅速行动，不等授权下来——授权可能永远也不会来’。”

威廉姆斯注意到，罗宾斯走上跳板时，神情忧郁，下巴高高地挺着，显得十分严肃，“他靠在轮船的横杆上，眺望着那座离新红军‘钢铁部队’数千英里远的城市，直到从我们的视线之中消失”。

晚餐后，罗宾斯走上甲板。“日落，”他在日记中用感性的笔触写道，“火焰在西方的天空熄灭，亚洲之岬渐渐消失于视野，唯有波涛汹涌之声入耳，星光闪烁，眼前是暗蓝色的海洋。俄国的传奇已然落幕，我也曾有过自己的辉煌！！！感谢天父，哦，感谢您。阿门，阿门，直到永远。”

第二天，星期日，罗宾斯待在肮脏的客舱里读《艾凡赫》[1]。“安息日，休

---

① 《艾凡赫》，英国作家沃尔特·司各特于 1820 年发表的长篇历史小说。以“狮心王”理查一世与其弟约翰的权力斗争为背景，讲述理查一世之骑士——艾凡赫的冒险经历。下文蕾贝卡、罗文娜、艾凡赫、黑甲骑士皆是小说中的登场人物。

息。蕾贝卡、罗文娜、艾凡赫、黑甲骑士，一切都如此清晰。青春、探求的呼唤。一次又一次地涌动着……天父，请拯救我们。阿门。日落、玛格丽特、美，以及对生活的热爱。”罗宾斯的日记以此作结，他那壮烈的俄国冒险之旅也画上了句点。

6月8日，美国还沉醉在贝洛森林行动的胜利之中，驻莫斯科领事德·威特·普尔(De Witt Poole)发回一封电报。电报称，俄国即将发生何等变故，取决于德国是否会抢在协约国之先采取行动，以及采取何种方式的行动。德国在莫斯科的影响力日益扩大。“每天都有具体证据表明，由于协约国未能采取行动，俄国自由派及保守派人士最终准备接受德国的支援。”普尔无比相信，“俄国各界实业领袖，包括银行家、专家学者、地主、商人，已经组建起一个不分党派的大型联盟，再次呼吁人们挽救俄国。联盟的总部在莫斯科，并迅速扩展到俄国各地。联盟支持协约国；然而，假如协约国支持苏维埃政府，或未能作出回应，或未能示意帮助恢复秩序，那么联盟就会与德国合作，以建立强有力的政府。协约国如果再迟疑不决，将会十分危险”。

布鲁斯·洛克哈特仍在继续敦促干涉，那劲头与其当初反对干涉之时别无二致。他给贝尔福发电报称，所有俄国人，甚至包括布尔什维克在内，现在都希望协约国立即做出干涉。捷克人的起义创造了绝佳的机会，从未获得过如此良机的协约国如今可以果断行动了：“我认为自己有义务表明，如果再耽搁下去，我只能辞去此一重任。”

贝尔福的回复在6月11日，委婉地责备了洛克哈特：“你不必担心这边不了解你的工作，也不必担心失去大英政府的信任。我完全理解你的难处。”接着，贝尔福略带讥讽地表示，洛克哈特过去五个月发回的电报，无疑“忠实地反映出”其观点的转变以及“在当下这一历史的转折点中，俄国社会持续变化的各个方面”。只是贝尔福很怀疑，洛克哈特是否站在协约国的立场上，体会过协约国的难处：“你总是拿着优柔寡断来抱怨，好像大英政府目前唯一需要的就只是下定决心。其实，协约国没有哪个成员是优柔寡断的。”

贝尔福煞费苦心地解释道，各国政府并非无法做出决定，而是存在意见分歧。“英国、法国、意大利认为干涉利大于弊；美国则认为干涉弊大于利；

而日本在接到战时盟国(co-belligerents)①的要求之前,不会采取任何大规模行动。有一点各方都承认——美国若不积极参与,西伯利亚的一切行动都会徒劳无功。然而,美国一直拒绝积极参与……因此,目前我们所能做的,不过是向华盛顿当局表明看法,并祈祷:等到各国普遍认识到干涉的必要性,首次采取共同行动时,一切还都为时不晚。”

二

当时,美国军方领导人一致谏言威尔逊总统,要求制止干涉。“如果我有权力按照自己的意志处理俄国问题,”6 月 19 日,战争部部长牛顿·贝克向总统表示,“我会把留在俄国的所有外国人——包括外交代表、政治代理人、宣传家、政治代表,以及各类不速之客——通通赶出俄国,让俄国人坐下来,自己解决本国事务。”

次日,布利斯将军从凡尔赛也发回类似的建议。在写给陆军参谋长佩顿·马奇(Peyton March)将军的长信中,布利斯表示:自己同意豪斯上校的观点——虽然欧洲对苏维埃日渐不满,干涉之举仍然会削弱美国的国际威望。马奇用不着旁人建议,在华盛顿战争部,包括马奇在内的所有人都认为,干涉只会加强德国在俄国的力量。

弗朗西斯大使则持完全相反的意见。“我已建议协约国进行干涉,华盛顿当局正在考虑。”6 月 20 日,弗朗西斯在给儿子的信中写道,“问题是,我们现在无兵可用,所有兵力都派到法国战场去了。目前,唯有日本有能力派遣一支劲旅进入俄国。然而俄国担心日本意在染指西伯利亚,对日本很是敌视。”

关于日本问题,托洛茨基于两天后发表一项声明称,德国的进攻与协约国的“友好”干涉纯属一丘之貉。“只有傻瓜才会相信,日军进入俄国领土是为了帮助协约国从德国手中解放俄罗斯。日本干涉俄国事务,仅仅是为了

① 战时盟国,指国与国之间在与共同敌人作战时的合作关系,而非由正式条约所缔结的军事合作关系。

奴役俄国；日军一旦遇到德军，就会伸出友谊之手。”

如此一来，俄国便陷入困难局面，失去了选择敌友的主动权。与此同时，捷克部队在西伯利亚铁路沿线节节胜利。已经抵达符拉迪沃斯托克的17000名捷克人得知自己的同胞仍在东行路上浴血奋战，一怒之下，于6月29日采取行动，要求当地苏维埃政府立即无条件投降。包括苏维埃执行委员会主席在内，捷克人所能找到的布尔什维克领导人全部遭到逮捕。上述行动皆在暗中执行，因此阿尔伯特·里斯·威廉姆斯（Albert Rhys Williams）也被蒙在鼓里，最后是一名人民委员告知他城市易主的消息。威廉姆斯在红色舰队大厦附近遇到那名委员，擦鞋工正在擦拭委员的皮鞋。“过一会，我可能就要被吊在灯柱上了。”委员漫不经心地说道，“我想让尸体显得体面点。”威廉姆斯震惊地望着他。“我们的日子结束了，”委员微笑着解释道，“城市现在归捷克人管了。”

捷克部队已挤满街头。英、日、美三国的战列舰放下汽艇，让陆军士兵与海军陆战队队员登陆。日军夺下火药库，英军占领火车站，美军海军陆战队队员则在领事馆周围设岗警戒。“实在令人作呕，”威廉姆斯写道，“难道说，是我国做出的干涉决定？”他看着捷克人在苏维埃司令部集结起来，怒吼着撞开各处大门，扯掉红旗，升起沙皇的旗帜。“苏维埃倒台了！”有人喊了一嗓子，那喊声便在大街小巷传播开来。一听到布尔什维克倒台，人们欢呼雀跃，从咖啡馆冲出来，放声大叫，兴高采烈地把帽子抛向空中。到晚上，整个符拉迪沃斯托克都落入捷克人之手了。

——

三天后，协约国最高军事委员在凡尔赛召开第7次会议，就日本的协议迅速展开讨论。协议的内容是：只要美国赞同，日本便出兵干涉符拉迪沃斯托克。委员会同意该协议，并起草了一项备忘录，以期得到威尔逊总统的支持。备忘录表明，委员会成员认为“不得不指出的是，根据委员会的判断，如不立即进行干涉，那么给协约国带来的后果将只能以‘灾难’二字形容”。委员会还称，协约国如不立即采取行动，勇敢的捷克人将会面临灭顶之灾。美国人普遍对捷克军团怀有同情心理，因此，利用捷克人存在于西伯利亚的事实，可以削减国内民众对于远征拟议的反对情绪。日军的大规模干涉必将迫使德军向东线转移兵力，从而使西线的协约国军队得以喘息。英、法、意三国总理都在备忘录上签了字，使该文件变得极有分量。

华盛顿方面收到该文件是在7月3日，当时捷克人占领符拉迪沃斯托克的消息刚刚传来不久。华盛顿对此的反应十分复杂，而豪斯上校所支持的国务院意向却有所变化。国务院深受捷克人英勇表现的感动，且考虑到6月份其他的事态发展，开始倾向支持进行某种形式的干涉。同时，总统本人也对最高军事委员会的论证深表信服，并表示自己之前对干涉的绝对反对已过时了。然而，总统当初面向全世界雄辩般地抨击干涉，如今又岂能纵容干涉？“简而言之，”一名观察家评论道，“威尔逊总统希望的是，表现出接受协约国提议的态度，同时维持自己的政策。”

次日，即7月4日独立纪念日，天气酷热。威尔逊总统乘坐游艇“五月花号”（The Mayflower）前往弗农山庄（Mount Vernon）①。途中，总统与国务卿兰辛讨论了此次危机。就在总统的波托马克河（Potomac）之行或之后，罗伯特·兰辛抽时间为总统起草了一份备忘录。备忘录中写道：占领符拉迪沃斯托克和捷克人的其他成功，“为我们的职责添加了一个情感因素，从而实质性地改变了局势”。向捷克人提供武器，派遣“些许”部队帮助保卫西伯利亚大铁路，“解除”德、奥战犯的“武装并将其驱散”，乃是美国的责任。

第二天是星期五，总统读了兰辛起草的备忘录，便打电话给他，请兰辛与马奇将军、战争部部长牛顿·贝克、海军部部长约瑟夫斯·丹尼尔斯（Josephus Daniels）一起，周六下午2时前来白宫。

一行人来到白宫后，被带到楼上的一个房间入座。“有点按职位排列的意思，”马奇记录道，“威尔逊走进来，手里拿着一个小本子，站在我们面前，像小学老师讲课那样，照着本子念起来他对当前问题的看法。”威尔逊说捷克人的现状需要美国及其他国家政府伸出援手。鉴于美国无法在短时间内提供足量部队，将由日本向符拉迪沃斯托克的捷克人提供轻武器、机关枪及弹药；美国会承担部分费用，并尽快提供补给物资。此外，美国将组建一支

① 弗农山庄，乔治·华盛顿的故居，位于弗吉尼亚州北部的费尔法克斯县。下文提及的波托马克河即流经此山庄。

7000人左右的部队，前去保卫捷克人前往符拉迪沃斯托克的交通路线；同时，日本也将组建一支7000人的类似部队，立刻前赴西伯利亚。

最后，威尔逊总结说上述内容公布时，将做出解释称：我国采取此一行动，目的仅仅是帮助捷克人对抗德、奥战犯，“无意干涉俄国内政”，俄国的政治及领土主权均不会遭到侵犯。

威尔逊转头看向兰辛，兰辛表示赞成；贝克部长与丹尼尔斯部长同样赞成；只有马奇用力地摇了摇头。“将军为何摇头？”总统严厉地问道，“你是在担心，日本不会乖乖只派7000人，反而会利用此事，去实现其开疆扩土的野心？”

“正是如此，”马奇答道，“当然还有一些其他军事原因，我之前都跟您谈过。”

“没错，”威尔逊说，“不过我们现在不能错失良机。”

美国最终还是走上了干涉的道路。有人认为总统背信弃义，对俄国人民冷酷残忍；他们没有认识到，总统表面铁骨铮铮，内心却是一腔柔情。那年夏天，由J. 博登·哈里曼(Borden Harriman)夫人①引见，总统接待了一名俄国女子——波奇卡洛娃(Botchkarova)②夫人。波奇卡洛娃谈到她的同胞在革命战火中穷困潦倒的悲惨遭遇，总统的泪水便顺着面颊流淌下来。实际上，当时的威尔逊总统心中存有一种荒唐的念头：“拯救”所有饱受战争蹂躏的人民，那是上帝赋予他的“使命”。总统坚信，干涉俄国的新政策会为其使命提供帮助。

威尔逊的“良心”驱使着他拯救全人类，并成为世界的调解人。他的内心燃烧着宗教热情，这看似十分真切。此人固然天纵英才，却在脾性方面暴露出严重的缺陷。他绝不容许办事拖延，出现问题要求立刻解决，且往往不会妥协。

---

① 弗洛伦斯·哈里曼(1870—1967)，美国女性社会活动家，金融大亨博登·哈里曼之妻，伍德罗·威尔逊总统选举之功臣，一战期间从事人道主义工作。

② 玛利亚·波奇卡洛娃(1889—1920)，俄国女军人。在一战中曾指挥俄国第一支女兵部队。十月革命后，波奇卡洛娃前往美国，请求威尔逊总统对俄国进行干涉，后在英国资助下返回俄国，帮助白军作战。1920年被捕，遭秘密警察组织契卡枪决。

威尔逊本人也明白，怀有那种难以自已、永无止境的野心，无异于玩火自焚。他曾对豪斯倾诉说自己做梦重回普林斯顿大学，在那段奋斗的时光里，他做出了一些成就，却也犯下了同等严重的错误。如今威尔逊担心，他会在合众国总统的位置上，重蹈当年的覆辙。

三

在7月4日召开的全俄苏维埃代表大会上，左派社会革命党人遭到压制，然而他们不肯罢休，仍然希望与德国重新交战，并推翻布尔什维克政权。他们认定，最善之策莫过于刺杀德国驻俄大使——米尔巴赫伯爵。7月6日，两名刺客假扮成契卡特务，前往位于莫斯科的德国大使馆拜访伯爵。其中一人名叫布鲁姆金(Blumkin)，他告诉伯爵，莫斯科存在一个恐怖主义集团阴谋刺杀驻俄大使，他已带来刺杀计划的详情文件，说着便把手伸进公文包，陡然从中掏出一把手枪，朝米尔巴赫连射三枪，不过都打偏了。米尔巴赫为了躲避其他刺客，慌忙跑到布鲁姆金身后，却恰好被另一名刺客射中了。

此举成为夺权政变的信号。左派社会革命党人迅速占领莫斯科中央邮政局，向全俄各地发出电报，宣布撤销布尔什维克的一切决定。左派社会革命党拥有60挺机枪、6门野战炮、3辆装甲车与将近1500名士兵，企图以之控制首都。一些无政府主义者与黑海水手也加入了他们的队伍。

至于布尔什维克方面，能够依靠的只有战功卓著的拉脱维亚禁卫队(Latvian Praetorian Guard)、几支年轻的红军分遣队，以及一支国际旅。国际旅主要由匈牙利战犯组成，指挥官是共产党人贝拉·昆恩(Béla Kun)。尽管兵力有限，布尔什维克仍然在次日中午成功镇压政变，逮捕约300名社会革命党人，其中数人遭到处决。该事件不仅标志着左派社会革命党的灭亡，同时也表明了协约国阴谋的破灭——他们原本希望俄国再次卷入与德国的战火之中。

四

在华盛顿，由于此前那份干涉俄国的决定，威尔逊总统已处于“寝不安席”的状态。干涉的决定原本就违背各位将军的意愿；此外，美国直到7月9日上午才将决定通报给协约国盟友，使得各国大动肝火。英国驻美大使里丁勋爵听闻美国干涉的消息后，深感诧异；而当他得知日本比自己提前一天收到消息，更是震惊不已。美国似乎打算扮演一个模棱两可的角色，里丁对此十分不安，便向国务卿兰辛直言自己的不快，兰辛将情况上报给总统。结果，总统与国务卿又被里丁的态度激怒；而当里丁协同法、意两国使节在当天下午来到兰辛办公室时，事态便愈加严重起来。里丁代表三国使节发言，要求美国解释“是协约国各政府不打算参加符拉迪沃斯托克的初步登陆，还是美国打算把此事单独交给美、日两国军队去办”。

数个月来，协约国一直在恳求美国参与西伯利亚的冒险行动；而如今美国主动决意参加，甚至心急火燎得连48小时也留不出来。对于如此一种侮辱性态度，乔治·凯南将其归结为战时的精神过度紧张：“对英国的动机，威尔逊与国务卿变得疑神疑鬼起来；对英国在西伯利亚问题上施加的压力，两人则感到愤恨。”

“总统心里的想法，我一清二楚。”豪斯上校在日记中写道，“总统明白法国、英国想要什么，因此他认为有必要与日本共同制订一项计划。当计划定好时，他自然会通知其他国家；而在那之前，他则认为没有通知的必要。在这一点上，总统错了。让盟友们了解事态的发展，才是更为妥善的——或者说，外交式的处理，不会伤害双方的感情。”

里丁勋爵的外交修养颇深，他在发给伦敦的电报中，没有表现出丝毫个人的愤怒。电报仅仅对美国的决定进行概述，里丁本人并未发表任何评论，只是说尽管存在种种问题，该决定“仍然朝着最高军事委员会所倡导的政策方向迈出了一大步”。

第二天，劳合·乔治得到美国方面的消息时，汉基恰好走进首相办公室，发现首相“很生威尔逊的气，冷嘲热讽地把威尔逊比作格莱斯顿(Gladstone)①，把美国的决定比作那次失败的戈登(Gordon)营救远征”。接着，首相匆匆写就一封“机密亲启”的长信，回复里丁称，美国的提议“荒谬绝伦”，并又一次提及营救“中国人戈登”的那场喀土穆远征②，将美国的行动与远征的“致命错误”相提并论。首相认为，布尔什维克显然与德国站在同一阵线，在对西伯利亚的控制上，“我等与德国谁能更快一步”正是关键所在。协约国“应当派出一支军队，确保捷克斯洛伐克人免受德、奥战犯的威胁”，且“要将德国-布尔什维克联军拒于西伯利亚-乌拉尔山之外”。此外，美国坚持要日本的部队人数与自己相当，劳合·乔治担心此举会伤害日本的民族自尊心，从而使他们一气之下转为中立立场：“我很清楚如何处理日本问题。第一，在对俄问题上，要求他们承担与各协约国相同的义务；第二，在协约国的对德作战计划中，让日本扮演重要角色；第三，要求日本今后对协约国完全信任。”

在信的末尾，劳合·乔治总结道，以上都是他的个人意见，希望能够帮助里丁使美国总统认识到“他目前的提议存在极大缺陷”，并“促使总统”根据最高军事委员会的决议“做出调整”。当然，如果最终决定只能实行该行动，我们也只有接受，且要力求尽快实行；毕竟，速度才是第一位的。再有几个月，俄国各港口就要结冰了。如果要拯救俄国，使它免于沦为德国的一个省，那么我们必须在冬季到来之前进入俄国，牢牢站稳脚跟。

劳合·乔治与驻美大使里丁一样清楚，盟友的恶劣态度也好，狭隘看法也罢，都不值得为之发怒。有的人，比如米尔纳勋爵，认为美国只要肯干涉，就比不肯干涉强；劳合·乔治自然做不到如此洒脱，但他至少维持着表面和

---

① 威廉·格莱斯顿(1809—1898)，英国维多利亚时代政治家，曾四度出任首相，有G.O.M(Grand Old Man，伟大的老人)之称。

② 查理·戈登(1833—1885)，英国陆军将领。曾在中国指挥“常胜军”协助李鸿章与太平军交战，获清廷赏赐黄马褂，人称“中国人戈登”(Chinese Gordon)。1884年，处于马赫迪战争中的喀土穆遭到苏丹军队包围，戈登率领少量埃及士兵坚守喀土穆；格莱斯顿领导的英国政府不愿出兵援助，后在民间呼吁下派出一支“戈登营救远征队”，但由于行动缓慢，到达喀土穆时，戈登已战死。此事迫使格莱斯顿下台，其G.O.M的称呼也一度被改为M.O.G(Murder of Gorden，杀害戈登者)。

气，没有刺激到美国。

五

威尔逊总统仍然受到来自各方的抨击，最后，在没有咨询任何顾问的情况下，总统亲自用打字机写下一份关于干涉俄国的备忘录。7 月 17 日，各协约国驻美大使收到备忘录，感到其中充满理想主义与大公无私的精神，却忽视了现实。在几句寒暄套话之后，威尔逊话锋一转，宣布道："合众国政府做出明确而坚定的判断……军事干涉无法改善俄国的局面，只会加重混乱；无法提供帮助，只会造成伤害。我们的主要计划是战胜德国，军事干涉不利于实现该计划。因此，合众国政府在原则上无法参与此类干涉或制裁。"显然，军事顾问及雷蒙德·罗宾斯这类民间人士的意见，当时对总统并非没有影响。然而，在那直截了当的声明之后，却是一段模棱两可的话：

> 根据合众国政府对局势的判断，在俄采取军事行动并非不可行，但其目的仅仅是在捷克斯洛伐克人巩固力量并与其斯拉夫同胞妥善合作的过程中提供帮助，同时在自治及自卫方面持续付出努力，在此期间，俄国人或许会主动希望接受援助……

接着，威尔逊总统又令人费解地含糊表示，同意在摩尔曼斯克驻扎一支小规模美军部队，以"保卫科拉(Kola)的军火库，并使俄国军队在北部整合聚集起来"。"俄国军队"指的是白俄军队呢，还是布尔什维克军队？显然，"布尔什维克"是个难以启齿的字眼，整篇文件中一次都没有出现过。"不过，经过充分商讨之后表明，合众国政府只能实行上述适中的、实验性的计划。若是组织大量部队，从符拉迪沃斯托克、摩尔曼斯克或阿尔汉格尔出发进行有组织的干涉，那么合众国政府并无立场参与其中，亦无意图走向上述立场。"进行一点点干涉，就像做一点点坏事，似乎是可以原谅的。

为了缓和英法两国的失望情绪，照顾两国的感情，威尔逊接着强调，上述结论并非对协约国或日本的批评。"只是一项坦率而明确的政策声明，表明军队的使用情况，合众国认为，为本国考虑，有义务做出此项声明。”美国绝无限制盟友之行动或规定盟友之政策的意图。

然而，虔诚的声明并不能掩盖一项事实：备忘录声称所要摒弃之物，或许反倒会由它招致。同时，该声明也是对最高军事委员会及各协约国的一次断然回绝。总统迟至 7 月 9 日才用右手交给别人的东西，如今又用左手拿走。威尔逊虽一度屈服于协约国的强大压力，而从声明来看，其立场又回到了当初的“十四点”上面。威尔逊真的清楚自己的立场吗？英国驻华盛顿军事代表向伦敦发电报，敏锐地指出：随着日后事态发展，总统很有可能被迫进行全面干涉；在此之前，英国“应当接受当前局势，不做进一步交涉”，先等美军开赴“现场”再说。

第十章　转折点

7月

一

直到6月底，奥地利才总算渡过皮亚韦河(Piave)发动攻势，不料一周不到，便被意大利打得七零八落，被迫撤退过河。此次胜利意义重大，证明意军的作战能力终于超过奥军；同时也意味着，奥地利作为鲁登道夫最有力的盟友，如今指望不上了。

此时，鲁登道夫已然准备好新攻势的计划工作，并取了一个平平无奇的代号——“筑路行动”(Operation Road Construction)。此次行动依然是对法军的攻击。鲁登道夫心里仍挂念着“哈根行动”，准备在佛兰德斯对英军发动主要攻势，但情势迫使他推迟几周。德军不久前推进到香槟地区，将战线凸出一大块；鲁登道夫认为时机已到，可以从此处发动攻势。攻击该地区能够带来大量的俘虏与军用物资，鲁登道夫无法拒绝其诱惑；同时，他还有机会啃下那块硬骨头——兰斯突出部。

于是，计划决定于7月12日兵分两路，进攻兰斯。西边那路的目的是越过马恩河，拉长战线，直逼蒂耶里堡；此举将威胁到巴黎，迫使法国请求英军援助。“此次行动之后，”鲁登道夫写道，“我军将立即集结大炮、战壕迫击炮及飞行中队，向佛兰德斯前线发动进攻。很可能就是两周之后的事。”

该计划遭到许多人的反对。鲁登道夫抱怨道，那群悲观主义者精神萎靡，他只有独自挑起重担。“人们劝他停止继续进攻，”司令部的一名上校在日记中写道，“说他的弦已绷得太紧，但他认为自己必须冒这个险。”鲁登道夫认为，在美军成为决定性因素之前，德军必须发动进攻。不可否认，部队实力已然衰退，“不过，至少还有足够的力量打出最后一击，把敌人打到求和。除此之外，无路可走”。

到 7 月初，威廉皇储所率的集团军群已秘密进入阵地，只是进攻的日期推迟到 7 月 14 日。威廉的顾问正是声名远播的布赫穆勒上校，由上校来把控炮击开始的时间，足以保证此次炮击的威力不下于之前几次。作战开始之前，一切都须秘密行事。所有的侦察、行军、弹药运输行动都“不得发出一点声音”。车辆的轮子被包裹起来，还建立起一条警戒线。

准备工作花费的时间比预计的要久一些。7 月 3 日，鲁登道夫与皇储通电话，用暗语说：“Y 日子已推迟一天。”攻势开始的时间已定好是 7 月 15 日。

此前几次攻势，都打得协约国措手不及；然而这一次，法军与美军都预料到，德军很快就会进攻兰斯地区。尽管已预测出德军的行动，福煦仍然认为，当前情况适合于从维莱-科特雷以东的森林地带出发，向香槟的德军凸出战线发动进攻。“为什么不等敌人先动手？我军目前兵力占优，等敌人先动手对我军更有优势。”贝当问道。福煦承认贝当所言很有道理，不过他决定不再根据敌军动向去被动调整协约国的行动。潘兴抱怨被动的仗打得太多，希望对敌人发动一场出其不意的进攻。美军缺乏大炮，却渴望打一场突然袭击，法军对此很是不解；不过，美军孤注一掷的态度显然改变了福煦的想法。芒让的参谋长埃莱（Hellé）上校谨慎地对福煦说，他敢肯定威廉皇储很快就会发动攻势。福煦只是简单答道：“按我军的计划来。”

“您是打算发动总攻？”

福煦严肃地点点头。法军准备向凸出战线以西发起进攻，同时在马恩河沿岸保持守势。

“由谁来指挥呢？”埃莱问道，心想福煦一定安排了两名指挥官。

“两地的战役都由贝当将军指挥。”

芒让的集团军担任先锋，计划是从维莱-科特雷森林冲出，穿过苏瓦松高地东进，直逼苏瓦松—蒂耶里堡公路。该公路极具战略意义，夺下公路便可切断德军的供应线，从而将其困在香槟。进攻时间定在7月18日，比鲁登道夫的攻势晚三天。

7月7日，德军第7集团军传出命令，即日起，白日行军将被“严格禁止，无论是总部人员、小股部队还是单独车辆，都在禁止之列”。鲁登道夫信心十足，丝毫没有察觉到法军布下的圈套，不知疲倦地加紧准备进攻。“那个劲头，”默茨·冯·奎恩海姆(Mertz von Quirnheim)上校回忆道，“比以往愈加惊人，因为他要实行自己的计划，就必须压倒同事们提出的诸多异议。”鲁登道夫的神经也越发紧张起来，他越来越控制不住脾气，时常对敢于提出异议之人大发雷霆。

——

此时贝当断定，鲁登道夫不仅要沿马恩河进攻，还要袭击兰斯；于是他劝说福煦请求英军协助。当时黑格正在伦敦休假，福煦于7月12日请劳伦斯将军来到司令部，要求他调动四个英军师，两个部署在索姆河以南，另两个师渡过索姆河。此举的目的是让福煦腾出四个法军师，调到危险的香槟地区。劳伦斯立即派出一个师，另一个师紧随其后。不过，劳伦斯与黑格一样，认为德军的主攻目标是佛兰德斯，所以他只派出两个师，另两个师要等黑格元帅回来后再做决定。

同一天，德军各团终于接到进攻命令。比如第5掷弹团接到的命令是，7月15日在蒂耶里堡以东越过马恩河。部队官兵并不感到惊奇。休假中的军官得到消息后纷纷归队，尽管鲁登道夫下令严格保密，但进攻的时间与地点似乎早在德国国内传开了。许多前线老兵感到十分不安，他们担心敌人同样知晓了一切。

老兵的预感准确无误。所有法军陆军指挥官都收到警告：德军将在48小时内发动袭击。打退德军的袭击后，芒让将军会主动发起进攻。

然而，德军高层仍然信心百倍。“我们得到的情报显示，”德军第7集团军7月14日的作战日志写道，“敌军对我军的作战意图一无所知。此次攻击必将打得敌人措手不及。”到此时，行动代号已由“筑路行动”改为“Friedensturm”，意为“和平突袭”；此代号倒是不再平平无奇，只是依然不知所云。

——

那天的巴黎，黎明时分下着毛毛细雨；还好太阳最终露出脸来，为法国革命日(Bastille Day)添光加彩。十几个国家的部队从凯旋门向协和广场(Place de la Concorde)列队行进，旁人看在眼里，定会以为是在庆祝战争胜利。走在最前列的是共和国卫队(Garde Républicaine)，头戴钢盔闪闪发亮，胯下骏马抖擞昂扬。跟在后面的是各协约国部队，每支部队排头都有一支乐队，演奏本国国歌。有头戴贝雷帽，身着黑色军服的法国阿尔卑斯猎兵团(Chasseurs Alpins)；有英国的内近卫骑兵团(Life-Guards)；有帽子饰有雄鸡尾羽的意大利特种步兵(Bersaglieri)；有顶着盆形钢盔的葡萄牙人；有身披阿斯特拉罕皮草(astrakhan)的哥萨克人，哥萨克人对布尔什维克很是敌视。此外还有波兰人、罗马尼亚人、斯拉夫人、黑山人、身穿白色硬裙的希腊人、波希米亚人和斯洛伐克人。美国人出现时，身上的军服战痕累累，平整的背包满是泥土，"铁皮帽子"被子弹打得凹陷下去；观众看到美国人，自发地高呼起来："美国人万岁！""我们的盟友万岁！"

"我当时以为，"侨居法国的美国人米尔德雷德·奥尔德里奇(Mildred Aldrich)回忆道，"那天的观众们为美国人发出的欢呼声，已是响亮到头，无法更响了。那些美国士兵，脸上还带着稚气，却像老兵一样扛着枪，稳步行进。然而，我想错了。法国人怀有一种我所热爱的美好精神，把最热烈的欢呼留给了饱受摧残的本国军队。'法国大兵万岁！''法兰西万岁！'那呼声近乎歇斯底里，自从大战爆发以来，我还从未在法国听到这样的欢呼。我看到一些妇女又哭又笑，只能向部队挥手致意。"

各协约国团结一致的壮观场面，让克列孟梭乐开了花。德比勋爵准备起程返回伦敦时，克列孟梭和气地开玩笑说："你回英国后，会不会把'混蛋法国人'当故事讲？你的同事中爱讲的倒是不少。"总理希望德比帮他办两件事："首先是告诉米尔纳勋爵，他们认为我想干涉英国内政，那是天大的误会。英国国内的事务，我丝毫不打算干涉；英国目前的行为——干涉我国内政的行为，我也丝毫不打算制止。他们爱怎么干涉怎么干涉，替我干的活越多，我还越开心呢。"德比在给贝尔福的信中表示，克列孟梭讲这话时，用的是一种插科打诨的友好态度，“只是一如克列孟梭讲话的习惯，他话里有话，无疑对 L. G. 与米尔纳深怀不满。”克列孟梭拜托德比办的第二件事，是为他带回一只阿伯丁猎犬。总理的猎犬刚刚死掉，“他说自己没有这种狗就活不下去”。

前美国总统之子昆廷·罗斯福（Quentin Roosevelt）之死，冲淡了法国革命纪念日的欢乐气氛，此人生前曾积极倡导对法国军事援助。昆廷驾驶飞机在蒂耶里堡以北参加空战时飞机着火，坠落在德国的战线上。昆廷的死，对战友是一个沉重的打击。美国王牌飞行员埃迪·里肯巴克（Eddie Rickenbacker）写道：“初次见到昆廷时，任谁都会以为他是个傲慢的公子哥儿；而当真正交往起来后，那印象便消失了。昆廷·罗斯福性格活泼、热情，一言一行都充满真诚。他是我们飞行队中人缘最好的青年之一，我很喜欢他那自然洒脱的格调。”昆廷父亲对此发表简短的声明，具有典型的罗斯福式风格：“在厄运降临之前，昆廷至少有机会去往前线，为国奉献，向世人展示自我。昆廷的母亲和我，都感到很欣慰了。”

黑格元帅于当天回到法国，立即与福煦约定次日会晤，并要求会晤之后再决定是否进一步派遣英军前往香槟地区。接着，黑格把动用后备部队的潜在危险通知威尔逊将军，并起草一项备忘录，提醒福煦：他曾承诺，只有敌人明显向巴黎集结部队之时，才会要求英国后备部队支援，“目前还没有出现那种情况；确切地说，敌人还没有开始向巴黎集结部队”。

身处英国的劳合·乔治同样坐立不安，不顾米尔纳还在萨里（Surrey）的家中，派人把他请了过来。晚餐后，众人进行了长时间的会谈。“首相要求撤回几个师，态度十分强硬（甚至可谓狂暴）。”汉基回顾道，“显然，他在怀疑克列孟梭对福煦施加政治压力，不惜一切代价拯救法军，保卫巴黎。”不过，米尔纳与威尔逊都很倾向于支持福煦，两人最终说服劳合·乔治，只给黑格发一封电报，提醒他记住《博韦协议》（*Beauvais Agreement*）。该协议授权：当黑格认为英军安全受到威胁时，可以提出上诉。

二

在夜幕的掩护下，德军突击部队已进入阵地。德军的阵地蜿蜒如蛇形，从蒂耶里堡郊外开始，沿马恩河到多尔芒(Dormans)，又向东北延伸到兰斯，最后围绕着兰斯突出部向东伸出20英里。德军最高司令部仍未察觉法军早已严阵以待。法军第4集团军负责保护西翼，司令古罗(Gouraud)将军判断德军即将开始进攻，于是传令深入巡逻，“不惜一切代价，捉活口”。约瑟夫·达尔诺(Joseph Darnaud)中士率领自己的班于晚上7点55分出发，一路匍匐前进，来到德军第4道防线。此处有一股德军把守，达尔诺等人猛扑上去，经过一番血腥的白刃战，活捉了19名俘虏。古罗的情报部门得到俘虏后很快问出德军炮击将于0点10分开始。

古罗决定相信俘虏的情报，冒险赌一把，便将所有的大炮掩护物揭开，并传令麾下炮兵，于23点30分展开反制炮击。集结在兰斯地区沿线的德军彻底蒙了，德军大炮怎么还不开火呢？

古罗的参谋长怀有同样的疑问，他拿着手表，走进司令的房间。“敌人还没开始！”参谋长说，“0点已过，咱们被俘虏骗了。”然而，蓄着红胡子的古罗却安之若素。古罗当初在阿尔及利亚立下大功，有“非洲雄狮”(le lion d'Afrique)之称；如今尽管失去了一条胳膊与半条腿，雄狮之风依旧不减当年。“还有几分钟。”古罗看着自己的表说道。两人凝神屏息，等待德军的炮击。终于，上方响起了隆隆声，好像火车从头顶跑过一般，接着是震耳欲聋的爆炸。所有的灯光全熄灭了。古罗以大炮为赌注的冒险，终究有所收获。

威廉皇储乘着普洛托斯(Protos)①牌汽车一路前行，在感叹曼妙夏夜的同时，听到前线附近传来毫无规律的炮声。经过四年的堑壕战，皇储的双耳早已十分敏感，他意识到那是敌军的骚扰炮火。“想到这里，我心中便充满了焦虑。”最终，皇储抵达目的地——法维热桥(Pont Faverger)附近的一座炮兵观察所。他爬上一座小小的木制观察台，炮兵指挥官报告道：“那是轻微的骚扰炮火，总体而言，敌军依旧处于被压制的状态。”皇储表示自己不敢苟同，在他看来，法军的炮火十分猛烈，持续轰击德军后方地区。爆炸声此起彼伏，甚至几处弹药堆也着了火。而当众人“紧张万分地”等待己方炮击

① 普洛托斯，德国汽车生产商，1898年诞生于柏林。20世纪初期，该公司生产的六缸汽车深受德国皇室欢迎。

开始时，威廉的疑虑越发深重起来。一名军官在最后时刻开始读秒：50 秒，40 秒，30 秒，20 秒，10 秒。“紧接着，”皇储回忆道，“便是雷鸣般的巨响，好似世界末日到来一般。”整条战线喷吐着火焰，“2000 多门口径不一的大炮同时向敌人洒去弹雨。那场面无比震撼，炮火与闪光划破漆黑的夜空，营造出但丁《神曲》中描绘的景象，谱写出毁灭的末日之歌”。

——

美军空军司令比利·米切尔（Billy Mitchell）上校在巴黎的一家餐馆，正与红十字会的朋友唐纳德·布朗（Donald Brown）吃着夜宵，突然一阵隆隆之声传来。米切尔看看手表，正是 0 点 10 分。从街上向天边望去，可以看到巨大的光芒。米切尔估计那是德军开始了总攻，便对布朗说，史上最大的战役正在打响，想看的话就跟着一起来。两人跳上最快的指挥车，向司令部疾驰而去。

巴黎市民被持续的隆隆声吵醒。主妇们急忙去检查煤气表是否关掉，打桥牌的人们给灯加上罩子。醒来的人们等待着警报，却始终没有等到。那不是空袭，而是比空袭更为严重的情况。在旅居巴黎的英国女子珀尔·亚当斯（Pearl Adams）听来，那响声先是类似大型交响乐，而后像是葬礼进行曲，最后则给人一种重型卡车行驶在半英里外的感觉。人们战战兢兢地相互耳语，那是前线的声音：“我们此前只是隐隐听过那种声音，没听过的人曾嘲笑听过的人；那些光芒，我们从未见过。那是一场蓄谋已久的新攻势，波吕斐摩斯又一次试图捉住英勇刚毅的尤利西斯。①”

与儿子一样，德皇也希望看到大炮将敌军打垮的场面。不过德皇到达兰斯以北的观察哨所时，已是 7 月 15 日凌晨 1 点。这天是他登基 30 周年的日子，十分适合给敌人以致命一击。德皇发布公告，将此次战争描述为“世界所面临的两种道路之争。一种是普鲁士-日耳曼的道路，意味着正义、自由、荣耀、道德，并继续受到崇敬；另一种是盎格鲁-撒克逊的道路，意味着黄金崇拜凌驾于一切之上”。与鲁登道夫一样，德皇认为自己的主要敌人是

① 波吕斐摩斯，希腊神话中的独眼巨人，海神波塞冬之子。在史诗《奥德赛》中，奥德修斯（即尤利西斯）归乡途中停泊至波吕斐摩斯的洞穴，遭到生命威胁，最终机智脱险。

英国，而非法国。

协约国首次摆脱以寡敌众的困境。双方兵力相当：德军 48 个师；协约国军队 43 个师，其中 30 个师是美军、两个师是意军，其余都是法军。

法军的炮击给蒂耶里堡正东的德军第 5 掷弹团造成出其不意的打击。马恩河对岸的袭击集合点遭到重创，两个连彻底溃败，其余的连的战斗力也已丧失大半。黑塞（Hesse）中尉回忆道，持续的炮火打击造成巨大的恐慌，“士兵们惊恐万分，只为找到一处掩蔽物东奔西跑；炮弹继续从我们身边呼啸而过，且变成毒气弹了”。当时的视野原本就不好，加上毒气，便什么都看不见了，“许多人斗志尽失，只希望天快点亮起来”。最后是一名连长喊道：“列队！枪都拿好了吧？”于是众人沿着残破的狭窄河谷向河边走去。

凌晨 4 点 30 分，德军第 5 掷弹团与第 36 师的其他部队一起，着手把隐藏在芦苇及灌木丛中的趸船驶出来。敌我双方的炮击所产生的大量毒气及烟雾，与晨雾融合在一起，十分浓密。德军船上载满步兵与机枪手，借着浓雾的掩护过河，却在河中央被美军第 3 师发现。

美军第 3 师第 38 步兵团立即用步枪及自动武器进行攻击。“在我军的攻击下，”一名美军中尉回忆道，“敌人的几十艘小艇或被击毁；或被击沉；或失去战斗力，随着河流漂走。许多鬼子跳进河里，结果淹死；那些游到我军岸上的，则被打得非死即伤。”

其他河段的德军打得很凶，涌过马恩河，打下南岸美军的前哨，还攻上一座小丘，将巴黎-梅茨（Paris-Metz）铁路路堤后方的主要防线尽收眼底。而在该河段，美军顶着巨大的伤亡坚守阵地。两侧的法军开始后撤，美军第 38 步兵团依然死战不退。

此时，米切尔上校正乘着飞机观察战况。部分地区的最高飞行限度很低，不过那里既没有德军飞机，也没有地面行进部队。前线处处炮火纷飞。米切尔经过蒂耶里堡，朝马恩河飞去。由于云大雾厚，飞机飞得很低。“在我经过多尔芒以东的一处河流拐角时，突然发现，河流南岸遭到密集的炮火攻击；河上有五座桥，桥上都是行进中的德军部队。”米切尔四处张望，没有发现任何敌机。他的飞机距离那几座桥不到 500 英尺，却完全没有被地面发现。“我俯视着那些昂首挺胸行进的德国兵，心想：如此一支雄壮的部队，毁掉他们实属憾事。”米切尔继续飞了几分钟，然后顺着通往兰斯的沿河战线向东北方向飞去，谁知目的地交战正酣，空中全是德军飞机，于是他又返回马恩河。“那时桥南面的山顶上正在进行着一场血战，双方几乎是零距离接触，我平生从未见过如此接近的肉搏战。”米切尔猜测那是美军在作战，他没有猜错。英勇的美军第38步兵团正在坚守阵地。

兰斯以东约50英里处，美军彩虹师参谋长道格拉斯·麦克阿瑟(Douglas MacArthur)上校正站在主要防线上，密切注视着战况。他看到德军顶着雪崩一般的美军炮火，向废弃的前线战壕发起猛冲。拿下头几道废弃战壕的德军士气大振，一路前冲；而当到达实际防线时，已是疲态尽显，阵形大乱。“他们跑断腿啦。”麦克阿瑟对挥汗如雨的炮手说道。该地区的德军确实跑断了腿。他们尝试从各个攻击点进行突破，全部遭到美军击退。

而在兰斯以西，敌人倒有几分进展：意军第8师固守的战线被约六个德军师突破，部队并被赶到第二道防线。意军左翼的法军同样受到攻击，被迫后撤。到上午9点30分，从马恩河畔多尔芒到兰斯高地的协约国防线，已被敌军打出一个危险的楔子形。眼见法军势危，贝当打电话给法军后备军司令法约尔将军，命他将第168师与第2骑兵团速速派至前线，并下令暂停芒让攻势的准备工作。

不多久，福煦在司令部门口遇到法约尔。两人60年前曾同窗读书。“攻势如何，还顺利否？”福煦问道。

“并不顺利。”法约尔心烦意乱，“贝当将军刚刚命令我暂停反攻，他要打防御战，需要部队援助。”

“让古罗自求多福吧！”福煦喊着，快步冲进办公室，急忙口授一道命令，命人通过电话指示贝当：“你必须明白，除非战局出现新的变化，且你向我报告过，否则决不能放缓，更不能停止准备芒让攻势。只有万分紧急、避无可避的情况下，你才能从芒让那里抽调必要的部队，且必须立刻汇报给我。”福煦的命令没有丝毫商量余地，对贝当极不尊重。然而法约尔及其部下却喜笑颜开：“我们刚听到贝当的结论时，很是惊愕；福煦将军的命令则很让人舒心。说心里话，贝当此人十分胆小。其实古罗当时已经守住了防线，所以明眼人都看得出，反攻完全没有问题。”

——

此时，德军已在马恩河对岸、多尔芒两侧夺下数个坚固的桥头堡，威廉皇储却仍闷闷不乐。他看到战报称，敌人已按计划撤离前线，进展甚微。“战报很是让人沮丧，我担心自己最初的疑虑将会成为现实。”皇储决定去见父亲。当他抵达观察塔时，德皇正在胜利的氛围中享用早膳。一名总参谋部的军官前来迎接皇储，并问是否有好消息带来：“我告诉他，依我的判断，恐怕在攻占第一道防线之后，我军便会受阻。对方听了这话，吓得慌了。”

德皇正期盼着儿子的到来，然而皇储只能痛心疾首地“无奈表示，我认为目前的局势没有希望”。两人给皇储的参谋长打电话求证，得到的回答是部队确实在敌军第二条战线处停滞不前。皇储下令发动新一轮的轰炸，“然而，在内心深处，我不得不承认严酷的事实——攻势已宣告失败”。皇储感到芒刺在背，回到沙勒维尔，“并发现众人表情严肃而沉重。我的怀疑终成事实。参谋长指着地图告诉我，法军早已计划好躲避我军的打击，我军精心准备的炮击所摧毁的，不过是些空壳战壕罢了”。

——

中午 12 点过后不久，福煦正与黑格共进午餐。黑格对抽调英军后备部队的意见表示反对；福煦情绪不错，并表示自己只是希望在必要时调用英军，若英军防线受到威胁，便会将他们立即送回。根据这些条件，黑格做出同意的答复。此一答复责任重大，尤其是黑格明白，劳合·乔治绝不会为此高兴。不过，此时此刻，帮助盟友义不容辞。

贝当在司令部仔细阅读着福煦的电话留言。上午 10 点那种紧迫的局势已有所缓和，敌军在马恩河上的冲锋力度弱了下来。很明显，古罗把兰斯以东的局势控制得很好。下午 1 点，贝当命令法约尔继续准备芒让攻势；法约尔自然没有感到丝毫意外。

三

鲁登道夫依然寄希望于突破防线，甚至对一名部下说：“如果此次成功打下兰斯，就等于我们已经赢了战争。”兰斯以东的第 3 集团军进展缓慢，鲁登道夫深感不满，便打电话给该集团军的参谋长。“为什么不继续进攻？”鲁登道夫吼道，“必须往死里打。立刻就打。”

参谋长 W. J. 冯·克莱维茨(W. J. von Klewitz)中校沉着地回答道：“集团军司令下令停止进攻，原因显而易见，此地不具备贵妇小径那样的条件。法军早把炮兵部队远远撤出；我军炮火也在逐渐减弱，只是让敌军看笑话罢了。”

中校一番常识性的发言，将鲁登道夫拉回到现实之中。“我完全同意停止进攻。”鲁登道夫说道，“以鲜血为代价发动进攻，绝非我的本意。”

那天下午的战斗十分激烈，加上天气酷热，更使士兵备受折磨。从军四年的二等兵格奥尔格·布赫(Georg Bucher)满怀一腔热血，参加了上午的战斗。众人冲过血染的马恩河，随后爬上一座小山。布赫看到前面的连倒在敌人枪下，紧接着自己的连便吼叫着冲了上去。然而敌军炮火太过猛烈，众人只得躲在玉米地里。“那个时候，如果能得到几个突击师的帮助，突破防线完全可行；因为我们早已杀红了眼。”然而，直到傍晚时分，布赫等人依然无法离开玉米地，只能失望地就地掘壕据守；一个白天只前进了三英里。“我们躺在地里，一个个筋疲力尽，垂头丧气。上面的要求超过了我们的能力。我们早已把力量、希望、勇气乃至一切都贡献了出去。对我们而言，末日已降临了。”布赫与战友们心灰意冷，不是由于敌军猛烈的炮火，而是那种疲惫已极的无助感，使他们意识到自己无能为力。“我甚至羡慕那些行进之中倒下的人，至少他们不用在战壕里继续煎熬了。”在缺乏弹药的情况下，死守马恩河对岸的一座小小桥头堡，又有何意义？“我扪心自问，我们真的是国家的希望吗？奄奄一息的我实在不敢相信。”

在河的另一边，情况更为残忍，堪称一场屠杀。整个白天，协约国的炮火都在炮击德军的后备部队。“我从未见过那么多死人，”黑塞中尉写道，“也从未想象过，战争可以像马恩河北坡上演的那样惨烈。在南边的白刃战中，美军歼灭了我军两个连。他们摆出半圆形，埋伏在麦田之中，等到我军靠近到三四十英尺处，便一举开火。不得不承认，敌人的行动表现出过人的沉着，同时也证明那天的战斗是多么血腥。‘美国人见人就杀！’7 月 15 日那天，恐怖的流言传遍了所有队伍。”

鲁道夫·宾丁中尉在日记中写道:“今天是整个战争中最令人沮丧的一天。”宾丁的部队前进两英里后,便被迫隐蔽在一条战壕里。他向上级师指出,自己的部队处在一个荒唐的暴露位置,谁知无人理会。几分钟后,便有一枚炮弹在他身边炸开,相距仅有几码之遥。“我气疯了。我们的这些举动丝毫称不上勇敢,顶多能够取悦那些不负责任之徒,让他们拿着自己与别人的生命去孤注一掷。”更糟糕的情况还在后面:电话线全部被切断,部队无法执行任何命令,“一切都乱套了,我自己也没什么办法”。

——

然而,贝当依然心怀疑惧。下午 4 点 45 分,贝当直接联系福煦,再次要求将芒让攻势推迟 24 小时。一段时间后,古罗那边传来好消息:“17 点整,与整条攻击战线平行的抵抗阵地第一道战壕已被我军拿下。”换言之,整条防线的右翼都已确保安全。不多久,法军第 6 集团军传来消息称,已在蒂耶里堡附近击退渡河敌军;遭受重创的第 5 集团军也发来报告,认为德军已疲态尽显。最后,甚至连贝当都看得出局势大好,并打电话给福煦表示,自己认为芒让攻势可以按计划进行。

——

当晚 7 点,德皇回到司令部。“陛下情绪略显不佳,不如往常。”冯·穆勒海军上将写道,“我从陛下的情绪中读出,我军没能达成当日的预期目标。”鲁登道夫与冯·库尔将军通话时,也表示此次攻势的结局很不乐观,令人失望。库尔劝鲁登道夫继续进攻,并以 3 月 21 日攻势举例:当初攻势开始时,第 2 集团军也同样毫无进展。鲁登道夫起初不想承受损兵折将的风险,经库尔劝说后,便向皇储发出命令:次日上午恢复进攻。然而,据默茨·冯·奎恩海姆上校日记中的记录,7 月 16 日的最高司令部仍然笼罩在低迷之中:“面前的难题是,下一步究竟怎么办?”马恩河前线的激战仍在继续,德军在部分小型战斗中取胜;而到下午时,协约国开始用大炮和飞机轰击马恩河上的桥梁,据守桥头堡的六个德军师情况岌岌可危。

皇储并没有接到最高司令部的命令,因此那天晚上,他不仅叫停马恩河的渡河作战,同时也中止了对兰斯以东的攻击。次日发起进攻的只有马恩河与兰斯之间的两个军。德皇在前线又待了一天,回到总部后向朝臣宣称,俘获敌军15000人，对马恩河畔沙隆（Châlons-sur-Marne）的炮击十分成功。接着，德皇大声宣读了一份维也纳发来的报告。“那报告十分悲观，预测会有灭顶之灾降临在秋季。”那天晚上，人们的情绪普遍“低沉”，穆勒等人甚至听到小道消息，说德军准备放弃整个香槟地区的攻势。

尽管不存在突破的可能，战斗依然拖延到7月17日。“我很肯定，”默茨·冯·奎恩海姆写道，“无论是韦策尔（Vetzell，总参谋部作战部部长）还是鲁登道夫，都不知道下一步该怎么办。”鲁登道夫自欺欺人般地相信，此次攻势的主要目的已经达到：法军后备部队已投入香槟战线，无法再走回头路，德军终于可以在佛兰德斯安心发动“哈根”攻势。鲁登道夫孤注一掷，认为“哈根”攻势定将成功，为战争画上终止符。当晚，鲁登道夫乘车北上，前往巴伐利亚王储鲁普雷希特的集团军群司令部。鲁普雷希特负责对英军发动致命一击，鲁登道夫正是要对其准备工作进行检阅。

——

香槟突出部的东端、维莱-科特雷正西北有一片大森林，芒让的部队正集结于此，共24个师，皆属精兵良将；其中4个是美军师，每师编制人员为17000人。相比之下，德军只有11个师，每师平均只有7000人。威廉皇储在该地区的部队素质不佳，大多自俄国战线调动而来，缺乏对坦克战的经验；而芒让恰恰打算投入大量坦克。法军担任主攻的是精锐部队摩洛哥师（Moroccan Division），其中包括颇具传奇色彩的外籍兵团。摩洛哥师的两侧各布有一支大编制的美军部队，左侧是第1师，右侧是第2师——那支6月份在贝洛森林殊死作战的部队。

美军抵达森林深处是在7月17日的下午。法军之中有大量的伪装坦克，让美军陆军及海军陆战队大开眼界。那些坦克大的像史前巨兽，小的像发条玩具，或作咯咯声，或作隆隆声，还会哼哧哼哧地喷出有毒的烟雾。道路上挤满炊事车与骡拉水车，还有数以千计的骑兵，手持长矛，活像亚瑟王麾下的骑士。对行进中的步兵而言，最可怕的无过于排成长龙的炮兵队伍：榴弹炮由拖拉机牵引着；火力恐怖的75加农炮由六匹马牵引着；还有更大型的野战炮，由八匹马牵引着。在海军陆战队中士杰拉尔德·托马斯（Gerald Thomas）看来，道路好似一条涨满水的溪流，流速缓慢，却不可阻挡。“参天大树的枝杈布满天空，遮住道路，我们好像走在隧道里一般。”步兵在此条道路上步履维艰。上午行军时他们淋了几场雨，军服在阳光之下直冒热气，森林浑如一座巨大的桑拿浴场。饮用水严重不足，干渴折磨着行军的战士。

与此同时，芒让及其参谋人员正在奋力研究进攻计划，不过直到下午 4 点才制订完成。各炮兵及步兵指挥官收到指示：次日凌晨 4 点 35 分，步兵从森林东边杀出。

步兵排成一列纵队，沿着沟渠奋力前行。其中有身着卡其色制服、肤色微黑的摩洛哥人；有深黑皮肤的塞内加尔人；还有身着蓝色制服的法国人，身上带的锅碗瓢盆叮当作响。美军已经超过一天没有进食，而且他们还得撑到第二天早晨，才有希望吃上饭。暮色一连持续几个小时，直到晚上 11 点，天色才彻底黑下来。当时没有一丝月光，森林里漆黑一片。那片森林曾是 15 世纪的怪物吉尔·德·雷(Gilles de Rais)①的藏身之所——部分学者认为，恶名昭彰的“蓝胡子”②原型正是此人。黑暗之中传来可怕的隆隆雷声，接着便是倾盆大雨。最开始，由于茂密树叶的遮盖，行进中的部队没有淋湿；然而没过几分钟，黏土路便变得泥泞难行。车辆滑进沟渠，马匹摔倒，疲惫已极的士兵感到无法站稳脚跟。

暴雨之中，地图即便没有彻底湿透，也模糊得不堪再用。当晚参谋们疯狂地奔走，聚集走散的部队，寻找失去踪影的各连各排。“我们排成一列纵队时，”二等兵麦科德(McCord)在日记中写道，“各自抓住前面一人的背包。尽管道路泥泞，背包沉重，大雨倾盆，我们还是顽强地摸黑前行……我们这些摸黑探路的狼狈步兵，一如既往地 S. O. L. ③。当时有些和我们一样狼狈的骑兵，还有同一团的其他营和连，排成一列纵队穿过我们左边的树林。我们需要到那边去，跟上他们，而隔在中间的就是那条黑暗、拥挤、混乱的车马

① 吉尔·德·雷(1405—1440)，“百年战争”时期法国元帅，曾与圣女贞德并肩作战，后沉迷于炼金术与黑魔法，为召唤恶魔而残害大量儿童，最终被捕并处以绞刑。

② 蓝胡子，法国民间传说人物，曾连续杀害六个妻子，作案证据被第七个妻子发现后意欲灭口，却被赶来的两个妻舅所杀。

③ S. O. L.，英文“Shit Out of Luck”的缩写，意为倒霉透顶。

人流。幸亏老天和直觉帮了一下忙，才把那不可能的任务奇迹般地完成了。”

哈伯德将军已晋升为第2师师长，他不管走到何处都面临着同样的难题：无情报、无地图、无向导、无指示。然而，哈伯德必须按时抵达目的地，以便次日凌晨发动进攻。“人人都意识到，任务艰难，超乎人力所能及。不过该任务不仅关乎我师的荣誉，同样关系到美国人的名声。”7月18日凌晨4点，哈伯德麾下的两个团——海军陆战队第5团、第9步兵团——正在奋力行军，争取按时抵达。部队又累又饿，脚下却在快速行进，最终到达目的地时，已是上气不接下气。

弗洛伊德·吉本斯出院刚刚一个月，被击中的眼睛上缠着一块黑布，此时又与海军陆战队走在一起。他担心德军会猜透协约国的袭击，从而向森林发射大量毒气弹；一旦如此，那我军便毫无生还之机。所幸，嘈杂喧哗、行军混乱的情况没有出现，也无人厉声下令，挥舞军刀。军官下达命令时声音很低，除了闷雷，只有水珠从树叶滴落的响声，偶尔会响起一道刺耳的雷鸣。

凌晨4点35分，伴随着第一缕曙光，一门75加农炮的吼声打破了沉寂。紧接着，协约国火力大开，炮声隆隆如雷。在海军陆战队中士R. M.加诺(R. M. Ganoe)看来，那是一场“猛烈、壮观、可怕、震耳欲聋的炮击”。大地被震得左右摇晃起来。加诺曾听过1600门大炮同时开火，他原本以为再无炮声比那更加响亮：“谁知这阵炮击更厉害！树叶被震掉，天空像是塌陷下来，地面像是升了上去。我无法用语言形容。”加诺等人忘记了饥饿与干渴，忘记了磨起水疱的双脚与疼痛的关节，忘记了身上湿透的衣服。“我们的眼睛开始放光，像狂热的信徒那样。听到那雷鸣般的炮声，我们心中充满了荣耀。啊！那真是无上的愉悦！”加诺听到身边一人说道，“这份高涨的感觉，我简直承受不住，再高涨下去我就要满足到死了”。敌人完全措手不及。坦克的轰鸣声与美军的喊杀声同样可怕。德军阵脚大乱，慌忙撤退。芒让一路上几乎没有遭到抵抗。有小股德军在田里收割当地农民遗弃的庄稼，此时也纷纷仓皇逃窜。

协约国的炮火轰鸣不断；而德军的炮弹，仅在海军陆战队首次冲锋与第二次冲锋的间隙偶尔炸开几颗。一批海军陆战队员缴获一门4英寸口径炮，拿下一座电话站，活捉数名俘虏，并发现敌军的热咖啡与德式战时面包。“他们让俘虏先尝了尝，然后狼吞虎咽地吃了起来。”另一些海军陆战队队员打开一桶泡菜，一手握着枪，另一手抓起泡菜，继续冲过麦田，追击敌人。

第一道防线上的德军惊恐地举手投降，第二道防线上的德军还在为炮击感到震惊。协约国大炮缓缓向前移动，以便坦克与步兵部队继续扫荡残敌。有人喊了一句：“来了！”加诺抬头一看，发现一群人排成四列纵队向他走来。是德军！不过都是被俘的德军，“走在排头的是军官，少说也有 20 人。我看在被活捉的战俘之中，那些军官样子最是快活”。一些会讲英语的被俘军官向美军喝彩，其中一人喊道：“伙计们，加油干，你们很快就能打赢！”还有些讲法语的喊道：“结束战争！”加诺粗略数了数，战俘约有 1300 人，其中大多数都很年轻：“这些人原本待在母亲身边，前不久才被德皇强行拖上战场，想想就让人心痛。泛绯的双颊，鲜红的嘴唇，澄澈的眼神——他们还是些孩子啊！”

原野的左右两边，进攻部队足足有数英里长。大大小小的坦克隆隆作响，紧随其后的是海军陆战队、美国陆军、塞内加尔人、外籍军团和法国正规军。他们刚冲过麦田，德军防线便开始动摇，随后陷入崩溃。也有零星的小股德军在负隅顽抗，协约国部队很快便将其消灭，或者直接无视。有的德军奋战至死，也有的一见到敌人便扔下步枪，高喊：“同志！”

士兵遭到酷暑的折磨，喉咙火烧火燎，却无水可喝。德军尸体上的水壶早被喝得一滴不剩，背包里的食物也被翻了个精光。众人不惜拿发霉的面包果腹，偶尔也会有人发现奇珍异宝——一块蜂巢。

美军第 2 师的左边是法军中最精锐的突袭部队——摩洛哥师，他们在作战中表现突出，不负盛名。摩洛哥师之所以奋勇作战，或许是为了证明其他种族、其他肤色之人在战斗中并不逊于白人。除了摩洛哥人，还有黑如煤炭的塞内加尔人，他们打起仗来都视死如归。摩洛哥师左边是美军第 1 师。一等兵詹姆斯·罗斯（James Rose）所属的小队在行进时伤亡惨重：一枚炮弹炸开在罗斯左边，十几名士兵聚在那里。“那场景太血腥，我们都吓呆了。有的人当场倒下，纹丝不动；有的人被炸到天上，落地后幸运地还能走路；有的人则直接在天上被炸成碎片。二等兵刘易斯（Lewis）耳朵后面被炸伤，奥尔森(Oleson)则伤在臀部。刘易斯吓疯了，我只能控制住他，想办法把他送到后方去。许多人虽然被炸得头昏眼花，但好歹还能站住。”罗斯命很大，没有受伤，只是机关枪被炸坏了，于是他找到另一个机枪组，把自己的弹药交给装填手。谁承想那个机枪组的机枪手突然精神错乱，误将前方战壕里的法军当作德军，把枪口瞄向了他们。“是德军！”机枪手不断吼叫着。战场上声音杂乱，罗斯没法跟那名机枪手讲清楚，只能把他的机枪枪口往上抬了抬，对准天空。那些法军纷纷翻过矮墙，来亲吻尴尬的罗斯，挤得他喘不上气来：“如果他们有权颁授英勇十字勋章(Croix-de-Guerre)，一定会颁给我的。”

美国大兵跳过法军防线，进入一片麦田，麦子高可及臀。罗斯突然意识到，周围只剩下他与曼宁(Manning)中士两人，其他人都倒在麦田里，看不见了。两人继续前行，遇到一名血肉模糊的德军青年军官。此人指了指两人的枪，又指了指自己的心脏，用德语高声喊着什么。“罗斯，你行吗？”曼宁问道。“我不行。”罗斯也做不到。两人离开此地，继续前行，一路上都在怪自己没有胆量。

皮埃尔·泰亚尔·德·夏尔丹(Pierre Teilhard de Chardin)是一名神父，此时在军中充当担架手，正在密切关注战况的发展。他并没有具体的任务，除了观察，无事可做。“你可以想象：在苏瓦松地区的广阔高地上，到处是列成纵队的士兵在挺进，有时会停下来，接管打下来的地方。”夏尔丹在给妹妹的家书中写道，“大股浓烟从四面八方涌出，有黑的，有白的，有灰的，弥漫在空中与地上。更为惊人的是噼噼啪啪的声音不断传来，成熟的庄稼地里，有一些永远静止在那里的小斑点，实在触目惊心。地里的玉米很高，时不时会有坦克缓缓驶入，后面跟着一群簇拥者，像是一艘大船在海中航行。当然，更多的时候坦克会被击中，燃烧起来，冒出黑色的浓烟。”

地面一片混乱，而在上空，成群结队的飞机会陡然发动低空扫射，似乎是完全随机的行动。“有一件事让我心情久久无法平静——在战场上，看不到活生生的人。那些移动着的小小人影，他们的性格特征、价值态度各不相同，那本应由其激情或痛苦的情绪表现出来；然而你根本看不到任何激情、任何痛苦。你所能看到的，只是两股巨大的物质力量在发生冲突。”夏尔丹仔细观察着周围的美国人，“人人都说，他们是一流的部队，作战时怀有强烈的个人激情(发泄在敌人身上)与不屈勇气。美中不足的只有一点，他们太过奋不顾身，十分容易丧命。”美军伤员会用双脚走回来，面无表情，从不发牢骚，“我从没见过伤员能够表现出此等骄傲与尊严。美军与我军之间，已在战火之中建立起坚实的同志关系”。

哈罗德·哈特尼(Harold Hartney)中校是加拿大人，此时他正在天上指挥着美军空军第1追击中队，对地面的战斗“一览无余”。炮击开始时，哈特尼的16架飞机距离地面只有几英里高，他清楚地看到地面被炸成齑粉，浓烟与尘土飞腾在空中：“如此宏大——或者说，意义重大的场面，这还是史上头一回。在我眼前翻滚着的，是一场世界大战的浪潮，足足有2000万人卷入其中。”生气勃勃、精力充沛的美国人首度参加大规模战斗，他们与法国人、摩洛哥人一道横扫广阔的原野。

弗洛伊德·吉本斯不顾身上的伤痛，依然跟着队伍前进。他也看到了那些排成四列纵队的俘虏。走在前面的八名德军战俘抬着两副担架，上面分别是一名美军伤员与一名法国人。两人半坐半卧地倚在德军俘虏扛着的担架上，抽着烟，欢快地聊着天。战俘们告诉吉本斯：英国人参战是因为憎恨德国，法国人参战是为了保家卫国，扬基大兵参战只是为了收集战利品。

有一名美军士兵收集完战利品，准备回到后方时，被吉本斯拦下。此人身着美军军服，押着两个比他高大许多的德军俘虏，吉本斯从没见过如此矮小的美军士兵。此人额头缠着一条白色绷带，脸上和脖子上挂着带血的棉纱条，手里拿着一大块德式黑面包，右臀处挂着五把带皮套的鲁格(Luger)手枪，右肩至左臀之间斜背着六副昂贵的望远镜，一张脏脸喜笑颜开。

吉本斯与一名德军军官交谈，问他感觉美军战斗力如何。“不知道，”那军官的态度居高临下，“我根本没见过美军作战。”原来，大型炮击开始时，那军官躲在一个掩蔽所里；炮击停止后，他往楼梯上一看，发现一名美军士兵，那是他生来头一遭与美国兵打照面。“我很不喜欢他的风度举止。此人钢盔挂在后脑勺上，没穿外衣。”不止如此，那名美国兵连领子也没扣，袖子卷到肘部，双手各持一颗手榴弹。“我看到他时，他也正好看向楼梯下面，看到我——一名少校，然后粗暴地喊道：‘狗杂种，你已经没处跑了，再不滚出来，

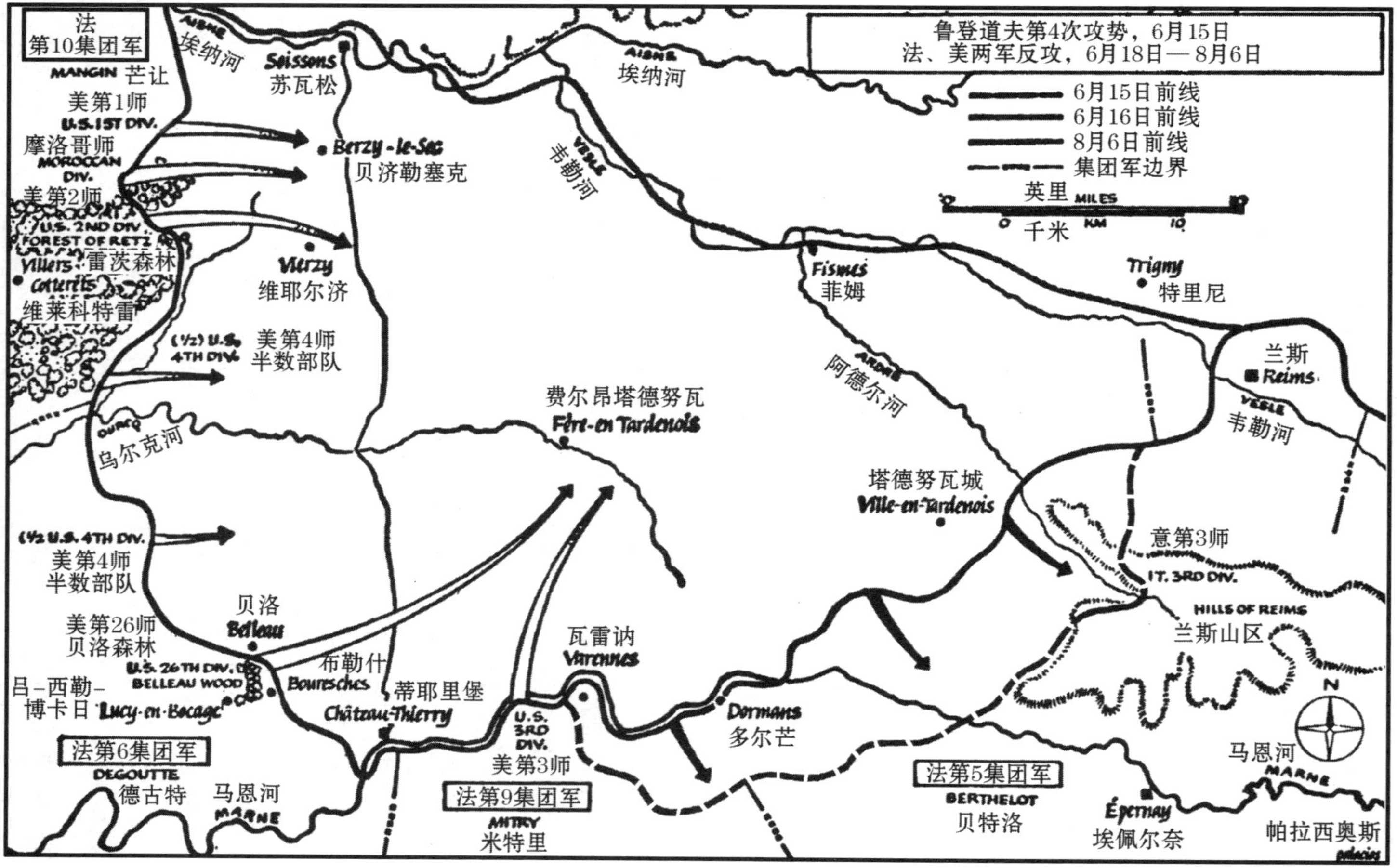
鲁登道夫第4次攻势，6月15日
法、美两军反攻，6月18日—8月6日
6月15日前线
6月16日前线
8月6日前线
集团军边界
英里 MILES
千米 KM
0
10
法 第10集团军
MANGIN 芒让
美第1师 U.S.1ST DIV.
摩洛哥师 MOROCCAN DIV.
美第2师 U.S. 2ND DIV.
FOREST OF RETZ 雷茨森林
Villers-Cotterêts 维莱科特雷
(½) U.S. 4TH DIV. 美第4师 半数部队
(½ U.S. 4TH DIV. 美第4师 半数部队
美第26师 贝洛森林 U.S. 26TH DIV. BELLEAU WOOD
吕-西勒-博卡日 Lucy-en-Bocage
法第6集团军 DEGOUTTE 德古特
马恩河 MARNE
AISNE 埃纳河
Soissons 苏瓦松
Berzy-le-Sec 贝济勒塞克
Vierzy 维耶尔济
OURCQ 乌尔克河
贝洛 Belleau
布勒什 Bouresches
蒂耶里堡 Château-Thierry
费尔昂塔德努瓦 Fère-en-Tardenois
瓦雷讷 Varennes
U.S. 3RD DIV. 美第3师
法第9集团军 MITRY 米特里
VESLE 韦勒河
Fismes 菲姆
ARDRE 阿德尔河
塔德努瓦城 Ville-en-Tardenois
Dormans 多尔芒
法第5集团军 BERTHELOT 贝特洛
Épernay 埃佩尔奈
Trigny 特里尼
兰斯 Reims
意第3师 IT. 3RD DIV.
HILLS OF REIMS 兰斯山区
N
帕拉西奥斯

老子把一篮子手榴弹都扣你头上。’”

四

上午10点54分，威廉皇储意识到，右翼的数个德军师已被击退，甚至各支援师也已投入战场。于是皇储下令，以苏瓦松-蒂耶里堡一线为总防线，组织抵抗；并指出，目前正在作战的各师不应退至该线，而一旦退至该线，便必须死守到底。与此同时，皇储又下令在第一道防线后方五英里处设立第二道防线。如此稀奇古怪的指示，正表明皇储不相信他的部队能够挡下敌人的进攻。如果说单看上述指示，证据仍显不足，那么他还下达了另一条命令：放弃马恩河以南的桥头堡。

皇储的上级鲁登道夫远在佛兰德斯，正与巴伐利亚王储鲁普雷希特的集团军群进行磋商。“鲁登道夫很是自信，攻击欲望极强。”第4集团军参谋长弗里茨·冯·洛斯伯格(Fritz von Lossberg)回忆道，“当时他依然坚持在佛兰德斯地区发动进攻，我们大家都很高兴。”正当众人商讨“哈根行动”的具体日期之时，一份电话留言传来：敌军坦克部队发动突然袭击，苏瓦松西南的德军战线已遭突破。与会众人震惊不已，鲁登道夫本人“自然也紧张万分”，因为留言指出，不仅威廉皇储集团军群的所有后备部队都已投入战斗——鲁登道夫原本打算拿那些后备部队对兰斯发动下一场全面进攻——甚至连地方后备军也用上了。如此一来，鲁登道夫的如意算盘落了空：他无法攻占兰斯，也就无法迫使黑格从佛兰德斯调出更多的增援部队。短短三天，鲁登道夫对于香槟地区的所有希望都化作泡影。敌军正在对他造成威胁，强弱攻守之势发生了难以置信的转变。鲁登道夫当即下令，命第5师从圣昆廷乘火车赶往苏瓦松。

洛斯伯格建议鲁登道夫放弃部分地盘，以便在苏瓦松地区采取系统性的防御政策。鲁登道夫心有戚戚，沉吟许久后说道：“你的意见很是中肯，不过出于政治上的原因，我无法采纳。”“政治原因是指……”“一项政策会给敌人、给我军、给国民造成何种印象，我都必须考虑在内。”

洛斯伯格抗议道，为政治的权宜之计而牺牲军事的必要之举，必将招致祸端。鲁登道夫也很绝望，他表示自己会申请辞职；说罢便结束会议，起程赶回阿韦讷。回程途中，烦躁与愤恨的情绪始终挥散不去。鲁登道夫亲自规划的7月15日大攻势之所以失败，是因为法军掌握了准确的情报。他败在了自己人手上！“各级将领尽一切努力保守的秘密，却被德意志人爱议论、爱炫耀的秉性出卖，至关重要的机密情报就这样泄露给了敌人，泄露给了全世界。”事已至此，鲁登道夫必须设法防范法军的突然袭击。

鲁登道夫乘火车于下午2时（协约国时间下午1点）抵达阿韦讷时，兴登堡正在月台上等着他，看上去略有些焦躁。在去红砖房——即司令部的路上，兴登堡将最新战况告知鲁登道夫：可以确定的是，已被歼灭或遭受重大伤亡的德军师足有十多个；运载第5师的火车被敌军炮火阻拦，无法行动；其他师乘大卡车奔赴苏瓦松，需要再花几个小时才能赶到。午餐时，众人仍在讨论，鲁登道夫却表现得十分平淡，基本不发表意见。突然，兴登堡转头朝向默茨·冯·奎恩海姆上校，说道：“依我之见，消除目前的危机有一个最为简洁而彻底的办法：立即把所有部队，包括来自佛兰德斯的部队全部集结起来，南下越过苏瓦松以北的高地，抵挡敌军左翼的进攻。”

鲁登道夫一听这话，顿时警醒起来。“鲁登道夫明确表示，兴登堡这类意见行不通，大家当他没说就行。鲁登道夫认为，自己的看法早就向兴登堡元帅明确阐述过了。”听了这番侮辱性发言，兴登堡一言不发地离开了餐桌；鲁登道夫恼羞成怒，满脸通红，紧随兴登堡之后离开。佛兰德斯地区珍贵的后备部队是为“哈根行动”而准备的，是否应该将他们派去南边？艰难的决定摆在鲁登道夫面前。一番思虑之后，他承认自己别无选择，于是令第50师立即赶赴苏瓦松，第24师随时待命。

———

午后不久，美军在维尔齐（Vierzy）峡谷附近，遭到强烈的机枪交叉火力压制。该峡谷地势险峻，树木茂盛。突然，近处一座树林之中突然冲出法军的骑兵，并当场散开，准备发动大型冲锋。美军看呆了，那简直是电影中的场面：腾跃奔驰的骏马，衣着华丽的龙骑兵、枪骑兵，全副武装的胸甲骑兵。接着，炮弹纷纷落下。有骑兵摔下马背，其他骑兵毫发无损，纵马疾驰，开始扫荡海军陆战队之前绕过的德军孤立阵地——海军陆战队射击军士帕拉迪塞眼见这一幕，惊得瞠目结舌。

不只海军陆战队，不到一英里远处，美国陆军也看得着了迷。“训练有素的骑兵从树林中冲出，我是个乡巴佬，从没见过那么振奋人心的场面。”一等兵罗斯回忆道，“那么英勇，那么昂扬，那么雄壮。”就像是拿破仑的军队来到自己面前，接着，敌军的炮弹落在骑兵中间，造成惨不忍睹的伤亡，“马匹、人体、血块。老天爷呀，只有少数人幸存下来。我永远也忘不了那一幕”。

罗斯与战友们战战兢兢地跟随法军外籍军团前进。他们来到一座巨大的山洞面前，洞口有敌军四挺机枪把守，枪口正对着罗斯等人刚刚穿过的那片旷野。美国大兵与外籍军团冲杀进入山洞，不一会儿，便有约 1200 名战俘排成四列纵队从洞里走了出来。

美军第 1 师面临着另一处德军山洞要塞的阻碍。一辆法军坦克“像一只大海龟一般”摇摇晃晃地朝洞口驶去，敌军机枪嗒嗒射出子弹，打在坦克的装甲上。坦克的机枪一边扫射，一边驶入山洞，消失在洞中。没过几分钟，坦克便退了出来，后面跟着约 600 名俘虏，其中包括一名上校。

——

德皇威廉刚得知敌军突破的消息，便匆匆赶往阿韦讷。当他走上兴登堡司令部的台阶时，已是黄昏时分。老迈的陆军元帅兴登堡前来迎接皇帝，仪态庄重而威严，神情从容不迫。威廉伸出手，用力点了点头，嘴唇抖动着。德皇御用记者卡尔·罗斯纳（Karl Rosner）就在二人身旁，他注意到德皇已不知如何开口。

“近日时局艰难，陛下也有所目睹。”兴登堡体察圣意，先开了口，“战事目前十分严峻。”

德皇想与兴登堡单独谈谈，了解真实局势，于是快步走进红砖别墅。别墅里鲁登道夫正坐在桌边，聚精会神地翻阅着文件，听见有人进来，猛一抬头，单边眼镜从鼻梁上滑了下来。他连忙起身，迎上前去。

“阁下，此番巡视辛苦了。”威廉说道。

兴登堡插话道：“关于我军何以陷入当前的危局，陛下可愿听听我等的看法？”

德皇点了点头，闭上眼睛，听兴登堡简要地做出说明：大量部队投降，众多德军沦为俘虏；法军投入小型的惠比特坦克（whippet tank），因而得以突破多条防线；不过德军新的防线已组建完成。

兴登堡报告时，威廉只是点着头，一言不发。最后，他拉了拉身上的大衣，突然问道："新的防线能守住吗？"

"目前还无法断言，陛下。"敌军的攻势可能还会持续数日。

威廉情绪激动，忐忑不安，却极力表现出深思熟虑的样子。然而他没能控制住自己的声音，鲁莽的问题脱口而出："那么说，咱们还要继续后撤，放弃更多的地盘？"说罢，德皇意识到不妥，又用近乎道歉的口吻补充道，必须考虑到德国国内及世界其他地方所爆发的不满情绪："不满情绪所带来的影响，无论如何估量也绝不过分——毕竟事关皇位问题。"

兴登堡平静地回答道，他只能首先考虑纯粹的军事责任。说罢，兴登堡顿了顿，转向鲁登道夫："老战友，你是不是——？"

鲁登道夫清了清嗓子，显得稍稍有些僵硬："启禀陛下，敌军突破防线的消息传来，只是今天上午的事情。当时我等正就佛兰德斯新攻势展开讨论，悲报陡至，实出我等——"

鲁登道夫的话被威廉打断。"于是就出乎你们所有人意料了？"皇帝十分恼火，语气咄咄逼人，不过鲁登道夫仍然心平气和地讲了下去。他说，意外不在于受到进攻，而在于前线没能守住，以及敌军在最初阶段就取得如此巨大的战果。鲁登道夫走向地图桌，调了调单边眼镜，开始解释德军下一步的必要行动。"只有确保我军西侧安全无虞，才能在兰斯附近采取行动，才能从马恩河南岸有序撤退。"在重新夺回主动权之前，必须建立起一道新的防线，"我军所要解决的正是该问题，也必须从该点出发，制订接下来的作战方案"。

罗斯纳从旁看得一清二楚：德皇对进一步撤退的方案深感恼怒。德皇血气上涌，用脚轻轻敲打着地板，突然脱口而出道："不可！至今打下的一尺一寸土地，我军都不会放弃！"

众人离开会议室时，一名青年军官将一份报纸校样递给鲁登道夫，请他审批。那是沃尔夫通讯社（Wolff Telegraph Agency）准备于晚间公布的内容。德皇拿过校样，上面写着官方通告："法军投入坦克及大量部队，于埃纳河与马恩河之间发动进攻，略有所获。我军后备部队已投入战斗。”

罗斯纳心想，通告的内容真是无关痛痒。“不过，”他断定，“除非天降神迹，否则自此而后，便要攻守易势了。”

——

几乎同时，芒让接到参谋长埃莱上校的电话，埃莱称贝当将军与法约尔将军正在赶往芒让所在的前方指挥所。埃莱转述了贝当的一句评论：“很好，非常好，简直不能再好了……但现在必须停下来。”贝当无法投入更多的师了。

半小时后，两位将军抵达位于雷茨森林（Forest of Retz）的前方指挥所。芒让在此处建了一座高约 60 英尺的瞭望塔，无论早晚都能从塔上鸟瞰战场的核心部位。贝当先是祝贺芒让，而后对这所异想天开的前线司令部表示不满。“你身在此处，根本无法指挥部队。”贝当说道。芒让则解释说，他的部下都在塔下待命，随时可以飞驰到各部队传达命令；接着便直截了当地向贝当要求更多的后备部队。“我拿不出后备部队了。”贝当说道，“我知道你能言善辩，但这一次我意已决。因为我手里真没部队了，没法给你。”

芒让尖锐地指出，如今正是决定战争成败的紧要关头，绝不应该停止攻势；如果要停下来，那还不如从一开始就别进攻。贝当则一再重申自己没有后备部队，并为此深表遗憾：“另外，我还必须考虑到德军在马恩河以南的情况。我的心思一直悬在那上面，决不能让敌人得逞。所以我必须进行纵深防御，一旦到了紧要关头，还要调整实际防线。”

芒让表示，若要迫使德军撤出马恩河以南的桥头堡，甚至撤出蒂耶里堡的小块区域，继续目前的攻势要比修补马恩河突破口更加方便有效。而贝当只是一口咬定，自己一个师也拿不出来，然后便和法约尔一同离开了。芒让考虑了一会儿，然后咬牙切齿地对参谋长说：“简单来说情况是：贝当将军说他不再给我部队，却又并不命令我停止进攻；所以我们明天重启攻势，就用现有的部队继续打。”

——

当天下午晚些时候，美国海军陆战队的两个营试图攻占维尔齐峡谷。三个连分作两批发动进攻，却被另一侧的敌军机枪无情打退。海军陆战队正设法消灭敌军机枪时，六辆法军坦克驶进了防线。那些坦克是在撤退途中，故而引来大量敌军炮火。海军陆战队伤亡惨重，坦克也有四辆被击毁。

海军陆战队于傍晚6点30分再次发动进攻。此次进攻组织起新的战线，投入15辆坦克，并得到机枪与大炮的集中火力支援。部队如风卷残云般扫荡维尔齐的敌军，此时美军陆军部队也从另一个方向赶来。到晚上8点时，美军成功夺下险峻的峡谷，次日上午便能够继续推进了。

18日的夜幕降临之时，协约国部队以惨重的伤亡为代价，向前推进了约六英里。哈伯德将军把位于维尔齐附近的美军第2师总部转移到从德军手中夺得的一座大型农场。"总部变成一个高级包扎站，场面极度悲惨。"哈伯德在日记中写道，"当地那条乡村公路上拥挤不堪，救护车没法快速赶到前线，伤员已经在农庄的院子里躺了一整天，估计还要再躺12个小时，或者是14个小时。没有水源，房屋早被炸成废墟，德国佬的飞机在天空盘旋，不时投下炸弹。然而那些伤员毫无怨言，只是耐心地等着，忍耐着痛苦。地上躺着的伤员之中，有德国人，有美国人，还有皮肤黝黑的摩洛哥人，一个个血迹斑斑，衣服残破不堪，有的已经死去了；救护车与战斗物资运输车仍挤在川流一般的交通线上，奋力往前线赶去。"

士兵们想睡一会儿。绝大多数人食不果腹，甚至一餐未进；而更可怕的其实是口渴。方圆数英里内，泉水与井水都已接近干涸。人们拿着空水壶，在仅剩的几处水源旁边排起了长队。

——

苏尔茨巴赫中尉的炮兵部队正在路上，希望在天亮以前就位，以帮助友军阻挡协约国部队的推进。"我们沿着前线后方行进。好像是敌军发动最大规模的进攻，我们被派来对付他们；其实我军才应该是进攻的那一方！做梦也想不到情况会变成现在这样。我们似乎来到了5月27日发动攻势的地点，或者是6月初的那片战场。不过有一说一，那天晚上的夜色很好，不见乌云，温暖宜人。"尽管道路拥堵，苏尔茨巴赫等人还是在按计划行进。卡车接连驶过，将在炮兵抵达之前把部队送入新的关键阵地。当前局势究竟如何？"我们大家情绪都十分紧张，既有兴奋又有期待，有点说不出话来。"

德皇回到营地之中，并告诉冯·穆勒海军上将，右翼部队已放弃作战计划。德皇把此次攻势的失败归咎于一名德军工兵部队的军官，此人游过马恩河，向敌人透露了德军的计划。穆勒审慎地指出，一名工兵军官不太可能真正了解作战计划。然而德皇却说："一定是有人泄露了趸船的秘密。"

威廉皇储仍在与自己的参谋长研究着战局。两人都"深感忧惧"，如果守不住苏瓦松两侧及兰斯的山丘地带，那么德军第 7 集团军就会面临灭顶之灾："身为指挥官，我们无疑遇上了此次战争中最艰难的局面。"

在阿韦讷，兴登堡站在苏瓦松西北高地的地图前，挥舞着左手。他用低沉而清晰的嗓音讲道："以上便是我军反攻的方案，我军必能一举化解危机！"

鲁登道夫闻言，猛地站起身来，脸上气得通红，一边向门口走着，一边说道："简直疯了！"兴登堡追上前去，说道："我想跟你谈谈。"于是两人便一同走进鲁登道夫的书房。那天深夜，兴登堡给妻子写信时提到，如果德国在战争中失败，那不是他的过错，而是因为德国缺乏精神力量。

五

协约国次日发动攻势时，德军已不再感到意外。夜间赶来的增援部队巩固防守，士兵躲在麦田与玉米地里抵抗协约国部队的攻击。7 月 19 日凌晨 4 点 30 分，美军第 1 师的战士们被叫醒，长官命令他们一小时内越过山顶。一等兵罗斯也是其中一员。在山顶，迎击他们的是德军密集的机枪火力。罗斯看着长官们一个个倒下，先是少校，然后是上士；很快，军官全部战死，由曼宁中士接替指挥。不料曼宁中士也被击中，倒在血泊中，喘着气喊道："跟着罗斯前进！"于是，一个连的残部被交给了一名一等兵指挥。说不出原因，罗斯当时并不感到害怕。在战斗的喧嚣声中，萦绕在他耳边的只有曼宁中士临死前的那句话："跟着罗斯前进。"罗斯打手势要众人跟上他，而当他抵达巴黎—苏瓦松公路时，只剩下一名士兵还跟在他身后。两人必须横穿公路，赶往另一边的战壕。那名士兵抓住罗斯的胳膊："天哪，兄弟，咱们穿不过去，路上就被打死了。"罗斯挣脱他的手，跑上公路，却在半途摔了一跤，跌了个狗啃泥；紧接着残暴的机枪火力便在他后背上方交织成一片，那一跤摔得实属天佑。除却摔掉一颗门牙，罗斯安然无恙，匍匐爬行进入目标战壕；正当此时，一排机枪子弹打在他身后的泥堆里。于是他又前进了500码，身边一个人也没有。机枪声骤然停止，罗斯却感到比枪响时更加痛苦，因为他在一片沉寂之中，听到身后战友撕心裂肺的哭喊声。望着太阳升起，罗斯感觉自己已是活在世上的最后一人。至于能否看到太阳落下，还是未知之数。

在罗斯的右边，哈伯德的师正在准备进攻。海军陆战队第6团并未投入前一日的战斗，此时将发起步兵冲锋。克利夫顿·凯茨中尉带领自己的排，沿着峡谷来到维尔齐。正当他督促士兵在城外就位时，敌军的大炮与机枪从山上开火。凯茨的后肩挨了一下，他以为是块石头，其实那是一颗滚烫的子弹。凯茨把子弹拔出来，对霍尔科姆少校说道："头号伤员就是我了，这是第一道伤。"霍尔科姆从凯茨手中接过子弹，发现仍然烫手，便把它随手扔掉了。

中弹的不止凯茨一人。约翰·奥弗顿(John Overton)中尉朝一位战友喊道，如果他战死，就请战友把他的骷髅十字骨胸针寄给母亲。众人翘首以盼的法军坦克终于开到了，于是部队以笨重的坦克为先锋，重新发动进攻。进攻的位置距敌军防线约1000码，敌军的炮火集中在他们前方几百码处。霍尔科姆少校率部向德军防线中兵力最多、火力最强的地段冲去，在帕拉迪塞中士看来，那段防线无异于一块巨大的黑色幕布。战士们接二连三地倒下。帕拉迪塞听到身后有人喊道："帕拉迪塞，救救我！"他转头一看，发现一人捂着腹部倒了下去。帕拉迪塞认出那是自己的朋友，于是掉头准备回去，却被霍尔科姆叫住："自有医生去照顾他！"

帕拉迪塞不清楚他们的新连长——劳埃德上尉会如何行动。士兵们不太信任劳埃德，因为他入伍之前做的是文职工作。而此时，劳埃德正站在外面，挥舞着指挥手杖督促部队前进。火力越发凶猛，战斗越发激烈。海军陆战队排成四列纵队，"笔直地"向前挺近，手中的刺刀在阳光下闪闪发亮。罗伯特·丹尼(Robert Denig)少校对那个场景毕生难忘。丹尼向一名军官喊道，他发现敌军的大炮开火的顺序是从右向左。突然，一只野兔蹿入他的视野。丹尼望着兔子，担心它会不会被炮火击中。"好一只兔子，竟让我在血雨腥风中浑然忘我。”丹尼向一名战友喊道，自己身上携有 100 美元，如果自己死在战场上，请他过来拿。战友回喊道，拿钱也得有命拿，自己要是能活到那时候，即使只有 5 分钱也愿意拿。”

部队分成八拨穿过开阔的麦田，大型坦克在前方开路，敌军的炮弹在四周炸开。凯茨中尉对一名中士喊道：“不妙，伍兹沃斯（Woods-worth）上尉和罗宾逊（Robinson）上尉站在一起。”话音刚落，一颗炮弹便落在两人身边，两名上尉都倒下了。凯茨之外还有两名中尉，也都负了伤。如此一来，连里唯一的军官只剩下凯茨中尉了。

一枚炮弹在凯茨右边炸开，弹片划破裤子，打在他的膝盖上。凯茨不顾伤痛，率众冲向德军战壕。敌人慌忙跃出，“像野鹿一样”朝后方飞奔逃命。海军陆战队紧跟其后，一边高呼，一边射击，像是追赶野鹿的牛仔。“场面实在好笑，我没法形容。”凯茨在给母亲与妹妹的家书中写道，“我们一路跑出去，把坦克远远甩在后面。”不过，战况混乱，凯茨无法重组部队。追杀了近一英里，部队便停了下来。凯茨尽可能把士兵聚集起来，约有 20 人。众人在一家废旧制糖厂附近的战壕里躲好，准备迎击敌人的反攻。

在同一次进攻中，二等兵卡尔·布兰宁（Carl Brannen）附近也有炮弹炸开，一名战友被炸死，而布兰宁本人只是被火药灼伤了皮肤。为了继续进攻，布兰宁抛下在地上呻吟打滚的战友，终于赶上了奥弗顿中尉。奥弗顿正在朝后方走，嘴里喊着什么。战场上声音太大，布兰宁听不见奥弗顿说了什么，不过从其表情来看，应该是在鼓舞部队前进。然而没多久，奥弗顿便战死了，一同战死的还有枪炮中士。布兰宁翻过倒刺铁丝网时，一枚炮弹在他左边炸开，所幸无恙。到此时，所有坦克不是严重损毁，便是无法行动；周围的人全都倒下了。最后，布兰宁在一条洼陷的旧公路边找到藏身之所。子弹不断地从头顶呼啸而过。他所在的团没撑过一小时，便几乎遭到全歼。布兰宁一路穿过的田野中，遍地是尸体与奄奄一息之人，人们呼喊着要水喝，请求救助。随着 7 月的炎炎烈日越发酷热，那求救声也渐趋微弱。布兰宁孤身一人，他躲藏的位置很接近敌人的防线。德军飞机低空飞行时，布兰宁便一动不动，倒地装死。烈日之下，他感到干渴难耐。

就在不远处，低空扫射的敌机让布兰宁的朋友凯茨中尉大动肝火。有一家敌机飞得异常低，凯茨甚至能看见飞机上机枪手的眼睛。他用手枪开了三枪，将机身打掉了一点碎片："要是能用手枪把那伙计打下来，让我出100万美元我也肯出。"

幸存的海军陆战队队员在掘壕固守，期盼着天黑下来，减少被攻击的危险。丹尼少校冒着枪林弹雨，用一把捡到的铁锹，在甜菜地里拼命挖着堑壕。霍尔科姆问丹尼借用铁锹，丹尼此时已挖得够深，便答应了。挖壕的位置酷热如火炉，没有饮用水，且在德军的射程之内。整个炎热的下午，海军陆战队队员都躺在堑壕里。丹尼给手表上上发条，抽支烟，画个画，还把几个儿子的名字写在堑壕的泥墙上。炮弹落在附近时，他感觉好像要被震起来一般。丹尼仰面躺着，望着天上的云彩，把它们想象作各种图形。最后，接近黄昏时，丹尼看到劳埃德上尉朝他们走来，拄着一根手杖，活像一个牧羊人。劳埃德报告说，他在一家制糖厂附近占领了几座战壕，如果人多一些，守住那里不成问题；可惜自己只有六个人，上面也不派给他新的战力，于是只能无奈归来："各种东西在劳埃德身边被炸裂，他的命真是硬极了。"

寻水小队回来时，带来一个消息：外边遍地是海军陆战队队员的尸体。于是丹尼摸黑去看看情况。在附近的一条浅战壕里，丹尼发现三个人被炸成了几段，另一个人被炸掉了双腿，还有一个没了脑袋。在那条战壕的尽头，一个发疯的人望着丹尼，一边尖声怪笑，一边指着尸体，不断嘟囔着："死人。"

——

德军中尉苏尔茨巴赫所属的炮兵部队终于抵达苏瓦松附近。众人找到床垫，便在烈日之下一觉睡到晚上。"那些狗杂种正准备对此处、对苏瓦松附近发动大规模进攻！"苏尔茨巴赫在日记中写道，"不得不承认，敌人进军神速，我军遭到压制；恐怕情况真的很棘手了。或许敌人已狗急跳墙，如此凶猛的进攻只是拼死一搏；若是那样就好了。"宾丁中尉在日记中写道："从7月16日的经历来看，我军已经无望了。各种想法在脑海中压迫着我。我们如何才能恢复过来？一旦战争结束，人们便会发现，文明其实一无是处，人类本身或许更加虚无。我们必须跳出自我，从蒙昧、谬误、愚蠢、肤浅、低级趣味与平庸之中解放出来。"

军需总监鲁登道夫脾气很急躁。冯·洛斯伯格将军来开会时，发现鲁登道夫“的确情绪激动，处于紧张状态。他毫无根据地指责作战部部长及其他同事，暗示他们对战斗力量的评估‘有误’；我看在眼里，很不是滋味。那真是揪心的一幕。作战部部长韦策尔一言不发，表现得像个老实的士兵。不过任谁都能看出，韦策尔认为那些指责很难接受。韦策尔克制住内心的情绪，没有奋起反抗，只是眼眶湿润了而已”。

——

丹尼少校回来，把情况汇报给霍尔科姆。两人心里都打起了鼓，不知会不会有人来换防。晚上 9 点，好消息传来：阿尔及利亚人将于午夜抵达，接管该地段。丹尼与霍尔科姆摸着黑把伤员集中起来。一名失去双眼的海军陆战队队员请丹尼握住他的手，一名后背被炸开的伤员则希望丹尼摸摸他的头。还有一名年轻人，用双手与膝盖挣扎着想要爬起，只说了一句“母亲，看，是满月”，便颓然倒地，就此长眠。

在月光下，两人把死去的战友埋葬好，尽管子弹呼啸而过，却好在没有炮击。丹尼祈祷无炮击的状态能够持续到伤员撤离完毕：“死者与伤员浑身都是凝结的血块，他们在烈日下躺了一整天，身上散发出的味道让我反胃。从这里就能看出，所谓战争是何等的肮脏。”

由于懂一点法语，大卫·贝拉米(David Bellamy)上尉被派往后方，为前来与霍尔科姆少校等人换防的法军部队做向导。贝拉米心想，如果对方知道要换防的是前线部队，恐怕会打退堂鼓，于是便骗他们说是与后备部队换防：“他们一到，顿时面露难色，其中一个连甚至拒绝换防。”所幸到了午夜，事情都解决了。霍尔科姆与丹尼把前线范围、德军位置指给换防部队的军官们看，祝愿他们好运之后，便退出了战场。那个夜晚比往日来得安静，丹尼等人能够听到德军的军令声、皮鞭声，以及次日将要投入战斗的大炮驶入阵地的车轮声。

借着德军的信号弹与房屋燃烧的火光，海军陆战队队员拖着沉重的脚步撤出战场，沿着一条溪谷来到已沦为废墟的维尔齐。二等兵布兰宁与另外两个人用毯子抬着一名战友，有好几次三人没有抬稳，伤员便摔在地上，痛苦呻吟。一行人找到一口井，布兰宁歇了 20 分钟，喝了将近一加仑的水。

帕拉迪塞与另外七名士兵抬着一名新负伤的海军陆战队队员，此人断了一条腿，帕拉迪塞拿一条皮带（他自己的）绑在他的膝盖上，用另一条皮带（死去的战友的）绑在他的脚踝上。部队没有担架，只能由两名士兵抬着一支步枪，伤员坐在枪上，另两人扶着不让他摔下来。如此运送很是吃力，每走一百码，就需要与另外四名战友换班。直到天亮，八人才到达救助站，放下了身上的重担。当时，还有敌军的炮弹零零星星地落下，因此八人尽可能快地向后方赶去。霍尔科姆少校坐在一个树桩上，帕拉迪塞上前问他是否需要帮助。"不用，谢谢。你快点离开吧。"帕拉迪塞如果仔细观察，会发现少校已是疲倦不堪，无精打采。

整整一营的残余部队终于回到出发的位置——雷茨森林。出发时的726名战士，如今只剩下146人。"就好像人间蒸发一般。"丹尼回忆道。哈伯德的第2师情况也差不多，在48小时的战斗中，第2师的伤亡人数高达4925人。

"如果你要想象战斗的画面，"丹尼在给妻子的信中写道，"先去设想尘土、噪音、烟雾，然后是饥饿、肮脏、疲惫、满身血浆的士兵，在其中摸爬滚打。什么光亮的军刀、奔腾的战马、飘扬的军旗，都是假象。到了夜里，树林里烟雾弥漫，树木横七竖八倒在地上，闪光刺得睁不开眼，你连身边的人都看不见——那就是战争。……我们押着战俘和大炮向前推进10公里，纽约就鸣钟庆祝胜利；不用想，肯定还有一批衣着光鲜的姑娘、身穿白衬衣的小伙，在龙虾宫（lobster palace）①为祝我们的健康举杯畅饮。"

第1师仍在前线。当日上午9点，第1师的部队沿着一条峡谷的边缘前进，进入一块麦田。在麦田里刚走出一英里，敌军的炮火便劈头盖脸地打来。罗斯与一名战友在一个路堤后面找到掩蔽所，两人抬起头，想看看敌军的骚扰火炮究竟在什么位置；突然，一枚大型炮弹沿着路堤，朝二人滚来，足足滑了75码才停下来。两人目瞪口呆地看着，还好那是一枚哑弹！罗斯呆

① 龙虾宫，19世纪末至20世纪初期，于纽约百老汇剧院附近兴起的一种新式餐厅，价格高昂，深受当时社会名流的欢迎。

望着他的战友，眼睛瞪得像碟子一般大，脸色煞白如床单。“我们迈开颤颤发抖的双腿，离开那个位置，与部队的其他人合流，继续向贝济-勒-塞克(Berzy-le-Sec)前进。”该村落原本落在德军手里，协约国部队不到一个小时便打了下来。如今德军正在仓皇撤退，罗斯能够看见苏瓦松升起浓烟与火光，那一定是德国佬在焚烧物资。

野战炮跟在美军步兵后面向前推进。“鬼子撤退的时候，”来自威斯康星州沃瓦托萨(Wauwatosa)的艾尔登·坎莱特(Eldon Canright)在家书中写道，“扔掉了一些装备。树林里遍地是各色德军弹药、手榴弹、步枪、刺刀、钢盔、餐具、水壶，甚至还有衣物！都说美军是‘纪念品猎手’，这下可以想拿多少拿多少了。鬼子肯定是把打下的城镇都洗劫一空了，因为树林里什么都有，有婴儿车、缝纫机、各色民间便服、碟子等等，甚至还有桌椅。”

——

法、美军队联合反攻的消息传来，德国国内深感震惊。身居柏林的英裔女子布吕歇尔亲王夫人在日记中写道：“柏林的人们看起来很沉重，因为他们终于体会到美国意味着什么。人们现在明白了：法国每个月都会得到30万装备精良的生力军，德国却无法拿出新的后备部队。”短短四天之内，福煦将军便彻底扭转了西线的战局。德军对巴黎的打击以失败告终。“看着厄运一步步降临在德国头上，实在是一场悲剧。我曾目睹德国人民苦苦挣扎，做出前所未有的巨大牺牲，默默忍受着痛苦；因此我打心底怜悯他们。德国的官僚确实面目可憎，也正因如此，各国都反感普鲁士人；不过，德国人所展现出的勇气，必会赢得全世界的钦佩。就连敌人也说，德军士兵着实可怜，自己食不果腹、衣不蔽体，却要与装备精良、精神饱满的美军奋勇作战。”

认识到德国已身处绝境的不止亲王夫人一人。7月初，帝国首相格奥尔格·冯·赫特林(Georg von Hertling)还相信，迟至9月敌人便会屈膝求和；而到7月18日，“连最乐观的德国人也清楚地认识到，一切全完了。短短三天，世界历史便被定格了”。德皇情绪也很消沉，皇后患了中风。

7月20日，鲁登道夫无奈之下，给鲁普雷希特王储拍电报称：鉴于威廉皇储的集团军群情势危急，“在可预见的范围内，将会进一步需要大量部队；此外，鉴于英军可能发动攻势，因此‘哈根行动’恐将终止”。放弃心心念念的“哈根行动”，意味着鲁登道夫已经放弃打赢战争的念头；他现在所能做的，只是避免战败而已。

接下来的48个小时，德军大力巩固防守。兴登堡认为防线已稳，建议对苏瓦松以西的芒让军左翼发动反攻。然而鲁登道夫更加倾向于威廉皇储的意见，皇储认为部队疲劳过度，应立即撤至埃纳河与韦勒河一带。因此，7月22日下午，鲁登道夫向默茨·冯·奎恩海姆上校透露了从马恩河撤军的想法。鲁登道夫先是概述此举军事上的必要性，然后说道：“迷信那一套，我既不完全相信，也非全然不信。你可能也知道，7月15日不是太好。”说着，鲁登道夫拉开书桌右手边的抽屉，拿出那本翻破了的祈祷书，念了念7月15日的祈祷文。“在把7月15日与此前其他进攻日期的祈祷文进行对比后，”奎恩海姆上校写道，“阁下指出7月15日是个不吉利的日子。接着，阁下又把3月21日、4月9日、5月27日和6月9日的祈祷文念给我听。之后我们谈了很久，很严肃。我着实深受感动。”

鲁登道夫最后告别时，说道：“但愿上帝不会抛弃我们。”

当日下午，德皇来到阿韦讷，并得知“严酷的事实，绝非公报所讲的那般乐观”。兴登堡承认战事已完全失败，并将责任归于有人泄露进攻计划。皇帝深感茫然，问兴登堡自己该怎么做；兴登堡元帅建议他返回斯帕。晚餐后，德皇向冯·穆勒海军上将及另外三名亲信承认，自己“作为战争领袖已遭遇失败，并请众人多加体谅”。德皇辗转难眠，在火车上用午餐时，他告诉米勒，自己“产生幻觉，看到英、俄两国的亲戚以及自己的满朝文武从他身边走过时，都在嘲弄他；只有小个子的挪威王后①对他很友好”。

两天后，默茨·冯·奎恩海姆的日记显示，鲁登道夫“精神紧张，心乱如麻”，工作也受到极大影响。“阁下过度操劳，管得太细了。局势的确很严峻。”7月25日，奎恩海姆记录道：巴尔干集团军群参谋长肯特·什未林(Count Schwerin)对军需总监的紧张表现感到忧心，“在旁人看来，阁下像是彻底丧失了信心，因此各集团军司令都十分苦恼。有关当天议程的电话

---

① 莫德王后(1869—1938)，挪威国王哈康七世之妻，英王乔治五世之妹。德皇威廉二世、俄国皇后亚历山德拉、英王乔治五世、挪威王后莫德，皆是维多利亚女王的孙子(女)或外孙(女)，故德皇称之为“英、俄两国的亲戚”。

会议足足持续了一个半小时”。此外还有人注意到，鲁登道夫心理压力大到吃不下饭。次日，鲁登道夫又与兴登堡就军令问题发生口角，参谋人员都很为难。

此时，德军最高司令部的工作重心已变为转移部队，将受困于香槟的部队撤至新的防线上。7 月 26 日天还没亮，汉斯·泽伯林（Hans Zöberlein）的小队便开始撤退。“我们离开那片残破的林中空地，爬过灌木丛中的无数弹坑。遍地都是小小的沙堆，上面插着一支步枪，枪托上有一顶钢盔；马恩河战役中的不归之人正埋葬在那里。……队伍沿着道路返回罗米尼（Romigny），大炮吱嘎作响；骑兵不堪暴雨，将身体紧贴住马鞍；炮手们则牢牢把住大炮的前车。在车马之间，零散的步兵部队没精打采地走着。他们是各连的残部，枪支挂在脖子上，头顶披着防雨布，防雨布下面是鼓起的背包，看上去像是一群驼背之人，颇有喜剧效果。马车停在原地，等待运走物资。……灰蒙蒙的清晨，步兵排成的长龙慢悠悠地离开树林。……身后响起雷鸣般的巨响，那是工兵部队在爆破建筑物。工兵部队很快便从斜坡上赶下来，身后跟着断后的步兵部队。……留在那里的，只有已逝之人了。”泽柏林等人的痛苦、恐惧与极度疲劳，只有同样经历过此类撤退的士兵能够体会——比如高夫的第 5 集团军。

理查德·阿恩特（Richard Arndt）所属的团也在 7 月 26 日开始后撤。阿恩特的连被打得很惨，只剩下八名战士、五挺轻机枪；上面却命令该连断后。阿恩特只有 18 岁，不过他从 14 岁便从军入伍，因此已是久经沙场了。他把机枪架好，耐心等待着。右边再没有其他友军，阿恩特孤身一人，但他决定坚持下去，能撑多久就撑多久。

格奥尔格·布赫也是一名 14 岁参军的老兵，撤离马恩河地区、前往北方安全地带的队伍中便有布赫的身影。“我们通宵达旦持续行军，穿过千人万人的大部队。我们带回去的是自己的装备、步枪、回忆，以及疲惫的灵魂。”部队长途跋涉，经过丘陵地带，来到贵妇小径山脊，“我们心里都很明白，只是嘴上没说而已：不久之后，全军都会撤退。我们很清楚，德军的战斗力已不如往日；而且我们认为，该为此负责的不是军人，而是国家”。

第二天，上面便传下全面撤退的命令，要求部队分作两个阶段撤至埃纳河与韦勒河后方。年轻的阿恩特与战友们还在等待法军的进攻，然而法军攻来时，已是27日中午了。阿恩特等人耐住性子，直到身穿蓝色制服的敌人穿过一片田野，来到50米外的位置时，才用机枪开火。法军死伤惨重，残余部队逃回一片树林中去。然而两小时之后，残余部队又与美军联手，再次进攻。此次进攻较为顺利，混战之中，阿恩特仅存的一挺机枪卡了壳。机枪手骂骂咧咧地拉扯着子弹带，却怎么也扯不断。美军听到枪声停了，便一跃而上发起冲锋。阿恩特听到身后通往森林的道路上传出交谈声与脚步声，转头一看，发现一大群法军向他冲来。阿恩特忙用匕首割断子弹带，机枪终于能用了。机枪手扛起机枪，却因为太烫手，枪掉在了地上。于是他便用手帕包住枪管，扛起机枪与阿恩特一起向森林逃去。两人最终与连里的其他战友汇合。由于阿恩特等人艰苦的断后行动，德军那条薄弱的防线一直坚持到7月29日夜里。之后没过多久，撤退命令便传达下来。阿恩特把他剩下的少数几件宝贝包裹起来。午夜时分，阿恩特朝空中发射了三枚白色信号弹，来庆祝他在战斗中度过的第四个生日。阿恩特19岁了。

同一个午夜，苏尔茨巴赫中尉奉命去向团长汇报情况。“在团指挥部，我们这些副官听到一个天大的坏消息：我军正在放弃这个地段的防线，情况会和当初齐格弗里德防线一样。是南边的马恩河，没错，又是马恩河让我们吃了苦头！因为马恩河，我们先丢了蒂耶里堡，然后是费尔-昂-塔德努瓦，现在连此地也守不住了。我们打下那些地盘，又顽强地守住它们，为此付出了多少昂贵的代价。如今看到我军被迫放弃它们，我们都心如刀绞。天哪，我们设想中的7月不是这样。不过必须振作起来，好运不可能总是偏袒一方。就连陆军最高司令部做出的撤退决策，也堪称了不起，甚至可以说伟大；因为此举证明我军拥有应对任何情况的力量与本领。”就这样，残酷的撤退继续进行着，但那并不是溃败，而是成功摆脱了谨慎的敌人。德军并未被击败，他们还在筹划着下一场战斗。

到此时，威廉皇储已不再希望赢得战争。他给自己的父皇写了一份连篇累牍的备忘录，提议再次尝试借助中立渠道，通过谈判实现和平。为达成这一目的，必须就德国的战争目的起草一份明确的声明。“毋庸讳言，我们希望保住阿尔萨斯－洛林，”皇储在备忘录中写道，“也想要回殖民地。或许我们还可以要求割让布里埃盆地(Briey Basin)。而另一方面,我们应该同意放弃一项战争赔偿,并恢复比利时的独立地位。"继续占有比利时,只会让德国境内的不稳定因素,即外国少数族裔越来越多罢了;况且英国也决不会允许德国霸占佛兰德斯海岸。而对德国来说,那段海岸上的港口不适合建设海军基地,故而没有太大价值。"此外,"皇储总结道,"如果保留佛兰德斯海岸,我国就必须在当地维持一支舰队,规模至少要与英国舰队相当;显然,那并不现实。因此,更好的办法是:同意比利时继续作为独立国家的地位,既不支付也不接受赔偿,或许也可以要求比利时不保留军队,还要承认德国在经济方面享有与协约国平等的地位。"

然而,德皇还不想放弃比利时,因为他明白军方决不肯做出此等让步。在 7 月的最后一天,德皇向臣民发出新的呼吁。听德皇的意思,好像他希望秉持公正的原则结束战争,且为此付出了巨大的努力。"为了在兵燹之中重换和平,我们已尽了一切努力!"德皇说道,"然而在敌方阵营中,始终听不到此类仁慈的声音。我们一提到和解,便遭到敌人的嘲讽与仇视。敌人依然不希望和平,他们无耻地抛出新的诽谤之辞,来玷污德意志的美名。"

奥地利在皮亚韦河失利后,意大利的局势已明显好转。不过,意大利最高司令部不太愿意发动反攻。而在巴勒斯坦,艾伦比将军正在策划一场大型战役。土耳其人对此一无所知,仍在高加索地区纵兵掳掠。

第十一章　黑暗的日子

8月1日至27日

一

8月1日，香槟地区的德军经过有序的撤退，已到达新的阵地。鲁登道夫也重拾了信心。次日，鲁登道夫向西线四个集团军群司令发布一项鼓舞人心的战略指示："形势要求我们，一方面要采取守势，另一方面仍要尽快恢复进攻。……在我们的进攻当中，……重要的不是打下更多地盘，而是给敌人造成损失，夺取更有利的阵地。"鲁登道夫还说，德军必须坚持奇兵突袭的战术，并在回顾7月15日大败时表示保密工作至关重要。德军最高司令部的阴霾之气一扫而空。老迈的鲁登道夫正是这样的人物。而在斯帕，德皇更是信心百倍，甚至将"我军在马恩河的失利描述成敌军前所未有的惨败，什么美军尸体堆成小丘云云"——听了这话，冯・穆勒海军上将及德皇的其他亲信"一晚上郁郁寡欢"。

然而，在前线，一些善于思索的军官认为，战争已尘埃落定，德军的成功撤退于事无补。"我认为局势很不乐观。"宾丁中尉在8月4日的日记中写道，"但众人对我的担心充耳不闻。军官们意识不到当前的实际情况。比如有这样一些迹象：人人心怀厌战情绪，有人告诉我，军中流传着这样的话：'什么阿尔萨斯—洛林，他们要就给他们呗。'（说这话的并非无能懦夫，而是最勇敢善战的士兵们。）士气已低落至此，无法再振奋起来。……此时重启阵地战实属愚不可及。军令不可违，所以我们才不得不打。从军事角度看，继续作战或许有一定意义，打到最后，或许可以带来某种形式的和平；而从个人角度看，那毫无道理。我感觉，自己已经没有理由继续作战了。”

鲁登道夫清楚人们的失败主义情绪，也深知众人的担心：如果敌人再发动一次进攻，就会彻底击垮德军。“只要全军上下各尽其责，保持警戒，”鲁登道夫表示，“所谓担心便只是杞人忧天而已。”敌人在 7 月 18 日之所以得逞，完全是因为出其不意：“如今，各地的阵地均已加固，步兵、炮兵已进行全面而合理的编制。今后，我们可以满怀信心地等待着敌军进攻。正如我之前所说，我们只怕敌人不来，因为敌军的攻势只会加速自身的瓦解。”

一场失败的攻势，对军队是何等毁灭性的打击，鲁登道夫再清楚不过；而鲁登道夫当初的攻势，有多么接近成功，黑格心里最明白。在协约国军事首脑之中，只有黑格元帅相信，胜利可以在 1918 年内到来；当然，获胜的前提是一系列的进攻。早在 7 月初，黑格就下定决心，要尽快发动一次大规模攻势。福煦同样主张进攻，但他认为 1919 年之前还赢不了。7 月 12 日那天，福煦曾建议英军从拉巴斯运河附近发动进攻；黑格一周后给他答复称，与其在平坦潮湿的地带推进，不如去攻击那些威胁着亚眠的敌军，毕竟亚眠是铁路的中心枢纽。黑格认为保护亚眠至关重要，并建议法军与英军联合起来，尽快行动。7 月 24 日，福煦与黑格在位于巴黎东南 30 英里的邦博会晤，福煦的总部正设在此地。双方一致同意，将于 8 月 10 日执行“亚眠行动”；而后，两人又与潘兴、贝当一起举行正式会议。会议首先宣读了福煦起草的一项备忘录，其中指出，必须充分利用德军在苏瓦松的失败。“此前，由于兵力上的劣势地位，我军被迫采取守势为主的战略。如今正是反守为攻之时。”福煦提议发动一系列攻势，其中第一仗就在亚眠前方。黑格自然拍手称快。潘兴同样支持，不过他不会参加“亚眠行动”，因为美军有一项计划，准备对凡尔登以南的硬骨头——圣米耶勒(St. Mihiel)突出部发动大规模进攻，潘兴已参与到该计划之中，无暇抽身。贝当也表示同意，但他要求一点时间，去仔细考虑进攻的可行性。

四天之后，福煦决定法军第 1 集团军参与第一阶段的进攻，并将其交付于黑格，以确保统一指挥。福煦迫切希望抓住德军马恩河撤退之后脚跟不稳的机会，因此将进攻时间提前48小时，变为8月8日。一切准备工作都在秘密进行，连劳合·乔治都无从得知。当时，劳合·乔治对威尔逊将军越发感到失望，因为威尔逊与黑格处得不错，甚至向自己发出一份备忘录，强烈要求将力量集中在西线。无须多说，劳合·乔治自然是火冒三丈。他对汉基说，自己对"备忘录中一根筋的'西线'态度失望透顶，并形容威尔逊是'伍利再临'（Wully redivivus）①"，意即威尔逊变成了另一个罗伯逊。在8月1日举行的一次会议上，大英帝国多数自治领的总理都同意劳合·乔治的意见。"实际上所有国家的首相或总理，即劳合·乔治、博登②、休斯（他稍微强一些）③、史末资、梅西（Massey）④，以及米尔纳，"威尔逊在日记中写道，"都认为我们在西线无法战胜德国佬。所以他们小心翼翼，生怕丢了名誉。休斯看得稍微清楚一些，他认为只有打败德国佬，才能得到真正的和平。不过，会上还是一团和气，没有什么争论。"

海峡对岸，保密已成为军中的口号。负责率领英军进攻部队的第4集团军司令亨利·罗林森将军下令印制一批小通知单，上面印着"闭口勿言"，并命令全体官兵将它贴在军饷簿上。自当日起，一切非常规行动都只在夜间进行；砖石道路撒上沙子，以消减声响；所有命令中都不再使用"攻势"一词，而以"突袭"代替。

8月3日，黑格与福煦在博韦附近的一座小村落进行会晤。两人先是讨论了最新的战局变化，而后福煦表示，他认为德国内部也非磐石一块。黑格回到司令部后，发现威尔逊将军发来的一份加密电报，外封写着"亲启"二字。在电报里，威尔逊建议两人以后通过电报交换意见时，都加上类似"亲启"的字样，以防陆军部的其他人读到。黑格此时还不知道劳合·乔治对威尔逊大失所望，因此在他看来，威尔逊的"提议实属异常"。一个是帝国总参谋长，一个是战地司令官，两人怎能用私人电报交换军事意见呢？

---

① 黑格的参谋长威廉·罗伯逊的绰号为"伍利"（Wully），该名是"威廉"（William）在低地苏格兰语中的昵称。

② 罗伯特·博登（1854—1937），加拿大第9任总理。

③ 比利·休斯（1862—1952），澳大利亚第7任总理。

④ 威廉·弗格森·梅西（1856—1925），新西兰第19任总理。

8月5日，英王乔治乘驱逐舰渡过英吉利海峡，对法国及比利时进行一场艰苦的视察。次日，行动的具体时日终于确定：8月8日凌晨4点20分，比日出早一个多小时。如此一来，各步兵营便可以趁天色未明突破敌军第一道防线，罗林森的534辆坦克也能够顺利逼近。

法军第1集团军司令德比尼（Debeney）将军秘密命令其麾下的第31军，要在英军开始行动后40分钟才发动进攻，且只前进两公里，以保护右翼。德比尼的命令违反福煦的方针，将第1集团军的作用限制为侧翼卫队，而将进攻的重担压在英军的肩上。

8月7日拂晓，主要攻击部队皆已集结就位，距离德军只有两三英里远；坦克则隐藏在距离防线数英里的树林中，或是遭到毁坏的农庄里。此地正是3月时高夫集团军惨遭重创之地，鲁登道夫还不知道，一场步兵和坦克协同的大规模攻势即将降临到他的第2及第18集团军头上。尽管表现得信心十足，军需总监鲁登道夫依然对军中日益增长的失败主义情绪深感不安。在当天向参谋人员下达的一道密令中，鲁登道夫内心的恐慌暴露无遗：

> 无论是对是错，人们总怀有一种看法：OHL（Oberste Heeres Leitung——陆军最高司令部）的每个成员都见多识广，所说的每一个字都具有相应的价值。因此，即便身在OHL之外，每个成员也必须时刻牢记自己的职责。……OHL与消沉绝缘。无论在前线还是国内，我等都曾硕果累累，在那些成就的鼓舞下，OHL坚毅地准备迎接今后的挑战。OHL的任何成员，在思考与行动时都必须采取此种坚毅的态度。

黑格与英王共进午餐时，发现国王心情不错。“陛下的情绪与3月份的那次视察大不一样。”国王带来劳合·乔治的一封信。据国王转述，劳合·乔治总是说“黑格实在可怜”“他要把守的防线太长了”。看来，首相如今已决心支持黑格顶住法方的压力，并希望他“坚持意见，争取在秋天之前缩短我军的防线，让官兵有机会休假，部队也可以得到休整与训练”。黑格或许心花怒放，但他没有喜形于色，只是说在冬季到来之前，英军防线将会向前推进。然后，黑格用地图详细解释了次日清晨将要采取的行动。

黑格选来挑大梁的是加拿大与澳大利亚的部队，因为相对于英军其他部队来讲，他们的部队尚属完好；此外，他们原本就是英军的精锐。总体来讲，加、澳部队或许拥有最理想的军官及士官，因为他们被提拔起来，凭借的是“自己的实际经验与领导能力，而非理论知识与文化水平”。下午晚些时候，黑格前往罗林森处了解情况。一切都很顺利，敌人对即将到来的打击显然还一无所知。

罗林森身材高瘦，形貌酷似威尔逊将军；两人还有一个共同点，那就是才华横溢、风趣机智。罗林森是在维多利亚时代传统中成长的贵族，同时也是一位博学的东方学专家。因此，一些同事称他“聪明过头”，另一些刻薄之人则给他起了个“无赖汉”的绰号。部分独具慧眼的军人认为，罗林森作为一名指挥官不仅才干过人，而且富有卓识远见。此人善玩马球，偏爱骑兵部队；协约国高级将领中认识到坦克潜力者寥寥可数，罗林森便是其中之一。次日将要发动的袭击，依赖的正是那些隆隆作响的新式庞然大物。

黑格接着来到加拿大军，军长亚瑟·柯里(Arthur Currie)爵士报告称，部队匆匆忙忙，总算准备完毕，一切都已各就各位，只有两门远程火炮还没设置好；天黑之后，部队就会把它们安置在炮位上。澳大利亚人同样做好了战斗准备。莫纳什将军的部下尚未收到任何命令，但人人都知道，一场猛攻即将到来。所有通往前线的道路都挤满了军队、坦克与大炮。当天下午，澳大利亚部队的士兵们正潜伏在村庄及其他掩蔽物中，传令兵大声宣读了莫纳什下达的特殊命令：第二天，将会打响一场自该军建军以来最大规模、最为重要的战斗，澳军全体五个师都将参与其中。莫纳什说，此战“将是整个战争中最难忘的战斗之一，我军的打击将使敌军动摇，从而将战争进一步推进至尾声”。次日的战斗需要部队拿出坚忍不拔的持久力，“不过我坚信，无论精神多么紧张，无论身心多么劳累，大家都会为澳大利亚、为大英帝国、为我等的事业竭尽所能，直至目标实现”。澳军素以军纪不严闻名，士兵们对此番呼吁大加嘲讽也不奇怪。然而，他们渴望作战，并且爱戴莫纳什，因此在战斗中，澳军总是很可靠。在3月攻势中，澳军在涅普(Nieppe)森林顽强固守，为阻止德军前进提供助力；而在那之后，他们在索姆河地区展开多次袭击，给德军造成极大的麻烦。

夜幕降临后不久，部队便往前方开拔，飞机在队伍头顶盘旋，以掩盖车马人员行进的嘈杂声。英军此前从未在攻势中动用如此之多的人力、物力。在攻击部队之外，各后备师也将紧跟其后。马匹与坦克同时登场。集结在亚眠正西的骑兵部队穿过一座城市的街道，当地居民已撤走，城市一片荒芜。在一个加拿大观察家看来，当时的情景很有感染力："英军骑兵纵队简直像是在接受检阅一般，一对儿一对儿并排前进。如果我们面前走过一辆马车，那么它旁边必有另一辆马车，两者几乎是接毂而行。两辆马车、两辆货车，二十对货车、二十对大炮，两队骑兵……蜿蜒的街道由苍白而整洁的鹅卵石铺就，车马人员走在上面，在夜幕之中行进。"

两个坦克营的惠比特坦克经过，并加入其中。那是一种时速 30 英里的轻型坦克。骑兵部队按照严格的队形向前行进，走到拥挤的前线附近时，便转而走上一条特殊的道路。那是骑兵部队下属的工兵部队及一个美军工兵营匆忙修建而成的专用道。如此一来，骑兵部队前进时不会再干扰到步兵，也不会遮挡住炮兵了。

部队用胶带引导先头步兵部队在黎明之前发动进攻，在步兵部队后又用胶带引导坦克前进。坦克手 A. W. 培根（A. W. Bacon）所属的连集结在黑夜之中，围成一个中空的正方形。连长站在正方形的中心说，黎明之前将发动进攻，一切希望皆悬于此，为结束这场可怕的战争，众人必须做出最大的牺牲。"听着连长那番鼓舞士气的演说，我们心里真是五味杂陈！类似的话之前也讲过不少，结果呢？无数士兵——其中也包括我们身边的伙伴——死于枪炮之下，为的只是几百码没什么用的土地，而且没过多久还被敌人夺走了。看着这一幕幕，实在是一种折磨。"培根说得没错，大家早受够了。不过，如今美国大兵涌入法国战场，或许今晚的演说会带来与以往不同的结果。

众人给坦克添满油，然后吃了一顿热饭，有面包，也有汤；此外还得到了分发的香烟。一连士兵被分成数组，听取次日战斗的详细安排。此次投入战斗的坦克数量超过以往。培根所属的连被安排走在加拿大部队前面，澳、新部队在左，法军在右。然后，众人奉命休息到午夜。

D. E. 希基(D. E. Hickey)上尉的坦克部队已开往前线地带。到达目的地后，战士们分享着掺了朗姆酒的茶，口味很奇特。坦克手在夜幕中静静地等待着，机枪组则离开战壕的掩护，悄悄向前移动。

那天晚上，画家中士保罗·梅兹在亚眠郊外的宿营地，与第 17 枪骑兵团共进晚餐。高夫将军把梅兹中士留给继任者罗林森，所做的工作也与之前无异；不同之处在于，罗林森性格顽固、死板，不近人情。席间，梅兹发现骑兵们很是兴奋。他们终于有机会跃马扬鞭了！晚上 10 点，勤务兵清理了桌子，欢乐的宴会也就此散去。外面漆黑一片，煤灰弥漫在道路上，步兵与骑兵便从那煤灰中通过。梅兹骑上摩托车，准备去见第 4 集团军的一名参谋。他驾车赶过摸黑前进的步兵及坦克队伍，最终来到让泰勒(Gentelles)高地。高地也贴着胶带，插着木桩，立着标示牌为部队指明方向。"整个高地地区像是一座赛马场。飞机在头顶嗡嗡盘旋，以掩盖坦克逼近的噪声。黑暗之中，每个若隐若现的物体背后都有东西在隐蔽着——比如树林里，隐蔽着数百门大炮，静静地等待着开火的信号。"

距离前线 1000 码的一处山坡上有一个掩体洞，梅兹在洞里找到了那名参谋。洞里是逼仄的四面土墙，顶上盖着一层防水布，两人蹲在里面，拉了一条直通罗林森将军的电话线，准备向将军报告进攻的实时战况。两人都越来越紧张，不过谁都不肯承认。不时传来坦克引擎的嗡嗡声，或是一声炮响，打破一片死寂。"我站起身来，望着朦胧的夜空与湿凉的大地。部队在薄雾之中沿着山坡向下行进，朝集合地带走去；我产生一种感觉，好像那队伍是绵延的暗影，暗得比夜色更深。我能看到的只有他们的脚，在黑夜中摸索着前进。集结在高地上的部队越来越多。不可思议的是，迄今为止敌人一枪都没放。敌人会察觉到吗？"蜂鸣器里传来小猫似的吱吱声，那是罗林森的声音。将军问外面情况怎么样，两人回答：毫无动静。

整个前线的将士们都在祈祷，希望袭击不要被敌军发现。最高司令官道格拉斯·黑格很高兴，因为步兵、大炮、坦克均已各就各位。"昨晚是最紧要的关头，"黑格在日记中写道，"如果昨晚德军轰炸加拿大军的位置，我军无法还击；而今晚，情况就大不一样了。我军已万事俱备。"在给妻子的信中，黑格还提到前一天早上，有一个军遭到袭击："起初我认为计划可能会泡汤,敌军可能抓到俘虏,从他们口中获知进攻计划。不过迄今为止,敌人似乎还对我军的意图一无所知。”

上至黑格元帅,下至普通士兵,人人都在焦急地等待着。天纵英才的作家 C. E. 蒙塔古(C. E. Montague)①躺在草地上,闪烁的星空恰似一幅壁画:“半睡半醒之间,我在想,这场战斗会与其他战斗不一样吗?……还是像洛斯(Loos)、索姆河、阿拉斯、佛兰德斯、康布雷那几次一样?”一只小鸟的尖叫声吵醒了蒙塔古,他发现草地上飘荡着约一英尺厚的白雾。“妙!让雾越积越厚,天亮时可以给我军提供掩蔽。”空中传来猫头鹰的叫声,接着一架敌机低空掠过,“东边距离前线 50 英里处,几门大炮传来低沉而缓慢的隆隆声;而当炮声停止时,听着便像是熟睡之人的鼾声。战争在小憩一会儿”。此时午夜已过去许久,敌人依然对将要到来的攻击一无所知。

二

8 月 8 日凌晨 3 点,H. R. 威廉姆斯的步兵部队从梦中被叫醒。部队就着闪烁的烛光,围着炊具匆忙吃了一顿热饭,香烟的火光在黑暗中跃动着。不久,集合的哨声响起,众人连忙列队。各排检阅完毕,只待战斗打响。到 3 点 30 分时,凌晨的雾气越发浓厚起来,20 码之外的目标已看不清楚。一名澳大利亚军的营长回忆道:“当时雾太大了,很不舒服。”正在此时,德军炮弹开始落在维莱—布勒托讷铁路附近。众人心想,大概是敌军听到了后方坦克集结的声音。各军官立即命令士兵进入战壕与弹坑隐蔽。“敌人要开心也就是现在了,”不知是谁说了一句,“一会儿等我军开火,再走着瞧。”

德军的炮击持续了一段时间,但只造成 25 名澳大利亚士兵伤亡,南边的加拿大军及法军甚至连炮声都没有听见。梅兹也是如此。约 3 点 40 分时,一枚德式 5.9 英寸榴弹炮炮弹呼啸而至,“轰”的一声在梅兹那块地带爆炸开来。紧接着又是几枚炮弹。不过,那几下炮击仅仅是局部行动。情况

① 查尔斯·蒙塔古(1867—1928),英国新闻工作者、作家。一战爆发时,此人 47 岁,为入伍而将白发染成黑色,因而被戏称作“一夜黑了头”之人。1922 年出版杂文集《幻灭》(*Disenchantment*),叙述一战中的亲身经历及所思所想。

是，德军的一个炮连得到消息称，有一队全副武装的英国佬，正埋伏在他们部队的前面；然而该炮连的剩余弹药不多，因此炮击只持续了五分钟，上面就下令停止开火，除非步兵要求重启炮击；德军步兵最终没有重新要求，因此梅兹所在的地段也就恢复了平静。“凌晨时分，寒气逼人。我惴惴不安地看着自己在墙上刻出的画，身体在紧张与寒冷的双重刺激下瑟瑟发抖。”

当时雾气已十分浓厚，澳军担心英军飞机会被大雾阻挡，无法继续飞行以掩盖坦克声。坦克距离前线只有最后一段路程了。3 点 50 分时，澳军听到远处传来引擎声，那不是坦克就是飞机的声音。原来是一架飞机，谢天谢地！紧接着，一架又一架飞机出现在天际。皇家空军回来了。在飞机声的掩盖下，就连正在待命的澳军也听不见坦克引擎的声音。

当时共部署有 430 辆坦克，其中 96 辆是惠比特。坦克的马达都在响着。培根坐在驾驶座上，蜷缩得有点难受，于是就让马达响着，自己爬出坦克，呼吸新鲜空气，舒展一下筋骨。四周静得可怕。或许是因为培根知道接下来会发生什么，所以寂静的感觉才更加强烈。大雾像是将整个前线吞没一般。不时会有一颗照明弹射向空中，由于环境太过安静，它那沉闷的声音也显得尤为响亮。突然，一声枪响打破了沉寂，接着是断断续续的机枪声。左边传来雷鸣般的隆隆声，那是大炮在开火。军官们死死盯着手表，好像害怕它坏掉一样。培根爬回坦克，坐进驾驶座里，先将紧急备用的防毒面具调整好，然后将钢盔挂在防弹板的把手上。

4 点 18 分。时间过得太慢了。培根打开韦伯利手枪的弹匣，看看子弹是否装满。不消说，自然是装满了。4 点 19 分，还有一分钟！“那份寂静很折磨人，让人想大声尖叫。我甚至怀疑，难道自己是身处一场逼真的梦境之中？此等沉寂，如何能在一秒钟之内变得混乱不堪？在我身后，有人用水壶在喝水。”

“预备。”一名军官说道。时间是 4 点 20 分。

英军炮击开始了，轰鸣之声十分惊人。“那天崩地陷的响声，好像一群行动敏捷的巨人，在关上一扇扇大铁门。”培根的坦克跟在另一辆坦克后面行驶着。正当坦克接近部署点时，培根看到一道炫目的闪光，接着身体被掀翻后仰。培根的坦克撞上了前面的坦克，并开始往那辆坦克身上攀爬，此时他又猛地撞上了前面的铁板。培根松开离合器，擦去眼睛里的脏东西。接着又是轰隆一声，整个车身都震动起来。培根仔细观察前方情况，发现那辆坦克冒起了烟，左边的履带竖在空中，活像一条准备袭击猎物的眼镜蛇。那辆坦克上的军官跑了过来，说道："你绕开我们过去吧！我们的驾驶员中了弹，被打死了。"

罗林森第 4 集团军的 2000 门主力大炮几乎同时开火，如此壮观的景象让敌我双方都深感震惊。有的士兵为那雷鸣般的炮声欢呼庆祝，澳军步兵开始追随坦克前进时，几乎每人嘴里都叼起了香烟。笨重的坦克一开始还保持某种队形，随着深入大雾之中，队形很快就散掉了。炮击的尘埃与人工的烟幕弹增高了大雾的浓度，行进的队伍甚至看不见相邻的部队。混乱之中，许多坦克甚至落在最前排步兵的后面。

一些步兵发现自己身处友军的炮火之中。"我有一种感觉，"H. A. L. 宾德(Binder)中尉回忆道，"好像自己落在冲杀之声的后面。"人们分成几个小队，跟着一名士官，或是某个自然而然带起队伍的士兵向前冲锋。部队基本上是在盲目前进，往往会撞上让人惊恐万分的德军机枪手。那些机枪手大部分会当场举手投降，有少数胆大的会坚持射击，直到自己侧面或背面受到袭击。对德军守军而言，更加可怕的敌人乃是大雾，因为在雾中，妖魔鬼怪不知会从什么方位跳出来。飘移着的雾气之中不时蹿出一辆坦克怪兽，引发德军的恐慌与溃退。

在培根坦克的履带下，德军的铁丝网脆弱得如同纸片，加拿大步兵得到了一条通道。坦克继续钻入雾中，跨过敌人前线之时，一个巨大的物体迎面冲过来。原来是一辆友军坦克！友军坦克连忙退开，培根则向一座果园驶去，因为果园里有机枪开火的声音，培根想去看看情况。抵达机枪的位置时，一枚手榴弹在坦克的前窗附近炸开，培根急忙左拐。一名德军迅速逃走，另一名德军跑得慢了些，与机枪一起被坦克碾作了碎片。显然，敌军已放弃前线，正在部署支援部队。培根穿过大雾继续向前，只以一枚罗盘作向导，以不可思议的速度朝着看不见的目标行进。

很快，培根便抵达敌军的支援防线，并将坦克横跨在主战壕上，以便坦克上的机枪手向两边射击。荡平战壕后，培根又继续向前盲目驶去，路上遇到好几股推进中的加拿大步兵。突然，一挺德军机枪从不远处向坦克开火。培根掉头向枪声处冲去，却不料雾中陡然出现一堵墙。培根踩下油门，一股脑冲过去，砖墙应声而倒，发出可怕的轰隆声。坦克刹住之后，培根打开窗户向外看："老天哪，原来我们冲进了教堂里面，顺便捣毁了一处机枪哨所！"

早晨6点30分，加、澳两军都成功抵达第一目标。德军前线系统完全瘫痪，野战炮大半损毁，或是被缴获。英军停止徐进弹幕射击，转为掩护弹幕，以便下一波攻击部队进入阵地，准备8点20分的进攻。马克V型坦克第一阶段没有参战，此时正向各进攻旅挺进，准备在抵达第二目标后立刻赶往第三目标。同时向前推进的还有第1骑兵旅，16辆惠比特坦克与该旅同行，一旦战机出现，便会立刻冲锋；跟在该旅后面的还有12辆装甲车。

梅兹中士早在日出之时就离开观察哨所，赶往加拿大军第3师的汇报中心；因为观察哨所雾气太浓，100码外的情况根本观察不到。在汇报中心，梅兹一听到进展顺利的消息，便压抑不住急切的心情，想立马跨上自己的摩托车——快到骑兵出动的时候了，梅兹很想亲眼看着他们出发。敌军没有发动炮击，后备部队的焦虑心情转而变为激动。德国佬逃跑了！接着，梅兹目睹了令他终生难忘的景象。第3骑兵师师长A. E. W. 哈曼(A. E. W. Harman)少将骑在马背上，悄无声息地沿坡而下，身后跟着号手。梅兹连忙赶上去，将消息告诉少将。"少将爽朗地向我打招呼，满意地长吁一口气，然后纵马疾行，前去迎接巡逻队。巡逻队之前随步兵去往前线，侦察河流情况是否允许骑兵通过。少将离开后，第3骑兵师的先头部队便出现了。他们从山头的晨雾中飞腾而出，像是身处移动中的海市蜃楼一般。不一会儿，骑兵与坦克迅速从山坡冲下，宛如瀑布。坦克一边蜿蜒前行，一边爆发着逆火，好似跳跃的爆竹。一只黄色气球升入天空，由于头顶的雾气已散开，可以清楚看见飞机在头顶嗡嗡作响。我仿佛听到一个声音在耳边萦绕：'快看，此等奇观，一生见不得第二回。'"梅兹注意到，同样处于兴奋中的不止自己一人："我看得彻底入了迷。骑兵队伍从我身边经过，我朝其中的几位朋友挥挥手，希望加入他们之中。"梅兹朝停放摩托车的位置跑去，并瞥见查尔斯·卡瓦纳(Charles Kavanagh)爵士中将被参谋人员围绕着，站在军旗下向路过的各骑兵团致敬。英军大炮的轰鸣声、风的呼啸声、驮马背上机

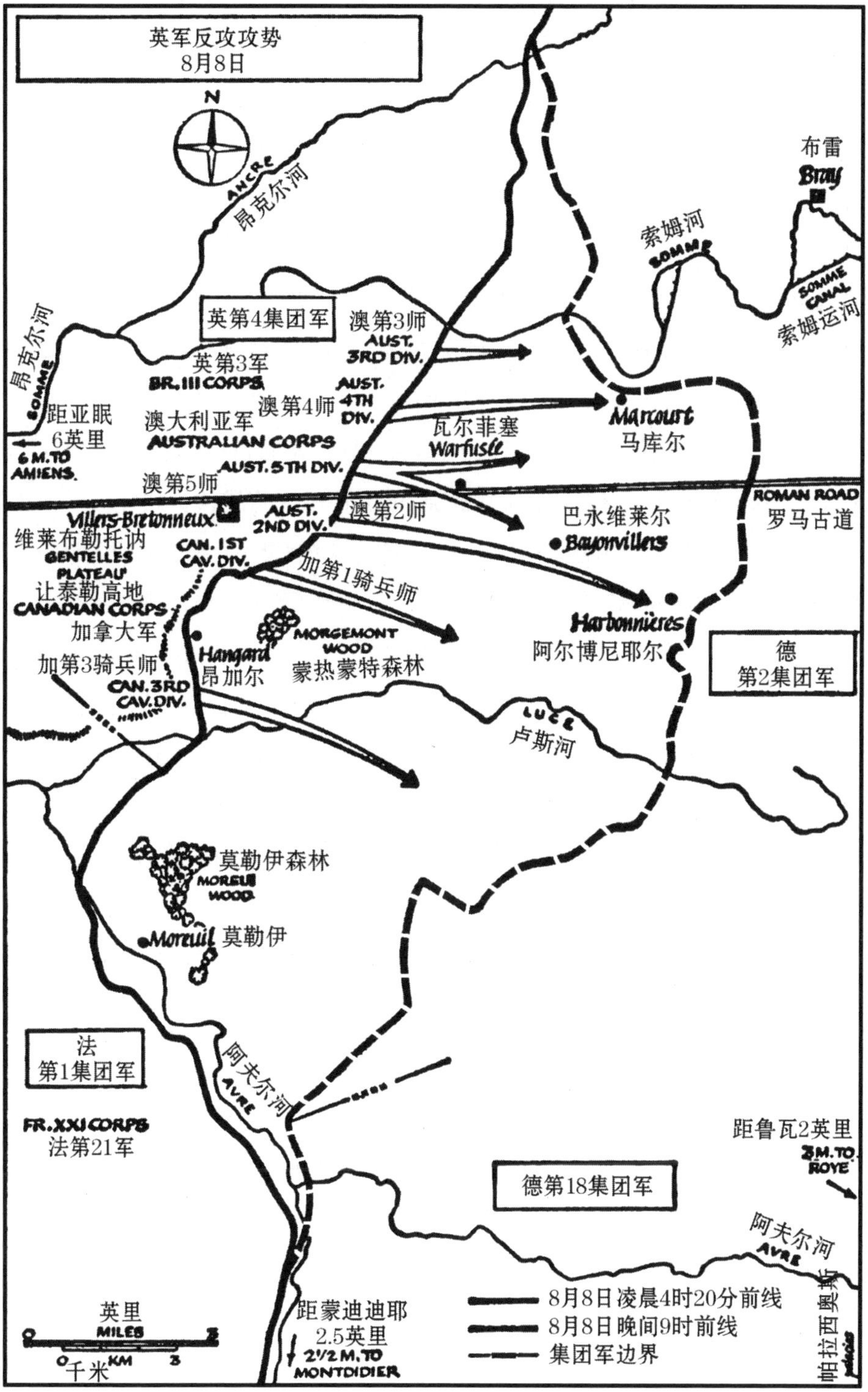
英军反攻攻势
8月8日
N
ANCRE
昂克尔河
布雷
Bray
索姆河
SOMME
SOMME CANAL
索姆运河
昂克尔河
SOMME
英第4集团军
澳第3师
AUST. 3RD DIV.
英第3军
BR. III CORPS
澳第4师
AUST. 4TH DIV.
Marcourt
马库尔
距亚眠
6英里
6 M. TO AMIENS.
澳大利亚军
AUSTRALIAN CORPS
瓦尔菲塞
Warfusée
AUST. 5TH DIV.
澳第5师
ROMAN ROAD
罗马古道
Villers-Bretonneux
维莱布勒托讷
AUST. 2ND DIV.
澳第2师
巴永维莱尔
Bayonvillers
GENTELLES PLATEAU
让泰勒高地
CAN. 1ST CAV. DIV.
加第1骑兵师
CANADIAN CORPS
加拿大军
Harbonnières
阿尔博尼耶尔
德
第2集团军
Hangard
昂加尔
MORGEMONT WOOD
蒙热蒙特森林
加第3骑兵师
CAN. 3RD CAV. DIV.
LUCE
卢斯河
莫勒伊森林
MOREUIL WOOD
Moreuil
莫勒伊
法
第1集团军
阿夫尔河
AVRE
FR. XXI CORPS
法第21军
距鲁瓦2英里
3 M. TO ROYE
德第18集团军
阿夫尔河
AVRE
英里
MILES
0
3
0
千米
KM
3
距蒙迪迪耶
2.5英里
2 1/2 M. TO MONTDIDIER
8月8日凌晨4时20分前线
8月8日晚间9时前线
集团军边界
帕拉西奥斯

枪盒的咔嗒咔嗒声、坦克的隆隆声，无不震耳欲聋。

接近 8 点时，大雾戏剧性地消散了。作家蒙塔古正站在高地上，用望远镜观察西边的情况：“雾气像一整块厚重的舞台幕布，笔直地升上天空。四年以来，在我们的眼睛与愿景中间，这块幕布始终悬挂着；而就在陡然之间，它便消失无踪。河对岸发生了奇迹；或者说，奇迹开始了。战况发展迅速。……阳光向桑特雷(Santerre)平原洒满雾化的光泽，两队英军步兵、大炮、货车正穿过平原，稳步向东迈进，一路上未遇炮击。他们脚下的土地，在黎明之前还是德军的地盘。……顷刻之间，一切梦想与渴望似乎都将成为现实。火焰剑已消失，伊甸园已敞开大门。[①]”

一道惊人的风景线，瞬间夺走了战场上所有人的目光：大批英军步兵与坦克一道列队前进，那坦克让人联想到东方部队中的战象。接着是一门门野战炮，拉炮的骏马锁链铮铮作响，马头与马鬃左右摆动着。无数货车运载着水、弹药与坦克部件，在田野中翻腾。

瓦尔菲塞(Warfusée)是一座遭到破坏的村落。一辆大货车载着 16 辆装甲车进入瓦尔菲塞，多辆坦克拖着它，从一条匆匆清理出的道路中穿行而去。在村子两边，澳军第 5 师排成纵深炮兵队形，第 1 骑兵旅及随行的约 100 辆坦克——其中多数是惠比特——不耐烦地在后面等着。到第三阶段，即最后阶段才轮到他们前进。轻型野战炮也迅速赶到，就像电影中的场面一样，炮手们迅速装弹射击，引得一旁观看的澳大利亚人欢呼一片。

而在德军那边，来自符腾堡(Württemberg)的炮手们忧心忡忡地观察着战局。此时大雾已散，只有草地上还湿气蒸腾。“索姆河谷的南坡全是敌军，该处地势的最高点是居高临下的宽阔大道。敌人趁着地面雾气尚未消失，迅速进军，已经越过德军这一侧(北侧)的各处战壕。看来，德军战线已经垮掉了。”半山坡上，四辆敌军坦克按梯形编队正在爬坡，“在坦克后面是一支英军的轻炮部队，在薄雾的掩护下已卸掉牵引车，准备开火。借助望远镜，大炮旁边的每一名士兵都能看得一清二楚。那些士兵行动急躁，慌忙前

---

① 《旧约·创世记》第 3 章第 24 节：“(耶和华)于是把他赶出去了；又在伊甸园的东边安设基路伯和四面转动发火焰的剑，要把守生命树的道路。”

进。……幸运的是，低洼的地面上还覆着一层薄雾，依然笼罩着山谷中的一切”。德军炮手站在北端山头，朦朦胧胧看到一支队伍在迅速向东行进，于是打出一枚长尺寸炮弹，炸在澳军行进中的队伍里。众炮手欣喜若狂："来自左边的紧迫险情就此解除。接下来目标太多，不知道该打哪个。首先过来的是敌军的坦克，它们行动笨拙，也没打算前进太远。我们打出五六发炮弹，四辆坦克都着了火，里面的乘员走上了可悲的末路。”

冲在最前面的加拿大坦克同样吃了苦头。年轻的培根正驾驶着坦克，突然发现一门德军野战炮正在前方的灌木丛中朝他开火。“我操纵着坦克，沿Z字形朝那门炮撞过去，就在离它不到20码的地方，只听‘轰隆’一声，眼前一道闪光，接着我便不省人事了。”不过，加、澳两军步兵绕过燃烧着的坦克，干脆利落地消灭了德军大炮。不止培根一处，澳大利亚-新西兰部队第4师也冲到第二目标——马库尔(Marcourt)峡谷的位置，俘虏了大量德军支援部队及后备部队，顺带缴获了一批军需品与饭盒。

巴永维莱尔(Bayonvillers)是德军前线后方不远处的一座村落。在村子里，德军第58炮兵团第6炮连的士兵听到战斗声传来，似乎村子即将遭到敌军包围。有人大喊道："右边有坦克!"一辆大型坦克向德军隆隆驶来，在200码外凶猛开火，击毁一门大炮。如此一来，该炮连便只剩下最后一门炮，且那门炮的防护盾与瞄准器也已严重受损。炮组人员蹲在防护盾后，旋转着炮架；瞄准手沉重地定位目标。就在坦克驶入前方的凹陷道路时，旁边一枚炮弹炸开，当即升起一片浓烟，铁片乱飞。炮组人员见状，立即抓住机会撤退；那时协约国突袭部队正从四面八方蜂拥而至，处处都是子弹的呼啸之声。“我们从一个弹坑，冲到另一个弹坑。”这一小撮德国兵成功逃脱，其他人却迷了路，向右走出太远，遭到敌军俘虏。

德军战线上流言四起。“有谣言称，大批英军骑兵已深入德军前沿防线的背后。”兴登堡写道，“部分士兵惊慌失措。他们借助阵地，刚刚打退过敌人的猛烈攻击，如今却因为恐慌放弃阵地，希望与后方再次取得联系。空想会捏造幻影，并将幻影变成实际的危险。”8月8日，惊恐不安的情绪在各地蔓延开来。

梅兹骑着摩托车一路前行，想去观看骑兵的行动。远处可见苏格兰龙骑兵团(Scots Greys)骑着灰色的骏马飞驰而过。在路上，梅兹还遇到一群德国人，所幸是战俘。梅兹停下来，看着那群战俘从身边走过，他们脸上仍然是一副目瞪口呆的表情。继续向前，便到了后备战壕，那里标明了进攻的通道，钉子与胶带纠缠在一起，大量机枪散落一地，随处可见废弃的坦克，有的冒着黑烟，有的仍在燃烧。匆忙之中，梅兹的摩托车陷入一个深坑中，好不容易才挣扎出来，继续赶路，终于在骑兵部队穿越蒙热蒙特(Morgemont)森林时追上他们。一批德国战俘被归拢在一起，从地上的履带痕迹就能看出他们被围捕的过程；有的俘虏筋疲力尽，平躺在地上，活像一张张烙饼。

时间已到了晚上9点，但还有些微光亮。梅兹心想：骑兵部队大展宏图的时机到了。各骑兵团排成梯队在山坡上待命，漫山遍野都是马匹，所幸敌人没有进行炮击。战士们激动得双颊泛红，安抚着胯下紧张的坐骑。终于，消息传来：惠比特坦克已安全渡河，加拿大骑兵旅正在桥上，其余部队紧随其后。一时间，梅兹仿佛身处一座猎场，众人争先恐后想要通过狭窄的大门。骑兵挤出去后，进入一片开阔地，去追赶1000码外的步兵。

梅兹发现自己很难跟上骑兵，于是他转而沿一条便于摩托车行驶的小径下坡，来到一条公路。不料身后又响起马蹄声，不一会儿，一支骑兵团便赶上了他。梅兹情不自禁地跟着骑兵团，走上一条蜿蜒曲折的道路，穿过一座植被茂密的峡谷。“下面领头的几匹马在飞奔疾驰，有的前蹄扬起，样子十分狂野，看得我心潮澎湃。远处传来机枪声，听来就像狩猎时的呼喊一般振奋人心。”

部队扫荡了一处德军指挥部。此处装饰得像个露天酒馆，小屋与桌子都是树枝所制，巧夺天工。梅兹注意到盘子里还盛满着食物：“我们从一些步兵身边经过，他们兴奋地朝我们挥手。当骑兵队绕过山坡时，我看到那些步兵已在胜利的喜悦中散开了。”

在左边，第1骑兵旅也打了胜仗。女王栗马团(Queen's Bays)的一支骑兵中队一马当先，绕过坦克与澳军步兵，追上一支准备逃窜的德军运输队，连人带物资一网打尽。接着，骑兵中队朝阿尔博尼耶尔(Harbonnières)发起进攻，但被猛烈的炮火击退。栗马团隐蔽起来后，惠比特坦克迅速赶来支援，却同样遭到阻击。最终是步兵冲入了阿尔博尼耶尔镇。当步兵准备在教堂塔楼上升起自治领旗时，龙骑兵卫队第 5 团（5th Dragoon Guards）的一个中队驰过阿尔博尼耶尔，到达第 2 目标。当时是上午 10 点，骑兵在 5 小时 40 分钟内突破了 6 英里。

上午 11 点，澳、加两军的战线同样推进到 6 英里。半天之内取得如此之大的战果，无论对英军而言，还是对自治领军队而言，都是前所未有之事。胜利者欣喜若狂。此类军事行动中，从未有一次伤亡人数如此之少，抓获战俘、缴获军械如此之多。之所以取得如此辉煌的胜利，究其原因，乃是坦克、骑兵、步兵与炮兵的有效结合。抵达两个进军目的地后，任务就变为巩固阵地，防备反攻。在澳、加两军右边，法军没有多少进展。法军进军比第 4 集团军晚 40 分钟，开始状况还不错，然而坦克未能及时赶到，因此落在了各友军的后面。

——

此时的鲁登道夫“已经对局势有了一个完整的印象，感到十分悲观”。他立即派默茨·冯·奎恩海姆上校亲赴战场，确定部队的情况。从报告来看，已经有六七个师被彻底打散，情势“异常严重。如果敌人再发动一次攻击，即便只是普通的力度，我军也承受不住，只得放弃索姆河以西”。

——

那天早晨，黑格感到空气中带有些许“秋意”。情报军官检查完德军的部署后，对黑格说道：“长官，明天见。”“祝我好运。”黑格元帅说着，从他的翻盖式书桌里拿出一束白色石楠花，抽出其中一枝，“也祝我们大家好运。给你一枝，这是内人今早寄来的。”

上午 11 点左右，黑格得到胜利的消息，便派一名军官去见法军第 1 集团军司令德比尼将军，向他通报情况，并要求他将英军右侧的全部法军骑兵都派到前方去。德军仍在据守蒙迪迪耶，法军应在其后方作战，以向南扩大敌军前线的突破口。然而德比尼司令回答说，道路已被步兵堵塞，骑兵部队要到次日上午才能通过。

黑格克制住反唇相讥的念头，满面春风地去见罗林森。他对罗林森说，局势的发展，“比我这个乐观主义者所设想的更加乐观！敌人当时有两个师正在换防，我军打得他们措手不及，没受到多少抵抗，便以极小的战损达到了目的”。黑格嘱咐罗林森加强左翼，如果有机会，便将左翼推进至阿尔贝—索姆河畔布雷(Bray-sur-Somme)一线。

黑格返回火车上吃午饭，然后又去见德比尼。德比尼“情绪崩溃，差点哭出来”，因为他麾下有三个殖民地步兵营被一挺德军机枪打得四散而逃。黑格向德比尼保证，英军先头部队会顺便帮他扫清战线；接着便问德比尼是否肯尽最大努力与在鲁瓦的英军携手，并尽快将骑兵部队派到前方，与已经突破德军防线的英军合作。德比尼听着，心里很不是滋味。

当天上午，罗林森第 4 集团军发动猛烈攻势，在德军防线上划开一个宽 12 英里、纵深 7 英里的口子；相比较而言，当天下午的战局尚属平静。协约国一方损失坦克 100 辆、马匹约 1000 匹，代价着实不菲。从理论上讲，拿如此之多的战损去换取那几英里的土地，并不值得。不过，那一天胜利的意义不在于夺取地盘，而在于取胜的方式，以及对德军造成的巨大恐慌。德军之中蔓延的恐慌情绪，是继 7 月 15 日、7 月 18 日大败之后，对鲁登道夫的另一个沉重打击。“8 月 8 日日落时分，”德军官方报告中写道，“我军遭到战争开始以来最为惨重的失败。此事已是既成事实。从阿夫尔河到索姆河之间的阵地遭到敌军突袭，接近全灭。”

当晚，鲁普雷希特王储收到 OHL 发来的一份简报：“今日，我军第二次遭到敌人突袭。务必敦促全体将士，今后保持高度警惕。”

晚餐时，德皇情绪极为低落。“真是怪事，”德皇抱怨道，“我们的部队就是拿坦克没办法。”

——

梅兹正在观看死者的告别仪式。仪式气氛十分肃穆，参加者之中既有英国人，也有德国人。“几个刚刚撤下来的骑兵旅，在平地的中间排成一个大方阵。所有的战马都垂着头，样子十分疲惫。”梅兹同样疲惫，但他一想到夺回地盘的事情，便振作了起来。那些地盘丢在 3 月那场可怕的大撤退中，德军用四天才夺下它们，我军只用一天就重新夺回。敌机在头顶嗡嗡作响，不过筋疲力尽的梅兹已顾不上那些。就算炸弹从天上掉下来，他也没劲挪开一步了。

那天上午，坦克手培根被敌人的野战炮炮弹炸得昏了过去。当他醒来时，只见夜空中群星闪烁，放眼四周，单是他所能看到的距离内，就有几百人躺在草地上，有的在呻吟，有的在喊着要水喝。培根身边有一个奇怪的声音一直在喊："Mutter，O，Mutter！"①培根感到喉咙与五脏六腑都火烧火燎，他呼喊着要水喝，却只是白费工夫。飞机在天上嗡嗡盘旋，炸弹纷纷落下，培根又昏了过去。

黑格在给妻子的信中写道："相比于坐等敌人来打，还是主动进攻容易得多！你也知道，人间万事都有主在看，我不过是神圣力量的代行者罢了。一切荣耀都归于主。"从那天起，"进攻！进攻！"就成了黑格的口号。如此一来，战争便有望在年内取胜。

黑格的私人秘书记述了一个小插曲：战时内阁开会时，威尔逊将军宣布道："诸位，今早有一场攻势发动，俘虏大量士兵，缴获军械无数。"此时，众人反应十分奇怪。根据黑格秘书的记录，阁员们异口同声，如此说道："看，我就说过嘛，我早就料到敌人会发动袭击了！"威尔逊解释道，发动袭击的不是德军，而是英军；于是阁员换一个角度，质问他为什么要发动攻势。威尔逊将军轻佻地回答道："原因嘛，是为了让皇家空军的飞行员们留在亚眠，与他们的年轻夫人一起，安安静静地吃顿晚饭。"威尔逊为人口无遮拦，由他来说这话丝毫不奇怪，无论他是否真的说过。

三

加拿大军本应于次日上午 10 点再次发动总攻，却由于通信不畅推迟了一个小时，有几个旅甚至晚了三个小时。此外，预定配合加军进攻的澳军也未能及时抵达集合地点，进一步贻误了战机。因此，第 4 集团军未能像 3 月 22 日的冯·胡蒂尔将军那样，扩大或进一步利用初步战果。

结果，协约国部队度过犹豫不决的一天，错失大量机会。不过，尽管如此，战线还是推进了三英里。更为重要的是，德军最高司令部里依然充满恐

① （德语）意为："妈妈，哦，妈妈！"

慌。电话响个不停，人员紧张兮兮地来访，进一步加剧了不安的氛围。德军第2集团军遭受重创，冯·德·马维茨司令上午好不容易填补了缺口，下午便请求批准将部队撤到索姆河后方。鲁登道夫大发雷霆，第2集团军竟敢怯战！于是，鲁登道夫亲自打电话给鲁普雷希特王储，命令第2集团军不惜一切代价坚守防线。鲁普雷希特提出抗议：由于缺少后备部队，死守下去恐有风险。此时的鲁登道夫一心只想坚守前线，其他什么都顾不得了。鲁普雷希特的参谋长冯·库尔与长官意见相同，抗议说死守下去只会让战力丧失殆尽。绝望之际，库尔拿出一份详述第2集团军危险处境的报告，让手下一名参谋大声朗读；鲁登道夫打断了他，继续要求坚守阵地。"鲁登道夫有一个习惯：在一切细节上都坚持要求发言权。"苦恼的库尔写道，"他会直接与各集团军司令及参谋长谈话，做出的具体安排，时常与我所下达的命令完全相反。你和集团军司令谈着谈着，就发现集团军根本没有照着我们下达的命令在做。鲁登道夫的所作所为，让事情变得非常难办。不仅如此，他还异常固执，旁人的建议一个字都听不进去。"

默茨·冯·奎恩海姆从前线带回一个坏消息，更增添了鲁登道夫的愁苦。消息是前线士气已然崩溃。几个月前，鲁登道夫就听说过，休假士兵乘坐的火车上纪律不佳：有人从火车车窗向外射击；有人千方百计逃离火车，大多在站内就失去踪影；有人朝维持纪律的军官扔石头；甚至有人从车窗掷出手榴弹；车身两侧潦草地写着各种标语，其中一条写道："我们不是为德意志的荣光而战，而是为富豪的利益而战。"尽管鲁登道夫听过上述种种传言，奎恩海姆带来的消息仍然让他备受打击。

那天还有一份报告称，部队中出现成群结队的逃兵。鲁登道夫火冒三丈，命令各级指挥官立刻严惩逃兵，"勿使部队纪律继续松懈，陷我军于险境之中"。鲁登道夫召集前线各师师长及部分军官，讨论逃兵问题。从众人口中听取第一手报告后，鲁登道夫心神不宁。"我听到一些英勇事迹，也听到一些负面表现。实话说，我想都没想过德意志军队中会出现此等行径。敌人的一名骑兵，或是一个孤立无援的中队，就能让我军整支整支的队伍投降；一个后备师英勇无畏地赶往前线，撤退途中的部队遇到他们，便喊道'工贼'，或说什么'你们这是在拖延战争'。"最令人震惊的是，大量军官失去指挥权，任由自己与残部一起遭到敌军扫荡，“我所担心的一切，我一而再再而三警告过的一切，如今终于变成了现实。我们的战争机器失去了价值。不管绝大多数的师如何奋勇作战，我军作战能力大不如前乃是事实。我原本希望通过补充兵员，做出某些战略上的权宜安排，来挽回当前的不利局势。然而，8 月 8 日标志着我军军力的下降，也使我的希望化为泡影”。今后，指导战争的方法只能是“一场不负责任的赌博，而我一向认为此类赌博凶险万分。德意志人民的命运，绝非可以拿来下注的轻贱之物。战争必须结束”。

距离大败之战打响已过去 48 小时，鲁登道夫得出结论：8 月 8 日是“德军黑暗之日”。他决定尽快安排首相与外交大臣会晤，然而还没来得及安排，德皇便来了解情况了。鲁登道夫提出辞职，德皇与兴登堡都不肯接受。鲁登道夫把失败归咎于部队缺乏纪律，不过德皇支持威廉皇储的看法，认为鲁登道夫对部队的要求太过苛刻。

鲁登道夫承认，今后无法再保证军事胜利了。德皇沉默片刻，然后冷静地说：“我看，到清算的时候了。我们已无能为力。战争必须结束。”尽管德皇别无选择，只能如此表态，但鲁登道夫与兴登堡仍然大吃一惊。“诸位近日可往斯帕，我静候各位到来。”届时，众人会在斯帕商讨如何结束战争。不久之前，德皇收到一份电报，称奥地利粮食告罄，已无力支撑下去；卡尔皇帝认为，奥地利有义务做出明确声明，“必须在 1918 年内缔结和约，若不能通过谈判实现全面和平，奥方只得单独议和”。尽管收到坏消息，德皇此次的表现却很冷静，完全控制住了情绪。

如果说德军目前还不算彻底失败，只是有彻底失败的可能；那么德国领导人终于肯直面那种可能性了。而另一方面，协约国正在缓缓推进，同时就归功于谁的问题争吵不休。法方认为应该归功于福煦；英方意见不一致，有人说是黑格，有人说是罗林森，有人说是莫纳什，还有人说是劳合·乔治。全世界的赞誉主要集于福煦一身，很少提到黑格，尽管此次袭击的策划者正是黑格与罗林森二人。英军总部对此很不满；而美军总部同样感到恼火，因为潘兴的功劳没有得到充分的认可。“千万别忘了，”英军一位明智的将军提醒劳埃德·格里斯科姆，“后人看到的战争史，都是由福煦及其手下撰写的。不管怎么说，福煦才是最高统帅。”

黑格尚未收到首相的贺电。不过温斯顿·丘吉尔过去两天一直在前线视察，他深知黑格及众将取得的战果，对此不吝赞美之辞。丘吉尔还给劳合·乔治写了一封私人信件："无疑，黑格此次可谓大捷。此次大捷很可能是一个前兆，预示着接下来将会发生的重大事件。……在我看来，此战是整个战争中英军取得的最伟大的胜利，也是德军遭受到的最惨重的失败。历经无数个担惊受怕的日日夜夜，如今您一定感慨万千吧。"

劳合·乔治认为没有必要给黑格发贺电，不仅如此，他还觉得是黑格搞砸了一件好事："在缺口已经打开、敌军仓皇逃窜之际，如果黑格迅速指挥部队掩杀过去，必将取得更大的战果。敌人溃不成军，战意丧尽，后备部队又未能及时赶到；此时黑格不鼓剩勇，反倒给予德军恢复元气之机，使得德军组织起新的防线。"

不过，劳合·乔治倒是抽出时间给"我可爱的小咪咪"写了一封热情洋溢的情书：

> 我在早晨6点钟醒来，脑海中第一件事，就是你那让我朝思暮想的小脸蛋。我真想到你那里，去亲吻你。不过呢，甜心宝贝，我又感到一阵妒意。我知道，你现在满心都是羊肉、山鹑、鸡肉和土豆。你想用酒红色的双唇包裹住它们，用雪白的牙齿津津有味地咀嚼它们。你的双唇与牙齿是我的最爱，你的心因为其他刺激而怦怦跳动，我有点受不了了……
>
> 你善妒的老情人

8月10日，最近升任元帅的福煦对黑格说，他认为敌军已意气消沉。黑格认为，德军的一部分师情况确如福煦所说，"但并非所有师都是如此"，次日的战局证实了黑格的看法。敌军顽强反攻，协约国部队无法继续推进。无疑，德军的抵抗正在加强。不过，德军内部也有问题，国内的哗变蔓延到准备开往前线的新兵之中。那天，一个500人的营在诺伊斯(Neuss)火车站闹事，当战时后备部队(即民兵)介入时，哗变者扬言要开枪。另一场哗变事件发生在格劳登茨(Graudenz)，起因是准备开赴火车站的部队拒绝服从"枪上肩”的命令。军官警告众人，违抗军令将遭到严惩。结果士兵们一致喊道：“我们不上前线了！”一群士兵从兵营的窗口探出脑袋来，给那些反抗者鼓气：“干得漂亮！”“我们肚子饿！”有的人则唱起了反动歌谣。

宾丁中尉在日记中写道，一想起自己要第四次穿过索姆河荒野，就觉得不寒而栗，“穿越索姆河荒野不是第一次了，不过这次我丝毫没有信心。部队只会越来越疲弱。连日来，马匹吃不上一粒燕麦；战士们吃的是大麦面包，这种面包在烤炉里面根本发不起来；更不用说，我军已经连番折损了。我们的敌人拥有数千坦克、数万飞行员、数十万年富力强的士兵，身后还有美军援军，那兵力恐怕有一百万之众。我能够看到，也能够感觉到，一股神秘之力正在从深渊之中升腾而起。那力量不受任何人意志的支配，它是一种不可制御的运动与力量。……昨夜，我梦到德皇剃着光头，赤裸双脚，穿过大门，走进一处类似于营地的建筑；德国人民押着他，要宣判他的命运。我不知道德皇最后有没有走上刑台，不过就算判决是死刑，我也不会有丝毫惊讶”。多日以来，宾丁颇有些看透世事的感觉：“这一代人没有未来，也不配拥有未来。任何属于这一代的人都无法真正活下去。领悟此事，甚至可谓是一种慰藉。在天崩地裂之中，每个人所能做的，只有想方设法凿出一块块石头，用以建造一座新的建筑。那建筑对这一代人而言没有任何意义，它是给后人的遗赠。”

——

8 月 13 日清晨，鲁登道夫与兴登堡前往斯帕参加会议，决定德国的前进方向。兴登堡元帅并不十分沮丧，他依然认为有办法应对此后的军事危机；而鲁登道夫军需总监的状态，据柏林的流言蜚语称，已“彻底崩溃”。前帝国首相冯·贝特曼·霍尔韦格(von Bethmann Hollweg)①曾尖刻地评价鲁登道夫：“你们不了解鲁登道夫。此人只在顺境愈战愈勇，遇到逆境便一蹶不振。在东部战役，我见识过他的那一面。”如今，霍尔韦格的评论已在众人之间口耳相传。

---

① 冯·贝特曼·霍尔韦格(1856—1921)，德国政治家。1909 年至 1917 年任德意志帝国第 5 任首相。

早晨8点，两位将军一抵达斯帕，便直接前往位于不列颠酒店（Hôtel Britannique）①的后方总部，先与新任外交大臣保罗·冯·辛慈（Paul von Hintze）②海军少将会面。冯·辛慈本以为鲁登道夫已“彻底崩溃”，结果发现他还能控制住情绪，不禁感到有些惊诧。“他把我拉到一边，承认道，”辛慈回忆道，“7月份的时候，他说自己有把握打垮敌人的意志，并利用当时的攻势迫使敌人接受议和；而现如今，他不再如此乐观了。”而当辛慈询问对战争走向的看法时，鲁登道夫的回答却信心十足：“我军应该能够通过战略防御来削弱敌军士气，逐步迫使敌人接受和谈。”辛慈听了这话，深受感动。

上午10点，众人与首相冯·赫特林举行正式会议。兴登堡与鲁登道夫都承认军事形势已经恶化；不过两人相信德军能够削弱敌人继续战斗的意志，从而迫使敌人求和。鲁登道夫强调士气的头等重要性，并对敌人的民间宣传活动表示忧虑；兴登堡则要乐观一些，他认为国内的士气问题并不那么严重，并提醒众人德军“依然位于敌人领土的纵深地区”。

辛慈更倾向于讨论其他问题，即“鉴于外交和谈势在必行，需要做出一个新的定义”。所谓定义，指的是阐释战争目的，更重要的是说明如何处置比利时与波兰。“你又提比利时做什么？”鲁登道夫大声说道，“比利时问题没什么好谈，已经是白纸黑字了。”于是辛慈暂且搁置比利时问题，转而一五一十地评估德国所面临的政治形势。形势日益恶化。辛慈说道，奥地利接近垮台，保加利亚似乎准备背弃同盟国，土耳其也在自行其是。面对辛慈的阴沉论调，鲁登道夫很不耐烦，在他看来，那是一种病态的悲观情绪。

会议并未不欢而散，然而辛慈却深感忧虑。第二天一早醒来，辛慈回想起最高司令部对军事形势的乐观看法，非但不觉得放心，反倒增添了悲观的情绪。御前会议上午10点开始，辛慈匆忙给赫特林打了个电话，表示自己准备提议开始和谈，希望在会上请求德皇批准，不知首相是否愿意支持。如

---

① 不列颠酒店，曾存在于比利时斯帕市的一座豪华酒店，1851年开张。一战时期，斯帕市遭德军占据后，该酒店被占用作军方司令部。1958年，酒店遭到出售，并被改建为一所寄宿制学校。

② 保罗·冯·辛慈（1864—1941），德国外交官。1914年至1917年任德国驻华公使，中德断交后回国。1918年7月任德国外交大臣。

果德皇不批准，那么辛慈只能辞职。

“我一把老骨头了，”赫特林说道，“让我打头阵吧。”

御前会议正式召开。会议由德皇主持，出席者除了辛慈、赫特林，还有威廉皇储与那两名军事领导人。赫特林首先回顾国内形势，并表示衣食物资匮乏，百姓纷纷厌战。鲁登道夫粗暴地反唇相讥，他要求加强老百姓的纪律性，“我们必须尽最大程度的努力，把国内全部力量集中起来”。

接着发言的是海军少将冯·辛慈。他发言时很激动，声音有些颤抖，泪水在眼眶里打转：“敌军的信心及战斗意志，都处于前所未有的高昂状态。”敌人的高昂士气，并不单纯源于近来的一系列胜利；主要的原因是，他们越来越坚信，在人力、原材料和制成品等各方面，自己都处于优势地位：“此外，时间也是他们的一个有利因素。”战争拖得越久，同盟国的力量消耗得就越严重。而那些中立国，如今已对战争彻底厌倦，并认为同盟国的失败只是时间问题。况且，从感情上讲，大部分中立国原本就更加倾向协约国，“至于我们的盟友，奥地利声称其国力衰竭，已撑不过冬天；我们的情报显示，奥地利所言不虚”，保加利亚也在迅速衰弱；而土耳其则在高加索地区烧杀抢掠，此举与德国的利益背道而驰。

辛慈说，兴登堡承认德军已无望通过军事手段摧毁敌人的意志，如今所有的军事努力都只能投入在战略防御上，逐步削弱敌人的决心。“各位伟大的军事领袖经历了整个战争，”辛慈总结道，“执政当局接受他们的意见，并做出推断：不仅是军事意义，从政治意义上，我们也不再处于能够摧毁敌人意志的立场。因此，在决定我国今后的政治路线时，必须考虑到军事形势。”

威廉皇储已认识到危险的征兆，他同意辛慈的所有观点，同时也坚持要加强纪律，以保持国内的团结一致。接着，德皇发言。德皇也要求加强国内秩序，同时指出敌人的日子同样不好过：“英国今年的收成不好，粮食总产量持续下跌。出于种种困难，英国可能会逐步考虑议和。”同时，德皇也同意辛慈关于政治形势恶化的看法：“我们必须找一个适当的时机，与敌人达成和解。”德皇建议通过西班牙国王或荷兰女王来实现议和。

接着是年迈的首相赫特林发言。首相简明扼要地表示，应该在最有利的时机做出外交试探，“西线下一次取得胜利之后，就是最有利的时机”。辛慈正在进行会议记录，听到这番毫无根据的乐观推测，想必是眉头紧蹙。兴登堡的看法与首相类似，他最后一个发言，板着脸孔说道："无论如何，我希望我军继续留在法国本土，最终迫使敌人接受我们的意志。"

辛慈把兴登堡的话记录下来，鲁登道夫一把夺过笔，将"希望"一词划掉，改作"将务使"。① 辛慈眼中满含泪水。此情此景，很难不让人一洒热泪。一个泱泱大国，每个领导人都明白议和势在必行；却又一致认为只有在西线再度取得军事胜利之后才能议和，全然不顾德军士兵的斗志正在急速衰退。

当天下午，卡尔皇帝抵达斯帕，要求立即采取外交措施终结战争；因为奥地利最多只能坚持到12月。鲁登道夫则表示，他反对任何议和行为，除非"有利时机"到来，德军"在新的防线上站稳脚跟，或取得一些军事胜利，在敌人中间引起反应"。此外，奥地利建议德国直接与敌人打交道，而德国则坚持通过中立国进行斡旋。

——

面对鲁普雷希特集团军群的行动，黑格大惑不解。敌人先是后撤，而后又加强防线，真是怪事！按照德军一贯的战略观点，此时应该发动反攻才对。"不过，德军还有反攻的力量吗？还有作战的意志吗？"黑格在8月17日写道，"无论如何，在德军孤注一掷之前，不能指望他们主动认输。应当假设敌人会发动多次反攻，我军须为此做好准备。"

次日，黑格召开午餐会，邀请克列孟梭、福煦元帅、罗林森、德比及另外十几人参加。席间气氛其乐融融。黑格获颁法兰西军功勋章(Médaille Militaire)。此前，黑格与福煦总是针锋相对，两人同样希望发动进攻，只是在进攻地点方面存在分歧；如今，两人之间的龃龉也暂时告一段落。

德比勋爵生性喜爱闲言碎语，他与黑格独处时透露道，劳合·乔治依旧对克列孟梭心怀妒忌，两人时常争吵不休。德比本人成了老虎总理跟前的红人，部分原因是他从英国本土带回的那只阿伯丁猎犬，安慰了痛失爱犬的

① 会上，鲁登道夫情绪激动，一度打断兴登堡，再次要求加强国内纪律。其认为"必须加大对犹太裔青年的征兵力度，没上战场的犹太人太多了"。——原注

克列孟梭。德比宣称，那条狗缓和了两国之间的紧张关系。如今老虎总理与他谈话时，“言无不尽，开诚布公。不过他也说了，坦诚的对话是以平等的个人关系，而非总理与大使的关系为前提的”。缓和两国关系的狗是一条苏格兰犬，宿敌劳合·乔治依旧遭到克列孟梭的憎恶与怀疑；这两个消息，都使得黑格心花怒放。

——

8月20日，冯·辛慈主导的和平运动拉开帷幕。殖民地大臣威廉·索尔夫(Wilhelm Solf)向新闻媒体发表讲话：“上个月，首相在帝国议会向所有人宣布，‘我国无意以任何形式保留比利时’。战后，比利时将重新成为一个不附庸于任何势力的独立国家。诸位！比利时恢复地位并没有障碍，唯一的障碍恰恰是敌人不愿放弃战争。”

索尔夫的讲话中，没有任何新东西能够把协约国吸引到谈判桌上。讲话的最后变成尖锐的谴责：“意大利与罗马尼亚参战后，或是每当取得政治、军事上的胜利后，协约国各国人民中间，总会爆发一股傲慢的浪潮；如今，那浪潮再一次涌起了。协约国那陈腐的战争目的，明文写在秘密条约里，从未被公开谴责；如今，他们依旧死抓着那目的不放。协约国如今，是在为掠夺财富、获取威望而战。”要抛出橄榄枝，却选择如此一种方式，虽说奇异，却也不是不能理解。毕竟，当时的德国政权得到兴登堡与鲁登道夫军事上的保证，认为和谈依然可以讨价还价。

与此同时，佛兰德斯的德军还在撤退，有的甚至是在仓皇逃命。在8月23日的一次坦克进攻中，炮兵军官R.冯·德肯(R. von Dechend)中尉看到“一大群”灰色的物体从雾里向他冲来。“那不是有序的撤退，而是慌乱的奔逃。我们是军官，怎么就没能阻止士兵逃命、组织他们反攻呢?”雾散开后，德肯发现，使得德军恐慌逃窜的只是区区六辆坦克。“太荒唐了。不过我设法安慰自己：逃跑的都是些年轻的新兵，甚至连训练都没完成就上了战场。其他连肯定会做出抵抗。”然而，当时的实际情况是，无论新兵老兵，都在拼命逃跑。冯·德肯中尉看到一名手臂缠着绷带的中士，便将他拦下问话，“然而他说不明白发生了什么事，也不清楚原因何在。他只是说，自己所在的连被敌人包围，几乎全员被俘，只有少数人逃脱；除此之外，便什么都不知道了”。

当时，整个德军前线蔓延着一种沮丧的情绪。第二天，德军第 197 师的一名少尉在家书中写道：“我现在产生一种印象：我们迈着巨人的步伐接近终点；盲人逐渐看见东西；天就要亮了。野兽曾被以‘伟大’为名的愚行感染着，如今即将赤身裸体，面对现实。”

8 月 25 日，德军第 2 集团军遭到黑格的穷追猛打。司令冯·马维茨将军发布一道命令：“近日来，后方有人吓得失了心智，散播一些不可理喻、天方夜谭般的谣言。他们实在是别有用心，竟说到处都能看到坦克、骑兵和密集的步兵队伍。现在，正是我们发声的时候。让饱经战火的老兵，去向那些懦夫讲述前线的真相吧。”对此，阿道夫·希特勒下士早已身体力行。据希特勒的一名战友说：“当时他脾气很暴躁，厉声怒吼着，说就是因为那些投降派和逃兵，战争才在走向败局。”有一名新来的军士说，只有傻瓜才继续打下去，希特勒便与他动了手；两人扭打在一起，最后希特勒赢了。那名战友回忆道，自那以后，“新兵们都很蔑视他，而我们这些老战友却更喜欢他了”。问题是，新兵及丧失战意的士兵，数量要远远大于“老战友”；而在后方，落伍士兵与逃兵的数量也在“以惊人的速度”增加着。

鲁登道夫拒不同意后撤。威廉皇储认为此举必将招致灾难，便于 26 日给鲁登道夫写信，声称敌人的目的显然是消灭德军的后备有生力量：“若要阻止敌军的企图，唯有坚持一项原则，即防御情况不利时，决不可交战，只可按计划分批后撤，等待反攻的机会出现，或是某条坚固防线上形成有利的防守态势。敌军主动进攻，我军不难发现可乘之机。”当然，撤退必然伴随着士气低落，因此应当尽可能地精准打击那些鲁莽追击的敌人。如此一来，损失会比死守阵地来得轻微：“系统性的后撤会持续一段时间，但那始终是权宜之计；最后，我军还是要占领一条强有力的永久防线，长期巩固防守，并通过大幅度缩短战线来得到喘息之机，重新组织大量后备部队。永久防线必须远离目前的战场，以保证我军拥有充足的回旋余地，即便动荡不安的战局再持续几个星期，也有办法展开系统性的撤退。”

然而，鲁登道夫回信称，最远只能撤到 3 月攻势的出发线上。此时的鲁登道夫听不进去逆耳忠言，像是个赌徒赌红了眼，只想着孤注一掷，一举翻盘。与此同时，德军士兵则在家书中明言继续作战毫无意义："大家一枪也不开。英国佬冲过来，那个连长就把士兵召集起来，排成纵队向敌人投降。""那天很多人被俘，我要是也做了俘虏就好了。""我还希望敌人把我们打回国境线，那样米迦勒（防线之一）的獠牙就能短一些，和平也会近一些吧。""不管什么方面，敌人好像都比我们强。……我不再相信能够取胜，今后只会比现在更糟。"

——

8 月 27 日，黑格在给妻子的信中写道："我们把德军打惨了。恐怕这是英军最辉煌的一次胜利，有数据在此：俘获敌军超 47000 人，缴获大炮 600 多门，并攻占大量地盘。不过，德军还没被彻底击垮。如果我所料不差，接下来还会抓获更多的德军俘虏。因为德军已彻底厌战，而我军还会持续进攻！"

冯·德肯中尉可以为黑格所言作证。那天的情况一如既往，令人焦头烂额。电话线接上就断，身处前线的德肯眼见着部队放弃抵抗，却无法与自己的炮连通话："我看见大批德军步兵从山上走下来，一枪不放，根本没打算阻止敌人进攻。如果炮兵持续炮击，也能打退敌人，可是连炮击也没有。过了一会儿，山上出现几个卡其色军服的人影，接着越来越多。他们三五成群，腋下夹着步枪，镇定自若、昂首挺胸地走上前，没放一枪一弹，便把一群德军士兵轻松带走，就像牧羊人在驱赶羊群。有几名德军士兵想跑，敌人把他们围住，轻描淡写地押了起来，氛围像是在参加舞会。"

鲁登道夫在御前会议上，曾短暂恢复过勇气；到此时，那勇气已消耗殆尽了。"现在，我也不得不承认，"军事情报局局长尼古拉（Nicolai）上校在日记中写道，"那位先生（鲁登道夫）看起来已到达极限了。"鲁登道夫军需总监提出的口号——"打下一处，守住一处"——惨遭挫败。如果继续坚持此方针，德国将走上不归路。

第十二章 红色风暴

7月16日至9月

一

与此同时，俄国正遭到内战的蹂躏。当初白军那些残暴的拷打与暗杀活动(5月份，古斯塔夫·曼纳海姆男爵在德军的支持下击败芬兰红军，之后便出现了那些暴行)，如今遭到以牙还牙般的回击；此外，在西伯利亚大铁路沿线，围绕着捷克人仍然存在军事冲突；再加上米尔巴赫遭暗杀后左翼社会革命党人的暴动，以及协约国在北俄地区日益增强的干涉威胁，布尔什维克决定以武力的方式做出回应。

就在思虑不周的威尔逊提出那份备忘录的前一天，俄国发生了一场震惊世界的镇压反革命运动，将布尔什维克的政策推到了最高潮。早在初春时节，乌拉尔区苏维埃坚持要求将沙皇转移到叶卡捷琳堡，此处位于车里雅宾斯克以北，两者相距不到200英里。沙皇一行还在路上，乌拉尔区苏维埃便在叶卡捷琳堡召开共产党代表大会，要求处决沙皇。沙皇及皇室人员到达叶卡捷琳堡后，被安置在一所豪宅中，该宅邸此前属于一位富有的工程师。此时，乌拉尔区苏维埃依然不断要求处决；而契卡则坚持要在无产阶级群众面前，对尼古拉二世进行审判。审判定于7月底举行，公诉人正是时代骄子——托洛茨基，因此人们都认为那将会是一场历史性的、里程碑式的审判。

不料，计划最终被变更。原因是捷克人正从两个方向逼近叶卡捷琳堡；此外，还有一名军官谋划营救沙皇一行，被当局察觉。到7月中旬时，情况已很明显：叶卡捷琳堡撑不过一个星期，就会落入捷克人手里。因此，当局决定立即处死罗曼诺夫皇室成员，并毁尸灭迹，以防白军利用他们的尸体来煽动反革命。

7月16日午夜时分，沙皇、皇后、两人的儿子阿列克谢（Alexis）、女儿安娜斯塔塞娅（Anastasia）及其他三个女儿接到通知，要他们带着自己的皇室随从一起在楼下集合。众人都以为是又要转移到其他地方了。谁知，当他们站成一排时，听到的却是一份以乌拉尔区苏维埃名义发布的死刑判决书。沙皇惊讶地问道："不是要把我们转移到别处？"随后，沙皇一行全部遭到枪决。据说，一行人的尸体被运往附近的一座废弃矿井，焚烧后骨灰埋在沼泽地里。第二天夜里，在位于叶卡捷琳堡东北250英里的工业城市阿拉帕耶夫斯克（Alapayevsk），另外七名皇室成员——帕雷亲王（Prince Palei）①、谢尔盖大公（Grand Duke Sergei）的遗孀②、塞尔维亚公主海伦娜（Princess Helena of Serbia）③及四位大公——遭到枪杀，尸体被抛入矿井。④

两起处决，据说都受到莫斯科方面、中央执行委员会主席雅各布·斯维尔德洛夫的监督。此人是苏维埃政府最高级别的官员之一，也是列宁的知交好友；因此此举很有可能也得到了领导人的授意。后来，列宁曾对他的同志们说："不采取强有力的方式，怎能取得革命胜利？各位真的以为有可能吗？那么你们想怎么办？在如此激烈的斗争中，还有仁慈可言吗？欧洲在封锁我们，欧洲无产阶级的援助也指望不上，反革命势力正从四面八方向我

---

① 弗拉基米尔·帕雷（1897—1918），尼古拉二世的堂弟。

② 伊丽莎白·费奥多罗芙娜（1864—1918），尼古拉二世的叔母。

③ 海伦娜·彼得罗夫娜（1884—1962），塞尔维亚公主，1911年嫁给俄国皇族、尼古拉二世的再从弟伊万·康斯坦丁诺维奇（Ivan Constantinovich）。

④ 作者托兰此段记载与比利时作家维克托·塞尔日（Victor Serge）出版于1930年的历史著作《俄国革命元年》（*Year One of the Russian Revolution*）相同。实际上，死于屠杀的是海伦娜之夫，海伦娜本人与两名子女一起生活到1962年。当日在阿拉帕耶夫斯克遭到处决的俄国皇族共有六人，分别是：谢尔盖·米哈伊罗维奇（尼古拉二世的堂叔）、伊万·康斯坦丁诺维奇、康斯坦丁·康斯坦丁诺维奇、伊戈尔·康斯坦丁诺维奇（以上三人为亲兄弟，皆是尼古拉二世的再从弟）、弗拉基米尔·帕雷、伊丽莎白·费奥多罗芙娜。

们发起进攻；如此紧要的关头，要我们心慈手软、宽宏大量？不好意思，我们不傻。”

列宁获知处决的消息，是在7月18日的一次全俄中央执行委员会会议上。当时会议正在讨论一项有关公共卫生的法令草案，斯维尔德洛夫走进来，在列宁身边坐下，低声说了几句话。列宁随即宣布道：“斯维尔德洛夫同志有一件事情向各位报告。”于是，药店学徒出身的斯维尔德洛夫平静地说出已根据乌拉尔区苏维埃的命令，在叶卡捷琳堡将沙皇枪决：“尼古拉企图逃亡，捷克人正在逼近。契卡批准了处决行动。”①

7月19日，莫斯科的报纸披露称沙皇已遭处决，但其余皇室成员都被“送往一处安全之所在”。② 当人们得知不止沙皇，连皇后、年幼的阿列克谢，甚至四名公主也被处刑后，许多人对沙皇皇室所持态度，便从愤恨转为了些许同情。③

随着内战愈演愈烈，弗朗西斯大使敦促身处沃洛格达的外交官们做好准备，一旦接到通知，可不经布尔什维克同意直接前往阿尔汉格尔。外交人民委员契切林也建议外交官们离开沃洛格达——不过不是去阿尔汉格尔，而是去莫斯科。契切林于23日电告弗朗西斯：“请来此地。危险逼近。明日动身或将不及。枪炮无眼，勿自取灭亡。”

弗朗西斯与同事磋商后，回电称：契切林自始至终关心众人之人身安全，全体外交官深表感激；因此，众人决定听从建议，离开沃洛格达。不过，

---

① 官方记录中，并未显示俄国将秘密处决一事通知协约国。不过，据在沃洛格达美国大使馆工作的二等秘书诺曼·阿穆尔(Norman Armor)回忆，不是17日就是18日，弗朗西斯大使从外交人民委员契切林那里接到一份“冷酷无情的”照会。照会“得意地宣称”沙皇已被秘密处决，并解释是捷克人逼近叶卡捷琳堡的举动迫使苏维埃进行处决。阿穆尔读完，立刻起草了一份措辞激烈的答复，但弗朗西斯指示他不要发出。——原注

② 处决之后的几个月里，一直有谣言称，罗曼诺夫皇室成员并没有被赶尽杀绝。几十年来，沙皇的幺女——安娜斯塔塞娅的生死之谜最引人注目。自称是安娜斯塔塞娅的女性不在少数，其中安娜·安德森(Anna Anderson)是最有可能的一人。不过，绝大多数权威人士对此进行否认，使她失去了人们的信任。布莱恩·霍兰(Brien Horan)是一名勤奋的研究人员，他有一份尚未发表的手稿，披露了一些信息，在我看来，增添了安娜·安德森的可信度。——原注

③ 1994年，DNA测试结果显示，安娜·安德森与俄国皇室并无血缘关系。2007年，尼古拉二世的四名子女遗体皆被发现，证明四人都已在1918年被处刑。

弗朗西斯的回电中没有提到他们的目的地是阿尔汉格尔，也没有说他们的计划是当天晚上便乘专列离开。

谁知，契切林打探到众人的去向，请求弗朗西斯重新考虑，并苦口婆心地劝导说："阿尔汉格尔预计将被包围，不适宜各位大使居住。"契切林的语气简直像是热情的房地产商，大谈莫斯科的住房条件何等优越，有"祥和而欢快的郊区"与华丽的别墅群。莫斯科已是俄国官方的中心城市，"友好的接待正等待着你们"。

契切林的要求有一定的诱人之处，只是协约国更希望看到友军的部队进驻阿尔汉格尔，而不是享受莫斯科的欢快生活。弗朗西斯接受指示，回复称北上之意已决，所有使团及其人员已在专列上待了 24 小时，只等莫斯科当局批一辆机车了。

契切林苦恼之余，只得选择听之任之。那天深夜，契切林发电报称机车已准备好，在阿尔汉格尔还为使团配备了一艘船。接着，契切林补充说道：我们再次强调，我们并不认为外交使节的个人离任行为带有政治含意。对于各位的离任，我们深表遗憾。情况演变至此，乃是出于令人痛惜的时局，并不以我们的意志为转移。那语气活像一个待客的主人，生怕自己招待不周。

午夜过后，专列终于从沃洛格达车站驶出。抵达阿尔汉格尔后，当地布尔什维克政府的代表团及一名莫斯科代表前来接待协约国使团。德维纳河(Dvina River)边停着一艘小型船只，莫斯科代表请众人上船，遭到弗朗西斯的拒绝。弗朗西斯解释称，各国使团希望先与各自的政府沟通，然后再离开俄国。专列周围布满卫兵，苏维埃官员们离开时，仍然一脸茫然。

诺曼·阿穆尔还留在沃洛格达，照顾留在城里的最后几个美国人。有人来通知阿穆尔，说附近有战斗正在进行，为确保安全，所有人都应转移至莫斯科。阿穆尔表示拒绝，对方则称政府会把美国人强行带去。阿穆尔打包行李，收拾到最后几份文件时，注意到空空如也的保险柜，突然灵机一动。他找来弗朗西斯的大礼帽——那帽子可以说象征着布尔什维克所憎恶的一切，将它放进保险柜，又在旁边摆了一张字条，上面写着"Dosvidanye(再见)"。阿穆尔锁上保险柜，并故意用红胶带封住三面，再用蜡加固，然后才坐上火车，前往莫斯科。①

7月26日，布尔什维克要员卡尔·拉狄克(Karl Radek)在《真理报》上发表一篇措辞激烈的文章，承认协约国外交官离开沃洛格达一事。文章与契切林的甜言蜜语不同，清楚地揭示了苏维埃的政策、目标与担心。拉狄克指出自革命以来，协约国从“不放过任何机会支持反俄运动，借此疯狂地迫害俄国”；不过，苏维埃对此表现出容忍，因为他们不愿“与协约国的人民群众断绝联系”，且需要“较发达国家的经济援助”。

嬉笑怒骂的文章在结尾之处，递出一条橄榄枝，却有些逼迫之意。“俄国政府的目标，”拉狄克写道，“是与协约国人民群众保持友好关系；若协约国政府的代理人在俄国土地上煽动叛乱，决不宽恕。……协约国是时候给出最终的答复了：俄国究竟是你们的朋友，还是你们的敌人?”

弗朗西斯仍在与布尔什维克谈判，希望获得合适的船只，将外交官们载往摩尔曼斯克。最后，在7月28日清晨，全体外交官连同约70名英、法侨民登上了两艘小型轮船。

只是，弗朗西斯等人的离开，使得身处莫斯科的外交官同僚更加为难。布尔什维克确信，协约国正在谋划全面干涉。29日晚上，列宁在莫斯科苏维埃与城市工会联席会议上发表讲话，亲自发出警告，谴责英法两国煽动捷克人叛乱，并夸大英国在摩尔曼斯克军事行动的规模。列宁说，协约国正企图在苏维埃全境掀起内乱，迫使俄国卷入它们的帝国主义战争，“我们再次陷入战争，我们正身处战争之中。此次战争并非简单的内战，我们真正的对手是英法帝国主义。由于地理因素的阻碍，英法无法派遣军团来攻打俄国；他们只会倾其所能，提供无数的金钱、外交与军事援助，去支持我们的敌人”。

身处莫斯科的各协约国外交官犯了愁。列宁的讲话算是宣战吗？他们是否已经变成敌国领土上的人质了？次日早晨，外交官们去见外交委员契切林，就上述问题提出疑问。契切林有些窘迫，坚持说并不存在战争状态，

---

① 布尔什维克人打不开保险柜，最后只得用炸药炸开。后来，住所的管家告诉阿穆尔，那伙人发现保险柜里只有一顶礼帽，气得火冒三丈，如果阿穆尔落在他们手里，“一定会被就地处决”。——原注

只有“一种防卫状态”，并不一定意味着关系破裂。双方正在谈话之时，有人进来交给契切林一份电报。乌克兰方面的德军集团军群司令冯·艾希霍恩(von Eichhorn)元帅遭到刺杀，凶手是左翼社会革命党的一名年轻学生。契切林平素喜怒不形于色，此时一下子站起身来，挥舞着电报在房间里手舞足蹈：“瞧，外国势力违背人民的意愿强行干涉，就是这个下场。”

二

8月1日上午，一支协约国舰队逼近军事岛屿穆东(Mudyung)，决心让一支小型军事力量登陆阿尔汉格尔。穆东岛是阿尔汉格尔的屏障，如果协约国的战舰继续向前行进，无疑会受到岛上军事设施的攻击；当然，协约国自有对策，特工们早已安排好一场政变。白军海军军官格奥尔吉·埃尔莫拉维奇·卓别林(Georgi Ermolaevich Chaplin)发动针对岛上要塞的袭击，此人曾在沙俄海军服役，年纪不大，富有冒险精神。袭击行动组织得很好，只有两人受伤。

翌日，在百姓的热烈欢迎之中，协约国的舰队平静地驶入港口。登陆部队共1200人，包括一个法军营、英军皇家海军陆战队的一支分遣队，以及“奥林匹亚号”巡洋舰上的50名美军海军陆战队队员。城里没有苏维埃军队，他们在白军占领城市时就被赶了出去。于是，在这座堪称兵不血刃便拿下的阿尔汉格尔市，一个新的政府建立起来，领导人是知名的民粹主义者、社会党人N. V. 柴可夫斯基(N. V. Chaikovsky)。

苏维埃部队虽然在城中失利，却仍然驻留在附近地区。负责行动指挥的英军司令F. C. 普尔少将开始部署防卫带，50名美军海军陆战队队员在海军少尉的指挥下，热情洋溢地参与到行动之中。由于耐不住无聊，50名战士征用了一辆旧式机车，那机车以燃烧木材为动力，伸出一个漏斗形的烟囱；众人在机车后面挂上几节平板车，便乘着它去追击撤退的苏维埃部队。追击的过程，正如一部电视剧所描绘的那样，共追了约30英里，苏维埃军最后只得烧毁桥梁，接着双方用机枪与步枪展开短暂的交火。受伤的大概只有那名海军少尉，他被击中了腿部。如此一来，美国便正式卷入与苏维埃的冲突之中，尽管威尔逊曾宣称自己不希望美军参与任何有组织的干涉活动。威尔逊模棱两可的态度，将美国推到与布尔什维克不宣而战的境地；而另一方面，由于不宣而战也非出自真心实意，又惹得协约国各盟友深感恼火。

“总统先生担心的事情，今后究竟会不会发生，都取决于总统先生本人。”劳合·乔治前不久给驻华盛顿大使里丁发电报，授意里丁告诉威尔逊，只要美国“真正”采取行动，英国就会全力支持，“不过，我所担心的是，德国正对俄国虎视眈眈，如果我们拖得太久，恐怕来不及挽救俄国。……目前若不果断采取行动，我很担心德国会利用俄国内部的亲德分子，想方设法打倒真正的自由派，还会搜捕捷克斯洛伐克人，或将他们驱逐出西伯利亚；若是那样，俄国的力量就会遭到削弱，并在今后的战争中沦为一支无足轻重的势力。我之所以主张干涉，既因为我是民主主义者，也因为我想赢得战争。”可惜的是，无论是实用主义者劳合·乔治，还是理想主义者威尔逊，都不清楚苦苦挣扎的苏维埃共和国究竟拥有何等顽强的力量，又怀有怎样的终极目标。在两人看来，对德战争是一盘大棋，俄国只是棋盘上的卒子之一而已。

而另一方面，布尔什维克对北边那支协约国小部队估计过高，甚至命令契切林谋求德国的军事援助。8 月 2 日，契切林毕恭毕敬地前去拜访卡尔·黑尔费里希(Karl Helfferich)，此人是接替米尔巴赫的新任德国驻俄大使。契切林说，两国依然不可能结成公开的军事同盟，德军也不能进入彼得格勒，但他请求德国立即对北部地区的英军采取军事行动。此外，契切林还要求德军对哥萨克白军发动进攻。那无异于老鼠不想丧命此猫之口，却去向另一只猫求援。

黑尔费里希向柏林方面报告称契切林“此举”暴露出苏维埃虚弱的事实，并敦促上司“假意同意俄国的请求，并尽可能地为此做好军事准备，最后时刻倒戈一击，与哥萨克各领袖站在同一阵线，对抗布尔什维克”。德国外交大臣冯·辛慈海军少将反对推翻布尔什维克，并立即将黑尔费里希召回柏林。鲁登道夫听闻消息，大怒不已。他认为德军在东部有足够的力量驱逐英军，并消灭布尔什维克。鲁登道夫告诉辛慈，德军可以随时开进俄国，建立起一个“受到人民支持”的新政府。

辛慈对德俄关系做出精辟的分析，否定了鲁登道夫那鼠目寸光的见解。

在电报中，辛慈指出，一个受到人民支持的俄国政府，不需要德国来扶持，“我国在俄国没有任何值得信任的朋友；如果有人告诉阁下说有，那他是在自欺欺人”。尽管布尔什维克当前根基不稳，但在短时间内，他们不可能倒台。况且，布尔什维克政权迅速倒台，对德国也并无益处。“我们是否喜欢与布尔什维克合作，那无关紧要；只要有利，就应该实行。以史为鉴，在政治上感情用事，往往要付出高昂的代价。……如今之世，乃至今后很长一段时间内，政治都只是功利主义行为。”归根结底，德国希望东部处于什么状态？“是俄国的军事瘫痪。在这方面，布尔什维克比其他任何俄国政党做得都好、更彻底，而且还不用我们耗费一兵一卒。扶植新的政府，是要对俄国敲骨吸髓；无论是布尔什维克，还是其他俄国人，都不可能为此感谢德国。俄国已陷入疲软，我们为此庆幸，那便足矣。”

德皇及首相格奥尔格·冯·赫特林读过电报后，回复称二人“完全同意”辛慈的政策。鲁登道夫只好屈服，但先提出条件表示希望“在摩尔曼斯克沿岸与英军作战，伺机攻占彼得格勒”。讽刺的是，第二天就是8月8日，“黑暗之日”。针对协约国在俄部队的任何行动都化为泡影，德军在东部的所有可用的军事力量都只得转移到西部。

协约国部队登陆阿尔汉格尔的消息传到莫斯科，是在四天之前。最初的报道遭到严重夸大。一名消息人士称，抵达阿尔汉格尔的协约国军队足有十万之众。据洛克哈特的记录，此时首都“陷入疯狂之中”。令人恐慌的消息一个接一个。有消息称日本派遣七个师，穿越西伯利亚来帮助捷克人，“甚至连布尔什维克也吓破了胆，开始整理档案材料”。契切林的助手告诉洛克哈特，布尔什维克虽然失利，但决不会投降。他们会转入地下，战斗到底。

契切林进退维谷，给美国领事德威特·普尔写了一封信，暗示英国是一切干涉行动的幕后黑手：“既然您已明言，贵国人民无意推翻苏维埃，那么我们便要问：英国究竟打什么算盘，您可否向我们阐明？苏维埃政府是贫苦农民的政府，是有史以来最得民心的政府。英国的目的，是摧毁它吗？是反革命吗？……我只得如此假设。大英帝国意图恢复世上最残酷的暴政——沙皇专制。又或者说，其目的只是想占领某些城镇，从我国手中夺走部分领土?”

据洛克哈特回忆，当时的莫斯科惊恐万状，难以形容。次日上午，洛克哈特前往尤苏波夫宫（Yusupov Palace）拜访英国总领事，发现整座建筑已被契卡特务团团包围。契卡在楼下盘问领事馆官员时，英方情报人员在楼上忙着烧毁密码记录与机密档案。浓烟从烟囱里冒出来，走廊里满是烟味。当天天气很是炎热，不过契卡特务倒是没有怀疑什么，只是将尤苏波夫宫里的所有人全部拘禁起来。洛克哈特及其助手逃过一劫，因为他们持有托洛茨基的通行证。

包括领事馆官员在内，约 200 名英、法公民遭到拘捕。美国领事普尔获知此事，不知如何是好；因为当时无人可与他商议，弗朗西斯大使身在摩尔曼斯克，与华盛顿的所有通信也被切断了。普尔走投无路，认定万事皆休。于是在次日烧毁密码记录，关闭办公室，带领其他美国人前往挪威使馆寻求庇护。

8 月 9 日，布尔什维克终于获知，在阿尔汉格尔登陆的协约国部队其实少之又少。恐慌氛围顿时无影无踪，松了口气的苏维埃政府将领事馆官员释放。不过，协约国外交官们明白，自己依旧处于无依无靠的境地，随时都可能爆发一次新的危机。各国外交官纷纷降下国旗，将他们的代表权交给中立国的同行。

布尔什维克既无外患，便着手处理内忧。8 月 9 日同一天，列宁下令“镇压富农阶级、神权阶级、白军残党”。一周之后，《消息报》发表文章，呼吁将全部白军伤员处以极刑；此举使得运动加速发展：“在内战中，不可对敌人进行审判。不是你死，便是我亡。”

这是一份令人震撼的宣言，其矛头不仅指向白军的威胁，同时指向那些企图阴谋推翻布尔什维克之人。在数不胜数的阴谋之中，右翼社会革命党的计划最具危险性。在前不久举行的右翼社会革命党第八届全国委员会会议上，通过一项决议，认为布尔什维克的政策威胁到俄国的独立，“只有消灭布尔什维克政府，才能消弭危险”。针对布尔什维克领袖——列宁与托洛茨基的“排除”任务，交与一个身处彼得格勒的严密“战斗组织”执行。该组织约由 10 人组成，整个 7 月份一直待在莫斯科，监视列宁。列宁改掉了在大街上散步的习惯，转而在克里姆林宫里散步。克里姆林宫由拉脱维亚卫队严密把守，刺客无从下手，枪杀的唯一机会只剩下公开演讲。刺杀组织获悉，8 月 30 日晚间，列宁可能会在米凯尔森（Mikhelson）工厂向工人发表演说。刺杀组织认为该消息有一定可信度，便让范妮·卡普兰（此人另一个名字“朵拉”更为人熟知）到场踩点。此人是该组织内四名杀手之一，当时 28 岁，父亲是一个犹太裔教师。沙皇统治时期，卡普兰做了 11 年苦工；而如今，她却认为必须杀死列宁，因为列宁是“革命的叛徒”，其存在“使社会主义信誉扫地”。

列宁来到米凯尔森工厂发表演说，严厉谴责协约国。演说结尾，列宁大声疾呼：寄生于人民的资产阶级匪类、英法协约国（“却披着自由平等的外衣”）与无产阶级之间终于划清了战线，“我们只有两条出路：要么胜利，要么死亡！”

列宁离开发表演说的建筑，走向汽车时，工厂工人一直簇拥着他。在激昂的氛围之中，卡普兰蹑手蹑脚接近列宁，向他开了两枪。一颗子弹打中列宁的左肩；另一颗子弹穿过颈部，擦过左肺，射入右锁骨附近。卡普兰当场被捕。

列宁拒绝被送往医院，命令司机把自己送回克里姆林宫的住处。根据后来苏联共产党方面的档案记载，当时列宁奇迹般地爬了两层楼，自己走回了房间。邦奇-布吕耶维奇（Bonch-Bruyevich）将军在列宁的肩伤处涂抹碘酒，几分钟后，将军的妻子给列宁进行治疗，她的职业正是医生。

列宁说自己心脏疼，医生告诉他只是手臂受伤而已。刚刚睡下不久，列宁又突然惊醒，说道：“他们为什么要折磨我？为什么不直接杀了我？”列宁觉得自己撑不住了，不断地重复道：“什么时候是个头？”于是医生给他注射了吗啡。

一名外科医生在列宁的颈部找到第二处伤口。此时列宁肺部已充血，疼痛难忍，开始咳嗽并吐血。列宁的妻子不顾自己带病在身，整夜陪在他身旁。

三

次日清晨，大量的消息、决议及电报涌入克里姆林宫。德国外交大臣冯·辛慈对列宁表示慰问，希望列宁尽快康复。俄国东部战线发来电报称，弗拉基米尔·伊里奇（Vladimir Ilytch）①同志的伤，就是他们自己的伤。军队里的社会党人通过一项决议，要求处死反革命分子："你们搞白色恐怖，我们就以血腥的红色革命回敬。血债血还！"各种工农组织也发来类似的决议。布尔什维克匆匆建立起一个打击反革命分子的特别委员会，不出数小时，已枪决许多反革命分子。

8月31日整整一天，各劳工组织的代表一直守在莫斯科苏维埃总部周围，希望得到列宁伤情好转的消息。一个医生团队发现列宁的伤口并不是那么严重，不过那并没有减弱人们对反革命分子的愤慨之情。全国各地的报纸以激烈的言辞表达共同的愤怒。彼得格勒《红报》（*Krasnaya Gazeta*）称："既然反革命资产阶级分子及白军无情，那就休怪我们不义"。

口头的宣言最终付诸实践。契卡率领一帮彼得格勒的武装特工，于下午5点冲进英国大使馆。海军武官F. N. A. 克罗米（F. N. A. Cromie）上校是大使馆中的高级官员，他勇敢地挡在特工面前。特工向他喊道：一边站着去，不然我们就杀你。克罗米拔出手枪，射杀一名契卡特工，击伤另外两人。特工连开数枪，将克罗米当场击杀。随后，特工将领事馆全体人员、各使团成员及几个恰巧在场的侨民押到契卡总部。后来，这批人又被转移到彼得保罗要塞（Fortress of Peter and Paul），要塞里全是俄国犯人，早已人满为患，20名囚犯挤在一个小单间里。

契卡的另一个目标是布鲁斯·洛克哈特。前不久，另一名英国间谍——西德尼·赖利（Sidney Reilly）企图贿赂著名的拉脱维亚卫队成员，要求他们绑架列宁；计划尚未得手，便遭到契卡察觉。契卡认为此次阴谋的幕

---

① 列宁本名弗拉基米尔·伊里奇·乌里扬诺夫（Vladimir Ilyich Ulyanov），"列宁"原是笔名。

后黑手其实是洛克哈特，于是下令立即逮捕。

9月1日凌晨3点30分，洛克哈特在莫斯科的寓所内熟睡，突然被一阵响声吵醒。他睁开眼睛，发现一支左轮手枪顶在头上，大约10个人站在房间里，全副武装。洛克哈特认识带头的那人，便问他是什么意思。

“不许发问，立即穿衣，跟我到卢比扬卡11号(Loubianka No. 11)走一趟。”

洛克哈特被带到契卡总部，先在一间小屋里等了很久，然后又被带到一所狭长昏暗的屋子里，整个房间只有桌子上的手提灯亮着光。桌子对面坐的那人身着俄式白衬衫，正是雅各布·彼得斯。此人又名杰克(Jake)，乃是拉脱维亚人，年纪不大，头发微卷，鼻子高挺。彼得斯在政治流亡期间寓居伦敦，娶了一个英国姑娘，说话一口伦敦腔。革命后，他把妻子留在英国，只身回到俄国，成为契卡负责人的左膀右臂。

“情况发展到这个地步，我也很不好意思。”彼得斯以同情的口吻说道，“事情有点闹大了。”

洛克哈特要求与契切林谈谈，彼得斯对此充耳不闻，只是问道：“那个叫卡普兰的女人，您认识吗？”洛克哈特并不认识她，尽量平心静气地抗议，称彼得斯无权质问自己。“赖利去哪儿了？”彼得斯又问。于是洛克哈特重申自己的抗议。然后，彼得斯掏出一张纸，洛克哈特这才明白大事不妙。当初有两名拉脱维亚士兵想投靠英国，那张纸正是洛克哈特批给两人的通行证；之后洛克哈特还指示两人与西德尼·赖利接触。

“是您的字迹吗？”彼得斯问道。洛克哈特再次彬彬有礼地表示自己不会回答任何问题。彼得斯并不想威吓犯人：“为了您好，我建议您说实话。”

洛克哈特始终沉默。虽然洛克哈特认为自己与刺杀事件毫不相干，不过赖利的名字与通行证的事情很让他心里打鼓。那两名拉脱维亚士兵可能是假投降，目的正是要让间谍自投罗网。洛克哈特知道赖利确实打算在莫斯科策划一场反革命活动，不过他本人认为那想法不切实际，所以并未参与其中。

早晨6点，一名女子被带到洛克哈特的房间。此人一头长发，目光呆滞，黑眼圈大得惊人。洛克哈特猜想此人便是那个刺客卡普兰；契卡把她带来，是希望她能够指认自己。“她故作镇定，走到床边，用手托着下巴，望着窗外的曙光。她静静地待在那里，纹丝不动，一言不发，一副听天由命的样子。没过多久，卫兵便把她带走了。”

又过了三个小时，彼得斯告诉洛克哈特他可以走了。那是个星期天的早上，天下着雨，洛克哈特乘一辆四轮马车回到寓所，却发现房间里一片狼藉，用人不见踪影，莫拉也被带到契卡那里去了。

洛克哈特一下子颓丧起来。他焦急地赶往红十字会，去找罗宾斯的继任者。此人答应想办法把莫拉和用人们弄出来，并告诉洛克哈特，契切林答应次日与他见一面。“我步行走回自己的寓所，那空荡的街道至今记忆犹新。人们忙着自己的事情，行色匆匆，左顾右盼。各个街角都有小队士兵把守。整座城市的氛围，仅在 48 个小时里就彻底变了样子。”

一时间，“洛克哈特阴谋”的新闻登上莫斯科各家报纸头条。俄国官方发表了一份声明，称阴谋已被揭穿，并指责此事“由英法外交官领导策动，核心成员包括英国使团首席代表洛克哈特、法国领事格雷纳尔(Grenard)将军、法国将领拉韦涅(Lavergne)等人”。

面对复仇行为，美国领事普尔向华盛顿方面通报，并建议：协约国与中立国应共同针对“当下这种残忍的、盲目性的复仇行为”进行谴责，并发表了一份看似正义的声明——若不停止复仇，各国将不允许现任政府成员日后寻求避难。“另一个切实有效的办法是军事措施，即从北方快速推进。事情不能只做一半，那太残忍了。因为我军的登陆，布尔什维克才满腔愤恨地展开报复；因此，保护那无数惨遭报复的无辜群众，义不容辞。”

就在普尔向华盛顿提出建议的同时，俄国内政人民委员彼得罗夫斯基(Petrovsky)签署一条法令，要求对反革命实施大规模的逮捕。

——

9 月 3 日晚上，驻彼得格勒的各国外交使节举行会议，讨论采取联合行动，抗议布尔什维克针对外国侨民的破天荒之举。出人意料的是，德国与奥地利的总领事也出席会议，并与众人一道前往格里戈里·季诺维也夫的寓所；此人是列宁的老同志，时任北方区域公社联盟人民委员会(Council of People's Commissars of the Northern Commune)主席。等了一会儿，季诺维也夫才出来会客。众人就复仇事件表示抗议，并要求：任何外国人受到指控，接受审查时，都应安排一名中立国代表在场。季诺维也夫一脸不情愿地听完，表示此事必须先与同僚商议，并对德国总领事“以人道主义名义”抗议“布尔什维克目前实行的政策”感到震惊。德国总领事此前还曾强烈谴责季诺维也夫“杀气腾腾”的讲话，并表示，尽管“德国正在与英法两国交战，被捕的是英法两国公民，但面对布尔什维克当下的路线方针，德国只有与中立国代表联合起来，发表抗议”。

次日，在为克罗米上校举行的国葬上，彼得格勒的国际团结得到生动的展现。壮观的队伍缓缓走过涅瓦河（Neva）大桥，在驱逐舰甲板上的红军战士见状，纷纷起立敬礼。而在莫斯科，普尔怒火中烧，在给契切林个人的信中说：“对布尔什维克的行为，您居然表示赞同，真让我大失所望。您所为之奋斗的事业，如今正走在道德悬崖的边缘，摇摇欲坠。”

荷兰公使奥登代克（Oudendijk）则认为，普尔的呼吁纯属徒劳。奥登代克向上级汇报称：苏维埃政府不会屈服于外国势力，自己已向契切林提出抗议，“苏维埃政府中的每一个人，都会为此付出代价”，且那一天不会太远。“不过，尽管我据理力陈，契切林仍不肯做出任何明确的承诺。布尔什维克已破釜沉舟，事到如今，他们已与我们渐行渐远。”

洛克哈特一心扑在营救莫拉身上。在外交部，洛克哈特抗议说，苏维埃报纸上刊登的所谓“洛克哈特阴谋”子虚乌有。加拉罕（Karakhan）①似乎心情不错，笑着打趣道：“你也体会到了吧？忍受对方的新闻报道就是这么痛苦。”不过加拉罕认为莫拉获释的希望不大。绝望之下，洛克哈特决定去找彼得斯，因为他之前曾展露出某种同情态度。卢比扬卡监狱曾是一家保险公司的办事处，洛克哈特的到来引起了卫兵的轰动。等了好一会儿，彼得斯才出现。洛克哈特请求释放莫拉，并发誓称：所谓阴谋纯属捏造，即便真有其事，莫拉也毫不知情。

彼得斯彬彬有礼，耐心听完洛克哈特的话，并保证自己会考虑认为莫拉无罪的陈述。“您来得正好，帮我省了不少事。”彼得斯说，“我的人找您找了快一个小时。这是您的逮捕令，您的英国、法国同僚都已经进去了。”

---

① 列夫·加拉罕（1889—1937），俄国外交官，时任副外交人民委员。

四

尽管阿尔汉格尔登陆部队中存在美军的身影，莫斯科方面依然希望美国不会在干涉之中起主要作用。前一日，契切林向中央委员会解释为什么美国公民没有像其他协约国公民一样遭到拘留："原因是尽管美国政府在盟友的压力之下被迫同意干涉，但迄今为止，美国只是形式上参与；在我方看来，美国并非没有回头路可走。"

契切林的话刚通过《真理报》传达给党员，就有4500名美军乘三艘英国运输船登陆阿尔汉格尔。那些士兵大多来自底特律(Detroit)与密尔沃基(Milwaukee)，收到部队分发的雪橇、雪鞋，各个士兵纳闷不已，还以为是要去度假之类。24小时后，即8月5日①，登陆的美军中的一个战斗营登上棚车，被运往阿尔汉格尔以南75英里处的奥博泽尔斯卡亚(Obozerskaya)，英法部队正在此地与苏维埃红军作战。而美军的另一个营则与皇家苏格兰兵团的一个营共同行动，他们登上船只，沿德维纳河逆流而上100英里，与英军的一小股部队汇合；这支混杂部队准备攻夺贝雷尼克(Bereznik)，以便在冬季到来之时安营扎寨。

苏维埃方面似乎尚未得到美军登陆的消息。9月6日，苏维埃政府下令逮捕协约国驻莫斯科外交官员时，美国官员被排除在外。当时，协约国官员正好在美国前领事馆内与普尔会面，契卡没有闯进去，只是在大街上等着，出来一个便逮捕一个。普尔连忙冲出大门，把同行们拖回来，并警告契卡不得进入。契卡没有进入领事馆，却在周围设下岗哨，并切断水电，准备打一个围歼战。幸运的是，地下室里还有大量红十字会的物资；而且不知什么原因，水龙头中有一个还能正常使用。在接下来的日子里，为了迷惑围守在外的契卡，每逢下雨天，外交官们都会把浴缸搬到院子里接水。

那天下午，洛克哈特正在卢比扬卡的牢房里读书时，契卡的二把手彼得斯进来找他聊天。两人谈到英国，谈到彼得斯的那个英国妻子，谈到战争、

---

① 似当为9月5日，疑原文有误。

资本主义与革命，“彼得斯告诉我，他每签署一份死亡判决书，身体都会感到一阵疼痛。我相信那是真的。此人天性之中含有一种多愁善感的气质，不过……他怀有一种责任感，去追逐布尔什维克的目标”。

同一天，英国方面对克罗米上校被杀一事表达了强烈愤慨，终于传到契切林那里。贝尔福要求立即严惩相关人员：

> 若俄国苏维埃政府不能完全履行上述条件，或对英国臣民采取任何进一步的暴力行为，大英帝国政府将追究苏维埃政府成员之个人责任，并尽一切努力，确保其被一切文明国家之政府视为不法分子，拒绝予以任何庇护。

贝尔福的话不仅是口头威胁。此前，苏维埃驻伦敦全权大使马克西姆·李维诺夫（Maxim Litvinov）曾挑选25名俄国人，英国决定将他们友好遣返；此时，英方不仅撤销该决定，甚至对李维诺夫及其属下进行预防性拘留，并表示只有英国代表离开俄国，才会将李维诺夫等人释放。

契切林次日发表声明，指责英国使团首席代表洛克哈特从事阴谋活动，并宣称驻彼得格勒英使馆“实质上已沦为阴谋分子的大本营”。不过为维护海外俄国人的权益，契切林表示，只要俄国公民获准离开英国及法国，苏维埃政府愿意遣还包括洛克哈特在内的全体协约国在押人员。

五

月初，在堪萨斯城（Kansas City）火车站，威廉·S. 格雷夫斯（William S. Graves）少将接到一份简报。战争部部长贝克用10分钟为他讲述新任务：率领一支美国远征军前往西伯利亚。接着，贝克交给格雷夫斯（Graves）一个密封的信封，里面装的正是总统那份7月17日的备忘录。“里面是合众国政府的对俄新政策，请务必遵守。”贝克说道，“每走一步，都要当心；你是踩在装满炸药的鸡蛋上。愿上帝保佑你。再见！”格雷夫斯是个很有才能的将领，但他对俄国知之甚少，只能带着满腔疑虑走上征途。

远征军共由 9000 人组成，格雷夫斯率领的是其中一支分遣队，于劳动节[①]那天抵达符拉迪沃斯托克。格雷夫斯的核心任务，原本是救援四面楚歌的捷克部队；不过 48 小时前，符拉迪沃斯托克已派出一支捷克援军，因此格雷夫斯无须行动。根据威尔逊的指示，目前格雷夫斯唯一的正当目标，是保护俄国部队今后可能需要的军事物资。问题是，俄国部队是哪支部队？是布尔什维克军，还是白军？“如果我把一件衬衫交给一名俄国人，那么我就难逃指责，说我试图帮助此人所属的那一方。”

几天之后，英国军事特派团团长阿尔弗雷德·诺克斯（Alfred Knox）来到符拉迪沃斯托克。此人能讲俄语，从坦能堡战役（Battle of Tannenberg）到红色革命，一直以外交武官的身份注视着沙皇军队的命运。诺克斯反对布尔什维克政权，从一开始就敦促协约国进行干涉，并支持亚历山大·高尔察克（Aleksandr Kolchak）海军上将领导的白军。高尔察克是前沙俄黑海舰队司令，一直在西伯利亚与布尔什维克作战。格雷夫斯则强烈反对在西伯利亚扶植反动政权。一方面是迫切要与布尔什维克作战的盟友，一方面是总统的指示；格雷夫斯实在不知道自己如何做才能两全。“我时常在想，自己有些倒霉，一头扎进符拉迪沃斯托克的混乱之中，却对那座城市一无所知；而我对西伯利亚情况的了解，还不如符拉迪沃斯托克。不过，有时我却认为，在此等情况下，无知其实是一种幸运，甚至可以说好处多多。”格雷夫斯不顾英方的施压与请求，拒不采取超出威尔逊备忘录精神的行动，恪守中立立场。除非华盛顿方面给出明确的命令，否则格雷夫斯不会指挥美军在俄国东部进行军事干涉。

俄国西部，在布尔什维克军失利后，弗朗西斯大使回到阿尔汉格尔。与格雷夫斯一样，弗朗西斯也接到同样含糊不清的指示，要求他保护军需品。不过，弗朗西斯将指示解读为希望他进行干涉。“如果没有得到指示，”列宁遇刺数天前，弗朗西斯在给华盛顿方面的报告中说，“我将……鼓励美军……进驻内陆地区，如科特拉斯（Kotlas）、苏霍那（Sukhona）及沃洛格达等地。因为上述城市与彼得格勒、莫斯科一样，贮存着战争物资——正是苏

① 此处指的是美国劳动节，即 9 月的第一个星期一。1918 年的劳动节是 9 月 2 日。

维埃政府从阿尔汉格尔转运去的那些物资。”换言之，在弗朗西斯看来，威尔逊的话不仅意味着派遣美军在西伯利亚大铁路数百英里的沿线地区与红军作战，还意味着要向莫斯科及彼得格勒发动进攻。

弗朗西斯阅读国务卿兰辛的复电时，开头大感宽慰，却对结尾不解。“国务院完全同意你的行动。请务必遵照 9 月 9 日下午 6 时发给你的国务院第 253 号电报中所规定的政策，确定你未来的行动方针。”兰辛的指示实际上重申了威尔逊备忘录的精神，对美军行动的限制强调得更为明确。指示称，美国政府“并不认为自己有能力参加来自符拉迪沃斯托克、摩尔曼斯克或阿尔汉格尔的大规模、有组织的干涉行动”。此一明确的警告，在干涉与否之间划清了界限。然而，兰辛在给弗朗西斯下达指示后，紧跟着一句话，可以理解为完全相反的意思：“当然，你也明白，在军事问题上，斯图尔特(Stewart)①上校受到普尔将军的辖制。”换言之，俄国北部的美军指挥官必须服从英军指挥官的命令进行干涉。因此，弗朗西斯经过一番苦思冥想，给出一个情理之中的结论：兰辛希望自己一如既往地支持干涉，不管公开电文上怎么说。

在西部战线之外，各地只剩下零星的战事。此前一段时间，协约国部队在巴尔干地区一直无仗可打，加之各种疾病带来的伤亡损失，可谓一事无成；此时情况有所好转，英-法-塞尔维亚-希腊联军正准备发动一场攻势，旨在一举打垮保加利亚，迫使其退出战争。另外，艾伦比的部队也已准备停当，即将在巴勒斯坦发动全面进攻。

---

① 乔治·斯图尔特(1872—1946)，美国陆军军官，在文中所述的北俄干涉行动中指挥第 339 步兵团。

第十三章　“那里的事情不了结，我们就回不来。”

8月27日至10月5日

一

8月27日，黑格写信给福煦，敦促他让法国战场上的140万美军“立即”做好战斗准备，“以保证随时可以推进战线，此事意义重大”。另外，黑格也给潘兴写了信。此前，美军抽出五个师与英军进行协同训练；前不久黑格将他们及时交还美军，潘兴为此表示感谢。不过，对于美军抽出部队训练一事，黑格意见很大；因为那些部队如果投入战场，本应发挥更大的作用。黑格略带讥讽地写道：战事正酣之际，潘兴却抽走超过15万人的部队，希望今后的事态能证明此举的正当性吧。“目前阶段，”黑格在日记中写道，“我的看法只有一个：此处战线上的德军早已战意尽失、无力再战，如果美军当时选择投入战斗，协约国就会取得决定性的战果。”至于潘兴，当时正在急于准备圣米耶勒突出部攻击行动——此战将是对“美军领导权”的首次实战考验。

两天后，黑格与福煦会面。福煦要求黑格对某个阵地发动进攻，而黑格认为攻占该阵地代价极高，人员及坦克的损失都会很大，便断然拒绝，称：“在使用英军方面，我要对我国政府及人民负责。”福煦不愿自讨没趣，便放弃了。此日是8月29日，两人会面时已不再剑拔弩张，但紧张关系依然存在。在日记中，黑格以不乏得意的语气写道，英军左翼的法军进攻并不顺利。“据说，眼下法军之中，士气高昂的师已寥寥无几，绝大多数都是‘厌战’状态。”

黑格与盟友之间的关系，由于其上司的一番言论而进一步恶化。9月1日，即列宁遇刺的次日，黑格收到威尔逊将军发来的一封私人电报，告诫他在即将对兴登堡防线发动的攻势中避免造成“重大损失”，以免战时内阁为之操心。

将电报交给黑格的是戴维森将军，他估计黑格读完，可能会吹胡子瞪眼。谁知黑格读完电报，只是将它放在一边，抬眼看着戴维森，平静地问：你还在这儿杵着干什么？其实，黑格元帅早已怒火中烧。威尔逊是作为总参谋长，在给前线总司令发电报，如此重大的消息，怎能采用私人电报的形式？那是因为战时内阁准备暗中干预战局，却又不敢公开说：他们不会为任何一次失败承担责任，却要在每一场胜利后霸占功劳！“毫无疑问，此封电报的目的是在战争失利的情况下拯救首相（劳合·乔治）的命运。”黑格进攻兴登堡防线，如果大获全胜，那总司令还可以继续做下去，“一旦战败，或者损失惨重，那帮人可不会饶过我！……目前那些高高在上的大人物中，懦夫实在是太多了”。

尽管有着种种不愉快，黑格的部队依然在持续进攻，德军正逐步撤往兴登堡防线。当日白天，澳军夺取圣昆廷山，沿索姆河与敌军对峙；天黑之后，澳大利亚-新西兰部队将大部分野战炮及重炮运过索姆河，整师的部队则从佩罗讷以南的堤道渡河，去增援位于佩罗讷镇的第14旅。当澳军炮兵进入阵地，为次日清晨的炮击做准备时，英军第1集团军正与加拿大部队一道，准备对德罗库尔-凯昂（Drocourt-Quéant）阵地发动进攻；该阵地处于兴登堡防线向北延伸的位置。二等兵霍华德·库珀所属的部队已乘伦敦巴士来到该地区，此时的库珀是一名通信员。到凌晨2时30分，仍然没人知道进攻的确切时间。每隔约4分钟，德军的数门重型榴弹炮便向附近的村落埃泰尔皮尼（Eterpigny）发射一批炮弹，除此之外再无其他枪炮之声。“此时真可谓万籁俱寂，静得让人毛骨悚然。月光之下人影闪动，士兵们压抑着紧张的情绪，聚集在附近，拿出朗姆酒来分着喝。……所有人都压低声音快速讲话，听起来的感觉，就像病人在夜里听人在自己卧室外面讲话一样。几名战友快速来到我们跟前，扛起几箱手榴弹，又消失在夜幕之中。接着，仿佛是对寂静发出抗议一般，榴弹炮呼啸而过，在埃泰尔皮尼炸开，声音震耳欲聋，来回激荡，久久不绝。”

到凌晨4点，部队全员已各就各位。一切准备停当，命令终于传来：炮击将于9月2日拂晓前凌晨5点准时开始。部队将在炮击持续10分钟后出发，接受弹幕掩护发起冲锋。

4点45分，情况没有任何异样。库珀安慰自己说，待在通信员的掩蔽区很安全。正当此时，部队副官让他带几个人前往一处迫击炮战壕。库珀瞥了一眼手表——差5分5点，不由得心里一紧。必须加快脚步，否则英军开炮时自己没有掩体保护，德军炮火无疑会还击；库珀想到这里，心里直打退堂鼓。友军的炮火同样可能打错目标。库珀领着一批新兵准备出发，带头的那名军官看起来极度紧张。“有多远？”那军官不安地问道，“天杀的大炮马上就要开火了。”说罢，他又看到几个披着防雨斗篷的身影蹲在哨所附近，低声惊呼道：“是德国佬！”说着便掏出左轮手枪。“别开枪，”库珀说道，“是自己人。”

身后响起一声枪响，那是进攻的信号！“刹那间，大炮齐鸣，雷鸣电闪，震耳欲聋。我们身后——自北向南——无数炮弹呼啸着飞过头顶，天空中闪烁着蓝色的光。”库珀开始跑时，炮弹一枚枚炸开，发出隆隆声响。空中冒着烟柱，弹片飞舞好似群星。对面的山脊上，敌军升起火箭，请求后备部队及炮兵提供支援。“我朝着掩体的方向跑去，身边没有任何掩护，耳朵什么都听不见，也不知道路该怎么走。突然，轰隆一声爆炸，泥土溅了我一身。那是我军的炮弹！我军大炮已杀红了眼，愈加无情地倾泻着怒火。一个念头从脑海中闪过：‘我没法阻止开炮，炮火停不下来。’炮弹呼啸着划过天空，随之而来的是震耳欲聋的爆炸、光芒刺眼的火花。那是货真价实的震耳欲聋。数百门大炮吐出火舌，映得天空发亮；机枪声噼噼啪啪无休无止，连串的子弹从头顶嗖嗖飞过。炮弹就在我身旁几码之外炸开，我弯下身子，匍匐在地，等到稍微安全时再重新站起来。最后，我终于抵达掩体，却不知道自己是如何抵达的。在掩体中，我听到大炮沸腾般的轰鸣声。德军大炮正在还击。不一会儿，巨大的炮弹便在掩体入口外炸开，一股热浪扑面而来。”

此时正好天亮，库珀看到刚才那名新兵军官慢慢朝自己走来；此人一只眼睛已瞎，一条手臂受伤。几名英国兵押着约200名德国人，突兀地从对面的山脊向下走来。炸开的炮弹越来越多，库珀听到上校喊了一声："通信员！"上校命令库珀与另一名通信员伯比奇（Burbidge）去A连送一条口信。又一枚炮弹落在外边，库珀与伯比奇立刻出发。两人沿着河岸走，前方是一片略有坡度的荒地。飞机发出尖鸣声掠过头顶，向德军阵地飞去。前面那片荒地遍地有炮弹炸开，四辆大型坦克向前隆隆驶去。突然，一枚子弹嗖的一声飞过，那是敌军狙击手射出的。两人跳进一个弹坑，发现四名英国兵的尸体列成一排，仍是匍匐射击的姿势。

"咱们出去吧。"伯比奇说道。两人爬出弹坑。突然，一阵机枪子弹飞来，两人又赶紧趴伏在地。

"离坦克远点！"库珀喊道，因为他看到可怕的炮火正朝着坦克逐步逼近。"每走几码，就能发现一名战死的弟兄。他们躺在地上，姿势惊悚，脸孔苍白，双目呆滞地望向天空。我们经过几处德军哨所，其中一处哨所有两具德军尸体，躺在边缘位置，好像生前在试图逃跑；一人的胸腔被炸裂，另一人没了脑袋。之后又经过一处，里面有一具尸体只剩下一块光秃秃的后背，没有四肢，居然还在冒着热气。"

两人终于抵达A连，接着又被派往D连。"荒原上处处是战死者的尸体，我们从其中穿行而过，不禁想到他们的母亲。那些可怜的母亲，很快就会收到噩耗吧。一片巨大的倒刺铁丝网中有一处缺口，六具尸体排成一列躺在那里，我估计他们都是死于机枪扫射。"地上横七竖八的尸体之中，也有身穿灰色制服的德国兵，身子佝偻在一起。两名通信员在一个弹坑里找到一名重伤的战友，把他扶起来送了回去。那名伤员的裤子已被自己的鲜血浸透了。

11点左右，德罗库尔-凯昂阵地的两条主要战线已被攻克，不过库珀听上校说预定计划尚未完成，进攻仍须继续。库珀与伯比奇又被派往C连，路上再次受到敌军狙击手的袭击。两人好不容易脱险，结果听到一声炮响，嗖的一声，一枚小型炮弹在两人正后方炸开。"狙击手打不中，所以敌人拿

'嗖嗖炮'(whiz-bang)①来对付我们。"两人匍匐在地，又一枚炮弹呼啸着袭来，几乎是擦着头皮过去，几乎瞬间便在身后几码处炸开。伯比奇喊道："咱们要被打死了。"

库珀也无能为力，只有默默祈祷上帝保佑。"嗖嗖炮"的炮弹接二连三在两人面前炸开，两名通信员强忍住持续炮击带来的不安与疲倦，沿Z字形不断前进。最终，两人抵达B连所在的战壕，附近散落着几具德军尸体。此处是德军第二道防线的第一条主战壕。B连也没人知道C连的位置。伯比奇已过度疲劳，无法行动，于是库珀只得独自前行。库珀来到一条被炸毁的火车轻轨旁，轨道看上去像是某种史前动物的骨架。对面远处是德国鬼子的战壕，空空荡荡，不知道里面是不是还埋伏着人。库珀连忙扔掉从德军那里虏获来的纽扣、徽章、硬币等纪念品，以防自己万一被俘遭到报复。库珀跳进去，沿战壕走着，一个人影都没有。战壕的尽头是一条公路，将战壕分作两段。库珀跳上去，迅速冲过公路。一挺机枪猛烈开火，所幸没有打中；库珀平安无事地跳入对面那段战壕之中。"我跳下去才发现，自己算是运气好的一个。'一叠'卡其色军服的尸体堆在里面，都是被机枪击中后倒在里面的，身体朝下，沿着战壕边，一个叠一个，总共有八九人，个个都是死气沉沉的表情，僵硬的手伸向四面八方。鲜血汇成小溪，此时早已干涸，表明一切都是子弹所为。我呆立原地，打量了他们一会儿，突然意识到，自己险些就成为其中的一员。那些尸体的腿毫无生气，我也不知道如何解释，死人的四肢不管怎么看，都像穿着衣服的假人模特。他们死前不久踩过泥地与画投弹线的粉笔，靴底还沾有泥土与白垩。他们的眼睛瞪得滚圆，好像凝视着'远方'；惨白的双手满是战争的痕迹，我很难想象，短短一小时之前，他们还在参加战争。"

此时库珀至少知道自己并非走在德军的战壕之中。他加快脚步，没过多久便找到了C连。一座掩蔽所外面躺着五具德军尸体，有的一半身体卡在入口处；其中一具尸体还是个少年，手里攥着一只黑白相间的小猫，那小猫抬头看向库珀。"旁边站着的一名士兵告诉我，部队攻下战壕后，便向掩

① 嗖嗖炮，小口径高速炮的俚称。

体里喊话，要德国兵出来。他们端着刺刀，在楼梯上面等着，其实上尉早有吩咐，‘把那群杂种通通戳死’。此举实在冷血无情，绝非大英军人所应为，我听着心生反感。在下一座掩蔽所的底层，我终于见到那名上尉。他躺在一个简陋的铺位上，看上去已有几分醉意。”

德罗库尔-凯昂阵地可谓要害部位，此处遭到突破，意味着兴登堡防线的南部已严重受损，加之澳军已攻克更南部的圣昆廷山，德军只得选择全面后撤。此一大块突出部，都是鲁登道夫在3月攻势中夺取而来。至此，德军不得不将其放弃。黑格得知不少德军士兵不战而降，于是在日记中写道："若此事属实，那么我认为战争不会持续太久了。今日之战，无疑是一场辉煌大胜。"

二

德国最高司令部已着手让国民做好最坏的准备。9月2日那天，兴登堡的一项声明出现在全国各地的标语牌及报纸版面上，传达给全体德国人民。“我们正在与敌人激战。”声明以这样一句话开头，“如果单凭数量就能赢得战争，那么德国早就被打垮了。敌人很清楚，单靠武力无法征服德意志及其盟友。”因此，敌人企图动摇人民的意志，“敌人想毒害我们的精神，他们的如意算盘是：德意志一旦精神遭到腐蚀，武器自然就会失去锋芒”。协约国飞机在向德国部队投掷炸弹时，同时投下大量小册子。兴登堡谈到此事，并认为那是成百上千的“毒箭”，在散播有关战局的谎言。那些敌军的小册子，许多正在流入德国本土，并在人民之中流传，“酒桌上、家里面、车间里、工厂里、街道上，处处都有人在谈论小册子”。此外，敌人为摧毁人民的意志，也在瑞士、荷兰及丹麦疯狂传播谣言，并迅速席卷全国。“休假在家的军人受到毒素的侵蚀，又通过信件将它传播到前线。敌人又一次喜上眉梢。……因此，德意志全体军民必须记住，如果你们看到此类传单、听到此类谣言，要明白那些是敌人散播的腐蚀之毒，而来自敌人的东西，对德国决不会有好处。……德意志全体军民，请提高警惕。”

英军那天突破德罗库尔防线的消息，同样传到威廉高地宫（Schloss

Wilhelmshöhe)。那天晚上，德皇用拳头敲着桌子。“败局已定！”德皇吼道，“悲哉德意志！”德皇快步走入餐厅，告诉各个访客，自己得到一条令人痛心的坏消息。“第 17 集团军惨败，两翼正受到敌军骚扰，不得不放弃突出部。如此一场大败，丢掉土地如此之多，在政治上无疑会造成灾难性的影响。”德皇情绪激动，开始数落众将之前的失败，“真不知道，阿韦讷那帮人都在瞎忙活些什么！ 7 月 15 日马恩河攻势开始时，我记得清清楚楚，法军后备部队不超过 8 个师，英军应该是不超过 13 个师。只不过敌人把几个师安排在维莱-科特雷森林，我们没有察觉，结果右翼就遭到突破，军队被迫后撤。从那以后，简直就是败仗连连。军队走上穷途末路，高级军官已死伤殆尽了。”德皇甚至有些歇斯底里，“没有别的意思！ 意思就是我们已经败了！”

在场众人无不目瞪口呆。餐厅一片死寂。有几个人试着安慰德皇。冯·穆勒海军上将不敢相信那是事实，并劝慰德皇说德军之前遇到过更艰难的处境，比如 1914 年秋天，当时弹尽粮绝，达达尼尔海峡随时可能陷落。德皇依旧闷闷不乐，坐下来准备吃点东西，却一口也吃不下，甚至一句话也说不出。第二天，德皇便卧床不起了。

德国民众尚不清楚西线失败到何种程度；有谣言称德军已全体溃不成军。为消除公众疑虑，威廉皇储于 9 月 4 日向新闻媒体发表声明称：“在战争中，遭到消灭的只会是敌人，不会是我们。我们不想消灭任何敌人，只是希望保全自己。……不应将‘胜利’一词理解为消灭敌人，而应理解为保全自己，不使自己遭到征服。”

在威廉高地宫，德皇遭受着神经衰弱的折磨。人们担心他可能会决定退位。奥古斯塔·维多莉亚(Augusta Victoria)皇后不顾自己刚从精神崩溃中恢复不久，迅速赶到皇帝榻前，成功使德皇恢复了力量与信心。到 9 月 6 日上午，德皇的病情已基本好转。冯·穆勒海军上将刚从柏林回来，与德皇一起散步。“由于皇后生病及西线传来坏消息，我有点神经衰弱。”德皇说道，“通过卧床休息，睡了 24 小时，现在我又健康如初了。”

三天之后，德皇感到身体已无异常，便前往埃森(Essen)参观克虏伯工厂，并向 1500 名钢铁工人发表演说。德皇的助手西格德·冯·伊尔森曼(Sigurd von Ilsemann)准备好一份演讲稿，谁知德皇弃之不用，选择即席演说。德皇的第一个失误是身上的灰色军装，工人最厌恶的正是军装；第二个失误是称工人为“亲爱的朋友们”，工人们阴郁的面孔上露出困惑之情——咱们什么时候成了朋友？德皇连续讲了30分钟，情绪十分激动，额头沁出汗珠。伊尔森曼在旁边听着，尴尬得如坐针毡。“有些话实在是不该讲的。”德皇谈到人民的苦难与饥馑，但那显然只是照本宣科，甚至还说：“人人都应各司其职。你敲打锤子，他操作机床，我执掌国政！”伊尔森曼注意到工人脸上露出冷笑。德皇滔滔不绝，谈论前线军人的勇气，谈论德意志的崇高伟业，谈论《圣经》，甚至还提到“朕之爱妻、尔等之国母”的严重病情，以图博取些许同情。

当德皇对那些怀疑战争结果之人提出责备时，工人的轻蔑变得越发露骨，场面十分难堪。“怀疑是对主最大的不虔敬。我秉持诚心，只简单地问一句：我们的怀疑真的有根据吗？回顾一下四年以来的战争吧。我们取得的成就是多么辉煌！”德皇呼吁人民意志应坚定如钢铁，并要求在场众人，凡是决定战斗到底，就高声喊“是！”根据演讲稿，此处应有众人齐声回应，声音响彻会场；结果只有寥寥几句回应，以及几声鬼鬼祟祟的窃笑，大多数人一片沉默，场面尴尬到极点。

三

黑格认为胜利在握，便在7日写信给威尔逊将军称，自己过几日想去伦敦：“就突然变化的军事形势做出阐释，说明情势对我军有利；此举必将使政府对今后人力物力的安排做出调整。”而在给妻子的信中，黑格说得更加直白：“虽然派给了飞机和坦克，可步兵总是得不到充足的兵员。其实那些机器都是花架子，真正能够打赢战争的还是步兵。”

丘吉尔此人很爱长时间留在前线。第二天，他冒着暴雨来到黑格的司令部。黑格元帅直截了当地说，协约国应尽快做出决定，“最好是本月或下个月，不要像内阁建议的那样，到明天春夏时分再做决定”。不出所料，军需大臣丘吉尔表示赞同，并热情地出谋划策，认为英国应从兵工厂中解放人力。当天晚些时候，黑格先与福煦见了一面，然后乘车前往加莱，登上“道格拉斯”号驱逐舰。军舰冒着恶劣的天气渡过海峡，50 分钟后便抵达福克斯通(Folkestone)。

不过，直到 9 月 10 日星期二上午，黑格才来到陆军部，与米尔纳勋爵展开重要会谈。黑格的讲话充满活力与激情。过去的四个星期大捷连连，俘虏敌军 7.7 万人，缴获大炮近 800 门。因此，此前的各种计划及措施，内阁都必须重新考虑。英军史上从未有过如此大胜。黑格让米尔纳放心，德军斗志正在迅速瓦解，“在我看来，那是落幕的开始”。战争的性质已发生改变，英军现在需要的是想办法扩大战果，以取得全面胜利。英国应将全部后备部队立刻派往法国战场。“现在采取有力行动，不久就能看到成果。”米尔纳表示完全同意，并答应尽力说服内阁。

——

在那条漫长曲折的战线另一端，潘兴将军仍在备战。自 1914 年以来，位于凡尔登以南 25 英里处的圣米耶勒突出地带，始终是一支直指巴黎的矛头。四年来，该地带既是对法国军事威望的一种挑衅，同时也妨碍着当地的交通运输。7 月时，福煦曾建议美军设法将其摧毁；黑格则始终反对在那里白费精力。黑格坚称，要想取得胜利，只能在佛兰德斯到默兹河(Meuse)一带发动集中攻击。然而，潘兴的倔强程度不下于黑格，坚持美军必须保持独立行动。最终，黑格元帅选择了让步。

8 月 30 日，潘兴接过整个圣米耶勒战区的指挥权，并与福煦会面。福煦拿出一份全线作战的总计划。“Tout le monde à la bataille!”[①]福煦喊道，人人作战！德军与英军交战中阵脚大乱，在埃纳河地区也已疲弱不堪。德军在逃跑，协约国必须扩大战果：法军负责梅斯尼尔，英军负责康布雷与圣昆廷。福煦夸张地打着手势说，如果上述攻势进展顺利，前途将一片大好；然而接下来的话，却让潘兴惊愕不已。福煦建议大幅度控制圣米耶勒地区的进攻规模，潘兴应当只对南部正面阵地发动攻击，迅速夺取之，然后将一部分师调往默兹河与阿尔贡之间，由法军第 2 集团军指挥。与此同时，美军也可以在法军第 2 集团军与第 4 集团军之间组织起一支军队，对阿尔贡发

① （法语）意为人人作战。

动联合攻势。

见潘兴面露不快，福煦立刻说道："我知道，自己提出的是些新想法，您可能需要考虑的时间。不过我想听听您的初步意见。"

"唔，元帅，这一变更太突兀了。此前我们向您提出建议，也已得到批准；目前正在朝着目标努力，实在不明白为何做出变更。"自始至终，潘兴都在争取美军作为独立部队作战，福煦此举或将打破独立作战的希望。面对潘兴的质疑，福煦只是说1918年战争的命运就取决于埃纳河地区。潘兴勃然大怒："福煦元帅，您前脚刚把战区的指挥权交给美军，后脚便要求缩减行动规模，全不顾攻势已迫在眉睫。您的目的只是调走我麾下的几个师，把它们编入法军第2集团军，然后让其他美军组成一个集团军，协同法军第4集团军在埃纳河地区作战。至于我，只能在打下圣米耶勒一个阵地后苦苦守着，再没什么事情可做。您这么做，实际上是摧毁了我们长久以来力图组建的美军集团军。"

福煦同情地回应说，只要潘兴答应新的作战方案，其他一切都好说；并表示自己也真心希望美军能集结在一起作战，问潘兴是否有更好的办法。两人谁都无法说服对方。在福煦看来，潘兴似乎有点不明事理，自己作为最高统帅，为全盘考虑决定集中兵力，潘兴只应服从，不容有他；而潘兴则为分散兵力的设想感到恼怒，并问道："为什么不把法军第2集团军的任务整体交给美军？""我不想给您添麻烦，"潘兴克制着情绪，"不过，美国人民及政府都希望美军独立行动，而不是被打散，七零八落地分布在西线。"潘兴表面上和和气气，内心早已怒火中烧。每当自己提出独立行动的问题时，总有人提出各种建议来加以反对。

福煦铁青着脸，讽刺地问道："Voulez-vous aller à la bataille?"①问一名将军是否肯打仗，无疑是一种侮辱。翻译人员甚感为难，不好意思将它翻译成英语。

"仗肯定是要打的。"潘兴听懂了那句法语，"不过美军只能独立行动，不能以其他形式参战。"

---

① （法语）您是否愿意参战？

“那您得花一个月来部署！”

“您给我安排一个战区，我可以立刻去准备。”潘兴回答得不失礼貌，却语气坚决。福煦随口问潘兴指的是哪个战区，潘兴立刻答道：“任您指派。”

福煦表示，美军缺乏火炮及辅助部队，恐难完成任务。潘兴提醒道，当初是法方坚持要求美方只出步兵及机枪，保证辅助部队由盟友提供。潘兴坚决要求法方遵守承诺。

“今天是 8 月 30 日，9 月 15 日必须发动进攻。时间上不容许。”福煦表示反对，并再次要求将美军部队编入法军第 2 集团军；潘兴则又一次拒绝。见福煦仍然固执己见，潘兴终于撕破脸皮。“福煦元帅，”潘兴说道，“您是协约国联军总司令，无权要求我放弃对美军的指挥权，也无权将美军打散编入协约国各部队。如果美军被打散，那就无法称之为美国军队了。”

潘兴平素为人和气，此时竟如此咄咄逼人，福煦先是一惊，而后站起身来，怒道：“此项安排我会坚持到底。”

潘兴也站起来：“福煦元帅，您要坚持什么都行，不过我绝不同意您的计划。我军可以在您指定的任何地点作战，但只能作为一支独立的军队作战，没有其他可能。”福煦也很清楚，美国国内舆论界对打散美军一事有多敏感。潘兴还说，威尔逊总统曾特意给各国驻华盛顿大使带去消息，指出美军应作为一支整体部队作战。

福煦面色苍白，疲态尽显，拿起地图和文件，嘟囔着说会尽量保证美军整体作战。说罢，福煦准备离开，突然又转过身来，交给潘兴一份先前那项提议的备忘录，并叮嘱潘兴仔细研究研究。只是研究的话，潘兴自无拒绝之理，于是便欣然允诺，并在第二天答复一封长信，不失礼数地对计划表示回绝。当天下午，潘兴来到贝当的总部列车，与贝当会面。两名战地司令员关系迅速升温，贝当对潘兴的处境表示同情，并承认福煦无权干预集团军司令的战术安排。福煦的任务是制定战略，由各集团军司令去执行。贝当提议，由潘兴来接管摩泽尔（Moselle）到阿尔贡的战线，法军第 2 集团军驻留原地，但要在潘兴指挥下提供后勤及非战斗人员；然后，美军可以再编出两支集团军，一支挥师西进，直逼阿尔贡；另一支则开向兰斯。应该用实际行动让福煦明白，美军各师只会听从美国将领的指挥。

9 月 2 日，三人于邦博进行会晤。此次会议上气氛较为融洽，因为福煦拗不过潘兴，已经让步。福煦问潘兴是否打算取消对圣米耶勒的攻击行动，潘兴给出否定的回答。潘兴相信自己能够荡平圣米耶勒突出地带，并迅速将主力部队转移至阿尔贡战区，准备于 9 月 25 日进攻阿尔贡。

福煦对潘兴"诚挚的善意"表示感谢，同时希望美军把圣米耶勒攻击行动定在 9 月 10 日，这样的话，两场艰难的战斗都有时间准备。

如此一来，潘兴只剩下八天时间来准备第一场战斗。用潘兴自己的话说，他面临的是"一项艰巨的任务"。攻克圣米耶勒之后，潘兴必须抽出约 30 万兵力，与另外 30 万部队及 2700 门大炮一起开往默兹－阿尔贡战区，"换言之，我们接下的任务相当于在接下来的 24 天中，以同一支军队在相隔 60 英里的战场发动两场大规模战役"。

四

9 月 10 日发动进攻太过强人所难，因此行动时间最终定于 9 月 12 日凌晨 5 点。11 日晚间，25 名美国记者用过晚餐，被领进巴黎英格兰大酒店(Hôtel Angleterre)的一间客房。记者们有的坐在床上，有的坐在桌子上，有的靠在窗台上，听丹尼斯·诺兰(Dennis Nolan)将军讲解圣米耶勒行动的有关情况。将军表示，此次攻势虽然规模有限，但参战士兵全部是美国人。战争部部长贝克也已抵法，将在吉隆维尔(Gironville)古堡观看隆隆炮火；甚至连记者也有可能从英格兰大酒店的屋顶上观看到一部分战斗场面。午夜时分，记者们离开时，仍为自己受到军方完全信任而感到受宠若惊。

在前线，炮兵已就位，步兵与海军陆战队的一个团在黑夜之中冒雨行进。午夜之前，大部分步兵都已抵达出发线战壕。那些战壕一年来无人使用，由于缺乏维护，加之炮轰雨淋，状况十分差劲，士兵们在壕内像是踩在泥沼里，只能蹒跚前行。美军使用了照明弹，由于大雨倾盆，没有被德军发现。

到凌晨 1 点，狂风大作，暴雨如注。几乎同一时刻，约 2800 门大炮展开预备炮击(preparatory artillery barrage)①。多日以来，德军已预料到敌人会发动一场主力进攻，并打算一旦遭到攻击，便撤出圣米耶勒突出地带——实际上，有两个德军师已在撤退途中。不过，尽管已有预料，德军还是感到被打了个措手不及。

第33野战炮兵师的乔治·托梅克(George Tomek)举目四望，眼前尽是触目惊心的光焰。“实在是难得一见的壮观景象！”托梅克在给父母的信中写道，“我军战线后方几英里处是法军的列车炮，每间隔约10分钟发射一次。尽管距离好几英里，我们仍能清晰地听到雷鸣般的炮声，看到闪电般的光亮。单是那些列车炮的炮火，就映亮了整片天空。”

乔治·巴顿中校指挥着144辆美军坦克及33辆法军坦克，此时正站在主战线前方的一座小丘上观看战况：“炮击刚开始时，我还有点心里打鼓，不知道把头探出矮墙之外合不合适。不过这事儿就像洗凉水澡，一旦开始，就没什么感觉了。没过一会儿，我直接走出战壕，坐在矮墙上面。”

威廉·L.兰格(William L. Langer)是第1毒气团(1st Gas Regiment)的一名中士，几个小时以来一直在前线运送重型弹药，直到凌晨4点才回到镇上的掩护所。兰格入伍前是一名青年教师，在一所寄宿制学校教授现代英语。正当兰格准备离开掩护所，重回战壕时，德军开始对城镇展开轰炸。兰格与伙伴们一时间手足无措，随后拔腿便跑，最终平安抵达战壕。第一波冲击开始之前，支援机枪首先开火，为士兵扫平道路。“对新兵来说，身后的机枪嗒嗒地响个不停，那是一番崭新的体验。战壕里面挤满了人，根本走不过去，于是我们灵机一动，喊道：‘弟兄们，小心我身上的麻袋，里面都是高爆炸药！’几句喊话效果不错，众人迅速让出一条道路。”兰格看着步兵冲出战壕，一个接一个穿过倒刺铁丝网，翻越敌军战壕，朝德军炮兵所在的森林冲去。

此时，潘兴正站在吉隆维尔古堡的一座瞭望台上，但由于大雨与浓雾阻挡，视野不佳，潘兴只能通过冲锋之前的炮击声来判断部队的情况。其时冷

① 预备炮击，炮兵战术之一。战斗正式开始前，先用大炮轰击敌方前线战壕，意在杀伤敌军，随后步兵扫荡残敌，夺取战壕。

风呼啸，潘兴听不到前方最近的炮声，西边远处的隆隆轰击声倒是清晰可闻。炮弹爆炸时的光亮、空中的照明弹、燃烧着的补给站与村庄，一切都将天空映得通红，宛如一幅栩栩如生的恐怖绘卷。后来，潘兴曾回忆说："众人无不满腔欣喜。在法国战场上，经过 17 个月的不懈努力，美军的愿望终于得以实现，终于能够在自己的旗帜下战斗。当然，我很清楚，战斗意味着敌我双方皆有大量生命逝去。不过，那是命运使然，我们必须坚持下去。"

在巴黎英格兰大酒店的屋顶上，弗雷德·弗格森（Fred Ferguson）与其他记者正在远远地观察战局。他们能看到西北方向的地平线上闪烁着亮光，能听到大炮低沉的咆哮声。那些记者中，绝大多数都希望赶赴前线，获取第一手的消息。

黎明时分，已升为准将的道格拉斯·麦克阿瑟率领彩虹师的一个步兵旅，出发向前推进。一个坦克中队跟在步兵旅后面，不料没走多远，便陷入泥沼之中。乔治·巴顿上校站在高处，看到自己的坦克卡在战壕里，"这种场面最是让人上火"。巴顿亲自步行向前，穿过一片片伤兵与尸体，"我看到一个小伙子坐在弹坑里，手里握着枪，还以为他是吓得躲在那里，便叫骂着让他出来；其实他右眼上方中了一枪，已经阵亡了"。

海军陆战队跟着第 23 步兵团前进。丹尼少校对眼前的景象久久不能忘怀。炮弹在前方炸开；四面八方闪烁着磷火；森林边缘部分燃烧着，而他们即将从中穿过；面前一座村庄只剩残垣断壁，让人联想到长蛀虫的牙齿。丹尼刚把叼着的雪茄拿在手里，一块弹片突然飞来，将雪茄削成两半，打在丹尼的左手上。丹尼的副官威拉德·史密斯（Willard Smith）在地上找到那还没灭掉的半截雪茄，乐呵呵地还给丹尼。不一会儿，海军陆战队便抓到第一批战俘：五名身着灰色军服的敌人。五人头戴防毒面具，从村里的一座掩护所里钻出来时，酷似五只大老鼠。部队继续前进，不料没过多久，走在队伍前面 10 英尺处的副官史密斯遭流弹击中，当场身亡。丹尼扑身上前，喊道："威拉德！"却只见威拉德的脑浆汩汩而出。丹尼把副官的脸盖住，率领部队进入森林。

这批海军陆战队队员经历过贝洛森林与苏瓦松的战役，大卫·贝拉米上尉也是其中之一，在他看来，此战简直是在"闲庭信步"。伤亡微乎其微，敌军几乎不作抵抗。打头阵的彩虹师及其他步兵部队正在马不停蹄地向前推进。“目力所及之处，”沃尔特·沃尔夫(Walter Wolf)少校回忆道，“自西向东，部队席卷战场，势不可当。那一幕更像是精心排演过的恢宏大戏，而不像一场重要的军事行动。简单说，就像是在画里。”

到早晨7点45分，丹尼少校已率部穿过弗尔森林(Bois de Four)，经过一番整编，又来到己军炮火后方100码处的一片空地，再次出发。阻挡去路的德军机枪手已被消灭，海军陆战队每走100英尺就发现一批巨大的弹坑。突然，一匹灰马疾驰而过，丹尼派自己的勤务兵去把它抓回来。其他人也想去抓，但勤务兵仗着自己资历深，没把机会留给别人，昂首挺胸地把马牵了回来。原来那匹马驮着一堆宝物：两条上好的毛毯、一件雨衣、一罐黄油、一盒雪茄、一个罗盘、一包香烟、一袋糖果、一根瓷烟管，以及其他杂物。

——

黎明时分，美军空军便做好了飞行准备。距地面不到100英尺的空中，乌云密布，大雾弥漫，飞行几乎是不可能的任务。不过，哈罗德·巴克利(Harold Buckley)的飞行中队依然选择出动，他率领12架飞机，在距地面50英尺的低空展开巡航：“那天没有遭遇敌机，但兴奋的程度不下于空战。我们贴着德军的头顶飞过，见到什么就扫射什么：战壕、公路上后撤的敌军纵队、运兵列车，通通成了活靶子。”

上午9点，潘兴回到司令部，开始听取前线报告。全长25英里的战线上，“一切顺利，损失轻微”。战争部部长贝克从观察所回来，对美军取得的胜利颇为自得。贝克认为，那天是个值得骄傲的日子，美军取得如此战果，正是由于他督导有方。

乔治·巴顿仍在寻找自己的坦克：“我们冒着炮火穿过几个小镇，除却吃了点灰尘，没受到丝毫伤害。实话说，我有过躲起来的念头，一开始可能也确实躲了一会儿。不过我很快就意识到，生死有命，躲是躲不过的。再说，当时身上挂着肩带的军官只有我一个，我不能辜负那条肩带。其实那没你想象的那么难，傻里傻气倒是可能有点：一想到自己被满地的死者仰慕着，顿时就有万丈豪情在心头涌起。”巴顿来到圣博桑(St. Baussant)，发现一支法军部队被敌军炮火困在一条通道里，指挥官是一名少校，正在修理一辆无法行动的坦克。巴顿跟少校说了两句，便继续向前。谁知走出不到20英尺远，一发重炮击中那辆法军坦克，当场炸死15人。巴顿继续向西，朝埃塞(Essey)走去。埃塞前方的步兵遭到敌军炮火压制，动弹不得；巴顿却冒着炮火，吸着烟斗，信步向前走去。当时所有人都躲在弹坑里，只有一个人站在高处；那人便是巴顿的老朋友，道格拉斯·麦克阿瑟。“我与他并排而立，面前便是敌军炮弹张开的幕布，但炮弹稀稀落落，不算很危险。我估计，当时我俩其实都想走，但谁都不愿意先开口，于是就都站在那儿了。”两人站着聊天，不过都没注意到对方讲了什么，“因为我们满脑子想的还是炮弹”。

当巴顿继续朝埃塞前进时，他的五辆坦克从后面赶了上来。巴顿让坦克部队的指挥官继续前进，冲过前面那座桥，进入镇上：“坦克开到桥边，桥上一些个混蛋法国兵让他们掉头，说镇上遭受大量炮击不安全。坦克指挥官是个中尉，他还真就乖乖地回来了，可把我气得不轻。于是我只好步行带着他们过去。”人们以为桥上布满地雷，但巴顿与麦克阿瑟都平安过了桥。到了镇上，巴顿问麦克阿瑟，是否可以继续去打下一个城镇——帕讷(Pannes)；麦克阿瑟给出了肯定的答复。

通往帕讷的路上遍地是士兵与战马的尸体，步兵们不肯进城，巴顿怎么劝说也没有用。巴顿身边只有一辆坦克，驾驶者是名中士，与步兵同样畏缩不前。“他一个人心里不踏实①，我就告诉他，我会坐在坦克顶上。”于是巴顿爬上坦克顶，“他便放下心来，载着我进了城镇”。

上午11点，美军第1军军长亨特·利吉特(Hunter Liggett)接到飞鸽传书，称其麾下各师已抵达当天预定的最终目标。休整片刻之后，各师又朝着次日的目标进发。显然，由于美军逼近圣米耶勒突出地带的根基，并朝着德军最后的防御阵地——米歇尔防线推进，晕头转向的德军已几无还手之力。

到正午时，德军司令福斯(Fuchs)中将命令部队全面撤出圣米耶勒突出地带。此举的原因之一，是为了避免留在圣米耶勒的部队沦为俘虏；而另一个原因，则是美军第2师已十分接近米歇尔防线中的一处薄弱点，福斯认为

① 此处作者引用的史料原文误将“nervous”一词拼作“nearvous”，作者已有标注。

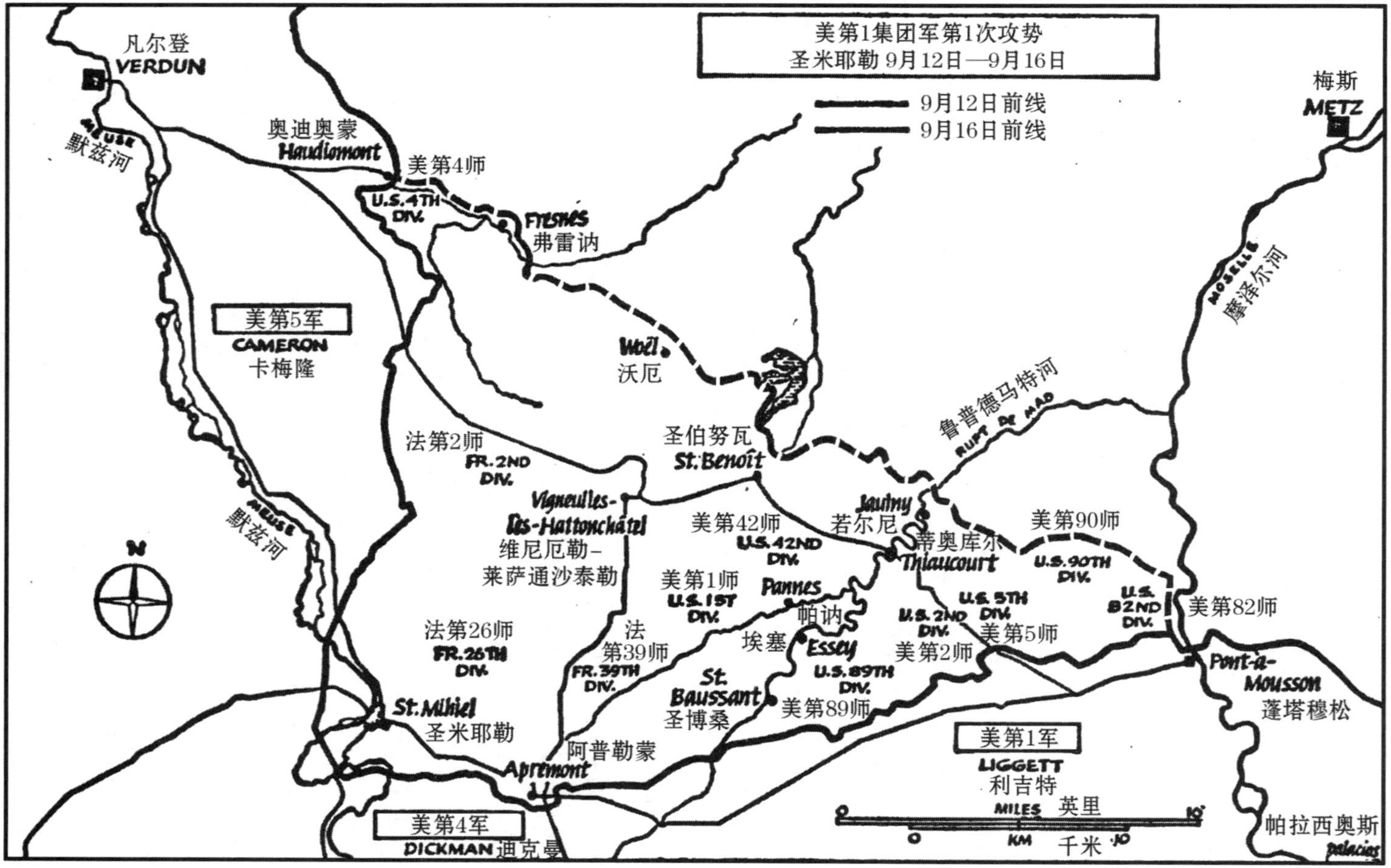
美第1集团军第1次攻势
圣米耶勒 9月12日—9月16日
9月12日前线
9月16日前线
凡尔登
VERDUN
MEUSE
默兹河
奥迪奥蒙
Haudiomont
美第4师
U.S.4TH DIV.
Fresnes
弗雷讷
美第5军
CAMERON
卡梅隆
Woël
沃厄
梅斯
METZ
MOSELLE
摩泽尔河
鲁普德马特河
RUPT DE MAD
法第2师
FR.2ND DIV.
圣伯努瓦
St. Benoît
Vigneulles-lès-Hattonchâtel
维尼厄勒-莱萨通沙泰勒
美第42师
U.S.42ND DIV.
Jaulny
若尔尼
蒂奥库尔
Thiaucourt
美第90师
U.S.90TH DIV.
美第1师
U.S.1ST DIV.
Pannes
帕讷
U.S.5TH DIV.
美第5师
U.S.2ND DIV.
美第2师
U.S.82ND DIV.
美第82师
法第26师
FR.26TH DIV.
法第39师
FR.39TH DIV.
埃塞
Essey
St. Baussant
圣博桑
U.S.89TH DIV.
美第89师
Pont-à-Mousson
蓬塔穆松
St. Mihiel
圣米耶勒
阿普勒蒙
Apremont
美第1军
LIGGETT
利吉特
MILES 英里
KM 千米
美第4军
DICKMAN迪克曼
帕拉西奥斯
palacios
N

那里“有被突破之虞”。

巴顿率部夺取帕讷后，便沿着战线徒步而行，打算看看左边那个营的营长布雷特(Brett)少校情况如何。巴顿原本背着一袋食物与白兰地，却在路上丢了，只好从一名阵亡的德国兵身上拿了些饼干，继续向前，终于找到布雷特。布雷特正为没有汽油发愁，急得直叫。“他累坏了，鼻子上还中了一弹。我安慰他一番，接着只身回营去弄些汽油。”归程途中，口干舌燥、疲惫不堪的巴顿为战场的景象感到深深入迷。“就像书上描写的一样，只是没那么有戏剧性。死者基本都是头部中弹。阵亡的我军士兵，身上的纽扣等随身物品大都被劫掠一空，不过劫掠者总是细心地把死者脸部盖好。”接着，巴顿又看到一番景象，只恨自己没带照相机，“一大块田地，从没挖过战壕，中央却出现一座大坑；那是 9.7 英寸口径的大炮轰出来的。弹坑至少 8 英尺深、15 英尺宽，边沿躺着一只田鼠的尸体。那田鼠并不大，就是只小田鼠，顶多是普通老鼠的两倍大小。不难想见，战争的代价是何等的惨重”。

当天下午，圣米耶勒突出地带的各条撤离道路，都被德军部队及大炮堵得满满当当。潘兴获悉此事，当即抓起战地电话，敦促第 4 军、第 5 军军长加快行军速度。到黄昏时分，圣米耶勒突出地带已被全部荡平。“长达五年的战争中，我经历过大大小小的事情，取得的战绩也不差，能称之为惨痛的日子实在少之又少。”冯·盖尔维茨(von Gallwitz)将军回忆道，“不过，9 月 12 日绝对算是其中之一。”

冯·穆勒海军上将从一名同僚口中得知：鲁登道夫听到圣米耶勒遭到突破的消息时，惊得当场僵住。8 月份的大溃退之后，紧接着又逢大败，鲁登道夫已陷入“彻底崩溃”的状态。

——

13 日是星期五，又是一个美军的幸运之日。到中午时，德军绝大部分守军皆已逃之夭夭。对潘兴而言，此番胜利作为自己的生日礼物再合适不过了。

到次日黄昏时分，主要战斗已经结束。美军共俘虏 16000 人，缴获 443 门大炮及大量物资。更为重要的是，美军通过此战向德军传达出一种信息：作为一支生力军，美军不仅兵力占优，而且终于得以以一支独立军队投入战斗。美军空军同样在奋勇作战。埃迪·里肯巴克此时已升衔上尉，率领“圈中帽”(Hat-in-the-Ring)飞行中队[①]与赫尔曼·戈林(Hermann Göring)[②]所率的里希特霍芬飞行队激战，击落飞机一架。弗兰克·卢克(Frank Luke)[③]掌握了击毁敌军气球的诀窍，三天之中击毁敌军三个气球。比利·米切尔的轰炸机也给敌后造成严重破坏。

美军的第一项任务已经完成。潘兴当前的任务是收回前线部队，与新部队一并东进，越过默兹河，然后向北参与阿尔贡战区的主要行动。如何在短短11天内，保证大批部队及物资及时就位，成为美军的头等难题。

五

马其顿及中东地区的协约国部队终于开始行动，与西线的攻势遥相呼应。9月15日，希腊北部的萨洛尼卡战线一扫平日的沉闷之气，英-法-塞尔维亚-希腊联军向保加利亚军发动进攻。由于德军已调往西线，保加利亚军孤立无援，联军得以轻而易举突破防线。孤军作战的保加利亚军明白德国大势已去，因此几乎不作抵抗。四天之内，他们便全部逃跑了。

9月15日，巴勒斯坦的德军也遭到灭顶之灾。那天凌晨时分，艾伦比对利曼·冯·桑德斯率领的土耳其军发动进攻。炮弹倾泻的频率高达每分钟1000发，将土耳其阵地炸为齑粉；法、英两军步兵乘势冲锋，突破土耳其军第一道防线。土耳其军被打得措手不及，少有抵抗，协约国部队俘获甚众。到中午，桑德斯的残部四散而逃，公路堵得水泄不通，皇家空军便对公路展开轰炸及扫射。次日凌晨，第13骑兵旅在阿拉伯问题专家P. J. V. 凯

---

① “圈中帽”飞行中队，美军空军第94飞行中队的别称。“圈中帽”一词原为拳击术语：19世纪的拳击台呈圆圈形，拳击手若将帽子扔入圈中，则表示愿意登台挑战。第94飞行中队取其“挑战”的意味，将队徽设计为红色圆圈套着礼帽，故得此别名。

② 赫尔曼·戈林(1893—1946)，德国空军将领。一战中作为王牌飞行员，在里希特霍芬战死后率领其飞行中队。战后加入纳粹党，成为二战期间纳粹德国首脑人物之一。德国投降后被判绞刑，于行刑前夜自尽身亡。

③ 弗兰克·卢克(1897—1918)，美国空军飞行员。一战中击坠敌机数量在美军中排名第二，仅次于里肯巴克。

利(P. J. V. Kelly)旅长的率领下奇袭拿撒勒(Nazareth),直捣桑德斯的司令部。巷战之中,司令部参谋及文职人员顽强抵抗,桑德斯方才得以逃脱。与此同时,第4骑兵师与澳大利亚军的一个骑兵师一道,封锁住土耳其军的所有退路,只留下一条通往约旦的道路。土耳其军排成一长列纵队试图逃跑,却被英军空军发现。经过四个小时的血腥轰炸及扫射,土耳其第7集团军和第8集团军溃不成军,沦为瓮中之鳖。唯一的敌人只剩下约旦以东的第4集团军,也已是风中残烛的状态。

整个德国笼罩着沮丧的气氛。9月19日早晨,有人问德皇睡得好不好。“糟糕得很。”德皇答道,“离开威廉高地宫后,我就没合过眼。身体是一日不如一日了。”另外一人问德皇前线有什么消息,德皇说道:“部队持续撤退,我对他们不抱什么希望了。”

此时的德国正在爆发一场“首相危机”。9月20日,形式越发严峻,政府只好以非官方的形式向多数派社民党(Majority Socialists)①提出试探,看他们是否愿意组建一个联合政府。两天后,在社民党国会议员与党执行委员会的联席会议上,该问题成为讨论的议题。由于德意志帝国面临着前所未有的危机,经过投票表决,社民党以四比一的票数决定放弃党的基本原则,参加联合政府。不过,参加联合政府要满足其条件:当一个以和平手段调解未来纷争的新国际联盟出现时,新政府必须乐于加入;必须恢复比利时、塞尔维亚及黑山的独立地位;必须给予阿尔萨斯-洛林自治权;必须从所占领的领土上撤军;必须授予德意志各联邦州平等、保密、直接的选举权;限制集会权与新闻自由的一切法令必须废除;为施加政治影响而设立的所有军事机构必须撤销。尽管保守党(Conservatives)及国民自由党(National Liberals)中的右派一定会激烈反对,但如此一份纲领还是会受到大多数德国人的欢迎。

9月24日,在帝国国会的一次委员会会议上,冯·赫特林首相透露出国家正面临着危急局面。首相坦率地承认,德军在西线惨遭失利,但他要求

① 1917年,德国社会民主党(简称SPD)就是否支持战争的问题发生分歧,一部分左派人士从社民党中独立出来,组建德国独立社会民主党(简称USPD)。为与“独立社会民主党”划清界限,此党更名为“多数派社会民主党”(简称MSPD),该称呼一直使用到1922年。

众人不要失去信心。德军士兵依然斗志昂扬，给敌人造成巨大损失。“美军吓不倒我们，”赫特林说，“最终会被我军收拾掉。”赫特林使众人重燃希望，只是他的话没什么说服力，台下毫无动静。

而当首相谈起比利时问题时，国民自由党的一名议员立马喊道：“我们要听的不是那些！”还有人喊道：“老头子编故事呢。”赫特林备感无奈地继续发言，许多议员齐声高喊：“Olle Kamellen（老一套）！”一个名叫兰茨贝格（Landsberg）的社民党议员催促在场全员离开会场：“退场是对讲话唯一正确的回应。”

当赫特林谈到德国对边境各州的政策时，责难的声音越发大了。陆军代表冯·里斯伯格（von Wrisberg）将军把德军的撤退描述为敌军的失败，引起一番哄堂大笑，讽刺挖苦之声充满会场。海军代表的发言同样湮没在嘲讽声中。“情势对我军有利。”海军代表说道，“作为最有效的手段，潜艇战……”话没说完，台下便有人愤怒地续道：“……能够促使美军加入战争。”

“总而言之，”议员汉斯·汉森回忆道，“对政府而言，那天确实不好过。在多数党派内部广泛存在不满与误解。会后议员们去饭店用餐，餐桌上又将政府骂得狗血淋头。”

德国陆军部对左派提出的和平方案做出批评。次日，冯·里斯伯格将军在国会就陆军部的批评进行辩解，再次引起一片哄笑与嘘声。议员对军队介入政治表示强烈不满。议席上一片混乱，许多议员厌倦了讲台上的发言，开始三五成群地讨论起当前局势。“到 11 月或 12 月，我军就会全面溃败。”一名议员向汉森透露道，“只要溃败不是太惨烈，我们就该额手称庆，因为我们的预言正在逐步成真。”

那天，德皇向基尔（Kiel）潜艇部队的全体军官保证，德国会使协约国屈服。“我们的目标明确，枪已上膛，卖国贼已处决。”冯·穆勒海军上将则指示道，德皇的讲话不得向公众发表。三个小时后，当列车载着皇室随员朝着威廉高地宫行驶途中时，传来的消息称保加利亚军全面溃退，国王正在要求停战。德皇那赳赳斗志瞬间烟消云散。“这下战争要结束了，”德皇说道，“只是结束的形式不似我等所想的那样。”

六

在俄国,美国与布尔什维克的关系依然处于模棱两可的状态。数日之前,美国领事普尔接到命令,要求他放弃职务离开莫斯科;领事馆收到逮捕令的10分钟前,普尔刚刚跨越国境,进入芬兰。弗朗西斯大使感到摸不着头脑,从阿尔汉格尔向华盛顿发电报:"国务院能否明确告知,美国与布尔什维克政府之间是否处于交战状态?"

48小时后,即9月25日,美国总统威尔逊、国务卿兰辛及马奇将军在白宫的一次会议上,解决了弗朗西斯的疑问。会议决定向协约国各方明确宣布,美国将不再向俄国任何地区派遣部队。最早得到该消息的一批人中,便有弗朗西斯大使。次日,兰辛通过电报告知弗朗西斯:"除保卫港口本身,或保卫港口附近那些可能出现危险形势的乡村地区外",美国将放弃在北俄地区的一切军事行动。表面上看,美国的干涉问题就此终结;而实际上,当盟友一心通过武力推翻布尔什维克时,已驻扎于俄国东西两端的美军真的能够单纯地保持警戒吗?

此时,布鲁斯·洛克哈特已沦为阶下囚,被软禁在克里姆林宫的一处房间里;那房间曾是沙皇宫廷侍女的居所。身为英国特工的洛克哈特受到的待遇不错,有时甚至可以得到莫拉的探视。不出几天,布尔什维克便将洛克哈特释放,并允许他返回英国,但不准带莫拉。

如此一来,那群迷人而天真的西方来客中的最后一人,也离开了俄国的大地。在那绚丽多姿的群像剧中,有着弗朗西斯大使、阿尔伯特·里斯·威廉姆斯、雷蒙德·罗宾斯等人的身影;而在其中,洛克哈特或许是最扣人心弦、最捉摸不定的一人。上述众人无不才华过人、心存善念、热情洋溢;然而,一旦陷入一种新哲学、新宗教及新生活方式的诞生阵痛时,他们谁都无法清楚认识到布尔什维克主义的进步性。在干涉问题上,那群天真的西方来客总是分成两个阵营,争吵不休;洛克哈特两边都帮过,有时则两边都不帮。

一年之中,协约国屡尝败果。如今,协约国各国都在与俄国新政权交战，其中包括不情不愿卷入战争、秉持理想主义的美国。身处一场不宣而战的战争中，美国依然幼稚地认为自己已宣布退出干涉军事行动，便与此再无瓜葛。问题是，处于一场争斗的旋涡时，辞恳意切地宣布中立简单，相安无事地退出争端困难；更别说还有一批盟友，在后面拉拉扯扯不肯罢休。

七

潘兴麾下的作战部军官估计默兹－阿尔贡攻势需要九个师的作战兵力、四个军的预备部队。制订作战计划的重担落在乔治·马歇尔（George Marshall）上校的肩上。马歇尔不仅要把 60 万美军投入到进攻地段，还要把 22 万法军调出。至于弹药、汽油、燃油的运输问题，通信、医药、汽车、坦克的备品供给问题，似乎都难以解决。马歇尔的计划不可谓不翔实，却早早地以失败告终。默兹河附近的乡村地区已是一片水乡泽国，9 万运输马匹载着补给物资经过此处时，其中数千匹马出了状况：有的颓然倒地，有的当场暴毙。于是，当地的交通状况变成一团乱麻。毛毛细雨下个不停，工兵部队冒着雨，不知疲倦地用石头、砖块、泥浆和木头来修复泥泞的道路。

美军的行军纪律很差，参谋人员只能不断沿途巡逻，敦促各师长、旅长解决混乱的问题，保证部队持续行进。马歇尔本人也沿着道路来回走动；潘兴不仅如此，还接连闯入各师指挥部，要求整顿纪律。部队总算保持顺畅行军，行动日前一天，战斗部队各师基本已各就各位。

在默兹河与崎岖不平的阿尔贡森林西部边缘之间，是一段长 24 英里的战线；美军将对该战线发起进攻。该战线易守难攻的程度，在西线罕有其匹。右侧是蒙福孔（Montfaucon）、屈内（Cunel）、罗马涅（Romagne）、巴里古（Barricourt）等高地，高出地面约 1000 英尺，为德军提供天然的屏障与一览无余的观察视野；左侧是树木茂密的阿尔贡森林，在海拔 1000 英尺的高地上，每逢潮湿天气便泥泞难行。只有三条道路通往一处丘壑纵横、灌木茂密的地带。四年以来，德军不仅修筑了大量混凝土机枪碉堡，还安置了密密麻麻的倒刺铁丝网。

潘兴面临的局面正是如此棘手。贝当认为：寒冬若至，双方只得暂时休战，因此最好能在入冬之前攻占战略要地蒙福孔。在全长 24 英里的战线上，德军虽然只有 5 个师，但三天之内就能得到 15 个师的增援。潘兴的计划是，在敌军增援部队有所行动之前，投入 25 万人的突击部队，荡平敌军前线。于是，美军确定了第一天的攻击目标：以蒙福孔为中心的整个坚固的山脊防御地带。

福煦参加完每日弥撒往回走时，T. 本特利·莫特(T. Bentley Mott)遇上了他，此人是驻最高统帅部的美军代表。莫特立正敬礼，不想福煦竟停下脚步，目不转睛地盯着莫特。莫特有些尴尬，便嘟囔着就准备工作如何顺利说了几句。究竟是否顺利呢？福煦用左手抓住莫特上校的腰带，右手朝其肋骨打了一拳，接着迅速在下巴上做了个割喉的动作，又一拳打在他耳朵上。热情洋溢的福煦元帅通过一出哑剧，将自己的战斗理论展现完毕后，把手杖扛在肩上，得意扬扬地离开，全程始终一言未发。

为确保奇袭的突然性，直到 9 月 25 日晚间，前线阵地都由法军把守。美军军官执行侦察任务之前，也都戴上法军的头盔，换上法军的蓝色大衣。所幸当晚没有降雨，美军最后一支突击部队赶在午夜之前已就位。协约国将领之中，潘兴也许是最敢冒险的一位了。此次行动十分仓促，美军最老练的部队仍被牵制在圣米耶勒地区，参加战斗的美军多数都是首次作战的新兵。突击师中只有四个师有过实战经验；大多数士兵都是 7 月份刚刚入伍，从军生涯只有短短六个星期，其中大半时间还是花在行军赶路上。有的新兵甚至连给步枪换弹夹都不会。部队招来一些想赚些外快的老兵，以支付每人五美元的报酬请他们指导新兵。“他们没有任何先入为主的成见，这勉强也算个优势吧。”一名连长回忆起连里补充的 72 名新兵时，如此说道。

第 77 师师长罗伯特·亚历山大少将向麾下各军官下达指示后，一名法军联络官要求发表意见：“将军，我从未怀疑贵师士兵英勇无畏，也深知您已做好充分准备，筹划明日取胜的可能性；但是，恕我直言，在我看来您眼前的那条防线不会动摇。那条战线已坚守四年之久，防御十分坚固，铁丝网纵横交错，加之德国佬十分善战，我担心明日贵师作战之成果恐怕难以达到预期。”少将向法军联络官保证，那条防线一定打得下来。

乔治·巴顿摩拳擦掌，急不可待要上阵杀敌。“我即将参与的，恐怕是战争爆发以来，甚至是世界军事史上最大规模的战役。出发之前，就简单写两句吧。”巴顿在给妻子比亚特丽斯(Beatrice)的信中写道，“我会率领两个营与一组法军坦克上阵，坦克共有140辆。……每到这种时候，就像马球、足球比赛开始前那样，我总感到有些紧张；不过一旦开打，状态就变好了。希望能继续保持下去，这样更舒服一些。”

——

9月26日凌晨2时，亚历山大将军被叫醒后，便爬上掩护所附近的一座小丘，准备观看炮击情况。半小时后，一声轰然巨响，3800门大炮一齐开火；其中既有75毫米口径炮，也有美制14英寸列车炮。此次预备射击中耗费的弹药，超过整个美国南北战争期间双方弹药消耗总量之和；经估算，炮击每分钟的花费高达100万美元。步兵怀着畏惧与期待的心情在前线战壕中等待着，三个小时后他们就要跳出战壕，经历一场令人血脉偾张、心惊胆战的战斗。

凌晨4点，传令兵叫醒空军上尉埃迪・里肯巴克，并告诉他天气不错。这对行动来说是个好消息。米切尔下令各飞行中队全体出动，沿整条前线攻击敌军观测气球：“我们能否成功打掉敌军的‘眼睛’，关系到数千名突击队员的生死存亡。”气球距离地面防空炮只有1500英尺，飞机袭击气球，总不免要冒极高的风险。

里肯巴克飞行中队的任务是消灭两个气球。他挑选出五名最好的飞行员，并在进餐时说明每三名队员负责一个气球。6点时天才会亮，5点20分时六架飞机便起飞了，以便在天亮后第一时间发起进攻。飞机升入黑蒙蒙的空中后，机场的照明灯便立刻熄灭了。接着，里肯巴克看到一副从未见过的奇妙景象。“黑暗的夜空下，西方整条地平线被无数闪跃的光芒映得发亮。”看起来好像有数以百万计的枪炮在开火，因为在美军的两翼，法军也在攻击。“那番景象让我联想到一块巨大的配电盘。一双无形的手在操纵插头，配电盘上便发出成千上万的电光。”里肯巴克被那烟花般的火光迷住，当他不经意侧过头定睛一看时，才惊讶地发现下面便是凡尔登。尽管默兹河的轮廓模模糊糊，里肯巴克仍能确定航线，沿着蜿蜒的下游河道飞去。有时里肯巴克也会抄近路飞越一些小的半岛，因为他早已熟悉路线。

5点30分，预备炮击停止，开始徐进弹幕炮击。美军步兵在大雾之中向前挺近。特殊兵种部队在敌军的倒刺铁丝网上搭起软梯，后面的人便不顾一切地冲向德军防线。德军守军突遭奇袭，一时手足无措，只有少数几挺机枪开火还击。除了中部被蒙福孔高地控制的地区外，其他地区的进展都很不错。

此时，两个气球已被里肯巴克中队的飞行员摧毁，里肯巴克本人正寻找另一个气球时，向右一瞥，顿时惊出一身冷汗：德军一架福克式飞机正在与他并排飞行，相距不到100码。紧接着，那飞机便向里肯巴克冲来。两架飞机相互开火，四束曳光弹在漆黑的夜空中划出耀眼的火线。“一瞬之间，我们两架飞机看起来像是被四根火绳捆在了一起。”里肯巴克的弹药是燃烧弹，德军飞机的子弹部分是曳光弹，部分是燃烧弹，还有一部分是普通的铅弹。随着双方越靠越近，里肯巴克担心两架飞机撞在一起，谁知敌机突然下潜，钻到里肯巴克下面。里肯巴克当场来了一招莱维斯曼机动(renversement)[①]，翻到敌机后方，随即扣动两个扳机。福克式飞机的一侧机翼被击中，摇摇晃晃地栽了下去。

里肯巴克飞机的螺旋桨有一片桨叶被打成了两半，发动机猛颤个不停。为减少震动，里肯巴克收紧油门，在距地面约1000英尺的高度时准确分辨出德军防线，并降落在凡尔登机场。不一会儿，新的螺旋桨便更换完毕，里肯巴克重新乘着座驾斯帕德(Spad)返回天空。那天里肯巴克中队的战绩惊人：共击落10个观测气球，加上里肯巴克击落的那架福克式飞机——短短一小时内，中队取得11场胜利，没有损失一名飞行员。

早晨6点30分，乔治·巴顿在一名信号军官及十几名通信员的陪同下，跟在几辆坦克后面步行前进。一行人有的拿着战地电话，有的带着信鸽，沿着艾尔河(Aire River)东岸向蒙福孔进发。巴顿拦下几批向后方溃退的步兵。那些步兵称是由于雾太大，加上敌军机枪火力太猛，才与部队走散的。巴顿让步兵加入自己的队伍，带着他们来到一座小山背面的斜坡上，并

① 莱维斯曼机动，特技飞行动作之一，后退上升接跃升倒转。

命令众人散开、卧倒。他们刚一卧倒，敌军机枪便扫射起来。没过多久，巴顿听说自己的坦克被一辆法军施耐德（Schneider）坦克挡住了去路。原来，那辆施耐德坦克试图跨越两道巨大的战壕，却陷在原地动弹不得；其乘员本来已经下来，准备铲平战壕的沟沿，谁知敌军火力太猛，坦克乘员抵挡不住，被迫躲入一条战壕。

巴顿勃然大怒，从山坡上走下来，命令施耐德坦克乘员回去继续挖土；然后又来到那几辆被堵住的美军坦克旁，取下绑在坦克两侧的铁锹、铁镐，把坦克手从坦克里轰了出来，命令他们帮着一起铲平沟沿。巴顿站在战壕的矮墙上指挥挖土，不断有人劝他躲一躲，每次他都回骂一句："去他妈的——他们打不中我。"

两条战壕之间的通道一挖好，巴顿立刻与另一名军官一起，把几辆美军坦克用链条拴起来，以使它们在泥泞中行驶时增强牵引力。两人冒着枪林弹雨，打手势帮助坦克乘员渡过泥潭。最后，除了那辆法军施耐德，其他坦克都顺利渡过。巴顿挥舞着手杖喊道："咱们跟上坦克，谁跟我一起！"说罢便向前走去，后面跟着 100 名士兵。一行人刚刚爬上山顶，便遭到猛烈的机枪射击。巴顿卧倒在地。后来，在给父亲的信中，巴顿提到自己曾产生过一种幻觉；无疑，信中提到的正是此刻：

> 有一次在阿尔贡，负伤之前，我逃跑的念头十分强烈。当时我突然想起巴顿家的代代先祖，好像他们就在德军防线上空的云层里望着我，身体因恐惧抖个不停。不过我很快便镇静下来，吼道："巴顿家又有一个赴死的了。"随即叫上一批自愿跟我走的士兵，以必死的决心向前而去。

巴顿挥舞着手杖，喊道："冲啊，冲啊。"说罢便拔腿向前。跟在巴顿身后的有六名士兵，其中五人都倒了下去。"就剩下我和您了。"第六人说道，此人是个一等兵，名叫约瑟夫·安杰洛(Joseph Angelo)①。

“还是得继续前进。”巴顿说道。他感到自己被某种力量驱动着向前。突然之间，巴顿感觉腿部挨了一下，还想继续迈步时，一跤摔在地上。安杰洛把巴顿拉到一个小弹坑中，包扎起腿上流血的伤口。巴顿的战斗就此告一段落，不过他的坦克此时已攻下瓦雷纳与谢皮(Cheppy)，正等着步兵前来支援，以对蒙福孔发动攻击。

步兵一到，便与剩下的几辆坦克一道，朝着当日的最终目的地进发。美军见惯崇山峻岭，远远地望着蒙福孔村所在的山脊，只觉得它小得可怜。然而，随着他们愈逼近山脚，才愈感到惧怕。黄昏时分，步兵在山谷两侧开始掘壕时才意识到：次日上午若能拿下山脊，那已是万幸了。

在蒙福孔左侧，美军步兵艰难地穿越阿尔贡森林，终于抵达目的地；此处位于出击线以北五英里处；在蒙福孔右侧，尽管敌军顽强抵抗，离默兹河最近的三个美军师仍成功插入敌军第二阵地，并数次击退反攻。潘兴的军队虽没能拿下蒙福孔，当日的战绩依然称得上辉煌。只是，德军此时已警觉起来，增援部队正迅速赶往该地区。

那天，在威廉高地宫，德皇的担心并没有放在法—美军队的进攻上。他给保加利亚国王发去一份电报，称五个德军师正在赶去帮助撤退的保加利亚军；却没有收到答复。接着，从比利时的斯帕传来消息，新的最高司令部充斥着悲观低沉的气氛。鲁登道夫唯一的指望是席卷法国的流行性感冒。

——

次日凌晨，里肯巴克又摸黑出发，驾驶飞机去破坏气球。5 点 30 分时，他在空中纵览战场的全景：两边各是一条闪光的水平线，在他目光所及之处，两条火光勾勒出中间一片漆黑的空间。“真是壮观至极。”里肯巴克没有找到气球，便决定飞得低一些，“搞不好能撞上个坐在车里的将军；看他从车里飞出去，在沟里摔个狗啃泥，那多有意思。”一辆卡车朝里肯巴克的方向驶来。“第一个靶子来了。”里肯巴克自言自语道，低下机头，准备开火。正在

① 约瑟夫·安杰洛(1896—1978)，美国军人。曾在一战中救下巴顿性命。大萧条时期，身为退伍老兵的安杰洛参加暴力示威活动，负责镇压的军方领导人中正好有巴顿。

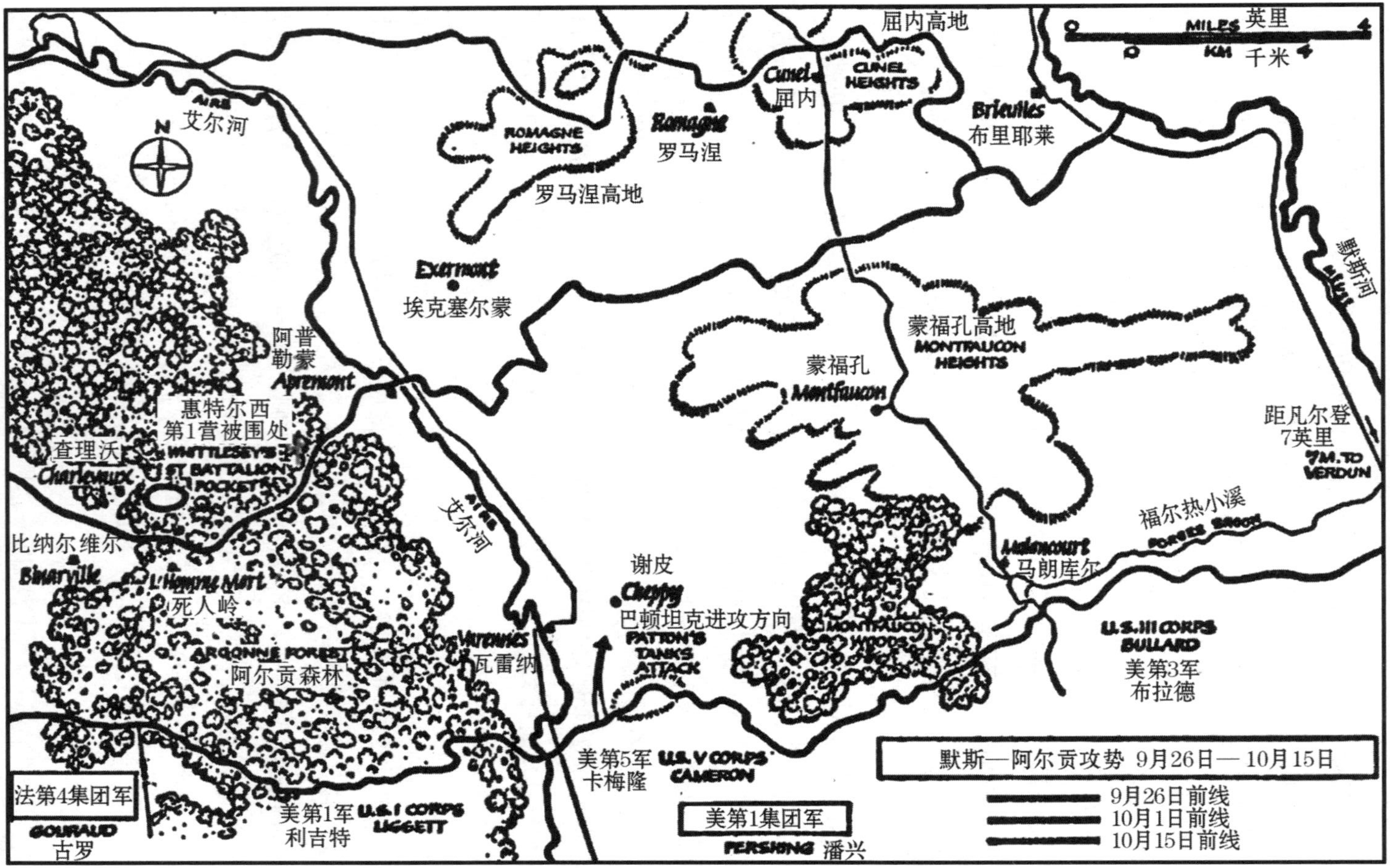

默斯—阿尔贡攻势 9月26日—10月15日
9月26日前线
10月1日前线
10月15日前线
MILES 英里
KM 千米
AIRE 艾尔河
N
ROMAGNE HEIGHTS
罗马涅高地
Romagne 罗马涅
Cunel 屈内
CUNEL HEIGHTS
屈内高地
Brieulles 布里耶莱
默斯河
Exermont 埃克塞尔蒙
阿普勒蒙 Apremont
惠特尔西第1营被围处
WHITTLESEY'S 1ST BATTALION POCKET
查理沃 Charlevaux
比纳尔维尔 Binarville
L'Homme Mort 死人岭
ARGONNE FOREST 阿尔贡森林
AIRE 艾尔河
Varennes 瓦雷纳
谢皮 Cheppy
巴顿坦克进攻方向 PATTON'S TANKS ATTACK
蒙福孔 Montfaucon
蒙福孔高地 MONTFAUCON HEIGHTS
MONTFAUCON WOODS
距凡尔登7英里 7M. TO VERDUN
福尔热小溪 FORGES BROOK
Malancourt 马朗库尔
U.S. III CORPS BULLARD 美第3军 布拉德
美第5军 卡梅隆 U.S. V CORPS CAMERON
美第1集团军
PERSHING 潘兴
法第4集团军
GOURAUD 古罗
美第1军 利吉特 U.S. I CORPS LIGGETT

此时，里肯巴克抬头一瞥，不由得屏住呼吸。上机翼的上方，一只敌军气球被地面的卡车拴着，在风中摇曳。那气球的位置极好，便于观察。里肯巴克拉平飞机，朝那摇曳的怪物开火。飞机距离气球太近，里肯巴克射完 50 发子弹，便不得不进行垂直坡度转弯，避开气球以免相撞。

地面传来嗒嗒嗒的机枪声，那是卡车在朝飞机射击。一颗子弹擦过里肯巴克的头顶，打进机尾里。此时，里肯巴克已把气球一侧的气囊基本清理干净，于是驾机撤离；离开时回头一瞥，发现敌军一名观察员正在逃生。显然，气球即将爆炸。里肯巴克还在怀疑那个可怜鬼的降落伞能不能及时打开，气囊内部已燃起火来，接着气球便炸成了一团巨大的火焰："如此壮观的烟火竟是由我之手燃放，我情不自禁地喊了出来。希望对面战线的我军气球观察员能够远远观望到火光，以确认我的第 11 场胜利。"

在地面，第 27 师的步兵正在攀爬蒙福孔山坡。福煦原本认为蒙福孔村要到 1919 年初才打得下来，因为村里防御工事完善，树林中的平台上还建有大量加以伪装的机枪碉堡。很难想象单靠步兵能够攻陷此处。美军第一波攻击被机枪火力打退，于是派出两支巡逻小队，先去打掉机枪碉堡。一支小队被消灭；另一支被火力压制，动弹不得。此时，来自俄亥俄州阿莱恩斯(Alliance)的弗雷德·科奇利(Fred Kochli)中尉自告奋勇，组织起十几名未受伤的士兵。众人疏散开来，科奇利带着他们匍匐前进，寻找斜坡。最终，科奇利找到敌军炮台，便将士兵集合起来，突袭冲入敌军阵地。这支小型巡逻队缴获 14 挺机枪，击毙大量机枪手，俘虏 26 人。

科奇利中尉派四名士兵押送俘虏回去，自己带领剩余的人来到村镇的西边，并再次发动突然袭击，缴获三门野战炮，俘虏其炮手。科奇利抽不出人手把俘虏押送回营，只得带着俘虏前往观察哨所；1916 年，皇储威廉曾在该哨所通过潜望镜观看凡尔登血战。

一行人走到离观察哨所约 20 码处，敌军突然扫射，五名美军士兵及德军俘虏全被射倒在地。科奇利与两名未受伤的士兵立刻跳入一个弹坑，三面尽是子弹，三人动弹不得。而此时，第 79 师的战友在机枪与坦克的支援下，正朝着蒙福孔镇全力挺进。

第 79 师遭到机枪火力与手榴弹的袭击，依然不顾伤亡，奋勇向前，终于在中午之前将该村镇荡平。此战可谓意义重大，通往北方的道路已畅通无阻。

然而，由于德军加强了整条防线的防御，那天美军没能取得更大的进展。夜幕降临时，美军战线乱了阵脚。在如此崎岖不平的乡村地区，各军官无法根据地图进行指挥，许多小队与大部队走散，信息传达不畅，大炮陷入泥潭，补给车无法通过。情况一片混乱，如果美军不能重整秩序，必将贻误战机。对潘兴平素持反对意见之人，此时已在要求将潘兴解职。“入冬之前本来能打一场大胜仗，让美军那么一弄，恐怕悬了。”克列孟梭怒气冲冲，向福煦抱怨道，“美军连自身的事儿都处理不好。您之前不也一直想让潘兴认清现实嘛，咱们还是让威尔逊总统出面吧。”克列孟梭这番话有失公允。此役中，美军取得的战果远远超过毗邻的法军部队；而克列孟梭对此全然无视。福煦则更为通情达理一些，说道：“美军还有很多东西要学，而且正在学着呢，进展还不错。”

——

就在同一天，黑格率领第 1 集团军、第 3 集团军对西线最坚固的防御系统——兴登堡防线发动进攻。此次进攻的重要性远超蒙福孔的战斗。美军在蒙福孔的对手只有 5 个德军师，而黑格要与 57 个德军师作战。若能消灭如此庞大的敌军，必将对战局产生决定性影响。自德军 8 月 8 日大溃退以来，英军在 40 英里的战线上，冲过无数战壕与弹坑，越过新旧战场上的铁丝网，将德军逼退将近 25 英里。代价当然很高——18 万人的伤亡；以此为代价，英军终于兵临兴登堡战线。黑格已觉察到，入冬之前能够彻底击败德军，并认为此时持续穷追猛打，从长远看反倒有助于减少伤亡。令人惊异的是，黑格部队中一半都是不足 19 岁的少年新兵，只接受过部分训练，便从英格兰渡海而来；甚至连新兵的军官也大多资历尚浅，没有什么实战经验。然而，初生牛犊不怕虎，英军新兵在与经验丰富、意志坚强的德军交战时，表现却异常出色。

或许，新兵的优异表现是源自主帅的鼓舞，黑格正经历着人生中最辉煌的时刻，生活起居都在列车上，密切关注着每一场战斗。黑格平素给人一板一眼的印象，此时却高度灵活，要求各军军长发挥主动性，抓住一切机会打击敌人。

行动时间定在9月27日凌晨5点20分。经过一段时间的沉寂，军官终于低声下达命令：上刺刀。冷溪卫队（Coldstream Guards）第3营的F. E. 诺凯斯（F. E. Noakes）心想：有点事情做总是好的，能够平复心情。几分钟后，诺凯斯瞥了一眼夜光手表，正好5点20分。三门大炮从遥远的后方依次开火。“炮弹的呼啸声还萦绕在耳，远处便传来一声巨响，仿佛天穹破裂，朝我们塌陷下来。那就是齐射弹幕。”那力量有如恶魔挣脱枷锁，地狱大门张开。起初，德军防线上似乎一片混乱，各种颜色的信号弹飞上天空，好像是出于恐慌，发射得杂乱无章。不过，没过多久，敌军便恢复秩序，用机枪朝地面扫射。诺凯斯头顶的战壕矮墙被打得泥土四溅。

5点30分，弹幕开始徐进。各队军官放下高举的手臂，示意开始冲锋。士兵们爬过矮墙，蜂拥而上。诺凯斯一爬出去便立刻挺起身子，因为敌军子弹打得很低，站着行动更加安全。一名军士死于敌军枪下，诺凯斯就在那军士旁边却毫发无伤，穿过残缺不全的铁丝网，越过爆炸闪光映得发亮的弹坑，一路小跑着向前冲去。

皇家苏格兰燧发枪团（Royal Scots Fusiliers）第1营的丹尼斯·雷茨（Deneys Reitz）看到德军翻出矮墙迎击，面前的战友正在与他们拼刺刀。雷茨飞快地冲过无人区，跳入又深又宽的兴登堡战壕。战壕里的战友因胜利而喜气洋洋：有的把俘虏围在中央；有的朝掩护所楼梯下面喊话，让里面的德军出来投降。此处的德军实属力战不敌。战壕里遍地都是死伤的德军士兵，几乎每挺机枪旁边都躺着死于炮击的机枪手。

此时，英军火炮调高炮口，将射程延伸到400码外的下一道德军战壕。皇家什罗普郡轻步兵团第7营（7th Shropshires）从苏格兰燧发枪团中间穿过，向前推进。什罗普郡团的新兵不慌不忙，斜背着枪，跟在徐进弹幕后面稳步前进。甚至在遭遇德军炮火反击，战友死伤甚众时，也继续迈着坚定的步伐，直到攻占德军第二道战壕。眼见如此鼓舞人心之壮举，苏格兰燧发枪团的士兵不禁欢呼起来。

日出后不久，冷溪卫队来到北运河（Canal du Nord）边。此时运河已接近干涸，酷似一条巨大的战壕，横亘在部队面前。河岸的陡坡遭到炮火严重破坏，因此诺凯斯等人沿坡向下相对容易一些。众人滑到干枯的河底，穿过一堆堆石块与泥水塘，然后奋力爬上对岸的陡坡。弗里斯比（Frisby）上尉等在接近顶部的位置，脑袋上面便是弹雨横飞的地面。上尉全无惧色，每有一名士兵爬上来，上尉便搭把手，并送上一句鼓励的话。

此时天色已有些光亮，诺凯斯能够看清周围的状况。攻击部队早已混杂在一起，诺凯斯发现自己跟另一个排的刘易斯机枪班走在一起。一行人穿过遍地尸体，沿着一条通向左边的战壕行进，每经过一座掩护所，就往里面扔几颗手榴弹。直到完全天亮后，诺凯斯才与机枪班分道扬镳，去寻找自己的排。所幸，诺凯斯只走了四分之一英里，便在一道战壕里找到了队伍。兴登堡防线由两道战壕组成，队伍所在的正是第一道战壕。在队伍右边，诺凯斯可以看到第二波主力冲锋部队正呈疏散阵形，冒着猛烈的炮火前进。就形势而言，英军已胜券在握，因为冲锋部队的交战区域已远在地平线外，只是诺凯斯看不到了。

到下午，第 1 集团军已越过运河，正在向康布雷挺进。丹尼斯·雷茨透过望远镜，发现康布雷一家酿酒厂的圆塔顶上站着几名德军军官；各处房屋升起一根根高大的烟柱，仿佛整座城市都被点燃了。雷茨在郊区地带发现大批德军预备部队；在左边发现进攻队伍被挡在格兰库尔（Graincourt）村前，好在威武的近卫旅（Guards Brigade）前来增援，朝敌军发动进攻。死伤者众多，但进攻部队毫不退缩，很快便冲入断壁残垣之中。没过多久，只听敌军的机枪哑了火，雷茨看到德军战俘成批地被押了出来。

雷茨来到右边，发现一堆敌军遗弃的大炮；早晨正是这批大炮朝英军猛烈开火。雷茨数了数，共有 50 多门。第 1 集团军打入德军主要防御体系中三英里，几乎全线都达成了最终作战目标。再往右去，第 3 集团军也成功完成任务，抵达圣昆廷运河沿岸防线，距离东北方的康布雷只有短短两英里。

雷茨朝冒着滚滚浓烟的康布雷投去最后一瞥，而后在渐黑的暮色之中返回后方。一路上，雷茨看到敌我双方大量阵亡者的尸体，数量超过他参战以来所见尸体的总数。代价的确高昂，不过战果同样辉煌：仅在一天之内，黑格的两个集团军便俘虏敌军 1 万人、大炮 200 余门；更重要的是，英军就此突破兴登堡防线的北端，来到一马平川的空旷地带。“从今以后，”雷茨舒了一口气，心想，"可以与那残酷的旧式堑壕战说再见了。战争已进入一个新的阶段。"

不过，对位于英军最右翼的罗林森第4集团军而言，艰巨的任务仍未结束。第4集团军预定在48小时内突破兴登堡防线南段，此役的危险与困难程度，较之北段恐怕更大。

八

罗林森为次日进攻做着最后准备的同时，保加利亚政府的特使来到萨洛尼卡，请求停战。而在柏林方面，此时的冯·辛慈自然还不知道德国即将签下降书，但他决心已定，认为必须寻求全面和平，于是命令外交部为德国制定全新的内外政策。在辛慈的领导下，外交部草拟出一份不同寻常的文件，开头便是爆炸性的一句话："开启和谈存在一个极为重要的先决条件，即，在皇帝陛下的积极倡议下，在广泛的民意基础上，立即组建一个新政府。"新政府将与威尔逊总统展开交涉，请求启动和谈程序："在向威尔逊先生提出建议的同时，我们声明如果四国联盟需要，德国愿意将总统先生的'十四点'作为和谈的基础。"①

按辛慈本人的说法，外交部的这一提议属于"一场自上而下的革命"。尽管文件没有提出组建一个真正的民主政府，但它意味着社会党人也会进入到政府当中。正当辛慈准备前往斯帕，了解军事形势究竟如何时，身处英格兰大酒店房间内的鲁登道夫收到噩耗：康布雷前方的兴登堡防线遭到突破。鲁登道夫怒不可遏，猛地站起身来，嘴里开始咒骂不休——骂的不是敌人，而是德皇、海军、国内民众，骂得最狠的还属帝国国会。助手急忙把房门关上。

下午6点，鲁登道夫依然气得面色苍白，浑身发抖。他来到楼下兴登堡的房间，两人面面相觑，默默无言。兴登堡回忆道："看他的表情，我就知道

① 威尔逊"十四点"远比英国、法国、意大利的任何条款都要合理。德国政府普遍认为，威尔逊总统无疑能够说服其盟友接受和谈，因为在当时的法国战场上，美军已成为决定性要素。——原注

是什么消息了。”鲁登道夫犹豫了片刻，开口说必须要求立刻停战。兴登堡双眼噙着泪水，点头同意。在回忆中，兴登堡表示自己那晚也有同样的打算，只是没说出口。两人一致认为德军不得不放弃西部战场占领的所有领土。分别时，两人紧紧握手，没有一句相互指责之语。“做出这一艰难的决定，”兴登堡元帅写道，“是基于我二人共同的信念。”兴登堡明白，自己将会受到“羞辱，并要为一切不幸承担责任”；但他只能选择接受。鲁登道夫也有着类似的情绪，他与兴登堡两人“当初拼尽一切努力，避免走上求和的道路；如今却要牺牲自己的名誉，来确保求和顺利进行”。军需总监鲁登道夫终于接受了残酷的事实：“战争已然失败，形势已无可挽回。如果还有办法扭转西线的战局，那么一切都还有希望；但事实是我军早已无力回天。西线一直以来的战术就是消耗部队，再消耗下去，只会一次又一次吃败仗。局势只会越来越糟，不可能越来越好。国内也不会增派更多援军。”

——

在前线，投降的消息并未流传开来。德军正在撤退，但那是有条不紊的缓速撤军。至于与罗林森第 4 集团军遥相对峙的那段兴登堡防线的守军，在坚固的屏障后更是感到稳若泰山。

兴登堡防线的北段最是棘手，圣昆廷运河在此处流经一条 3.5 英里长的隧道。运河西侧设有主要防御工事，由两三道坚固的堑壕组成，每道堑壕都设有密密麻麻的倒刺铁丝网。此处易守难攻的另一重要原因是，隧道内设有庞大的电力照明系统，大量驳船隐藏其中，以容纳后备部队；此外，防爆出口与侧向巷道也遍布隧道之中，还有大量地下通道连通隧道与主防御系统。如此一来，无论敌军火力如何猛烈，该段防线的任何部分都能够无障碍地得到来自隧道的部队支援。在主要防御工事之外，各处还建有许多战壕，以利用地理优势进行有效射击。该地区的部分村庄，如贝里库尔(Bellicourt)与博尼(Bony)，同样戒备森严。

突破该段防线的任务落在澳-美联军的肩上，打头阵的是美军第 27 师、第 30 师。军长莫纳什忧心忡忡：一方面，部队几乎没有实战经验；另一方面，部分美军甚至还没赶到出发线。莫纳什请求黑格推迟进攻时间，以便让那些还在路上的美军及时赶到，因为他自己感到“凶多吉少”。黑格却只是宽慰莫纳什，认为此事“无须忧虑”，并下令“明早如期发动进攻”。

年轻军官帕特·坎贝尔所属的野战炮兵旅此时隶属澳军，也在为参加此役进行准备。该旅下属炮连的指挥官、可敬可畏的约翰少校不久前英勇牺牲。当时，一门大炮的伪装物由于炮身过热而意外引燃；大炮旁边是一堆弹药，约翰便命令众人散去，自己留下来只身灭火，直到弹药爆炸。约翰牺牲后，炮连迎来了一名新任指挥官。

此人是一名少校，名叫塞西尔，为人十分自私。他带着一条毛色黑白相间的塞特犬，把那母犬看得比任何士兵都重，而那狗总是碍手碍脚，“炮连里人人都希望它被炮弹炸死。不过，贝蒂和它的主人一样，对自保之道很是在行”。

此时的炮连已由澳军接管，塞西尔一心只希望上面不会安排自己去打兴登堡防线。当炮连发现从未参加过实战的美军第 30 师竟在他们前方据守战线时，众人无不大吃一惊，继而便怏怏不乐。坎贝尔在观察哨所待了一天，观察即将成为战场的土地。陡峭的河岸中央是一道深邃的裂谷，那便是运河，坎贝尔能够看到它从贝里库尔附近的隧道中流出。正对着坎贝尔的是山坡上一道道白色的伤疤——那是德军的战壕。战壕前密布着铁丝网，那数量让坎贝尔深感不安。“我能够感到敌军阵地的威慑力，在它面前任谁都会望而却步。要冒着猛烈的炮火，越过运河爬上另一侧的河岸，没有一支部队能做到！我军右翼有一支英军师，要从运河对岸发动进攻，我看没什么胜算。至于美军要翻越那批铁丝网，更是难以想象了！”坎贝尔纵目远望，兴登堡防线的彼端是未遭破坏的田野、起伏的山峦、村庄与树林，山坡看不见一处弹痕，“那简直是一片和平之地，只是不属于我们；只有在强渡运河，翻越铁丝网，占领堑壕之后，我们才能踏入其中。然而，那仅仅是个设想！彻里(Cherry)说胜利就在眼前，问题是彻里是个副官，只负责制订计划，自己并不上阵。彻里要保持乐观当然容易，我却不敢如此奢望。”

9 月 28 日接近正午时，天下起雨来。未遭破坏的绿色原野很快便消失在薄雾之中，只有那白色伤疤与战壕前的铁丝网还隐约可见。右边那深谷之中，勉勉强强还能看见运河。黄昏时分，坎贝尔所属的炮兵部队进入阵地。各线纷纷传来捷报：保加利亚军正在求和，土耳其军被逐出巴勒斯坦，整个西线都在向前推进。坎贝尔的部队也会在第二天加入到推进的队伍中来。“敌人的防线就像黄油，咱们的突破就像刀子。”炮兵旅的旅长说道，“圣诞节那天，让咱们在柏林共进晚餐。”听了这番话，坎贝尔大受鼓舞，深信自己距离应许之地已只有一步之遥。

然而，坎贝尔等人迎来的只是一个寒冷的早晨。5 点 55 分，部队开始炮击。此时虽已日出，但雾气太重，坎贝尔甚至连身旁的炮位都看不清。前线的情况似乎没人清楚，有人说了句：“感觉不像在打胜仗啊。”过了一会儿，上面下令推进；不过仍然没有消息，也没见到俘虏被押回来。坎贝尔心想，或许是雾太大，俘虏过去的时候自己没看到。大约走了半英里，雾已散去大半，前方的大炮与马车进入坎贝尔等人的视野。那支纵队看起来移动得并不快。事实上，他们根本就没有动。坎贝尔此时能够看到 500 码外的一座山峰，马车和大炮全都停在通往山顶的路上，没有一人一炮越过山顶。换句话说，兴登堡防线依旧牢牢掌控在德军手中。

在坎贝尔的右侧，英军第 9 军利用救生艇、木筏、席子和便携桥渡过运河，攻下贝朗格利斯(Bellenglise)村。而在坎贝尔左侧，美军第 27 师进展并不顺利。拨给该师的坦克很快就无法行动，只有两个营保持步伐跟随徐进弹幕，其余部队甚至还没赶到炮兵部队的出发线。

身着卡其色军装的法国画家保罗·梅兹此时正与第 27 师同行。他看到许多己方坦克的残骸，便明白敌军抵抗一定十分激烈。梅兹进入一个团的掩护所，里面有一名美军上校，正与两名参谋在看地图。“那个嘛，”上校扶了扶玳瑁框边眼镜，慢条斯理地说道，“小伙子们目前的情况如何，我也不知道。不过嘛，部队经过此处时，还是在预定时间内，我相信他们已经尽力了。”

梅兹建议上校派人去前面探探情况。从掩护所的台阶上，梅兹远远看到有人正在从山上下坡，于是便向上校询问他们的身份。“那个嘛，”上校回答，“恐怕是一些个小伙子在往回走吧。”上校命令一名中尉去看看情况，梅兹不等中尉出发，便跨上摩托车朝山顶的方向赶去。最后一段路不方便驾车，梅兹便弃车奔跑上前，发现那群撤退的士兵已与部队失去一切联系，得不到任何指示，其军官大多也已阵亡。梅兹命令其中一部分人架起机枪，原地固守，余者回到那些离开前线的队伍中去。众人无不听令。“那群士兵丝毫不见慌乱，他们往回走，只是来请示下一步如何行动。”当梅兹回到团指挥部所在的掩护所时，却发现里面一片狼藉。指挥部已被捣毁，三具尸体躺在地上，有的躯体上盖着麻袋。那三人中，一人是哨兵，另两人正是刚刚与梅兹讲过话的参谋。上校独自坐在一旁，抹着额上的汗水。“啧啧，”上校对梅兹说道，“战争就是这么回事儿。”原来，美军推进时太过着急，在大雾中走得太快，没把途经的掩护所及隧道清理干净；德军便从那里钻出来，从背后袭击对方的团指挥部。

直到下午2时，莫纳什将军才收集到足够可靠的情报以作为决断的依据。由于美军第27师未能达到目标，因此澳军第3师只能斜着跨过隧道防线；好在美军第30师奋力攻下贝里库尔，控制住隧道的南部入口，使得澳军第5师大批越过隧道防线。由于部队只攻下隧道的一端，莫纳什只能为确保当日战果，而不得不放弃当初的计划。第二天，莫纳什只能在完全不同的战线上继续组织战斗。

对坎贝尔来说，那天充满懊恼与憎恶的情绪。由于炮兵多次被迫后撤，因而塞西尔少校命令坎贝尔去负责马车队。“一步也别给老子退。”临走时，塞西尔扔下一句命令。而当毒气弹与高爆弹往队伍中落下时，坎贝尔连忙飞奔回去向塞西尔报告说再不允许后撤，以后前进时就无马可用了。

“一个比一个不顶用！”塞西尔午饭时喝了大量威士忌，朝着坎贝尔咆哮道，“派个兵去管马车队，他就恨不得把队伍撤到大海里。”塞西尔恶狠狠地允许坎贝尔后撤半英里。那天气温很低，阴雨不断，仿佛一日之间，夏天便成过去，冬季已然到来。坎贝尔把马匹紧拴在一起，防止它们相互蹬踢；而到了夜里，马匹仍旧骚动不停，加之德军炮声连连，天气又冷，坎贝尔一整夜没能入睡。“我生怕马匹挣脱缰绳，或是一枚炮弹落在它们当中；塞西尔少校肯定要怪在我头上。”倘若当日的攻势大获全胜，无论寒冷，还是炮弹，坎贝尔统统都可以忍受，“我所不能忍受的是，一切希望都付诸东流。什么应许之地！我们根本就没推进几步。兴登堡防线坚不可摧，要攻克它是没希望了”。

伦敦方面倒没把暂时的挫折看得很重，尤其是因为南段的英军已大批

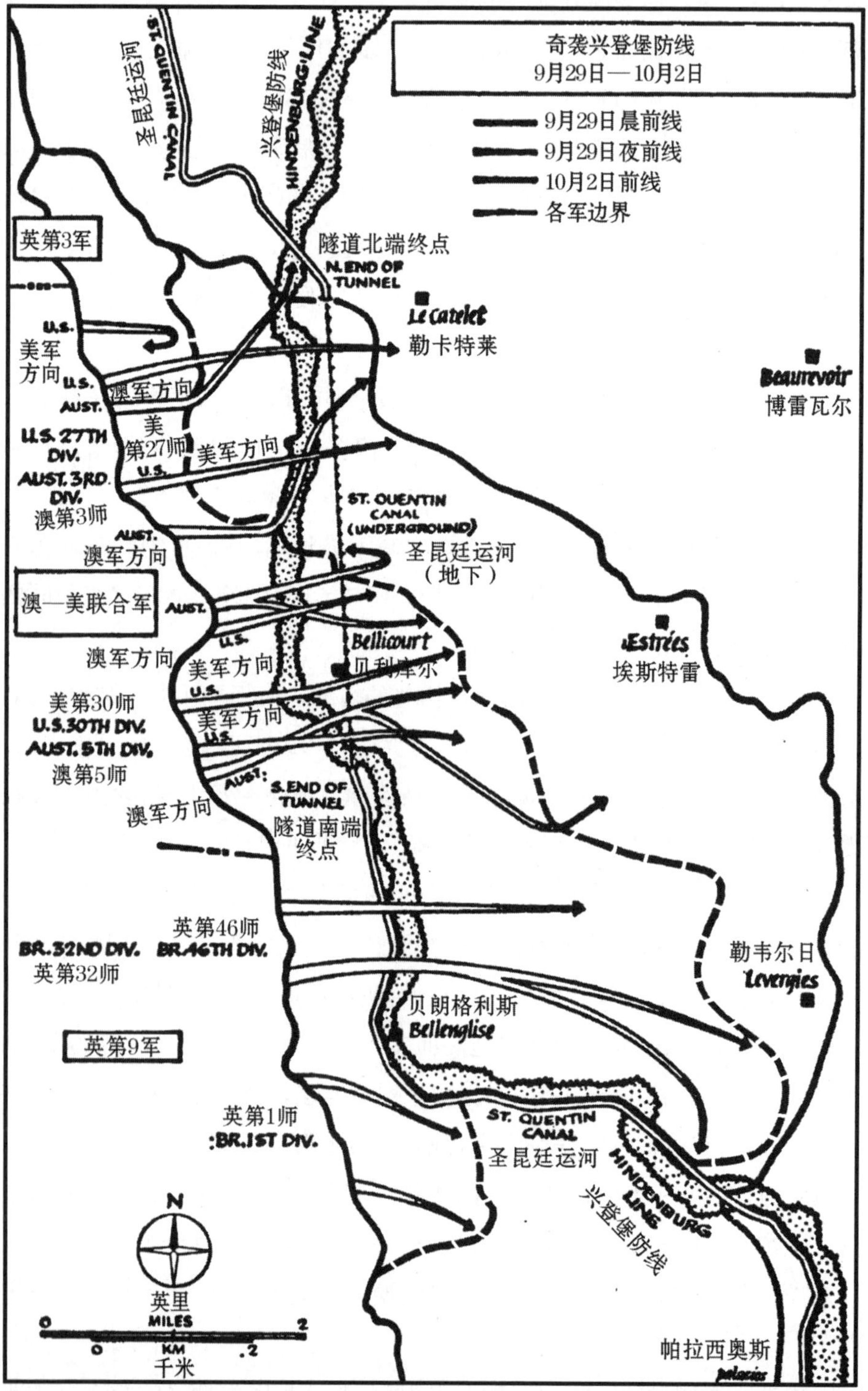
奇袭兴登堡防线
9月29日—10月2日
9月29日晨前线
9月29日夜前线
10月2日前线
各军边界
圣昆廷运河
ST. QUENTIN CANAL
兴登堡防线
HINDENBURG LINE
隧道北端终点
N. END OF TUNNEL
Le Catelet
勒卡特莱
Beaurevoir
博雷瓦尔
英第3军
U.S.
美军方向
澳军方向
AUST.
U.S. 27TH DIV.
美第27师
AUST. 3RD. DIV.
澳第3师
ST. QUENTIN CANAL (UNDERGROUND)
圣昆廷运河（地下）
澳—美联合军
Bellicourt
贝利库尔
Estrées
埃斯特雷
美第30师
U.S. 30TH DIV.
AUST. 5TH DIV.
澳第5师
S. END OF TUNNEL
隧道南端终点
英第46师
BR. 32ND DIV.
BR. 46TH DIV.
英第32师
勒韦尔日
Levergies
贝朗格利斯
Bellenglise
英第9军
英第1师
BR. 1ST DIV.
圣昆廷运河
N
英里
MILES
0
2
KM
千米
帕拉西奥斯

渡过运河，且北部的其他部队正在逼近康布雷。劳合·乔治自进入9月以来一直身患流感，此时听到这一连串消息，竟高兴得跳起号笛舞来。

而在斯帕，德军最高司令部经历了痛苦的一天。当天上午，鲁登道夫、兴登堡、辛慈与德皇进行磋商。先是外交大臣辛慈对政治局势进行了说明，而后兴登堡表示西线即将崩溃，必须立刻停战。兴登堡称，立即向威尔逊总统呼吁停战是挽救德意志的唯一出路；鲁登道夫则插话说，必须在24小时内迅速做出停战安排。

与兴登堡、鲁登道夫的意见不同，辛慈表示此举无异于无条件投降，必将招致革命，王朝亦将倾覆；并要求延缓数日再呼吁停战。整个会议室里，最沉得住气的乃是德皇。德皇平静地听着众人讲话，而后面无表情地表示自己支持辛慈的看法。辛慈保证10月1日之前一定会向威尔逊发出照会。

辛慈称，陛下面临的选择有二：其一，对政府进行民主化改革；其二，建立独裁政权以镇压革命。德皇称第二种选择"荒唐无稽"，并"压抑住情绪，秉持君王之尊严"宣称自己倾向于第一种选择。

午后不久，首相冯·赫特林也来到会议室。从辛慈那里听取事情始末之后，赫特林离开会议室，向他的儿子喊道："简直是荒谬绝伦！陆军最高司令部竟向陛下要求以最快速度向协约国求和！"过了一会儿，赫特林谒见德皇，表明自己拒绝在一个民主议会制政府中担任首相，并递交辞呈。德皇接受请辞，而随后却对辛慈说他认为革命似乎并不会立刻爆发。"所以，不论是组建新政府的问题，还是求和的问题，"德皇说道，"咱们可以推迟一下。"毕竟他认为平心静气地考虑此事，或许需要两周的时间。

辛慈提醒德皇曾向鲁登道夫亲口保证过，两天内会给威尔逊发出照会；而且，只有先组建一个敌方能够接受的政府，才能进行下一步的求和工作。法令已经拟好，就摆在桌子上，辛慈请皇帝务必签字。威廉二世疲倦地转过身，走到桌旁签下名字，而后匆匆离去、更衣，准备召开晚宴。

冯·辛慈也是应邀赴宴的客人之一。皇帝向众宾客宣布，即便眼下找不到合适的继任人选，冯·赫特林首相也必须立刻卸任。宴后，辛慈指示外交次官"通报维也纳及君士坦丁堡方面，我打算在'十四点'基础上向威尔逊总统提议言和，并呼吁立即停止敌对行动"。既然议和计划已透露给奥匈帝国及土耳其，那便不再有回头路。辛慈乘上前往柏林的专列，去完成自己的使命。

那一天，消沉的汉森议员在国会大厦如坐针毡。下班后，汉森走向林登大道（Unter den Linden）时，感到“道旁各大餐馆上空，都笼罩着一种难以言喻的压抑气氛。《地方广告》（*Lokal-Anzeiger*）①电报室外面人头攒动，人人都想先一步读到最新的消息。“真是惨哪。”我走进电报室大厅时，一个素不相识的路人对我说道，“士气已跌至冰点以下。”

晚间 10 点 50 分，保加利亚正式签署停战协议，并接受协约国方面提出的全部条件。次日中午，敌对行动便会停止。在国土被占领不足百分之一的情况下，保加利亚选择投降；如此一来，奥匈帝国、土耳其乃至德国本身，都陷入腹背受敌的危险之中。

次日，即 9 月 30 日的上午，保加利亚耻辱降服的消息传到柏林，给国会大厦又蒙上一层阴影。“最多还能撑四个月，”一名议员对汉森说道，“再久就撑不下去了，德意志各州都会垮掉。”另一名刚从瑞士回国的议员则说，瑞士自上至下都认为德国崩溃已成定局。

当天白天，澳军奋力猛攻运河隧道北半部，终于突破整道兴登堡防线。美军第 27 师得以推进，梅兹也随军前行。中午刚过，右翼一个澳大利亚营前来支援第 27 师。一名澳-新部队的上校让梅兹给旅部捎个信，于是梅兹起程赶往博尼。正在半路上，突然一串子弹从身边飞过，梅兹跳入一个弹坑，而后趴在边缘上向外观察，看到几顶德式钢盔的盔尖，距离不到 200 码。“我想仔细看看那些德国兵，便举起望远镜，谁知刚一抬手，左腕就中了一弹；紧接着一阵剧痛，左臂无力地垂了下去。”梅兹爬出弹坑，好不容易找到一批正在待命的澳军后备部队，便请他们为自己包扎伤口，继续向后方走去。一路上，梅兹不顾左手及手腕阵阵抽痛，把所见所闻全部记录下来：“因为，我隐隐约约地感觉自己正在与战争告别。”梅兹只庆幸受伤的不是作画

---

① 《地方广告》，全称《柏林地方广告报》（*Berliner Lokal-Anzeiger*），创办于 1883 年，1945 年停刊。

的右手。罗林森的参谋长蒙哥马利将军接受梅兹的汇报，和蔼的笑容让梅兹精神一振。当天晚上，医疗列车缓缓驶离战场，梅兹坐在车里："雷鸣般的炮声仍在耳边。我望着窗外，看着广袤的荒原向后推移；看着大量增援部队，为彻底攻克兴登堡防线而开往前线……突然，某个妇人的一句话浮现在脑海之中。她是我一个法国友人的母亲。友人从军打仗，部队就驻扎在紧靠着兴登堡防线的一座村子里。那个母亲为见儿子，赶来村里，托人请儿子出来，自己就站在路边等他。友人是个高大黝黑的青年，沿着残破的街道，顺着路中央向她走来。她远远望见，便叫道：'好儿子，他们吵吵嚷嚷是在干什么？都是为了什么？'"

在9月的这最后一天里，协约国并没夺得多少地盘；不过罗林森的部队已占据优势，翌日就能攻克兴登堡防线的剩余部分。福煦元帅得意不已，因为他的大型协同攻势终于得到实现。从佛兰德斯到凡尔登，全线都在作战。遥远的北方，比利时国王率军抗敌；在伊普尔，普卢默将军不改往日之锐气，勇往直前；普卢默的右翼，另外四支英军集团军正在逼近兴登堡防线，有的甚至已实现突破；再向右，福煦本人麾下的四支集团军也在推进，只有芒让将军气势汹汹，其余部队劲头均显不足；最后是美军，正在重组部队，准备对默兹—阿尔贡地区再发动一次大型攻势。美梦成真的福煦如今开始相信，黑格所料无误——1918年内能够赢得战争。

当晚，伦敦方面获悉，艾伦比将军麾下三个骑兵师已兵临大马士革城郊。劳合·乔治得到消息，异常兴奋，想必还想再跳一支号笛舞。大马士革城已摆脱土耳其的统治，街道上飘扬着欢迎占领军的旗帜。土耳其陆军残部四散奔逃，奥斯曼帝国的崩溃只是时间问题。10月1日拂晓，已成为一代传奇的E. T. 劳伦斯上校率阿拉伯部队进入大马士革，城中百姓箪食壶浆，慰劳士兵。与此同时，澳军第10轻骑兵团（10th Light Horse）的分遣队自城北而入，第14骑兵旅则自南进入"那叫直街的路"（Street that is called Straight）①。

---

① 指大马士革直街，东西横贯大马士革旧城的一条古罗马大道。《新约·使徒行传》第9章第11节："主对他说：'起来！往那叫直街的路去，在犹大的家里……'"

兴登堡防线上，雨势总算在拂晓之前停了下来。到上午10点，澳军巡逻队已抵达运河隧道的北口。鲁登道夫布下的坚固屏障，终于被罗林森第4集团军突破；坎贝尔中尉的和平之地，现已门户大开。

九

德军最高司令部勉强同意由巴登亲王麦克斯（Prince Max of Baden）①接任首相一职。此人是一个渴望和平的自由派领导人。不过，到10月1日那天早上，麦克斯还没来得及组建起新政府。那天正是辛慈保证向威尔逊总统发出和平提议的日子，由于首相之职空缺，导致文件无人签署。鲁登道夫不在乎首相问题，他在斯帕大发雷霆，坚称要对柏林持续施压，政府必须立刻发出和平提议，文件由谁来签署都无所谓；并警告称，敌人随时可能突破德军防线。听到鲁登道夫那失去理智的言论，德皇的外交代表震惊不已，随即向柏林方面发出电报，敦促辛慈无论如何必须立刻发出照会。至于军方，外交代表补充说他们似乎“已在斯帕吓破了胆”。

麦克斯亲王赶赴柏林组建新政府，直到下午3点左右才抵达。而当得知军事形势危急，最高司令部要求立刻停战时，亲王颇感迟疑。尽管亲王一直致力于和平，此时也愿意做出“重大让步”；然而，假如协约国坚持给出丧权辱国的条约，那么麦克斯宁可选择奋战至死。

“如果情势已危急至此，”麦克斯说道，“那么提议停战也于事无补，反倒会招致灾难。仓促发出和平提议，尤其是停战提议，必然会在政治上造成毁灭性的后果。”亲王拒绝在如此一份文件上签字，并立即去见内阁官房长官F. W. B. 冯·伯格（F. W. B. Berg）。“停战提议是一项致命的错误，”麦克斯说道，“我拒绝签字。”当然，对首相的任命，亲王也一并回绝。

“我也不想让您来当首相，”伯格怒气冲冲，“只是再无人选罢了。”

“我并不惧怕牺牲，”亲王激动地反驳道，“但我拒绝无谓的牺牲。如果

① 马克西米利安·冯·巴登（1867—1929），巴登大公弗里德里希二世的堂弟及继承人。1918年10月3日至11月9日短暂出任德意志帝国第8任首相。

我作为首相的第一个举动是向敌人乞求和平，那牺牲实属无谓。”伯格作为德皇的左膀右臂，却直到时局不可收拾之际才召见自己，亲王深感不可理喻：“我现在全然顾不上个人荣辱，能挽救的都只能去奋力挽救。把一个人推到如此境地，使一个国家陷入如此境地，简直荒谬。”

“瞧，”伯格打断亲王的话，“您已经紧张起来了。”

“我来到柏林才刚刚听到那些消息，激动起来又有什么奇怪？”

麦克斯亲王明白，自己只有两条路可走：要么离开柏林；要么尝试组建一个政府，去反对和平提议。亲王认为，如果自己选择离开，那么原政府的副首相就会立即签字求和。因此，亲王最终决定留下来担任首相。

亲王的远房堂兄——德皇尽管情绪消沉，却仍在指望法国的流感能帮上自己。不过，无论是德皇还是其亲随，心里都很明白，西线随时可能崩溃。当晚 7 点，德皇及其随员离开斯帕。“不知是否还有重见斯帕之日。”郁郁寡欢的冯·穆勒海军上将在日记中写道。

20 分钟后，最高司令部接到辛慈的电报：“新政府很可能于今晚，即 10 月 1 日晚组建成立。因此，提议也可以今晚发出。对于那些失去理智、傲慢自大的党派，军事形势是最有力的施压手段。”

认为“失去理智、傲慢自大”的麦克斯亲王即将签署和平提议，纯属辛慈的一厢情愿；不过，电报倒是让鲁登道夫精神一振。鲁登道夫立即任命一个停战委员会，然后要求外交部尽快告知向威尔逊发出和平提议的确切时间。从午夜发给辛慈的一份电报中，不难看出鲁登道夫的歇斯底里已越发严重。电报称，德军连 48 小时也撑不下去，并恳请外交大臣“以最紧急的态势，尽一切努力，将和平提议以最快的速度发出”。鲁登道夫认为“协约国能否在星期三晚上、最迟星期四早晨收到和平提议，将决定一切的命运”，并乞求辛慈“为此竭尽全力”。歇斯底里的电报发出后不久，鲁登道夫又亲自致电外交部陆军代表汉斯·冯·海夫滕（Hans von Haeften）上校，要他把入睡的麦克斯亲王叫醒，让亲王签署照会。海夫滕回答说自己只能明早去见亲王，至于新政府实际组建起来之前，亲王是否肯签字，令人怀疑。

10 月 2 日上午 8 点，冯·海夫滕上校来到麦克斯亲王的住所。不出所料，亲王拒绝签字，而后便着手组建联合政府。整整一个上午，鲁登道夫一直在持续施压，甚至指使身处柏林的特使希尔玛·冯·德姆·布舍（Hilmar von dem Bussche）少校伯爵召集各政党代表，向他们如实透露军事溃败的细节。鲁登道夫平生第一次对文职领导人彻底坦诚，当然，原因只是被迫停战之事将他逼得走投无路。各政党代表听闻崩溃详情，个个面色苍白，站立不稳。其中，社会民主党人、改革派领袖弗里德里希·艾伯特（Friedrich Ebert）"面无血色，目瞪口呆"；国民自由党人古斯塔夫·施特雷泽曼（Gustav Stresemann）则"像是挨了当头一棒"。据报道，普鲁士出身的施特雷泽曼说道："现在唯一能做的，就是一枪崩掉自己的脑袋。"

麦克斯亲王震惊不已，没想到鲁登道夫为迫使自己行动，竟做出如此疯狂的行径。如此一来，亲王原定的计划便泡了汤："此前，国内战线一直没有崩溃。国内之所以能够团结一致，全靠两名前线将领的强力暗示：'必须顶住！切莫屈服！'现如今，恐慌已波及全体国民。"

当天中午刚过，德皇与兴登堡来到柏林。下午 3 点，麦克斯亲王及其多名顾问与兴登堡举行第一次会议。兴登堡大步流星地走进会议室，言谈平静，镇定自若；麦克斯见状，便暗自认为仍有希望。然而，会议期间兴登堡说了如此一番话："在向敌人求和之前，至少给我 10 天的考虑时间，要么 8 天，甚至 4 天也行。"显然，兴登堡的立场与鲁登道夫别无二致。几句话过后，兴登堡竟进一步承认军事局势十分严峻，已"无暇拖延"。

麦克斯亲王把兴登堡拉到一边，悄悄问他前线局势是否真的严重到如此地步，以至于不得不如此仓促地采取行动。"我们勉强顶住最近一次进攻。"兴登堡答道，"我估计一周之内敌军会再度发动大规模袭击，届时我无法保证不会面临灭顶之——"兴登堡意识到话不该讲，随即改口道："至少可以说是，最严重的后果。"两人的会谈未能继续下去，因为德皇宣布，御前会议立即召开。

德皇努力以轻松欢快的语气向众人打招呼："还是得承认呀，柏林的气氛真是紧张。"而当麦克斯亲王表示依然反对和平提议时，德皇突然打断他的发言。"最高司令部认为和平提议有其必要，"德皇说道，"而且，把你请来，不是让你来跟最高司令部唱对台戏的。"

不过，亲王并没有畏缩。次日早上，麦克斯再次找到兴登堡，表示立即发出停战提议不仅无效，而且有害，甚至等同于向全世界昭示德国的战败。"一旦发出提议，必将引起轰动，新政府为和平事业所做的一切积极努力，都会付诸东流。"亲王建议反其道而行之：在首次演说中，麦克斯会宣布新的战争目标，而新目标会与"威尔逊十四点"保持一致。

不料兴登堡固执己见，坚称和平提议必须立即发出。麦克斯亲王表示自己可以签字，但有一个条件："最高司令部须做出书面声明，表明西线军事局势之危急程度，迫使本人不得不在发表演说之前发出照会；我会将此份声明传达给内阁，最终也将向公众公开……"两人分别之后，麦克斯亲王给兴登堡发电报，提出几项发出照会之前必须摸清的问题：若敌军意图攻入德国境内，陆军能够坚持多久？最高司令部是否预计战事将会崩溃，崩溃是否意味着国防力量的终结？军事局势是否危急到必须立即宣布停战，请求和平？

兴登堡答复称陆军"依旧坚如磐石，秩序井然，抗击敌军屡次进犯，胜利连连"，只是形势"日益严峻"，德国人民不应做出无谓的牺牲，"每拖延一天，就会有新的一批战士英勇牺牲"。

从兴登堡的答复来看，亲王认为形势并未严峻到刻不容缓的程度，因此他仍然拒绝在向国会发表演说之前签发任何照会。国会为此事闹得沸沸扬扬。"明天可是德意志国会史上的重大日子。"一名议员对汉森喊道，"政府席上要发表一篇半真半假的演说，那还真是破天荒头一回。"汉森问奥地利方面有何消息，"维也纳自上至下都在呼吁和平。该垮台的都垮了台，和平运动如火如荼"。

在休息室里，汉森遇见社会党议员鲁道夫·希尔弗丁（Rudolf Hilferding）①博士。希尔弗丁证实了奥地利军队溃败的消息："保加利亚军已屈膝投降，土耳其军则是风中残烛；不过多久，一切都会垮掉。协约国肯定不会接受德国提出的和平条件。"博士预计和平可能会在 11 月份到来："如果届时未能实现和平，那么在冬天也将打下去，议和要等到明年夏天。同时，我们可以认为：四国同盟战败之事已成定局。"另一名议员则透露兴登堡在御前会议上曾表示，继续打下去也毫无意义："过不了多久，一切都会

① 鲁道夫·希尔弗丁（1877—1941），奥地利马克思主义经济学家，维也纳大学医学博士。

垮掉。”

汉森来到林登大道，发现 S. 布莱希罗德(S. Bleichroder)交易所人满为患。大量客人排着长队，手里攥着一捆捆的战争债券，然而银行职员拒绝接受。“我昨天还卖给你一大笔呢。”一个衣着光鲜的绅士抗议道。

“是的，昨天的收购是我们的失误。”

“为什么你们不肯收购了？”客人眼含泪水问道。

“因为那些债券，我们也没法处理。”

到晚上，麦克斯亲王最终屈服于众人的意见。在新内阁举行的第一次会议上，亲王同意立即向威尔逊发出照会；如果不发照会，那么就只有选择辞职。照会要求威尔逊总统“采取措施恢复和平”，并称德国愿意在“十四点”的基础上进行谈判，呼吁立刻停战。

10 月 4 日早上醒来时，麦克斯感觉“自己像是个被定罪死刑的囚徒，只不过在睡梦中短暂忘却了而已”。亲王用一个白天的时间把新政府组建完毕，并起草预定次日对国会发表的演说稿，直到晚上 11 点才写完。酒店的客房里聚集着几名密友，麦克斯把演讲稿读给他们听。讲稿对“威尔逊十四点”做出详细分析，并称“十四点”正是德国战争目标的基础所在，甚至要求对战争罪问题进行国际调查。听众大受感动，显然对讲稿衷心赞同。冯·海夫滕上校奉命将手稿带给新内阁成员，以示礼貌。

海夫滕回来时已是午夜，麦克斯亲王见他“面如死灰”，心想必是前线又传来惨败的消息。谁知海夫滕却回报称，演说稿遭到各大臣及外交部官员的一致反对。如此一篇演说会在国外招致灾难性后果，威尔逊会因自己的思想遭到肆意解读而感到愤怒。“我环视着聚集在身边的友人，”麦克斯亲王写道，“发现他们眼中的光芒渐渐消失……我要求独自静一静。直觉告诉我必须坚持用这一讲稿，理智却似乎偏向另一方。”最终，麦克斯决定放弃此篇讲稿，另写一篇。

深夜，麦克斯与几个朋友开始起草新的讲稿。到次日，亦即 10 月 5 日早上，稿子还没写完；因此国会开会的时间从下午 1 点推迟到下午 5 点。议员们到达国会后，听到各种流言，其中有人认为会议之所以推迟，是因为“从国外传来重要的新情报”。一时之间，大厅里谣言四起。一名同僚对汉森说，德国正准备给威尔逊发出第二封照会，其内容比前一封更激进，甚至提到了投降问题。

“消息从何而来？”汉森问道。

“那我不能透露，因为说好要保密。我只能告诉您，我对此深信不疑，消息来源也绝对可靠。”另外，此人还从“一名最可靠、消息最灵通的人士”那里获得一条内部消息：军事局势正在逐步恶化，“陆军耗尽后备力量，局面已维持不下去。如今已是朝不保夕”。

在全体会议厅里，汉森对新任劳工大臣表示祝贺。大臣先是回以感谢，而后略带感伤地说道：“其实，大家可能不知道，此时该有的不是祝贺，而是安慰。”另一名同僚则带来好消息，他认为会议之所以推迟，是由于威尔逊的一篇讲话刚刚在德国公开，其内容给人带来某种希望，“显然，威尔逊担心英、法两国会根据自己有利的军事地位而提出过分的要求；所以我认为，缔结一份我方能够接受的和约还是大有希望”。另一名议员说道：“咱们就要垮台啦。结果您猜怎么着？我还真高兴！”见那议员咧嘴一笑，汉森十分厌恶。

几个小时慢慢地过去，汉森回到大厅，与来自阿尔萨斯—洛林的社会民主党议员交谈。“如果威尔逊不接受最新的和平提议，”一名议员说道，“那么麦克斯亲王的首要任务便是立即赶到威廉那里，对他说一句：‘陛下，拿起您的大礼帽，速速离去吧！’”

此时德皇正因关节炎卧病在床，时时遭到风湿疼痛的折磨。德皇的主要任务是向陆军及海军签署一份公告，告知自己已决定与敌人议和，“敌对行动是否会停止，目前尚不确定。在确定下来之前，决不可松懈斗志。必须一如既往，竭尽全力，顽强阻挡敌军进攻。如今正是艰难时刻，不过，依靠自身的坚韧与上帝的恩佑，我们绝不会缺乏保家卫国的力量”。

通往国会大厦的道路堵塞接近一个小时，终于，5 点就要到了。走廊与包厢里摩肩接踵，汉森好不容易才进入全体会议厅，大略一数，政府代表、高级官员及军方领导人共约 300 余名出席会议。大厅也十分拥挤。身材修长的首相没讲任何排场，健步走入会议厅，身后跟着多名国务大臣。5 点 15 分，康斯坦丁·费伦巴赫议长宣布会议开幕；接着，麦克斯亲王在一片寂静中发言。亲王缓慢而清晰地念着发言稿，以单调的声音对改革及议和计划做出概述。绝大多数听众对其自由主义，甚至略有些激进的内容感到意外，不过并未做出什么反应。当麦克斯谈到发给威尔逊总统的照会时，尽管语气依旧平淡，心脏却已跳个不停。“采取此一措施，不仅是为了拯救德国及其盟国，同时也是为了拯救多年来饱受战争之苦的世界人民。因为威尔逊先生那份谋求各国人民未来福祉的新设想，与德国新政府、与我国绝大多数人民的想法，在总体方向上一致。”麦克斯平淡的讲话打动了听众，因为他们清楚，为了实现和平，麦克斯曾长期全身心地投入斗争之中，“因此，我内心平静如水；那平静来自我生而为人的善念，来自我作为人民公仆的良知，同时也来自我对祖国人民的坚定信心。伟大而淳朴的德意志人民，能够为祖国事业奉献一切，能够形成光荣的武装力量。依靠着德意志人民，我作为领导帝国的政治家，在此迈出第一步，并等待结果。”

费伦巴赫议长担心议员们会做出“歇斯底里的反应”，谁知众人只是报以礼貌的掌声，甚至无人针对麦克斯亲王的计划进行讨论。会议一结束，新政府成员便互相庆贺避免了一场危机。会议厅里没有什么戏剧性场面，只有在走廊里，人们三五成群聚在一起讨论局势。“真是怪了，气氛不够激烈。”一个友人对汉森说道，“显然，议会对事情的重要程度还没有清醒的认识。”

“战争很大程度上麻木了人们的感情，”汉森说道，“厌战议和的情绪很浓。人们对国内改革的喜悦之情溢于言表。德意志人民向强权屈服，并意识到自己面临着无可逃避的局面。不过，即便在此时此刻，在德意志历史的转折点上，人们仍然没有丧失热情，也没有产生进一步的动摇；此事仍然可圈可点。”

绝大多数民众并不知道，麦克斯亲王采取和平行动是受到军方的逼迫。街头巷尾流传着一句俏皮话：“麦克斯就是帕克斯（Pax）①。”不难看出麦克斯深得人心。从面包坊和杂货店女店员的眼神之中，布吕歇尔亲王夫人能够看到“和气融融”的笑意。“而在那些富裕阶层及军国主义者眼中，事情是

① 帕克斯，罗马神话中的和平女神，相当于希腊神话中的厄瑞涅。

另一番样子。”夫人在日记中写道，“就算战争再打一年，那些人在物质上也承受得住；因为他们不像广大人民那样半饥半饱，操劳过度。他们的梦想是德国成为世界霸主，进行海外扩张，财富大量增值；无法忍受德国在一夜之间，沦为一个忍辱含垢、一贫如洗的国家。”而与此同时，德国自上而下都在惴惴不安，不知威尔逊总统会做出何种答复，“当大半个世界的命运取决于此人之手时，他是否能够证明自己乃是一位伟人，足以担负如此重任？他究竟将自己视为上帝神圣意志的执行者，还是党派斗争中一个鼠目寸光的傀儡？”

照会前一日已从伯尔尼发出，而华盛顿方面收到还需要 48 小时。然而，克列孟梭此时已读到了照会的内容，因为法国情报部门已将其截获并成功解码。克列孟梭心里没底：威尔逊是个理想主义者，实在无法预料他会做出何等反应。除此之外，德国的提议也不能排除是陷阱的可能；或许麦克斯亲王只是军方的傀儡，而军方正在想方设法逃避战场上的失败。在满腹狐疑之中，法方也开始制定自己的停战条件。

经过四年的战争之苦，如今每一方都希望提议言和，却又都不希望轻易应承。

第十四章　伍德罗·威尔逊说："我是在救人性命，而非搞党派政治。"

10月1日至26日

一

尽管西线捷报连连，福煦却愁眉不展。10 月 1 日，福煦给潘兴写信，弄得事情越发尴尬。信中称，美军在默兹-阿尔贡地区显然遭遇强大的抵抗，不如在潘兴与法军第 4 集团军中间再插入一支法集团军。不消说，一部分美军师自然要编入那支新集团军里。

福煦 8 月份就提出过拆散美军的计划，此时纯属旧事重提。潘兴猜测此事背后是克列孟梭在捣鬼，事实确实如此。派来传信的是魏刚将军，潘兴向魏刚表示，自己坚决拒绝，因为此项安排对协约国战局的进展有百害而无一利："我相信，魏刚将军对我的主张深表理解。"无论如何，潘兴决心继续执行原计划：次日于崎岖的阿尔贡森林发动进攻。潘兴不顾法军远远落后一段距离，命令美军第 1 集团军左翼的第 77 师向前推进。潘兴认为，在森林中保持联系也无济于事，最善之策乃是各部"不计损失，无视侧翼暴露"，径直向前推进。

第 308 步兵团第 1 营营长查尔斯·惠特尔西(Charles Whittlesey)少校接到命令后，大感不悦，随即与第 2 营代理营长乔治·麦克默特里(George McMurtry)上尉进行商讨。第 2 营的任务是为惠特尔西的进攻提供支援。

惠特尔西出身新英格兰[1]地区，毕业于威廉姆斯学院（Williams College），为人坚毅而正直，入伍前曾是华尔街律师。对于潘兴那项不合逻辑的命令，惠特尔西做不到默默服从。长期的森林战使得第1营损失半数兵力，余者也无不精疲力竭；此外，第1营左翼完全暴露，惠特尔西很担心德军会抄后路——实际上，两天前他们刚被德军从身后袭击过。惠特尔西身材修长，戴着眼镜，无论相貌还是气质，都与伍德罗·威尔逊十分相似。麦克默特里也是华尔街律师，不过此人性格开朗，与内向的惠特尔西正形成鲜明对比。麦克默特里是个实干家，曾目睹老罗斯福的莽骑兵团（Rough Riders）在圣胡安山（San Juan Hill）上的战斗[2]。惠特尔西用逻辑说服麦克默特里，两人决定共同提出抗议。团长斯塔塞（Stacey）上校认为惠特尔西不无道理，便将意见转达给旅长；旅长又转达给师长。师长亚历山大是个一味蛮干的将军，自9月26日以来便不断要求部队死命推进；对于潘兴的命令，亚历山大无意违背。

“好吧。”知识分子惠特尔西对斯塔塞上校说道，“让我打，我就打，至于您还能不能听到我的消息，那就不知道了。”

10月20日清晨6点30分，攻击行动在浓雾与小雨中开始。第1营打头阵，惠特尔西紧跟在排头的侦察兵后面，一只手握着手枪，另一只手拿着对付倒刺铁丝网的钳子。惠特尔西想保证自己带队走在正确的道路上，与灌木丛中的部队持续保持联系。

在右翼麦克默特里的掩护下，惠特尔西进入查理沃峡谷（Charlevaux Valley）。不料到上午10点时，左边山上突发炮火，部队遭到压制；左边山头原本应该是法军地盘。中午过后不久，惠特尔西发现，出乎众人预料，右边的火力反倒很弱；于是便率队朝右边前进。惠特尔西突破德军防线，麦克默特里紧随其后。抵达目标后，惠特尔西派人向斯塔塞上校请求增援，并报告：90人牺牲，九个连中的两个失去联系。

---

① 新英格兰，指美国东北的六个州，分别是缅因州、新罕布什尔州、佛蒙特州、马萨诸塞州、罗得岛州、康涅狄格州。

② 圣胡安山战役，美西战争中的一场战役，1898年爆发于古巴圣胡安山。后来成为美国总统的西奥多·罗斯福率领第1志愿骑兵团（俗称“莽骑兵团”）也参与其中。

听闻惠特尔西取得的进展，亚历山大颇感欣慰；因为那天整个阿尔贡地区，只有此次攻击尚属成功。将军幻想取得重大突破，于是命令另一个步兵营当晚赶去支援惠特尔西。惠特尔西少校则郁郁寡欢，部队弹药有限，几乎没带口粮，四面八方又都是德军。惠特尔西与麦克默特里紧急构筑起一道防线，但敌军的大炮与迫击炮已开始跨过该地区。由于没有工具深掘战壕，士兵在敌人炮火面前几乎毫无防备。在漆黑的夜里，除了保持警觉，别无其他办法。在派来增援的几个步枪连中，只有纳尔逊·霍德曼（Nelson Holderman）上尉的K连设法穿过了黑暗的森林地带，抵达被围困的第1营阵地。第1营对K连的到来深表欢迎。惠特尔西请霍德曼率部回去探查一下，看K连来时经过的那座山头是否又落在了德军手里。霍德曼的连刚一上山，两翼就遭到机枪猛烈射击，背后的树林里还有敌军狙击手偷袭。原来，德军不仅占领了198高地，还重新架设铁丝网，筑起了机枪掩体。霍德曼等人只得挣扎返回被困的第1营阵地。

与此同时，惠特尔西派卡尔·威廉（Karl Wilhelm）中尉率50名士兵去找寻那两个失踪的连，不料遭遇德军猛烈袭击，只有20名士兵死里逃生返回阵地。到第三天早晨，惠特尔西已彻底明白自己的处境：部队只剩下550人，且已被德军团团包围。麦克默特里草草写就一封信，准备交给全体连长传阅，并先给惠特尔西看了看。信中说："我们的任务是不惜一切代价守住阵地，决不能后退。各连吩咐下去，不得有误。"惠特尔西同意把信交给各连长，同时自己也给亚历山大写了一封信，说明自己的处境并请求增援。二等兵奥马尔·理查兹（Omer Richards）饲养了八只信鸽；求援信放在一个金属盒里，便由其中一只信鸽带回师部。

信鸽安全飞回师部，然而亚历山大也无计可施，第77师的所有后备部队都已投入战斗。亚历山大心烦意乱，当天下午出席军长召开的会议时，还没来得及提出两个营受困的情况，军长利吉特将军便宣布：次日上午，美军第1集团军将发动大规模进攻。主攻方向是第77师右边的艾尔山谷。亚历山大左侧的法军保证会在德军防线上打开一个缺口，两支力量将把第77师前线的所有敌军一扫而空。如此一来，惠特尔西面临的压力也会减轻；因此，会议结束时，亚历山大松了一口气，并决定将整个第77师的力量都投入左侧，与法军共同作战。

被围困的阵地中，最后一点食物也耗尽了。打退德军新一波进攻后，惠特尔西又放出一只信鸽，要求空投食品及弹药。部队伤亡已达三分之一，药品也见了底。当晚，麦克默特里在各连之间匍匐前进，低声鼓励道："情况很不错。"一名士兵腹部中弹，惨叫起来，麦克默特里请他保持安静，以免招来敌军机枪的扫射。"疼得实在要命，上尉。"那名士兵说道，"我尽量忍着不叫。"果然，士兵再没发出声音；半个小时后便咽了气。

10 月 4 日清晨 5 点 30 分，默兹一阿尔贡战役按原计划进入第二阶段。此次美军希望趁敌军不备展开突袭，因此没有发射预备炮火。雾气弥漫，正是步兵前进的绝佳掩护。在阿尔贡森林的右沿，隶属第 1 师的一等兵詹姆斯·罗斯从一条狭长的旷野向前冲锋；当初香槟大桥的那场战斗，就有罗斯的参与。"一开始，周围都很平静；直到我们来到德军战壕 50 码外时，突然，机枪与重炮齐鸣，枪林弹雨遮天蔽日而来。那恐怖的景象无法用言语形容。尸体堆积如山，场面完全是血腥的屠杀，坚固的防线中德军机枪疯狂扫射的样子，我们这些幸存者仍历历在目。我军的小伙子们一个接一个地从战友的尸体上爬过去，想把阻挡我军去路的机枪一挺一挺地毁掉。"尽管德军阵地伪装得很好，但机枪纷纷哑火，只有一挺机枪依然在抵抗，阻碍着美军的进攻。突然，帕克(Parker)中尉尖叫几声，一下子倒在地上。"完了完了，中尉被打中了！"罗斯心想。谁知帕克竟站了起来，一把抓住罗斯的胳膊，在他耳边喊道："灭了他们，罗斯，咱们去灭了他们！"两人朝最后一挺机枪奔去。一名德军抛下机枪逃窜，但机枪手持续向两人开火。中尉冲到跟前，一把攥住烫得通红的机枪枪管，连着后面一连串弹药一把扔出去，落在 20 英尺外的树林之中。此番壮举"惊险万分，我等战友受到很大鼓舞"。众人穿过树林，赶往埃克塞尔蒙(Exermont)村。在一条深壕之中，约 75 名德军站得笔直，步枪斜挂在胸前，既不抵抗，也不肯放下武器。罗塞不知是被帕克的举动所鼓舞，"还是因刚刚经历的恐惧而神志错乱"，竟吩咐旁人掩护，自己跳入战壕，开始从德军身上夺下步枪。不一会儿，另外几人也跳下战壕，与罗斯一起夺枪。"你小子挺有胆哪，罗斯。"帕克拍着罗斯的背说道。罗斯想提醒中尉，不到一个月前，自己因擅离职守，曾被中尉罚六个月不得休假；不过最终还是忍住没说。

占领埃克塞尔蒙后，罗斯与另一个名叫卡特(Carter)的中尉一起，从一座弹坑累累的墓地中穿行而过。敌军突然开火，两人都本能地跳入身边最近的坟墓或弹坑中。罗斯发现一道沟渠，满以为是条狭长的战壕，于是便跳入其中。平时罗斯会选择趴伏跳入，此次却是直立跳入，不料双脚非但没着地，反倒一直往下陷个不停；接着，一股臭味扑鼻，罗斯这才明白自己是在一处齐膝深的茅坑里，还在继续往下陷。“那时我也顾不得被打死的危险，只是疯狂地环视四周，好在天无绝人之路，我看到75码外有座石槽，城墙上流出的汩汩清水正往里面涌入。”罗斯满脑子只想着那槽清水，挣扎着从茅坑里爬出来，大喊了一句：“跟我冲！”罗斯自己也不知道为什么要喊那么一句；身后20名士兵既胆战心惊，又迷惑不解，只是习惯性地服从命令，便跟着罗斯跑了起来。罗斯一边跑，一边脱衣服，等跑到水槽时，身上已一丝不挂。把身子洗干净后，罗斯从一名死者身上扒下干净衣服换上，卡特中尉向他表示祝贺。“罗斯啊，”中尉一本正经地说，“要不是你带头冲锋，我敢说这仗肯定赢不了。”那天下午，罗斯的脚被机枪打中，此后便退出了战场。

整条前线的美军都在推进，只有最左翼例外——最左翼的惠特尔西仍处在德军包围之中。那天上午，惠特尔西从剩下的信鸽中选出两只，给师部送信，报告两个失踪的连仍未找到，药品及食物依旧急需。“形势不利，减员严重。”惠特尔西最后写道，“士兵挨饿受冻，伤员危在旦夕。能否立即提供支援？”

到正午时分，亚历山大将军才意识到自己的进攻并未奏效，而最让将军心忧的正是惠特尔西那被围困的两个营。如此惨重的损失，不仅会给将军本人留下污点，甚至有可能导致整个攻势受挫。于是，将军下令对包围惠特尔西的德军展开炮击。几小时后，一架飞机飞过两个营上空，飞行员发射火箭示意；被困士兵得知师部已成功定位自己，无不欣喜若狂。不一会儿，附近便响起爆炸声。“是咱们的炮击！”有人喊道。众人欢呼雀跃，谁承想炮击区域渐渐朝着众人所在的区域转移，最后竟炸到自己阵地里来了。为消除众人恐慌，绰号“飞毛腿查理”(Galloping Charley)的惠特尔西一个箭步冲出掩体，在空地里闲庭信步；麦克默特里则不停地安慰道：“别慌！一会儿就过去了。"

然而，炮击没有停止的迹象。惠特尔西的勤务兵被炮弹击中；第1营的军士长本·盖德克(Ben Gaedeke)更是被炸得血肉模糊，只有钢盔和手枪还能够辨认。惠特尔西再次写信："我部遭己方炮火轰击，务请停火。"二等兵理查兹从鸽笼中抓出一只信鸽，不料竟被它挣扎逃脱。如此一来，鸽笼中便只剩下一只黑色雄鸽，它是英国鸽友组织赠送给美军的600只鸽子之一，有一个不伦不类的名字，叫作谢尔·艾米(Cher Ami)。[①] 理查兹把信紧紧系在谢尔·艾米的腿上，然后把它抛向空中。艾米在空中盘旋几圈，而后停在附近的一棵树上，开始打理起自己的羽毛来。少校与理查兹挥舞着头盔催它飞行，却全然没有效果。惠特尔西大喊道："咣！"那倔强的鸽子依旧纹丝不动。于是众人开始扔棍子，抛石头，那信鸽仍不飞走，只是换了根树枝待着。理查兹嘴里骂着，爬上树干去摇晃树枝。艾米终于飞了起来，却还是只在众人头顶盘旋。理查兹喊口令指挥信鸽时，德军开始朝它射击。艾米尝试着飞了几圈，最终离开了阵地。

事后来看，艾米成功飞过枪林弹雨无异于奇迹。它在空中一度摇摇晃晃，眼看就要摔落下来，最终还是振作起来，继续飞行。尽管一条腿中弹，艾米仍继续执行任务，好不容易抵达目的地，便像石头一样坠落下来，左胸首先触地。艾米晃了晃身子，左摇右摆，用一只血淋淋的腿跳到门边，被一名驯鸽员抱了起来。受伤的那条腿上绑着盛有信件的塑料小瓶；打伤腿部的那颗子弹同时也射穿了它的胸骨。[②]

多亏谢尔·艾米相助，炮兵终于停止开火；但两个营并没有就此解脱。德军再一次发动步兵攻击。打退进攻后，一批士兵自愿执行危险任务：从沿着峡谷的泥流中取水。众人尽可能把伤员安顿好，而后自己也安顿下来，进行必要的休息。不料天降冷雨，士兵们难以入眠。晚上9点左右，四周升起

---

① Cher Ami，法语意为"亲爱的朋友"。该信鸽成为一战的英雄后，广为人知，很长一段时期内被认为是雄鸽，后经动物标本师鉴定为雌性。

② 此役过后，谢尔·艾米成为民族英雄，被送回美国，并在一年之后死去。后来，它被制成标本，并展示在史密森尼学会(Smithsonian Institution)。今天，我们还能在那里看到它。——原注

照明弹，营地被映得好似舞台。手榴弹与马铃薯捣具（potato masher）①从四面八方飞来。片刻沉寂之后，一个德国人的声音喊道："伙计，要投降吗？""无胆鼠辈，有种就来啊！"有人反唇相讥道。接着又是一大波手榴弹，紧跟着是步兵突袭。两个营用轻武器顽强抵抗，好不容易将敌军击退。德军狼狈地翻山逃走，除了伤兵的呻吟声外，被围困的小小阵地上又恢复了平静。

惠特尔西清点人数，发现共有 80 人——其中包括两名上尉，或死或伤于己方的炮火。在与麦克默特里简短商议后，两人提出更换阵地等解决方案，但最终都不现实。师部目前已掌握两个营的精确坐标，如果更换阵地，那么接下来的炮火可能又会打中自己。况且，也没有新的信鸽去通知师部转移阵地这一情况了。

次日即 10 月 5 日，星期六。协约国飞机从两个营头顶飞过，抛下急需的补给品；不巧的是抛得太远，部队拿不到。惠特尔西在阵地中来回奔走，不断鼓舞士兵。有人问是否还有出去的希望。"会有人来救援的。"惠特尔西答道，前一天晚上就有美式自动步枪的枪声传来，"200 万美军都在救援咱们。"惠特尔西平日常被揶揄长得像仙鹤，如今士兵们都饱含尊敬与亲切，叫他一声"鹤胫兄"。少校终于与士兵们打成了一片。

图特（Tuite）中士是名天主教徒，他注意到戈登·申克（Gordon Schenck）中尉正在阅读玛丽·贝克·艾迪（Mary Baker Eddy）②编著的《科学与健康》（*Science and Health*）。"此书便是我的美食仙酿，"中尉说道，"便是我绝佳的慰藉。"

"我的慰藉是这个。"图特说着，掏出自己的数珠。

那天下午，德军将六枚马铃薯捣具捆作一束，继续展开手榴弹攻势。一

① 马铃薯捣具，英国陆军俚语，指一战中德国陆军使用的"柄式手榴弹"（Stielhandgranate），由其外形而得名。

② 玛丽·贝克·艾迪（1821—1910），美国宗教领袖，1879 年创立"基督科学教会"，是为基督新教的教派之一。该教派认为，物质世界是虚幻的，疾病并不存在，只是一种"错误"，因此无须医疗，只要虔信并祈祷自可治愈。《科学与健康》一书正是该教派的奠基之作。

捆手榴弹落在阵地中央的一处散兵坑(foxhole)①,一名士兵的腿被炸飞。附近的人听到他惊慌地大喊“妈妈,妈妈,妈妈”,而后声音便渐渐弱下去,最后一句话是:“再见了,各位。我宽恕一切。”

——

在右侧,第1师仍在向着艾尔山谷挺进。埃迪·里肯巴克坐在车里紧随其后,准备上前线检查他在蒙福孔城外击落的一架德军飞机。美国大兵奔赴前线;里肯巴克颇受触动。里肯巴克找到那架飞机,是架汉诺威飞机,保存还相当完好。飞机被击落时机首着地,机翼上被打断几根钢条,不过那些都很容易维修。旁边有座新掘的坟墓,表明那名被里肯巴克击毙的观察员正是在此归西。

机械师开始把飞机往卡车上运,里肯巴克则走上一处观察哨所,近距离观察地面战的情况。“真是一番奇景,永生难忘!”透过潜望镜,里肯巴克看到美军的炮弹落在德军战壕的后面。“德军据守的那道战壕顶部没有防御,我军的炮击区域正在慢慢地往回移。我目不转睛地注视着那致命的侵袭渐渐逼近德军。炮弹打在土地上,好像是一只巨大的手,大把大把地抓起黄土,挖出一个个丑陋的洞,从里面喷出泥土、树枝和灰尘。随着炮击区域越来越接近战壕,德军也在一步步走向毁灭。无情的炮弹像冰雹一样,缓缓地移向他们的藏身之所;敌人就趴在里面,却没有办法逃脱。那实在是一种残酷的折磨,里面的人就算当场吓疯也毫不奇怪。”突然,一枚炮弹正中敌军战壕内,一名德军翻身跳出,把枪随手一扔,便向后方跑去;结果另一枚炮弹落在面前,那人双手抱头。“几乎是一瞬间,爆炸的威力便显现出来,尘土飞扬,像是把那人卷走了一般;当尘埃落定、烟消云散时,那人已没了踪影,连一丝痕迹都找不到。”

到此时,“失踪营”的困境已传遍全世界,媒体大肆宣传美军未能成功救援,让潘兴大感尴尬。当天下午,潘兴命令亚历山大“使出浑身解数”去营救惠特尔西。亚历山大将命令传达给斯塔塞上校,上校当时正在失踪营后面的峡谷中进行袭击。斯塔塞是名优秀的军官,因作战勇敢两度被授勋;不

① 散兵坑,类似于单人战壕的一种防御设施。

过，经过接近10天的连续战斗，上校的部队已人困马乏，他拒绝在没有新部队增援的情况下向失踪营的阵地进发。旅长埃文·约翰逊(Evan Johnson)将军将情况报告给亚历山大，亚历山大怒道："把他撤了！遇到这种事你就应该直接撤了他，根本不用向我报告。"约翰逊劝道，如果把斯塔塞团长撤职，那么团就得交给一名上尉来应急指挥了。"就算是个下士应急指挥，我也不在乎，只要他敢打就行。立刻把那团长撤了，送回总部；凡是和他一个态度的都一并撤了。你亲自指挥此次进攻。"于是，57岁的约翰逊率领一个由85名步枪手组成的连，进入峡谷。然而，经过90分钟的战斗，约翰逊腿部受伤，不得不率众折返。

对失踪的两个营而言，次日即10月6日是最痛苦的一天。下午，几名德军使用火焰喷射器发动攻击，火焰喷出100多英尺，美军惊惶不已。

一名士兵跑回去报告惠特尔西："有液态火！"

少校很少讲粗话，此时却飙了一句："液他娘！给我滚回去！"

众人大多恐慌逃窜，霍德曼上尉却毫不畏缩。此人生性好战，遭到围困不忧反喜，不顾后背插着一片手榴弹片，用两支步枪作为拐杖指挥反击，最终将使用火焰喷射器的德军全部击杀，击退了此次进攻。不过情势依然严峻：美军丢了两挺机关枪，食物短缺的情况也未有改善；空投的食物就在阵地外边，可望而不可即。麦克默特里的营里有九名士兵经不住诱惑，于7日黎明时分爬出去回收食物，不料遭遇敌军巡逻队，五人被击毙，四人被俘。负责审讯的是名德军中尉，名叫弗里茨·普林茨(Fritz Prinz)，此人曾在西雅图卖了六年钨矿。普林茨让二等兵洛威尔·霍林斯黑德(Lowell Hollingshead)给营长捎个信。霍林斯黑德是个18岁的少年，有些畏葸不前。"不过是让你捎个信而已，说明一下情况，给他们一个投降的机会。"当日下午预定还有一次火焰进攻。霍林斯黑德认为送信或许能救战友们一命，于是便拄着一根拐杖，带着一面白旗和一封信，于当天下午回到阵地。

惠特尔西正与麦克默特里讨论如何应对下一次进攻。营里的中流砥柱申克中尉刚刚阵亡，有能力指挥作战的军官没剩下多少。此时，霍林斯黑德带着信出现了。信上说，霍林斯黑德送信并非自愿，部队再负隅顽抗也无济于事，“德军防线上都能听到你们士兵的痛苦呻吟，希望你本着体恤下属的同情心，选择投降。请派出一人，举出白（信中将“white”拼作“withe”）旗，那就代表你同意信上的条件。请对洛威尔·霍林斯黑德待之以礼，我很羡慕你手下有这样一名好兵”。

惠特尔西把信交给麦克默特里，麦克默特里又交给霍德曼。三名军官面面相觑，不禁笑了起来。“开始求咱们出去了。”麦克默特里说，“敌人比咱们更着急。”

就擅离职守回收食物一事，惠特尔西将霍林斯黑德斥责一番，而后让他回到原来岗位。接着，惠特尔西命令士兵把白色床单收起来，那些床单原本是供友军飞机识别用的，少校担心敌人把它们当成投降的标志。劝降一事在各个散兵坑传开，士兵们都与麦克默特里反应一致。一人喊道：“德国崽子，有种进来抓老子呀！”其他人也纷纷加入骂喊污言秽语的行列中来。

德军回以猛烈的攻击。战斗正酣之际，霍德曼乐在其中，拄着步枪拐杖来回指挥，并用手枪连续射击，每打中一名敌人，都要兴奋地大吼一声。当霍德曼射中第五名德军时，身上也受了五处伤，但他依然站立不倒，在一名中士的帮助下，击退敌人对其侧翼的袭击。

那是德军发动的最后一场进攻。第1师在艾尔山谷发动新一轮进攻，德军在阿尔贡森林中的阵地遭到破坏。到日落时分，那名来自西雅图的德军中尉及其他几名参与围攻的敌人，在雨中悄悄地撤往北边去了。

当晚7点，理查德·提尔曼（Richard Tillman）中尉率领一支步枪巡逻队，摸黑来到失踪营所在的地区，途中甚至一枪都没放。持续五天的围攻终于落下帷幕。

次日早上，惠特尔西与194名战友穿过山谷返回总部，另有190名伤员被担架抬着；死亡107人，失踪63人。为迎接惠特尔西，亚历山大等在回程的那条罗马古道上，挥舞着马六甲拐杖，抽着烟来回踱步，仿佛在第五大道（Fifth Avenue）①上闲庭信步。身材瘦长的惠特尔西少校形容枯槁，亚历山

① 第五大道，纽约市曼哈顿一条南北向干道，以繁华的商业及沿街多座重要建筑而闻名。

大热情地欢迎道："都还好吧。"接着又说："从现在起，你就是惠特尔西中校了。"惠特尔西低声回应了两句，从他的话中听不出任何热情。①

二

10月6日星期日，德国的和平提议刚一传到白宫，威尔逊总统便打电话向豪斯征询意见。豪斯上校从纽约立即发来电报，劝总统不要予以直接答复。当天晚些时候，豪斯在电报中称："今天传来的消息很是激动人心。在我看来，德国及奥地利提出的此份停火协议似无接受之理；不过，如何拒绝倒大有文章可做，可以让您占有优势。……福煦在西线连战连捷，您若再深深打入一枚外交楔子，那么年内结束战争便不再是空谈。"《纽约时报》已发出建议，劝说总统首先要使德国废黜"不负责任、自吹自擂的德皇，并组成一个人民政府，代表德国发声"。其他报纸也在警告说求和提议是个圈套，目的是将威尔逊拉入"谈判议和"的陷阱，从而避免在战场上遭遇惨败。

星期一，总统通过电话传唤豪斯上校。上午9点钟声敲响时，豪斯准时抵达白宫。总统把豪斯带到书房，几分钟后，国务卿兰辛也到了，威尔逊便开始大声宣读致麦克斯亲王的答复草案。豪斯大感失望，因为答复的"语气温和，没有强调重要的一点，即德方必须做出保证，对威尔逊和平条件全盘接受"。面对豪斯的执意反对，总统也十分苦恼；两人争论半个小时，最终总统请豪斯把自己的想法落实在纸面上。

---

① 惠特尔西、麦克默特里、霍德曼三人都获颁荣誉勋章。对于被奉为英雄人物一事，惠特尔西时常感到很不自在，并尽量避免抛头露面。毫无疑问，比起荣誉勋章，惠特尔西更加珍视1919年威廉姆斯学院授予的荣誉学位。惠特尔西有一位至交好友，名叫罗伯特·利特尔（Robert Little），是伟凯律师事务所（White and Case）的合伙人律师。1921年11月，惠特尔西请利特尔为自己起草一份遗嘱，将全部财产留给母亲，并就12起银行法方面悬而未决的案子做出详细注释。感恩节当天，惠特尔西登上一艘开往哈瓦那的船，给亲友留下九封信，并给船长写下一张有关行李处置的便条。整个晚上，惠特尔西都在船上餐厅里，与一个波多黎各人谈论战争。一杯酒下肚后，惠特尔西"毫无征兆地"说自己要上床睡觉，于是便离开餐厅，从船上跳海身亡。"惠特尔西是被痛苦压垮了。"利特尔在接受采访时说道，"他生前所做的最后一项工作是红十字会的轮值主席，那都是因为他无法从伤员带给自己的痛苦中走出。惠特尔西每周要参加两三次葬礼，要去医院看望伤员，还要尽力慰问死者家属。"——原注

此时，亨利·威尔逊已对“伍德罗堂兄”大感恼火，并认为麦克斯亲王的和平提议“极度无礼，正如我平时所说：德国佬先滚回莱茵河，然后才有谈判的余地”。前一天，威尔逊将军还在日记中写道：“我同意 L. G. 的观点，讲几句不中听的实话，能治一治总统的虚荣心。”威尔逊之所以受到如此敌视，是因为英方坚信潘兴是由于态度傲慢而把阿尔贡的战局搞得一团糟。“那就是个蠢货，让美军在阿尔贡乱成了一团糨糊。”

英方高层中要求对美态度理性化的人士寥寥无几；而时常被同侪目为愚夫的德比勋爵，却正是其中之一。星期一，德比勋爵建议贝尔福勋爵与美方展开密切合作，以避免更多的误解：“目前，总统没有指派一名官方代表，因此密切合作存在困难。如果可能的话……在我看来，请总统亲渡大西洋是唯一的挽救之道。如果总统无法成行，至少也请派豪斯上校来。”德比还要求外交大臣贝尔福“给豪斯发一封私人电报，提出上述方针”。

针对德国的和平提议，巴黎各大报纸的态度越发敌对起来。有的报纸指责麦克斯亲王谎话连篇。《时报》(*Le Temps*)发表的社论标题是《前途多灾的和约，我们是否非签订不可?》,《强硬报》(*L'Intransigeant*)提出一系列苛刻的条件，其中包括割让德国部分战略要地。《小巴黎人报》(*Le Petit Parisien*)发表题为《停战之阴谋》的社论。《法兰西共和报》(*La République Française*)则呼吁协约国“打过莱茵河”。各家报纸与克列孟梭一样，都在担心威尔逊总统会损害协约国的立场，迫使法国放弃割地、放弃赔款，接受一份宽宏大量的和约。和约如何签订，将决定整整一代人所背负的国运。此外，克列孟梭与庞加莱还担心，有关停战的议论会消磨群众的斗志；如果最终发现和平提议是个圈套，法军士气便会一落千丈。

总统全然不顾各协约国，正加紧修改对德答复，一直工作到深夜。次日，即 10 月 8 日上午，总统没有如往常一般去打高尔夫，而是把豪斯叫到书房与他共同研究答复。豪斯发现总统像是变了个人，不禁大喜：“我们的意见趋向一致，似乎之前总统既没意识到，全国上下唯一接受的只有无条件投降；也没意识到，人民已变得如此疯狂好战。必须要将国内民意考虑在内；当然，太过分肯定不行。”

复照称，总统“认为，总统本人有必要辨明帝国首相所发照会的确切含义”。麦克斯亲王的意思是否是说，德国接受“威尔逊十四点”所提出的条件？至于停战，只要四国同盟的军队“还留在协约国的领土上”，那么总统就无法劝协约国盟友接受停战。最后，总统必须了解麦克斯亲王是否“仅代表迄今为止指挥战争的德意志帝国当局讲话”。按规定，复照将由国务卿兰辛签字。

总统对复照并不完全满意，但还是把它交给了兰辛。兰辛在下午 4 点将其公开给新闻记者。“这算不上答复，”兰辛解释道，“只是一种询问。”照会将由瑞士驻华盛顿代办发往德国。

——

在柏林，麦克斯亲王刚刚从晚间简报中获悉，协约国穿透德军前线的危险告一段落。直到此时，冯·海夫滕上校才承认，从军事角度来看，和平提议并无必要。首相闻言瞠目结舌：“上校那一番话，对我无异于晴天霹雳。我给最高司令部投下救生索，他们为什么没有抓住？我要求延期八天，进行审慎考虑，他们为什么不肯接受？”仍因风湿性关节炎卧病在床的德皇，此时情绪并不高涨。因为首相最近提出要求，希望罢免内阁官房长官及陆军大臣。次日早上，麦克斯收到威尔逊的复照，心情欢快了许多。麦克斯的担心成为事实：复照要求德国撤军；且德方必须接受“十四点”为条件，而非单纯的谈判基础。不过，好在“照会的语气平缓，不同于各协约国的黄色新闻①，只是在倾泻怒火。威尔逊并未加以拒绝，并准备进行调解”。

德方高层召开会议讨论如何答复。鲁登道夫从斯帕赶来，向与会者保证，西线能够守住“很长一段时间”；只要协约国停止进攻，危险就会过去。麦克斯亲王全无信心，便问德军能否坚持到春天。“我们需要喘息时间，”鲁登道夫避开正面回答，“之后就可以重新组织部队了。”

陆军最高司令部作战部长最近由海耶（Heye）上校接任，此人讲得更为直白一些：“议和必须加快脚步，否则就是最高司令部在拿着命运当儿戏。咬咬牙坚持到春天不是没可能，但总有一天，情况会变得更糟。昨天咱们还捏着一把汗，担心防线是否会被突破呢。”至于德军能否坚持下去，此事本身

① 黄色新闻（yellow press），指过分煽动渲染的一种新闻报道，泛滥于 20 世纪初。

也无法预料："每天都有新的意外。粉身碎骨没什么可怕，但我希望保住军队，那样在和谈期间，谈判桌上还能多几分筹码。"让部队得以喘息乃是重中之重。

漫长的会议结束之后，麦克斯亲王得出一个显而易见的结论：军方希望停战继续下去，甚至不惜为此同意撤军。不过，在起草第二份致威尔逊的照会之前，麦克斯还要先对付另一股反对和谈的强大力量。保守派强烈反对撤出一兵一卒；泛日耳曼主义者及其他右翼分子也在大声疾呼，称投降派在怂恿政府求和。

——

就威尔逊的照会争论不休的并非只有德方。在巴黎召开的一次协约国领导人会议上，克列孟梭敦促各国领导人无视该照会，因为威尔逊没有提前与各国协商。劳合·乔治尤为气愤：好一个美国总统，竟把那宝贝似的"十四点"拿出来当停战条件了！倘若德国佬表示同意，英国未来便会步履维艰。那第二点"海洋自由"，英国岂能接受？劳合·乔治执意要求各国明确告诉威尔逊，只有先从占领领土撤军，才能谈论停战问题。经过一番争论，劳合·乔治的意见占了上风。于是，英、法、意三国首脑联名签署照会，并于晚上8点将其发出。

次日，即10月10日，回到伦敦的劳合·乔治心情大好，与里德尔勋爵及其他密友彻夜畅谈，为协约国的胜利欢欣鼓舞。话题谈到威尔逊总统及其自负的性格上。"威尔逊就是这样，"劳合·乔治说道，"总爱摆一副战争仲裁者的派头，克列孟梭管他叫朱庇特。那总统是在走独木桥呢。"

接着，里德尔提出一个当时反响甚大的话题。那天，劳合·乔治在首相贺电中，为英军将德军赶出圣昆廷运河后方的防御阵地表示祝贺，并称自己是从福煦那里获知此战役的。

"那是个巧合。"首相解释道，"当时福煦急忙跑来，把消息告诉我；所以我就原原本本、自然而然地说自己是从福煦那里获得的消息。"

贺电中，首相对第1集团军、第3集团军、第4集团军"在过去两天内"取得的胜利表示祝贺，那是劳合·乔治对英军获胜的首次公开赞扬。然而，"过去两天"四字对英军是一种侮辱。贺电没有提到8月和9月的重大进展，甚至连突破兴登堡防线都没有提到。

——

卡尔·拉狄克就和谈问题在《真理报》上发表一篇言辞尖锐的文章，使得10月10日这天尤为值得瞩目。文章称，威尔逊的计划“只能帮助英军从北方登陆，促使捷克斯洛伐克匪帮在东方作乱，除此之外再无其他用途；而两者的目的都是要帮助俄国资产阶级，按资产阶级的意愿组织工农阶级的生活”。拉狄克指责道，协约国重新审议《布列斯特-立陶夫斯克条约》，只“意味着德国侵略者离开，英美侵略者到来”。

美国与英、法之间的联系并不单纯是俄国对内宣传的手段。不管威尔逊如何表明心迹，此时苏维埃已将美国视为敌人。自10月初以来，“英、法、美、日帝国主义强盗”已被俄国归为一丘之貉。威尔逊始终力图避免的事情如今成为现实。美利坚不可挽回地卷入反布尔什维克的不宣之战。

布尔什维克方面同样在策划行动，针对协约国与德国，俄国提出不同性质的作战方针。此前不久，列宁曾宣布，为发扬国际主义精神，俄国无产阶级必须做出最大程度的牺牲：“形势或许会要求我们：一方面对抗英法帝国主义；一方面支援德国工人阶级，助其打破身上的帝国主义枷锁。时机即将来临。”为此，俄国需要一支300万人的强大红军，“我们能够组建起来。我们必须组建起来”。那是一份意识形态战争的宣言。

三

在柏林，麦克斯亲王及其同僚正在研究如何答复威尔逊。鲁登道夫不在场，众文官可以肆无忌惮地品头论足，比如怀疑鲁登道夫是否还有判断军事局势的能力。众人认为，只有经过库尔或洛斯伯格等将军证实，鲁登道夫的声明才有可信度。

新任外交大臣威廉·索尔夫建议通过电报回复威尔逊：接受“十四点”为条件，并同意撤军。众人认为可行，于是外交部开始起草复照。次日，即10月11日，复照拟好；12日下午2时5分，军方批准通过。针对威尔逊发出的最后一个问题，复照的最后一句回答道：“首相的一切行动皆基于多数人之意志，且以德意志人民之名义发声。”此番表态也是对最高司令部投降耻辱的开脱。

——

10月12日那天正是美国的“哥伦布日”，当时它还有一个新名称——“解放日”(Liberty Day)。[1] 总统带领队伍在纽约市举行盛大游行。据《纽约时报》的记者描述，总统情绪异常高昂：“明显可以看出，威尔逊自始至终笑容满面。他用手握住高礼帽，有规律地摇摆着，向欢呼人群致意。”

——

那天深夜，伦敦市民获悉德国的照会，便聚集在河岸街(Strand)欢呼高歌。东区的游行一直持续到凌晨3点，人们挥舞旗帜，演奏各种乐器，兴高采烈地唱着《为王前驱》(*Soldiers of the King*)，齐声高喊：“都结束啦！”

10月14日星期一，劳合·乔治在乡间别墅度假。接近中午时，首相正与众人散步，一边朝山顶走着，一边谴责威尔逊总统的鲁莽之举。“我早就预料到，德国会选择接受美国的条件。威尔逊把咱们推入火坑里，他得把咱们再拉出来才行。”劳合·乔治严肃地表示，英国必须出面发声，“我们经历着水深火热，背负着时代的重担，有权要求美国做出决定之前先与我们商量。”

威尔逊将军与首相等人共进午餐，并就如何应对总统及新闻媒体展开讨论。“威尔逊方面，”将军在日记中写道，“我们一致认为应该给他发封电报，要求他向德方明确表示，‘十四点’(这个“十四点”我们也不同意)不能作为停战的基础，因为德国佬本来就是假意停战。新闻媒体方面，我们一致认为应采取如下回应：威尔逊总统是在自行其是，战争并没有结束；‘十四点’不意味着停战，停战也不意味着和平。那天下午挺有意思，在座众人无不对威尔逊咬牙切齿，嗤之以鼻。真是个自负又无知的软骨头。”[2]

——

直到傍晚时分，威尔逊总统才获知德方照会的消息。当时，威尔逊与豪

① 由于“哥伦布日”与美国人的国家认同感紧密相连，一战期间，“哥伦布日”常被用来煽动公众支持战争。1918年，一家财团发起一项活动，将“哥伦布日”描述为“解放日”后，沿用此名称。

② 卡尔韦尔爵士的《威尔逊传记》引用此段日记时，将最后一句删去。——原注

斯各携家属，正在华尔道夫大酒店（Waldorf Hotel）入席准备用餐，约瑟夫·图穆尔提（Joseph Tumulty）①突然闯入，带来一条非正式消息，称德方已接受总统的条件。总统走回餐桌，递给豪斯一张署有W. W.字样的小字条，上面写着："告知W夫人。"总统不去亲自告诉妻子，本就很让人纳闷；而且，伊蒂斯·威尔逊（Edith Wilson）夫人对豪斯素有敌意，让她从豪斯口中听到如此重要的消息，是否合适也着实存疑。伊蒂斯是总统的第二任妻子，1915年嫁给丧偶的伍德罗·威尔逊后，便对总统过分依赖豪斯一事深感不满。豪斯上校曾尝试与她搞好关系，却未能如愿，之后两人的关系便尤为尴尬。而到几个月前，伊蒂斯公开向丈夫表示对豪斯的不信任。"在我看来，朋友相交不能强求想法一模一样。"最近，伊蒂斯尖刻地表示，"我个人倒是很喜欢豪斯上校呢，不过他这人没有主见，就是个'好好先生'。"

当晚，纽约大都会歌剧院上演一场为失明意大利士兵举办的音乐会。该音乐会由威尔逊夫妇赞助，威尔逊及豪斯等人也都前往观赏。德国接受条件的消息一经公布，全场听众都兴奋不已，向总统高声欢呼。豪斯心烦意乱，听不下去音乐，音乐会还没结束，便选择打道回府："我一直翻来覆去睡不着。因为在我看来，一旦我们产生获胜的念头，那战争便尘埃落定了。"

威尔逊夫妇享受着激动的心情，在酒店与图穆尔提一直聊到深夜。次日傍晚，威尔逊与豪斯一回到华盛顿，总统便去书房读报，却有些错愕地发现，多数参议员认为德国此份照会不够真诚、条件太过笼统。"倘若现在同意停战，就等于宣告失败。"参议员洛奇（Lodge）说道。博拉仍然认为麦克斯亲王只代表德皇："……要么就坚持意见，只与代表德国人民的政府打交道；要么就继续战争。"

四

因潘兴在默兹—阿尔贡战役中存在失误，克列孟梭执意要求将其解职，

① 约瑟夫·图穆尔提（1879—1954），美国政治家，1911年至1921年担任伍德罗·威尔逊的私人秘书。

从而导致美国与协约国关系越发紧张。同时，克列孟梭对福煦元帅也十分不满，并给福煦写了一封信，在寄出之前先请庞加莱总统过目。信中要求福煦对潘兴施压，迫使潘兴将麾下部队投入行动。

那封信措辞强硬，庞加莱建议克列孟梭不要寄出。“没有不透风的墙。”庞加莱说，“信一旦寄出，自然瞒不过福煦元帅身边的人，最终也无疑会传到潘兴那边去。双方关系本来就敏感，您这么做很容易火上浇油。至少，其中有些词句应该缓和些。”

实际上，福煦没等别人催促，已经在自发行动。早在 10 月 13 日，即星期日那天，福煦曾派魏刚将军给潘兴送信，魏刚对此差事很不情愿。魏刚在楼上与潘兴交谈时，其副手把信件的副本交给雅克·德·尚布伦(Jacques de Chambrun)上校过目。尚布伦是拉法叶(Lafayette)①的后人，时任法国驻美总司令部联络官，他发现信件竟是一道命令，要解除潘兴对第 1 集团军的指挥权，转而负责一片无战事的防区。尚布伦表示，此命令属于“重大失策”，美军不可能服从。

几分钟后，魏刚从楼上下来，问尚布伦是否已看过那道命令。尚布伦回答看了。“事都办完了。”魏刚简单扔下如此一句话，便离开了。尚布伦连忙上楼去办公室找潘兴，发现潘兴镇定地坐在办公桌旁，反倒问尚布伦对那道命令有何看法。“决不可听命。”尚布伦联络官回答道，“倘若听命，美国对战争的贡献便会永远遭到抹杀，必成千古遗恨。”

潘兴此前便听闻流言称，克列孟梭在密谋针对自己。于是潘兴决定从福煦那边强行下手。星期日那天，潘兴乘车前往邦博，福煦请他来到客厅。魏刚也在场，他发现潘兴前一日还面色蜡黄、疲倦不堪，此时却步伐有力、精神抖擞。

福煦问美军战线战事如何，潘兴淡淡地答道：“此前遇到一场恶战，德军的抵抗十分顽强。”

福煦颇感恼火。“前线其他部队都推进了不少距离，”福煦语气尖刻，

① 拉法叶家族(House of La Fayette)，法国贵族，家族成员以同时参与过美国独立战争与法国大革命的拉法叶侯爵(1757—1834)最为著名。雅克·德·尚布伦的外祖母是拉法叶侯爵的外孙女。

“美军有点赶不上进度啊。”

“我军当时的处境，”潘兴依旧语气冷淡，“换成其他任何部队，都不会推进得更远。”

“每位将军都说自己的战线最艰难，”福煦站在地图桌边，挥了挥手，“我本人只看战果。”

“战果？过去17天里，我军与26个德军师在交手。”

那是一种夸张。福煦说道：“我这边也有统计数字，您要看一下吗？”

“不要。”潘兴一口回绝。“我只会持续进攻，直到德军投降为止。”接着，潘兴又话里带刺地补了一句，“……当然，前提是福煦元帅确有此打算。”

“请务必如此。”福煦答道，而后便开始讲授起军事知识，惹得潘兴气恼不已。“若要使攻势成功，各军、师、旅乃至各团指挥官都必须深入了解作战细节。命令必须是书面形式，否则上级无法确认一项命令是否真正下达过。”

潘兴回答说美军本就遵从此类做法。“之所以进展不够迅速，是因为德军在纵深地带采用梯队机枪战术进行迎击。”福煦没有搭话，但潘兴被他高高在上的态度惹怒，又补了一句：“换作元帅您去指挥，同样免不了被德军拖住。”

“呵，我只根据战果来判断。”福煦说着，又恢复说教的态度，传授了一项知识：攻击行动只要筹划周密，就能以极小的战损取得成功。

“话不能往绝对里说。”潘兴反驳道，并强调美军作战地形艰难。

“阿尔贡那块的地形我清楚。”福煦冷淡地答道，“是您自己选的那块战区，我批准了而已。”

福煦此言有违事实。潘兴争辩道：“当时您可不是这个意思。最开始，您是建议我把美军一分为二，在阿尔贡东西两边各分一路，法军安排在两军之间；我坚持美军整体作战，还说元帅让我在何处作战，我便在何处作战。”

福煦领教到潘兴的牛脾气，厌烦地说道：“行，当时是什么意思都不重要了，现在唯一重要的是战果。”

魏刚想做个和事佬，便插话道：“潘兴将军有份计划在这里，是关于组建两支集团军的，您过目。”计划的内容是：亨特·利吉特与罗伯特·布拉德两人升为中将，各负责一支美军集团军，潘兴担任总司令。

福煦连看也没看，便笑呵呵地说："嗯，我挺想支持您的计划。"而后又添油加醋地补充道，潘兴提出此份计划，希望意图不是把司令部迁到肖蒙(Chaumont)。

潘兴的司令部始终都尽量靠近前线，因而福煦此言不啻为一种侮辱。潘兴强压怒火，说道："我的总部列车位置不会变，还是在苏伊利(Souilly)森林里。两个集团军及其下属各军、师、旅，我也会经常去看看。"

福煦站起身来，说道："很好。您的计划贝当将军也会赞同。"不过潘兴还有话要讲。既然美军已组成集团军群，潘兴便要求自己与贝当、黑格平起平坐。福煦元帅不知是太累而懒得争辩，还是明白争辩下去也无济于事，最终选择勉强答应。于是，两人礼貌性地道别，结束了会议。

——

星期二，针对麦克斯亲王接受威尔逊条件一事，巴黎部分报纸再次发出抨击。"德国意图欺骗我们。"《巴黎回声报》(*L'Echo de Paris*)称，"决不停战！停战决不是战争的目的！"如今该发声的不是威尔逊总统，而是长枪与大炮。

而在伦敦，德国接受条件是一件喜事。除军火股票之外，整个股市一路飙红。

——

那天也是豪斯"心潮澎湃的日子之一"。① 早餐后，豪斯与总统继续起草对德复照。"我从未见过总统如此烦躁。总统说，他不知道如何入手，才能切中肯綮。他希望得出一份一锤定音的答复，那样双方就不必继续互发照会了。他还说，此事有如迷宫游戏，选择正确的入口才能到达中心，而一旦拐错了弯，就只能从头再捋一遍。总统承认，在多次即席演讲中，他都走错了入口，以致不得不尽力挣扎出去。"

豪斯鼓励威尔逊，希望能够做到，也必须做到。德军仍在继续暴行，比

① 按上下文来看，此处的"那天"指的应是10月14日星期一，而非承上段而来的10月15日星期二。此段引文出自豪斯上校10月15日的日记，开头是："昨天是我一生中心潮澎湃的日子之一。"

如此前不久，往返于爱尔兰与英格兰之间的邮轮“伦斯特号”(Leinster)遭德军鱼雷击沉，450人丧生，其中130人是妇女儿童。豪斯认为，在德方停止此类暴行之前，应拒绝讨论任何形式的停战。威尔逊同意豪斯的意见，但他坚决反对报复性的和谈：“也不希望协约国军队因德军蹂躏自己的国土，便反过来去蹂躏德国。总统坚决要求，协约国军队不可留下此类污点。总统的想法很好，遗憾的是，包括美国在内的各协约国充满叫嚣的声音，使他无法按意志行事。诸如罗斯福、洛奇、迈尔斯·波因德克斯特(Miles Poindexter)等人，整天叫嚷着种种或不可取，或不可能的办法；与此类人物一起共事，还要以正确的方式去做正确的事情，实在是难上加难。”

比如，亨利·卡博特·洛奇(Henry Cabot Lodge)此前不久在参议院提出一项议案，主张只要求无条件投降，除此之外不与德方沟通；洛奇的同僚、共和党参议员迈尔斯·波因德克斯特则给威尔逊的努力贴上“危害文明罪”的标签；当天上午，《纽约时报》刊登出一封老罗斯福的公开信，对威尔逊展开谈判议程表示遗憾：“我希望总统立即改变政策，我们要求无条件投降，拒绝与那些犯罪分子谈判以减轻其罪行。”老罗斯福希望参议院否决“十四点”，因为其中一部分太含糊，只是文辞优美，没有实际价值，“另一些则纯属胡闹。让总统此番所作所为持续下去，……恐将陷入背信弃义的外交困境”。

复照终于敲定，当天下午成功寄出。复照称，除非德方接受“令我方完全满意的安全条款，并保证美军及协约国军队在战场上依旧维持现有的军事优势”，否则美方不会同意任何形式的停战。豪斯提出的有关停止暴行的建议，也反映在复照当中：“如今，德国仍在继续惨无人道的劫掠与破坏行为，反德各国痛心疾首，义愤填膺，不可能对停战协议表示同意。”此外，复照还要求德国结束专制政体，因为专制政体，德国不必与他国沟通，只是单方面的决定便能够扰乱世界和平：“迄今为止的德意志民族，正是被上述力量所控制着；至于是否改变，如今选择权已在德意志民族自己手中。”

威尔逊的下一项任务是按照英方的建议，派豪斯前往巴黎。豪斯上校唯一的证件是威尔逊致“相关人士”的一封亲笔信，信中称豪斯是总统私人代表，希望各协约国代表信任豪斯。当晚，豪斯准备离开时，威尔逊说：“我没给你任何指示，因为我心里清楚，你知道该如何行事！”上校也一直想不明白，两人的亲密关系竟会带来如此奇怪的局面。“此行之重要程度，史上少有可比，然而总统却不给予任何指示、建议，我们两人也未进行过任何商讨。总统清楚，我们两人的思想总是一致，而且就算发生某种分歧，我也会依从他的想法，而不是我自己的意见。”豪斯感觉，此行即使游遍欧洲诸国，也再难找到一个与自己如此心有灵犀之人：“总统与一般人一样，也有其弱点，有其偏见，有其局限性；不过，总体而言，伍德罗·威尔逊极有可能作为一代伟人彪炳青史；而我，则希望他成为千古伟人。”豪斯回家，为横穿大西洋的长途旅行准备行装。伊蒂斯·威尔逊此时想必五味杂陈：丈夫终于摆脱那所谓知己的负面影响，不过豪斯或许会在巴黎破坏威尔逊的宏伟计划。

此时的英国是 10 月 15 日，即星期二的拂晓时分。当天上午晚些时候，汉基前往唐宁街的露台，去见劳合·乔治与里丁勋爵；不过一会儿，威尔逊将军与米尔纳勋爵也到了。众人就总统的复照展开热烈讨论。“大家对那照会极尽讽刺挖苦之能事。”汉基追述道，“前后两封照会产生一百八十度大转变，从过度宽容变成一味严苛。”威尔逊参谋长对“堂兄”大感恼火，并在日记中写道：“威尔逊是在无耻地独占谈判权力，我国与法国他都没放在眼里。他不该如此对待霍亨索伦家族（Hohenzollerns），那是对布尔什维克主义的助长；而且德国佬还在袭击船只，做些伤天害理之事，此时更不该议和。他还擅自给奥地利发了一封信。一切的一切都没有与盟友商量。真是个大写的混球，十足的蠢货。”①威尔逊参谋长极力主张，英方高层应立刻赶往巴黎：“正式给威尔逊发封信，让他摆正自己的位置。不过劳合·乔治没听我的意见，午饭后便去了沃尔顿-希思。不知劳合·乔治是身体不舒服，还是在构思演讲稿。我们（英、法、意）应当聚在一起，把事实一五一十地摆在威尔逊面前。威尔逊处事治国的方式很可怕，简直就像格莱斯顿的加强版，同时又是个喜欢铤而走险的梦想家。”

① 卡尔韦尔版本的日记中，最后一句话遭到删除。此外，卡尔韦尔还将“无耻地独占谈判权力”改为“完全独占”等等，并省去一句极为生动的话：“那位傻乎乎的威尔逊竟如此自鸣得意、自满自得、自视甚高、自我蒙蔽，真是把我给吓到了。”——原注

五

麦克斯亲王那天晚上睡不着，便起床给堂兄巴登大公写信。信中说，自己直到亲身来到柏林，才意识到古老的普鲁士体制早已土崩瓦解；而且可怕的是，此时的德国已没有军事力量去支撑自己的政策。“我以为 11 点 55 分的时候会被传唤，结果现在 5 分钟已经过去了。”德国目前遍地充满反抗情绪，如果能够和平地处理，那么“和约达成后，德意志还可以作为一个国家存续下去；倘若做不到，便会爆发暴力革命，迎来毁灭的结局”。麦克斯仍然希望拯救霍亨索伦王朝。“万幸的是，我身边还有社会民主党作为盟友，其赤诚之心值得依靠。在社会民主党的协助下，我希望拯救德皇。命运真是讽刺。”此时，德意志的生死存亡或许只寄托于“威尔逊一人，看他是否能只手擎天，看他是否秉持促进世界和平的理论”。

几个小时过后，威尔逊的照会于 10 月 16 日早上 5 点 20 分送达。麦克斯亲王读后，深感绝望。那是一份“危害极大”的文件，使得局势从根本上为之一变。此时在德国全境，全体国民最热切的愿望正是和平；一旦威尔逊的要求传开，绝大多数国民都会陷入恐慌与动摇。“国民希望已然破灭，”麦克斯亲王回忆道，“情绪就像决堤的大坝。”“黑暗的日子，”冯·穆勒海军上将在日记中写道，“所有和平的愿景全部化为乌有，剩下的只有殊死搏斗，对手或许正是革命的浪潮。”

德皇把照会给亲随们看。“看看吧！用心昭然若揭，就是要推翻皇室，彻底推翻君主政体。”皇储认为，照会中的语气“傲慢无礼，咄咄逼人”，威尔逊的思想已被“福煦的精神”所压倒。

当初热烈拥护和平的人士，如今大多在敦促麦克斯亲王坚决斗争；当初反对亲王的保守党，则要求他战斗到底，以免“今后世世代代，每一个德意志公民、农民、商人、庄园主——尤其是雇员与劳工，沦为敌人的劳动奴隶。……决不可让敌人踏上祖国的土地”。

社会民主党人虽也深感失望，却仍在柏林大学教职员工的支持下，呼吁党内成员反对继续战争。“我们正走在和平与民主的道路上，所有逆此而行的鼓动都是对道路的堵塞，都是反革命的帮手。”第一要务是实现和平，建立人民政府，“而后再进行各项社会主义改革。正是因此，我们才赢得人民的支持。每一位睿智的社会民主党人都必须警告工人：不要听信煽动者疯狂叫嚣，他们不会为国家负责”。

布吕歇尔亲王夫人返回柏林，发现“城市笼罩着沮丧与阴郁的气氛，预兆着德国即将崩溃，正如我们一直以来所预计的那样。到处流传着有关事态进展的可怕谣言，时不时也会有人发表些对未来事态的新看法”。鲁登道夫精神已经垮掉，据说军队实际上已处于兵变状态，士兵与军官针锋相对。在法兰克福，人们悄声互劝离开城市，因为敌军在两周之内便会进城。“消息肯定存在夸大之处，但至少可以看出，人们的斗志已丧失殆尽。有时，人们感觉自己像是一群羊，失去头羊的带领，茫茫然不知所从，知道灾难即将降临，便拼命找一个空隙钻进去躲避。”令布吕歇尔夫人不解的是，为什么德皇不自行退位，一定要等着别人废黜自己。夫人虽是英国人，却也很同情德皇，更同情他的臣民：“眼看着一个伟大的国家挣扎死亡，实在触目惊心。有些像一艘巨船，在人们眼前缓缓下沉，最终被狂风巨浪吞没。对德意志，对英勇无畏、多灾多难的德意志人民，我深表同情。在付出如此巨大的牺牲，经历如此深重的苦难之后，迎来的结局却是偶像被粉碎的情景，以及一个悲惨的现实：一切痛苦的根源，都是‘超人’阶级那盲目的错误与狂妄的野心。”

10 月 17 日下午，豪斯上校正在“北太平洋号”(Northern Pacific)客轮上，朝着布列斯特进发；德国内阁则在开会，决定国家的命运。对威尔逊如何答复，很大程度上取决于鲁登道夫从斯帕带来的消息。“今日之形势，正是 10 月 5 日行动招致的结果。”麦克斯亲王尖刻地说，“当时，陆军最高司令部紧急要求我们发出求和照会，向威尔逊总统呼吁停战。”接着，众人向鲁登道夫提出质问，谁知鲁登道夫竟信心满满，几周之前一门心思要求停战之事，在他看来不过是危难之际发泄情绪的一种呼喊。鲁登道夫表示，前线士气大有改善，自己也在尽力鼓舞士气，不幸的是，“停战谈判产生了极坏的影响。麾下士兵都很疑惑，如果比利时和阿尔萨斯一洛林都保不住，那还有什么打下去的意义”。就好像鲁登道夫本人与和平提议毫无关系。谈论前线的情况时，甚至承认前线形势险恶时，鲁登道夫都是一副平心静气的态度。

如果能派来部队换防，那局势便会稳若泰山！“给我一批精兵强将，我就能力挽狂澜。”

此一问题得到陆军大臣海因里希·舍赫（Heinrich Scheüch）中将的支持。中将预计，陆军能够在数月之内招募60万新兵：“我保证，将尽一切努力去完成上述指标，抓紧一切时间，一天也不会耽搁。”

面对军方态度的突变，内阁文职阁僚无不目瞪口呆。鲁登道夫提起一场败仗，口吻如同在谈论大捷：“各位，我得跟各位描绘一下形势。昨天伊普尔有那么一仗，英法派出重兵进攻，我军明知艰难，却不想放弃阵地。激战之后，我军虽有后撤，但结果并不坏。前线确实出现一道四公里宽的缺口，不过敌军未能实现突破，阵地还是守住了。如果当时国内能派来援军，那就不知会是什么结局了！”

说到此处，好像经过排演一般，陆军大臣舍赫插话问道：“鲁登道夫阁下，如果我理解得没错，您的意思是：如果您一下得到大量增援，形势就会发生实质性的改变。是这样吗？”

“没错。”鲁登道夫斩钉截铁地说道，并向众人保证，美军不足为惧，“美军加入战局，会给兵力对比带来一些数字上的变化，这确实不假；不过我军不把美军放在心上，因为主力还是英军。陆军必须摆脱那种孤立无援、四面楚歌的感觉。”

听鲁登道夫的口气，好像问题不在自己身上，反在国内一样。“陆军只要再撑四个星期，撑到冬季来临，那便安全了。”为此，国内必须保证民众斗志高涨，至少要持续四个星期，“越久越好，就算继续后撤也没关系。不管怎样，只要撑过这段时期，西线的危机就会结束”。

此番新乐观主义表态得到内阁海军代表的支持。海军认为，潜艇战搞得敌军焦头烂额，敌人的处境也不好受：“然而，一旦接受敌人的条件，一切都会前功尽弃。”

“我个人感觉，”鲁登道夫插话道，“敌人的条件太过苛刻，我们不必答复照会上的条件，只需回复一句：想要那些条件，就用武力来赢取。”

“那如果敌人真赢了，”首相问道，“条件会不会更加苛刻？”

“不会有更苛刻的条件了。”鲁登道夫傲慢地答道。

在座众人之中，有一人未受鲁登道夫花言巧语的迷惑，此人便是外交大臣索尔夫。索尔夫尖锐地指出，针对威尔逊的照会，建议首相如何回复、采取何种基调，乃是外交大臣的职责。“听鲁登道夫阁下解释一通，我心里好像更没底了。”索尔夫提醒鲁登道夫，10 月初执意要求提议停战的正是OHL，麦克斯亲王违背本意及信念，被迫承担起发出和平提议的责任，“如今，威尔逊给出答复，我们面临着艰难抉择，军方的说辞却改头换面——说德军能够撑下去；说只要撑过四个星期，处境就会好很多。我实在是看不懂，一件被视为是天方夜谭之事，没过多久就变成力所能及了——原因究竟何在?”

鲁登道夫冷冰冰地回答说，自己今天才知道国内还能提供 60 万部队。“如果 60 万人现在就给我，那军队孤立无援的局面立刻便会结束。”既然援军一时半会得不到，鲁登道夫认为谈判仍有必要，“不过，停战谈判必须允许我们有计划地撤离占领的土地，目的在于争取至少两三个月的喘息时间。此外，凡是意在使敌对行动不再成为可能的条件，通通不能接受；从那封照会里，不难看出威尔逊意在使德国无法再战”。鲁登道夫认为，敌人必须讲清楚条件究竟是什么：“不要与威尔逊突然断绝沟通；相反，应该告诉他：‘来，说一说究竟想让德国怎么做？如果你的要求有损我国的国家荣誉，如果你的目的是让我国无力再战，那么回答只有一个：休想。’”鲁登道夫否认自己前后立场不一，并保证只要 60 万后备军到手，“一切条件都可以通通无视”。

鲁登道夫的诡辩并没有使麦克斯亲王放心，不过至少 10 月初的那种恐慌感算是被一扫而空，好歹让亲王松了一口气。会后，麦克斯亲王把鲁登道夫拉到一旁：“您是认为，明年结束战争会比今年条件更好吗?”

“没错!”

“那么，我们与威尔逊关系破裂，您也泰然处之?”

“是的。”

麦克斯亲王并不相信鲁登道夫。“军方那番言论，扒掉外衣观其实质，”亲王在日记中写道，“不过是在告诉我们，时来运转已不可希冀。潜艇战也无力回天。主动权已不在我军手中。”如果军民士气得不到鼓舞，那么再挤出60万新兵也无济于事。“10月5日那天，我们无权举出白旗；即便是今天，同样没有投降的理由。当然，我们心里清楚：未来的几个月，局势必定十分严峻。”麦克斯本人的路线很明确，“与威尔逊的谈判必须继续下去。”不过，如果德国被迫要求“接受耻辱的条件以达成停战，那么就必须号召人民，进行最后的抵抗”。若真走到背水一战的地步，鲁登道夫显然不适合担此大任：“经过此次会议，我对鲁登道夫此人彻底失望。他不去直面血淋淋的现实形势，一心只考虑自己的威信。”

当天下午晚些时候，内阁召开另一次会议，会上鲁登道夫的表现依旧如故。他承认撤军或许会继续，却丝毫不担心溃退的可能。索尔夫问，在复照中是否要表明较为强硬的立场，即使存在与威尔逊关系破裂的风险也在所不惜；鲁登道夫当即明言道：“险该冒就得冒。通过复照，咱们可以看看，威尔逊究竟是一片好意还是狼子野心。”

复照的具体内容仍有争议，但内阁对以下两点已达成共识：第一，不应让威尔逊找到任何中断谈判的借口，因此在潜艇战问题上，有必要做出让步；第二，“一旦接受丧权辱国的条约，德意志便会万劫不复，因此复照必须定下‘宁死不降’的基调”。

次日，麦克斯亲王与一名法律顾问共同起草复照。复照先是同意从占领的土地撤军；而后承诺对所有潜艇指挥官下令，禁止向客轮发射鱼雷；此外，政府也将命令陆军各级指挥官尽力保护平民，杜绝破坏私人财产及掳掠战利品等行为。复照中甚至还有一段文字，呼吁中立国对参战双方犯下的一切暴行及违反国际法行为展开调查。

威尔逊在照会中要求德国结束专制统治；对此，复照承认，迄今为止德意志政府的行动确实基于威权，但“原因并非当局肆意妄为，而是广大人民群众表示接受，本身亦无履行民治责任的愿望。不过，战争带来了天翻地覆的变化”。如今，一切国家大事皆决于帝国议会，致总统的复照亦是以“为人民负责的政府名义”而发出。崭新的政治体制不会出现反复，因为“德意志人民支持它，其基盘乃是人民展现的意愿，是人民内心的信念”。

麦克斯亲王对此番回复颇为自得，并认为阁僚及最高司令部也会赞同。19日上午，索尔夫表示同意；谁知复照提交给内阁时，却引起一片哗然。罗德恩(Roedern)伯爵称复照不够庄重;谢德曼(Scheidemann)对其中蕴含的挑战意味表示担忧;而那段要求中立国调查暴行的文字更是遭到大多数人非难:“倘若要求展开调查,等待着我们的只有付不清的赔款。”海军大臣莱因哈特·舍尔(Reinhard Scheer)海军上将强烈反对限制潜艇战,并警告说限制潜艇战就意味着完全放弃使用潜艇。在潜艇问题上,其他阁僚倒是与首相站在同一战线。舍尔不屈不挠,便去找最高司令部及德皇申明利害关系。

次日清晨,关于潜艇战的首次回应传来。兴登堡通过电话口述了一份文件,冯·海夫滕上校将其发给首相;那文件的腔调倒像是鲁登道夫的手笔。“形势并无变化。”文件开头如此说道,“土耳其已展开单方面谈判,奥匈帝国也将紧随其后,过不了多久,欧洲就只剩我国在孤军奋战了。”尽管西线局势“万分紧张”,但国内已承诺增派援军,因此战事还能够拖延下去;纵使最后逃不过战败的结局,那也比现在就屈服来得要好。“现如今,摆在德意志人民面前的是两种选择:究竟是身体力行,为国家荣誉奋战至最后一人,以争取日后复兴的机会;还是放弃殊死一战,在仍有余力之时屈膝投降,自取灭亡。”兴登堡的结论是:放弃潜艇战,就意味着走第二条路;当然,陆军的士气也不免会受到严重打击。

文件那好战的腔调惊得麦克斯亲王瞠目结舌。一个几周之前还要求举白旗之人,怎会发出此等言论?亲王让海夫滕电告鲁登道夫:复照必须保证不攻击客轮,此处若不让步,威尔逊必将中止谈判。法国一定会要求德军屈辱投降;美国总统不想遂法国之意,要与法国交涉,也必须得到放弃潜艇战的保证,才算手里有筹码。

谁知鲁登道夫固执己见,拒不听从。内阁众人大怒,当天上午在首相缺席的情况下召开会议。“战争已经输了,军方还要再输一次,而且要我们为此负责。”副首相弗里德里希·冯·佩尔(Friedrich von Payer)怨气十足。议会中间派领袖马蒂亚斯·埃尔兹伯格(Matthias Erzberger)坚决要求将真相公之于众,声明政府当初要求停战是受OHL所迫,以免士兵把美军炮火下的惨重牺牲归罪于政府。“内阁必须声明,”埃尔兹伯格说道,“最高司令部应毫无保留地接受此份照会。”

中午，麦克斯亲王受到另一些人的抨击。德皇派人告知亲王：陛下本人支持潜艇战，“如果首相固执己见”，那么陛下打算下午在波茨坦召开御前会议。麦克斯叫来一名使者，让他向德皇口头禀报：此前已有会议安排，因此自己无法前往波茨坦，恳请陛下移驾柏林听取汇报；至于潜艇战的问题，首相宁可辞职也不会改变看法。最后一句话是：“恕我直言，本人一旦辞职，内阁必会四分五裂，而革命亦将随之而来。”

“您是要我把这些话向陛下复述一遍？”使者吃惊地问道。

“没错，正是如此。”

数小时后，气急败坏的德皇抵达柏林。在与麦克斯亲王谈话时，德皇发现自己的老朋友、巴伐利亚王国驻柏林代表勒兴菲尔特（Lerchenfeld）伯爵也在场，更是气不打一处来，讽刺道：“你居然还是个海军专家，我之前真没看出来。”德皇指出，潜艇战趋于白热化，并阐述自己执意不肯放弃潜艇战的原因。首相也陈述理由，并补充说，如果德皇坚持己意，那自己就无法继续执政。最后，德皇勉强让步。

勒兴菲尔特伯爵指出，帝国内部显然存在着一股反君主制的舆论潮流。“我很清楚。”德皇打断道。许多人都在呼吁德皇退位，德皇并不是不知道，却仍断然表示：“腓特烈大帝的子孙，没有退位一说。”

对麦克斯亲王而言，潜艇战问题总算是解决了。既然德皇已妥协，鲁登道夫想来也只能服从。谁知海夫滕上校将内阁讨论的意见转达后，竟被鲁登道夫一一驳斥。陆军大臣接过电话，谈了半个小时便大喊起来：“你想谈判，就得放弃潜艇战；你想继续打潜艇战，就只能放弃谈判。”鲁登道夫不承认两者是“非此即彼”的关系，但在陆军大臣的坚决态度下，最终还是选择了屈从。

潜艇战问题迎来皆大欢喜的结局，不料深夜却传来一则坏消息，冲淡了众人的欣喜之情。麦克斯亲王获悉，各大臣之中普遍存在一种悲观情绪，其原因来自近日三件事事态的发展：一是里尔（Lille）失守，二是土耳其投降，三是美国总统对奥地利停战要求的答复。尤其是第三条，在那份姗姗来迟的答复中，美国总统要求奥匈帝国承认捷克人及南斯拉夫人的民族主义诉求。此举不仅昭示着奥匈帝国的末日，而且也表明威尔逊并不认为自己一定要恪守“十四点”。众大臣胆战心惊，希望在复照中删去两段：一段是抗议协约国方面提出屈辱性条约；另一段是提请美方注意，由于英国实施封锁，德国大量民众陷于饥馑之中。首相大感愤懑，立即给众大臣发了一封措辞严厉的信，总算保住上述第一段使之没有被删除。

由于种种修改及耽搁，此份照会，即德方第三份照会直到次日 0 点 20 分才发往华盛顿。

——

10 月 20 日，身处伦敦的威尔逊将军又一次被美国总统气得不轻，原因是他刚刚获知，总统在给奥地利的答复中要求承认捷克人及南斯拉夫人的诉求。“威尔逊纯属一厢情愿，根本没征询过劳合·乔治或克列孟梭的意见。”此外，黑格不久前竟渡海回到本土，力劝劳合·乔治不可要求德国无条件投降；此事也让威尔逊将军颇感烦躁。黑格元帅认为，德军困兽犹斗；法军“已疲乏不堪，近来没打几场像样的仗”；美军“还没组织起来”；因此作战的重担全都压在英军肩上。威尔逊最烦的一点是，首相与米尔纳居然对黑格的意见“颇感赞同”。次日早上，即 21 日早上，内阁在唐宁街 10 号又开一次会。英国大舰队司令、海军上将大卫·贝蒂爵士强烈主张，停战条款与和平条款不应差别过大，德国佬必须把所有舰队及潜艇全部交出。威尔逊认为贝蒂此言“甚是在理”，而劳合·乔治与米尔纳却认为此等条件太过苛刻。

刚吃过午饭，唐宁街 10 号便收到德方致美国总统照会的副本。威尔逊将军认为照会措辞十分狡猾：“只字不提阿尔萨斯-洛林，也不提海洋问题。我那位傻‘堂兄’算是入了瓮。依我看，劳合·乔治和老虎总理一定得掌好舵，不然大家都要被我的那位‘堂兄’带进沟里。”

会议直到晚上 6 点 15 分才结束，汉基没带助手，全程独自做笔录，着实累得不轻：“有关德方照会的讨论既冗长又杂乱，还是少说点为好；不过会议倒是拟出一份致威尔逊总统的电报。那份电报的内容还算不错，警告威尔逊注意局势的危险性，要求他不要在未与我们协商的情况下擅自行动。”

巴黎方面，克列孟梭没有听从庞加莱的劝告，20 日那天还是给福煦发出一封言辞辛辣的信。经过福煦与潘兴那番唇枪舌剑之后，法军与美军之间本已达成某种谅解，此时又因克列孟梭的挑动而面临威胁。① “潘兴将军如何蛮不讲理，您也是一路看过来的。”信中写道，“此人那牛脾气着实了不得，不仅您的直属部下拿他没办法，连您自己也不是对手。”克列孟梭接着写道，法军与英军奋勇作战，逼得敌人步步后撤；“而我们那可敬的美国盟友呢？一个个摩拳擦掌渴望参战，那是众人皆知的伟大战士，结果从进攻第一天开始就在原地踏步；仗打得损兵折将，指派的目标却一个没打下来。大家都懂，那是些精兵强将，并非不娴战事，只是未娴战事而已”。

福煦也曾想尽办法对付不服调动的潘兴，克列孟梭对此心知肚明，只是执意要求福煦改变应对方式。“当初潘兴将军不听命令，你本可以向威尔逊总统申诉。或许您有什么苦衷，担心引发难以估量的冲突，所以就把悬而未决的矛盾推迟了。”如今正是当机立断之时，“有关美军现状的全部真相，是时候告诉威尔逊总统了”。

克列孟梭的意思等同于解除潘兴的指挥权。不过，福煦拒绝向威尔逊总统申诉。在给克列孟梭的回复中，福煦解释说匆忙组织起来的部队总会面临一些困难，而所有那些困难都让美军遇到了。自从在阿尔贡战区发动攻势以来，美军以 54158 名士兵的性命“为代价，只在一条狭窄前线上夺下一小块阵地，此事的确属实；不过事出有因，当地地形十分险峻，敌军抵抗也十分顽强”。至少在福煦心里，对潘兴的不满已淡去了。

——

在斯帕，鲁登道夫与兴登堡已在研究如何对德国停战委员会下达指示，就好像如今德国面临向威尔逊耻辱屈服的困境，军方没有一丝一毫的责任一样。责任不在军方，而在麦克斯亲王的政府；是政府首先毫无保留地接受“威尔逊十四点”，如今又提出从占领的所有土地上撤军。

22 日，身心俱疲的麦克斯亲王在帝国议会发表长篇讲话，为自己的行

① 数日之前，德比勋爵在给贝尔福勋爵的信中指出，法美两国之间的关系日益恶化：“在这片土地上，法国人对美国人的感情从喜爱到憎恶，变化何其大。早在 7 月 4 日，法国人对美国人充满热情，美国人的一举一动都能登上报纸头条；而如今，根本无人关心。另一方面，我听说美国人对法国人现在也失望透顶，因为他们觉得法国人只是想着如何从他们身上捞钱。”——原注

为进行辩护，而后便染上流感，卧床不起。左翼派系的报纸首次提出德皇退位的要求；皇后那天正在庆祝生日，听闻消息后惊愕至极。

——

威尔逊总统对德方的第三份照会吃不太准，而此时豪斯还在大西洋上，威尔逊无人商议，只得召开内阁会议。“我不知道怎么办好。”威尔逊坦白道，“各位认为该怎么办？”经过一段时间的沉默，内政部长富兰克林·莱恩(Franklin Lane)建议总统中止谈判，先等德军“退回莱茵河”再说；农业部长对德国政治改革的诚意表示怀疑；财政部长威廉·麦卡多(William McAdoo)坚称条款应由军方制定；邮政总长阿尔伯特·伯莱森(Albert Burleson)则担心福煦、黑格与潘兴过于宽大，并提出要求德国无条件投降。

威尔逊吃过舆论的亏，担心歇斯底里的顽固派引发舆论风暴，迫使自己跑到“避风窖①”去躲上48小时；另一方面，工人阶级又不希望美国为欧洲国家的帝国主义目标而继续战争。考虑各方因素之后，威尔逊用打字机草拟出一份答复，称自己正在要求各协约国盟友也提出各自的停战条款，并表示在他看来，一个对德意志人民负责的政府原则上还未完全组建起来：“或许未来，确实会由德意志人民来支配战争；不过此时此刻的战争并非如此。我们正在处理的，是此时此刻的战争。”显然，人民并没有控制军队，德皇的权力也没有受到威胁。“具有决定意义的主动权，依旧握在那些主宰德国至今的统治者手中。”威尔逊最后表示，如果美国的谈判对象始终是“德国军事首脑及独裁君主，……那么美方只能要求德国投降，不会接受和平谈判”。

次日，威尔逊再次召集战时内阁，向每位阁僚征求意见。众人各抒己见，相互讨论，总统平静地听着，而后从上衣口袋里取出一份打印的备忘录。“各位，”总统说道，“这是我草拟的一份给德国的复照，我准备读一下。既然各位在接受停战的大方针上意见一致，还请就细节如何修改的问题不吝给出建议。”

威尔逊开始朗读复照，语速缓慢，态度谨慎，每读一句便停顿一下，以便

---

① 避风窖，指躲避台风的地窖。此词为威尔逊在回忆录中的原词，他把舆论比作风暴，把自己躲起来不露面比作进入避风窖。

给听众留出充足的理解时间。“在场众人无不意识到，”最高经济委员会的E. N. 赫尔利（E. N. Hurley）回忆道，“伍德罗·威尔逊在朗读的是一篇结束世界大战的宣言。”

总统读完，将稿件放在桌子上，向众人征询意见。赫尔利及一众阁僚均表示热烈赞同，只有一人建议，如果某处措辞稍加改动，会对政治方面有利。威尔逊摇了摇头，斩钉截铁地说道：“不。我是在救人性命，而非搞党派政治。”

照会一字未改，当天便通过电报发送给德国及19个协约国盟国。在给协约国的电报中，兰辛补充说，我国总统并非强迫各国仓促接受停战，只是希望各国“默许并参加”谈判；威尔逊已经过深思熟虑，并在谨慎维护每一盟国利益的前提下，真诚地希望每个协约国成员“念及美国所做出的贡献，对我国总统所建议的各项措施予以合作”。

——

那些一贯反对威尔逊外交政策之人，对此份最新的照会自然少不了一番口诛笔伐。“咱们要跟德国政府交涉，可所谓的德国政府根本就不存在。”洛奇参议员指责道。西奥多·罗斯福叫得更凶，他把同一份电报发给洛奇、波因德克斯特及希拉姆·约翰逊（Hiram Johnson）三位参议员，敦促参议员提议无条件投降，并摒弃“十四点”作为谈判的基础：“让咱们用枪与炮的撞击声来奠定和平，而非用打字机的噼啪声去谈论和平。”

豪斯上校此时还在船上，准备次日在布列斯特登陆。收到最新照会的消息后，豪斯也颇感不安，只是原因与老罗斯福等人不同。在日记中，豪斯写道，如果自己在国内，就会劝说总统不做任何实质性举措，只说立刻会就对德答复与盟友协商。“德方对我国总统的条件已经表示接受，总统应进一步推行自己的理念，让德方从内心接受。”而后再与协约国联系，征求各国同意，“然而总统却采取另一种做法，与德方长期展开咄咄逼人的讨论。此举有可能刺激起德国的抵抗心理，反而促使德国人民团结起来，支持其军方领袖。……在我看来，总统是在鲁莽地豪赌，而且赌得毫无意义。一旦搞不好，和平谈判中的领导地位恐将不保”。

英国战时内阁收到照会后，大感困惑。“我们不理解究竟是什么意思。”威尔逊将军写道，“不过总体来说，傻‘堂兄’的此封电报还算不错，没坏到之前所能想象的程度。”不管怎么说，英国首相至少要邀请协约国参加谈判。然而，英国多数报纸依然在鼓吹报复行动，拒绝停战。那天是 10 月 24 日，英国国内被一种强烈的仇恨情绪所笼罩。鲁德亚德·吉卜林（Rudyard Kipling）[①]以《正义》（*Justice*）为题在《泰晤士报》及《每日电讯报》上发表一首诗歌，表现出当时的主流民意。诗歌中有两句为：“倘媾和于仇寇，重负必贻灵魂。”[②]吉卜林本人正有一个儿子死于战争。一向脾性温和的英国国民，如今也因惨重的伤亡而对吉卜林所表现出的仇恨情绪产生认同感。

战场上的英军将帅反倒没那么好战。黑格构想的议和条件要比公众及政治家宽容许多，因为他清楚，德军仍存有背水一战的实力。福煦执意要在莱茵河上建立桥头堡，占领左岸所有德国领土；黑格对此嗤之以鼻。“总体而言，”黑格在日记中写道，“福煦考虑的是政治，而非军事。”此外，福煦与魏刚试图通过“近乎卑鄙的手段”控制一部分英军，黑格对此越发难以忍受：“我对他们讲了几句‘逆耳直言’。归根到底，今年击败德军的是英军；至于如何安排英军部队，我本人只对英国政府负责，不对福煦负责。”

六

德皇读到照会中拒绝与德国军事首脑及独裁君主谈判的词句时，不禁惊呼道：“威尔逊果然是个伪君子，终于把脸皮扯了下来！此人之目的正是要摧毁我德意志皇室，推翻君主政体。”皇后同样盛怒不已，她称威尔逊为“暴发户”，惊异于“一个为国为民服务数世纪的皇室竟要折辱于”如此一个无耻小人之手。

在帝国议会里，麦克斯亲王的支持派与反对派正在相互攻讦。在“压

---

① 鲁德亚德·吉卜林（1865—1936），英国作家、诗人，1907 年诺贝尔文学奖得主。其长子约翰 1915 年于一战中牺牲。

② 作者引用该诗最后一句作“The load our souls must bear”，实际上，该诗通行版本皆作“The load our sons must bear”，如此则应译作“重负必贻子孙”。

抑、沉重、沮丧的气氛中”，威尔逊的复照内容传入议会。此时本应团结起来的两派，却因照会而吵得越发激烈起来。

身体抱恙的麦克斯亲王此时正在家中揣摩威尔逊的复照。威尔逊保证以公正的态度展开谈判，此言究竟是出自真心，还是要求投降的幌子？其实际意图莫非是要求德皇退位？“我一次又一次地反复思考那些问题，一连几个小时都在为如何理解而发愁。最后，根据照会词句的含义，我判定业已提出并计划推行的宪政改革将会成为谈判的基础。”首相无法面对现实；现实是，协约国必然会坚持要求废黜威廉，甚至在德国内部也有许多人如此要求。

麦克斯亲王指示法律顾问起草答复，答复不能“切断我国与威尔逊谈判的希望”，但应劝说美国总统，“假如一项政策，虽在策略上有其意义，能够对外国势力施以影响，却得不到德国人民公开的支持，不符合德国人民内心的信念；那么德国政府断然不为，换作任何存有良知的政府都是一样”。

那天下午，冯·海夫滕上校慌慌张张地从帝国议会赶到首相的床边，汇报一则惊人的消息：部分社会民主党人深信只要把德皇赶下台，德国就能得到“体面的和平”。海夫滕恳求麦克斯亲王不要将威尔逊的照会公开，给德皇一个自行退位的机会：“当然，假如陛下无法立刻做出决断，那么就只能选择与威尔逊决裂，然后大家各自摘下钢盔，默默祈祷便是。”

眼见首相无动于衷，心急如焚的上校便急忙去打电话，向身在斯帕的鲁登道夫汇报。不消说，鲁登道夫对威尔逊的要求自然是一番痛斥。退位绝无可能，唯一的办法就是与威尔逊决裂，战斗到底。鲁登道夫表示，陆军已准备好为最高军事领袖誓死奋战。上校劝鲁登道夫与兴登堡一同前来柏林，而后向首相报告此事；首相却担心两位军事首脑来到柏林，会被外界误以为国家依旧为军方所掌控，因此坚决要求两人推迟柏林之行。海夫滕向鲁登道夫转达首相的意思，鲁登道夫拒不听从，并表示自己次日便会前往首都，觐见德皇。

当晚，内阁在麦克斯亲王缺席的情况下召开会议。一听说兴登堡与鲁登道夫要来柏林，副首相冯·佩尔便执意要求咨询其他军事机关，询问战争是否应当继续：“鲁登道夫不管怎么反对，咱们都不用管；此人已显现出精神不稳定的征兆。”

埃尔兹伯格认为，时移世易，如今已不必咨询任何军事机关，“我们只能独自承担起重任。今天的问题不再是军事问题，而是政治问题。一旦我们把最高司令部请来，威尔逊就又要声称军事首脑控制国政了”。

其他阁僚则认为，为放心起见，军事专家的意见还是听取一下为好。接着，就威尔逊照会的内容，外交大臣索尔夫谈了谈自己的理解。索尔夫认为，威尔逊并没有要求德皇退位，相反，美国总统本人也面临着相当困难的处境，必须考虑到各方各面的诉求，比如美国公众，比如协约国各国军事首脑——尤其是福煦：“正因如此，威尔逊才在照会的第二部分中，要求德国提供事实，令其安心。所谓事实无非是两点：一、罢免鲁登道夫；二、由文官政府控制军队。如果能够实现上述两点，我们在停战谈判中便会处于有利地位，进而得到真正的和平。”

埃尔兹伯格认为说服鲁登道夫辞职恐怕不太现实，不过鲁登道夫倒是有可能主动请辞。

“不过有一点，”民主党议员康拉德·豪斯曼（Conrad Haussmann）说道，“为免军队出现危机，我们不应逼迫兴登堡也辞职。”显然，没有一位大臣愿意站出来提议罢免鲁登道夫。最终，众人决定听任事态顺其自然地发展下去。

斯帕方面没有表现出任何优柔寡断。兴登堡对威尔逊只有一个答复：战斗到底。元帅已给麦克斯亲王寄去一封信，希望唤起首相的战斗精神。信中说：“我原本希望，新政府能够号召全国人民，竭尽全力保卫祖国；谁知竟是一场空。”政府整日里只知讨论议和，使得部队士气大受打击：“为实现保家卫国之大计，军队不仅需要人力，而且需要信念。军人需要相信战斗避无可避，需要一种道德力量驱使着自己去完成伟业。……在此，本人诚心恳求亲王殿下作为新政府的首脑，将神圣的事业推至最高峰。”

当晚离开斯帕赶赴柏林之前，兴登堡元帅下令向麾下部队发布一则通告：“威尔逊的要求是无条件投降。因此，作为军人，我等无法接受。……德意志军队无论承受多少牺牲都不会放弃阵线，敌人只有清楚认识到此事，才会给出公正的和平条件，吾国吾民方能迎来安全无虞的未来。”通告看起来像是由鲁登道夫起草的，其实是兴登堡本人的手笔。此份通告，或许是唯一一份兴登堡先独自签署，而后再交给鲁登道夫的重大命令。

通告还未下达到士兵手中，OHL作战部部长海耶上校先读到内容，发现此文一旦公开，谈判必将毁于一旦，于是下令将通告收回。谁知在洛夫诺(Lovno)工作的一名接线员恰好是独立社民党人，此人担心高层将领会想方设法让战争旷日持久地进行下去，于是将通告一字一句地抄录下来，并通过军用电话总机联系柏林，最终成功地将消息传达给独立社民党的一名代表。

次日中午，此事见报，在帝国议会中掀起一场反对军方干政的风波。此时，报纸已放弃自我限制，公开讨论起德皇退位的问题。《法兰克福汇报》(*Frankfurter Zeitung*)不仅要求威廉二世下台，而且要求皇储放弃皇位，以此向威尔逊做出民主化保证。

当天下午，鲁登道夫与兴登堡抵达柏林后，直接前往贝勒维宫(Schloss Bellevue)，请求德皇下令停止谈判。鲁登道夫力陈新政府不足恃，德皇则拒绝做出决断，让两人去找麦克斯亲王。

首相不允许两位军方首脑进入卧室，执意要两人去见副首相冯·佩尔。当晚，内阁在内政部举行会议。会间，麦克斯亲王收到两份重要文件，于是不得不正视一个此前一直回避的问题——德皇退位。第一份文件是来自霍亨洛厄-朗根堡的恩斯特亲王(Prince Ernst zu Hohenlohe-Langenburg)①的电报，此人是麦克斯亲王的远房表兄，此前一直在瑞士就战俘问题与美国代表谈判。电报内容称："前不久，我从一名可靠人士处获悉，威尔逊照会实际上只有一个结论，即，除德皇退位外，其余议和条件一概不可接受……"

恩斯特亲王得到的消息为：美国参议院执意要求德国无条件投降，而威尔逊本人的议和计划更为宽容一些；德皇退位，有助于威尔逊说服参议院，同时也能够增强英法两国议和的意愿。

电报接下来的内容是：如此一来，德意志的命脉便得以维系。有一种观点认为，阻碍和平的罪魁祸首唯有德皇一人。一旦该观点传播开来——即

① 恩斯特二世(1863—1950)，霍亨洛厄-朗根堡亲王。此人的母亲与麦克斯亲王的父亲是堂兄妹关系。

便它自己不传播，协约国也会让它传播——陛下又不退位，那么不仅是此时，以后德国都将有倾覆之虞。

电报最后的内容则是警告：倘若继续拖延，垂死挣扎，美方便会将此视作军方控制政府的新证据，更加疑心，对德国的宪政改革产生不信任感。

几小时后，第二份电报传来，发信人是驻慕尼黑的普鲁士王国代表。电报称：本人特此向亲王殿下转达不幸的消息。昨日，威尔逊复照于此地公开，据巴伐利亚当局的理解，最后一段的矛头直指陛下……

电报接下去的内容：因此，巴伐利亚王国总理大臣及王国陆军大臣要求直陈德皇，除非陛下自愿摘下皇冠，否则敌人不接受任何议和条件。陛下将成为德意志人民之恩主，以最为崇高、最为高洁、最富牺牲精神之伟人身份留名青史。

面对现实，麦克斯亲王别无他途，只得将两封电报原原本本转呈德皇，未加任何评论。

——

明斯特·冯·德内堡亲王(Prince Münster von Derneburg)是普鲁士上议院议员。此人在赴晚宴的路上，不断哀叹午餐时朋友竟一致认为：德国应支持君主制，中断谈判；或者至少把决定权交给兴登堡。明斯特一时冲动，决定做点什么，便直奔兴登堡的住所。兴登堡当时正在用晚餐，不过很快便出来迎接，热情地握住明斯特的双手，硬要拉他一起用餐。明斯特来到餐厅，向众宾客解释，自己听说军方为拯救德皇，不惜中止谈判，并请求兴登堡三思，至少不要那么急促，考虑一下此举对祖国的危害。

兴登堡只是阴郁地答道："无论生死荣辱，我只追随陛下。"

明斯特亲王继续争辩说，假如德皇退位，兴登堡再随之辞职，那么德意志还剩下什么人能让人民仰望呢？国不可无栋梁，否则必将导致混乱，甚至是出现无政府状态。

"说得对！"桌边众宾客叫喊道。

亲王继续说，只要兴登堡留任，挽救德皇就仍有希望。不过谈判不能中止。假如对方提出的条件有辱国家尊严，那时再向全国呼吁抗争到底，也为时未晚。

兴登堡有些苦恼，但没有动摇，随后便动身前往内政部，去见副首相冯·佩尔。兴登堡与鲁登道夫二人见到佩尔时，已是晚上 9 点左右。鲁登道夫情绪激动，大喊威尔逊的条件是对德国的轻侮与羞辱，没有继续谈下去的必要。兴登堡赞同鲁登道夫的看法："威尔逊之流，不必答复！"陆军依旧驻扎在敌人的国土上，不能强迫军队向敌人投降。两人执意要求德皇向人民、政府、各州、军队及帝国议会发出呼吁，要求全国上下聚集力量，继续战争。

两人大谈"军人的荣誉""恬不知耻的要求""鼓舞国民士气""凝聚国家最后的人力物力"等话题，佩尔却丝毫不为所动。佩尔出身士瓦本(Swabia)，为人十分固执。他平静地表示，在希望渺茫的情况下，不应将一个伟大的国家拖入毫无退路的泥潭，"军人的荣誉"不能成为政治动机："我只是个普普通通的公民，一名文官。在我眼中，只有那些饥寒交迫的人民。"

鲁登道夫大发雷霆："您既然这么说，阁下，那我就以祖国的名义告诉您，各位内阁成员真应该自觉羞愧。而且，我还可以警告一句，如果您就这样任事态发展，不出几星期，就等着布尔什维克遍地开花吧。到那时，您才能想起我来！"

"不用几个星期，阁下。"佩尔平静地答道，"现在就来我也不怕。而且，此类问题您应该让我来谈。毕竟内政方面，我才是专家。"

"再谈下去也是枉然。"鲁登道夫轻蔑地瞪着副首相，"我与您永远无法彼此了解，永远是话不投机，根本没活在同一个世界。到此为止吧。"鲁登道夫满怀愤懑与失望，昂首阔步夺门而出。冯·海夫滕上校正在楼下等着。鲁登道夫痛苦地喃喃低语道："没希望了。德国完了。"

七

鲁登道夫辗转难眠，10 月 26 日一大早，便前往国王广场(Königsplatz)①的红砖大楼，那里是普鲁士总参谋部所在。经过入口处敬礼的哨兵，鲁登道

① 德国最著名的"国王广场"位于慕尼黑。此处是指柏林的"国王广场"，该广场在魏玛共和国时期改名为"共和广场"，并沿称至今。

夫径直走上二楼的办公室，开始动笔写辞呈，写辞呈并不是头一回，不过此前的辞呈没有一份是想真心辞职而写的，辞呈的大意如下："通过前一日与冯·佩尔的谈话，我已不再相信政府会有任何行动。因此，陛下、国家及军队都处于岌岌可危的境地，而我本人则会被当作拖延战争的罪魁祸首。鉴于政府应对威尔逊的政策，我的辞职也许会让德国接下来处理问题更加容易。出于上述理由，我向陛下提出辞职的请求。"

然而，信写完后，鲁登道夫并没有直接交出，想必是还心存一丝侥幸。上午 9 点，兴登堡走进办公室，瞥了一眼，便猜出信的内容。兴登堡请求鲁登道夫不要把信交出，因为德皇与军队离不开他。

"经过一段时间的心理斗争，我放弃之前的想法，重新相信自己应该继续留任。于是我向兴登堡元帅建议，应该再去见一次麦克斯亲王。不过亲王还在病中，不肯露面。"

没过多久，冯·海夫滕上校突然闯入，报告一则在首相官署大厅里偶然听到的消息：在麦克斯亲王的坚持下，德皇准备提议罢免鲁登道夫。上校希望第一时间通知鲁登道夫，"以便结局尽可能弄得体面一些"。

鲁登道夫震惊不已，还没等平复过来，德皇那边便传来正式消息，要鲁登道夫与兴登堡二人速至贝勒维堡觐见。鲁登道夫手抖得厉害，以至于系不上军服的扣子；甚至到面见德皇时，依然处在精神恍惚的状态。德皇的态度与前一日迥然不同，指责 24 日那天陆军不该发出通告——要求全军继续作战，而不是答应威尔逊的要求。"于是，"鲁登道夫写道，"一生之中最痛苦的时刻来临了。我毕恭毕敬地向陛下禀报：臣痛定思痛，深知已无缘承蒙陛下之宠信，故此恳请陛下，将臣免职。"

据兴登堡描述，当时场面一度十分混乱。德皇抱怨 OHL 立场改变太过突然，鲁登道夫愤而掉转矛头，指责麦克斯亲王在总参谋部受到不公正的指责时没有挺身而出，以此作为对德皇的回应。鲁登道夫的语气十分尖刻，以至于德皇说道："你似乎忘了自己是在君主的面前讲话。"鲁登道夫请求辞职，德皇让他指挥一个集团军群，却遭到粗暴拒绝。德皇大怒，并表示自己作为最高军事领袖，有权决定鲁登道夫的去留。鲁登道夫再一次提出辞职，德皇便不顾礼节地接受了。

对鲁登道夫而言，最痛苦的打击莫过于兴登堡的沉默。整个过程之中，兴登堡未发一语来支持自己的老下属，只是在最后也提出了辞职。“你可以留下。”德皇尖刻地说道。兴登堡元帅鞠了一躬，便与鲁登道夫一道离开。德皇心满意足地说道：“终于完成一件大事，把那对连体婴给拆散了。”

在贝勒维堡外，鲁登道夫责备兴登堡背信弃义，拒绝与之同乘一辆轿车。鲁登道夫的轿车抵达家中时，玛格丽特·鲁登道夫（Margarethe Ludendorff）正站在窗边：“如此重要的觐见，他居然回来得如此之快，我不仅感到意外，而且产生一种说不清道不明的沮丧之感。”鲁登道夫进到屋里，脸色苍白，面无表情地说道：“皇帝免了我的职。我被罢免了。”妻子设法安慰他，却徒劳无果，于是便问了一句由谁接替职务。鲁登道夫回答说自己曾推荐过库尔，接着突然跳了起来，喊道：“不出两周，什么帝国，什么皇帝，通通都没啦。你就等着瞧吧。”

——

佩尔正在向麦克斯亲王叙述前一晚与鲁登道夫会面的情况，海夫滕闯进来，激动地喊道：“鲁登道夫将军被罢免了！”

“兴登堡呢？”

“他会继续留任。”

“谢天谢地！”众人齐声道。

没过多久，外交部驻 OHL 的代表打来电话。“最高司令部算是吵翻了天。”库尔特·冯·勒斯纳（Kurt von Lersner）男爵报告说，“根据我个人与 OHL 长期相处的经验，必须提醒您一句，不管他们做出什么承诺，都不要相信；同时，停战提议该是怎样便是怎样，请不要动摇。军事形势还是很糟，与三周之前相比毫无改善，您也不要指望能有什么改善了。敌军打进我国本土用不了几个星期，顶多是几个月的事。”

麦克斯亲王此时的任务仍是答复威尔逊的照会。当天下午晚些时候，首相获悉，美国总统近日给奥地利的答复“乃是向多瑙河畔各民族发出的一个信号，要求他们脱离奥匈帝国。卡尔皇帝认为，目前唯一的希望就是与德国断绝关系”。此一消息让麦克斯亲王的任务变得越发棘手起来。几小时后，奥地利大使霍亨洛厄亲王前来拜会首相。“我是不敢在柏林大街上露面了，”霍亨洛厄亲王垂头丧气，“生怕被人吐一脸口水。”大使痛苦万分地拿出一份卡尔皇帝致德皇信件的副本。信的开头内容是：“向您通知此事本非我所愿：我国人民无力亦无意继续战争。”既然赢得战争没有希望，那么卡尔也无权反对人民的意愿：“因此，我决定将此一不可改变的决定通知您。48 小时内，我国将会单独要求媾和，请求立即停战。”

事已至此，麦克斯亲王也别无选择，只能向威尔逊发出照会。照会简明扼要，承诺将会由一个不受任何制约的人民政府来进行和谈：“因此，德国政府希望提出停战而非投降的提议。威尔逊总统在公开讲话中多次论述公正的和平；而那种公正的和平，只有通过停战才能实现。”

照会在交给情报部门加密的同时，外交大臣索尔夫也拿到一份。在签署之前，索尔夫先把内容透露给了共进晚餐的宾客们，其中包括几名联邦议员、前大臣及一名著名实业家。众人一致认为，照会的基调太过傲慢，无论对内对外都行不通。德国得罪不起威尔逊，假如威尔逊停止谈判，德国人民便要遭殃。于是索尔夫自作主张，将照会扣了下来，并于次日向内阁汇报此事。由于多数阁僚同意索尔夫重新考虑的决定，因此便对照会做出修改，将要求停战而非投降那段删掉，换作如下一段文字：“德国政府正翘首以盼，期待得到停战之提议。威尔逊总统在公开讲话中所论述的那种公正的和平，将会通过此次停战迈出第一步。”修改后的照会送到麦克斯亲王的病榻边，亲王表示同意。于是，下午 4 点 35 分，照会被正式发出。

第十五章　虚假的停战

10月26日至11月7日

一

当鲁登道夫准备去见德皇最后一面时，豪斯上校终于抵达巴黎，并发现法国决意提出苛刻的和平条件，而英方意见与其相悖。10月26日星期六，是个值得纪念的日子。豪斯在当天的日记中写道："真不知道一天是怎么撑下来的。"那天，豪斯先是接受报社采访，而后分别与美国及各国人士进行简短的会晤，接着又与黑格及米尔纳共进午餐。"此次会面十分重要，结果颇为喜人。"豪斯意外地发现，黑格对停战条款的态度并不激进，"黑格认为，以目前的形势，并不能确保德军彻底投降。"席间，豪斯十分健谈："条款最好能如我与总统所愿，同时我还希望说服米尔纳与黑格，获得两人认同，以确保星期二时，两人会站在我方阵线。"此处提到的星期二，正是草拟投降文件的日子。豪斯需要争取最大程度的支持，以防止报复性条款写入文件。

6点钟，豪斯与克列孟梭会面，并获得克列孟梭热情欢迎："我们相互寒暄，对方似乎对我颇为欣赏，还嘲讽劳合·乔治与英国大众不讲实话，说'劳合·乔治动不动对我颐指气使'，甚至说'我这暴脾气，自己都不知道是怎么压下去的！'这番话对我而言倒是个新闻。"

克列孟梭拿出福煦的停战条款。条款属于"最高机密"，法方除总理本人外，再无一人读过，甚至连庞加莱总统也不例外。克列孟梭要求豪斯保密，只能将文件交给总统一人阅读。文件显示：德军必须撤出莱茵河西部全部占领区，莱茵河右岸则会设立一片广阔的中立区；此外，德方必须交出150艘潜艇，非潜艇舰队亦须撤至波罗的海各港口。

而后，克列孟梭明确表示，自己及福煦都认为德国已彻底战败，不管条款如何，德方都只能接受。很显然，英国首相劳合·乔治也持同样看法。首相有一封写给老虎总理的信，措辞强硬，信中认为总理的态度有软化倾向，恐将给出过分宽松的停战条件，使英国民众大失所望。“如果乔治的想法比克列孟梭更激进，”豪斯写道，“那德国就只能自求多福了。”

两人谈论的最后一个话题是潘兴将军。潘兴在阿尔贡（Argonne）战役中没能将军队推进到预定地点，克列孟梭对此表示不满。福煦当初曾提出，要派麾下一名最善战的将军，去帮助潘兴收拾残局，结果潘兴并未接受。随后，该将军便被派去支援比利时军。“您看看结果，”克列孟梭大声说道，“比利时军势如破竹！”克列孟梭并不讨厌潘兴，只是痛恨此人顽固的性子，要他接受福煦的建议，就像拿脚去踢花岗岩，花岗岩纹丝不动，而自己徒劳无功。“我如此答复克列孟梭，”豪斯在日记中写道，“福煦身为最高统帅，手握重权，若只是提出宽泛的意见，致使潘兴没有接受，那么过错自然在福煦身上。”

豪斯的事务所设立在左岸（Left Bank）①的一栋灰色大楼里。次日，即星期日，清晨，豪斯希望探访潘兴，不料潘兴身患流感，卧病在床。斯蒂芬·邦萨尔（Stephen Bonsal）是豪斯上校的新助手兼翻译，当天白天，豪斯向邦萨尔简要说明两人的职责：“我会遵从总统的指示行事，但不会给你下达明确的指示。需要你做的事情，我只会将大致想法传达给你。劳合·乔治与老虎总理那两位，我一个人应该就能应付过来；剩下的大人物就交由你处理。每天请至少过来一次，大门随时向你敞开。偶尔不便来访，就送个便函过来，最好交到守门的水兵手上。”沉吟片刻，豪斯又补充道：“你也看到了，巴黎城现在聚集着一批怪人，被战争宣传与膨胀的民族主义捧得身价倍增。那群人生于斯长于斯，其中不少你也早就认识并有所评价。战争摧毁城市，

① 左岸，指流经巴黎市区的塞纳河南岸地区。

让一些小人物扬扬自得。终有一日，他们会发现自己头戴之帽、脚穿之靴都太过窄小。希望你能把他们本来的面目报告给我。”

威廉·怀斯曼（William Wiseman）是豪斯的一位密友，豪斯时常采纳此人的意见。当天晚些时候，怀斯曼向豪斯透露，英国内阁就“总统的和平条款争论十分激烈”。内阁成员对“海洋自由”尤其反对，并坚持要求德方赔偿各协约国的海上损失。根据豪斯的回应不难推测，或许豪斯并不知晓，怀斯曼暗中为英国情报机构服务。“英国若不慎重行事，便会在世界范围内遭到孤立。”豪斯说道，“由英国完全掌握海上霸权，以美国为首的世界各国决不会心甘情愿，正如各国不会容忍德国掌握陆上霸权。英国越早认清现实，就越有利。”豪斯坚定地补充道：“倘若英国一意孤行，美国便‘会建立海军，维持陆军，且两军实力都将在英国之上’。”

——

在柏林，德皇与其主要盟友——奥匈帝国的卡尔皇帝产生分歧。卡尔皇帝此前来信承认，因形势所迫，奥匈帝国会向敌方单独媾和。谁知就在致威尔逊的第四份照会发出后不到一小时，德皇又给卡尔写信称：“敌人的如意算盘，正是切断我等同盟国之联系，而后便可如愿统治我等之国土，实现其反君主制之目的。您的计划倘若付诸实践，敌人便会如愿以偿。”停战谈判正在推进当中，敌方若获悉联盟破裂，便会提出愈加苛刻的条件，“正因如此，万望您莫要采取任何行动，以免使敌方认为我等各怀异心”。

信件由外交大臣索尔夫起草，并承诺提供充足谷物，足以磨制大量维也纳面包及德式奥地利面包，可供军队支持数周。不过，恳求与粮食都于事无补，卡尔不可能放弃投降。在意大利前线，奥匈帝国 60 个师已被逼退至皮亚韦河。恢复元气的意军很快便会渡过此河，赢得决定性的胜利；对此，卡尔的军队束手无策。

当天白天，首相的远房表兄霍亨洛厄·朗根堡亲王派来两名使者，麦克斯拖着病躯，强忍身体的不适接见二人。两人带来一封信，信中对朗根堡亲王此前那封电报做出解释：威尔逊与各协约国盟友决不同意与德皇、皇储及鲁登道夫议和;三人必须都下台,否则威尔逊便中断谈判。

两名使者恳请首相速下决断。再过几天,甚至是几个小时,美国便要被迫接受福煦的停战条款,而福煦定下的条款必定苛刻至极。

两名使者走后,麦克斯亲王如坐针毡,但仍然决定按兵不动,等待更多情报。次日,即星期一,下午,又有一份主张皇帝退位的情报传来。令人吃惊的是,此份情报竟来自冯·切利乌斯(von Chelius)将军,此人曾担任特别侍从官,为德皇效力多年。切利乌斯从比利时获得情报:德皇必须退位,否则德国只能接受严酷的停战条款,迎来悲惨的和平;为拯救王朝,挽救国家,陛下别无他法,只有做出巨大的牺牲。

麦克斯亲王心急如焚:"于是,我便恳请将军即刻去见宫廷大臣奥古斯特·尤伦堡(August Eulenburg)伯爵,通过此人中间斡旋,最好还能获得其支持,以向陛下提出将军的观点。依我之见,越是陛下的心腹之友、股肱之臣,越应该先人一步,将此种体面的解决办法告知陛下。"

切利乌斯应承下来,带着霍亨洛厄亲王的信件前去拜会宫廷大臣,不料对方拒绝将信转交给德皇。无意退位的德皇刚刚向麦克斯亲王发出一道政令,提出新宪政改革的主张,那语气就好像宪政改革是德皇本人的构想一样:"朕与德意志各邦一道,就代议制议会之方案予以赞同,决心倾力襄助,使之得以充分实施。朕深信此举乃万民之福。今之德意志皇帝,实乃人民之仆也。"

国外面临着又一场军事劫难,国内就退位问题吵得沸反盈天,德皇做出的回应却是如此迟缓。此时,意大利军已渡过皮亚韦河,奥地利守军土崩瓦解。次日,即10月29日,早晨6点钟,奥军总参谋部的一名军官,带着一名扛白旗的士兵,出现在塞拉瓦莱(Serravalle)北部一处铁路路堤上。两名号手奏起"将军行军曲",象征着维托里奥-威尼托(Vittorio-Veneto)持续六天的战斗画上句点。奥军3万士兵阵亡,42.7万士兵束手就擒。

德国最后一个盟友屈膝投降,而250万美军还盘踞在法国战场上。麦克斯亲王明白,情势已刻不容缓,必须请人说服德皇立刻退位;而能当此任者,非与德皇关系亲近不可。尤伦堡及宫廷牧师冯·德吕安德尔(von

Drysander）先生①都拒绝前往，后来有人提到冯·切利乌斯，首相顿时精神一振，心想或可劝说将军再次求见德皇。谁知将军此次态度骤变，明言在任何情况下德皇都不应退位；退位便意味着军队崩坏、帝国倾覆。麦克斯亲王震惊之下，要求将军做出解释；切利乌斯便说，自己昨日受到首相暗示，没能表达出真实想法。“是你还是我？”亲王抑制不住怒火，质问道，“到底是谁，从布鲁塞尔来到柏林，力主陛下退位，说那是德国最后的希望，还带来支持退位的文件？”事已至此，麦克斯亲王举步维艰：“还有谁能去劝说陛下？还有谁乐于且适于以朋友的身份与陛下谈论此事？整个柏林再找不到如此人物了。”唯一符合条件的，只剩下亲王本人。

——

波茨坦的新宫殿里，皇后正催促德皇前往斯帕。她深知丈夫意志不坚，或许会屈服于日益高涨的退位要求。而度假胜地斯帕远在比利时，那里不仅有最高司令部，更有兴登堡坐镇，足以避免德皇摇摆不定，并杜绝来自麦克斯亲王的有害影响。

冯·穆勒海军上将注意到，德皇虽表现得愉悦而自信，脸色却苍白不已，双眼也凹陷下去。“英国与美国意见相左。”德皇表示，“兰斯党派系已与工党联合起来，目的是尽快与德国达成一份可接受的和平协议。”接着，德皇大声宣读一封来自荷兰特工的密信，信中建议德国向英国而非美国示好，因为英国对美军数量上的优势明显表现出不安。此外，英国本土处境艰难，苏格兰的工人也闹出不小的麻烦。“德皇最后描绘出一幅十分大胆的画面：德国与英国达成协议，要求与日本签订条约，共同将美军从欧洲驱逐出去……在德皇的构想中，日军会派出一批师团，取道塞尔维亚来到西线，帮助德军荡平美军；如此一来，和谈的条件便会更加优渥，因为在德皇看来，英方并不希望削弱我国，反而乐见我国坐拥强大的舰队，以及一支更胜舰队的潜艇部队。”编织一番幻想之后，德皇与冯·穆勒海军上将稍作寒暄，并饶有兴味地回顾君臣二人一路走来的历程。德皇向海军上将的家人致以问候，而后便

① 恩斯特·德吕安德尔（1843—1922），德国神学家、政治家，威廉二世夫妻的密友。此人姓氏为“德吕安德尔”（Dryander），作者拼作“Drysander”，疑误。——译者注

命其退下，并未透露自己即将离开柏林的消息。

傍晚，德皇驻外交部代表库尔特·冯·格吕瑙(Kurt von Grünau)来到麦克斯亲王的住所，称陛下即将前往斯帕。首相大吃一惊："莫不是在骗我？"格吕瑙称，消息是半小时前，德皇的侍从官尼曼(Niemann)少校亲口所讲。格吕瑙当时便警告少校，德皇突然离开，必将引起轩然大波，舆论会认定德皇此举乃是寻求军队庇护；少校却回答说兴登堡认为此行十分重要，经过数周的政治动乱，有必要请陛下再次与军队进行接触。

麦克斯亲王马上指示索尔夫，令其劝说尤伦堡伯爵或新任内阁长官出面阻止此行，而后亲王本人致电陆军大臣。陆军大臣对此一无所知，不过他向麦克斯亲王保证，如果消息属实，他会让陛下立刻返回柏林。首相并没有因此番说辞而放心，便直接致电德皇表示，如此重大行程，陛下竟仓促决断，甚至不通知自己一声，着实出乎意料，令人痛心："恳请陛下推迟此行，眼下此行必给外界留下极坏的印象。今后数日，政府与陛下尚有许多急务亟待解决，通过电话联系，殊有不便之处。"

德皇答道："你既然把鲁登道夫搞下台"，便只有德皇本人亲临军中，任命威廉·格罗纳(Wilhelm Groener)将军接替鲁登道夫军需总监的职位。格罗纳此人在前线表现出众，同时也负责战时生产的协调工作。

麦克斯亲王回答说，此类事务兴登堡元帅自会处理，并继续请求面见德皇。

不料德皇却表示，医生担心首相的流感会传染，"别的不说，你也得多多保重"。

麦克斯亲王再次请求前往波茨坦觐见，德皇执意不许。首相据理力争："如今正是危难之际，陛下岂可移驾他处。"

威廉二世答道："只要你完全按照我的意见行事，一切都会顺利如昔。"所谓"意见"，指的正是德皇最近的主张：和谈行动要依靠英方，而非美方。当晚，德皇及其亲随动身前往斯帕。在给首相的电报中，德皇解释自己不得不亲自前往，解决鲁登道夫继任者的问题，此外还要慰问英勇的军队，感谢军人做出的非凡努力："为使你的处境轻松一些，鲁登道夫只有离职一途；不过，从军事角度来看，军队失去此人无疑属于重大损失。弥补损失正是我的职责，因此必须由我来安排继任者；今晚动身之原因，正在于此。”

二

29日上午，豪斯消化不良，躺在沙发上盖着毯子休息。最高军事委员会预定于下午举行一场重要会议，豪斯正在脑海中整理思绪。在前一日的日记中，豪斯写道：“看来，重中之重在于如何使各协约国接受‘十四点’，并认可总统日后提出的条款。此事若顺利，便可奠定和平之基石。那些条件是德国开始谈判之时的基础，各协约国也初步表示接受；不过，随着德国颓势渐显，德方的意图也日益明晰起来：缔造和平的过程中，条款会将某些义务强加于德国；德国只希望议和，不希望承担随之而来的义务。”

潘兴的私人代表劳埃德·格里斯科姆此时已晋升中校。那天上午，格里斯科姆前来办公，发现豪斯“面容憔悴”。两人正讨论着下午的会议，豪斯的秘书约瑟夫·格罗(Joseph Grew)突然闯入，激动地挥舞着手中的电报，那是奥地利给威尔逊的回信。总统提出的苛刻条件，奥方全盘接受，“因此，奥匈政府宣布，不等其他谈判的结果，准备直接参与议和的预备谈判……”此举实际上等于无条件投降。豪斯彻底忘掉病痛，激动万分地说道：“结束了！战争结束了！”

与英国领导人共进午餐时，豪斯已经恢复了活力。席间，劳合·乔治透露，英方对“威尔逊十四点”原则中的第二条持有异议，即确保海上航行的绝对自由这一条：“英国不可能毫无保留地接受这条原则，除非在英国人满意的国际联盟宪章中，也纳入了这条原则。”

之后，他们都前往奥赛码头，会见克列孟梭和意大利外交部长松尼诺(Sonnino)。意大利总理奥兰多(Orlando)尚未到达法国，松尼诺代表奥兰多出席。如何处理德国提出的停战请求，这是摆在最高战争委员会面前的第一个问题。经过一番争论，豪斯建议将讨论出的条款传达给威尔逊，以获得他的认可，之后由他通知德国人，德国的停战请求将获得许可。不过条款的细节将由协约国直接传达给德国。劳合·乔治欣然同意，克列孟梭却反对要求德国停战。他说：“劳合·乔治先生的建议好极了，我无从反驳。但是我对他的意见有一点异议：这根本就不可能。如果我们贯彻实施这个想法，那福煦元帅就只得派整个议会前往德国前线，还要带着一面白旗，用来要求停战。① 福煦元帅根本不可能这么做，而我也绝不会允许他这么做。”

劳合·乔治解释，根本不是克列孟梭想的那样，而是会让德国派议员去见福煦。克列孟梭对此颇为满意，但松尼诺又提出了反对意见。如果德国同意了，奥地利人却拒绝了呢？那样的话，将留下意大利与奥地利孤军作战。

豪斯耐心地指出，奥地利刚刚同意单独媾和，并表示无论威尔逊提出的条件如何，他们都会接受。无疑，奥地利已经国力疲敝，军队也几近崩溃。

在劳合·乔治和克列孟梭看来，松尼诺为此担忧十分可笑。二人向他保证，会采取适当的措施杜绝这种局面。之后他们便开始争执不休，两人都希望由本国的海军上将来接受土耳其军的投降。在豪斯看来，这单纯就是浪费时间，十分幼稚：“他们吵来吵去，就像泼妇骂街，至少乔治确实像是这样。克列孟梭的态度要温和得多。劳合·乔治跟他说了这样一件事——在土耳其，英国人被迫孤军应付所有战斗，而法国人只派了一些‘黑鬼警察在圣墓教堂周围溜达，为的是阻止英国人盗墓’。二人的对话中还有很多类似的内容，如果不是这样毫无意义的话，听起来一定很幽默。两个人唇枪舌剑，针锋相对，而克列孟梭似乎更占上风。但克列孟梭也有问题，他从第二帝国的角度思考问题。所有这些新思想他都不懂，他坦言战争胜利了，他的任务就结束了。我猜想，在法国的历史上，他必将占有一席之地，因为他配得上这样的地位。法国只有一个主宰者，那就是乔治·克列孟梭。他的统治可能并不长久，但他几乎拥有绝对的统治权。”

会议转而重新讨论德国停战问题，各方争论得更加激烈。劳合·乔治直接攻击威尔逊的条款，他问：“我们并不赞成和平的‘十四点原则’，难道我们不该告知德国政府吗？”克列孟梭补充说，威尔逊从来就没有问过他是否同意这个“十四点原则”。劳合·乔治高声强调：“也没问过我。”二人都认为

① 让议会上前线去找对方军队，意为去停战求和。此处克列孟梭和福煦希望把德国彻底打倒而停战，不希望让德国感觉是法国撑不下去而主动停战求和。

这些条款不过是呼吁公正的宣传罢了，而呼吁的内容却含糊不清，他们的想法不无道理。这些含糊的原则似乎必定会引起日后的麻烦，对美国总统和对德国人而言都是如此。德国人很有可能还会宣称和平条款违背了“十四点原则”。

劳合·乔治将矛头转向豪斯：“你怎么看？要是我们同意停战，就表示我们接受美国总统的和平条件吗？”

豪斯说：“我确实是这么看的。”

两个人剑拔弩张，法国的外交部长皮雄在二人之间周旋调节，搞得自己疲惫不堪。他提议：“我们可以对德国人说我们规定的只是停战条件，而非和平条件。”

但英国人可没那么容易安抚。贝尔福勋爵指出：“我们恐怕没法告知德国人，我们只对停战条件感兴趣。毫无疑问，眼下我们并不受制于威尔逊总统；但我们不表明自己的立场就同意停战的话，我们必定会受其约束。”

克列孟梭说话了：“那么，我要听听这个‘十四点原则’。”有人朗读了第一条，“签订公开的和平契约，以达到……”听到这里，老虎总理显然不高兴了：“我不能认同永不缔结私下协议或秘密协议。”

劳合·乔治插话说：“我认为，我们无须如此作茧自缚。”

豪斯解释说这个提议并不是指要完全公开会议内容，公开的只是结果。在这个问题上，豪斯得到了英国人鲍尔福的支持。鲍尔福辩说此提议的意图仅仅是禁止秘密条约。但当读到了第二条——要求海上航行自由的内容时，美国人就变得彻底孤立无援了。

劳合·乔治的反应很激烈，他几乎是喊出来的：“这一点，无论如何我们都不能接受。这意味着我们会失去封锁对方的力量。我们之所以能打败德国，封锁起到的作用完全不亚于兵法战术。如果要把封锁的力量移交给国际联盟，英国将为自己的生存而战。任何国际联盟都不能阻挡英国捍卫自己的国土。正因为有了封锁，德国才无法从荷兰和在斯堪的纳维亚半岛的国家那里获取橡胶、棉花和食物。”除非国联已经成立，否则他绝不会放弃使用封锁手段。

豪斯丝毫没有退却。他说所谓海上航行自由，并不是指废除封锁这一原则，而是指给战时的海上私人财产以豁免权。英国干预美国贸易，可能会把美国推向英国敌人的怀抱，不管这个敌人是谁。

法国人和意大利人后来也加入到争论当中，倒不是他们担忧海洋航行自由的问题，而是因为他们几乎反对“十四点原则”的全部内容。例如松尼诺，他坚持要求明确告诉威尔逊，他们不能接受“十四点原则”，因为目前还在推进停战的进程中，不可能就和平计划达成一致。他认为首先应该解决陆军和海军的停战条款事宜，和平的基础问题必须留待日后解决。

这正是豪斯决心避免的状况，不能让威尔逊的“十四点原则”延后再议。他表示如果协约国坚持不接受“十四点原则”的话，威尔逊总统就只得告知敌方说：“协约国没有同意我所提出的和平条件，目前的谈判到此为止。”接着豪斯又表示如果出现这样的情况，总统就“可以重新考虑这个问题了。而且，对该不该继续遵从协约国的原则而战一事，美国也可以另下决断了”。正如豪斯跟总统说的一样，他的警告措施，“对当场之人的影响显著，达到的效果令人振奋”。

克列孟梭十分震惊，他问：“你的意思莫非是你们要单独媾和？”

“可能会发展到这一步——这取决于对你们的批评程度。”

劳合·乔治不甘示弱地说：“如果美国要单独媾和，我们表示很遗憾。但我们不可能会放弃封锁，这是我们赖以生存的力量。就英国公众而言，我们会继续战斗。”

“没错，”克列孟梭插进来说，“我不明白这一原则其意义何在。假如海洋航行自由的话，也不会发展成战争了。”

在汉基看来，豪斯的脸色很差。他急于给与会者机会，让他们重新考虑驳回威尔逊的条件将会产生什么样的后果。他还希望另找时间逐一说服他们。他说：“要让法国、英国和意大利联合起来，让其他成员接受‘十四点原则’；这将是制定停战协定的第一步。”原外交官贝尔福勋爵同意豪斯的这一观点，他认为除去个别几个国家，大多数协约国成员应该会接受威尔逊的提议。但在一些问题上，需要达成一些妥协。“德国的意图很明显，”他直言道，“他们想在协约国中间打进楔子来。”最后，他提醒大家不要上当。

危险而紧张的局势缓和下来了，劳合·乔治展现了他的天赋——善于平息由自己掀起来的风浪，他暗示英国反对的只是第二条原则。他的语调庄重而缓慢，他说道：“诸位，让我们所有人一起继续探讨停战条款的内容。与此同时，我们每个国家，包括法国、英国和意大利，要就各自对‘十四点原则’的保留意见，起草一份草案。待到明天，我们再来看看，是否能够商定出一份共同的草案。”

法国和意大利对英国积极安抚美国的举动颇为不满。松尼诺关心的是意大利的边境问题，而克列孟梭则担忧赔偿问题。但是和平占了上风，会上通过了英国的提议，采纳了起草保留意见的建议。之后会议虽然平静地进入了休会阶段，却笼罩着一种局面不定的氛围。

豪斯身体虚弱，心情沮丧。回到住处后，他的消化不良症依然未愈。他为会上的问题愁了一晚，也没想出对策，只得上床睡了。这一夜，他时醒时睡，在凌晨 3 点钟左右，被摩托车的声音吵醒了。这天是 30 日，星期三，这些摩托车要前往华盛顿派送急件。豪斯又陷入沉思，面对协约国成员，该如何摆脱现今的窘境成为了问题。“我突然想到，有个办法可以解决眼前的困难。”他打算告知各国首相，如果他们提出的和平条件与“十四点原则”背道而驰，他只能建议总统前往国会，征求国会的意见，以确定美国日后的作战方针，即此后美国是否应当继续为英、法两国的目标而战。“我翻了个身就继续睡了，因为我已经找到解决这个棘手问题的方法。”他回忆道。

一觉醒来，豪斯就发电报给威尔逊，向他报告了这些情况。他还告诉威尔逊说协约国的其他成员最怕的就是公开契约。“除非我们用强硬的手段应付这些人，否则我们一直争取的一切都会化作泡影。”他建议以流感为借口，暗中减少运往法国的美国军队，前线已有成千上万美军士兵被流感击倒，这确有其事，“晚些时日，我还会建议您停止提供金钱、食物和原料。我确信我们必须使用强硬的手段，一旦获得您的同意，我会以最温和、最友好的方式来处理这件事情”。

豪斯重燃希望，当天上午晚些时候，他出发前往法国首相的办公室，在那里会见英法两国的首相。在接待室，他和劳合·乔治得以单独谈了几句，劳合·乔治的态度友好。劳合·乔治把英国的反对意见草案交给了豪斯。草案仍然不接受海上航行自由，并要求在给平民造成的财产损失方面，德国必须支付赔偿。尽管如此，草案的遣词用字十分温和，豪斯对此感到高兴。他说恐怕首相在昨日已经“打开闸门”，克列孟梭不会甘于接受这么温和的条件。

几分钟后，豪斯的预言成真了。老虎总理准备了一份详细的建议书，对“十四点原则”提出了很多反对意见。豪斯当即指出，松尼诺此刻肯定也正准备着一份内容相似的建议书。他宣称现状迫使总统威尔逊必须前往国会，征询国会的意见，以确定美国日后是否仍继续参战。

看到豪斯平静的态度，克列孟梭和劳合·乔治颇为震动，二人意味深长地交换了眼色。随后老虎总理没有提出更多的反对意见，立刻采纳了英国的草案。豪斯获得了胜利。在当天下午的会议上，奥兰多总理和松尼诺外长成了少数派。松尼诺不顾众人反对，宣读了一份草案，其内容极具松尼诺个人的倾向性。草案中声称亚德里亚海的大片领土应归意大利所有的内容，引起众人激烈的争论。结果由于克列孟梭的发言，这场争论戛然而止。克列孟梭问道：“大家都同意通过给德国的这个答复吧？”之后他直言道：“我同意。劳合·乔治同意。”接着，他面向奥兰多问：“你同意吗？”

奥兰多回答：“同意。”一场轩然大波，就这样消解于萌发之初。

三

皇帝于30日上午到达斯帕，最高司令部对此十分吃惊。事实上，皇帝此举是造成困境的根源。他对辛慈海军上将宣称：“现在，麦克斯亲王为首的政府想把我赶下台。我想对抗他们，待在柏林没法成事，不如回到我的军队之中。”

在首都，首相刚从两名驻丹麦的美国外交官那里获得情报，威尔逊“仍然坚持公正的和平，与协约国的沙文主义者进行着艰苦的斗争。目前，这些沙文主义者正是法国和英国的掌权者”。在美国，沙文主义的势力也很强大，不过“在皇帝和太子退位之后，威尔逊可以轻松对付他们”。

麦克斯亲王回顾说：“之后我才惊恐地意识到自己到底犯了多大的错误。之前就该不惜一切代价逼迫皇帝留在柏林。”他发了一封电报给皇帝，试图以此弥补自己的“致命过失”。在电报中，他说皇帝陛下不在的情况下，他无法为国家带来内部的安宁，也无法促成国家外部的和平。他谦卑地请求皇帝尽快归来：“如果星期四您还没回来，我想我无法就您的缺席做出答复；任何时候我们都可能面临决定德国命运的抉择，而这些抉择必须由皇帝、首相和政府协同决定。如此局势之下，我不可能离开柏林。”

麦克斯亲王很快就收到了皇帝的简短答复，皇帝拒绝回到柏林。从语气可以看出，皇帝非常不悦，且感情颇受伤害。麦克斯亲王也很伤心，因为如今陛下视他为仇敌。“这对我个人来说，是个非常沉重的打击。同样，对我投身的事业也是巨大的打击。”麦克斯亲王一直以为，皇帝陛下在他身上看到的不仅仅是一个民主政府的首相，而且是一个努力挽救霍亨索伦家族免于崩溃的亲人和朋友。“而如今，皇帝对我十分狠心，他疏离我，并决心反对我。因此我只得寻找他身边的人，或者比我更接近皇帝之人来做帮手。”他发电报给黑森大公(Grand Duke of Hesse)①，请求大公私下帮助他。

如今摆在威廉二世面前的局面是要求他退位的声音越来越多。次日柏林的《前进报》(*Berlin Vorwärts*)②发问：“皇帝会如何行动？”“人们窃窃私语，牢骚满腹，如此情形不可遏制。‘皇帝会退位吗？他什么时候才会下台？’”就连效忠于皇帝之人都开始询问相同的问题。麦克斯亲王终于意识到：不能等皇帝回来再做这个决定，他必须抓紧时间了。10月的最后一天，在一个内阁会议上，首相提到近来他一直在考虑皇帝的退位问题：“但是我要在此声明：皇帝陛下的退位行动只能也只应当由他自愿施行。唯有如此，帝国和军队才能免受破坏；也唯有如此，才能保持德国的尊严。要我推动此事，必须保证我的自由不受限制，必须避免各方对我施压。”

社会民主党人谢德曼回答说他并不想给皇帝施压，但当务之急是劝说他自愿退位。要求他退位的呼声来自中产阶级，并非来自工人阶级。德国南部的农民也吵着要他退位：“他必须承担失败的后果，并且自愿退位。”

在随后的讨论过程中，内阁很快就显现出糟糕的分裂状态，他们无法就

---

① 指恩斯特·路德维希(1868—1937)，黑森大公国末代大公。俄国末代皇帝尼古拉二世之妻舅。

② 《前进报》，德国社会民主党机关报，1876年创刊。

皇帝退位后的政府形态达成一致。在麦克斯亲王的房间里，麦克斯亲王与一个精心选拔出来的小团体展开私下的讨论。即便是这一讨论，最终也没能达成任何共识。首相只有一个明确的信念："皇帝退位只有出于自愿才行。"首相说对他而言最重要的是，不能让形势恶化到人民要求皇帝退位："这种情况会引发国家内战，因为国内有数以百万计的人坚定地支持着陛下。"房间里只剩一人，即普鲁士内政部长比尔·阿诺德·德鲁斯（Bill Arnold Drews）。此人情绪十分激动，几近失控。他直言不讳，毫不留情："不是皇帝下台，就是我们被迫放弃国防。"

会后，麦克斯亲王将德鲁斯拉到一边，恳请他当晚前往斯帕，以普鲁士内政大臣的身份通知威廉二世，全国上下普遍认为他应该退位。"在自己不熟悉的氛围中，这名朴实的官员是否有能力坚持己见，我确实怀疑。"但麦克斯别无选择。德鲁斯同意前往，不过出去的时候，他太过激动，差点儿摔倒在楼梯上。

奥地利与意大利单独媾和，激进分子刚刚将匈牙利变成一个独立共和国——这些消息一经传出，柏林陷入一片恐慌。紧接着，一连串的谣言接踵而至。布吕歇尔亲王夫人从丈夫的代理人那里听说德国其实已经同意投降了。英国人将会占领科隆，瑞士人占领巴登-巴登（Baden-Baden），法国人占领斯特拉斯堡（Strassburg），美国人占领梅茨（Metz），英国人占领黑尔戈兰岛（Heligoland），诸如此类，谣言四起。为了防止陷入困境，德国银行将会规定，任何人单提款不得超过 200 马克。"电话随时响起，将传来预示着德国危险的最新消息，那刺耳的铃声就像是灾难降临的预兆。奥地利人说他们无力阻止敌军穿过他们的国家，法国和意大利的军队已经迫近德国。预计法国会通过德累斯顿（Dresden）攻来，意大利会通过巴伐利亚，而塞尔维亚人则将通过西里西亚（Silesia）。"奥地利的部队已经溃不成军，在沿途的村庄掠夺食物。

这些空穴来风般的消息固然让人恐慌，流感传播的现实更加可怕。在德国，几乎没有一个家庭逃过流感侵袭。"我们在克里布罗维茨（Krieblowitz）的管家说，他们整个村子都被流感侵袭。许多可怜的患者蜷缩在自家的地板上，发着高烧，浑身颤抖，没有药物，也没有人照顾。"在汉堡，每天有400人因流感而死亡，人们必须用运家具的货车把尸体运往墓地，“我们生活中的方方面面，每天都在朝着中世纪的野蛮时代后退。现在这种情况下，竟然没有穿着麻布脏衣的狂热宗教分子穿行于大街小巷，号召人们忏悔自己的罪行。我为此惊讶不已”。

至少会有40万德国人死于这场名为“西班牙流感”的疾病，它肆虐于敌对的双方。在英国，劳合·乔治因此短暂地病倒过，但直到克列孟梭的女婿病逝后，法国媒体才终于提及这一情况。目前为止，仅仅巴黎一处每周就有1200人因此丧命。而在美国，流感如燎原大火一样蔓延，已经有46个州受其侵袭。

伦敦的公共服务已经难以维持，有太多的警察和消防员因患病而倒下。到10月底，英格兰和威尔士的死亡人数已经攀升至每周4482人。据卡罗琳·普拉恩(Caroline Playne)①回忆说：“在火车和电车上，乘客们的脸上明显能看出抑郁消沉的情绪，他们之间谈论的也都是流感致死这样极其悲伤的话题。这场流感搞得人心惶惶。一些盼望和平的人说他们不敢想象和平可能会到来。”

流感分两波袭来，第一波在7月份达到高峰。这一次总的来说不太严重，死亡人数不多，患者通常三天后便可痊愈。相比之下，在10月份暴发的第二波流感更为致命。每十个患者中就有一个病得很重，而在这些人中往往是死亡的比痊愈的多。此次流感有个特征，就是青年人的患病率很高；大约有四分之一的患者是15岁及15岁以下的儿童。

各国找不到任何有效的治疗方法。各种各样的疫苗都尝试过了，没有一个有效的。一旦发现症状，医生只能建议患者全休。对于那些不工作就只能挨饿的穷人来说，他们不可能按照这个建议来做；他们会继续工作，同时把这可怕的疾病传染给别人。

流感传染的速度十分惊人。在一所学校或者一个工厂里面，上午还全是健康人，可能到了下午，就有大批人患上这种病。一个目击者记录下了当时的场景：“营房里前一天还熙熙攘攘、充满生气，现在全都要改成大病房

---

① 卡罗琳·普拉恩(1857—1948)，英国和平主义运动家，著有多部一战相关历史著作。

了。病人数量激增，一两天之内，医院就已经满员，无法再接收新的患者。剩下的病人只能在各自的住所接受护理和治疗。”

隔离似乎是遏止疫情的唯一手段。匹兹堡和其他一些美国城市已经关闭了电影院和剧场。舞厅和其他集会场所也暂时关闭。健康人得到通知，不仅要戴上细纱口罩，捂住口鼻，还要大量使用消毒剂和喷雾剂。驻英国的澳大利亚军中患病人数众多，他们只得特地在索尔兹伯里平原（Salisbury Plain）[①]建立一些墓地。而在法国，有7万美军必须入院治疗，其中接近三分之一的人病亡。

在流行病结束之前，2000万美国人会染上这种病，其中将有50万人死亡。保守估计全世界至少会有2700万人因此丧生——这个数字远远超过了这场大战中所有战役里的死亡人数。

四

10月31日上午，三位总理协同福煦来到豪斯位于大学街（Rue de l'Université）的宅邸，为的是给奥地利定下停战条件。福煦回顾了德国不断恶化的军事态势，之后豪斯问他们是要继续作战，还是要缔结停战协议。福煦说：“我不是为了打仗而打仗。我们有一些希望强加给德国的条件，如果停战能让德国接受，那我乐意停战。一旦目的达成，就不能再流一滴鲜血，任何人都无权如此。”

豪斯和克列孟梭都希望把保护人民和财产作为与奥地利和德国谈判的一个条件。劳合·乔治对此坚决抗议，并断言此举理所当然且不应设为条件。豪斯在日记中写道：“为了团结，克列孟梭和我最终做了让步，毕竟劳合·乔治的观点也不无道理，这种保护条件无疑应当被接受。后来我告诉克列孟梭，我为他代表法国坚持立场感到骄傲。”

他们开会的时候，豪斯收到威尔逊用私人电码发来的电报。电报中，威

① 索尔兹伯里平原，位于英格兰南部的平原地带，面积约780平方公里，常用于军事演习。英国著名地标巨石阵便位于该地。

尔逊的言辞过激，豪斯回忆道："如果我当场读给与会者听的话，可能会引起很大的麻烦。"

> 我认为，我有责任庄严地授权你做出以下说明：若和平谈判不包含海洋自由，则我不能同意，因为我们承诺不仅打击普鲁士的军国主义，而且打击世界各地的军国主义。如果解决方案不包含国际联盟，我同样不能同意。若无国际联盟，则和平毫无保障，各国唯有扩充军备，而此万万不可。我希望这一决定没有公之于众的必要。

客人离开后，豪斯马上给他急躁的上司回了一封电报，表示事情在向好的方向发展，并希望威尔逊不要执着于将最新的那份电报公布给各国首脑。

> 如果您能让我放手处理眼前的谈判，我保证绝不会使您难堪，亦不会就和平原则做出任何妥协。和平协定签署之后，您会同现在一样不受约束。停战可以拯救成千上万个生命，不说也不做任何可能会中止停战的事情，这在现阶段尤为重要。谈判正在朝着令人满意的方向推进。

第二天，即11月1日，上午，在豪斯的住处又举行了一次非正式会议，是为了当天下午最高军事委员会的正式会议做准备。首先他们采纳了福煦关于德国停战条件的意见。此后，劳合·乔治认为法国企图占领德国西部的土地过多，他说："这太苛刻了。"

豪斯关注的主要问题仍然是"十四点原则"，而且他不想得罪任何一方。他同情法国，但也认为英国有理，最后他说："威尔逊总统不希望占领的德国领土面积超出绝对必要的需求，但他倾向于把这个问题交给福煦将军来处理。"

在这一天，奥兰多总理也充当了调解人的角色。他建议他们采取一个中间的方案：要求德国人撤到莱茵河东岸，在西岸留出一块中间地带。争论一直持续，直到劳合·乔治宣布，他将遵从福煦苛刻的军事条款。

讨论到海军方面的条款时，英法两国互换了角色。福煦认为德国绝不会同意英国提出的要求。德国的舰队甚至都没有离开过母港，英国有什么理由惧怕它？福煦说："假如德国人接受了我方提出的大量苛刻条件之后，却拒绝接受你额外提出的屈辱条件，你要怎么办？你要因此冒险重演战事，并为此不惜白赔上成千上万个性命吗？"

一名英国海军上将抗议说，福煦不懂德国舰队曾经是个多么危险的因素。之后劳合·乔治再一次展示了他的谈判才能。他先是建议双方相互让步，然后提议让协约国海军委员会来重新审查这个问题。

但是下午，在凡尔赛宫举行的会议上，这个威尔士人表现得就没那么让人愉快了，他在会上出乎意料地提到了"十四点原则"。豪斯在日记中写道："前天，劳合·乔治、克列孟梭和我就已经就这个问题达成一致了，而且当天晚些时候，意大利人也同意了。今天下午他却再度提起这个问题，如果我当时不拒绝讨论的话，他会促成一场没完没了的讨论。"

即将离开凡尔赛宫之际，豪斯收到了威尔逊的另一封电报，内容正是关于这个问题的。威尔逊"充分而且深切地"理解英国人依赖海洋而生存，但是海上航行自由对美国而言是一个必不可少的条件。"我无法改变我军奋战的目标，也不能认同最后仅由欧洲人来商定的和平。"威尔逊在电报中说，"考虑到这次战争中出现了很多新的情况，很多事情都要重新定义，而封锁就是其中之一。取消封锁并不会有什么危险。"

一回到巴黎，豪斯就派人去请威廉·怀斯曼爵士，并声明"在对待海洋自由的态度上，劳合·乔治必须做出一些适当的让步，否则使盎格鲁-撒克逊人团结的所有希望都将破灭。早在 1812 年，美国就为争取自己的海上权利与英国开战。到了 1917 年，美国又以同样的原因与德国开战。如果劳合·乔治坚持他所表达的英国观点，那么战后，美国的反英情绪将达到南北战争以来的最高峰。这样一来，即便总统想避免这一事态，我想他也无能为力。我再次重申：如果英国或者其他国家政府想通过制定条款，来规定我国船只仅于战时或和平时期进行航行，我国人民绝不会认同"。怀斯曼承诺当晚处理这个问题，并将在第二天给豪斯答复。

———

此时，普鲁士内政部长德鲁斯已经抵达斯帕，执行麦克斯亲王委托给他的任务。事实证明，情况比他担心的还要糟糕。德鲁斯建议皇帝退位时表现得尴尬又不自在。皇帝冷冰冰地听完之后，傲慢地将他打量了一番，然后说："你，一个普鲁士官员，一个曾宣誓效忠于我的臣民，怎么敢在我面前提出这样的要求？"

德鲁斯很紧张，一言不发。（皇帝事后写信给朋友说："你真该看看我是怎么攻其不备，占了上风的。他万万没想到我会这样应对，当场给我深深地鞠了一个躬。"）

德鲁斯尴尬地沉默下来，此时，皇帝继续说："那么好吧，假设我退位了。作为一名行政官员，你想想看，接下来会发生什么？我的儿子们都向我保证，他们谁都不会继承我的皇位。所以整个霍亨索伦家族都会随我离开。"（"你真该看看他那副受惊的样子，这一点他也绝对想不到，他和整个自以为聪明的柏林政府都想不到。"）"接下来，谁来为一个12岁的孩子接管他的摄政权？是我的孙子呢，还是帝国首相？我从慕尼黑了解到，他们根本没有承认他的意思。那么接下来到底会发生什么？"

德鲁斯只回答了一个词"混乱"，然后又鞠了一个躬。（"你看，你只要问问这些木鱼脑袋，并且不断追问，很容易就能看出这些人是一头雾水、脑袋空空。"）

皇帝接着说："那好，让我来告诉你，接下来是怎样一个混乱局面。我退位后，王朝就此覆灭，军队就没有了领导者，前线部队定会溃散，并撤过莱茵河。心怀不满之人在敌人的帮助下，聚集起来烧杀抢掠。这就是我不想退位的原因。"

德鲁斯终于插上了一句话，他说是首相派他来的。必须有人将目前的状况传达给皇帝。然而威廉骄傲地回答说，腓特烈大帝的子孙不会退位。"我不打算为几百个犹太人和千把个工人而退位。把这话带给你柏林的主子！"

威廉召见了兴登堡和鲁登道夫的继任者——格罗纳将军。陆军元帅迎合皇帝的话，预言皇帝退位后，军队定会解散，士兵们会像一群强盗似的回到家乡。格罗纳是个直率善良的士瓦本人，接着他开始抨击政府对媒体的煽动行为置若罔闻。德国最大的危机不是来自敌人，而是来自国内的叛乱和崩溃！

几人的协同攻击刺激了德鲁斯，他奋起反击。他高声质问兴登堡："是谁要求建立政府的？是你！又是谁不停地打电话、发电报（要求立刻停战）的？还是你！"之后，他请求辞职。

威廉粗暴地说："不，根本就没这回事。我们当时只是在相互阐明问题。把我的观点传达给柏林的先生们。"把德鲁斯打发走之后，威廉走到外面平复情绪。在那里，他告诉尼曼少校，格罗纳是如何支持他的。"坚持捍卫德皇和普鲁士国王的竟然是一位南德将军！"他一副惊喜的样子，接着又说，"真是痛快。"

此时皇帝已经离开，格罗纳不用再隐藏自己的真实想法了。他说："他真该到前线去，不是去检阅军队或授予勋章，而是去观看死亡。到那些战火纷飞、硝烟弥漫的战壕里去。如果他因此丧命，那对他来说是最好不过的死亡方式。他要是因此负伤，德国人民对他的感情也会完全转变。"

格罗纳自己动身去了前线。刚刚传来消息，美军第一军团突破了阿尔贡的步兵和炮兵防线，正迅猛地朝着色当推进。英军和法军也一刻不停地向前推进，就连兴登堡也明白，末日将近。兴登堡回忆说："压力大得让人喘不过气来。国内也好，军中也罢，均是动乱四起，溃败之势已成定局。"

第二天，波罗的海海岸的基尔港爆发了一次大规模的动乱。一周前，当舍尔上将命令舰队出海时，麻烦就开始了。有六艘战舰的船员提出抗议，他们表示会保卫德国海岸，但拒绝打一场无意义的海战。之后，海军部不断重复下达这个愚蠢的指令，于是公开叛乱随之发生。多数战舰被迫返港，一些船员被关押在这里，但这一事实仅仅激起了500名同志的不满。在一个名叫卡尔·阿特尔特（Karl Artelt）的锅炉工的领导下，他们游行到一个大公园。在那里，游行者们群情激愤，听了两名社会主义者的演说后，人们的情绪被推到了爆发的顶点。

次日，即11月3日，这天是星期天。当日，公园里挤满了前来听演说的人，有码头工人，也有水手，总计近两万人。进行演说的是卡尔·阿特尔特和前一天那两名社会主义者，他们要求释放被捕的同志，得到群众的热烈响应。人们高举火把，唱着《国际歌》，朝着军事监狱行进。一支海军巡查队前来阻挡，群众却仍然前进，此时枪声响了，水手们四散逃开，留下大约20个死伤之人。但是阿特尔特和其他的头目没被捕获，他们还建立起一个组织，视其为"工人"和"水手"的苏维埃。除了要求释放被捕的同伴，他们还要求承认苏维埃俄国、废除敬礼制度、等量分配官兵口粮、言论自由，以及国王退位。一场兵变最终演变成了革命。

——

这个星期天，巴黎下着毛毛雨。就海洋自由问题，豪斯和英国人依旧争论不休。在星期六，他和怀斯曼、雷丁二人讨论了两个多小时，终究仍是"一无所获"。"如此奇怪的态度，我从未见过，如若不加改变，必然招致祸患。"争论没完没了地进行着，"我总能将他（雷丁）逼入困境，次数多到让人厌烦。他只会倒回去，无数次重复相同的内容，说劳合·乔治必须考虑到国内的选民以及他们的意见"。

当天下午，在豪斯的大客厅里，另一场首相会议在此举行，豪斯沮丧的情绪就此终结。会前他就做好准备，准备加大施压力度。会议一开始，他首先阅读了威尔逊那份措辞严厉的电报，但有关总统要提交国会审议的内容，豪斯在阅读时将其略去。即便如此，劳合·乔治依然不打算转变态度。"这不仅仅是英国一国的问题，同样也是法国和意大利的问题。"说这话时，他满怀期待地转向克列孟梭和奥兰多。接着他又说："封锁杜绝了钢铁、铜、橡胶以及许多其他品类货物流入德国，我们大家都因此受益，这是打败敌人的一个非常重要的因素。"

"是的，"豪斯耐心地说，"但是总统并不反对封锁的原则，他只是要求通过海洋自由这一原则。"

英国首相不肯让步："在这一点上，我国的立场十分坚定。我说我接受也是没有用的，因为这不是代表英国的观点。"

豪斯问，如果目前不能接受这一原则，那么英国是准备在和平会议上自由讨论，还是说，英国保留意见的做法只是强硬地质疑威尔逊总统的立场？

劳合·乔治回答说："这么做完全没有质疑美国立场的意思。我们的意思是保留在和会上讨论这一问题的自由。对于达成共识，我并没有丧失信心。”

豪斯松了一口气，说道：“我希望你能写点东西，以便我寄给总统。”

“那我写‘我方十分乐于探讨海洋自由问题及其实行’，总统就满意了吧？”

豪斯十分高兴。虽然没有达到威尔逊的希望，促使对方公开声明，但总算避免完全陷入僵局。会议即将结束时，奥兰多收到了一封电报，确定奥地利已经接受了协约国所有的停战条件。

奥兰多激动得眼含泪水，豪斯对他说：“好极了，意大利！”汉基回忆说：“我难以忘记当时热烈的场面，所有人都站了起来，相互握手，会场里洋溢着亲切友好和欢欣鼓舞的氛围。”不过汉基也注意到劳合·乔治“出奇地安静”，便询问原因，之后被告知“作为一个凯尔特人，他觉得事情如此顺利不太真实”。

首相言行一致，当晚早早地就把给威尔逊的信件送给豪斯，信是这样写的：“目前的战争产生了许多新的情况，我们十分乐于根据新情况探讨海洋自由问题。”晚上九点钟，豪斯给总统发电报汇报这次重要的会议，威尔逊的信件内容也附在里面。豪斯上校认为已经取得了显著的胜利，但是总统看了这封信的内容后却十分失望。他回电要求英国明确接受海洋自由原则。如果英国不同意，他们就“等着看吧，我们定然会用我们现有的设备，建立起一支以我国人力物力能撑起的最强海军”。

幸运的是，11 月 4 日上午，豪斯在主持最高战争委员会会议时，他还没有收到这份措辞严厉的回电。会上氛围很和谐，与会者很快就确定了对德国提出的海军和陆军条件。劳合·乔治于下午 2 时动身前往英国，因此没能参加下午在凡尔赛宫举行的会议。这次的会开得很长，而且内容乏味，最终各方达成了一致，即要让德国知道，所有协约国成员都接受威尔逊的“十四点原则”，但仍有两点异议：其一，德国必须对协约国平民及其财产遭受的所有损害进行赔偿；其二，由于海洋自由原则没有统一明确的解释，这个问题只好留到和平会议上去解决。

若威尔逊在场，他无疑会反对第二点异议。豪斯用私人电码给他发电报，说他们让协约国接受了“十四点原则”，“赢得了一场伟大的外交胜利”，

“我不知道和我们打交道的这些政府首脑是否意识到他们现在对美国的和平方案做出了多大的承诺”。

与会者并非都这么高兴。贝尔福勋爵十分忧虑，他走到格里斯科姆上校跟前说：“格里斯科姆，条件太苛刻了。这太愚蠢了，德国人绝不会同意的。”威尔逊将军也参与进来一起聊天喝茶。他也相信德国人会拒绝如此苛刻的条件，并进行一番讨价还价。

但是豪斯却十分高兴，他的欣喜之情在当晚的日记中表露无遗。“怀斯曼和许多其他朋友都在不断告诉我，我取得的胜利是历史上最伟大的外交胜利之一。或许确实如此。事实上，我来欧洲的目的就是让协约国赞同总统的和平条件。我离开了美国国内那些怀着敌视态度却很有影响力的人，他们直言不赞成总统的条件……就这方面而言，我发现协约国的各国政府和我国国内的这些人一样，赤裸裸地对‘十四点原则’采取敌视态度。普通民众通常是支持总统的……然而我应对的这些并非普通民众……我不得不劝说他们，不得不威胁他们，但能有现在的结果，我所付出的一切努力都值了。”他甚至为那两点异议而高兴，因为这就更加突出了一点——是整个“十四点原则”被接受了，“假如他们没有提出任何异议，而是毫无抗议地缔结了停战条款，那么在和平会议上，他们就能以更有利的立场来反对‘十四点原则’”。

他的胜利感是有道理的。不管怎样，他成功地保留了威尔逊计划的核心，而且他并没有执拗于让众人毫无异议地通过“十四点原则”，因此也没使盟友疏远。换作是威尔逊，很可能会固执地反对这两点异议。

豪斯为人通情达理、公平审慎、态度友善，给英国人和法国人留下了深刻印象。即便在努力完成威尔逊任务的过程中，他也从未对任何人恶言相向，而是让人觉得他正在考虑对方的观点。

那天晚上，意大利的战场上燃放起了五彩缤纷的焰火和闪光信号弹，而战场的上空被照亮。远处的村庄里响起了钟声、歌声和欢呼声，连身处前线的战士也听得到。战争终于结束了！

五

而在此时，在基尔发端的暴乱不仅升级为一场革命，还在德国各处激起了与之类似的骚乱。11 月 4 日，星期一的早上，水兵们劫掠了军械库和小型武器储藏室，基尔的大部分地区都被他们控制了。除了一只还停在港口的船，所有的船都挂起革命的红旗。水兵们逮捕长官，撕掉他们的徽章，把他们关进监狱。

这个消息一传到柏林，内阁马上召开会议，讨论这起事件及其引发的诸多骚乱。麦克斯亲王依然病得很重，因此无法参加会议，只能由内阁大臣们来处理这件事。罗德恩伯爵说："为了保护这个城市，要不计后果，尽一切努力歼灭基尔的第三分舰队。"

康拉德·豪斯曼报告说柏林警方担心数个小时内就会爆发一场暴乱。接着谢德曼就慕尼黑报纸上的一则报道说："这上面报道说一大群人走向斯塔德海姆监狱，要求释放囚犯。报纸竟然传播这种消息，实在是不负责任。不过就算下令加以制止，也毫无用处。"

豪斯曼注意到，关于皇帝退位的报道对这些海军暴乱者的影响程度大得令人吃惊，甚至可以说令人迷惑。士兵们自言自语地说，要是皇帝现在就退位了，他们就能摆脱之前的效忠誓言，从此不用再服从于长官，可以肆意对待长官了。

最终内阁决定由豪斯曼前往基尔平息暴乱，古斯塔夫·诺斯克(Gustave Noske)与他一同前往，诺斯克是德国国会中重要的社会民主党议员。当天晚上，他们刚到达基尔火车站，欢呼的水兵就抓住了诺斯克——一个做过编织工人、当过新闻编辑的魁梧汉子。水兵们把他塞进一辆汽车的后座，而旁边坐的正是水兵们的领头人阿特尔特。他们驱车穿过人群，驶向威廉广场，去参加群众大会。阿特尔特时不时探出身子挥舞红旗，并高呼着"自由万岁"，到达目的地之后，阿特尔特跳上讲台高呼："诺斯克来了！"当诺斯克被推到阿特尔特身边时，人群欢呼起来，不断挥舞着手里的红旗。有个人往诺克斯手里塞了一把剑；诺克斯赶紧把它扔掉，然后开始讲话。不过，他看起来更像是个协商者，而不是一个革命者。因为他认为自己的首要任务是恢复法纪和秩序。

翌日，11 月 5 日上午，诺斯克前往叛乱的码头工人和水兵聚集的大楼，那里几乎一片混乱。没有人给这些人安排饮食，如果无人对他们加以管理，他们就会劫掠这个城市。看起来，似乎并没有人统领这些人，因此诺斯克爬上一辆汽车的引擎盖上，对着威廉广场的人群高声宣布现在由他接管基尔城。人们欢呼起来，推举他为基尔的军事总督。他打电话给柏林说："形势所迫，我必须揽下总督之职，而且也已收到成效。"看来就算是德国的革命者，也喜欢稳定的局面。反叛者们把武器交给诺斯克总督，街上一片安宁。这场叛乱找到了它的主宰者。

格罗纳将军已经抵达首都，向麦克斯亲王和内阁报告情况。形势十分严峻，德国现在孤立无援，协约国正迅速包围过来。德国西线的兵力不足，最高司令部再也不能推迟进一步撤退的决定了。"今后的首要任务就是，在任何情况下都要避免军队遭到决定性失败。"但问题的关键是士气。格罗纳将军痛苦地表示：我军士兵的斗志不断减弱，情况十分危险，"国内那些散播不满之言的媒体，曾经回国又返回战场的士兵，以及曾经被俄国俘虏又再次返回战场的那些人，无一不在散播令人失望的流言，以此摧残士兵的精神。如此境地，斗志的神圣之火怎么可能长燃不灭？如不迅速改变，祖国将彻底摧毁军队。在此，我有责任陈述一个事实。陆军元帅也命令我明确说明关于皇帝退位的问题，如果元帅抛弃皇帝，支持其退位，那么他将视自己为恶棍。先生们，我也这么看，所有正直的士兵都这么看。如果不停止对皇帝进行狂热的攻击，军队的命运便成定局。部队会四分五裂，散乱无章的士兵会成群结队地回到家乡，其中一些人就会做出一些兽行，危害故土"。

最后他提醒众人说，军队只能抵挡敌人很短的一段时间，只有国内的人说军队必须坚持到最后："如果军队没被击垮，我们应该会得到更好的条件，拥有更好的重建基础。"

后来，麦克斯亲王曾试图私下说服格罗纳，让他认同皇帝退位的必要性。但是格罗纳反驳说，这只是显示出麦克斯对前线的士兵缺乏感情，之后就"不愿再听任何理性的分析了"。

——

在华盛顿，豪斯喜气洋洋的电报让总统放弃了他对海洋自由的要求。威尔逊往柏林发了第四份照会，也是最后一份照会。他说除了存在两点异议以外，协约国宣布愿意在"十四点原则"的基础上与德国讲和。因此，福煦元帅"已经得到美国和协约国政府的授权，接见德国政府任命的合适代表，并传达停战条件"。

日间，威尔逊告诉他的内阁，豪斯上校已经迫使协约国接受了"十四点原则"。在内政大臣看来，威尔逊显得"风趣幽默，神清气爽——一点儿也不担心。他又何必担忧，如今全世界都在他脚下，对他言听计从。就算是皇帝也没有获得过这样的胜利！"农业部长也发现威尔逊似乎状态不错，心情颇为愉悦，并说"他如释重负，不像多年以来那样，那么匆忙和紧张了"。

但是在国外获得胜利的同时，在国内却彻底失败。当天的国会大选得出结果，在国会两院中，共和党人都以微弱的优势取胜。

——

11 月 6 日，星期三，麦克斯亲王感觉身体状态良好，于是在首相府的花园里会见格罗纳。这名军需总监对形势的预测比昨天的还要糟糕。他还向首相报告，皇帝刚刚通知他，军队现在必须直接与福煦交涉，弄清停战条件的具体内容。格罗纳消沉地说："现在我们要穿过防线，必须带着白旗。"

"但是至少要一个星期？"首相惊呼道，"一个星期太长了。"

"不能想想办法，定在星期一之前吗？"

"星期一也实在太晚了。最晚只能等到星期六。"

迫于不可避免的形势，麦克斯亲王只得召集内阁大臣，通知他们不能再等下去了。格罗纳告诉他们说："不管情况如何，我们都必须在 11 月 8 日上午，即星期五上午，和福煦谈判。"他还说，停战代表团也应该在星期五离开。要是此前没有收到威尔逊的回复，他们必须举起白旗，发起关于停战的谈判，甚至可能是关于投降的谈判。内阁对此一致同意。

中午，弗里德里希・艾伯特和其他几个社会民主党的领导人来到首相府，会见了格罗纳，同行的还有一些工会官员。艾伯特首先发言说，不管观点是否正确，人民认为国家之所以崩溃，错在皇帝，因此最迟明天上午，皇帝应该宣布退位，他可以任命自己的某个儿子代为治国，奥斯卡（Oskar）或者埃特尔（Eitel），“皇储现在是不行了，群众太恨他了”。

格罗纳厉声说道：“退位断不可行，我军正和敌人激烈交锋，此时军队不能没有最高统帅。”

其他人好言相劝，说他们并不反对君主制，让威廉退位也不会废除君主制。只要政府以议会为基础运作，君主有意进行社会改革，许多社会民主党人也就心满意足了。

争论演变成一场学究式的讨论，之后被谢德曼硬生生地打断，并就此终结。谢德曼刚刚接了一个电话，回来的时候面色苍白，神情紧张。他说：“继续讨论退位毫无意义。武装运动势头正盛！汉堡（Hamburg）与汉诺威（Hanover）已经落入基尔水兵手中。先生们，现在不是讨论的时候了，我们必须采取行动。明天咱们能不能保住自己的位子，都很难说了。”

只有艾伯特仍保持冷静。他说：“现在还没发生决定性的事件。”然后转向格罗纳说：“将军，我再一次强烈地建议您，抓住最后的机会，挽救君主制，并立即采取措施，让一位皇子摄政。”

其他大臣也加入劝说的行列，其中一个还满眼泪水，但格罗纳坚决主张要皇子们一致保证，如果其父皇被迫退位，他们绝不摄政。

艾伯特说：“现在没有讨论下去的必要了，只能顺其自然了。”他转向格罗纳，说：“阁下，非常感谢您坦率地和我们交换看法，战时和您共同工作的这段时间，会永远成为我愉快的回忆。是该分手的时候了；谁知道我们日后能否再相见。”

内阁成员一脸严肃，静静地离开了房间。最后冯·海夫滕上校打破了房间里的沉默，他说：“这意味着革命，领导人们再也控制不住群众了。”对于德国而言，这一天确实是关键的一天。在吕贝克（Lübeck）、汉堡、库克斯港（Cuxhaven）、不来梅（Bremen）、不来梅哈芬（Bremerhaven）以及威廉港（Wilhelmshaven），政权都已经落入叛乱水兵之手。叛乱者将通过海路和铁路进入每个城镇，释放那里被囚禁的水兵和政治犯，然后组建一个有工人参加的委员会。更为重要的是，柏林和慕尼黑的起义已经蓄势待发。看起来，起义军的红旗很快就会遍布国家的大部分地区。

下午晚些时候，首相和内阁成员用无线电，通过非官方的方式得知了威尔逊第四份照会的内容。条件十分苛刻，但至少德国能够得到“十四点原则”的保护。尽管照会的内容和语气让他们更加怀疑威尔逊的好意，但众人普遍松了一口气。至少军队不必低声下气地等待福煦了。

晚些时候，格罗纳又返回会议室，建议麦克斯亲王任命中间派领导人马蒂亚斯·埃尔兹伯格，作为停战委员会的政府代表。他将于当晚出发前往斯帕，与军人会合，再起程前去法国。麦克斯亲王提议公布停战委员会即将进行谈判的消息。此举会遏制起义的势头，格罗纳“深为震撼”，最终同意这个决定。之后，他们向报社发了一份声明。声明指出，除了对海洋自由问题仍有异议，协约国已经同意接受威尔逊的“十四点原则”，而且德国的停战小组已动身去西方。首相呼吁人民本着自愿自律的精神维持社会秩序：“愿每个公民都能意识到，履行这项义务其实是对国家高度负责。”

六

刚过午夜，福煦就收到了一份无线电报：德国停战委员会已经准备动身，希望电告他们会面地点，随后委员会将乘车前往指定地点。不出一个小时，福煦便给出了回复：

> 如果德国的全权代表希望会见福煦元帅，并请求停战，他们就要前往法国的前哨，地点位于希迈-富尔米-拉卡佩勒-吉斯（Chimay-Fourmies-La Capelle-Guise）沿线道路旁。指令已经下达，前哨会接见他们，并派人带他们前往指定的会见地点。

直到11月7日上午8点，埃尔兹伯格才抵达斯帕。当地没有给其他代表团成员做任何准备，这令他十分惊讶。往柏林打过电话之后，他更为惊讶，原来自己就是委员会的负责人。很多官员要求陪同埃尔兹伯格前往法国，人数超过25人，但他只选择了两名陪同人员。一个是冯·温特费尔特（von Winterfeldt）将军，以前是驻法大使馆的驻外武官；另一个是名叫凡斯洛(Vanselow)的海军上校。还有一个成员是阿尔弗雷德·冯·奥本多夫伯爵,他是德国驻保加利亚,也是埃尔兹伯格的密友。

兴登堡为他们送行时说,由政治家缔结停战协定,这大概是第一次。不过既然最高统帅部不再决定国家政策,他也就没什么好反对的了。军方不必再为即将发生的一切负责了,对他而言,肯定也是一种解脱。和埃尔兹伯格握手时,兴登堡眼含泪花。他说:“上帝会保佑你们的,尽量为我们的国家争取最好的条件。”

代表团内还有一些助手,他们匆匆吃完午餐,分乘五辆汽车向前线进发。在斯帕的郊外,这趟行程险些发生车祸。载着埃尔兹伯格和伯爵的汽车飞出一处弯道,撞上了一栋房子,接着又被后面的汽车撞上了。所幸无人受伤,不过其中两辆汽车受损严重,一行人只得挤进剩下的三辆车里。

——

11月7日,星期四上午,汉森议员前往议会时看到,柏林街头一片备战景象。“士兵们戴着锃亮的头盔,穿着野战装备,列队行进。各街角处建起坚固的哨所,只要是这条街可能具有战略意义,这一地点的建筑物上层都会架起机关枪。路上,我穿过一些炮连。炮兵部队驶过街道,明确表明大炮已经准备就绪,目的就在于让柏林人民明白:如果起义的话,等着他们的是什么。一场血雨腥风的斗争即将开始。”

当晚,麦克斯亲王被迫做出一个重大的决定。他将前往斯帕,觐见皇帝;与此同时,社会民主党人艾伯特则留下,确保他没有后顾之忧。上午的时候,麦克斯亲王见了艾伯特,并吐露了自己内心的想法。他果断地说:“除非皇帝退位,否则社会革命不可避免。但我决不会允许这种情况发生。我恨透革命了。”一旦皇帝退位了,他希望能说服自己党派的人和广大群众都站到政府这边。全国各地传来的报道令人震惊。基尔处于诺斯克的领导之下,秩序已经恢复到一定程度。然而,汉堡、威廉港以及汉诺威的情况却不断恶化;而且据柏林总警察长报告,叛乱分子正计划着当日占领监狱和警察总部。

在慕尼黑也有人为此担忧,不过到目前为止,市中心仍然是一片平静懒散的气氛。天气温暖宜人，会使美国人想到“印第安之夏”①，而在德国，这种气候被称为“老妪之夏”。在英式花园里，巴伐利亚国王路德维希三世（Ludwig Ⅲ）正在进行每天例行的散步活动。

但是下午 3 点时，已经有 10 万人涌入特蕾西娅草坪（Theresian Field）②运动场进行抗议。其中大多数是工人，但也有一些学生和知识分子，以及至少 1000 名水兵，这些水兵因为在北部闹事，曾被慕尼黑拘留过。

草坪上伫立着一尊 90 英尺高的女性形象的铜像，此铜像人物是巴伐利亚的人格化形象，手中持剑，身旁蹲着一头狮子，是这个荣耀之州的标志。人群在铜像前方呈扇形散开。这里的场景与其说是一场统一的集会，不如说是一个乡村集市。在十几个讲台上有各种政治面貌的演说家，都在敦促停止战争。

一名叫艾哈德·奥尔（Erhard Auer）的社会民主党站在铜像的脚下演讲。按照和其他演说人的约定，他只讲了 20 分钟，之后他号召众人达成一项决议。在宽广的草地上，不断挥舞的红旗吸引了越来越多的人走过来。讲台上站着一个小个子的犹太老人，戴着一顶耷拉着的黑帽子，尽管帽子很大，却盖不住他那一头乱蓬蓬的头发。库特·埃斯纳（Kurt Eisner）衣衫邋遢，活像是动画里扔炸弹的革命分子。他因参与战时罢工运动，在监狱里待了将近九个月，不过在巴伐利亚警察的眼里，他不过是个“咖啡馆知识分子”。斯蒂芬妮咖啡馆（Cafe Stephanie）位于士瓦本的学生区，他用大部分时间在这里度过，写戏剧评论、下棋，或者用单调乏味的语言谈论政治。

现在，他那单调的嗓音被一台有故障的扬声器提高，以一种近乎歇斯底里的尖叫声传入人群耳中，致使人们的状态“达到激动的顶峰”。埃斯纳高呼“是时候采取行动了”。他的助理上前一步挥舞起红旗，并指向附近一所名叫古尔丁学校的临时军营。埃斯纳、埃斯纳的助手以及两个同志挽着手臂，向前方走去，跟在后面的是大声叫嚷的水兵和笑着咒骂他们的市民。埃斯纳凝视着前方，带领众人前往营房，“又热情又严肃……半焦虑，半迷惘”。

---

① 印第安之夏，指异常温暖干燥的秋季气候，类似于我国的“秋老虎”。

② 特蕾西娅草坪，位于慕尼黑的路德维希郊区－伊萨尔郊区的一片宽广地带，为慕尼黑啤酒节官方举办地址，其名来自于巴伐利亚国王路德维希一世之妻特蕾西娅王后。

在这里，革命者没收了营房里的步枪，然后穿过唐纳斯伯格大桥(Donnersberger Bridge)，继续朝另一个营房行进。之后一个代表团强行冲进了营房，大约过了一分钟，一面红旗从营房的一扇窗户飘出来。这个军营里的人也已经加入了革命的行列。

维特尔斯巴赫家族(House of Wittelsbach)的路德维希三世此时还在英式花园中散步，完全不知道革命已经爆发。一个工人劝他回家，而他返回宫殿之时，前门已经被人群堵住，他只得从后门进去。而在前门，卫兵们在一连串的辱骂和斥责声中畏缩起来，然后转投叛军一方。全城的士兵都是如此，看来无人愿为维特尔斯巴赫家族而战。

当晚 8 点钟，两位王室大臣通知路德维希，说他可能有性命之忧。路德维希带着他生病的王后和四个女儿，提着一箱雪茄走向车库。树倒猢狲散，司机也像警卫一样，抛弃了王室这艘沉船，带着汽油离开了。路德维希征用了附近一个车库里的汽车，王室一行通过街道逃亡，街上到处都挤满了激动却克制的人群。就在该城南部，路德维希的汽车在雾中迷失了方向，开出了公路，最后陷在一片土豆地里，巴伐利亚的君主制就此终结。

在慕尼黑的市中心，就在卡尔广场(Karlsplatz)——慕尼黑人称该广场为"斯塔修斯"(Stachus)——旁边的"斯泰克胡斯"旁边，这场革命正在一个啤酒厅里达到高潮。该啤酒厅名叫"马提萨酒楼"(Mathäserbräu)，在其一楼餐厅里，库特·埃斯纳被推举为第一任工人士兵委员会的主席。委员会马上采取行动，卡车载满了挥着红旗的居民，嘎嘎作响地穿过城市。埃斯纳的人占领了主要的火车站和政府大楼，没有人抵抗。当叛乱分子在战略要地设置机关枪时，警察在旁边视若无睹。

与此同时，埃斯纳和委员会人员一起走出啤酒厅，有 60 个武装卫兵和一群追随者陪同，沿着街道零零散散地走向黑暗的议会大楼。他们叫醒了看门人，蜂拥着挤进了下议院。晚上 10 点 30 分左右，埃斯纳走上了议长的讲台，他敞着衣领，头发缠在一起，比以往任何时候都要邋遢。"现在我们必须着手建立一个新的政权，"他说，"现在和你们讲话的人将担任临时总理。"人群中自发地响起了掌声，很显然，库特·埃斯纳已经取代了路德维希国王，被称为巴伐利亚的首脑。

他起草了一份公报，宣布建立巴伐利亚共和国。之后，他筋疲力尽，像一只猫一样，蜷缩进一张红色的毛绒沙发里。在他睡觉时，这份公告被用鲜红色的字体匆忙印刷出来，派发到了巴伐利亚的各个地区。几个街区之外，一名革命者登上了圣母教堂陡峭的楼梯，将一面红旗升上了其中一个著名的塔顶。

慕尼黑已经发生了革命，而这场革命是德国式的革命，没有造成太多麻烦，也没使一人身受重伤，人们本着同样的精神接受他们的命运。这里没有反对革命的暴力行动，慕尼黑的人民只是抱怨和等待。

在柏林，社会民主党代表团带着一份最后通牒，抵达首相府。他们没有威胁，也没有挑衅，更像是一群由于失去权力而“被突如其来的恐慌压倒”的人。他们说：“皇帝必须立即退位，否则我们将进行革命。”

麦克斯亲王痛苦地回答说，总统之位的基础已经崩溃。他愤怒地中断了讨论，现在他去斯帕也没有用了。他给皇帝发了一封长长的电报，说人们要求皇帝退位，对他施加了很大的压力。“这种情况下，我无法继续维持政府的团结了。”他以最崇高的敬意恳请皇帝“解除我的帝国首相之职”。

此时，德国停战代表团终于抵达希迈，但一名德国将军把他们拦住，坚称前方道路无法通行。埃尔兹伯格坚持继续前行，他给特雷隆（Trélon）的高层打了几个电话，之后一行人于晚上 9 点 20 分穿过前线（比法国时间晚一个小时）。领头汽车的车尾挂着一面白旗，一名年轻的骑兵中尉站在脚踏板上，用小号吹出数声短促的声音。

三辆车还没走出 150 码，就被一名蓝衣士兵拦下了。一名法国上校认出代表团成员，坐进领头车，他手下的一名号手替换掉了踏板上的德国号手。一行人被带到附近的拉卡佩勒镇。冯·温特费尔特将军用一口流利的法语向法国官员致歉，因为德方来得过晚，此时几个士兵向埃尔兹伯格发问。他们用法语问：“战争结束了吗？”当场就有人鼓掌，伴随着数声“法兰西万岁”的高呼。除此之外，法国大兵都很安静。

在报社和新闻摄影记者的镁光灯中，代表团换乘了法国的汽车。当汽车颠簸着朝西开去时，人群中有人用法语大喊："去巴黎！"

七

11月7日上午，刚过11点，俗称"二处"(Deuxième Bureau)的法国情报机构接到一份错误的情报，称停战协议将于下午2时签署，届时所有敌对行动都将停止。卡图萨科(Cartusac)上尉马上把这个轰动的消息转达给斯坦顿(Stanton)上尉，即美国联络处的代表。之后，斯坦顿又将这个消息转达给身处巴黎的上司H. J. 怀特豪斯(H. J. Whitehouse)上尉。怀特豪斯继而打电话，通知驻巴黎的美国陆军情报代表，对方对此消息既惊讶又怀疑。怀特豪斯坚称这则消息"绝对真实可靠"，不过陆军中校卡波特·沃德(Cabot Ward)确信停战协定不可能签得这么快。因此，卡波特给潘兴的总部发去电报说明情况，法国战争部传出消息，称德国已于上午签署了停战协定。最后他说："此事真伪还待求证。"

与此同时，斯坦顿上尉误信谣言，已经把消息转给了各类法国官员，不过他仅仅当作新闻来说，没有说明消息来自官方。几乎所有人都乐于散播好的消息，而收到消息的人们又把这则消息传遍了法国。

下午1时，消息传到美国大使馆武官沃伯顿(Warburton)少校这里，他便向华盛顿发了电报。而此时，身在巴黎的海军情报官杰克逊将这个谣言当作真消息，正用电报发给在布雷斯特的美国海军司令，亨利·B. 威尔逊(Henry B. Wilson)海军上将。①

事情纯属巧合。此时合众通讯社(United Press)②的总负责人罗伊·霍华德(Roy Howard)正在威尔逊上将这里拜访，因为他即将乘船返回美国，特来告别。跟他一起来的是驻布雷斯特的美国远征军副官C. 弗莱德·

---

① 数星期后，怀特豪斯上尉被免去联络官之职，斯坦顿上尉未受任何处分。——原注

② 合众通讯社，美国著名通讯社之一，成立于1907年，总部位于华盛顿特区。1958年，该社与国际通讯社(International News Service)合并为合众国际社(United Press International)。二十世纪七十年代以来，经营权几度易手，现为新闻世界传播公司(News World Communications)所收购。

库克(C. Fred Cook)上校。他过去是《华盛顿星报》(*Washington Star*)的新闻编辑。二人在威尔逊上将的办公室外等候的时候,威尔逊拿着一张纸走了出来。他说:"这是杰克逊从巴黎发来的电报,说停战协定已经在上午 11 点签订,在下午 2 时生效。"

消息实在让人震惊,好几秒内,没人说一句话,之后霍华德脱口而出:"能让我用这条消息吗,将军?"威尔逊犹豫了一下,然后迟疑地回答说,应该是可以的。"那待会儿见。"说完,霍华德沿着楼梯跑下去,奔至电报局。海军少尉詹姆斯·塞拉兹(James Sellards)自愿陪同,跟着霍华德一起到了电报局。库克回忆说:"下楼梯的时候,霍华德肯定是一步十级阶梯地跑下去的。"

二人先在地方报社——《南方通讯报》(*La Dépěche*)①报社停下,合众社用该社租用的线路向美国传送信息。接线员把快讯打在一张纸条上,然后贴在一份空白的电报上,这样看起来,就同合众社从布雷斯特转发的其他快讯一样了。之后,霍华德指示接线员在他的名字后面加上"西姆斯",因为在合众社,威廉·菲利浦·西姆斯(William Philip Simms)是唯一有权从布雷斯特发送收集消息的人员。

这时是下午 4 时 30 分,在威尔逊总统广场(Place du President Wilson)上,美国海军乐队举行了一场户外音乐会。在这里,来自威尔逊上将的停战公告刚刚以英、法两种语言被宣读出来。乐队演奏起乐曲《今晚老城会很热闹》(*There'll Be a Hot Time in the Old Town Tonight*)②,此时喜讯已经传播开了,几分钟之内街道上就挤满了欢呼庆祝的人。霍华德和塞拉兹带着快讯到达电报局时,新闻审查室也空无一人。每个人都在外面参加庆祝活动。

霍华德在外面的办公室等候,而塞拉兹把电文交给了发送室。由于接线员已经发送了大量合众社的巴黎电讯,他认为这份电讯的内容也已经通过了巴黎的审查。他在电文上加上一条电头,注明"巴黎",然后发送到纽约

① 南方通讯报,法国地方性报纸,创刊于 1870 年。

② 《今晚老城会很热闹》,又名《热闹老城区》(*A Hot Time in the Old Town*),美国流行歌曲,西奥多·梅茨作曲,乔·海登作词,发表于 1896 年。

市。东部标准时间11时56分，位于布罗德大街（Broad Street）16号的西联公司（Western Union）①电报室收到了电文。3分钟后，纽约审查员通过审查。稍过片刻，位于普利策大楼三楼的合众社办公室接到了转发来的电文：

合众社新闻纽约巴黎急电——协约国于午前（电文将此略写“今天上午”）11时签署停战协定——午后2时停止敌对行动——今晨美军占领色当

霍华德——西姆斯

无人质疑这则消息的真实性，因为电文的署名是合众社社长以及合众社的首席欧洲记者。电文又有巴黎的电头，说明已经通过了法国的审查。短短几秒钟，多年来最重要的新闻传遍了全国。

11月7日，在那美丽而温暖的秋日（印第安之夏）里，纽约城中群情振奋，几近疯狂。四处响起警报器、工厂和轮船的汽笛声，汽车喇叭和教堂的钟声，各种各样的喧闹声连成一片。许多人从办公室、商店和工厂涌上街头，交通陷入了停滞状态。五彩缤纷的纸屑和彩带从各个办公室的窗口被抛撒而出，漫天飞舞。马克·沙利文（Mark Sullivan）②就这一场景写道：“人们自发地加入散乱的游行行列中，相互之间手拉着手，没人在意身边的是谁，也没人在意自己在哪儿。”整个城市笼罩在一种欢乐而感人的氛围当中。人们的情绪悲喜交集，脸上笑着，却双眼湿润，让人难以忘怀。四下里都是成群结队的人。在国库分库大楼（Sub-Treasury）前，人们为协约国而热烈欢呼。华尔道夫酒店前，人们在为胜利而歌唱。哥伦比亚大学里，学生们冲出教室，在校园里开展游行庆祝活动。证券交易所在2时30分就收市了，本来的收市时间是3点——场外的交易所早在1点就停业了。而在电话公司，1点到3点这段时间的通话量创下历史最高纪录。

这股感情的浪潮冲击着每个人，在公园街的理发师也受到了影响，他给

① 西联公司，1851年成立于美国纽约，早期主要业务为收发电报。

② 马克·沙利文（1874—1952），美国记者、专栏作家。一战期间在《科利尔周刊》任职，撰写政治评论。

顾客刮胡子刚刚刮到一半，就收起了剃刀，然后对他的助理大声说："给他刮完，然后把店关了。我要去哪儿？我要回家和我老婆一起哭！我就是要回家！"

类似的场景遍布美国各地，小城镇、小村庄是如此，大城市也是如此。威斯康星州的拉克罗斯（La Crosse）有许多德国人居住，当日拉尔夫·托兰（Ralph Toland）带着他的两个孩子来到市中心，见证了这一狂欢的景象。药店为人们免费提供苏打汽水。新闻社将一个象征着德皇的稻草人挂出窗外，并将它点燃。托兰的儿子当时年仅 6 岁，这一幕深深地刻进了他的脑海，挥之不去。一年以来，他花费了大部分时间，来收集做防毒面具用的桃核。

但是几个小时之后，合众社总部开始怀疑消息的真实性，因为其他任何一家新闻社都没有报出这个消息。"真是该死的独家新闻。"回到布雷斯特后，罗伊·霍华德懊恼地听说这则报道"无法得到证实"，他赶紧往纽约发了一份急电。这份急电本可以在 2 时左右发到合众社办公室，及时制止下午的报纸刊登这则消息。但是纽约的海军审查员没有把急电发到纽约，反而是发给了华盛顿的海军部长。

之前美国那种欢欣鼓舞的气氛顿时消失，人们的情绪转为失落沮丧。《纽约论坛报》发表社论，说它堪称"留名历史的假新闻。铺天盖地，到处都是彩纸、游行、喇叭声和人民群众的疯狂！好吧，在美国，这场战争自始至终都是人民的战争，人民决定进行战争，人民投身于战斗。如果人民愿意一想到德国投降就要疯狂，又有何不可？"该报稍晚又发表了另一篇社论《快乐的窃贼》，文中伤感地说："当真正的和平消息到来时，我们能否像最初的几个小时一样，再举行一次美好而快乐的庆祝活动？我们认为，不太可能。到那时，人们已经麻木了。"

第十六章　结局的序幕

11月8日至11月11日

一

11月8日上午9时，在贡比涅森林中，埃尔兹伯格一行被带进了一节火车车厢。车厢里有一张大桌子，它的一侧摆着一排标有名字的椅子，德国人在各自的椅子后站成一排。几分钟后，福煦进来了，同来的还有魏刚将军、威姆斯海军上将及另外两名英国海军官员。双方相互进行了简短的介绍和礼节性的鞠躬后，相对落座。福煦用冷淡的嗓音低声指示翻译人员："问问这些先生们，他们想说什么。"

埃尔兹伯格很惊讶，当场竟没有一个美国人、比利时人或是意大利人。他用德语说："我等此行，乃是为了接受协约国所提出之海、陆、空停战建议而来。"协约国一方听到译者译到"建议"二字时，场内响起一阵不平之声。福煦立刻打断了他，对翻译说："告诉他们，我没有什么建议。"他态度简慢，并欠起身子，像是马上要离开这里，放弃协商。

冯·奥本多夫伯爵从桌子那边探过身来。"元帅先生，"他恳求说，"这是个很严肃的时刻，大可不必纠结措辞。你希望我们如何表述？我们觉得这无关紧要。"

"先生们，这个会谈是为你们准备的，你们应该说出自己想说的。"福煦不客气地说。

“如你所知，元帅先生。”奥本多夫接着说，“我们因为接到美国总统的信件来到此地。如果你允许，我将宣读这封信。”他大声宣读了信件，稍作停顿，然后说：“如果我没理解错，这意味着你们将向我们通报停战的条款。”

这时，魏刚开始宣读那十八条苛刻的条款。① 福煦注意到冯·温特费尔特将军脸色苍白，几次呜咽。凡斯洛上尉则泪水盈眶。“先生们，”福煦说，“我把文本交给你们，限各位 72 个小时内做出答复。在此期间，你们可以就具体细节向我提出意见。”

“我请求你，元帅先生”，埃尔兹伯格说，“别再等这 72 小时了。今天就停止这场战争。我们的军队饱受战乱之苦。战乱可能会蔓延至整个德国，还将会威胁到法国的安全。”

福煦说：“贵军处于何种状态我并不清楚，我只清楚我军的情况。我不但不会停止进攻，还要下达命令，加倍进攻。”

冯·温特费尔特将军依然很不平静。他插进来说：“元帅先生，我们的参谋人员必须相互商量一下，讨论出执行协定的具体细节。”接着他宣读了一份事先准备好的声明，声明强调研讨停战条款期间，将有大量人员死于战争。

但福煦依然坚持。“各国政府已经提出了各自的条件，”他说，“在停战协定签字之前，战争不会停止。”

埃尔兹伯格请求允许他给麦克斯亲王和兴登堡发一份内容清晰的电报，但福煦坚持只能使用电码或专门派信使传递消息，否则一个字也不许发出去。埃尔兹伯格还要求宽限一天，以确保能够收到德国政府的答复，这个请求也被福煦拒绝了。他表示，11 月 11 日午前 11 时是最后期限，在此之前必须做出答复。

商议过后，德方要求将商讨结果用无线电发往柏林和斯帕两地。他们还要求派冯·黑尔多夫（von Helldorf）上尉前往斯帕，这得到了协约国的批

---

① 该条款主要条件如下：在 14 天内，从包括阿尔萨斯-洛林在内的占领区撤军；交出所有潜艇；将 10 艘战列舰、6 艘重型巡洋舰及 50 艘驱逐舰交与协约国或中立国港口；宣布废弃《布列斯特-立陶夫斯克条约》；为损失做出赔偿，并立即归还从侵占地区掠夺的所有贵重物品及有价证券。——原注

准。德方委托黑尔多夫报告最高统帅部说在任何重要问题上，他们都不太可能被允许提出相反的意见，但他们将尽其所能争得一些让步。午后1时，黑尔多夫出发了。

——

在德国，有序的革命之火正四处蔓延。在腓特烈港(Friedrichshafen)，齐柏林(Zeppelin)工厂的工人成立了委员会。在斯图加特地区，包括大工厂戴姆勒(Daimler)在内，各工厂的工人们也举行了罢工。他们在社会党人领导下，提出了相同的要求。在美因河畔法兰克福(Frankfurt am Main)，海员策划了起义，他们在陆军的支持下成立了委员会，并迫使市长承认了他们的权力。

在卡塞尔(Kassel)，包括指挥官在内的全体卫戍部队，不借助一枪一弹，发动了革命。在科隆，当45000名卫戍部队宣布支持德国共产党时，虽响起几次枪声，但整个城市很快便归于平静。汉诺威地区的平民起义也成功了。尽管当局曾命令军队使用暴力镇压革命，士兵们却纷纷加入到革命者的行列，推动起义走向胜利。杜塞尔多夫(Düsseldorf)地区、莱比锡(Leipzig)地区和马格德堡(Magdeburg)地区，其情况也均是如此。

德国各地，政权相继垮台，工人委员会、水兵委员会、陆军委员会取而代之，获得统治权。柏林本身几乎被围困，加之通信联络遭到严重破坏，以至无法分清哪些是谣言，哪些是事实。警方确信，一场成熟的革命很快就会在首都爆发，因为官员们无法就如何压制这场革命达成一致。满载着赤色海员的火车正从各地向首都开来，柏林军政长官得知消息后，马上派飞机前去轰炸；陆军大臣则连忙撤销该道命令，军政长官引咎辞职。正在休假的军官们奉命到作战部报到；他们全副戎装，携带随身武器聚集到作战部大楼。政府对这种情况十分惊慌，担心这个集会会变成一场革命。迷惑不解的军官们在里面乱哄哄地转了一阵子，由于没有接到其他命令，就渐渐地散开了。

大多数柏林人聚集在各家报社的公告牌前，等着看来自斯帕的消息。皇帝会退位吗？在首相府邸，麦克斯亲王为皇帝起草了一份文告，用电话传到斯帕。他说一定要让造反的社会民主党人继续留在政府内，同时制止群众加入极端分子的行列，这至关重要。为此，皇帝必须马上宣布当停战谈判允许选举立宪议会后，即自行退位。在此之前，皇帝陛下应当任命一个代理人。但是文告送到威廉手里时，他却不慌不忙地说："告诉首相，我不打算退位。"

那天整整一个下午，麦克斯亲王都十分痛苦。当他获悉负责保卫柏林、对付反叛者的军事长官已经辞职，红色革命也席卷到其他城市时，他决定亲自向皇帝发出请求。"我必须以亲戚的身份同你讲话，"他在电话中用"你"称呼皇帝说，"为了防止德国陷入内战，为了使你作为缔造和平的皇帝把自己的使命履行到底，你有必要退位。战争中所流的鲜血会算在你的头上。绝大多数人都认为你得对目前的局面负责。这种想法是不对的，但人们确实这么想。如果现在你退位的举动能够避免内战或更糟的局面发生，你将流芳百世。"他谈了 20 分钟，但皇帝不肯让步。他发誓要使用武力恢复国家秩序，并已经下达了必要的命令。

麦克斯亲王十分泄气，他请求皇帝立即解除他的职务，任命一名新首相。但皇帝陛下不客气地说："是你提议停战的，你就必须面对如今的形势。"

议员汉森费了九牛二虎之力才从波茨坦广场上的人群中挤过去，因为一个头戴钢盔的步兵团正从广场穿过。"通往波茨坦大街的拐角处架着一些机关枪。在吕佐夫大街(Lützowstrasse)上，有几个营已做好了打仗的准备。"他回到了柏林市中心，"四下里动荡不安。各处零散地聚集着大大小小的团体，围绕着演说者。很明显，一场风暴即将来临"。

首相刚要就寝，就被人要求推行一项措施。这项措施能够控制工人和军队，还可能会迫使皇帝退位。他只需向报界发表这样一个声明即可："我坚信皇帝必须退位，并且向皇帝本人提出强烈的要求。日后也将此举推行到底。在停战条约缔结之前，国民们必须耐心等待。"

但首相没有这样做："他们给我提出这样的要求，无疑是要发动政变。我告诉他们，我绝不会反对皇帝陛下。"

二

翌日清晨(11 月 9 日，星期六)，天气寒冷，而且有雾。一觉醒来，有更多糟糕的消息在等着麦克斯亲王。头天夜里，独立社会民主党人已经发起要柏林地区全面罢工的号召。如今，麦克斯亲王最能指望的就是社会民主党领导人谢德曼和艾伯特了。这二人曾透露过他们的个人想法，如若皇帝退位，他们将设法制止罢工。谢德曼一夜未眠，不到7点他就打电话到首相府邸询问："皇帝退位没有？"回答是还没有，不过对方请他再等一等。"我只能再等一小时，"谢德曼说，"到时他如果还没有退位，我就辞职。"不到9点，他又打了一次电话，得到的答复是"皇帝或许会在正午退位"。"我不需要那么多的时间来做这个决定，"谢德曼大声说，"请告诉首相！我马上就辞职。一刻钟之内，你们将会收到我的辞呈。"对方问他何必如此着急，他回答说："能不急吗？抱歉，我不能一拖再拖，否则悔之晚矣。"

约15分钟后，前外交大臣冯·辛慈从斯帕致电首相府。他表示最高统帅部已决定立即告诉皇帝陛下，军队不能也不会支持他打内战。

副国务大臣瓦纳斯哈费（Wahnschaffe）说："既然如此，那就只能退位，别无他法了。"斯帕方面对此没有异议，瓦纳斯哈费立即致电艾伯特，要他制止罢工，因为皇帝就要退位了。

艾伯特说："来不及了！星火燎原，避无可避。第一个工厂的工人走上街头了。"他答应尽力而为，但不出一小时，就有成千上万赤手空拳的工人加入到游行队伍中，浩浩荡荡地向市中心行进。人们举着标语牌，上面写着："兄弟们！不要开枪！"警察局长接到一个电话，得到的是更多令人不安的消息。叛军袭击了一个兵营，已造成了流血事件。几分钟后又传来一则消息，麦克斯亲王的最后一点希望也破灭了——"瑙姆堡猎兵营（Naum-berger Jäger）①投敌了！"

汉森发现，帝国议会里议员们情绪低落。"人们确信，风暴已至。"君主制的最后时刻就在眼前。一个朋友冲到汉森面前。"所有十字街头都架起了机枪，"他说道，"血战即将开始，但结果已成定局。很快就会宣布成立共和国。"汉森走到走廊上，想看看楼上社会党议会多数派开会的情况，正遇到

---

① 马格德堡第4猎兵营（Magdeburgisches J? ger－Bataillon Nr. 4），自普鲁士时代起组建的精锐部队，素以效忠德皇著称。1914年开战时，隶属第4军，驻扎于瑙姆堡，故又称瑙姆堡猎兵营。

艾伯特从楼梯上下来。艾伯特还是那样沉着、冷静。和往常一样，他友好地向汉森微微点头，露出迷人的笑容，然后平静地走了过去。然而他的那些社会民主党同僚们此时却十分紧张。

一个名叫舍普林的人对汉森说："唉，这下可全完了。"

"你们退出政府了吗？"汉森问。

"是啊，没有别的办法。如果不想失去领导群众的权力，我们就只能投身革命。"

财政大臣也过来搭腔。"不过那太可怕了，"他两腿哆嗦着，激动地喊道，"非要这样做吗？"

"是的，这是怎么也避免不了的，"舍普林说，"我们再也控制不了群众啦。他们已经不再工作了。他们恨透了那个骗子。这家伙就是赖着不走！"

"我们一直认为皇帝会自愿退位，"另一个人说，"如果到中午他还不退位，他将被废黜。看在上帝的面上，请你们过几个小时再做决定吧！"

"不行，我们决心已定，不能动摇。唯一的问题是要防止流血。"财政大臣绝望了，他说："我们将立即宣布废黜皇帝。请你们想尽一切办法撤销你们的决议！"

"不行，决议不会被撤销！"舍普林说，"木已成舟，现在皇帝的行为已经无关紧要了。"

——

这天早晨，在斯帕的弗雷诺伊塞堡(Chateau de la Fraineuse)，皇帝陛下起得很早。他知道今天是决定他命运的日子。前天夜里，楼下的电话铃响了许久。除此以外，军官和勤务兵几乎吵闹个不停，军刀和靴刺也相互碰撞，叮当作响。当他出发去晨走的时候，城堡周围大雾弥漫。"他一脸严肃，脸上却找不到焦虑不安的迹象。"他告诉卫兵说自己就在附近散步，以防陆军元帅前来寻他。这时，皇帝的副官尼曼少校也来了。雨点随同秋天的最后一批树叶缓缓下落，这情景似乎使皇帝重新振奋了起来。他谈到了奥匈帝国和德国爆发的革命。他说："面对这威胁整个欧洲的危险，继续打仗是荒谬的，这种疯狂的势头必须用坚固的壁垒来阻挡。希望我们的敌人最终能认清整个欧洲文明所面临的危险。"

在不列颠酒店，冯·辛慈海军上将给兴登堡带来了来自柏林的最新的新闻报道。该报道警示，除非皇帝陛下马上退位，否则君主政体将会被革命摧毁。辛慈劝兴登堡告诉皇帝，让他知道已经没有希望保住皇位了。听到这些，陆军元帅的脸色煞白。他垂头丧气地来到格罗纳的办公室，双拳紧握，两眼哭得通红，嘶哑着嗓子对格罗纳说他现在确信皇帝必须立即退位，而且将由他们二人向皇帝陛下提出这个方案。

一向镇定的格罗纳吃了一惊。为什么政策突然改变？他个人无法接受这个一百八十度的大转弯。兴登堡抱歉地表示他“来不及”告诉格罗纳。二人驱车前往弗雷诺伊塞堡，路上两人都沉默不语。兴登堡的嘴唇不停地打战，他使劲地咬住它们，强作镇静。上午 10 点，皇帝在一间面朝花园的房间里接见了他们，房间的窗帘被拉得严严实实。屋内冷飕飕的，只有壁炉里生着火。皇帝靠在炉台旁，由于天气寒冷和内心的不安而直哆嗦。

皇帝让他们先报告局势，但兴登堡声音哽咽，说不出话来，眼泪簌簌地往下流。他请求让他辞职。现在只能由格罗纳来说兴登堡所无法说出口的那些话了：军队已经毫无指望了；国家掌握在革命者的手中了。德国国内已经有部分军队倒戈，加入到叛军一方去了。在柏林，内战随时都可能爆发。领导军队去镇压革命是不可能的。实际上，军队已经再也无力守住前线了，不管条款如何，都必须尽快缔结停战协定。

皇帝的老副官冯·普勒森（von Plessen）将军和皇储集团军的参谋长弗里德里希·冯·德·舒伦堡（Friedrich von der Schulenburg）伯爵不同意格罗纳的估计。他们说大部分军队仍然忠于皇帝，内战也有希望避免，但兴登堡和格罗纳坚持认为军队甚至连给养都拿不到，已经没有一点儿希望了。

“皇帝陛下不能如此轻易地屈服于革命！”冯·普勒森将军激动地说。40 年来，他一直设法保护威廉远离痛苦。他主张必须立即把前线的部队调去镇压革命。

在格罗纳看来，这就是一派胡言。如果传令士兵回国作战，部队内部就会打起来。结果将是一片混乱。

这番话打动了皇帝。最重要的是，他希望国家免于内战。“在签署停战协定之前，我将继续留在斯帕，”皇帝说，“在那以后我将率领我的军队回德国。”

皇帝陛下没有意识到整个革命的矛头是对准他的。格罗纳决定直言相告，便说：“陛下，您已经没有军队了。军队将在其领导人和指挥将领的统率下和平地、有秩序地回国，而不是在您的指挥下，因为他们已不再支持您了。”

一直镇定自若的威廉这时失去了控制，两眼射出怒火。他说：“阁下，我要你拿出白纸黑字的声明来，而且上面要有我所有将领的签字，以此表明军队已不再支持他们的总司令。难道他们没有对着我宣读过军人誓词吗？”

“在目前这种情况下，陛下，誓词不过是空话而已。”格罗纳悲伤地回答说。这话激怒了冯·德·舒伦堡伯爵。他忘了还有皇帝陛下在场，便高声大嚷说：“大敌当前，无论是军官还是士兵都不会抛弃自己的君主。”“我得到的消息不是这样的。”格罗纳说道。

兴登堡一直沉默，现在他感到有必要支持格罗纳。他表示他同格罗纳一样，“也无法担保军队的忠诚”。

这些话消解了皇帝的怒气。他感到震惊，一时拿不准该如何是好。接着，他要求他们逐个向司令官们了解军队的士气。他说：“如果你们向我报告说军队已不再忠于我，我就准备退位——不过，在此之前，我不想退位。”他暂时中断了会议，然后带众人往花园里走，将军们跟在他的身后，刚才的议题仍在继续。

皇帝看起来仍然很镇定，且侃侃而谈，但格罗纳的话显然给他留下了深刻的印象。“他显然还没有打定主意，”冯·格吕瑙男爵后来回忆道（当时他设法同皇帝单独待了几分钟），“总的来说，他的态度是听天由命，可以看出皇帝已经意识到自己有可能会退位，而且会咬紧牙关做出这一艰难的决定。”他向格吕瑙保证自己已做好了退位的准备，如果德国人民的意愿如此，他将顺从这个决定：“我执政的时间够长了，已经领悟到当皇帝是件吃力不讨好的事情。我不想抓住权力不放。现在该轮到别人来掌这个权了，看看他们能不能做得更好些。”

然而舒伦堡和普勒森仍试图说服皇帝陛下不要让步。舒伦堡听说皇储已经到了，赶紧跑来，详细报告了上午的会议情况。他请求皇储劝阻他的父亲不要匆匆忙忙地做出无可挽回的决定。

皇储感到寒气透骨。他来到花园，找到了他的父亲。他说："十多个身穿灰色军服的人围在父亲身边。当时正值晚秋时节，花坛里草木枯萎，呈现出一种褪了色的暗淡，映衬着这些穿军服的人。四周小山环绕，山上雾气氤氲，上面的树叶则色彩缤纷，有褪了色的绿，以及各种各样的棕色、黄色、红色。这画面在我的脑海中定格，一直无法忘却。"

皇帝正情绪激昂地对身边的人讲话，同时做着有力的手势。他看到儿子来了，便示意其过来，自己也迎上几步。当皇储走到他父亲跟前时，他清清楚楚地看到"父亲的表情异常激动——灰黄憔悴的面孔不停地抽搐着"。

没等皇储向兴登堡等人打招呼，皇帝就滔滔不绝地讲了起来，说他已无法回到柏林，因为革命已经爆发，他打算退位，把军队的指挥权交给兴登堡。皇储尽力安慰他，告诉他并非已一无所有。如果他作为皇帝真的无法避免退位的话，那么他至少应该继续担任普鲁士的国王。

"嗯，理当如此。"皇帝说。舒伦堡极为赞成这个观点，认为皇帝陛下应该召集普鲁士官兵到他身边。他们会支持他战斗到底。"他们会为了国王而与同胞作战吗？"辛慈问。

舒伦堡无言以对，只得承认他们不会这样做："不过无论如何，皇帝必须仍然担任普鲁士的国王。"

皇储建议他父亲与他同去前线，率领他的集团军打回来。他们共同努力就能重新夺回德国。但由于海耶上校带来了 39 名主要军官的报告，他们的幻想瞬间化为泡影。这些军官被要求回答以下两个问题：第一个是，皇帝能够率领他的军队用武力重新征服德国吗？只有一名军官的回答是肯定的，23 人的回答是否定的，其他人则含糊其词。第二个问题是，军队愿意在国内战线同革命者作战吗？8 人回答愿意，19 人回答不愿意，12 人不明确表态。

海耶说："军队仍然忠于陛下，不过他们已经筋疲力尽，只想休息，只希望和平。眼下他们不会向国内进军，就是陛下亲自率领也无济于事。他们也不会向革命者开战；他们只是希望能够尽快停战，且分秒必争。"

“那么，如果我退位，军队是否就愿意打回国内来呢？”皇帝问。舒伦堡发誓说军人不会违背自己的神圣誓言，而在危急时刻抛弃他们的君主和最高统帅。格罗纳听了这话，只耸了耸肩，毫不客气地说：“什么军人誓词？什么统帅？你嘴上怎么说都行，但说到底也不过是一番空想。”

舒伦堡动怒了。他反驳说这些说法只能证明格罗纳“不了解前线军人的心情”。军队仍然忠于自己的誓言，绝不会抛弃皇帝。

辛慈结束了二人的争论。他说他刚刚和麦克斯亲王通过电话，得知柏林的局势已经十分险恶。只有皇帝陛下立即退位，才能拯救君主制。听了这番话，皇帝用恳求的眼神，沉默地看向兴登堡。陆军元帅呆呆地站在那里，神色绝望，一言不发。

最后皇帝开口了，他的嗓音嘶哑，在他的儿子听来，这声音异样又不真实。他指示辛慈打电话告诉麦克斯亲王：“如果只有他退位才能使德国避免陷入全面内战的话，他就准备放弃帝位，但他仍然是普鲁士的国王，而且不打算放弃军队。”

接着是长时间的沉默。当辛慈开始打电话时，舒伦堡提醒说，这样重大的决定，必须得有个书面记录。皇帝感谢他的提醒，然后指示辛慈起草一个声明，由他亲自签名。“好好吃顿饭，抽根雪茄吧，事情会好起来的。”皇储说完，就和皇帝及其随行人员一起去吃午饭了。可大家的心情都很沉重，谁也吃不下。

三

整个上午，麦克斯亲王都耐着性子在等待斯帕方面的消息。他给弗雷诺伊塞堡打了几次电话，都没有打通。快到中午了，还是没有消息。现在他必须做出抉择，要么继续干等着，要么采取行动，自己承担后果。他深知自己无权做出决定，便往沃尔夫通讯社发送了一则声明：

> 皇帝兼国王已决心退位，帝国首相在有关皇帝退位、皇储放弃帝国和普鲁士的王位继承权以及建立摄政制度等问题解决之前，将继续留

任……

消息刚刚传到柏林街头，麦克斯亲王就被社会民主党人的一个代表团围住，他们要求麦克斯将政府移交给他们，以维护和平与秩序。代表团团长艾伯特说："在这个问题上，我们已经获得我党和独立社会民主党的支持，甚至连士兵也最终站在了我们这一边。"

麦克斯亲王和他的大臣们正要回府商量一下，这时，一辆插着红旗、架着一挺机枪的卡车开过威廉大街，等在首相府外头的人群发出一阵欢呼声。会议开得很短，因为麦克斯亲王知道自己没有别的办法，只能辞职。大臣们都没试图劝阻他，因为他们觉得事已至此，倒能松一口气。首相把艾伯特请来，问他是否准备接替他的职务。

"这是个棘手的职务，不过我愿意接过手来。"艾伯特说。"那么你愿意在宪法的框架内担任政府首脑吗？"索尔夫问道，"即使是君主制宪法，你也愿意吗？"

"要是在昨天，我会回答：是的，绝对愿意。可是今天，我必须先咨询一下我的朋友们。"艾伯特说道。

麦克斯亲王说："那好，现在我们必须解决摄政问题。""现在已经太迟了。"艾伯特说。他的追随者们像个希腊合唱团一样附和着说："太迟了！太迟了！"而后，新首相留在首相府，接见未来的内阁成员。他的同事菲利普·谢德曼匆匆跑到国会大厦去告诉他的党内同志，艾伯特已成了德国的新领导人。然后他在国会大厦餐厅点了一份土豆汤作午餐。他正喝着，一群工人和士兵冲进来，要谢德曼对聚集在外面的群众讲话。他们说左派的斯巴达克同盟（Spartacists）领导人、左翼人士卡尔·李卜克内西（Karl Liebknecht）[1]已经在皇宫的阳台上发表演说，并计划宣布成立德意志苏维埃共和国。

---

[1] 卡尔·李卜克内西(1871—1919)，德国马克思主义政治家，德国共产党创始人之一，"斯巴达克派"领袖人物。斯巴达克派在形式上属于独立社会民主党(USPD)，乃当时德国政坛上的激进势力，倾向于德国建立类似于俄国的苏维埃共和国，从而与温和派弗里德里希·艾伯特领导的多数派社会民主党产生对立。

为了抢在斯巴达克同盟实施计划之前，谢德曼立即放下汤匙，冲向阅览室。他跑到阳台上，汉森跟在他的后面，因为当时汉森恰巧也在这个图书馆里。汉森听到谢德曼大声地说："在这儿最好。我必须站在栏杆上面！"他爬了上去，看见汉森在后面就说："我讲话的时候，请扶着我的腿。"

外面聚集着一大群人，声音鼎沸，但谢德曼一露面，立刻变得鸦雀无声。"同胞们！工人们！党内同志们！君主制度已经垮台。很多军人已经加入我们，霍亨索伦王朝已经终结。"接着他不禁高呼，"伟大的德意志共和国万岁！"人群中掌声雷动。就这样，谢德曼自作主张地宣告了共和国的诞生，然后回去继续喝汤去了。

汉森挤出人群，想看看外面的情形。"通往国会大厦的每条街上，都有看不到尾的游行队伍。男男女女都举着红色横幅，街上来来往往的车辆上都拉着红色口号。几乎家家户户都挂上了红旗。天知道在这么短的时间内从哪儿搞来这么多的红布。一辆辆载着步兵和机枪手的大卡车穿过大街，去和那些仍然负隅顽抗的士兵战斗。但似乎大多数士兵都转而加入了革命队伍，与他们并肩作战。宫殿里可以听到大炮的声音，机关枪的嗒嗒声四面响起。刚过午后时，街上只有少数地方还设有路障，因为那些地方仍有战斗，但总的来看，革命者已经全面获胜。显然，旧的秩序经历了第一轮冲击就彻底崩溃了"。

汉森看到一群人拦住了一辆出租车，从车里拖出一名年迈的将军。"我已经不是现役军人了，"他抗议道，"我曾光荣地参加了三次战役。放开我，让我回家。"但他的请求毫无作用。他的勋章被扯下来扔在人行道上，钢盔也一样被扔下来，军刀被折断了，臂章也被从制服上扯了下来。

在国会大厦的餐厅里，谢德曼还在喝着他的汤，艾伯特过来了。"你无权宣告共和国成立！"新首相气呼呼地说。这样冒冒失失地宣布成立共和国，就等于取消了现有的宪法，从程序上看，现在国家没有政府了。"无论德国要采用什么样的政体——不管是共和制还是其他任何政体，都应该由立宪会议来决定！"说完，艾伯特气冲冲地走了。但他也只好默认他的同志的冲动行为。于是，德意志共和国就以这样一种完全是非正式的、几乎是偶然的形式诞生了。

——

吃过午饭，皇帝及其随行人员来到客厅，商议如何起草通告。冯·辛慈海军上将到隔壁屋子里打电话，把这个消息告诉首相府。但当他刚刚开始宣读通告时，副国务秘书瓦纳斯哈费就打断他的话："通告已经没有用了，现在应该宣布彻底退位。辛慈先生，您先握好话筒听我讲。"辛慈坚持先宣读皇帝的通告。这时对方通知他，威廉不再是德国皇帝和普鲁士国王的消息业已由沃尔夫通讯社公之于众了。

辛慈十分震惊，他大声说皇帝并没有授权这样做。这时，前首相麦克斯亲王夺过话筒，承认是他决定宣布皇帝退位和皇储放弃继承权的消息的。

辛慈一面继续抓着话筒不放，一面请皇帝过来，把这个消息告诉了他。威廉惊呆了，茫然地走回客厅，简直不敢相信刚才听到的消息会是真的。大家沉默了几分钟，谁也说不出话来。皇储后来回忆说："我们脚下的土地似乎已经塌陷。"

"这是一场政变，"舒伦堡说，"是一种暴力行为，陛下不应当屈服。普鲁士的王位属于陛下。作为军队统帅，陛下绝对有必要继续留在军队。我保证军队将会继续忠于陛下。"

"我是普鲁士的国王，"皇帝用吟咏的语调说，"我将继续担任国王，因此我会继续和我的军队在一起。"离开这里的时候，他尽可能保持威严，强作镇静，但很快他就回来了，且情绪大变。"叛乱，先生们，"他大叫起来，"这是明目张胆、令人发指的叛乱！"他怒气冲冲地开始在电报纸上起草"抗议声明"。但当他的儿子请求他进行抵抗，并承诺将调遣自己的军队来镇压国内的革命分子时，他拒绝了。他不希望德国人自相残杀。

下午 3 点 30 分，他的顾问们在兴登堡的别墅里开了一个会。将军们声称他们确实可以使用军事手段迫使柏林方面撤销已宣布的退位消息，这时兴登堡坚持要求让皇帝前往某个中立国家避难："假如皇帝被叛军裹挟到柏林，像俘虏那样向革命政府投降，我可担不起这个责任。"有人提议到瑞士避难，但兴登堡坚持认为荷兰最合适，因为那里也是君主政体，而且离这里只有 60 英里。

除了舒伦堡伯爵，其他人于下午 4 时回到弗雷诺伊塞堡。"我的天，"皇帝惊叫道，“你们这么快就回来了？”皇帝告诉他们，他已指示他儿子通知军队，他将继续担任普鲁士国王，但是作为德国皇帝，他已经退位了。接着他回过头来，绷着脸对陆军司令格罗纳说：“以后你没有最高统帅了。”

现在的关键是兴登堡承认军力薄弱，不足以将革命镇压下去。“我必须建议陛下退位，并前往荷兰。”普勒森持反对意见。“最重要的是，不能离开！”他强调。其他将领则认为，不离开很难保证皇帝的安全。他们对尼古拉二世的结局记忆犹新：“类似的命运难道就不会威胁到皇帝吗？”

辛慈打断了他们的争论。他说无论如何都应该着手计划皇帝荷兰之行，因为这种谈判颇费时日。据辛慈回忆，此时，皇帝突然暴怒，面孔抽搐。“你的意思是，我已经无法留在我的军队里了？”皇帝问道。辛慈没有回答。皇帝在屋内踱来踱去，最后他停下来，平静地让他的前外交大臣去同荷兰政府进行必要的交涉。

随后，谢尔海军上将及其部下获准前来向皇帝道别。“海军也没了。”威廉对他们说，然后离开了房间。怀着悲戚的心情，兴登堡回到不列颠酒店，却没有意识到他与德皇此时一别，竟再无相见之日。

在柏林，无论是宣布皇帝退位的消息，还是由温和的社会党人接管政权，都不能安抚极端的左翼分子，他们自称是斯巴达克斯同盟，其命名来源于一位古罗马奴隶起义领袖的名字。他们走上街头，发动了一场真正的革命。这场革命可不如慕尼黑那次“温和”。下午 3 点左右，柏林市中心挤满了一群逞凶斗狠之人，暴力行动一触即发。不时会传来几声枪响，有十几个人被打死了，但各处的暴动始终没有完全失去控制。

布吕歇尔亲王夫人从她的住处看到了当时的场景：“密集的人群在行进，中间还有一些艰难行进的大卡车。上面满载着士兵和水兵，他们挥舞着旗帜，欢呼并高声叫喊着，显然是想煽动罢工者诉诸暴力。卡车上的年轻人穿着土灰色的制服或便服，拿着子弹上膛的步枪，枪上面装饰着一面小旗。他们不时从座位上跳起来，强迫士兵和军官们把领章和帽徽摘掉，如果有谁拒绝，他们就自己动手。这些人多半是 16 到 18 岁的男孩儿，他们看来十分享受这突如其来的权力，一个个嬉皮笑脸地坐在灰色汽车的条凳上，活像恶作剧的学童。但一天下来，难保他们不会做出严重的伤人行为，因为有军官拒绝任由他们的摆布，这导致了流血冲突甚至死亡……”

据车间工会领导人理夏德·穆勒(Richard Müller)说，暴乱的固有特征在于它是一股自发的力量，“看起来这数以百万计的工人和士兵好像是由一个地点引导而来的，但实际上并没有这种引导”。

据另一个目击者夏尔马·沙赫特(Hjalmar Schacht)医生说，这是一种奇特的景象，“路过的看上去面无表情，对此漠不关心，他们甚至连看都不看上一眼。革命者则叫喊着，挥舞着步枪，而且到处仗势欺人。然而在他们的队伍中间和前后，人们照常各走各的路，波茨坦广场的交通状况一如既往。这是一种非常奇特而又意味深长的场面——卡车上的人火热革命，街道上的却无动于衷，正表明了德国所处的混乱局面”。

接近午后4点的时候，斯巴达克斯同盟的领袖李卜克内西仍在角窗(Eckfenster)[①]处向群众发表演说，在这个地方，皇帝也曾多次向他的人民发表讲话。“自由之日已经到来！”他向下面的人群大喊，“霍亨索伦王朝的成员再也不会站在这里了……我宣告自由的德意志苏维埃共和国，应当由全体德国人组成……我们把手伸向他们，呼吁他们完成世界革命。你们当中想要进行世界革命的人，请举起手来宣誓。”人们齐声高呼，以示支持，并且一起举起手来，就像一片直指天空的森林。

那天下午发生的事情，虽然在法律上不算是帝国的灭亡，但事实上宣告了德意志第二帝国的终结。第二帝国成立于1871年1月18日，当时的普鲁士国王、威廉二世的祖父威廉一世在凡尔赛宫的镜厅宣布登基为德国皇帝。

也许最使德国人震惊的是，他们发现弗里德里希·艾伯特竟坐在首相府内。在一天之内，霍亨索伦王朝覆灭了，一个平民、原马鞍匠接管了政权。这怎么可能？艾伯特本人坐在权力的位子上也感到不安，因为他意识到自己的掌权对那些在帝国制度下飞黄腾达的人来说是一种侮辱。况且，他甚至也不能代表大街上那种激进的精神。那么他到底代表谁？他十分惊慌失

---

① 德皇威廉对皇宫一处角窗十分钟爱，常在此处检阅军队行进或发表演说。

措，以至于当黄昏时分麦克斯亲王前来向他辞行时，他竟然请求麦克斯亲王留在柏林当帝国的“摄政官”。麦克斯亲王十分清醒地意识到自己的时代已经结束了。他说：“艾伯特先生，我把德意志帝国的命运托付给你了。”

“为了这个帝国，我失去了两个儿子。”新首相悲伤地回答。

对于阿道夫·希特勒这样的“爱国者”来说，皇帝退位的消息是个打击。他因遭受芥子毒气攻击，一度双目失明，当时正在波美拉尼亚(Pomeranian)一家医院进行康复治疗。一位体面的老牧师来通知病人说皇帝已经退位，祖国现在已经成了共和国。希特勒后来回忆说：“当这位年老的演讲者颂扬霍亨索伦王朝时，便开始低声抽泣起来，在这个小小的屋子里，每个人的心头都无比沉重，我相信没有一个人能够控制住眼泪。”牧师接着说，现在必须立马结束战争，他们已经失去了所有，如今只祈求获胜的协约国能够仁慈些。希特勒难以忍受这出乎意料的结局。“我一分钟也待不下去了。我的眼前再次一片漆黑；我跌跌撞撞摸索着回到病房，往床上一躺，把滚烫的脑袋深深地埋在毛毯和枕头里。”这种大失所望的心情促使他做出了一个决定：“我一生中最难以抉择的是，我到底应该进入政界还是继续做一名建筑师，现在这个问题的答案已经得出。那晚我决定，如果我的双目能够重见光明，我就进入政界。”

这天傍晚，皇帝经过一番踌躇，最终决定去荷兰，并把这个意思传达给兴登堡。几分钟后，辛慈来了，他开门见山地告诉陛下说一切均已安排就绪，可以起程了。大约晚上 7 点 30 分，皇帝坐上汽车来到御用列车前。途中，他对陪同他的两名军官说自己是“一时激动之下”才同意离开的。现在他觉得还是应该留下来：“就算只有少数军人仍然忠于我，我也会同他们一起战斗到底。如果我们都被杀了，那也没什么，我不怕死。我现在这么做可以说是在抛弃我的妻儿。不，我不可能这样做。我要留在这里。”

这最后一刻的动摇持续到列车上。在接下来一个小时内，他三次改变主意，最后一次，他用拳头猛击餐车里的桌子，然后大声说：“我要留在这里，我不会走的。”

晚餐时气氛阴郁，大家都很少说话。当威廉离开餐车时，冯·格吕瑙男爵告诉他，外交大臣刚刚来电话，要求他拿定主意。荷兰之行倘若继续推迟，那就失去“出其不意”的效果了。

陛下立刻回答说：“可以，不过明早再出发。”说完就头也不回地大步走向他的私人车厢。这回他说话当真，并且写信给皇储解释了决定离开避难的原因：

> 吾儿知悉：鉴于元帅已不再能保证我的安全，也不再能保证军队对我的忠诚，经过内心激烈的斗争后，我决定离开这个混乱的军队。柏林已完全不在我们的控制之中，它已落入社会党人之手，那里成立了两个政府——个由艾伯特担任首相，另一个由独立社会党人领导。在军队开始返回国内之前，我建议你坚守岗位，保持部队团结！上帝保佑，我相信我们会再见面的。冯·马绍尔(von Marschall)将军会将详细情况转告你。
>
> 你备受煎熬的父亲，威廉

他命令火车在翌日清晨5点钟开动。

新首相还在他的办公室里，只穿了一件衬衣，在地板上踱来踱去。他拼命地想找出一些方法来支撑他那脆弱的政权。有谁会支持他呢？万一军队转而反对他该怎么办？此时，艾伯特桌上的电话响了。这是同斯帕最高统帅部联系的专线电话，他知道自己的命运将取决于这通电话的内容。他手哆嗦着，拿起了话筒。

“我是格罗纳，”电话里传来一个军人的声音，“新政府是否愿意设法使国家免受无政府状态的影响并恢复国家秩序？”艾伯特声音颤抖着，给出正面答复：“既然如此，那么最高统帅部将维护军队的纪律，并把他们带回国内，不生事端。”格罗纳透露称，皇帝正在流亡，军队现在由兴登堡全权负责。

艾伯特接着问道：“你们对我们有什么要求吗？”

格罗纳说：“最高统帅部希望政府能同军方合作，共同来镇压布尔什维克，维护军纪。它还要求保障对军队的供给，保证交通和通信畅通。”艾伯特闻言，高兴得要哭出来了。就在几分钟前，这件事看起来还是毫无希望，现在已经峰回路转——军队愿意支持他。

德国历史上最重要的一天已经结束了。它不仅标志着一个帝国的消亡，而且还标志着一个时代的终结。48 年前，俾斯麦实现了他统一德国的愿望，并由此树立了德国和德国人的全新形象，一种团结和坚忍不拔的形象。然而现在，这种形象突然消失了。一夜之间，东普鲁士容克大地主和大企业主们赖以依存的基础崩溃了；一夜之间，随着皇旗落下，大多数德国人那种所谓在政治上基于保守主义和爱国主义的生活方式结束了。

四

星期日的凌晨 2 时，皇帝的司机瓦尔纳(Warner)被叫醒，并接受了命令，他要带领一个大约有 10 辆小汽车的车队，前往斯帕附近的小火车站。瓦尔纳把平时挂在车上的旗帜和表明这是御用车的其他标志通通取掉。车队在黑沉沉、雾漫漫的夜色中缓缓行进。两个小时后，皇帝的随从们在铁路餐车上聚集起来。陛下走了进来，他神态镇静，像平时一样和每个人友好地握手。半个小时后，他们还在吃早餐，火车没有发出任何信号，就提前开动了。火车上还载着部分皇家保镖。火车停在指定的车站，皇帝和三名军官在那里下了火车，转乘瓦尔纳的汽车。汽车随即启动，前面有一辆车开道，后面跟着两辆车。刚过 7 点，他们到达了埃斯顿村(Eysden)附近的荷兰边境。由于是星期天，没有边防军值班，汽车反复鸣笛，才把一个昏昏欲睡的军士赶出来。他看到这些人穿着德国军装，拒绝把封锁道路的铁链放下。他们被要求出示护照，但这些鼎鼎有名的人却只有身份证。海关军士不以为然，外国人必须有护照才能放行。皇帝和他的随行人员只好站在寒冷中抽着雪茄等待，终于对方通过电话布置好了接待威廉的安排，于是他被护送到了一个火车站。站台上有些人认出了他。“嗨，这家伙完蛋啦!”几个人喊了起来，还有一些人高喊：“法兰西万岁!”直到御用列车进站，威廉再次登车，这种难堪的局面才告结束。

当威廉站在小车站的侧线上焦急等待的时候，荷兰女王正在召开内阁会议。内阁成员在短时间内做出了决定，同意庇护来此避难的德国君主，而且圣约翰骑士勋章（Knight of the Order of St. John）[①]获得者本廷克（Bentinck）伯爵也被说服，同意用他的庄园作为德皇的庇护所。

第二天早晨，柏林市民醒来，发现保皇党报纸的刊头上没有再印忠于霍亨索伦皇族的套话。柏林的《本地报》（*Lokal Anzeiger*）现在改名为《红旗报》（*Die Rote Fahne*），《北德意志汇报》（*Die Norddeutsche Allgemeine Zeitung*）改成了《国际报》（*Die Internationale*）。

中午，首相艾伯特会见了顾问们，包括前政权的一些官员，他们讨论了停战协定的条款以及最高统帅部提出的要求，即"毫不拖延、原封不动地接受协约国的条件"。毫无疑问，必须做些什么来改变如今的形势。他们发了一封电报到斯帕的最高统帅部，说明他们将通知埃尔兹伯格接受福煦的条件。同时打电报给威尔逊总统，请求他运用个人在协约国中的影响力，放宽德国需要接受的"可怕条件"。

在贡比涅的列车车厢里，埃尔兹伯格只知道皇帝已经退位，在艾伯特的领导下成立了一个新的人民政府。埃尔兹伯格和代表团的其他成员都搞不清楚：德国现在到底是君主制国家还是共和制国家？艾伯特会不会毫不犹豫地接受严苛的停战条件？最高统帅部的态度又是什么样的？埃尔兹伯格和奥多夫一边在森林中散步，一边等待着德国国内的消息。这一天风和日丽，二人被允许在一片宽敞的监控隔离区散步。时间过得很慢，直到晚上7点30分左右，才终于收到了两份电报。一份来自柏林，落款是"帝国首相，三〇八四"，电文内容是："德国政府接受11月9日的停战条件。"另一份来自最高统帅部，授权埃尔兹伯格在停战协定上签字，但又指示他向对方指出这些条款将导致德国饥荒。希望在可能的情况下，争取谈判获得较好的条件，以确保人民得到充足的食物。

两份电报都转到了巴黎。看到最高统帅部发来的第二份电报，克列孟梭很生气。他说："他们不签字还想等什么？"他命令福煦要求德国马上签

---

① 圣约翰骑士勋章，圣约翰骑士团所授勋章。圣约翰骑士团，原特指中世纪活跃于耶路撒冷、罗得岛的一支天主教骑士团组织，又名医院骑士团；宗教改革后，组织发生分裂，新教诸国分别拥有自己的圣约翰骑士团。

字。魏刚将军把两份电报拿给埃尔兹伯格看。“这上面是最终要接受的条款吗?”魏刚问道。埃尔兹伯格说:“是的。”首相签名所附的“三〇八四”的代号表明这份电报是可信的。但其他代表拒绝签署最后条款,直到他们收到兴登堡用代码发来的电文。

大约晚上 9 点,兴登堡的电报终于来了。他要求修改一些条款,但如果协约国不同意,他们就签字。埃尔兹伯格已经获得了结束谈判的权力,于是他给最高统帅部发了一份电报,他请求威尔逊“立即为实现初步和平进行协商,以确保德国免受饥荒和无政府状态之苦”。翌日凌晨 2 时 5 分,他终于通知福煦元帅,德国代表团已准备好参加最后一次会议。

豪斯上校得知协议即将签署的消息,就发电报给威尔逊,建议他向国会宣读停战协定的条款,并借此机会向世界传递另一个信息。“你有权传达出签署停战协定所标志的两个要点:其一,德国军国主义的失败;其二,协约国赞成实现世界盼望已久的和平。我觉得此时发表一个稳定人心的声明是必要的。一句话给以警告,另一句话寄予希望。世界处于动荡之中,文明本身岌岌可危。”

在伦敦,博纳·劳问劳合·乔治,是否想作为最伟大的英国人而名垂青史。劳合·乔治回答道:“我不知道自己能否成为那样的人,毕竟到那时我应该已经不在了。不过请谈谈你的高见吧!你是认为,既然我们已经获得战争的胜利,我该退休去过平民生活了吗?”

“正是。”

劳合·乔治欣然接受了这个建议。他说自己或许会退隐田间,只在需要发表一些重要讲话时,才在一些重大的场合偶尔露露面。

五

11 月 11 日,凌晨 2 时 15 分,最后一次停战会议开始。埃尔兹伯格回忆说:“我尽力让停战协定中的每一条都更温和一些,但争论最激烈的是那条规定继续实行封锁的条款。”埃尔兹伯格和他的同事们恳求了一个多小时。

“我一再指出，如果包含这一条款，那么世界大战的一个很重要的组成部分就仍在继续，这就是英国的饥饿政策。而此政策将使德国的妇女和儿童遭受极大痛苦。”

冯·奥本多夫在争论中指出这样做是不公平的。“不公平？”威姆斯海军上将大发雷霆，“那你们为什么不分青红皂白地击沉我们的船？”尽管如此，英国代表还是答应将德国解除封锁的愿望传达给他们的政府。协约国一致同意，停战期间向德国供应食物。凌晨5时5分，问题全部解决，为了确保敌对行动尽快停止，双方决定立刻把协定的最后一页打印出来供代表们签字。福煦和威姆斯首先签了字。当温特费尔特和凡斯洛硬着头皮去签字时，泪水再次湿润了他们的眼睛。最后一个名字是在5点10分签上的，但双方都同意把签署完毕的时间正式定为5点钟，这样六个小时以后，即法国时间上午11时，停战协定就开始生效了。

之后，埃尔兹伯格请求在场的各方听他宣读一份声明，这是一份由德国的四位全权代表发出的声明。声明中提到，协定中所要求的德军撤离和交出必要交通工具的时间过短。这也许会使他们无法执行，但这“既不能归咎于德国政府，也不能归咎于德国人民”。德国人民已同一个敌对的世界对峙了50个月，尽管承受着各种暴力，德国人民依然会保持他们的自由和团结。“一个有着7000万人民的国家正遭受着痛苦。”声明最后提到，“但它不会就此灭亡。”

福煦表示赞同，并宣布会议于5点30分结束。双方代表团分开时，谁也没有跟谁握手。福煦立即用无线电和电话向各前线的总司令发出命令，命令他们在上午11点停止敌对行动。在接到进一步的命令之前，部队不得越过当时到达的界线。在收到指示前，禁止与敌人进行任何通信。

5点45分，莫尔达克将军在巴黎收到了协定已签署的消息，6点时他就到了克列孟梭的住处。他发现总理已经醒来，其实这一夜总理时睡时醒。总理拥抱了将军很长时间，两人激动得几分钟都说不出话来。莫尔达克好容易平静下来，说：“伟大的事业终于完成了。这是非凡的功绩，我相信法兰西会感激你为她做的一切。”

“是啊，感谢我，还有其他人。”克列孟梭激动地说。

莫尔达克离开这里，去把消息带给庞加莱总统和豪斯上校，克列孟梭则来到自己的小花园里散步。晨光熹微，天色尚暗，秋季的雾霭笼着树木。他喜欢这种天气，因为浓雾和细雨让他联想到他深爱的旺代(Vendée)。

豪斯已从一名美国少校那里得知了这个消息。“独裁政府已经终结，”他用私人密码给威尔逊发电报，“民主制度及其不朽的领袖万岁。在这伟大的时刻，我同您一样，满怀着骄傲、钦佩和热爱。”他在8点的时候见了莫尔达克，这时他还穿着睡衣，而莫尔达克却是一身戎装，胸前还挂着勋章，整个人看起来十分耀眼。“我奉内阁总理的明确命令特来通知你，”莫尔达克打着官腔说，“停战条款已被接受和签署。此次谈判能得到如此令人满意的结果，豪斯上校可谓功不可没。因此，克列孟梭先生希望你能最先得到这个消息，而且是直接由他本人派人口头传达。”豪斯听到这个消息故作惊异，激动地感谢将军，还深情地轻拍他的手。豪斯的两位副官邦萨尔和弗雷泽目击了整个过程，他们为长官的精彩表现而高兴。莫尔达克走后，豪斯解释说：“他一大早就欣喜若狂地跑来了，要是让他知道自己带来的已是迟到的消息，他会觉得难堪的。”

7时，克列孟梭在军务部给豪斯写了一封热情洋溢的短信。

> 我最亲爱的朋友：
>
> 值此伟大事件的庄严时刻，想到贵国及其可敬的领导人所起到的巨大的作用，我禁不住想张开双臂，紧紧拥抱你。

半小时后，福煦和威姆斯前来向克列孟梭汇报签署协定的详细经过。威姆斯后来写道：“‘老虎’此时喜形于色，他用左手抓住我的右手，右手抓住马歇尔的左手，福煦和我也拉起手，我们热烈地互相祝贺。”据福煦回忆，克列孟梭当时急不可耐地问道：“你们向德国人做了哪些让步?”福煦把一份停战协定的复印件交给他。福煦说：“11点钟，应该在巴黎鸣炮，以宣告敌对行动的结束。巴黎的市民对此还一无所知，这简直不可思议。”

“好的，”克列孟梭说，“就在11点鸣炮。”

“我的工作结束了，而你的工作开始了。”福煦爽快地说道，起身准备离开。

这时，应克列孟梭之邀前来的德比勋爵到了，正赶在福煦元帅走之前，他热烈地向二人道贺。

德比在致贝尔福的信中写道："福煦十分激动，不过我感觉得到他内心深处的遗憾，停战协定签署得太快了。因为他跟咱们说过，再过两个星期，德军就会全部被包围，那时他们就将不得不放下武器了。"

随后，福煦来到庞加莱家里通知他，老虎总理原本计划在当日下午议会会议举行之前，不公开停战协定已签署的消息。现在他改变了计划。接着，福煦流露出德比察觉到的那种失望情绪，补充说："德国人虽然接受了我方提出的条件，却并没有宣布自己战败。最可恶的是，德国人并不觉得他们已经被打败了。"

西线的大部分地区下起了小雨。格奥尔格·布赫这个自1914年开始就参加战争的德国士兵，现在正在等待着美国人的新一轮攻击。此时，美国士兵斗志满满，就像发疯的野兽，仿佛他们并不知道战争即将结束。在布赫的小队里，军人们都蜷缩在各自的大衣里，谈论着停战、祖国、自己处于崩溃边缘的心境，以及再次受袭的可能性。刚过7点的时候，他们的连长沿着战壕一路冲来。布赫认为他发疯了。"上午11点钟停火！"他高声喊道，"往下传，11点钟停火！"

他根本就没有疯。布赫高声喊着这个消息，每个人都跟着喊出来。一个叫瓦尔特的年轻新兵开始抽泣起来。不久前，一架低空飞行的飞机扔下了炸弹，瓦尔特被炸伤了，虽然伤势不重，但还是很疼。"既然要停火了，我应该不会死了，对吗？"布赫向他保证，他不会因为这点小伤而死的。瓦尔特问："是真的吗？真的要停火了吗？"

"是的！"布赫声音哽咽地回答，身体剧烈地颤抖着，"你这点伤不算什么，11点钟战争就结束了！"时间一分一秒地过去，布赫和其他人满脑子考虑的都是：他们能否活到那时？

那天早上，在腓特烈附近的战俘营里，俘虏们都十分高兴。前天夜里，有几个胆子大的把一面英国国旗和一面三色旗钉在了弧形灯杆的顶端。当时英国步兵亚瑟·斯佩特(Arthur Speight)下士也在场,他是5月底在圣母院附近被俘虏的,据他回忆:“德国佬气得暴跳如雷,但我认为他们绝对找不出是谁干的。现在气氛明显不同了,没人再听警卫的指挥了。有一些警卫已经卷上铺盖回家了,这种情况大多发生在持有机关枪的卫兵当中。德国军官现在也几乎无法控制他们,因此负责军营管理的一名官员来到了这里。这名官员大概是个老古董将军,他看到这里万事敷衍的行事作风十分愤怒。站在监房外的时候,他整张脸气得发青,然后抽出军刀,在头顶挥舞了一阵,又猛插回鞘中,并开始咒骂身边的每个人。当时我正好站在监房门口,看得很清楚。他竟然拿军刀和刀鞘在自己眼前乱晃,在那个战俘营里,他简直是最像喜剧演员的一个!”

帕特·坎贝尔中校从塞西尔少校那里听到了停战消息。当时塞西尔骑着马,发疯似的挥着一张报纸。“报纸新闻说敌对行动将于11时停止。你相信这是真的吗?”坎贝尔问。塞西尔坚定地说这毋庸置疑。他还在指挥部的时候,就已得到了官方消息。坎贝尔看了看表,是10点钟,现在他们中间没有人会被杀了:“我很激动,很兴奋,但这种情绪却表现为一种出乎个人意料的克制。我并不想大声喊叫,也不想喝酒;事实上也没有酒可喝。我只想跟我的朋友们在一起,但我的军旅里,没有一个跟我年纪相仿的人。”他感到孤独,在队伍里走来走去,但哪儿也没有去。

全线士兵都处于震惊和困惑之中,四下里几乎没有一点欢呼声。人们只有一种想法:争取活下来,然后回家去。10点30分的时候,一枚炸弹落在外面的花园里,坐在椅子上的美军第一师作战部军官乔治·马歇尔(George Marshall)①突然被气浪掀翻,他以为自己这下死定了。幸好房子的墙够厚,他才幸免于难。“几分钟后,一名年轻的飞行员匆匆跑进来,看看有没有出什么事。对方解释说他驾驶飞机在外面执行任务,飞机上载着一些小型炸弹,以为自己已经把全部炸弹都投落了,没想到还有一枚留在发射架上。就在飞机低空掠过屋顶,准备降落在花园墙外的田野里时,那颗炸弹

① 乔治·马歇尔(1880—1959),美国军事家、政治家。一战时作为中层军官参加驻法远征军,后逐渐崭露头角,二战时担任美国陆军参谋长,战后出任国务卿。

突然从架子上滑出，落在了窗外仅 10 码远的地方。”

在美军总部里，人们围坐在一起聊着天，不时瞥一眼手表。潘兴独自待在他的办公室里，这时劳埃德·格里斯科姆来了。潘兴猜想将军的心里必定有一些欢欣鼓舞之感，没想到他竟然不露一点声色。潘兴走到墙上的地图前。“我想我们的战斗结束了，”他说，“但如果再迟几天，情形可就大不相同了！”

距离 11 点刚好还有一刻钟时间，攻下蒙斯的英国军队现在正驻于城东，他们刚把几挺德国机关枪装上子弹，就见一个骑着马的士兵朝着他们疾驰而来。他高兴得像发了疯似的，帽子也丢了，马儿的缰绳勒也勒不住。他边跑边大喊：“战争结束啦！”别人还以为这可怜的家伙被炮弹震疯了呢。

在蒙斯(Mons)，英军先锋部队开始正式入城了。回首往昔，1914 年 8 月，英国人在这里与敌人进行了首次交锋。而今天，这场战争的最后一天，同样是在这座历史悠久的小城，而他们的军队则攻下了它。这对于他们来说，恰如其分。记者菲利普·吉布斯(Philip Gibbs)目睹了当时英军入城的景象，一列列英军部队跟在军乐队的后面整齐前进。几乎每个人的步枪上都挂着旗帜，有的是法国的蓝白红三色旗，有的是比利时的红黄黑三色旗。“小城里人们夹道欢迎，他们送给军人们一些红色的、白色的菊花，军人就把它们插在自己的帽檐上和上衣上。欢迎的人群里，很多人的村庄刚脱离德国的统治。我们的士兵高歌着前进，眼中闪烁着喜悦的光彩。”

前线的战斗仍打得十分激烈，因为距离停战仍有几分钟。协约国的军队还在不断地炮击敌人。美国的一名将军解释说：“我们之所以要命令部队这样做，是因为有必要利用每个条件来确保敌人完全接受停战协定。”

格奥尔格·布赫所在的防区遭到十分猛烈的轰炸，他们用剩下的所有储备弹药，给对方以“穷凶极恶”般的反击。一个戴着防毒面具的哨兵跌跌撞撞地进了防空壕，挥手示警之后，又慌忙冲了出去。布赫连忙跟出去，帮助这个惊慌失措的年轻人瓦尔特戴好面具：“我知道，一旦我离开片刻，他就会扯下面具，没命地叫喊起来——透过闪动的光，我看见一层薄薄的毒气雾。”突然之间轰炸停止了。格奥尔格摘下年轻人的面具，默默地看了看手表。他回忆当时的情景说：“接着我紧紧按住脑袋上的头盔，从枪套里拔出手枪，抓起装着炸弹的袋子，跳进了战壕。只要是还拿得起枪、扔得了手榴弹的，每个人都做好了准备。敌人可能还会发起进攻。我们没有掉以轻心，但大家站在那里等待的时候，每个人的眼里都闪耀着活下去的希望和决心。”最后两分钟慢慢地过去了。四周突然一片寂静。他们一动不动地站在那里，看着硝烟缓缓地飘过无人地带。布赫转过身来大喊：“停火啦！”然后他回去找瓦尔特：“我再也不忍凝视无人区和人们的面孔了。我们经历了一场战争，现在我们终于活下来了，没经历过这些的人恐怕不会理解这种感受。”

这突如其来的寂静非同寻常。协约国军队中已经有些人走出了战壕，兴奋地欢呼起来。但有些人的反应则相对冷淡，比如苏格兰燧发枪团。丹尼斯·雷茨回忆说：“当时虽然有一些欢呼的声音，但仅此而已。总的来说，他们是以平静之姿面对这个伟大事件的。在我看来，这一刻至关重要。我知道，对于整个世界，对于我的祖国，此时此刻就是新时代的开端。”但是当他把全营官兵集合在一块空地上，骑在马上开始讲话时，他却怯场了。“原先想好的词儿全忘光了，结结巴巴地说不出话来。仪式没有成功，但炮火终于停止了，战争结束了，人们又可以规划未来了。”

战火停息的时候，A. 坎宁安·里德（A. Cunningham Reed）正在空中驾驶飞机。他摸索着穿过浓雾，寻找机场着陆。这时一道强光射入空中，他松了一口气。下面的人一定是注意到他了，正给他导航。但是在他渐渐下降的时候，却发现下面并没有着陆的场地，只有各色彩灯在闪烁。直到他意识到这是一场庆祝活动，才明白自己原来不是在做噩梦。

德国人大都留在战壕里，但协约国的士兵，尤其是美国士兵，却都跑到了无人区，他们欢闹嬉戏。“声音鼎沸，”一名跟随第2集团军采访的记者报道说，“犹如某所美国大学正举行一场大型的运动会。”接着敌军士兵也走出了战壕，“一望无际的旷野上人们沸腾起来，大家欢呼跳跃，分不清谁是友军，谁是敌军。在这块曾经如此激烈争夺过的狭长地带上，德国人和美国人现在走到一起来了，有些人露出不好意思和尴尬的神情，就像是一些遇到了为难之事的学生一样”。

在布赫防守的区域，美国人则对德国人怒目而视，眼神中带着轻蔑。

"我们仍腰挂手榴弹，手持步枪，他们似乎对这点很不满意；但是根据连长指示，如果不是到了紧要关头，要是我们当中哪个士兵使用了手中的武器，就会被枪托狠狠地敲头。"布赫和其他几个人试图和美国人交个朋友，但都没成功，"前一天的事对美国人的打击太大了：这一点儿也不奇怪，因为他们攻击我方三次，却都惨败而归"。

蒙斯的记者吉布斯写道："地狱之火已被扑灭，我也写完了作为战地记者的最后一则报道。感谢上帝！"

——

在众议院，停泊在塞纳河上的潜艇于11时开始鸣礼炮。钟声敲响，人们冲上巴黎的街道，高声欢呼着战争结束。普雷斯科特·弗伦奇(Prescott French)是一名来自马萨诸塞州阿灵顿镇(Arlington)的美国步兵，据他回忆："刹那间，人们就像中了魔法。似乎每个人相互都认得，不分国籍和肤色，也不管是平民还是军人，任何人为的隔阂和界限都不复存在了。欢庆的巡游队伍自发地形成了。我们的军队被夹在了香榭丽舍大道(Avenue des Champs Elysees)的巡游队伍中。一排排市民组成壮观的游行队伍，其中有男的，有女的，有来自不同阵营的士兵，常常是前面一名士兵，后面跟着一个女孩儿，接着又是另外一名士兵。宽阔的香榭丽舍大道上，整条街从头到尾，大家都挽着手臂，唱着歌，左摇右摆，前仰后合，喜气洋洋，乐不可支。"一位中年妇女吻了一个美国人，让他吃了一惊。之后妇女抱歉地解释："你和我儿子长得太像了，他已经死在这场可怕的战争里了。"

海军陆战队少校丹尼扶着他的独臂室友走到了他们的阳台上。他室友挥动着残臂，楼下街上的人们都向他欢呼。此时，豪斯上校也在自己的住处观看着家门前的欢乐景象。这"在我一生中，是心情最愉悦的一个时刻"。

庆祝活动以惊人的速度发展起来。在皇家大街上，家家户户都在窗口挂上了旗子。一队非洲骑兵骑着精力充沛的阿拉伯马从街上走来，欧内斯特·佩克索托(Ernest Peixotto)回忆说："他们身穿淡蓝色的束腰外衣，头戴红色的菲斯帽①，领队的队长朝着欢呼的人群鞠躬致敬。一些头发花白

① 菲斯帽，即土耳其毡帽。

的老兵，戴着破旧不堪的头盔，穿着久战褪色的制服。他们被从人群中挑选出来，年轻人把他们扛在肩上，以旗子为先导，沿着林荫大道快速前进。一些人从协和广场上缴获一些小型加农炮，推着他们穿过人群。工厂女工和女店员们混杂在士兵中间，有的被抬起来，运到美国的卡车上，身上缠着旗子，欢呼的士兵们把她们举得高高的。”

——

清晨6点30分，身在伦敦的威尔逊将军收到了停战的消息。三个小时之后，内阁开了会，并决定于11点敲响胜利的钟声，请乐队进行演奏。11点钟，警察局和消防所传出了鞭炮的轰鸣声，爱尔兰记者迈克尔·麦克唐纳(Michael MacDonagh)吓了一跳。六个月以来，这个声音一直被用作空袭警报，他赶紧冲出去，看看发生了什么。外面有几个人在高声喊着："停战了！战争结束啦！"

此时天色灰暗，寒气袭人，很可能会下起雨来，但人们并未因此打消冲上街头的念头。"整个伦敦，人们无法抑制自己的冲动，纷纷丢下工作，走上街头，欢呼，歌唱，跳舞，哭泣——最重要的是，人们都想让自己尽情荒唐一次。汽车喇叭声、手铃声、茶盘的撞击声、警笛声和刺耳的响声汇成一片。"麦克唐纳看见一名上校蹲在汽车顶上敲响了晚餐锣；一名牧师，戴着一个顶部粘着英国国旗的丝质帽子，带领着教区的居民，一边行进，一边放声高歌。这让麦克唐纳想起，在布尔战争(Boer War)期间，驻守马弗京(Mafeking)的英军得救时那种狂喜的景象。① 不过今天的狂欢，在放弃自我控制这一方面，程度远远超越了那一次，"为什么不呢？该死的战争已经结束了"。

在大都会酒店里，温斯顿·丘吉尔的总部一阵骚乱，"各个房间的门砰砰作响。走廊上传来阵阵的脚步声。每个人都从桌前站起来，丢下手中的纸笔，不顾任何规定。秩序越来越乱，仿佛刮起了一阵大风，但这风却是从四面八方同时刮过来的。现在街上人声鼎沸，旗子像用魔法变出来似的，四

① 马弗京之围(Siege of Mafeking)，第二次布尔战争中著名战役，罗伯特·贝登堡(Robert Baden-Powell)上校从1899年10月起困守马弗京城，直到1900年5月获得救援，从而极大激励英军士气。马弗京(Mafeking)是位于南非北部的一座城市，在2010年改称梅富根(Mahikeng)，故此战又称"梅富根城战役"。

处飘扬。男男女女的人群从堤道上涌来，在河岸街汇入狂热的人流之中，沿街高呼'国王万岁'"。

当威斯敏斯特教堂①和威斯敏斯特主教座堂②的钟声齐鸣时，一大群人围绕着白金汉宫(Buckingham Palace)。攀爬的人群几乎全部覆盖了维多利亚女王纪念碑。人们一字一断，有节奏地高呼着："我们要见乔治国王！"最后国王和王后一起出现在阳台上。人群中一阵雷鸣般的欢呼。国王不由得笑了起来，王后把手高举过头顶，挥舞着手中的国旗。之后，他们和玛丽公主(Princess Mary)③一起，驾驶一辆敞篷车，沿着河岸街开往伦敦城，并没有带皇家仪仗队。

"这是英国的传统，"爱尔兰人麦克唐纳评论说，"简直像是在汉普斯特德荒野(Hampstead Heath)④上举行大规模的假日狂欢活动。狂欢者大多奇装异服，头戴面具，手执小旗，将活动弄得一片喧闹。如此情景也让人回想起战前，伦敦偶尔会举行足球比赛，每当那时，就会有成千上万的球迷涌入伦敦，为各自支持的球队加油助威。"

在一片欢庆声中，也有人不动声色。H. E. L. 梅勒什中尉就不一样，他的宽慰心情中还夹杂着些遗憾。3 月份的撤退让他脸上无光，从那以后，他本来想多做点什么来挽回颜面的；他本来还希望能够获得军功十字勋章。一个军需女工大声问他："发生什么事了？振作起来！"他没想到，自己看起来如此沮丧，不由得吃了一惊。

而在下议院，劳合·乔治莫名地感到沮丧，受情绪的影响，声音变得沙哑。他宣布："今天上午 11 时，这场折磨人类的战争，这场有史以来最为残酷、最为恐怖的战争结束了。我希望我们可以这样说，在这个决定性的早晨，一切战争都结束了。"此时，议员们热烈地欢呼。"现在不是发表意见的

---

① 威斯敏斯特教堂，亦称威斯敏斯特大教堂，因规模巨大而得名，位于伦敦。该教堂非英国国家教会在伦敦的主教座堂。

② 威斯敏斯特主教座楼，英国伦敦的天主教威斯敏斯特总教区的首席教堂，是英国最大的天主教堂。

③ 玛丽公主(1897—1965)，英王乔治五世之女，当今英国女王伊丽莎白二世之姑母。

④ 汉普斯特德荒野，伦敦著名自然公园，面积约 320 公顷。

时候，”他庄重地说，“我们满腔的感激之情，是难以用语言表达出来的。”他提议全体议员一起前往教堂“恭敬虔诚地感谢圣母玛利亚拯救世界”。

——

黎明以前，纽约市响起一阵刺耳的空袭警报声，庆祝活动随之开始。灯火将自由女神像照亮，工厂的汽笛和教堂的钟声响起来，人们纷纷走上街头，加入到没有秩序的庆典游行队伍中。船员们把船系在岸边，猛拉汽笛，点亮船灯，升起旗子，一些海员则将钙弹扔进水里。接连不断的声音响遍全城，谁也没法继续安睡。黎明时分，一大群狂欢者走上了第五大道，他们欣喜若狂地欢呼着，兴高采烈地挥舞着旗子，男人们也流下了眼泪。当市政大厅里展开大旗时，十几名音乐家开始演奏爱国乐曲，人群也跟着唱了起来。海兰市长宣布市政放假①，下令进行庆祝游行，游行的队伍经过每个街区，规模也跟着不断扩大。据马克·沙利文说，游行队伍中有“一些打扮入时的女士摇着手里的牛颈铃，发出叮叮当当的响声；街头的儿童们又叫又嚷，手舞足蹈；速记员们戴红白蓝三色的纸质帽子；水手们把女式阔檐帽戴在头顶，咧嘴笑着，把自己的帽子送给姑娘，让她们挥舞。沿途有载满喧闹乘客的汽车，有马拉的运货车，有农用货车，上面挤满微笑的女孩，有装着救生艇的卡车，还有挤满人的观光巴士”。一辆卡车上载着一口棺材，里面装着的德皇雕像，被人一次又一次地吊出来，模拟着绞刑。军人们挥舞着标语牌子：“拒绝再吃豆子！拒绝再喝假的咖啡！拒绝再吃猴子炖菜（monkey stew）②！”

前一天晚上，威尔逊睡觉之前还没收到停战的消息，直到翌日的早餐时间，他才得知已经停战。他立刻下达指示，令全体政府工作人员开始休假。他还用铅笔给人民写了一份通告：

> 停战协议已于今晨签署，美国奋战的目标都已实现。如今，我们将有幸担起重任，以身作则，为全世界提供审慎而友好的建议，以及物资

① 市政放假，政府为庆祝节日和纪念日实施的放假政策。

② 猴子炖菜，一种以土豆和牛绞肉为原料，用番茄酱、洋葱粉和盐为佐料的炖菜。

上的援助，帮助全世界建立起公正的民主制度。

威尔逊吃过早饭，又回到书房起草国会演讲稿，并在12时30分动身前往国会大厦。到国会大厦时，众议院的走廊上已经挤满了人。当威尔逊总统和众议院议长查普·克拉克以及副总统握手时，人们的欢呼声经久不息。威尔逊看上去神采奕奕，不似61岁的老人，近些日子的煎熬丝毫没有表现在脸上。他拿出一些小纸片，上面写着他的演讲稿，观众们就此安静下来。威尔逊开始了他的演讲："这段时间发生许多急速又惊人的变化，令人焦虑不安。这在某种程度上削弱了我的责任感，我本就应当亲自履行同诸位沟通的职责，通知诸位，当前局势下必须应对的一些较为重大的情况。"当他谈到签署停战协定时，仅有零星微弱的掌声。而当他宣布德国将立即撤离入侵的国家时，人们欣喜若狂。他每说到一个德军撤离的国家——比利时、法国、卢森堡，就响起一阵掌声。当他宣布德军也将从阿尔萨斯-洛林撤出时，人们都激动得站了起来。

接着，威尔逊说要尽一切努力为战败的敌人提供食物和救援物品。此时，观众只是稀稀疏疏地鼓鼓掌。最后他说："我相信，一些国家已经掌握了自由的法则，并已习惯于有秩序地实践自由；如今，这些国家将以自身为范例，全力对其他国家进行友好援助，俾使自由之精神征服世界。"不过，听众对他没有任何反应。

——

下午3点左右，巴黎的庆祝活动达到高潮。福煦乘车准备前往内阁开会，途中汽车被人群团团围住。"差点就被他们从车里拖出来了。"福煦好不容易钻出人群，到达内阁时，克列孟梭正在被老对手庞加莱亲吻。"从早晨开始算，"老虎总理说道，"吻我的女孩不下500个了。"他表示，胜利是大家共同奋斗的成果，上至庙堂，下至黎庶，人人都已各尽其责。随后，众人一同前往众议院，克列孟梭计划在那里宣读停战条款。

英国大使馆的院子里被一大群人团团围住，德比勋爵的车几乎开不出去。此时德西玛·摩尔(Decima Moore)[1]身披英国国旗,站在一辆出租车顶上,指挥着蓝色乐队演奏国歌,不时高喊:"万岁,大不列颠!"接着,众人唱起《马赛曲》,一边唱一边朝着众议院走去。众议院内外一片混乱,大楼里已经挤得满满当当,外面的人还是拼命往里钻。下午4点,克列孟梭到达众议院,600名议员情绪激昂,对总理的到来表示热烈欢迎。莫尔达克将军注意到克列孟梭宣读条款时,满场听众几乎人人眼含泪水。当每一则条款读完时,会场便有一片赞许声响起,"场面之盛大着实令人难忘"。

"对我而言,"克列孟梭继续说道,"读完停战协定,就有一种……如释重负的感觉。"总理先为阿尔萨斯-洛林的光复欢呼,而后对法军士兵表示赞扬:"他们昨日为上帝而战,今日为人类而战,永远为理想而战。"那些困难时期曾给克列孟梭和福煦造成诸多麻烦的议员,如今都怀着感激的心情为两人投出赞成票。

达贝尔农(D'Abernon)子爵夫人是德比勋爵的密友,她发现德比在离开国民议会厅时"表现得不似往常那般兴高采烈"。德比确实颇感不安,因为克列孟梭宣布的是法国赢得战争,"丝毫不提英国在战争中的贡献,也没有提到美国、比利时等任何协约国成员"。之后在巴黎饭店,德比告诉贝尔福:"当时有一名美国人站起身来,满怀深情地说,'真正赢得战争的'英格兰国运昌隆。无疑,我国所做的贡献没有得到应有的承认,对此美国人也相当恼火。"

——

伦敦市民还在尽情地狂欢庆祝。在特拉法尔加广场(Trafalgar Square),有人在纳尔逊纪念碑(Nelson Monument)的底座上燃起一堆篝火,一名身材高大的新西兰人爬上高耸的纪念碑,不住地向人群喊道:"快快添柴助火!"人们把伦敦巴士车身上长长的标语撕下来,与涂有焦油的木块一起抛入火堆。火堆遍及城市,将各街区映得灯火通明。从圣保罗大教堂

[1] 德西玛·摩尔(1871—1964),英国女演员、歌手。

(St Paul's Cathedral)①到牛津圆环(Oxford Circus)②,从白厅(Whitehall)③到维多利亚站(Victoria Station),沿途到处是熙熙攘攘的人群,个个欢声笑语,春风满面。

劳合·乔治此时依旧心平气和,正在唐宁街10号与温斯顿·丘吉尔及威尔逊将军安静地共进晚餐。三人讨论的话题很广,不过主要还是集中在即将举行的大选上。首相曾说过希望将德皇处以枪决。"温斯顿不这么想。"威尔逊在日记中写道,"至于我的意见是,应该把德皇的所作所为全部公开,是非功过交与后人评说便可!顺带提一句,德皇逃往荷兰一事将其懦弱的本性暴露无遗。"

六

德皇逃往荷兰,他"亲爱的兄弟"及盟友——奥地利皇帝卡尔的厄运就此降临。距离签署停战协定还有一刻钟,奥地利首相拉马西(Lammasch)和内政大臣佩尔(Payer)驱车来到美泉宫(Schönbrunn Palace)④,他们拿出一份拟好的宣言让卡尔签字。宣言中,皇帝承诺不参与"国事"。这意味着不单单是皇帝放弃皇位而已,而是要整个哈布斯堡家族放弃他们的统治权。佩尔十分焦躁不安,他恳请卡尔马上签字,再迟些的话,工人们就会围住美泉宫,"到那时,选择拥护陛下的少数人就会被打倒,而陛下本人和所有皇室成员都将遭此厄运"。拉马西也很着急,同样恳请卡尔签字,他说宣言已预定下午3点在维也纳全城发布。

据皇后齐塔回忆,两名大臣十分恐慌,他们追着皇帝走了一间又一间屋子,纠缠着要他签字。皇帝迫不得已,只能不断辗转甩开二人,他高声质问:

---

① 圣保罗大教堂,英国国家教会在伦敦教区的首席教堂,英国第二大教堂。

② 牛津圆环,位于英国伦敦威斯敏斯特的摄政街与牛津街的十字路口。

③ 白厅,位于英国伦敦的一条大道。由于英国政府诸多部门座落于此,故称为英国政府的代名词。

④ 美泉宫,奥匈帝国哈布斯堡家族所居住的皇宫,始建于1743年,面积约2.6万平方米。"美泉"是该宫殿所在地区的名称。

“你们连看都不让我看，我怎么可能在上面签字？”随后，皇帝看完宣言，转而征求齐塔的意见。齐塔说：“一位君主绝不会主动退位，他的皇位可能遭人废黜，他的皇权可能会被人剥夺。此乃武力所迫，无可奈何。至于主动退位，这绝对，绝对，绝对不可能！我宁愿伴你左右，丧命于此，也绝不同意主动退位。即便我们就此丧命，还有奥托捍卫皇位；就算奥托也因此殒命，仍然有众多的哈布斯堡人继承我们的遗志！”

卡尔的一名幕僚解释说，签署宣言并非正式退位。他力劝皇帝签字，因为该文件为日后王朝复辟保留了宪法途径。至于眼下，“疯狂控制了时代，疯人院并没有一位君主的栖身之所”。卡尔最终用铅笔签署了文件，两名大臣拿着文件，匆忙钻进汽车，赶往维也纳的市中心。

卡尔在小教堂做了简短的祷告后，终于离开宫殿。此时天色渐暗，他同皇后齐塔一起走向礼堂，里面聚集着留下来的人，他们是少数忠于皇室之人。夫妻二人向他们告别，并一一道谢，然后带着孩子一起下楼。汽车已在等候，预备送他们到奥地利中部地区的乡间射击场别墅，那里历来属于皇室。齐塔回忆道：“沿着拱廊两旁，排成两队的是我们的军校学员，他们十六七岁的年纪，眼中含着泪，但仍然阵容整齐，一直保卫我们到最后。他们确实没有辜负玛丽亚·特蕾西亚（Maria Theresa）皇后赠予他们的箴言：Allzeit getreu（忠贞不渝）。

“这时候天彻底黑了，当时是个雾蒙蒙的秋夜，我们钻进了车子里。除了卡尔·路德维希（Karl Ludwig）[①]外，所有孩子、皇帝和我，都挤在一辆车的后座上，匈雅提（Hunyadi）伯爵坐在前面……我们没有敢从皇宫的正门直接开出去，而是一直沿着与主楼平行的宽石子路驶向东门。车子溜出去后，按照一条特别的路线驶离了首都。途中，我们没有遇到任何麻烦，也没有发生任何意外，当日深夜，我们抵达了埃卡尔曹。”

维也纳大街上依然挤满了喜气洋洋的人，庆祝着卡尔的倒台。军官们互相扯下了对方帽子上有大写字母“K”的帽徽，用涂有各民族色彩的帽徽

---

① 卡尔·路德维希（1918—2007），奥地利帝国皇帝卡尔一世与皇后齐塔之子，此时尚未满周岁。

取而代之，这些色彩代表曾经组成奥匈帝国的各个民族。

——

柏林丝毫没有节日的气氛。那天晚上，当弗朗茨·泽尔特的火车徐徐驶进波茨坦车站时，他先听到一声狂吼，接着是机枪扫射的声音。子弹扫射了整列火车。一名在前线采访的摄影记者冲出火车站，发现街上混乱不堪。子弹从某个屋顶上雨点似的溅射在人行道上。就在前面几码远的地方，他看到一根灯柱的底部埋伏着一个机枪组，在车站的入口处断断续续地扫射。"你们当中有受过训练的机枪手吗？"他问，"机枪不是这样打的。"没人回答，于是泽尔特猛拉皮带开枪了。打出两发子弹后，他又试了一次。机枪卡住了，怎么也打不响。他怒气冲冲地来到威廉大街。自从获悉议会已经宣布成立共和国，而且愚蠢地谎称"德国人民已经全线获胜"以来，他一直很生气。得知皇帝逃往荷兰，他又大吃一惊。现在他比任何时候都觉得自己是在精神病院里。一群半裸的人挂在卡车上，挥舞着火炬和旗帜。"等着吧，狗崽子们，"他咒骂道，"你们不会有好下场的。"

在巴登-巴登的病房里，宾丁中尉惊叹，德国发生的是一场多么奇怪的革命。尽管人们不断谈论着暴动，但却十分肤浅。"如果工人和士兵委员会认为已经赋予人民想要的自由，那就大错而特错了。这场运动很快就会显出自身的极端片面性，并将自证其矛盾，之后它可能会让位于某个更加强大的政权。"就在他写日记的时候，他听到了街上人们的议论："两天前这些人还在镇上游行，高唱着《守卫莱茵》(*Wacht am Rhein*)①，今天却唱起临时编写的新曲子来了，'我们要退回莱茵线，莱茵线，莱茵线！'"士兵委员会所造成的一个明显结果，是宾丁和病友今天吃不到甜食了："我的内心十分动摇。难道这就是复兴运动？这就是革命？"

——

在前线的协约国士兵中，大多数曾把停战当谣言的人，最后都意识到战争确已结束。但还是有少数人无法相信恐怖已然结束，比如帕特里克·坎

① 《守卫莱茵》，德国爱国主义歌曲。法德两国在莱茵河以东地区长期存在领土纠纷，该歌曲表达了德国对保卫该地区的强烈决心。

贝尔中尉。他问塞西尔少校:“你觉得这是真的吗?”少校叫他听一听。坎贝尔只能听到农场另一边的马叫声。“从来没有过这样的夜晚。我们能够感到夜晚的寂静,这多少有点吓人,我们早已忘记什么是寂静。”他和塞西尔准备上床休息。“这未免有点平淡,”少校说,“我不知道我在期待什么,但肯定不是这个样子。”坎贝尔发现自己想起了死去的战友:“现在我们应该意识到他们已经不在人世了,此前我们很难意识到这一点。那时,我们仍与他们在一起,在同一个国家里,距离他们很近,距离我们自己的死也很近。但是我们很快就会离开这儿,离开他们。我们将返回家园,而他们仍将留在此地,这片孤寂而荒凉的战场已是他们的家。”

士兵们为了驱寒取暖,沿着弯弯曲曲的战线点起了一堆堆篝火。每当有士兵朝空中射出最后的几发子弹时,就会让周围的人一阵激动,不过大多数人都在冷静地回想他们经历的一切,思考他们在未来的和平生活中将面临的一切。乔治·巴顿在日记中这样写道:“解下绷带,写一首颂扬和平的诗。”

——

许多人都在回顾过去几个月中发生的重大事件。历史上有过如此多事的一年吗?俄国、德国和奥匈帝国的专制统治者一个个垮台。就连曾在一个战壕共患难的英法两国,也绝不会再是老样子了。无论穷人还是富人,大家一起流过血,一同受过苦。无论在世界的哪个地方,生活都绝不会依然如故。但是,这些变化是好事还是坏事呢?

布鲁斯·洛克哈特最近提交了一份建议书,温斯顿·丘吉尔对此深感不安。洛克哈特敦促协约国进行抉择,是和站立起来的苏维埃人交好,还是用武力摧毁他们。丘吉尔决定,现在布尔什维克主义的力量尚未壮大,正应就此将他们扼杀在萌芽之初。

在莫斯科,列宁自遇刺以来,首次离开克里姆林宫,站在阳台上向群众发表演说。工人和红军战士发出热烈的欢呼。拉狄克注意到,列宁开始这场持续到深夜的庆祝活动时,他的“表情十分激动,但也十分焦虑”。他们不是在为战争的结束而欢呼,而是为了德国和奥地利爆发的革命欢呼,为革命即将席卷全世界而欢呼。新生的苏维埃终于结束了被孤立的状态。但列宁的内心颇为担忧，仅向一名外国人菲利普斯·普莱斯（Philips Price）①透露说："我担心中欧的革命发展得太慢，那里无法给我们提供任何援助。"列宁认为，既然协约国现在已经征服了德国，他们就要全力打压布尔什维克了。就在这一天，英美两国在阿尔汉格尔斯克附近开始与展开红军血战。

在符拉迪沃斯托克，格雷夫斯作为美国派往俄国的远征军司令，对本国的干涉行动愈加不满，认为此次行动没有任何正当的理由。他本该与高尔察克、谢苗诺夫和卡尔米科夫（Kalmykov）这些白军指挥官协同合作，却对他们的行为十分反感。"谢苗诺夫和卡尔米科夫的士兵在日军的庇护下，像野兽一样在全国游荡，肆意杀戮和抢劫人民，而只要日本有此意愿，本可以随时制止他们。如果有人问他们为什么要这样野蛮地杀人，他们会回答被杀的都是些布尔什维克。"他不理解，为什么美国要以维护民主的名义，与这种掠夺成性的军队为伍？

在东京，日本领导人正在庆祝停战，并且已经在计算对德开战所获得的利益：德国在太平洋的岛屿——加罗林群岛（Carolines）、马绍尔群岛（Marshalls）、马里亚纳群岛（Marianas）。这一连串的岛屿可以建成一条坚固的防线，在未来足以应对美国驻夏威夷舰队带来的任何威胁。

——

巴黎的歌剧院广场上灯火通明，自 1914 年 8 月以来，这是第一次。广场四周的建筑物上，每个阳台和窗口都挤满了观众，人群一直延伸到大街上。法国最有名的歌手忍着刺骨的寒风，来到歌剧院的阳台上，演唱起《星条旗》（*The Star-Spangled Banner*）②、《天佑吾王》（*God Save the King*）③和《马赛曲》（*La Marseillaise*）。

① 菲利普斯·普莱斯（1885—1973），英国政治家。一战时作为《曼彻斯特卫报》的特派记者前往东线战场进行报道。

② 《星条旗》，美国国歌。

③ 《天佑吾王》，英国国歌。当在位君主为女性时歌名则为《天佑女王》。

观众慢慢地跟着唱了起来。士兵们吵嚷着要求唱一曲《玛德珑》(*Madelon*)①,随后歌手满足了他们的愿望。《星条旗报》(*Stars and Stripes*)报道说:“这是一次社区歌唱节,其他城市从未有过这样的节日,而且或许再也不会有了。在林荫大道上,一块高悬的幕布上,不断切换放映一些人的照片,有几名将军的,老虎总理的,威尔逊总统的,道格拉斯·黑格伯爵的,以及潘兴将军的。尽管仍然有许多人站在幕布前为这些人欢呼,但这伟大而欢乐的一天已经在歌声中结束了。之后,一个法国号手颇为幽默地吹起了《贝洛克》(*Berloque*),这支曲子是用来宣告空袭结束解除警报信号的:“整个巴黎如同幸福玩耍了一天的孩子,沉浸在一片笑声之中。”

在大学街,豪斯收到了威尔逊总统的一封电报,威尔逊不仅提出要参加和谈,而且还假定自己将担任会议主席。豪斯的好心情转而低落下来。上校深感不安,他本想由自己领导美国代表团参加和谈。而且他认为,比起和平计划的创始人,自己更有资格来推进和平进程。豪斯渐渐变得无法容忍威尔逊的缺点,担心他与其他协约国的领袖关系疏远,以致无法挽回,因为这些领导人早已表露过对威尔逊不喜欢与不信任的态度。一直以来,上校一直处在幕后,听从威尔逊的指示,他总是避免让总统听到不合其意的消息,但这次他决定告诉威尔逊,在巴黎有影响力的美国人几乎一致认为让威尔逊出席和平会议并不明智。这次会议必须谈出一个公正的和平来,而豪斯可以肯定的是,让威尔逊在会上产生举足轻重的影响,将会引起其他协约国的反感,从而给会议进行带来重重困难。而且这也会给今后的对德关系制造麻烦。豪斯的这些想法看来是有道理的,然而想让别人代替威尔逊去领导和会,却是不现实的,因为在全世界人民的心目中,他是和平、国际正义和国联的象征。

---

① 《玛德珑》,法国歌曲。歌词内容主要讲述一名士兵在乡村酒馆与一位名叫玛德珑的女子互诉情话,本不具有爱国内容,但一战时在军队中流行开来,逐渐成为爱国主义歌曲。

七

在前线，数百万德国士兵认定自己是被国人出卖了。他们的战线并未溃散，在市民逼迫将军们投降时，军队的撤退行动仍进行得有条不紊。这群罢工者、逃兵、投机商和政客，在他们的背后捅刀子。那天夜里，弗朗茨·泽尔特站在旅馆的窗边，看着窗外的菩提树下的大街。有狙击手向他射击，子弹散射在窗户两侧，于是泽尔特关了灯。“这帮猪连枪都不会打。”他们甚至算不上好士兵。一支由前线退伍军人组成的私人军队就能打垮这帮暴乱分子；而他在未来将成为领导他们的人。

在东部帕瑟瓦尔克(Pasewalk)的医院里，下士阿道夫·希特勒仍然双目失明，躺在他的折叠床上，他与泽尔特抱有同样的信念。贡比涅森林中，德国投降的耻辱使他茫然无措，难以忍受，直到一种“神奇的幻景”猛然把他从痛苦中解救出来。如同圣女贞德一样，他听到有一个声音在召唤他去“拯救”德国。顷刻之间，“一个奇迹出现了”——希特勒周围的黑暗消失了，他又看得见了！他庄严起誓，就像他几天前承诺的那样，他要“成为一位政治家，全力执行他所收到的命令”。他将信守自己所谓的誓言：进入政界，把德国从绝望的深渊拯救出来，恢复它应有的伟大形象。①

——

威尔逊总统和夫人驱车来到宾夕法尼亚大街，这里的和平庆典正达到高潮。他的秘书塔塔默提回忆道：“我不会忘记，当时他看起来多么高兴。”

---

① 停战后的第二个月，奥斯瓦尔德·斯宾格勒(Oswald Spengler)在给友人的信中写道，世界大战只是进入了一个新的阶段。“那个从腓特烈·威廉一世(Frederick Wilhelm Ⅰ)时代兴起的优等民族，接受老弗里茨(old Fritz)的培育，经历1813年的辉煌，又在俾斯麦(Bismarck)与兴登堡手中成长……如今，她面临着一项力所能及的新使命。在中产阶级与那些正派的工人阶级中间，埋藏有一些尚未崭露头角的领袖人物，我对他们的领袖特质寄予厚望。总而言之，我们的前途需要两股力量：一是普鲁士保守主义，新时代的保守主义已然摆脱封建体制与农业经济的种种狭隘性；二是工人阶级，他们在嫌恶与自豪之中，将自己与激进的无政府主义‘暴民’割裂开来。鲜血仍会大量流下去，因为如此重要的决定，绝非几场国民会议，或是几份党纲文件所能达成。条件成熟之前，他们还需要时间。”——原注

胜利的果实的确甘甜，但此时威尔逊已经在考虑欧洲的问题，思索如何最终实现他的理想了。只是他没料到，豪斯对他发出的电报做出的回复，很快就会给这个理想泼一瓢冷水。

威尔逊夫妇怀着胜利的喜悦继续巡游，他们参观了营火的点燃。这营火象征着善后工作的开始，也标志着将迎来一个充满希望、硕果累累的未来。

还有巨大的风险等在前面。不管是好是坏，1918 年发生的事件将促使世界发生翻天覆地的变化。无论对胜利者，还是对被征服者来说，欧洲的一个时代已然结束。特权阶级已与富贵安逸的昔日生活告别。对普通人来说，未来的世界更加美好一些。为适应战争需要，惊人的技术革命应运而生，如今正是普通人享受技术革命成果之时。更重要的是，战争加速了妇女解放，固化的等级秩序被打破，再也无法恢复；同时，国联的成立也使人们看到了长久和平的希望。

从这场翻天覆地的大变革中，人们或许只悟出一条真理，那便是：战争必然引起战争，压迫终将导致失败，永存不朽的只有同甘共苦的兄弟情谊。

11 月 11 日的夜晚，胜者春风得意，失败者黯然伤神。不过，无论如何，历史上最为野蛮的战争终于画上了句点。威尔逊将军与劳合·乔治、丘吉尔共进晚餐后，返回位于伊顿饭店的寓所时，看到白金汉宫前面仍然聚集着喜气洋洋的人们。在人群之中，威尔逊发现一名衣着整齐的老妪，独自悄声啜泣。威尔逊心头一酸，问道："您可有什么难处？不知在下可否为您效劳？"

"谢谢。并没有什么难处，这是喜悦的泪水；因为现在，我终于知道，我三个儿子的牺牲并不是毫无价值的。"

附录　中外文对照表

A

Abbeville　阿布维尔

Achiet-le-Grand　大阿谢

Achiet-le-Petit　小阿谢

A. Cunningham Reed　A. 坎宁安·里德

Adolf Hitler　阿道夫·希特勒

A. E. W. Harman　A. E. W. 哈曼

A. F. B. Carpenter　A. F. B. 卡彭特

Ailette　艾莱特

Aire River　艾尔河

airmile　空英里

Aisne　埃纳河

Alapayevsk　阿拉帕耶夫斯克

Albert Burleson　阿尔伯特·伯莱森

Albert Rhys Williams　阿尔伯特·里斯·威廉姆斯

Albert Sagewitz　阿尔伯特·萨基维茨

Albert Thomas　阿尔伯特·托马斯

Albertus Catlin　阿尔伯特·卡特林

Albert　阿尔贝

Aldershot　奥尔德肖特

Aleksandr Kolchak　亚历山大·高尔察克

Alexandra Gracheva　亚历山德拉·格拉切娃

Alexis　阿列克谢

Alfred Knox　阿尔弗雷德·诺克斯

Allenby　艾伦比

Alliance　阿莱恩斯

Alpine Corps　阿尔卑斯军

Alsatian　阿尔萨斯

American Army Tank School 美国陆军坦克学校
Amiens 亚眠
An American Ace 《美国王牌飞行员》
Anarkhiya 《无政府报》
Anastasia 安娜斯塔塞娅
Anatole France 阿纳托尔·法郎士
Anna Anderson 安娜·安德森
Anthoine 安托万
Archangel 阿尔汉格尔
Argonne 阿尔贡
Aristide Briand 阿里斯蒂德·白里安
Arlington 灵顿镇
Armentières 阿尔芒蒂耶尔
Army Group Rupprecht of Bavaria 巴伐利亚的鲁普雷希特集团军群
Arnold Lupton 阿诺德·勒普顿
Aronde 阿隆德
Arras 阿拉斯
Arthur Behrend 亚瑟·贝伦德
Arthur Currie 亚瑟·柯里
Arthur Speight 亚瑟·斯佩特
Assistant Secretary of the Navy 海军助理部长
astrakhan 阿斯特拉罕皮革
Aubusson 欧比松
Augusta Victoria 奥古斯塔·维多莉亚
August Eulenburg 奥古斯特·尤伦堡
Avenue des Champs Elysees 香榭丽舍大道
Avesnes 阿韦讷
Avre River 阿夫尔河
A. W. Bacon A. W. 培根

B

Baden 巴登
Baden-Baden 巴登-巴登
Bailleul 巴约勒
Balfour 贝尔福
Bapaume 巴波姆
Barricourt 巴里古
Bastille Day 法国革命日
Battle of Tannenberg 坦能堡战役
Bayonvillers 巴永维莱尔
Beatrice 比亚特丽斯
Beaurepaire 博雷佩尔
Beauvais Agreement 《博韦协议》
Beauvais 博韦
Belleau Wood 贝洛森林
Belle Croix 俏十字
Bellenglise 贝朗格利斯
Bellevue Castle 贝勒维宫

Bellicourt 贝里库尔
Belloy 贝卢瓦
Ben Gaedeke 本·盖德克
Bentinck 本廷克
Bentley Meadows 本特利·梅多斯
Bereznik 贝雷尼克
Berliner Lokal-Anzeiger 《柏林地方广告报》
Berliner Tageblatt 《柏林日报》
Berliner Zeitung am Mittag 《柏林午间报》
Berloque 《贝洛克》
Berry 贝里
Bersaglieri 意大利特种步兵
Bertha 贝尔塔
Bertie 伯蒂
Berton Sibley 伯顿·西布利
Berzy-le-Sec 贝济-勒-塞克
Bethune 贝蒂讷
Béla Kun 贝拉·昆恩
Biddle 比德尔
Big Bertha "大贝莎"
Billyard Leake 比利亚德·利克
Billy Mitchell 比利·米切尔
Bingley 宾利
Blanchfield 布兰奇菲尔德
Blankenberghe 布兰肯贝尔赫
Blue Cross 蓝十字
Blumkin 布鲁姆金
Boer War 布尔战争
Bois de Boulogne 布洛涅林苑
Bois de Four 弗尔森林
Bolo 波洛
Bombon 邦博
Bonar Law 博纳·劳
Bonch-Bruyevich 邦奇-布吕耶维奇
Bonham Carter 博纳姆·卡特
Bony 博尼
Borah 博拉
Botchkarova 波奇卡洛娃
Boulogne 布洛涅
Bouresches 布勒什
Bray-sur-Somme 索姆河畔布雷
Bray 布雷
Bremen 不来梅
Bremerhaven 不来梅哈芬
Brest-Litovsk 布列斯特-立陶夫斯克
Brett 布雷特
Breyer 布雷耶
Bridson 布里森
Brien Horan 布莱恩·霍兰
Briey Basin 布里埃盆地
Briey 布里埃
Brilliant 光辉号
Broad Street 罗德大街
Brugge 布鲁日

Bryan Adams　布莱恩・亚当斯
Buckingham Palace　白金汉宫
Burbidge　伯比奇
Bustle　喧闹
Butler　巴特勒
By Faith ye shall move mountains　精诚所至,大山可移

C

Cabot Ward　卡波特・沃德
Cafe Stephanie　斯蒂芬妮咖啡馆
Calais　加来
Californie Plateau　加利福尼亚高原
Cambrai　康布雷
Canal du Nord　北运河
Caporetto　卡波雷托
Carey　凯里
Carl Brannen　卡尔・布兰宁
Caroline Playne　卡罗琳・普拉恩
Carolines　加罗林群岛
Carter　卡特
Cartusac　卡图萨科
Castel　卡斯特
Cazalet　卡萨雷特
C. E. Caldwell　C. E. 卡尔韦尔
Cecil Forester　塞西尔・福雷斯特
Cecil Spring Rice　塞西尔・斯普林・莱斯
Cedric Bassett Popkin　塞德里克・巴塞特・波普金
C. E. Montague　C. E. 蒙塔古
C. Fred Cook　C. 弗莱德・库克
Champ Clark　查普・克拉克
Chanson des quatre fils Aymon　《艾蒙四子之歌》
Chantilly　尚蒂伊
Chapel Hill　查佩尔山
Charing Cross Railway Station　"查令十字站"
Charing Cross　查令十字
Charles Humbert　查尔斯・亨伯特
Charles Kavanagh　查尔斯・卡瓦纳
Charles Mangin　夏尔・芒让
Charles Seymour　查尔斯・西摩
Charles Whittlesey　查尔斯・惠特尔西
Charlevaux Valley　查理沃峡谷
Charleville　沙勒维尔
Chasseurs Alpins　阿尔卑斯猎兵团
Chateau de la Fraineuse　弗雷诺伊塞堡
Chaumont　肖蒙
Chelyabinsk　车里雅宾斯克
Chemin des Dames　贵妇小径

Cheppy 谢皮
Cher Ami 谢尔·艾米
Cherry 彻里
Chicago Daily News 《芝加哥每日新闻》
Chicago Tribune 《芝加哥论坛报》
Chinese Gordon 中国人戈登
Chimay-Fourmies-La Capelle-Guise 希迈-富尔米-拉卡佩勒-吉斯
Chinese Labour Corps 中国劳工旅
Châlons-sur-Marne 马恩河畔沙隆
Chosen People 选民
Christopher Addison 克里斯托弗·艾迪生
Château-Thierry 蒂耶里堡
Châtillon 沙蒂永
Church of England 英格兰圣公会
City of Light 光明之城
Clemenceau 《克列孟梭》
Clermont-sur-Oise 克莱蒙
Clifton Cates 克利夫顿·凯茨
Clive 克莱武
C. N. Tyacke C. N. 泰亚克
co-belligerency 共同交战地位
co-belligerents 战时盟国
Coffenberg 科芬伯格
Coldstream Guards 冷溪卫队
Colonel House: A Biography of Woodrow Wilson's Silent Partner 《豪斯上校：伍德罗·威尔逊的幕后智囊》
Compiègne 贡比涅
Congreve 康格里夫
Connolly 康诺利
Conrad Haussmann 康拉德·豪斯曼
Conservatives 保守党
Coppinger 科平杰
Cordner 柯德纳
Coëtquidan 科埃基当
Council of People's Commissars of the Northern Commune 北方区域公社联盟人民委员会
Count Schwerin 肯特·什未林
Courcelles 库塞尔
Craonne 克拉奥讷
creeping barrage 徐进弹幕
Croix-de-Guerre 英勇十字勋章
Cross of the Legion of Honor 荣誉军团十字勋章
Crowe 克劳
Crozat Canal 克罗札运河
Cunel 屈内
Cuxhaven 库克斯港

D

D'Abernon 达贝尔农

Daffodil 水仙花号
Daily Chronicle 《每日纪事报》
Daily Express 《每日快报》
Daily Mail 《每日邮报》
Daily Mirror 《每日镜报》
Daily News 《每日新闻》
Daily Telegraph 《每日电讯报》
Daimler 戴姆勒
dammed “大堤的”
damned “该死的”
Dan Daly 丹·戴利
D'Annunzio 邓南遮
Darling Pussy 可爱的小咪咪
David Beatty 大卫·贝蒂
David Bellamy 大卫·贝拉米
David Francis 大卫·弗朗西斯
Davidson 戴维森
Deal 迪尔
Debeney 德比尼
Decima Moore 德西玛·摩尔
D. E. Hickey D. E. 希基
de la Grange 德·拉·格朗日
Deneys Reitz 丹尼斯·雷茨
Dennis Nolan 丹尼斯·诺兰
Derby 德比
de Revel 德·雷夫
der Rote Baron “红色男爵”
Detroit 底特律
Deutsche Metallarbeiter 德意志金属工人联合会
Deuxième Bureau “二处”
Deutsche Zeitung 《德意志报》
De Witt Poole 德·威特·普尔
Dicke Bertha “大贝尔塔”
Die Internationale 《国际报》
Die Norddeutsche Allgemeine Zeitung 《北德意志汇报》
Die Rote Fahne 《红旗报》
Director of Military Operations 作战部部长
Disenchantment 《幻灭》
Dobson 多布森
Donald Boyd 唐纳德·博伊德
Donald Brown 唐纳德·布朗
Donets Basin 顿涅茨盆地
Donnersberger Bridge 唐纳斯伯格大桥
Don Paradise 唐·帕拉迪塞
Dormans 多尔芒
Dorothy Gish 多萝西·吉什
Dosvidanye 再见
doughboy 阿兵哥
Douglas Haig 道格拉斯·黑格
Douglas MacArthur 道格拉斯·麦克阿瑟
Doullens 杜朗
Dover Patrol 多佛尔巡逻队
Drang nach Osten “东进”

Drangnach Paris “巴黎挺进”

Dresden 德累斯顿

Drocourt-Quéant 德罗库尔-凯昂

Duchěne 杜歇纳

Dufy 杜飞

Duke of Cornwall's Light Infantry 康沃尔公爵轻步兵团

Dunkirk 敦刻尔克

Durchbruchmüller 破阵者穆勒

Durchbruch “突破”

Durham 达勒姆

Dury 杜里

Düsseldorf 杜塞尔多夫

Duval 杜瓦尔

Dvina River 德维纳河

E

E. C. Allfree E. C. 奥弗瑞

échelons 有 40 辆车厢的火车

Eckfenster 角窗

E. D. Cooke E. D. 库克

Eddie Rickenbacker 埃迪·里肯巴克

Edith Wilson 伊蒂斯·威尔逊

Edward Beddington 爱德华·贝丁顿

Edward House 爱德华·豪斯

E. Herbillon E. 埃尔比永

Eitel 埃特尔

Eitel Friedrich 艾特尔·弗里德里希

élan 势头

Eldon Canright 艾尔登·坎莱特

Elliot 埃利奥特

Embusqués 远离前线的士兵

E. N. Hurley E. N. 赫尔利

Épehy 埃佩伊

Eperlecques 埃佩莱克

Erebus 幽冥号

Erhard Auer 艾哈德·奥尔

Erich Ludendorff 埃里希·鲁登道夫

Erich 埃里希

Ernest Peixotto 欧内斯特·佩克索托

Ernst Jünger 恩斯特·荣格

Ernst Udet 恩斯特·乌德特

Ernst von Borsig 恩斯特·冯·博思格

Essen 埃森

Essey 埃塞

Eterpigny 埃泰尔皮尼

Evan Johnson 埃文·约翰逊

E. V. Tanner E. V. 坦纳

Exermont 埃克塞尔蒙

exterior ballistics 外弹道

Eysden 埃斯顿村

F

Fayolle 法约尔
F. C. Poole F. C. 普尔
Frankfurt am Main 美因河畔法兰克福
Frédéric Brunet 弗雷德里克·布吕内
Friedensturm 和平突袭
Friedrich von der Schulenburg 弗里德里希·冯·德·舒伦堡
Friedrichshafen 腓特烈港
F. E. Noakes F. E. 诺凯斯
Fère-en-Tardenois 费尔-昂-塔德努瓦
F. H. Hornsey F. H. 霍恩西
Fifth Avenue 第五大道
Flanders 佛兰德斯
Flavy-le-Martel 弗拉维-勒-马泰勒
Floyd Gibbons 弗洛伊德·吉本斯
F. N. A. Cromie F. N. A. 克罗米
Foch 福煦
Folkestone 福克斯通
Forceville 福塞维尔
Forest of Retz 雷茨森林
Fortress of Peter and Paul 彼得保罗要塞
Forward Movement "前进运动"
Fox Conner 福克斯·康纳
foxhole 散兵坑
Framley Parsonage 《弗莱姆利教区》
Frances Stevenson 弗朗西丝·史蒂文森
Francfort 法兰克福
Francis Lindley 弗朗西斯·林德利
Frankfurter Zeitung 《法兰克福汇报》
Frank Gray 弗兰克·格雷
Franklin Lane 富兰克林·莱恩
Franklin Roosevelt 富兰克林·罗斯福
Frank Luke 弗兰克·卢克
Frank Rees 弗兰克·里斯
Franz Josef 弗朗茨·约瑟夫
Franz Seldte 弗朗茨·泽尔特
Freddy 弗雷迪
Frederick Maurice 弗雷德里克·莫里斯
Frederick Palmer 弗雷德里克·帕尔默
Frederick 弗雷德里克
Fred Ferguson 弗雷德·弗格森
Fred Kochli 弗雷德·科奇利
French 弗伦奇
Friedrich Ebert 弗里德里希·艾伯特

Friedrich von Payer　弗里德里希·冯·佩尔
Frisby　弗里斯比
Fritz Matthaei　弗里茨·马泰
Fritz Prinz　弗里茨·普林茨
Fritz von Lossberg　弗里茨·冯·洛斯伯格
Fritz Wiedemann　弗里茨·维德曼
Frocks　“礼服人”
Fuchs　福斯
F. W. B. Berg　F. W. B. 冯·伯格

G

Gallipoli Campaign　加里波利战役
Galloping Charley　“飞毛腿查理”
Gard du Nord　巴黎北站
Garde Républicaine　共和国卫队
Garonne　加龙河
Gascogne　加斯科涅
Gascon　加斯科涅人
Gauche Wood　戈什伍德
Gay Paree　欢乐巴黎
Gay　盖伊
Gentelles　让泰勒
Geoffrey Brunn　杰弗里·布鲁恩
Georg Bruchmüller　格奥尔格·布赫穆勒
Georg Bucher　格奥尔格·布赫
George Dewar　乔治·杜尔
George Hamilton　乔治·汉密尔顿
George Kennan　乔治·凯南
George Marshall　乔治·马歇尔
George McMurtry　乔治·麦克默特里
George M. Cohan　乔治·M. 科汉
George Painvin　乔治·潘万
George Patton　乔治·巴顿
Georges Clemenceau　乔治·克列孟梭
Georges Gaudy　乔治·高迪
George Tomek　乔治·托梅克
Georgi Chicherin　格奥尔基·契切林
Georgi Ermolaevich Chaplin　格奥尔吉·埃尔莫拉维奇·卓别林
Georg von Hertling　格奥尔格·冯·赫特林
Georg von Müller　格奥尔格·冯·穆勒
Gerald Thomas　杰拉尔德·托马斯
Germania　《日耳曼报》
G. F. L. Stoney　G. F. L. 斯通尼
Gilbert Laithwaite　吉尔伯特·莱思威特
Gilles de Rais　吉尔·德·雷
Gironville　吉隆维尔
Gladstone　格莱斯顿

G. M. Flowerdew　G. M. 费劳尔迪
Godfrey　戈弗雷
Godley　戈德利
God Save the King　《天佑吾王》
G. O. M　伟大的老人
Gordon Schenck　戈登·申克
Gordon　戈登
Gouraud　古罗
Graeff　格莱夫
Graham Seton Hutchison　格雷厄姆·塞顿·哈奇森
Graincourt　格兰库尔
Grand Duke Sergei　谢尔盖大公
Grand Duke of Hesse　黑森大公
Grand Fleet　大舰队
Grant　格兰特
Graudenz　格劳登茨
Green Cross　绿十字
Grenard　格雷纳尔
Griffith　格里菲斯
Grigori Zinoviev　格里戈里·季诺维也夫
G. Spencer　G. 斯宾塞
G. S.　参谋本部
Guards Brigade　近卫旅
Guards Corps　近卫军
gunnery officer　枪炮官
Gustave Noske　古斯塔夫·诺斯克
Gustav Stresemann　古斯塔夫·施特雷泽曼
Guy Empey　盖伊·恩佩

H

Habsburg Empire　哈布斯堡帝国
Hagen　“哈根”
H. A. L. Binder　H. A. L. 宾德
Hall　霍尔
Ham　哈姆
Hamburg　汉堡
Handley-Page　亨得利-佩奇
Hanover　汉诺威
Hans Hanssen　汉斯·汉森
Hans Schröder　汉斯·施罗德
Hans von Haeften　汉斯·冯·海夫滕
Hans von Plessen　汉斯·冯·普勒森
Hans Zöberlein　汉斯·泽伯林
Harbonnières　阿尔博尼耶尔
Hargicourt　阿日库尔
Harold Buckley　哈罗德·巴克利
Harold Hartney　哈罗德·哈特尼
Harold Ickes　哈罗德·伊克斯
Harold Williams　哈罗德·威廉姆斯
Hat-in-the-Ring　“圈中帽”
Hazebrouck　阿兹布鲁克

Hearts of the World 《世界之心》
Heinrich Lamm 海因里希·拉姆
Heinrich Scheüch 海因里希·舍赫
Heinrich Seldte 海因里希·泽尔特
Heligoland 黑尔戈兰岛
Hellé 埃莱
H. E. L. Mellersh H. E. L. 梅勒什
Henri Barbusse 亨利·巴比塞
Henri Desagneaux 亨利·德萨涅
Henri Mordacq 亨利·莫尔达克
Henri Pétain 亨利·贝当
Henry B. Wilson 亨利·B. 威尔逊
Henry Cabot Lodge 亨利·卡博特·洛奇
Henry Wilson 亨利·威尔逊
Herbert Asquith 赫伯特·阿斯奎斯
Herbert Lawrence 赫伯特·劳伦斯
Herbert Sulzbach 赫伯特·苏尔茨巴赫
Herbert Watts 赫伯特·瓦茨
Her Country 《她的祖国》
Hermann Göring 赫尔曼·戈林
Hesse 黑塞
Heudecourt 霍伊德科特
Heye 海耶
H. Howard Cooper H. 霍华德·库珀
H. H. von Kuhl H. H. 冯·库尔
Hilmar von dem Bussche 希尔玛·冯·德姆·布舍
Hilton Young 希尔顿·杨
Hindustan 印度斯坦号
Hiram Johnson 希拉姆·约翰逊
Hjalmar Schacht 夏尔马·沙赫特
H. J. Whitehouse H. J. 怀特豪斯
H. Lloyd Williams H. 劳埃德·威廉姆斯
Hoegenacker 霍金奈克
Hohenzollerns 霍亨索伦家族
Horatio Alger 霍雷肖·阿尔杰
Horatio Hornblower 霍雷肖·霍恩布洛尔
Horne 霍恩
Hotchkiss 霍奇基斯机枪
House Gracheva 格拉切娃大楼
House of La Fayette 拉法叶家族
House of Wittelsbach 维特尔斯巴赫家族
Howard Millis 霍华德·米利斯
H. S. Poyntz H. S. 波因茨
Hôtel Angleterre 英格兰大酒店
Hôtel Britannique 不列颠酒店
Hôtel des Quatre Fils Aymon 艾蒙四子饭店
Hubert Gough 休伯特·高夫

Hughes 休斯
Hugh Trenchard 休·特伦查德
Hugo Berthold 雨果·伯特霍尔德
Hugo Gutmann 雨果·古特曼
Humbert 亨伯特
Hunter Liggett 亨特·利吉特
Hunyadi 匈雅提
H. Wright H. 莱特

I

Intrepid 无畏号
Invalides 荣军院
Iphigenia 伊菲革涅亚号
Iris 鸢尾花号
Ivan Constantinovich 伊万·康斯坦丁诺维奇
Izvestia 《消息报》

J

Jacks 杰克斯
Jack Seely 杰克·西利
Jacques de Chambrun 雅克·德·尚布伦
Jacques Sadoul 雅克·萨杜尔
Jake 杰克
Jakob Peters 雅各布·彼得斯
James Harbord 詹姆斯·哈伯德
James Rose 詹姆斯·罗斯
James Sellards 詹姆斯·塞拉兹
James Taylor 詹姆斯·泰勒
James W. Ryan 詹姆斯·W. 雷恩
Jan Smuts 扬·史末资
J. Borden Harriman J. 博登·哈里曼
Jean Degoutte 让·德古特
Jean de Pierrefeu 让·德·皮埃尔夫
Jellicoe 杰利科
J. G. Birch J. G. 伯奇
J. L. Trollope J. L. 特罗洛普
Joffre 霞飞
John Bissell 约翰·比塞尔
John Charteris 约翰·查特里斯
John Dos Passos 约翰·多斯·帕索斯
John Du Cane 约翰·杜·坎恩
John McCrae 约翰·麦克雷
John Monash 约翰·莫纳什
John Overton 约翰·奥弗顿
John 约翰
Joseph Angelo 约瑟夫·安杰洛
Joseph Darnaud 约瑟夫·达尔诺
Joseph Grew 约瑟夫·格罗
Joseph Patrick Tumulty 约瑟夫·帕特里克·塔默提
Joseph Tumulty 约瑟夫·图穆

La Couture　拉库蒂尔
La Crosse　拉克罗斯
La Dépěche　《南方通讯报》
Lady Paget　佩吉特夫人
Lafayette　拉法叶
La Flamme éternelle　《长明灯》
La Liberté　《自由报》*La Marseillaise*　《马赛曲》
Lammasch　拉马西
Lancashire Fusiliers　兰开夏燧石枪团
Landsberg　兰茨贝格
Laon　拉昂
Larisch　拉里希
La République Française　《法兰西共和报》
Latvian Praetorian Guard　拉脱维亚禁卫队
Lavergne　拉韦涅
L'Echo de Paris　《巴黎回声报》
Left Bank　左岸
Le Havre　勒阿弗尔
Leinster　伦斯特号
Leipzig　莱比锡
le lion d'Afrique　"非洲雄狮"
Lemuel C. Shepherd　小莱米尔·C. 谢泼德
le petit caporal　小伍长
Le Petit Parisien　《小巴黎人报》
Lerchenfeld　勒兴菲尔特
Leslie　莱斯利
Le Temps　《时报》
Lewis guns　刘易斯机枪
Lewis　刘易斯
Liberty Day　解放日
Life-Guards　内近卫骑兵团
Lille　里尔
Lillian Gish　莉莲·吉什
Liman von Sanders　利曼·冯·桑德斯
L'Intransigeant　《强硬报》
Lloyd George　劳合·乔治
Lloyd Griscom　劳埃德·格里斯科姆
lobster palace　龙虾宫
Lodge　洛奇
Loire　卢瓦尔河
Lokal-Anzeiger　《地方广告》
Lokal Anzeiger　《本地报》
Long Boy　《高个儿少年》
Longwy　隆维
Loos　洛斯
Lord Esher　埃舍尔勋爵
Lord Milner　米尔纳勋爵
Lord Strathcona's Horse　斯特拉斯科纳勋爵骑兵团
Loubianka No. 11　卢比扬卡 11 号
Loucheur　卢舍尔

L'Ours　熊罴
Lovno　洛夫诺
Lowell Hollingshead　洛威尔·霍林斯黑德
Lübeck　吕贝克
Lucy-le-Bocage　吕西-勒-博卡日
Ludwig Ⅲ　路德维希三世
Luger　鲁格
Lunacharsky　卢那察尔斯基
Lützowstrasse　吕佐夫大街
Lys River　利斯河

M

Maddin Summers　马丁·萨默斯
Madelon　《玛德珑》
Mademoiselle from Armentières　《阿尔芒蒂耶尔姑娘》
Mafeking　马弗京
Magdeburg　马格德堡
Majority Socialists　多数派社民党
Malcolm　马尔科姆
Malik　玛利克
Manchester Guardian　《曼彻斯特卫报》
Manchester Hill　曼彻斯特山
Manfred von Richthofen　曼弗雷德·冯·里希特霍芬
Manning　曼宁
Mansfield　曼斯菲尔德号
maréchal des logis　中士
"maréchal"　元帅
Marcourt　马库尔
Margarethe Ludendorff　玛格丽特·鲁登道夫
Maria Theresa　玛丽亚·特蕾西亚
Marianas　马里亚纳群岛
Maricourt　马里库尔
Marlborough　马尔博罗
Marne　马恩河
Marshall　马歇尔
Marshalls　马绍尔群岛
Mary Baker Eddy　玛丽·贝克·艾迪
Masaryk　马萨里克
Massey　梅西
Mathäserbräu　"马提萨酒楼"
Matigny　马蒂尼
Matthias Erzberger　马蒂亚斯·埃尔兹伯格
Maurice Hankey　莫里斯·汉基
Maxim Litvinov　马克西姆·李维诺夫
Max Osborn　麦克斯·奥斯本
Max Prince of Baden　巴登亲王麦克斯
Maxse　马克西
Mayne　梅恩

McCord 麦科德
Médaille Militaire 军功勋章
Medal of Honor 荣誉勋章
Memoirs of a British Agent 《英国特工回忆录》
Memoirs of a Staff Officer: 1917—1919 《参谋回忆录：1917—1919》
Men and Religion Forward Movement “男性与宗教前进运动”
Merseyside 默西塞德郡
Mertz von Quirnheim 默茨·冯·奎恩海姆
Merville 梅维尔
Merwin Silverthorn 默温·西尔弗索恩
Méry 梅里
Mesnil-St. Nicaise 梅斯尼尔-圣尼凯斯
Mesple 梅斯普尔
Messines Ridge 梅森岭
Meteren 梅泰朗
Metz 梅茨
Meuse 默兹河
Michael 米迦勒
Michael MacDonagh 迈克尔·麦克唐纳
Michel Corday 米歇尔·科迪
Mikhelson 米凯尔森
Mildred Aldrich 米尔德里德·奥尔德里奇
Miles Poindexter 迈尔斯·波因德克斯特
Milwaukee 密尔沃基
Mirbach 米尔巴赫
M. K. McHenry M. K. 麦克亨利
M. MacDonagh M. 麦克多纳
M. O. G 杀害戈登者
monkey stew 猴子炖菜
Mons 蒙斯
Montdidier 蒙迪迪耶
Montfaucon 蒙福孔
Mont Notre Dame 圣母山
Montreuil 蒙特勒伊
Moorson 莫里森号
Moreuil 莫勒伊
Morgemont 蒙热蒙特
Moritz “莫里茨”
Moroccan Division 摩洛哥师
Mory 默里
Moselle 摩泽尔
Mount Rouge-Mont Noir 红山-黑山
Mount Vernon 弗农山庄
Moura Budberg 莫拉·巴德博格
Mudyung 穆东
Murmansk 摩尔曼斯克

Mutter, O, Mutter　妈妈，哦，妈妈
MSPD　多数派社会民主党

N

National Liberals　国民自由党
Naum-berger Jäger　瑙姆堡猎兵营
Nazareth　拿撒勒
Nelson Holderman　纳尔逊·霍德曼
Nelson Monument　纳尔逊纪念碑
Nelson　纳尔逊
Nesle　内勒
Neuss　诺伊斯
Neuve Eglise　新埃格利斯
Neva　涅瓦河
Neville　内维尔
Newton Baker　牛顿·贝克
New York Times　《纽约时报》
New York Evening Post　《纽约晚报》
New York's Metropolitan Opera House　纽约大都会歌剧院
New York Tribune　《纽约论坛报》
Nicolai　尼古拉
Niemann　尼曼
Nieppe　涅普
Nikolaus Schulenberg　尼古拉斯·舒伦堡
Ni l'un ni l'autre!　两者都不是！
Nivelle Offensive　"尼维尔攻势"
Nora　诺拉
Norman Armor　诺曼·阿穆尔
Northern Pacific　北太平洋号
Notre Dame de la Croix　克鲁瓦圣母院
Noulens　努朗
Noyon　努瓦荣
Nurlu　努尔卢
N. V. Chaikovsky　N. V. 柴可夫斯基

O

Oberste Heeres Leitung　陆军最高司令部
Obozerskaya　奥博泽尔斯卡亚
Oleson　奥尔森
Olle Kamellen　老一套
Omer Richards　奥马尔·理查兹
Operation Road Construction　"筑路行动"
O. P.　观察哨所
Orderly Adjutant General　常任副官长
Orlando　奥兰多
Oscar Hartzell　奥斯卡·哈策尔
Oskar　奥斯卡
Ostend　奥斯坦德

Oswestry　奥斯沃斯特里
Ottokar Czernin　奥托卡尔·切尔宁
Oudendijk　奥登代克
Over There　《去那边》
Over the Top　《飞跃巅峰》
Oxford Circus　牛津圆环

P

Pacaut Wood　皮考特森林
Painlevé　潘勒韦
Pannes　帕讷
Paris-Geschütz　“巴黎炮”
Paris Line　“巴黎防线”
Paris-Metz　巴黎—梅茨
Parker　帕克
Pasbon, madame　真糟糕,夫人
Pasbon, monsieur　真糟糕,先生
Pasewalk　帕瑟瓦尔克
Patrick　帕特里克
Patrick Campbell　帕特里克·坎贝尔
Pat　帕特
Paul Maze　保罗·梅兹
Paul von Hindenburg　保罗·冯·兴登堡
Paul von Hintze　保罗·冯·辛慈
Pax　帕克斯
Payer　佩尔
Pearl Adams　珀尔·亚当斯
Pellé　佩莱
People's Commissariat of Foreign Affairs　外交人民委员部
Péronne　佩罗讷
Pershing　潘兴
Peter and Paul Cathedral　彼得保罗大教堂
Petrovka street　彼得罗夫卡街
Petrovsky　彼得罗夫斯基
P. E. Williamson　P. E. 威廉森
Peyton March　佩顿·马奇
Philadelphia Ledger　《费城纪事报》
Philip Gibbs　菲利普·吉布斯
Philips Price　菲利普斯·普莱斯
Piave　皮亚韦河
Picardy　皮卡第
Pichon　皮雄
Pierre Teilhard de Chardin　皮埃尔·泰亚尔·德·夏尔丹
Pilcher　皮尔彻
Pip-squeaks　“小龙套”
Pissaro　毕沙罗
P. J. Carisella　P. J. 卡斯丽
P. J. V. Kelly　P. J. V. 凯利
Place de la Concorde　协和广场
Place du President Wilson　威尔逊总统广场

Plumer 普卢默
Poidron 普瓦德隆
Pomeranian 波美拉尼亚
Pont Faverger 法维热桥
potato masher 马铃薯捣具
Potomac 波托马克河
Poynton 波因顿
P. Radcliffe P. 拉德克里夫
Pravda 《真理报》
preparatory artillery barrage 预备炮击
Prescott French 普雷斯科特·弗伦奇
President Poincaré 庞加莱总统
Prince Antoine of Orléans 安东尼奥王子
Prince Ernst zu Hohenlohe-Langenburg 霍亨洛厄-朗根堡的恩斯特亲王
Prince Max of Baden 巴登亲王麦克斯
Prince Münster von Derneburg 明斯特·冯·德内堡亲王
Prince Palei 帕雷亲王
Princess Helena of Serbia 塞尔维亚公主海伦娜
Princess Mary 玛丽公主
Protos 普洛托斯
P. T. Dean P. T. 迪恩
Punch 《笨拙》

Q

Queen Alexandra 亚历山德拉王后
Queen's Bays 女王栗马团
Quentin Roosevelt 昆廷·罗斯福

R

Ragueneau 拉格诺
Ralph Toland 拉尔夫·托兰
Raucourt 罗库尔
Ray Carroll 雷伊·卡罗尔
Raymond Robins 雷蒙德·罗宾斯
R. D. Fisher R. D. 费希尔
Reading 雷丁
reconnaissance officer 侦察主任
Regimental System 军团系统
Reims Cathedral 兰斯大教堂
Reims 兰斯
Reinhard Muth 莱茵哈德·穆特
Reinhard Scheer 莱因哈特·舍尔
Renault 雷诺
renversement 莱韦斯曼机动
Repington 雷平顿
Ressons-sur-Matz 马茨河畔雷松
R. G. Ross R. G. 罗斯
R. H. Bruce Lockhart R. H. 布鲁

斯·洛克哈特
R. H. Kiernan　R. H. 基尔南
Richard Arndt　理查德·阿恩特
Richard Gale　理查德·盖尔
Richard Müller　理夏德·穆勒
Richard Tillman　理查德·提尔曼
River Oise　瓦兹河
R. M. Ganoe　R. M. 加诺
Robert Denig　罗伯特·丹尼
Robert Georges Nivelle　罗贝尔·乔治·尼维尔
Robert Lansing　罗伯特·兰辛
Robert Little　罗伯特·利特尔
Robillon　罗比永
Robinson　罗宾逊
Roedern　罗德恩
Roger Keyes　罗杰·凯斯
Roisel　鲁瓦塞勒
Romagne　罗马涅
Romain Rolland　罗曼·罗兰
Romigny　罗米尼
Rouen　鲁昂
Rough Riders　莽骑兵团
Royal Berkshire Regiment　皇家伯克郡团
Royal Flying Corps in the Field　英国皇家飞行队实战部队
Royal Flying Corp　英国皇家飞行队
Royal Scots Fusiliers　皇家苏格兰燧发枪团
Royal Scots　皇家苏格兰兵团
Royal Flying Corps　皇家陆军航空队
Roy Brown　罗伊·布朗
Roye　鲁瓦
Roy Howard　罗伊·霍华德
R. S. Cockburn　R. S. 科伯恩
Rudolf Binding　鲁道夫·宾丁
Rudolf Hilferding　鲁道夫·希尔弗丁
Rudolf Stark　鲁道夫·史塔克
Rudyard Kipling　鲁德亚德·吉卜林
Rue de l'Université　大学街
Rue Tandou　唐杜街
Rupert F. Weston　鲁伯特·F. 韦斯顿
Rupprecht　鲁普雷希特
Russian-American Commercial Relations　《俄美商贸关系》
R. von Dechend　R. 冯·德肯
R. Watson Kerr　R. 沃森·克尔

S

Sackville-West　萨克维尔-韦斯特
Sadleir-Jackson　萨德莱-杰克逊
Sailly-le-Sec　萨伊-勒-塞克

Salisbury Plain 索尔兹伯里平原
Salmond 萨尔蒙德
Salonika 萨洛尼卡
Samuel T. Hubbard, Jr 小塞缪尔·T. 哈伯德
Sandford 桑福德
Sandringham 桑德灵厄姆
San Juan Hill 圣胡安山
Santerre 桑特雷
Sarcus 萨尔屈
S. Bleichroder S. 布莱希罗德
Scarpe 斯卡尔普河
Scherpenberg 舍尔彭贝格
Schlieffen 施利芬
Schloss Bellevue 贝勒维宫
Schloss Wilhelmshöhe 威廉高地宫
Schmaus 施毛斯
Schneider 施耐德
Schönbrunn Palace 美泉宫
Science and Health 《科学与健康》
Scots Greys 苏格兰龙骑兵团
Sedan 色当
Semyonov 谢苗诺夫
Serravalle 塞拉瓦莱
Sharp 夏普
Sidney Reilly 西德尼·赖利
Sidney Rogerson 西德尼·罗杰森
Siegfried 齐格弗里德
Sigurd von Ilsemann 西格德·冯·伊尔森曼
Silesia 西里西亚
Sir George Riddell 乔治·里德尔爵士
Sirius 天狼星号
Sixtus 西克斯图斯
Slack 斯莱克
Smithsonian Institution 史密森尼学会
Smolny Institute 斯莫尔尼宫
Soissons 苏瓦松
Soldiers of the King 《为王前驱》
S. O. L. 倒霉透顶
Somerset Maugham 萨默赛特·毛姆
Somerset 萨默塞特
Sonnino 松尼诺
Sopwith Camel 索普维斯骆驼
Souilly 苏伊利
Spad 斯帕德
Spartacists 斯巴达克同盟
SPD 德国社会民主党
Sparrow Hills 麻雀山
Spa 斯帕
Speckhard 斯佩克哈德
Springfield 春田
Stacey 斯塔塞
Stachus "斯塔修斯"
Stanton 斯坦顿

Star of the Grand Cross of the Iron Cross　星芒大铁十字勋章
Staten Island　史泰登岛
Stars and Stripes　《星条旗报》
St. Baussant　圣博桑
St. Cyr　圣西尔
Stephen Bonsal　斯蒂芬·帮萨尔
Stephen Roskill　史蒂芬·罗斯基尔
Stephen Westman　史蒂芬·韦斯特曼
Stewart　斯图尔特
St. Gervais　圣热尔韦
Stielhandgranate　柄式手榴弹
St. Mihiel　圣米耶勒
St. Omer　圣奥梅尔
St Paul's Cathedral　圣保罗大教堂
St. Quentin　圣昆廷
Strand　河岸街
strangulated hernia　绞窄性疝气
Strassburg　斯特拉斯堡
Street that is called Straight　"那叫直街的路"
Sub-Treasury　国库分库大楼
Suffolk　萨福克号
Sukhona　苏霍那
Supreme War Council　"最高战争委员会"
Surrey　萨里
Swabia　士瓦本

T

Tasker Bliss　塔斯克·布利斯
T. Bentley Mott　T. 本特利·莫特
Tedder　泰德
Tergnier　泰尔尼耶
Terror　惊恐号
The Battle of the Lys　《利斯之战》
The Herald　《先驱报》
The Kaiser, the Beast of Berlin　《德皇,柏林之禽兽》
The load our sons must bear　重负必贻子孙
The load our souls must bear　重负必贻灵魂
The Mayflower　五月花号
The Observer　《观察家报》
Theodore Roosevelt　西奥多·罗斯福
The Star-Spangled Banner　《星条旗》
the plague is stayed　瘟疫就止住了
The Times　《泰晤士报》
Theresian Field　特蕾西娅草坪
There'll Be a Hot Time in the Old

Town Tonight 《今晚老城会很热闹》

Thetis 忒提丝号

The Victory at Sea 《海上胜利》

Thomas Holcomb 托马斯·霍尔科姆

Thomas Marshall 托马斯·马歇尔

Thomas Masaryk 托马斯·马萨里克

Thomas Woodrow Wilson 托马斯·伍德罗·威尔逊

Three Divisions 三个分区

T. M. Healy T. M. 希利

Tours 图尔

Trafalgar Square 特拉法尔加广场

trench foot 战壕足

Trianon Park Hotel 特里亚农公园酒店

Tribot Laspierre 特里博·拉斯皮埃

Trident 三叉戟号

Trigny 特里尼

Trilport 特里波尔

Trélon 特雷隆

Tudor 都铎

Tuileries 杜伊勒里

Tuite 图特

Turnstunde 体操训练

Tyne-side 泰恩赛德

U

Uniacke 乌尼阿克

United Press 合众通讯社

Unter den Linden 林登大道

USPD 德国独立社会民主党

V

Valentine Gibbs 瓦伦丁·吉布斯

Vanselow 凡斯洛

Varennes 瓦雷纳

Vee-Tsik 契卡

Vendée 旺代

Verlaines 韦尔莱讷

Vesle 韦勒河

Vetzell 韦策尔

Veuilly 弗伊

Victor Serge 维克托·塞尔日

Victoria Station 维多利亚站

Vierzy 维尔齐

Villa Romaine 罗曼庄园

Ville-en-Tardenois 塔德努瓦城

Villeselve 维莱塞尔夫

Villers-Bretonneux 维莱-布勒托讷

Villers-Cotterěts 维莱-科特雷

Vimy Ridge 维米岭

Vindictive 复仇号

Vittorio Veneto　维托里奥-威尼托
Vladimir Ilitch　弗拉基米尔·伊里奇
Vladimir Ilyich Ulyanov　弗拉基米尔·伊里奇·乌里扬诺夫
Vladivostok　符拉迪沃斯托克
Volga-Don Canal　伏尔加-顿河运河
Vologda　沃洛格达
von Bethmann Hollweg　冯·贝特曼·霍尔韦格
von Böhn　冯·伯恩
von Chelius　冯·切利乌斯
von Conta　冯·康塔
von der Schulenberg　冯·德·舒伦贝格
von Drysander　冯·德吕安德尔
von Eichhorn　冯·艾希霍恩
von Gallwitz　冯·盖尔维茨
von Helldorf　冯·黑尔多夫
von Marschall　冯·马绍尔
von Plessen　冯·普勒森
von Tubeuf　冯·图布夫
von Unruh　冯·盎鲁
von Winkler　冯·温克勒
von Wrisberg　冯·里斯伯格
von Winterfeldt　冯·温特费尔特
Vorwärts　《前进报》
Vossische Zeitung　《福斯日报》

W

Waldorf Hotel　华尔道夫大酒店
Walter Bensen　沃尔特·本森
Walter Cowan　沃尔特·考恩
Walter Hines Page　沃尔特·海因斯·佩奇
Walter Kirke　沃尔特·柯克
Walter Lippmann　沃尔特·李普曼
Walter Runciman　沃尔特·朗西曼
Walter Wolf　沃尔特·沃尔夫
Walton Heath　沃尔顿-希思
Warfusée　瓦尔菲塞
Warwick　沃里克号
Wacht am Rhein　《守卫莱茵》
Wahnschaffe　瓦纳斯哈费
Warburton　沃伯顿
Warner　瓦尔纳
Washington Star　《华盛顿星报》
Waterloo Station　伦敦滑铁卢车站
Waterloo　滑铁卢
W. A. Tucker　W. A. 塔克
Wauwatosa　沃瓦托萨
Webley & Scott　“韦伯利和斯科特”
W. E. Grey　W. E. 格雷
Weller　韦勒
Wemyss　威姆斯

Westminster Gazette 《威斯敏斯特公报》
Western Union 西联公司
West Yorkshire 西约克郡
Weygand 魏刚
W. Furse W. 弗斯
W. G. St. G. Grogan W. G. St. G. 格罗根
whippet tank 惠比特坦克
White and Case 伟凯律师事务所
Whitehall 白厅
whiz-bang 嗖嗖炮
Wählitz 沃里茨
Who Killed the Red Baron 《谁击杀了红色男爵》
Wilfred Elstob 威尔弗雷德·艾尔斯托伯
Wilfrid May 威尔弗雷德·梅
Wilhelm Groener 威廉·格罗纳
Wilhelmshaven 威廉港
William Philip Simms 威廉·菲利浦·西姆斯
William S. Graves 威廉·S. 格雷夫斯
Wilhelm Solf 威廉·索尔夫
Willard Smith 威拉德·史密斯
William L. Langer 威廉·L. 兰格
William McAdoo 威廉·麦卡多
William Robertson 威廉·罗伯逊
Williams College 威廉姆斯学院
William Sharp 威廉·夏普
William Sims 威廉·西姆斯
William Wiseman 威廉·怀斯曼
William “威廉”
Wimbledon 温布尔登
Winterberg “冬山”
Wise 怀斯
Wittenneger 维滕内格
W. J. von Klewitz W. J. 冯·克莱维茨
Wolff Telegraph Agency 沃尔夫通讯社
Wolfram 沃尔夫拉姆
Woods-worth 伍兹沃斯
Woolwich Arsenal 伍利奇兵工厂
Württemberg 符腾堡
Wully redivivus “伍利再临”
Wully “伍利”
Wytschaete 瓦显蒂

Y

Yakov Sverdlov 雅科夫·斯维尔德洛夫
Year One of the Russian Revolution 《俄国革命元年》
yellow press 黄色新闻
Yong Men's Christian Association 基督教青年会

Ypres 伊普尔
Yser 伊瑟河
Yusupov Palace 尤苏波夫宫

Z

Zeebruges 泽布吕赫
Zeppelin 齐柏林
Zinoviev 季诺维也夫
Zita 齐塔

1st Gas Regiment 第 1 毒气团
1st Queens 女王皇家兵团第 1 营
2nd London Regiment 第 2 伦敦军团
2nd Worcestershire Battalion 伍斯特郡兵团第 2 营
5th Dragoon Guards 龙骑兵卫队第 5 团
7th Shropshires 什罗普郡轻步兵团第 7 营
8th Leicestershires 皇家莱斯特郡兵团第 8 营
10th Light Horse 第 10 轻骑兵团